U0920921

1972-2008
FROM ATHENS TO BEIJING

下卷

人民体育出版社

Pour la publication ‘D’Athènes à Beijing’, par le journal ‘Titan’

adaptation en chinois du livre de L’Equipe ‘D’Athènes à Athènes’ paru en 2004

Le 8 août 2008, le monde entier aura les yeux tournés vers Beijing et la République populaire de Chine, où les Jeux Olympiques auront lieu pour la première fois dans l’histoire du Mouvement olympique. A cette occasion, le journal ‘Titan' publie en chinois une version actualisée de l’ouvrage réalisé il y a quatre ans par le quotidien sportif français ‘L’Equipe’, avec le Musée Olympique de Lausanne.

Cette nouvelle édition retrace ainsi l'épopée des Jeux Olympiques d'été, depuis les premiers Jeux de l'ère moderne en 1896 à Athènes jusqu'à la célébration, en 2008, des Jeux de la XXIXe Olympiade à Beijing.

Au fil des pages, c’est non seulement l’histoire, mais également la formidable aventure humaine que sont les Jeux Olympiques que l’on découvre ou que l’on retrouve. Ces Jeux Olympiques qui sont avant tout le rendez-vous universel de toute une jeunesse qui partage le même but et le même enthousiasme. Ces Jeux qui correspondent au désir et au rêve des jeunes générations et du public du monde entier. Cette compétition est la seule au monde à réunir des femmes et des hommes de plus de 200 Comités Nationaux Olympiques. Les Jeux transcendent les différences culturelles, religieuses, politiques; force magnifiquement symbolisée par le village olympique, lieu de fraternité et d'universalité.

En un peu plus d'un siècle d'existence, le Mouvement olympique a évolué dans un monde où il ne peut échapper aux aléas de la société. A chaque fois, le Mouvement olympique et le CIO sont parvenus à redresser la barre.

A quoi tient le succès des Jeux Olympiques ? A leur système d'alternance été/hiver qui suscite un engouement rare. Le CIO a également su garder les éléments forts des Jeux Olympiques de l'Antiquité : leur périodicité, leur unité de temps et de lieu de par leur organisation confiée à une seule ville. L'unité d'action, quant à elle, est représentée par la participation des meilleurs athlètes des sports les plus pratiqués. La participation aux Jeux est l'aboutissement du rêve de tout athlète sur lequel le CIO veille continuellement au travers de la Solidarité Olympique pour qu'il devienne réalité. Le CIO a également restauré la tradition de la Grèce antique de l''Ekecheiria' ou 'Trêve Olympique'; pour préserver, dans la mesure du possible, les intérêts des athlètes et du sport en général.

Car les athlètes restent au cœur même du Mouvement olympique et motivent la jeunesse par l'image qu'ils transmettent. Et notre tache est d'inciter les jeunes à la pratique d'un sport et, ce faisant, de les éduquer par le biais du sport. Le sport leur enseignera le respect des règles et de l'adversaire, leur permettra de s'insérer dans la société et de développer un sens du travail en équipe. Il leur apportera également la santé, l'espoir et la joie.

L'avenir des Jeux Olympiques et de leur succès passe inexorablement par la défense des valeurs du sport et par une lutte incessante contre les dangers qui le menacent tels que le dopage et la violence. Parce que ces valeurs que le sport peut enseigner – l’excellence, l’amitié et le respect – sont sans doute plus importantes que jamais dans le monde d’aujourd’hui. Il est de notre devoir de faire du sport une source d’inspiration et d’aider les jeunes à découvrir pourquoi le sport est si important.

Si nous poursuivons dans cette voie, en apportant par ailleurs l'attention nécessaire à la gestion des Jeux, sans perdre de vue les valeurs sur lesquelles ils reposent, le monde du sport peut s'attendre à de nombreux moments magiques et pleins d'inspiration pour les années à venir. Et du 8 au 24 août 2008, nul doute que les Jeux à Beijing dégageront cette atmosphère unique que seuls la République populaire de Chine et son peuple peuvent offrir.

Je suis convaincu que concourir dans un pays où les choses bougent si vite et où modernité et tradition se mêlent d’une manière unique sera une expérience fascinante pour les athlètes du monde entier. Rendez-vous à Beijing pour célébrer ensemble "Un monde, un rêve".

Président du Comité International Olympique,
Jacques Rogge

Jacques Rogge

CONTENTS 目录 II

Anyview 1080P/1080i/720P
Hisense

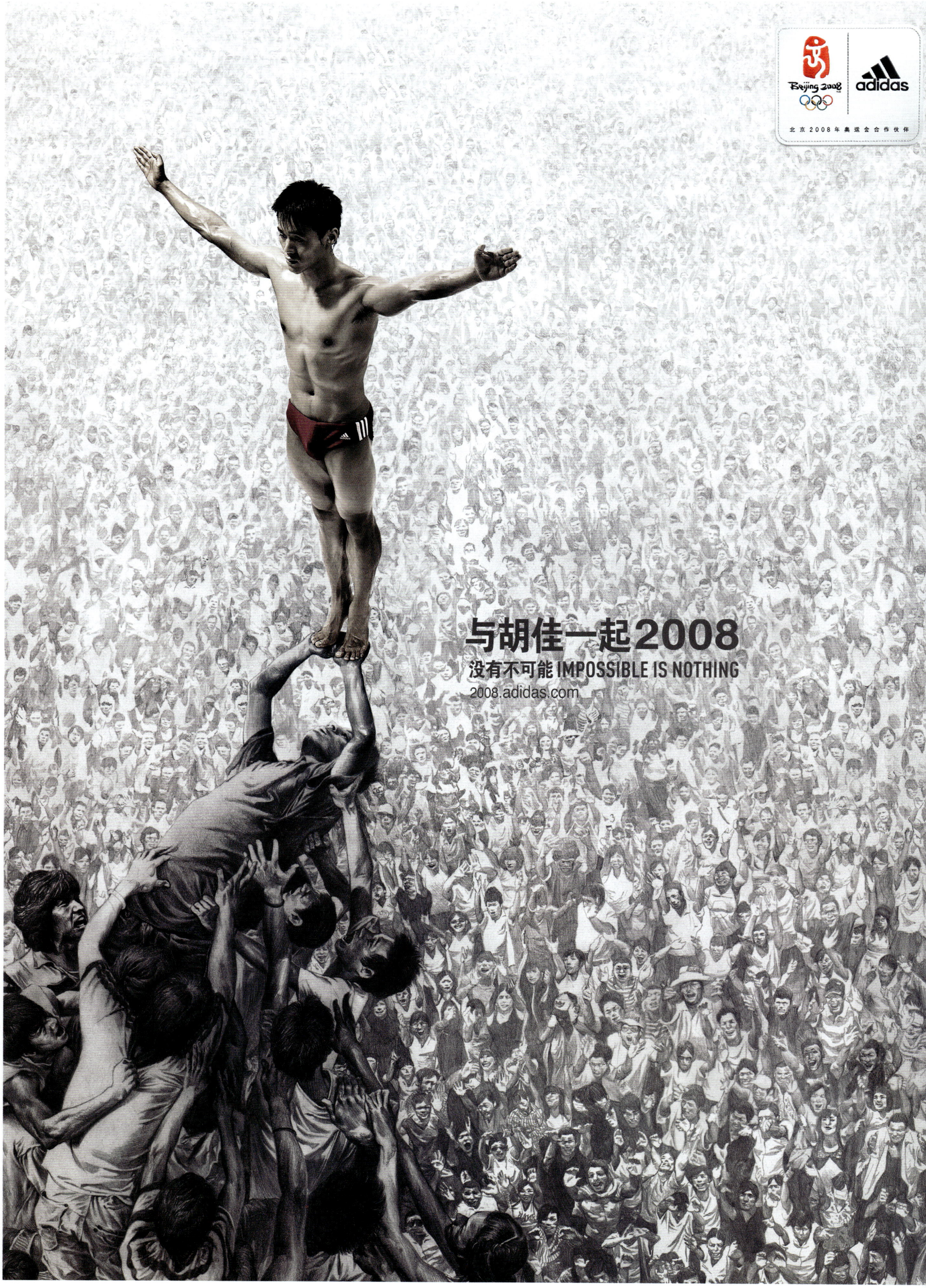
Beijing 2008
adidas
北京2008年奥运会合作伙伴
与胡佳一起2008
没有不可能 IMPOSSIBLE IS NOTHING
2008.adidas.com

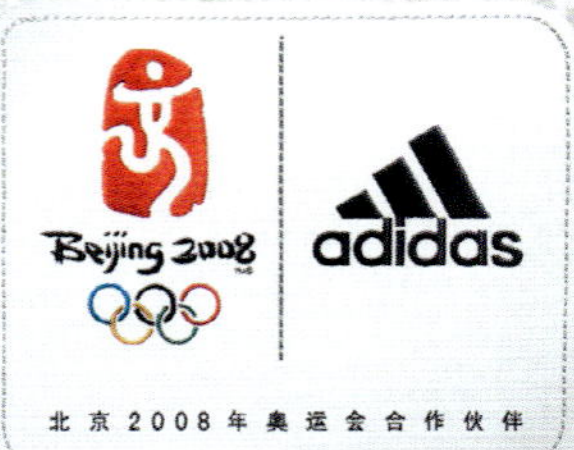

Beijing 2008
adidas
北京2008年奥运会合作伙伴
与女排一起2008
没有不可能 IMPOSSIBLE IS NOTHING
2008.adidas.com

1992 年巴塞罗那奥运会，美国“梦一队”首次向全世界展现了 NBA 的巨大魅力。这是领衔球星飞人乔丹（左）和魔术师约翰逊击掌相庆。

BASKETBALL

希腊雅典，2004 年 8 月 27 日。在黑人和白人长期称霸的田径直道项目上，一个黄种人抢在了最前面，这个人就是来自中国的刘翔。

1363
LATVIA
4

MUNICH

第20届奥运会 → 慕尼黑

这届奥运会原本应该是非常令人满意的。德国人一心想要抹去柏林奥运会的阴影……然后，所有的诺言突然被发生在9月5日星期二晚上的一场梦魇打破了。化装成运动员的巴勒斯坦恐怖分子闯入了奥运村中以色列代表团的住所，劫持了运动员和带队官员，并冷酷无情地杀害了两名运动员。绝对的疯狂。

奥运历史上前所未有的事件，神圣的奥林匹克停战被违背了。悲剧以发生在机场的屠杀而告终，巴勒斯坦人要带着他们的人质逃跑……又有9名以色列人、5名巴勒斯坦人和一名警察丢掉了性命。

在这个悲剧面前，马克·施皮茨(Mark Spitz)的7枚金牌也显得微不足道。出色的16岁运动员尤莱克·迈法特(Ulrike Meyfarth)在跳高中的成绩和奥尔加·科尔布特(Olga Korbut)在高低杠中的成绩也是一样。即使我们在天平上放上非凡的苏联举重选手瓦西里·阿列克谢耶夫(Vasiliy Alekseyev)640公斤的成绩，神奇的美国800米选手戴夫·沃尔特(Dave Wottle)的功绩,以及乌干达魔术师阿基-布阿(Akii Bua)在400米栏中创造的奇迹，忧伤也不会消失。

奥运会继续进行，因为奥委会主席布伦戴奇宣称，“奥运和平比暴力更强大”。尽管在奖牌榜上，美国人被东德人和苏联人压倒了，而芬兰人则挡住了非洲的黑潮，这些显得如此的轻微。铁饼选手奥尔加·科诺利(Olga Connolly)将这届奥运会称为“发生在乐园里的悲剧”，奥尔加是1956年的奥运冠军和目击证人。九月是黑暗的一个月。

München
1972
26.8.–10.9.

1972

以色列代表团在奥运村的住所的阳台上，
露出了一张脸。可怖的脸。

血案后,“奥运会继续”

奥运的美好的愿望被9月5日夜发生的噩梦撕碎了。一批蒙面的恐怖主义分子乘着慕尼黑的夜色潜入以色列代表团在奥运村的驻地。他们造成了11名以色列人的死亡,也使慕尼黑奥运会成为了一场悲剧。在血案阴影的笼罩下,奥运继续举行,美国游泳名将施皮茨一举夺得7枚金牌,成为后来者追赶的对象。

自罗马奥运会十二年后，奥运会再次回到欧洲的大地上。作为联邦德国巴伐利亚州首府的慕尼黑拥有众多博物馆和音乐剧院，但却十分缺乏现代化的体育设施。奥运会筹委会不得不花了6亿多美元，在距离市中心北部4公里处的奥伯维森公园兴建了一个体育建筑群，即奥林匹克中心，将一个可容纳八万观众的运动场，一个可供一万五千名运动员住宿的奥运村，一个有一万观众席位的游泳馆和一个有一万三千个看台位的赛车场囊括其中。

慕尼黑对本届奥运会的新闻报道也很重视,不仅新建了新闻中心、电视大楼和广播大楼,而且在太平洋和大西洋上空设置了四个卫星转播站，为几十个国家转播大会实况。在本届奥运会的帆船比赛上，大会组织者还别出心裁的调来十多艘拖轮作为临时看台。总之，本届筹委会从场地设施、运动员住宿，到新闻传播都耗费了巨额资金，作了精心的安排。

1972年7月28日，本届奥林匹克火炬在希腊点燃，经由5976名运动员的传递，在29天零7个小时之后，来到第二十届慕尼黑奥运会的开幕式上。

8月26日下午3时，联邦德国总统海涅曼正式宣布大会开幕。参加本届大会的国家和地区共121个，运动员7123人，其中女子1058人。苏联在1964、1968年两届接连失利，这次力图东山再起，派出了由411名运动员组成的庞大队伍，仅次于东道主联邦德国421人的阵容。首次参赛的有阿尔巴尼亚、上沃尔特、加蓬、达荷美、莱索托、马拉维、多哥、沙特阿拉伯、斯威士兰和索马里。

有趣的是，东道主还为本届奥运会特别设计了一只名叫“瓦尔蒂”的小猎狗，这是奥运史上第一个正式吉祥物。这条五彩条纹的德国猎犬出道时很受人欢迎，它的形象出现在各种玻璃制品、海报、贴纸和纽扣上，后来还登上了吉祥物们能达到的最高高度；以长毛绒玩具的形式出现在橱窗里。此后,吉祥物成为奥运会的传统。

这届奥运会本应该是最美好的一届，德国人做出了很大的努力，希望能够抹去1936年柏林奥运会时留在奥林匹克运动中的阴影……

然而，所有美好的愿望都被9月5日这个夜晚所发生的噩梦撕碎了。一批蒙面的巴勒斯坦恐怖主义分子乘着慕尼黑的夜色潜入以色列代表团在奥运村的驻地。他们造成了11名以色列人的死亡，也使慕尼黑奥运会成为了一场悲剧。

奥运会必须继续进行，因为“奥林匹克所代表的和平应该比暴力更加强大”。在时任奥委会主席艾弗利·布伦戴奇雄狮般的怒吼“奥运会继续”中，奥运会继续上演。所有人又像之前那样开始比赛，但是透过他们那些迷茫的眼神人们知道，慕尼黑的那个周二之夜已经深深地刺痛了他们的心灵。

大会于9月6日继续举行，但以色列及一些阿拉伯国家的代表因担心安全得不到保证，离开了慕尼黑。流血事件也引起了体育界人士的震惊，促使后来各届奥运会加强了安全保卫工作。

慕尼黑田径赛的战果虽然远不如上届辉煌，但也有自己的“纪录”。苏联男子短跑运动员瓦·博尔佐夫获得短跑双料冠军，就是爆炸性新闻之一。这是美国近四十年来，继1960年罗马奥运会后第二次在田径赛场上失利。上届奥运会在长跑比赛中出尽风头的非洲选手在慕尼黑的赛场上也接连受挫。唯一令人兴奋的是，乌干达选手约翰·阿基一布阿获得了400米栏冠军，并以47秒82刷新了世界纪录。据说这位奥运冠军从未受过专门的跨栏训练，但喜爱在野外追猎野兔，有人风趣地说他的夺冠是靠追兔子练出来的。

女子1500米赛也值得一提，这是奥运会首次列入女子长跑项目。前七名运动员的决赛成绩都超过了赛前的世界纪录，其中最出色的是获该项冠军的苏联选手柳·布拉金娜。她在预、复、决赛中都刷新了世界纪录，成绩分别为4分06秒5、4分05秒1和4分01秒4。

1500米跑比赛的情况表明女子在中长跑中具有无限的潜力，为女子中长跑项目列入奥运会比赛奠定了基础。

联邦德国的跳高选手乌尔里希·迈法特，是女子田径赛中另一个引人注目的明星。她在比赛中以1.92米的成绩，平了世界纪录。当时年仅16岁的她，是田径史上获奥运会金牌最年轻的

(左中)乔治·蓬皮杜(Georges Pompidou)总统来到慕尼黑,迎接他的是《队报》的主管雅克·高戴。
(左下)美国人艾弗利·布伦戴奇(中),最后一次作为国际奥委会主席观看了奥运会。
(上)特拉维夫机场,运动员和军人围绕着11名遇害以色列人的棺材。

选手。在本届奥运会女子田径赛中，欧洲囊括了全部金牌；而昔日的强手，美国和澳大利亚，均无所建树。

虽然在短跑、跨栏等项目中接连失利，美国人却在马拉松赛中尝到了数十年来久未有过的胜利喜悦。美国人弗·肖特摘得了这个项目的桂冠，这是美国自1908年伦敦奥运会后，再一次赢得的马拉松赛金牌。田径赛场中的这些“意外”使评论家得出一个经典的结论：慕尼黑的情况表明,一个国家没有“永恒”的项目。

与田径相比，泳池制造者的新闻更让人惊奇。泳池里的先后30次打破22项世界纪录。美国人施皮茨是这次奥运会上涌现出的一个“现象”,在一周时间内，他连续夺得了200米蝶泳、4X100米接力、200米自由泳、100米蝶泳、4X200米接力、100米自由泳和4X100米混合接力的金牌，并让这七项比赛的世界历史全部作古。一名运动员在一届比赛中夺得7枚金牌,这也创造了奥运会历史，施皮茨如今已是许多奥运选手所梦想追上并超过的目标。

澳大利亚选手谢恩·古尔德是本届游泳比赛女选手中的强者。这位在1956年出生于斐济岛的姑娘小时候曾被沸水烫伤，游泳最初对她来说只是作为治疗烫伤的手段。而此时，她却已经成为了1970年代泳坛中的佼佼者。在这届奥运会上，古尔德独得200米、400米自由泳和200米个人混合泳3枚金牌，还获得了800米自由泳的银牌，以及100米自由泳的铜牌。难怪人们称她为“世界美人鱼”、“天才的游泳家”。

此外，日本游泳运动员田口信教和青木真弓分别在男子100米蛙泳和女子100米蝶泳中夺得了金牌，并都刷新了世界纪录。这是自1956年后日本再次在奥运会的泳池中获胜，引起了泳坛人士的关注。

举重赛场的成绩也大有起色。56、67.5、75三个公斤级的世界纪录被刷新，打破了上届举重比赛中一项世界纪录未破的沉寂局面。在这次比赛中，往昔称雄的苏联，碰上了新露锋芒的保加利亚，两国各获3枚金牌，而且保队还多得两枚银牌。保加利亚的崛起，预示着举重进入了保苏抗衡的年代。世界大力士、苏联选手瓦西里·阿列克谢耶夫在慕尼黑举重赛中首次露面，气势逼人，以比第二名多30公斤的优势夺得110公斤以上级的金牌。

自1952年开始，举重一直固定为7个级别，而在这届奥运会上被分成了9个：增加了52公斤级，并将原90公斤以上级分成了110公斤和110公斤以上两个级别。同年，国际举重联合会执行委员会提出取消推举，并规定此后的国际比赛只有抓举和挺举两种方式。每年举行一次选手年龄在20周岁以下的世界青年举重锦标赛也是从这一年起被明确的。

除举重外，摔跤比赛的级别在这届奥运会上也发生了变化。自由式、古典式都新设了48公斤级，其他级别在体重上也作了相应调整，并将原先的特重量97公斤以上级分成了100公斤和100公斤以上两个级别。这样，古典式、自由式摔跤在级别数上都由原先的8个级扩增为10个级。这些变化表明，举重和摔跤项目的分级日趋科学合理。

在球类项目的比赛中，慕尼黑也带给世界颇多意外。手球是德国人的拿手项目。但在这个重新列入奥运会的比赛项目中，南斯拉夫却获得了冠军，而联邦德国只名列第六。曲棍球是亚洲国家印度和巴基斯坦的传统项目，而这次却被联邦德国摘得金牌。这是亚洲人自1928年奥运会以来首次输掉曲棍球项目。在排球场上，苏联蝉联了女子排球的冠军，但男子排球的比赛结果却出人意料：上届冠军苏联在复赛中就被民主德国淘汰，为日本的最后夺冠创造了有利条件。

在本届慕尼黑奥运会上，苏联获得了50枚金牌，27枚银牌，22枚铜牌；再次以金牌多数压倒美国。值得注意的是，第五次参加奥运会的民主德国队取得了第三名的好成绩，他们获得了20枚金牌，银牌和铜牌各有23枚。民主德国在60年代中期的体育水平还不是很高，然而从60年代末，他们开始了飞跃。其进步原因，主要是对体育投资多，重视青少年运动员的培养工作，并加强了体育科学的研究。东道主联邦德国也取得了出色的成绩,获金牌13枚,银牌11枚，铜牌16枚，居第四位。

1972年慕尼黑奥运会被称为是“跑表、皮尺时代的结束”，在成绩检验时首次使用了先进的电子计时器和有着“投掷运动员魔镜”之称的激光测距仪。这些设备的特点是准确、快速和自动化，是传统的检验工具，如跑表、皮尺等，无法比拟的。

田径男子800米决赛中，美国的沃特尔和苏联的阿尔扎诺夫同时撞线，从安装在终点的摄影机拍下的照片中，人们看出沃特尔领先百分之一秒；在男子400米个人混合泳的比赛中，获得金牌的瑞典选手贡·拉尔松仅比第二名美国的蒂·麦基快千分之二秒，区分出这一微小差别的也是先进的电子设备。再如射击，朝鲜选手李浩准在小口径步枪60发卧射中以599环破世界纪录，但起初裁判只算了596环，后来经过首次使用的特殊仪器检查，确定成绩是599环。

同期中国 China Memo

1960年代后期起，长期处于敌对状态的中美两国开始为改善关系而进行试探和秘密接触。经毛泽东主席批准，**1971**年**4**月**6**日，正在日本名古屋参加第**31**届世界乒乓球锦标赛的中国乒乓球队，向美国乒乓球队发出了访华邀请。

四天之后，美国乒乓球代表团和一小批美国新闻记者，成为自**1949**年新中国成立以来，第一批获准进入新中国境内的美国人。周恩来总理在北京人民大会堂接见了美国乒乓球队成员，并对他们说：“你们在中美两国人民的关系上打开了一个新篇章。我相信，我们友谊的这一新开端必将受到我们两国多数人民的支持。”在周恩来总理讲话几小时后，美国总统尼克松宣布了一系列对华开禁措施。

1972年，美国乒乓球队邀请中国乒乓球队访问美国。中美两国乒乓球队的互访轰动了世界。“乒乓外交”打开了中美关系的大门，对中日邦交正常化也起到了不可忽视的影响。

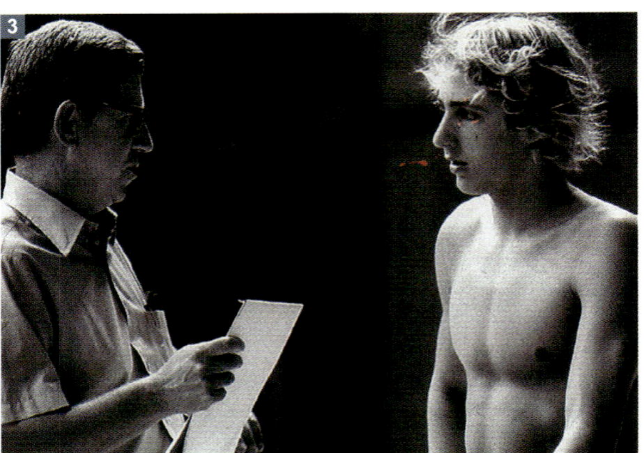

L'EQUIPE 队报聚焦

美国队内部的不安

自从美国代表团抵达慕尼黑后，这种造成分裂的不安是美国国内那种找不到出路的僵局的典型后果。黑人运动员们继续指责他们的奥委会没有在技术层面上为他们争取权益，并为他们总是被安排在奥运场馆中最糟糕的跑道而表示不理解。他们还指责奥委会放任国际奥委会抢先一步对文斯·马修斯 (Vince Matthews) 和韦恩·科利特 (Wayne Collett) 采取了处分。他们的两个同伴由于在领奖台上的不得体行为而受到惩罚。但 800 米的冠军戴夫·沃尔特 (Dave Wottle) 却不一样，在仪式上以及演奏国歌的时候，他确实把手放在了胸口上，但是忘记了摘下帽子。黑人运动员们指责奥委会没有为此提出抗议或者至少提醒别人注意这一点。在他们看来，这是一种没有受到惩罚的公然的缺乏尊敬的行为。

文／吉欧·安德烈

1 奥运圣火由运动员甘瑟·赞恩(**Gunther Zahn**)点燃。

2 为吸引参观者，巴伐利亚人拿出了他们的民间服装，这位苏联运动员对此很感兴趣。

3 **16**岁的里克·德蒙特(**Rick DeMont**)是哮喘患者。由于在自由泳**400**米决赛前夜服用了含有阿司匹林的药片，他成了第一个由于使用兴奋剂而被取消资格的奥运冠军。

4 并非所有的参赛选手都享有同样的待遇，圭亚那的自行车选手，内维尔·亨特(**Neville Hunter**)，没有技师来照料自行车。

5 两位美国赛跑选手文斯·马修斯和韦恩·科利特(分别是**400**米的冠军和亚军)在领奖台上举动放肆，被国际奥委会赶出了奥运会。

6 打靶场在大自然中会造成破坏，用铁锹拾取子弹。

7 摩纳哥的格雷丝王妃，其父亲杰克凯利(**Jack Kelly**)，在**1920**年和**1924**年共**3**次获得赛艇项目的奥运冠军，他与女儿史蒂芬尼(**Stephanie**)和卡洛琳(**Caroline**)一起观看了比赛。

8 马拉松冠军，美国人弗朗克·肖克(**Frank Shorter**)在接受队友肯尼思·穆尔(**Kenneth Moore**，第**4**名)的道喜。

9 在拍摄柏林奥运会后**32**年，雷妮·瑞芬舒丹(**Leni Riefenstahl**)又回来了，但是这次带的是照相机。

10 **18**岁的美国人约翰·威廉姆斯(**John Williams**)成为了第一个射箭奥运冠军。他的秘密：每周**42**小时的训练。

11 **70**年代的冠军们不是千篇一律的，**110**米栏的冠军罗德·米尔本(**Rod Milburn**)自己设计出了特别的打扮。

12 自从**1936**年被列为奥运项目之后，划艇和皮艇由于奥运会再次来到德国而增加了一个项目：激流曲道泛舟。

13 为避免让人想起令人不快的**1936**年德国奥运会，德国人希望举办一场朴实无华或者说是简单的开幕式，礼仪或多或少遵守了字面意思。

L'EQUIPE 队报聚焦

肯尼亚人凯诺的微笑

在两口葡萄汁之间，奇普·凯诺不停地微笑。连续不断的孩子般的笑，似乎要停止了，然后又重新绽放。他确实是我们所见过答应接受公开采访的冠军中最笑容满面的。“为什么你们会感到吃惊？”他问，“其他的冠军他们来到这儿的时候是悲伤的吗？一枚金牌应该能够抹掉所有的疲惫。”不论如何，笑眯眯的凯诺看上去不怎么疲劳。这并不夸张。

他解释说：“这场比赛对我来说很简单。对于3000米障碍赛我没有太多的经验，我决定保持在领先军团的末尾，直到最后一圈。这样跨越障碍就不那么困难了，我不会有碰到障碍的风险。我决定让事情逐渐进行。到目前为止，这是我运动员生涯中的第6次3000米障碍赛。构造比赛不是我的任务。

我们将永远不会再看到一个如此没有经验的障碍赛选手，他在跨栏上是那么不自在，却轻而易举地获得了冠军。“我是个非常糟糕的跨栏运动员，”凯诺说，在喜气洋洋的微笑中展示了一排牙齿，“我尽力而为了。我把一只脚放在上面，因为我觉得，通过利用障碍，我弥补了一点被其他的选手落下的距离。今天，在障碍之间，我‘缓慢地’移动。我对世界纪录一点也不感兴趣。”

这个纪录将来也不会让他感兴趣。我们感觉，他绕到障碍赛上是为了收集齐全金牌。他同意谈论这个显然无法打动他的项目：“我认为这个纪录很容易就可以被打破，稍微加快跑动速度应该就能够很明显地将它提高。”

凯诺微笑着。在这里像是在赛道上一样应付自如。他很好地应付了所有的问题。当人们想让他说自己是接受命令来参加比赛时，他回答道：“我是奇普·凯诺，我为了奇普·凯诺而奔跑。确实我为能够代表我的国家而自豪，只是为了我的国家。我是肯尼亚的奇普，不论如何我赢得了这些比赛。”

文/诺埃尔·库埃德尔

1 德国超级次重量级选手科蒂施(Kottysch)战胜波兰人鲁德科夫斯基(Rudkowski)取得了胜利。他欣喜若狂。

2 苏联人阿列克谢耶夫(Alexeiev)占据上风。他战胜了西德人曼格(Mang)和东德人邦克(Bonk)获得冠军。

3 汉宁·克伊佩尔(Hennie Kuiper)身后跟着一个小队，其中我们认出了弗雷迪·马丁斯(Freddy Maertens)(左4)和弗朗西斯科·罗西(Francesco Moser)(在末尾)。荷兰人获得了他的第一个世界冠军。

4 33名报名参加盛装舞步比赛的选手中有21名是女选手。德国人林森霍夫(Lisalott Linsenhoff)成为了第1个获得奥运冠军的女骑手。

5 黑非洲不只有中距离赛跑选手：乌干达选手约翰·阿基-布阿(John Akii-Boa)获得了400米栏冠军，成绩47秒82，世界纪录。

6 东京奥运会的亚军，墨西哥奥运会的冠军，意大利人克劳斯·迪比亚西(Klaus Dibiasi)在慕尼黑成功卫冕了高台跳水冠军头衔。他4年之后在洛杉矶再次卫冕。

7 加藤泽男(Kato)，监物永三(Kenmotsu)，笠松茂(Kasamatsu)，中山彰规(Nakayama)，冈村(Okamura)和冢原光男(Tsukahara)(图中)，日本获得了男子体操团体金牌。

8 尽管有捷克斯洛伐克人卡拉历(Karalic)的防守，南斯拉夫选手拉扎雷维奇(Lazarevic)仍然奋力射门。在历史上首次七人制手球决赛中，南斯拉夫夺得了冠军。

9 一个荷兰人打败了另一个荷兰人。但是威莱姆·吕斯卡(Willem Ruska，左)比基辛克做得更好：除了无差别级，他还获得了重量级的冠军。

悲剧纪实

2点16分："一切都完了……"

9月5日早晨，巴勒斯坦"黑色九月"恐怖组织游击队袭击了以色列代表团在奥运村的住处。恐怖主义行动的结果：**11**名人质被杀。

特派记者：雅克·高戴和吉欧·安德烈

前所未有的事件：在奥运村发生了一起谋杀。巴勒斯坦恐怖组织游击队包围了以色列代表团在柯诺利大街31号的住所，杀死了摔跤教练摩舍·温博格(Moshe Weinberger)，以及举重运动员约瑟法·罗曼诺(Yossef Romano)。在第二天早上，受害者又增加了9名。以下是这一令人愤慨的行为的进程。

7点41分——人们从特拉维夫得知，以色列代表团在其住处受到了巴勒斯坦恐怖组织游击队的袭击。

7点52分——德国警方明确表示，阿拉伯恐怖分子在早上4点到5点之间进入了奥运村，对以色列代表团开了枪。

8点20分——我们的记者居伊·拉高尔斯(Guy Lagorce)记录了一位以色列记者阿隆·雷恩(Aaron Lehen)的证词："代表团团长拉尔肯先生(Lalkin)打电话告诉我说发生了很严重的事情。6点半，我到了奥运村，看到了摩舍·温博格的尸体。很快人们把它搬走了。然后警察来了，让所有人包括记者都撤离。我知道的是温博格是在床上受到枪击，听到枪声后，另外一名以色列人发出了警报，但他身上也中了枪。他的胃部中了一弹。多亏了他，3名运动员得以穿着睡衣逃走，但是其他所有的人都被捉住了。"

8点29分——游击队威胁说，如果警察不从以色列代表团住处附近撤离的话，他们将会再次开枪。

9点14分——我们得知，巴勒斯坦人要求为他们提供一架飞机离开德国。

9点19分——恐怖分子递交给奥运会负责人一份被拘押在以色列的巴勒斯坦人名单，他们要求在中午之前释放这些人，否则他们会处死所有的人质。

9点39分——奥运会重新开始，进行的是皮划艇比赛。

10点13分——艾弗利·布伦戴奇宣布，"奥运会必须继续进行！"

10点51分——巴勒斯坦黑色九月组织宣称对这一恐怖事件负责。

11点39分——慕尼黑市的警察局长施赖伯先生(Schrelber)宣布，为了以色列人质的释放，巴伐利亚政府愿意提供"不限数额的"金钱。政府同样提议用巴伐利亚人质交换以色列人质。这两个提议都被巴勒斯坦人拒绝了。

12点6分——突击队将最后通牒的期限从12点推迟到了15点。

12点58分——唯一一艘参加奥运会的以色列帆船，飞翔荷兰人号(Flying Dutchman)，由迈切里·耶尔(Michaeli Yair)和尼尔·伊察克(Nir Izchak)驾驶，出发参加竞渡项目。

15点——维利·勃兰特(Willy Brandt)抵达慕尼黑。

15点2分——在恐怖主义分子规定的最后通牒期限到达时，以色列代表团住所附近，一切都非常平静。

15点35分——突击队再一次将最后通牒的期限推迟到了17点。

15点39分——埃及篮球队拒绝跟菲律宾队进行比赛。

15点51分——奥运会暂时中断，直到第二天10点。

17点——联邦德国政府内政部长根舍(MM. Genscher)以及奥运村市长特勒格尔(Troeger)进入以色列代表团的住处，以进行新的谈判。

17点45分——根舍和特勒格尔离开了建筑，没有发表任何声明。

19点52分——我们获悉了约瑟法·罗曼诺的死讯。他在上午的枪击中受伤，只获得了以色列代表团队医的治疗。

20点15分——警察的一个小队在奥运村的一条地下街道进行了部署，安排出了一条可以让一辆汽车离开的路线。

20点57分——从早晨起就与根舍协商的巴勒斯坦人带着他和其他的德国人离开了同伴们躲藏的建筑物，进入到奥运村禁止记者进入的部分。

21点17分——在警察的大本营进行谈判之后，巴勒斯坦人的首领回到了奥运村，并在阳台上展示了以色列人质。

21点21分——巴勒斯坦游击队准备带着人质前往机场。两架直升飞机在离被包围的建筑几米的地方着陆，第一架在20点54分，第二架在21点15分。

21点27分——国际奥委会将会在22点召开特别会议。

21点44分——我们从确切的消息来源得知，德国政府将会直接与埃及进行谈判。

22点10分——问题似乎即将解决：恐怖分子和他们的人质从31号楼出来。一辆大客车将他们载到未知的目的地。

22点15分——一辆大客车将恐怖主义分子和人质拉到3架直升飞机前，它们朝着菲尔斯滕菲尔德布鲁克机场飞去。

警察马上在奥运村以色列代表团的住所中发现，除了约瑟法·罗曼诺的尸体之外，还有3名被刀子严重刺伤的巴勒斯坦人。证明以色列人进行了自卫。

22点30分——我们获悉，在机场发生了交火，在那里有一架波音727等待着恐怖主义分子和他们的人质。在这种情况下，自相矛盾的谣言满天飞。很快，其中一个被一名"德国警方发言人"证实了：人质利用交火成功地逃走了。并非所有的恐怖主义分子都落入了警方手中，行动以成功告终。国际奥委会的执委会得知消息后，决定在周三10点半举行哀悼摩舍·温博格和约瑟法·罗曼诺的仪式后重新开始比赛。但这个宣布胜利的公告，过了几分钟就变成了完全失败的报告。

2点16分——所有人害怕的消息由慕尼黑市长科洛纳维特(Kronawitter)正式宣布："所有人质都被杀害了，4名巴勒斯坦人被射杀，其他3人逃脱。1名警察被杀，1位直升飞机驾驶员严重受伤。刚刚发生的非常可怕。一切都失败了。"

以色列代表团住在奥运村大楼的上面几层。一位成了人质的以色列官员，在巴勒斯坦游击队员的押送下出现在阳台上。

震动人心的纪念仪式

在奥林匹克体育馆,参加奥运会的各个代表团举行了活动,纪念无辜的遇难者,谴责恐怖分子的行为。

文/雅克·高戴和吉欧·安德烈

逐渐地,各个代表团以缓慢有节奏的步伐走了进来,在草坪中央的椅子上坐下来。这个美丽的奥林匹克体育馆,原本应该挤满前来观看田径比赛的观众,在肃穆中坐满了人。只有镇静、悲伤占据了每个人的心。

以色列人身穿栗色服装,头戴白色的传统帽子,皱着面孔,两个快要哭出来的年轻女孩坐在了其他的运动员当中。参加者周围是西德的运动员们。大多数人都戴着黑纱。

当慕尼黑爱乐乐团开始演奏贝多芬英雄交响曲的"葬礼进行曲"时,那种寂静令人震惊。贵宾席上有许多知名人士,德意志联邦共和国的总统古斯塔夫·海涅曼(Gustav Heinemann),总理维利·勃兰特和艾弗利·布伦戴奇身穿全黑服装,坐在了国际奥委会成员当中。

有些运动员身穿便装,很难确认他们的国籍。但是可以确定的是,阿拉伯国家的几个代表团不在场。而没能参加奥运会的津巴布韦也在场。

奥林匹克旗帜和所有参加国的国旗降半旗。身心俱疲的奥运会组委会主席维利·道默(Willi Daume)第一个发言:"对于我们这些满怀对所有人的善良愿望的信心来筹备第二十届奥运会的人们来说,今天是哀悼的一天。即使是在犯罪世界中,也仍然存在一些禁忌,存在人们不敢越过的丧失人性的最后底线。

"奥运村的凶手们越过了这个底线。他们给这个注定与和平有关的、属于世界各族人民的美好而盛大的节日带来了谋杀。希望这一越过人类道德最终底线的行为能够震撼整个世界,以便让人们能够最终放弃暴力,不管他们诉诸这种手段是为了什么目的。"

以色列代表团团长沙缪尔·拉尔金(Shmuel Lalkin)用希伯来语发言:"死去的,是体育运动中真正的同伴,他们还在生命中最美好的年纪就死去了。"

他列举了牺牲者的名字。一下子,80000人全部站了起来。然后他补充说:"尽管发生了这一可怕的犯罪,我们决定继续怀着兄弟情谊和正直的情绪参加奥运会。"

掌声响了起来,让人激动不已。

古斯塔夫·海涅曼先生,以庄重的口气发表了演说:"在整个世界中,人们在过去的几个小时中了解到,仇恨只能破坏。这种仇恨带来的新的牺牲者,一定要反对这种将整个世界笼罩在恐怖当中的盲目狂热。奥林匹克理念继续存在。在这个方面,我们投入了前所未有的精力。尽管我们经历了这些事件,南北、东西之间并不存在什么分界线。分界线只存在于希望生活在团结与和平中的人们和那些威胁到生活中所有值得去经历的事物的人们之间。生活需要和解。以德意志联邦共和国的名义,我向所有的民族发出呼唤:帮助我们战胜仇恨,找到和解的道路。"

最后,国际奥委会主席布伦戴奇走到贵宾席前。他激动地宣布:"文明人受到了恐怖事件的恐吓。这种行为居然会发生在奥运村的围墙内,真是令人难以置信。奥运会必须继续进行。这完全可能。它将会在一天后在慕尼黑继续进行。"

只有以色列代表团成员仍然坐着。很多运动员来与他们拥抱。然后播音员宣布了后天的赛程。但是没有人去听。每个人的心都碎了。

(上)奥运村市长沃尔特·特勒格尔(Walter Troeger,左)和以色列大使本·霍林(Elisshiv Ben Horin),在事件发生的现场科诺里大街31号放下了一束鲜花。

(下)阿贝贝·比基拉和杰西·欧文斯非常忧伤。奥运停战被残忍地打破了。

以色列牺牲者

除了在奥运村被杀害的摔跤教练摩舍·温博格和举重运动员约瑟法·罗曼诺(33岁)之外,9名以色列人质在菲尔斯滕菲尔布鲁克机场的交火过程中死去。

马克·施莱文(Mark Slavin) 18岁,原本要在周二,也就是巴勒斯坦游击队袭击的当天首次参加奥运比赛。他4个月之前刚从苏联移民到以色列,他被看做是苏联最好的古典式摔跤选手之一。

乌尔瑟·哈尔芬(Eueser Halfin) 24岁,大约两年前从苏联移民到以色列。他也是一名摔跤选手,曾经参加过保加利亚世锦赛。

大卫·博格(David Berger) 28岁的举重选手。1969年从美国到以色列,职业是律师。曾经夺得马尼拉亚运会亚军。单身。

朱·弗里德曼(Jeew Friedman) 28岁,以色列最优秀的举重选手,在慕尼黑获得了第12名。体育教师。他的父亲,是家族中唯一从集中营幸免于难的人,在电台发表了震动人心的呼唤。

雅库·斯普林格(Jaakow Springer) 52岁,裁判,以色列举重的先驱者之一。他来自波兰,在波兰时曾是田径运动员、拳击手和举重选手。他是以色列在举重项目中唯一的国际裁判。这是他第4次参加奥运会。

约瑟夫·古特弗隆德(Josef Gutfreund)40岁,摔跤教练,在耶路撒冷的体育俱乐部工作。以色列唯一的国际裁判,以裁判员的身份参加过4届奥运会。

科哈特·索尔(Kehat Shorr) 53岁,以色列最优秀的教练之一,来自罗马尼亚。

安德雷·斯皮瑟(Andre Spitzer) 30岁,击剑教练。在他长大的比利时接受培训,已婚,有一个2个月大的孩子,他的妻子这次陪他一起来了慕尼黑。

阿米赞·沙皮拉(Amizan Shapira) 30岁,教练员,体育教师。他培养了埃瑟·沙沙马洛夫(Esther Chachamarov)这名进入100米栏决赛的选手。

施皮茨保持沉默

7块金牌，7个世界纪录……美国人的完美成绩单却因为奥运会巨大的悲剧显得平淡。斯皮茨自己也很了解这一点。

文/让-皮埃尔·拉库尔

8月31日，马克·施皮茨带着5块奥运会金牌，超越了斯科兰德。他对媒体宣布他对金牌的追逐还没有结束，还有两块!

奥运会已经不属于袭击它的巨大悲剧，施皮茨也不再属于围绕着他的荣誉。赛后的新闻发布会的气氛异样，一方面美国人创造出了历史性的美妙成绩，很幸福；另一方面奥运村中的悲惨事件折磨着所有人。大概有500名记者来到了新闻中心的接待室中，大家都心事重重。

这个记者会开得很没有秩序，很沉闷，很多该说的话题都没有涉及。美国代表团的领导者们还忧心忡忡，只想着尽快将施皮茨带离奥运村。因为他也是犹太人，又这么出名，很容易就惹上麻烦。施皮茨的名声早已超越了体育。在芝加哥的美国锦标赛之后，《生活》杂志就已经让他上了封面。昨天，《时代周刊》和《国际先驱导报》也都在头条报道了这位慕尼黑奥运会的英雄。游泳只是基础，而不是全部。施皮茨也早已进入了时代的“Who's Who”名单。

500名记者，45分钟，人们还是没能搞清楚施皮茨到底是如何练成的，以及这位超级明星的未来。关于第一方面，施皮茨说不可能在5分钟内讲清楚20年的事情；关于第二方面，他也不知道裹着他的浪头将把他带向何方。

这么长的时间内，提出的问题都很愚蠢，也多少表现了人们的不满。不管怎样，施皮茨也不是个善于应场的人。很多可以接受的问题，他都回答得也不如别人好。他说话很短，干巴巴的，脸部没有什么表情。这是刻意的还是原来就如此，我们不知道。人们对伟大的冠军总是充满好奇心，而施皮茨明显还不习惯应付这一切。或许他也没错，这种关心本身就有些虚伪。如果他没拿那么多金牌，没有人会对他的生活感兴趣。这是一个游戏，但施皮茨不想参与进来。

下面就是记者会的几轮主要问答，有些无聊，但也在努力找回我们失去的气氛和时间。

你的下一个目标?

没什么明确的，好好休息吧，处理完奥运会的相关事务。

奥运村袭击事件发生后，你觉得我们应该停下奥运会吗?

这很悲惨。但我没有什么要说的。

运动员们知情吗?

无可奉告。

觉得你的7块奖牌会让你的项目贬值吗?

我努力在每项比赛中做到最好。但我不能影响人们的看法。

计划中的比赛难道不太多了吗?

每一次我都是和不同的对手比赛，因此比赛也就不显得那么多了。

对你来说，墨西哥和慕尼黑的区别是什么?

4年过去了，又多了7块奖牌。

没有派你参加接力比赛，这应该不公平吧?

［皮特·达朗(Peter Daland)站了起来，他做出的回答也是这45分钟里最有力的。］作为美国队的教练，我觉得这是正确的。因为应该让8个人各游1次，而不是4个人游两次。

每次都在第4道出发，这不值得称赞吗?

这的游泳设施是我所见过的最好的。我希望能在自家的花园里拥有奥林匹克的泳池。

你为什么在墨西哥奥运会后更换了教练?

个人的配合原因，这样对我更好。

在这里谁帮了你最多?

我一共收到了3000封信。今早，我还没有打开邮箱呢。如果有一封美国总统的来信，我会非常高兴。

从墨西哥到慕尼黑的4年是怎么过来的?

很艰苦的工作，也时常有怀疑，我怕自己不会像1968年那么优秀。

除你之外，有史以来最伟大的游泳选手是?

我没有能力来回答这个问题。

然后，施皮茨起身走了。在我看来，一旦做出了卓越的成就，这些明星被捧为神人，就彻底被扭曲了。施皮茨是伟大的冠军，但也是印第安纳大学的牙科学生，普普通通的美国青年。我们只能祝愿施皮茨在他接下来的运动生涯中越来越好。除去这次失败的记者招待会，以及将来更多吸引人注意力的事件，那是他应该透彻明白的事情。

七冠王施皮茨

没有人能比这位美国人更接近那些奇妙的海豚。他身体的每一个部位都充满效率。

文/让-皮埃尔·拉库尔

(上)马克·施皮茨(**Mark Spitz**)在热身时给人留下了深刻印象,他极度柔软的身体令人羡慕不已,这使得他可以完全与水贴合,并以无可比拟的自如在其中前进。

(右)在蝶泳和自由泳中表现出色,在仰泳中表现无懈可击,只有蛙泳是施皮茨的弱项。他尤其拥有非同寻常的恢复能力。

他首先是一名蝶泳选手,始终保持着9岁到10岁这个年龄组的50码纪录,并从1969年以来就完全掌握了这个项目的霸权。而在自由泳这个项目上,分别要等到1970年和1972年他才开始在大泳池和小泳池中获胜,施皮茨令人吃惊的成功要归功于他在这两种泳姿中同样出色的表现,它们之间确实存在联系。

当在乔治·海恩斯(**George Haines**)的指导下开始参加国际比赛时,他参加的是中距离游泳比赛:**1967** 年,他打破了 **400** 米的世界纪录,**1966** 年,他接近了 **1500** 米的世界纪录。在这个时期,他的体重远比今天要轻。

从 **1968** 年的墨西哥奥运会起,他转向了自由泳和蝶泳的 **100** 米和 **200** 米比赛。这是经过深思熟虑的决定,因为这为他打开了所有接力赛的大门,所以就成为了赢得冠军和奖牌的最佳赛程安排。这让他有机会参加大量的比赛,要么是在奥运会上为自己而比赛,要么是为了他的母校印第安纳大学或者他的雅顿山俱乐部。

施皮茨在美国并非以高强度的训练而著称。尽管舍恩·查伏尔(**Shern Chavoor**)证实他今年训练非常努力(特别是双臂方面),他在雅顿山的队友安德鲁·斯特兰克(**Andrew Strenk**)所言不假:"与美国游泳选手整体的训练强度相比,施皮茨的训练量比较小。在这个层面上,他离迈克·博顿(**Mike Burton**)有很大距离。此外,他的训练很不规律,有时候不来,有时候在兴头上,可以在 **1** 分 **56** 秒游完 **200** 米,或者在 **2** 分 **5** 秒用游完 **200** 米蝶泳。"

道格拉斯·拉塞尔(**Douglas Russell**),曾在墨西哥奥运会 **100** 米蝶泳项目中打败他,同样指出,施皮茨在科罗拉多国家队集训时也会缺席。

令人难以置信的柔韧

那么施皮茨的力量何在呢?首先是从童年起就被他的父亲注意到的、并上百次被水下照相机或者摄影机所证实了的事实:异乎寻常的身体的完全柔韧,这使得他既可以与水完全贴合,又能以令人难以置信的自如在其中前进。他或许是世界上唯一一名能像田径运动员在平稳的地面上所做到的那样在水中实现突然加速的游泳选手。他身体的每一个部分都是高效率的,双臂的力量、双腿拍打的节奏和柔韧性、肌肉的干燥,这代表着这副对美国人来说属于中等的身材(**1.83** 米)、较小的体重(**73** 公斤)能够产生最大的功率。他的背略微有些驼,双腿向后弯曲,这刚好是蝶泳所要求的。

在这种泳姿上,他堪为典范:古典主义者。我们无法想象有人能做得更优美、更精彩。有两个回忆铭刻在我们的记忆当中:在莱比锡的回忆,对东德的比赛中,他以 **54** 秒完成了接力,为美国队争得了胜利;以及在芝加哥的回忆,在决赛中,他在 **50** 和 **75** 米之间的冲刺有着闻所未闻的效率。泳裤之上的整个上身都从水中露了出来,在这两个场合下,没有一个人能够比施皮茨更加接近那些奇妙的海豚。

在自由泳中,与其说他的风格是和谐的,不如说是高效的。特别是他的重心略微偏左,这损害了游泳动作的平衡,相反德蒙特的动作就具有完美的平衡性。他拍水的方式,对于一名短距离游泳选手来说相对缓慢,但他双腿非常有力地拍打弥补了这一点。在 **25** 米之内他并不是十分快,但是作为前 **400** 米选手和 **200** 米世界纪录保持者的耐力让他在 **100** 米的第二个 **50** 米中无人能挡。他逐渐改善了自己出发相对缓慢的毛病,在慕尼黑,凭借着一个 **22** 岁青年的肌肉力量,他接近了完美:他以 **24** 秒 **56** 的时间游完了 **50** 米,比以前任何时候都要快。在体能条件的层面,前 **400** 米世界纪录保持者格雷格·查尔顿(**Greg Charlton**)解释道:"我认为马克具有非比寻常的恢复能力。他很快就解除了疲劳。请注意,他是唯一一个能够整年都保持良好状态的美国人,总是冲劲十足。他从来没有像我们一样体验到体力不足。这是一个重要的优势。"

施皮茨在自由泳和蝶泳 **100** 米和 **200** 米的表现引人注目。如果他愿意的话,他本来可以在 **400** 米中成为最优秀的选手,还有仰泳和混合泳也是如此。斯特兰克提醒我们说,在施皮茨很小的时候,他是美国排名第二的仰泳选手。奥运会前两个星期,美国队在纽约进行的奥运预训中,他在 **50** 米的距离中打败了艾维(**Ivey**)和斯达穆(**Stamm**)这两名最优秀的蝶泳选手。这是个天生的游泳运动员。

博尔佐夫还打败了美国记者

苏联人在获得100米胜利后必须面对美国人的批评，然后他用200米冠军让他们哑口无言。

文/诺埃尔·库埃德尔

事情总是这样，胜利之后麻烦就来了。在药检和颁奖之后，对于博尔佐夫(Valeri Borzov)来说，现在是在两排刺眼的日光灯下面对200到300名意图各有不同的记者们的时候了……

1个小时之前，瓦莱里成为了100米奥运冠军。当他进入这个挤满了人的闷热房间时，表情有点不安，但面色非常平静温柔，这是他的特点。他坐下来，眨眨眼睛，用手背轻轻抹了下额头，发出了一声重重的叹息，好像是说："来吧。"

立刻有人提出问题，并非始终是善意的。

"对于这一在没有最优秀的美国短跑选手参赛的情况下取得的胜利，你有何想法？"一位美国同行发动了攻击。

在房间的另一端，一位来自莫斯科（或者是其附近）的同行愤怒地站了起来：

"这是挑衅，"他说。"不要让他讲下去！"

嘈杂声，斥责声。博尔佐夫用有点惊慌的眼光看着眼下这幕场景。谨慎的翻译没有进行翻译。

"谁是世界上最优秀的短跑选手？"另一位跟前者一样虚伪的同行坚持问道。

"他刚刚参加了奥运会的100米决赛。"博尔佐夫温和地回答。"最优秀的选手，是那个赢得比赛的人，剩下的都不算数。其他的只是胡说八道。"

"你觉得满意吗？"

博尔佐夫背书似地说，没有让人重复第二遍：

"是的，我很满意：首先是为了我的国家；其次，是为了我的教练彼得罗夫斯基(Petrovsky)；再次是为了所有那些给我帮助、让我得以成为今天这个样子的人们；第四，最后，我为自己感到满意。"

"好！好！"在房间深处有一位英国记者反驳道。"那么我想要请问博尔佐夫先生，如果他输掉了，他会为谁感到悲伤。"

年轻的苏联人尴尬的微笑。

"如果我输掉了，我就不会在这里了。"他腼腆地说。"而且，我会为自己感到悲伤。"

掌声。

坐在我们旁边的苏联记者们显然很喜欢这个回答，并通过公然盯着那个胆敢挑衅他的人来让他知道他们的态度。非常好的氛围！环顾四周后，翻译很显然试图选择那些不那么富有侵略性的提问者。这是很不容易的，在这个房间中，博尔佐夫看上去像是成为了我们这些猛兽的猎物（并非始终如此）。尽管如此，在这种别扭的氛围中，他给出了有趣的准确回答。

"我还不知道我是否会参加200米的比赛，这个问题会在明天与我们的领队讨论后决定。个人来说，我认为我的状态可以同时参加200米和4×100米接力。当然，如果我现在要参加200米比赛，是为了获得冠军，在我看来，这很有可能。"

人们继续问："你对美国短跑选手有什么看法？"

博尔佐夫说："我认为他们不比从前更差，但他们没有进步。而正相反，我们欧洲选手们在大步前进。这就是区别。我最敬佩的冠军是汤米·史密斯。首先因为他是奥运冠军，这是一个重要原因；然后是因为他拥有无与伦比的风格。"

"今天你是否害怕会输掉比赛？"

"没有。我非常专心，这是我最大的优点。我总是认为我会获得冠军。我在赛跑中发挥出了90%的能力。不需要更多，重要的不是成绩，而是冠军，只有冠军。当然，我很希望有一天能实现9秒9的成绩。我认为从现在开始，我能够做到这一点，但是今天有风，条件或许不是最好的。我成了奥运冠军，这是件非常好的事情，然后就可以考虑世界纪录了。"

新科奥运冠军继续说："如果我没有记错的话，在我的运动生涯中，我有6次与美国的短跑选手相遇。每一次都是在不同的情况下，或者是在煤渣跑道上，或者是在塑胶跑道上，或者是在下雨，或者天气很好。每一次，我都获得了胜利，我认为自己的的确确能配得上冠军头衔。"

"你最后一次失败是在什么时候？"

"我记不太清楚了。那是在很久以前了。啊！对了，我想那是两年前在苏联的锦标赛上。考纳留科(Korneliuk)战胜了我，但是需要指出的是，当时我受了伤。在上次失败之后我创造了连续参加将近40场比赛场场取胜的成绩。"

"你的胜利将会在苏联造成何种影响？"

"正如在奥运会上夺冠通常会带来的，它

(右)最优秀的欧洲选手博尔佐夫成为了世界上最优秀的选手。作为哈利(Hary)的接班人，他的夺冠由于美国人哈特(Hart)和罗宾逊(Robinson)缺席而变得更加容易。100米四分之一决赛更换时间举行，因为美国代表团的失误，这两名选手没有接到通知。(下)强大，敏捷，擅长直线跑道……100米是10秒14，200米是20秒。在慕尼黑奥运会上博尔佐夫是短跑之王。

将会对我的所有同胞产生振奋的效果。这将会鼓励他们工作和训练。考纳留科的第4名也会向他们证明，我们可以通过大训练量来获得非常好的成绩。”

关于这方面，在两个挑衅性的问题之间，博尔佐夫对他的生活和运动员生涯进行了详细介绍。他是乌克兰人，23岁。他是体育专业的大学生。他喜欢钓鱼。他最好的朋友是800米赛跑选手阿尔扎诺夫(Arzhanov)。他是一个退休上校的儿子。他还希望能够继续赛跑很多年。

“是的，这将会改变我的人生。”

一切都非常美好并且相当温柔。注意最后一次进攻。它来了，非常阴险的：

一位美国同行以甜言蜜语的嗓音提问道：“我猜，在奥运会上获胜将会改变你的日常生活。你是否能告诉我们，当你回到国内的时候，将会从中得到什么样的好处？”

博尔佐夫脸红了，让翻译重复了两遍这个问题，然后，带着孩童般友好的笑容，他完美地摆脱了危险处境。

他说：“是的，这将会改变我的人生，我要签的名要比从前多10倍。”

所有在场的人都大笑起来。在我们看来，博尔佐夫第2次打败了美国人。这个第二次胜利可能不比第一次更容易。

不过，美国代表团在100米项目上最优秀的两名选手，哈特(Hart)和罗宾逊(Robinson)，由于他们的领队没有及时告知他们比赛日程的改变而错过了四分之一决赛。他们没有反对就被除名了。

如果哈特和罗宾逊都在，比赛的结果将会是什么样子，谁能说得清楚呢。不过，历史终归是不能假设的。

古尔德，15岁的超级巨星

澳大利亚人在奥运会上夺走了**3**个冠军头衔和**5**枚奖牌，创造了**3**项个人世界纪录。

文/让–皮埃尔·拉库尔

谢恩·古尔德(Shane Gould)征服了所有人。首先是她自己；然后是观众们，他们像是在卡耐基大厅一样用掌声和口哨声庆祝一位超级巨星的诞生；最后是那些在100米比赛之后以为自己战胜了她的美国女选手们。

在这场精彩的200米比赛中，古尔德的成绩是2分3秒56，巴巴肖夫(Babashoff)的成绩是2分4秒33，罗瑟默(Rothhammer)成绩是2分4秒92，她们让原来的世界纪录变得一文不值。比赛之后，罗瑟默看着电子记分牌，面色欣喜。她想要的不是获得冠军，而是获得奖牌！只有巴巴肖夫面无表情。她可以用这一点来说服自己：她碰上的对手要比自己更强大。

早上的资格赛中，我们发现古尔德在水中略微有点放松，她比400米比赛时更轻松地获得了决赛阶段的资格。澳大利亚人征服了我们，她出发的速度属于另一个时代：在50米处是29秒2，在100米处刚好是1分钟……您没有看错，事实就是如此：在100米处为1分钟，也就是说比她的100米世界纪录(58秒5)只多了1秒5。为了实现这样的成绩，需要的不是她在400米比赛中那种心理上的康复情绪，而是属于伟大征服者的心情，这正是我们在慕尼黑所期待的。她游完了最后50米，只比巴巴肖夫慢了一点点(31秒)，她的时间是31秒3，但她已经完全控制了比赛，美国人只有亦步亦趋跟在身后。

200米的成绩为2分33秒56，这的确是一项了不起的纪录。它会让很多从事游泳的男人陷入思考。这个成绩的确产生了很大影响。古尔德成了个传奇。尤其是当我们想到，她还没有解决自己的泳姿问题，这不是个轻而易举就能解决的问题，尤其会在800米比赛中对她造成妨碍，我们只能钦佩她心理和身体的强大力量。

她用心获得了自己的第3枚金牌。她面色严肃地接受了奖牌，因为她没能成为黛比·迈耶(Debbie Meyer)那样不可触摸的女神，后者在墨西哥奥运会上囊括了所有金牌，而古尔德却输掉了自己拿手的100米。但她还是一个小女孩，在游行队伍中，她突然离开了两个同伴，像一支箭一样奔向了她的父亲。父亲每天早上5点钟起床，开车带女儿去游泳池，他完全值得接受这胜利的亲吻。

这个给人留下深刻印象的**15**岁青少年，面无表情，她是世界上最优秀的女游泳选手。

高低杠梦魇

作为观众们而不是裁判们的宠儿，娇小的奥尔加·科尔布特(**Olga Korbut**)在关键时刻没有挺住。她的同胞柳德米拉·图里谢娃(**Ludmilla Touricheva**)获得了与之相称的金牌。

文/诺埃尔·库埃戴尔

(上)自从第一次参加重大比赛以来，年轻的白俄罗斯人为这项运动带来了很多，她吸引了公众和媒体的注意。但她并没有获得应有的奖励。
(左)观众们欣喜若狂：在平衡木比赛中，娇小的科尔布特获得了金牌。

昨天下午，娇小的奥尔加·科尔布特没有成为奥运冠军，这令11000名作为她拥护者而出席的观众们非常伤心。事实上，在之前进行的自由体操比赛中，她的朝气和活力吸引了所有人，从那时起，她对同胞图里谢娃以及东德人凯伦·扬茨(Karin Janz)已经构成了最大的威胁。她立即证实了这一点。

被一群眼里只有她的观众们支持着，这个看上去还没有17岁的宠儿——人们认为她只有14岁——很快就走上了夺取金牌的道路。

在自由体操的比赛中，她通过欢快、活泼、充满各个等级的难度动作、完全值得获得奥运冠军的表演使整个体育馆的人都陶醉了。她获得了9.80分，因此排在第1名。她之后在跳马比赛中获得的9.65分，这进一步巩固了她的地位。

在距离比赛结束还有两个项目的时候，科尔布特以微弱优势领先图里谢娃(57.725)和扬茨(57.525)，总分是57.800。

然后轮到了高低杠比赛，她在前一天获得了9.70分。她一上场就碰到了麻烦，然后没能承受住压力，犯了两个不可弥补的错误，从而导致了心理和身体的失灵。

美梦破灭了。科尔布特犯了一个她永远不会再犯的错误。需要详细指出，她没有在器械上热身的必要时间，正是这个小意外扰乱了她脆弱的身体机制。

现在是17点15分，小科尔布特刚刚输掉了高低杠金牌，以及同一场比赛的其他奖牌。当电子记分牌显示出她的分数(7.50)，她爆发出一阵呜咽。1960年和1964年的高低杠奥运冠军阿斯塔霍娃(Astakhova)，还有德国人埃丽卡·楚肖尔德(Erika Zuchold)徒劳无功地试图安慰她。一位藐视场地秩序的女观众送给她一束干花。小苏联人，脸上流着泪水，站起来，手里拿着花，来接受最热烈的喝彩。与此同时，在平衡木比赛中，图里谢娃尽管出现了小小的不稳，以9.40的成绩巩固了自己的位置，当时排在第一位的凯伦·扬茨(67.175对67.125分)冷冷地注视着她，扬茨最后要进行的项目是高低杠，而图里谢娃则是自由体操。

作为首先上场的选手，东德人获得了9.70分，这是个不错的分数，因为她犯了一个小错误。因此，当图里谢娃登上场地时，她需要获得9.80分才能成为奥运冠军。

她进行了一场无可指摘的表演，这一次她抛弃了自己机械和冰冷的一面。在她身上燃烧着胜利的火焰。我们从来没有见到她如此有威严，如此神采飞扬过。她一上来做了一个双旋，展示出自信。

为了使胜利更加光辉灿烂，她获得了这届奥运会上最高的得分：接近完美的9.90分。扬茨礼貌地鼓掌。科尔布特擦干她的眼泪。图里谢娃成为了奥运冠军，排在德国人和塔玛拉·拉扎科维奇(Tamara Lazakovitch)之前，后者利用了科尔布特的失误，而科尔布特只排在了第10位。

持续两个小时、富于戏剧色彩和令人难忘的比赛结束了。

图里谢娃，1952年10月7日出生(1.60米，50公斤)，是优秀的体操学生。她没有科尔布特乃至拉扎科维奇那种浪漫、充满灵感和才华横溢的一面。这是一架冷静的机器，稍微有点亚洲式的面孔十分严肃。1970年的世界冠军，1971年与拉扎科维奇并列欧洲冠军，今天的奥运冠军，她从墨西哥城开始登场之后就开始充实战功，当时她只获得了第24名……排在她前面的是，艾芙琳·勒图尔纳(Evelyne Letourneur)，第19名。

图里谢娃获得了金牌，走自己的路，毫不顾虑周围发生的一切，以严格和精确的方式完成了一切该完成的。也许她不是个艺术家。在对她寸步不离的教练的眼皮底下，她几乎是一点儿不错地做着动作。这是多么深厚的功力，和高贵的风度！

美利坚帝国的陨落

只差**3**秒钟,美国就能在对苏联的比赛中取得了胜利,新的冠军头衔。但是,永远不会有人知道这**3**秒钟是否是应有的……

文/皮埃尔·特希尔

奥运会历史上第一次,美国篮球队被打败了。但是苏联人没有立刻登上领奖台。因为这场发生在美国和苏联之间的非常令人期待的决赛是在混乱中结束的,在几秒钟之内,美国人输掉了他们本以为会赢的比赛。

人们永远都不会知道,这几秒钟是否太多余,因为在美国人要求下集合起来的上诉委员会磋商至凌晨 4 点 30 分都没能做出一个决定。始终只有国际业余篮球总会的秘书长琼斯先生 (Jones) 所提供的寥寥无几的解释,这说服不了任何人。特别是美国队 68 岁老教练汉克·伊巴 (Hank Iba),公开表示了他的不满和谴责,发誓说如果不是他的球队取得胜利,人们将永远不会看到美国队出现在奥运会上!

那么发生了什么?在距离比赛结束 3 秒钟的时候,苏联人萨坎德里泽 (Sakandelidze) 犯规,科林斯 (Collins) 要罚两个球。他两球都罚进了,在这场比赛中第一次美国人取得了领先,胜利在望 (50 比 49)。

苏联人在他们的底线上发球,时间只剩下 1 秒,我们看到琼斯先生向着记分员台伸出了 3 个指头,而苏联队领队弗拉基米尔·孔德拉奇 (Vladimir Kondrachine) 冲向了裁判里盖托 (Righetto) 先生,指出他之前叫了暂停,但没人听到。在琼斯先生的坚持下,尽管美国人并不同意,苏联人获得了暂停。苏联人从而再次发球。但是由于已经过去的两秒钟在计时器上没有被调回,比赛结束哨声立刻响了起来。

一秒,两秒还是三秒?

观众们已经冲进了球场,美国人互相拥抱。但是一切都还没结束……琼斯先生又一次进行干涉,要求将计时器拨回去 3 秒。当美国人似乎还搞不清楚状况的时候,在波罗斯喀斯 (Paulauskas) 的长传下,篮球穿过了整个球场,到了亚历山大·别洛夫 (Alexandre Belov) 的手中,他在没有抵抗的情况下轻松将球送进了篮框。

51 比 50 将胜利送给了苏联人,他们高兴地跳了起来,把孔德拉奇举了起来。美国人的愤怒是不用说的,他们认为这明显是抢走了属于他们的胜利。

(上)非常一般的美国选手,非常牢固的"红墙",多出来的**3**秒钟:为挡住战无不胜的美国就足够了。

(右)"火辣的"决赛,充满了冲撞,还有考奇亚和琼斯的被罚下场。

(下)在篮框下,布鲁尔、琼斯和福布斯的弹力,对于挡住别洛夫、博洛切夫和查穆卡梅多夫的进攻是不够的。

对苏联人的胜利始终存在一种疑问,尽管他们赢得这场比赛是完全应当的。在 39 分 57 秒的时间里,苏联人都控制着比赛的局势,这特别应该归功于苏格·别洛夫 (Serguei Belov),他在中场的灵活一下子就打乱了迷恋速度的美国队的步调。尽管有着强壮的体格和出色的镇定,布鲁尔 (Brewer)、德怀特·琼斯 (Dwight Jones) 和福布斯 (Forbes) 没能在篮框下占据优势,而亚历山大·别洛夫、博洛切夫 (Bolochev) 和查穆卡梅多夫 (Zharmukhamedov) 让他们吃尽了苦头。从始至终存在着非常激烈的身体对抗,苏联人考奇亚 (Korkia) 和美国人德怀特·琼斯 (Dwight Jones) 由于发生冲突而被罚下场。这不是一场伟大的决赛,而是一场有争议的决赛。

美国的抗议

决赛后美国队负责人提交抗议官方文本:

1 美国队抗议给予额外的三秒钟,因为根据国际业余篮球总会的规定,比赛已结束了。

2 美国队当时正在进行两个罚球中的第二个。这一罚球完成了。在进行罚球的时候,比赛还有三秒钟时间。

3 在这时,按照国际业余篮球总会的规则,两支球队都不应该要求比赛暂停。在最后的 3 秒钟当中,正式的比赛单没有显示任何暂停。

4 对手在两秒钟内运球跑动。按照国际业余篮球总会规则这是继续比赛的唯一方法。

5 在离比赛结束还有 1 秒钟时,观众们进入了球场,裁判们在这时宣布了比赛结束。在这个时刻,根据国际业余篮球总会的规则,他们的行为是正确的。

6 观众们被清出场时比赛重开,还有一秒。

7 一秒钟过去,哨声响起,比赛正式结束……正式比分:美国 50/ 苏联 49。

8 按国际业余篮球总会规定比赛结束。

维伦，来得刚刚好！

芬兰人获得了**10000**米的冠军，打破了世界纪录。尽管在半路上跌倒过！**10**天后，他又在**5000**米中取得了胜利。

文/罗贝尔·帕里昂蒂

已经进行到第12圈了,戴夫·贝德福(Dave Bedford)在队伍的最前面摆动着自己瘦削的身体。在这场10000米比赛中，他就像是一个登山运动员冲去占领一座未受破坏的城墙。这个“了不起的第一”他从很久以前就开始准备了，先是在丰摩罗，然后是在圣莫丽斯，贝德福希望它是辉煌的、决定性的。他想，在他之前有克拉克(Clarke)。在他贝德福之后，将不会再有未知的土地，不会再有新发现。

贝德福的冒险可以造成一种积极的结局，他在领头的位置，用少于27分30秒的时间跑完了跑道的25圈。

但贝德福犯下了不可弥补的错误，他藐视自然法则，并且低估了某些对手。人们不能用2分36秒9跑完10000米的第1个1000米而不承担任何后果，这是5000米世界纪录的节奏。但是直到3000米处，看上去贝德福有可能凭借其大胆的举动而取得胜利：他用8分6秒4完成了这个距离，但是当他转身时，还有6名选手仍然离他非常近，特别是那些他最害怕的——加穆迪(Gammoudi)和维伦(Viren)。

然后，突然戏剧性事件发生了，贝德福发现自己被两个对手摆脱了。芬兰人维伦在4400米处撞到了栏杆，他重重地倒在了跑道上，在跌倒的同时连累了突尼斯人加穆迪。维伦马上爬了起来，只比领先军团落后了20几米，但是受到了打击的加穆迪在十几秒之后还没能找到他的状态。对他来说这场10000米比赛已经结束了。

失去了斗志，他从比赛中退出了。恰恰在这个时候，维伦经过短暂的追赶重新返回到领先军团的内部。贝德福开始露出严重的疲劳迹象，不敢或者说不能加速让芬兰人的追赶变得更困难。在5000米处，他实现了13分43秒9(比克拉克的世界纪录快了1秒1)，但对他来说这只是死刑缓期执行。在第7个1000米中，英国人只用了2分50秒，这用尽了他最后的力量，然后就崩溃了。

从那时起，我们知道需要等到最后的800米才能知道这场比赛的结局，它成为了芬兰复兴的胜利。为了让白底蓝十字的旗帜在中央的旗杆上升起，维伦需要选择一个与其同胞完全不同的战术。这不是步履艰难的最后一圈，而是长距离的加速，真正的800米，时间是1分56秒2，从而挡住了比利时人普特曼斯(Puttemans)猛烈的进攻和本可能成为新的阿贝贝·毕基拉的埃塞俄比亚人伊弗特(Yfter)。在27分38秒4中，维伦将克拉克传奇性的纪录又减少了整整1秒，从而加入到芬兰那些光荣的前辈精英人物的行列中:柯勒迈宁(1912年),努尔米(1920年和1928年),里托拉(1924年)和萨闵宁(1936年)。从柏林到慕尼黑，芬兰在36年后又实现了它在奥运会的复兴。

(上)在10000米比赛中,快要到半程的时候,维伦撞到了栏杆,让加穆迪重重地摔在了地上,但他又重新出现在第1的位置上。(下)加穆迪,普特曼斯和普雷方丹(从左到右)不择手段地进行争夺,但只是为了5000米的第2名。维伦牢牢控制了局势。

226

1972

瓦萨拉阴影下的凯诺

在一切之前，让我们向芬兰致敬。不论如何，它的两名运动员昨天出色的表现都与这些北欧人们的光辉时代相符。1924 年，在巴黎的跑道上，芬兰在奥运会上赢得了 1500 米，5000 米和 10000 米的冠军。打那以来，已经过去了将近半个世纪。就像在慕尼黑一样，只要两位赛跑选手就足以完成这 3 项功绩了：努尔米赢得了 1500 米和 5000 米，里托拉赢得了 10000 米。

4 年之后，在阿姆斯特丹，角色分配的方式有所不同，芬兰人又加上了拉瓦 (Larva)，他战胜了拉杜梅格 (Ladoumegue) 获得了 1500 米的冠军，里托拉，5000 米；努尔米，10000 米。后来，再也没有一个国家能够在同时获得这 3 个项目的冠军。

即使是芬兰也没有做到。1932 年，它将 10000 米拱手让给了波兰，1936 年，将 1500 米让给了新西兰。然后它就从奖牌榜上消失了，直到这届慕尼黑奥运会，它标志着一个有着 450 万人口的国家的复活。对于这个国家，体育不仅是一种教育方式，而是一种第二信仰。

因此维伦到来了。在获得了 10000 米冠军之后，他又赢得了 5000 米，他所实现的成绩之前只有 3 名选手曾经实现过。柯勒迈宁在 1912 年，扎托佩克在 1952 年——他同样赢得了马拉松比赛——还有库茨 (Kuts) 在 1956 年！

伟大的缺席者

根据赛程的安排，维伦退场，轮到佩卡·瓦萨拉 (Pekka Vasala) 在 1500 米中进入到我们的视线当中。我们必须承认，我们的愉悦不如在 5000 米中那么完满。我们没能亲眼目睹这个时期最了不起的 1500 米选手出现在决赛的跑道上。吉姆·赖恩 (Jim Ryun) 没能参加决赛，一场愚蠢的事故将他从冠军之路上赶走了。两天之前，在第 4 场资格赛的时候，美国人由于跌倒而被淘汰了。他忧伤地在看台上观看了"陛下"奇普·凯诺 (Kip Keino) 的伟大表演。

如果吉姆·赖恩出现在赛场上，凯诺会以另外一种方式前进。肯尼亚人会尝试在 700 米之前就压倒他。他低估了瓦萨拉的能力，尽管他肯定知道芬兰人在 800 米中跑出了 1 分 44 秒 5 的成绩，这是一个令人惊恐的冲刺阶段，是用一种与 1500 米完全不同的方式进行的。凯诺处于最好的状态，但是他发力太迟，以至于不能威胁到瓦萨拉。

他只是迫使后者用 1 分 48 秒 8 跑完了比赛的最后 800 米，对于那些没有像我们那样将比赛以百米为单位进行分析的人们来说，这看起来可能不像真的。

当然，还有赖恩构成的威胁。这妨碍了我们对了不起的瓦萨拉的功绩做出正确评价，但如果那位保持着世界纪录的美国人参加了比赛的话，他的成功将会产生完全不同的反响。

文/罗贝尔·帕里昂蒂

在最后一个转弯处，瓦萨拉和凯诺还是难分难解的，在终点处他们只差了0.5秒。

丹尼尔·莫雷隆，独裁者

4年来，法国人在世界级的短距离比赛中有着绝对的霸权。因为他已经了解了这个项目的全部。

文/雅克·马尔尚

丹尼尔·莫雷隆 (Daniel Morelon) 不仅是公认的奥运会速度赛冠军，在两届奥运会间的 4 年中他都是冠军。在 4 年中，他在国际性的短距离比赛中占据了绝对霸权。从墨西哥城到慕尼黑，在这个期间他获得了 3 个世界冠军头衔，1969 年在布尔诺、1970 年在莱切斯特和 1971 年在瓦莱塞。在决赛中，他连一局都没有输给挑战者……他登上了领奖台的最高处，再没有从上面下来过，他始终占据着这个位置。而一切始于东京奥运会上获得的一枚铜牌。当时他 20 岁，他现在 28 岁。自有奥运会以来，他将会是第一位卫冕个人奥运冠军头衔的自行车选手。

我们了解这位拥有一系列头衔和奖牌的冠军的一切，他自己要更加慎重，他的生活可以作为典范，并且非常有规律，就像他的奖牌榜一样。人们几乎要指责他对于胜利太一丝不苟，从不寻求冒险。人们指责他始终保持着业余身份……这让他愤怒，总是会让他产生强烈的反应。

半决赛中，在这个寒气逼人的傍晚，在回到赛道上参加第 2 局比赛之前，他在运动员区踱来踱去来让自己暖和一点，这里的"草地"相当滑，因为它不是草地，而是水泥。这使我们看到了 4 块网球场地的痕迹，对于自行车馆来说，这真是相当独特的。莫雷隆突然在我们的旁边停住了。

他用与自己性格不符的挑衅口气质问："那么在你们看来，我应该为职业短距离比赛失去价值而负责吗? 缺席倒使我出了风头! 你们相信我能够拯救职业短距离比赛。你们可太抬举我了。"

讨论合情合理地进行着。他很快承认，对一个事实的评价并不一定就是批评。他的理由，我从 4 年前就知道了。在慕尼黑如此，在墨西哥也是如此："我想要成为职业选手，如果我确定能够维持生活，我就会这样做，这样我就不用找别的工作了。但我咨询过，我比较过正反两方面。你们认为如果我是职业选手我会更出名吗? 短距离比赛，不管是业余的还是职业的，是自行车比赛的穷亲戚。人们每隔 4 年能够在奥运会上看到我的表现。在媒体中，由于我的冠军头衔，人们给予我一定程度的注意。但之后，关于短距离比赛就是一片寂静了。我现在已经习惯了，并且听天由命。我不是为了观众而比赛，我是为了自己……"

在他的话中，没有苦涩，而是一种现实主义的意志。他强迫自己在各种情况下都能达到一种平衡。他在身体上已经达到了平衡，他非常地强壮魁梧，但也非常苗条。他能控制自己的神经冲动，他不紧张，这一点不像特伦坦。他或许没有队友的那种冲击力，但是他的活力被以更加精确的方式更好应用。这种平衡出现

在他在赛道上的表现以及他的生活中……“决赛的整天中，我都非常‘放松’”，他说。但是这并不是什么注意力分散，因为他从来就没真正紧张过。

挑战者……掠夺者

在决赛中，他的信心与尼克尔森 (Nicholson) 的“胆量”形成了鲜明的对照，因为澳大利亚人既没有显示出勇气也不带有一点胆怯。在终点记录照片上显示出来的只有咫尺之遥的，或者说是几毫米的差距，使得莫雷隆在第二局中战胜了他。澳大利亚人什么也不怀疑，尤其是对自己没有任何怀疑，在赛道上，他表现得像是个掠夺者,然后就像是一个小小的“无赖”一样出现在记者们面前，他坦率宣称：“我很失望，我不是为第 2 名来的，即使输给莫雷隆也一样。记者们和专家们搞错了，他们断言需要一开始就领先，在第一个通过最后的一个拐弯处的人将会是第一个到达终点的人。所以说你们不了解莫雷隆！他推翻了你们的假设，他在直线跑道上仍然超过了我……”尼克尔森竭尽了所能拦住这位世界冠军的去路。他在赛道上猛冲，赛道因为他的摆动而显得不够宽了。他在护栏处挤住了莫雷隆，在倒数第二圈时后者举起了手，为了向比赛监察员指出这一事实。

还有一个事实可以证明莫雷隆失去了冷静，他因为这位危险的对手而落马，因为他在一种确定的品质中增加了“缺点”。他有着强烈的个性，这也很难不让人注意到，难道他不是在出发时像是“乞丐”一样出现吗……仅仅只是因为他的鞋子是直接系在脚蹬上的。当人们询问这一系统的优点时，他的回答是：“因为我喜欢这样做……”

被尼克尔森挡住前进的路！

周六晚上，莫雷隆甚至没有用香槟庆祝夺冠。“我一回到奥运村就睡觉了，并且马上就睡着了。我梦见自己被挡住了去路……被尼克尔森”，他开玩笑地补充说。为了满足那些要签名的人，前一天他是最后一个离开自行车馆的人，而今天奥运冠军第一个出现在赛道上，为了与特伦坦进行训练，因为墨西哥城的这对奥运搭档进行了重新组合。莫雷隆还没有完全意识到他的金牌的意义，但是他已经预感到了自己的夺冠。他并非感情丰富，即使是在满足当中也还保持着审慎，尽管大家的拥抱已经让他喘不过气来了。在决赛之前，他有那种责任大大增加的感觉，因为所有夺得奖牌的希望都寄托在他身上。

(左)决赛。技术登峰造极的莫雷隆领先于在澳大利亚人尼克尔森。第1局结束得很快，当自行车越过终点线时，他赢得了第2局，冠军。

(右)莫雷隆对金牌的收获，从东京开始，在墨西哥城进一步扩大和继续，在遭受双人自行车赛失败的打击之后，获得了第2个奥运冠军头衔。在让日本人出局之后，这一次，莫雷隆－特伦坦这对搭档在对波兰选手时输掉了，只获得了铜牌。

莫雷隆具有获得冠军的本领，而不是成为国家英雄的本领。他的名望更加“在外”而不是在国内，更加国际化而不是国内的……我们还记得，在布尔诺捷克观众们震耳欲聋的欢呼，他们有节奏地高呼“莫雷隆，莫雷隆”来鼓励他在决赛中战胜苏联人普哈卡泽 (Phakadze)。48 小时之前，一位同行询问追逐赛的奥运冠军挪威人克努德森 (Knudsen)，他最崇拜的自行车运动员是谁？“毫无疑问，是莫雷隆。”

栏王盖伊·德律

需要处在最佳状态的罗德·米尔本(Rod Milburn)才能打败这个法国跨栏运动员，这位卓越的银牌获得者。

文/罗贝尔·帕里昂蒂

直到中午还是降半旗的奥林匹克体育馆的旗帜，重新又升到了旗杆的顶端。奥林匹克体育馆又恢复了前几天的面貌，从早晨起就坐满来观看十项全能的头两场比赛的人们。乍看上去，我们几乎可以相信从没发生过任何外部事件，奥运会如常进行。但如果认真听人群的谈话，我们注意到，人们的热情是有节制的，而喜悦之情也不完满。我们有时候会自问，坐在媒体席，我们到底在这里做什么。难道我们不是仍然处在噩梦的影响之下吗？这是真的吗，在菲斯滕菲尔德残忍的谋杀仅仅36小时之后，我们就能够重新为体育场中的运动会而欢欣鼓舞吗？

不管是记者、观众还是运动员，我们当中有很多人这样自问，突然没有任何预兆的，感动锁住了我们的喉咙。110米栏的发令枪响了，在第8跑道的盖伊·德律(Guy Drut)，发起了最出色的挑战，在一项自从创立之初就被美国人占据优势的运动中，从来没有一位欧洲的跨栏运动员能够提出这样的挑战。一位法国人崭露了头角，由于罗德·米尔本看上去从第6栏开始就已经无法赶上了，所以冠军头衔已经不在争夺的范围之内，但他至少角逐第二名的位置，这一位置同样受到希尔(Hill)和上届墨西哥城奥运会的冠军达文波特(Davenport)的垂涎。

我们毫无羞耻地承认我们并不是强颜欢笑。在这13秒当中，除了德律神奇的努力以及他跟在米尔本身后开始的奇妙高速追逐之外，什么都不存在了。所有人都具有了遗忘的能力。没有他，他们不能继续存在。

整个体育馆在今天第一次焕发出毫无保留的激情。观众们意识到，他们亲眼目睹了奥运会的一个伟大场面，亲眼目睹了一位超级冠军的加冕，他或许是参加奥运会110米栏比赛的最伟大选手。

(上)在资格赛中表现出色(左上，第1名)，在半决赛中被希尔超过，德律在决赛中被米尔本(Milburn)打败了(右上)。
(下)在美国人米尔本右边，德律并没有因为只获得了第2名而流露失望。

米尔本在这场比赛中的表现是没有瑕疵的，具有很少有人达到的完美。德律的不幸，在于他刚好在美国人达到其状态顶峰的时候与他相遇，尽管后者经过了两个月的不确定和焦虑。难道他不是差点在美国预选赛中被淘汰了吗？

对于德律，这个夏季一团糟，严重的脚伤困扰以及在训练过程中的不顺，但是离决赛仅仅只有20天的时候，他几乎重新成为了我们五月份看到的那个朝气蓬勃的优秀运动员，我们始终认为那场比赛是他职业生涯中最出色的一场110米栏比赛。

德律在第一栏的时候处在很好的位置上，就像是意大利教练桑德罗·卡尔韦西(Sandro Calvesi)要求的一样控制了障碍，但是他与米尔本相比已经稍微落后了。直到赛程过半，这个差距稳定了下来，这时德律用掉的时间是6秒5，比在芳美亚时多了0.1秒。米尔本还没有遥不可及，但是他已经拥有了足够的领先距离(50到80厘米)，可以防止被他的对手们赶上。

将近终点时，曾经一度处在第4名的德律的表现令人赞叹。他大师一样越过了最后3个障碍，可能比米尔本还要快。这一加速最终足够让他摆脱达文波特以及希尔，但还不够让他干扰到米尔本，尽管在赛程的最后三分之一中，他将缩短了两人之间的差距显著缩短了。如果角色互换，很显然德律会抓住他的机会。但他没法指望与美国人保持在同一水平，因为后者的优势刚好抵挡了在赛程过半之后开始的加速。用13秒24的成绩(电子计时)，米尔本平了1959年由劳尔(Lauer)创造的并在之后多次被平掉的老世界纪录。

但事实上，他比前人们都要做得好：迄今为止，完全自动计时的成绩是13秒37，由达文波特在墨西哥城创造。所有计时到0.01秒的成绩，都比这一成绩要差。这个赛季米尔本的13秒和德律在米兰的13秒25是半电子计时的成绩，因为它手动启动的。至于德律，他用13秒34绰绰有余地抹掉了由埃迪·奥托兹(Eddy Ottoz)创造的欧洲最好成绩，这一成绩同样是在墨西哥城创造的，13秒44。

我们立刻进入到场地中，奥运会的豪华铺张没有因向那些已不在的人们致敬而被缩减成简单形式，对此我们感到无限遗憾。

新浪潮

法国帆船队顺风顺水：在芬兰人型比赛中，塞尔日·莫里 **(Serge Maury)** 获得了金牌；在飞行荷兰人型比赛中，帕约兄弟 **(Pajot)** 获得了银牌。

文/帕特里克·查普伊

(上)作为芬兰人型比赛的夺冠大热门，莫里(中)在奥运会没有失手。作为准备相当充分的战术家，他超过了希腊人哈齐帕夫利斯(第2名，左)和苏联人波塔波夫(第3名，右)。

(左上)在飞行荷兰人型比赛中，伊夫和帕约，奥运会帆船比赛的两名少年运动员，在英国队的帕蒂森和戴维斯后抵达终点。

为了法国帆船队出色的胜利，香槟在波罗的海中流动：塞尔日·莫里在芬兰人型比赛中获得金牌，帕约兄弟在飞行荷兰人型中获得了银牌。

但是还有需要指出的是，勒·桂罗 (Le Guillou) 在索林型比赛中取得了第四名。现在不是懊悔的时刻，但仍然附带地注意到，如果不是因为在第 5 场比赛中获得第 6 名，从而失去了夺冠资格，法国的索林型帆船在昨天的比赛中获得了第 4 名后本应还能赢得一块金牌。

昨天，有一会儿我们害怕，这比赛的最后一天会展示给我们新版的《漂泊的荷兰人》，就像在瓦格纳的歌剧中一样。基尔的停泊地就像前夜一样被淹没在浓雾中。但是将近下午 1 点时，起风了（风力二级），正是它陪伴了法国队凯旋的步伐。

在芬兰人型比赛中，莫里排在第 1 位完成了第一个三角形。然后故意没有争夺竞渡比赛的第一名，他排在了第 2 位，身后是主要对手希腊人哈齐帕夫利斯 (Hatziavnis) 和俄罗斯人波塔波夫 (Potapov)。确信自己会获得金牌，法国人在自由轮结束后排在第 4 位。在飞行荷兰人型比赛中，帕约兄弟以领先德国人里伯尔 (Libor) 和纽曼 (Naumann)10.4 分的优势保证了他们的银牌。

在船坞，我们所有人几天来怀有的那种巨大喜悦最终表现出来。龚伯夫人 (Mme Gomber)，技术指导的妻子，擦拭着自己的泪水。从比赛开始没说过一句话的莫里兴奋地回答着所有记者们的问题。这个 26 岁的男孩，在比赛开始之前是法国队最有希望夺冠的人。芬兰人型是稳向板帆船的单人比赛，由于舵手需要独自对抗自然力，是奥运会船类比赛中最困难的。它的发动机难以操纵，而且船是由组织方提供的，其他的类型中参赛选手们驾驶着经过自己精心调校的船只。在芬兰人型比赛中，那些重量一模一样的帆船要在比赛开始前 8 天在参赛选手中进行抽签。

选手们在这类比赛中有着同样的武器。在技术指导马克斯·龚伯 (Max Gombert) 和国家教练菲利普·索利亚 (Phippe Soria) 看来，莫里的最大优势是事先就学会了如何使用这些武器。

让我们来解释：1 年前我们就知道，在基尔，所有的芬兰人型帆船都是完全相同的，它们将是德国船体，装配有英国的桅杆和德国的帆。关键问题在于学习使用金属的桅杆，它们是首次获准在这类比赛中使用的。

莫里解释说，“今年二月我收到了金属桅杆，在索利亚的帮助下，我们学会了使之发挥最大的功效。然后在来参加奥运会之前，我能够用与这届奥运会相同的设备来航行——船体和帆缆索具。这对我有很大帮助。”教练索利亚本人就是杰出的芬兰人型选手，1968 年在阿卡普尔科曾在同一类型的比赛中获得冠军，他为奥运会的备战做出了很大贡献。“我还相信，”莫里补充说，“在波尔多附近的莫比松湖航行的习惯对于我在基尔水道的比赛有很大帮助。我们等待强风。风向的突然变化对新人来说是非常难以忍受的。但是在莫比松也是一样，风经常是扭曲的……”

帕约兄弟这边已经在谈论未来。他们在飞行荷兰人型比赛中获得了银牌，而 20 岁的舵手伊夫，还有马克，还不到 19 岁的队员，对他们来说，这也许只是辉煌生涯的开始。同住在拉博勒的尼古拉斯·罗代 (Nicolas Loday) 一起，他们梦想组成一支索林型的队伍。他们说：“如果我们参加 1976 年在加拿大的奥运会，我们将会参加飞行荷兰人型的比赛。这是一艘会像纯种马一样跳动的帆船，在微风中的确会给予我们奇特的感觉。”

今年，法国代表团首次主要由来自大西洋地区的选手组成。在奥运会的这一成功确保了国家的海洋使命。

从400米比赛脱颖而出的奥运冠军，高莱特·贝松在四分之一决赛中只取得了第4名。

1972年慕尼黑第20届奥运会

距离柏林奥运会这个不祥的回忆已经过去了30年，德国成为了劫持人质的舞台。奥运会又一次在无意中显示出，它是时代的完美映象。

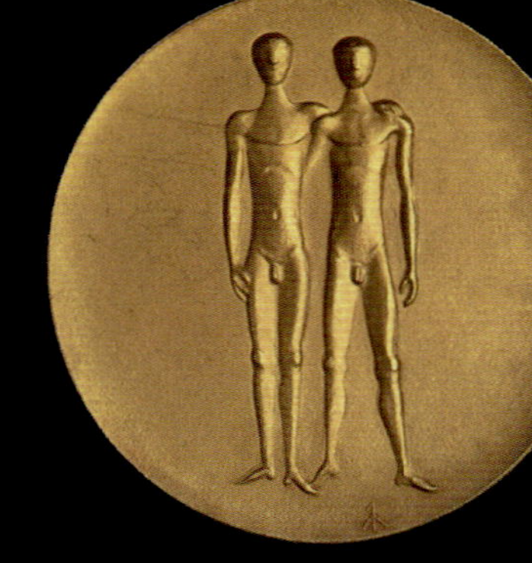

数据

开幕日：1972 年 8 月 26 日
闭幕日：1972 年 9 月 10 日
主办国：德意志联邦共和国
其他申办城市：美国底特律，西班牙马德里，加拿大蒙特利尔
121 个国家奥委会派队参赛（国家名义）
65 个国家有女选手参加：6065 名男选手和 **1058** 名女选手
21 个大项（其中有 **8** 个有女子项目，包括混合项目）
田径、赛艇、篮球、拳击、皮划艇、自行车、击剑、马术、足球、体操、举重、手球、冰球、柔道、摔跤、游泳、现代五项、排球、射击、射箭、帆船
表演项目：团体操。
172 个小项（**43** 个有女子项目，包括混合项目）
宣布开幕者：德意志联邦共和国总统古斯塔夫·海涅曼
点燃火炬者：德国田径选手甘瑟·赞恩（Gunther Zahn）
运动员宣誓：德国田径选手海蒂·赛赫勒
国际奥委会主席：美国人艾弗利·布伦戴奇

冬季奥运会

第十一届冬季奥运会于 **1972** 年 **2** 月 **8** 日至 **13** 日在日本札幌举行，日本裕仁天皇主持了开幕仪式。共有 **35** 个国家的 **1006** 名运动员（其中女子 **206** 人，男子 **800** 人）参加了本届冬季奥运会的 **6** 个项目的角逐。

奥地利滑雪选手卡尔·施兰茨（**Karl Schranz**），由于被认定为职业选手而被赶出了奥运会！荷兰人阿尔德·申克（**Ard Schenk**）在速度滑冰中获得 **3** 枚金牌（**1500** 米、**5000** 米和 **10000** 米），瑞士女选手玛丽－特蕾丝·纳迪格（**Marie-Therese Nadig**）获得了女子速降和女子大回转两枚金牌。

日本的跳台滑雪选手吸引了人们的目光：笠谷幸生（**Kasaya**）在 **70** 米级个人赛中获得金牌，但他在 **90** 米级比赛中被荷兰人福尔图纳（**Fortuna**）打败。

从墨西哥城到慕尼黑

1969

• **1** 月 **16** 日，在布拉格，大学生强·帕拉奇（**Jan Palach**）自焚以抗议苏联占领。

• **2** 月 **3** 日，亚西尔·阿拉法特（**Yasser Arafat**）被选举为巴勒斯坦解放组织主席。

• **6** 月 **15** 日，戴高乐将军决定退休。乔治·蓬皮杜（**Georges Pompidou**）继任法国总统。

• **7** 月 **21** 日，尼尔·阿姆斯特朗（**Neil Armstrong**）和巴兹·奥尔德林（**Buzz Aldrin**）成为最早登上月球的人。

1970

• **7** 月 **22** 日，墨西哥城，足球世界杯决赛，贝利带领巴西队以 **4** 比 **1** 击败了意大利。

• **9**月**16**至**22**日，黑色九月。在约旦安曼，巴勒斯坦和约旦武装组织发生了激烈的冲突，造成三千多人死亡。巴解组织撤退到黎巴嫩。

1971

• **1** 月 **12** 日，在苏格兰格拉斯哥的伊布罗克斯足球场，凯尔特人和流浪者队的德比赛结束时，栅栏由于人群的踩踏坍塌，**66** 人死亡。

• **1** 月 **15** 日，埃及阿斯旺水坝举行了落成仪式。

在温布利，由约翰·克鲁伊夫（**Johan Cruyff**）带领的阿姆斯特丹阿贾克斯队获得了其第一个欧洲杯冠军。

• **8** 月 **15** 日，美元与黄金挂钩中止。

• **10** 月 **25** 日，中国加入联合国。

1972 年

• **5** 月 **26** 日，理查德·尼克松（**Richard Nixon**）代表美国，莱昂尼德·勃列日涅夫（**Leonid Brejnev**）代表苏联，在莫斯科签署了第一阶段限制战略武器谈判的两项协议。

• **8** 月 **16** 日，摩洛哥国王哈桑二世避开了一次谋杀。假定的幕后操纵者，乌弗科尔将军自杀。

你知道吗？

第一次，官员们宣读奥运誓言；第一次，由女选手作为运动员代表宣读奥运誓言。在中断了 **52** 年之后，射箭回到了奥运项目中。男子手球第 **2** 次作为正式项目出现。它在 **1936** 年已经被加入奥运项目当中，但是当时是 **11** 人的手球比赛。

慕尼黑马克西米连大街。

慕尼黑 Munich

这是一座最能体现日耳曼民族风格的城市,到处可见气派的城门,宏伟的宫殿和高耸入云的教堂。

德国第二大城市慕尼黑的环境之美可谓中欧之最，它位于欧洲第一山——阿尔卑斯山北坡平顺的丘陵间，森林茂密，湖泊连珠，多瑙河的一条名叫伊萨尔河的支流从这里流过。

在德语里,慕尼黑意为"僧侣之乡"。1200多年前，爱尔兰僧侣远涉重洋，到此传道。公元750年，这里建起了第一座修道院，慕尼黑城即以此发端。

12世纪中叶，巴伐利亚国王亨利便在这里建起了小镇。这里是德意志南部最瑰丽的宫廷文化中心，12世纪以来一直是拜恩王国维特尔斯·巴赫家族的都城。拜恩王室的王族中，历代辈出爱好学问和艺术的君王。他们在慕尼黑城内外建起了豪华的宫殿群，遗留下无数的艺术珍品。尤其在16世纪阿尔布雷希特五世时期，此地文艺复兴、巴洛克、洛可可风格的各类文化极度发达，以致这里被称为"伊萨尔河畔的雅典"。

慕尼黑也是能充分体现日耳曼民族风格的城市。这里到处可见气派的城门，宏伟的宫殿，高耸入云的教堂。宫廷式的开阔园林，荟萃欧陆精华。

然而，慕尼黑在人们的心目中也有着不愉快的记忆，这是因为它是希特勒的发迹之地。希特勒曾在这里建立最初的法西斯武装冲锋队和党卫军，成立国社党。慕尼黑在第二次世界大战中遭空袭66次，整个城南几近毁灭，但战后的重建工作十分出色，逐渐发展成为德国重要的工业城市之一。这里生产精密仪器、光学仪器、电器、食品、化妆品和服装等，著名的西门子公司就在慕尼黑。这里号称德国的"硅谷"。

来到这座城市的人必定要去的地方是德意志博物馆以及慕尼黑奥运村，最向往的活动一定是参加一年一度的慕尼黑啤酒节。

这个已有一个多世纪历史的节日举世闻名，而在慕尼黑，人们喝啤酒如同喝开水一样，平均每人每年要喝掉230公斤啤酒。啤酒节期间，广场上万头攒动，人声鼎沸，人们高举着玻璃啤酒杯，互相祝愿，张口痛饮。据说，每年世界各地前来参加啤酒节的酒客达六百万以上。酿酒同时也是慕尼黑的传统行业，早在建城伊始，这里的居民就开始酿造啤酒。慕尼黑啤酒以味醇气足享誉全球。

1966年，国际奥委会在罗马召开的第64届会议上，决定将第20届奥运会的举办权交给慕尼黑。这是自罗马奥运会12年后，奥运会再次回到欧洲。这座历史悠久、美丽的城市，又高举起弘扬奥林匹克精神的大旗。

但是，这个优美、宁静的文化古城，博物馆、音乐剧院众多，却缺少现代化体育设施。为了使奥运会顺利进行，筹委会花了6亿美元，兴建了一个体育建筑群。任何人来到慕尼黑的奥林匹克村，都会为德国人的创造性和高效率而惊叹：别出心裁的白色建筑、错落布置的人工湖泊、绿波缓涌的草坪……人文建筑和自然风光在这里得以完美结合。奥运村被誉为"悬挂在慕尼黑的花园"。

虽然，在这座花园里，发生了奥运会历史上令人震惊的血案，给奥运会一度蒙上一层阴影，但是慕尼黑最终还是得到了世人的认可，成为奥运会历史上最为盛大的奥运会之一。

经历过奥林匹克的洗礼，慕尼黑成为了一个有着世界影响的伟大城市。

关键词·拜仁慕尼黑

拜仁慕尼黑足球俱乐部，是这座城市的重要名片。这支球队带给这座城市太多的惊喜：**20**次捧起德国甲级联赛冠军奖杯、**13**次获得德国足协杯冠军、**4**次获得欧洲冠军杯赛冠军……是德国乃至整个欧洲的老牌劲旅。

这个俱乐部从来就不缺乏球星，从过去的"足球皇帝"贝肯鲍尔，"轰炸机"穆勒直到今天的"小猪"施魏因斯泰格、克洛泽……他们都是这支俱乐部不同时代的象征。

纵观德国足球史，几乎每次重大胜利都离不开拜仁慕尼黑球员的贡献，特别是三次夺取欧洲冠军时，德国队的队长都来自拜仁慕尼黑；而在**1996**年多特蒙德队的萨默尔当选欧洲年度最佳球员之前，四次获此殊荣的德国球员都出自拜仁慕尼黑。

第21届奥运会→蒙特利尔

首先是加拿大政府做出决定，不允许已经进入奥运村的台湾以“中华民国”的身份参加奥运会。这是因为受到重返奥运会的中华人民共和国的压力。面对既成事实，国际奥委会提出了抗议，但以妥协告终。台湾人也是一样。他们离开了。然后是一支新西兰橄榄球队的事件，它应邀前往南非这个由于种族隔离制度而被排除在奥运门外的国家访问，这一事件引起了非洲国家的强烈不满，他们要求将新西兰也赶出奥运会。但是这一次国际奥委会拒绝了这一要求。这个决定导致了30个非洲国家的退出。那些非洲运动员们，乌干达人阿奇博阿 (AkkiBua)、肯尼亚人迈克·博伊特 (Mike Boit)、突尼斯人加穆迪 (Gammoudi) 或者坦桑尼亚人巴伊 (Bayi) 不得不对他们夺得奖牌的希望说再见了……

奥运会仍然照常举行，这是届成功的奥运会，英雄们的名字是科马内奇 (Nadia Camaneci)、胡安托雷纳 (Juantorena) 或者维伦 (Viren)……蒙特利尔以及魁北克省体验了宏大、壮观以及昂贵的滋味：预算从 1972 年到 1976 年翻了一番！比赛的安全由 16000 名警察确保。工地上的罢工曾让人产生最严重的担忧，但是最终体育场馆准时完成，尽管在离开幕式还有几个小时的时候，人们还需要在这儿那儿进行最后的粉刷收尾。在离开时，法国代表团发表了感谢组织者的通告，为了其“出色的准备和接待的品质”。应得的恭维。

本届奥运会没有增加新项目，但是女选手们在皮划艇、篮球和手球比赛中有着出色表现。

Montreal 1976

1976

本届奥运会之王事实上是一位女王。或者不如说是位公主，14岁的纳迪亚·科马内奇达到了完美。裁判们打出了奥运历史上的第一个10分。

73

“蒙特利尔陷阱”

自1952年以来一直与苏联争夺王座的美国队，败给了近几届成绩不断上升的民主德国队，退居第三位。这是美国在奥运会上最严重的一次失败。而蒙特利尔因为主办奥运产生的庞大债务，一度让后来者将主办奥运视为畏途。

经过先后五次申办，第21届夏季奥运会终于光临加拿大的蒙特利尔。

蒙特利尔是加拿大最大的城市之一，人口近300万，1825年至1849年曾是加拿大政府所在地。该市位于魁北克南部圣劳伦斯河蒙特利尔岛上，是世界重要的海港之一。在争取1972年奥运会主办权时，蒙特利尔几乎胜利在望，但最后以一票之差败于联邦德国的慕尼黑。在此之后，经过激烈的竞争，加拿大人终于击败了美国洛杉矶、苏联莫斯科和意大利佛罗伦萨等三个竞争对手，赢得了第21届夏季奥运会的主办权。

为了办好本届奥运会，蒙特利尔进行了积极的准备，耗费了巨额资金，利用了许多现代化科技成果。市政府在城区北部开辟了奥运会中心，新建了大型体育场、游泳池、自行车场、奥运村等。自行车场和体育场都加盖了顶篷。可容8万观众的主体育场内，有两块巨大的长20米、宽10米的记分牌，各装有1万9千多个灯泡。从场内任何一侧，都可清晰地看到牌上所显示的比赛成绩。场馆设施表面，都装饰了茶色玻璃，熠熠生辉，显得富丽堂皇。这一切付出了昂贵的代价。由于经济萧条，物价暴涨，建筑工人长期罢工，加上管理不善，在兴建奥运中心时，经费多次追加，工程一再延期。

奥运会开幕前一年有人曾建议易地举行，但国际奥委会没有采纳这个意见。本届奥运会到底耗费了多少资金，亏空了多少，说法不一。有的材料说，本届费用远远超过了预算。如主体育场建筑费，原计划28亿美元，结果花了58亿；组织费用原计划6亿，实际为7.3亿，等等。整个运动会亏空10多亿美元，使该市纳税人至20世纪仍无法还清这笔债务。但是，据魁北克政府公布的数字，实际费用为24亿美元，有1亿6千万由纳税人负担，到1992年才能还清。有人讽刺说，为了15天的奥运会，增加了纳税人20年的负担。两种材料虽有数字上的差异，但本届耗资巨大、出现亏空却是实情。

豪华奥运会所导致的严重财政问题已经危及到奥林匹克运动的前途，看到蒙特利尔的窘境，世界上许多城市对主办奥运会望而却步。一反往常多达10余家竞争的状况，国际奥委会门庭冷落，使得下届奥运会仅有莫斯科和洛杉矶两家申请。

尽管经费不足，工程建筑遇到了麻烦，但经过多方努力，在离运动会开幕还有一个多月的时候，主要体育设施终于竣工，组织工作基本就绪。

奥林匹克领奖台和五环的组合构成了1976年加拿大蒙特利尔奥运会会徽的主体，而领奖台与五环的一部分又构成了三个田径跑道的图案，巧妙的是领奖台同时是变形的美术字M，代表了主办城市的名字。

本届奥运会的奖牌，正面仍沿用过去几届的图案，即胜利女神手持桂冠及棕榈叶。奖牌背面自从上一届慕尼黑奥运会，获得国际奥会同意可以做改变之后，为各个城市表现特色留下了空间。本届使用的图案，是代表奥运会最高荣誉的月桂冠图形，环抱缺口处，是本届奥运会的标志。

(左)工人在奥运场馆紧张施工。
(上)团队100km计时赛,在风非常大的赛道上进行,这对苏联人非常有利,他们遥遥领先。法国人,第19位,他们紧跟美国人之后到达终点(图中)。
(下)在国际奥委会主席基拉宁勋爵(Lord Killanin),她的丈夫爱丁堡公爵以及蒙特利尔市市长德拉波先生的护卫下,英国女王伊丽莎白二世,作为英联邦的首脑,将要宣布奥运会的开幕。

本届奥运会于1976年7月17日至8月1日举行，规模远逊于上届慕尼黑奥运会，主要原因是发生了抵制事件。1976年南非拒绝组成一支由各种族联合的代表队，引起了许多非洲国家的不满；而新西兰在前一年冬天刚刚和南非进行了一场橄榄球友谊赛。许多非洲国家联合对组委会提出了抗议，要求将新西兰代表团赶出奥运村，然而奥委会没有同意他们的要求。于是近30个非洲国家在奥运会即将开始前决定离开蒙特利尔。一大批实力非凡的非洲运动员带着深深的遗憾,同他们梦寐以求的奖牌告别。另外,中国台湾也没有参加本届运动会。

本届奥林匹克圣火传递采取了与以往不同的做法——使用了高科技。整个过程只用了两天的时间：7月13日在奥林匹亚按传统仪式点燃并送往雅典后，不同于以往用轮船、飞机或接力传递，而是在雅典被一座电子感受器接收热量，并使之变成电子脉冲信号，发射给太空的卫星。卫星将信号传给渥太华的接收装置，后者把脉冲信号转为热量，从而点燃接力火炬。随后是火炬接力跑。但由于这种新技术使圣火传递失去了本来意义，国际奥委会最终达成决议：今后仍采用人工接力跑的方式传递圣火。

7月17日圣火传递到蒙特利尔。最后点燃主体育场奥林匹克火炬的办法，也一改传统。过去都是由一个人点燃，这次则是由一男一女两位运动员来点燃。这是奥运会史上的第一次、不过也是唯一的一次。

在奥运会上首次亮相的国家有安道尔、安提瓜、开曼群岛和巴布亚新几内亚。本届奥运会仍设21个大项。根据国际奥委会于慕尼黑奥运会期间所做的决定，本届奥运会增设了女子篮球、女子手球等。其他项目，如游泳等，作了相应的调整和增删，单项数由上届的195增加到198。在缺席奥运会长达52年之后，射箭重新回到了奥运会。男子手球也第二次成为奥运会正式比赛项目。虽有许多非洲国家退出，但仍不失为一次高水平的比赛。田径、游泳、举重、射击、射箭共82次破奥运会纪录，其中34次为世界纪录。游泳成绩最为突出，共26项比赛，刷新了25项奥运会纪录，21项世界纪录。其他的有田径22项奥运会纪录，8项世界纪录；举重29项奥运会纪录,2项世界纪录;射击4项奥运会纪录,3项世界纪录；射箭2项奥运会纪录。

蒙特利尔奥运会的田径比赛，可以说是一次群英荟萃的竞赛，涌现了不少对田径颇有影响的人物。如古巴的阿·胡安托雷纳，美国的埃德温·摩西，苏联的塔·卡赞金娜，民主德国的罗·阿克曼、鲁·富克斯等。出色的老将也不乏其人，如芬兰的维伦，苏联的萨涅耶夫，波兰的谢文斯卡等。

当然，新式的“作弊”手段同样层出不穷。芬兰警察维伦在10000米最后2圈以非常快速并且令人惊讶的耐力，轻松赢得金牌。当其他人都已筋疲力竭时，只见他如刚起跑时一般，浑身有使不完的劲，毫无疲惫之态。

当他跑完10000米时，就被质疑他的体力问题。原来当时国际奥委会对选手把自己的血液在平常训练时抽出来冰冻，等到要参加比赛时再解冻，并且回输到自己体内，也就是所谓的血液回输法，并未列入禁用范围。这种方法的最大功效，就是可以增加选手在比赛时的含氧量,体力源源不绝,像用不完一般。后来，国际奥委会将这种方法列为违规竞争，禁止使用。

游泳池中的争夺在美国和民主德国之间展开。美国男子选手表现出无可争议的优势，囊括了除200米蛙泳外全部项目的金牌；民主德国则依靠女子13个项目中的11项冠军，让世界惊诧不已。

此外，最应该被铭记的是一名15岁的罗马尼亚女子体操运动员——纳迪娅·科马内奇。她以难以置信的满分夺得高低杠比赛冠军。现场的电子显示器根本不能显示“10.0”这个数字，因为谁都没有想到过会有这样的分数出现，于是就出现了这个代表10分的“1.00”。

奖牌榜上，苏联队再次领先，获金牌49枚，银牌41枚，铜牌35枚。自1952年以来一直与苏联争夺王座的美国队，败给了近几届成绩不断上升的民主德国队，退居第三位。这是美国在奥运会上最严重的一次失败。民主德国和美国所获金、银、铜牌数，分别依次为40、25、25枚和34、35、25枚。东道主加拿大仅得5枚银牌6枚铜牌。

同期中国 China Memo

1976年，中国足球队首次参加在伊朗举行的第六届亚洲杯足球赛，这也是当年中国体育的重大事件。中国队队员有戚务生、胡之刚、迟尚斌、李松海、蔺新江、容志行、王积连、李宙哲、李国宁、相恒庆、杜智江、刘金山、刘培辰、谷明昌、杨礼敏和何佳。主教练是年维泗。

小组赛中国队同马来西亚、科威特分在一起，顺利地进入半决赛。半决赛对阵东道主伊朗队，经验不足的中国队最终以0比2告负。但在争夺第三名的比赛中，中国队一球小胜伊拉克队。

气氛 1976

L'EQUIPE 队报聚焦

"我看到一些非洲人在流泪"

当大海退潮的时候，它在沙滩上留下了死去的贝壳，内里空空如也，还有被潮水抛弃在岸上的船只残骸。

非洲就像大海一样离开了奥运会，在我们面前留下了一片布满残骸的荒弃的沙滩。

由组委会主席罗杰·卢梭(Roger Rousseau)发表的漂亮言辞（"奥运会的创立是为了让人类在同一支火炬周围取暖"），或者是基拉宁勋爵(Lord Killanin)的发言（"奥运会的创立是为了运动员"）在非洲运动员中并没获得什么赞成的回响，他们毫无热情的，三三两两，怀着对别人的巨大忧愁，执行了他们各自政府通知他们的离开命令。

"我看到，得知这一消息之后，一些非洲运动员在奥运村流泪，"一位非洲发言人对我们说，"我看到教练员绕开他们国家的参赛选手们的道路，满怀耻辱，避免与他们有任何接触。我看到好几十人，不管他们是肯尼亚人、埃塞俄比亚人、乌干达人或者来自其他的国家。对他们来说，奥运会是一个加冕仪式，是长达4年的梦想的结果。"可怜的牺牲者们，我们甚至不愿意给他们一个15天的暂停。

文/阿兰·比约安

9

10

12

13

11

14

15

1 在奥林匹克游泳池中，5000名观众每天聚集在这里是为了看到美国和东德人谁会成为唯一的骑士。在跳水比赛中，跳板属于美国，由于瓦伊采霍夫斯卡娅(Vaytsekhovskaia)和迪比亚西(Dibiasi)，高台跳水则是苏联和意大利的天下。

2 在蒙特利尔和奥运村之间的往返班车利用了奥运会的装饰。

3 火炬也在俯视蒙特利尔的十字架之前燃烧，市长德拉波先生(Drapeau)为此感到高兴。

4 7月17日，圣火马上将会被点燃。

5 34岁的苏联举重运动员瓦西里·阿列克谢耶夫(Vassili Alexeev)卫冕了男子举重110公斤以上级的冠军头衔。

6 来自奥林匹亚的奥运火炬将会走遍整个加拿大，最终照亮蒙特利尔和所有人 。

7 火炬的最后传递者桑德拉·亨德森(Sandra Henderson)和斯蒂芬·普雷方泰恩(Stephane Prefontaine)进入奥林匹克体育馆。

8 黎巴嫩正一片混乱，来自这个国家的运动员们呼吁人们遵守奥运停战。

9 在圣母岛的奥运水道上举行的皮划艇比赛中，苏联和联邦德国分享了冠军头衔。

10 波兰是夺冠热门……但他们在足球决赛中输给了民主德国(白色球衣)，比分3:1。

11 新屋体育中心，苏联人在摔跤垫子上欢欣鼓舞。

12 在大学冬季体育馆中，最好的击剑运动员来自苏联和西德。

13 射箭比赛向美国人达海尔·佩斯(Darel Pace)和卢安·赖恩(Lu Ann Ryon)热切微笑。

14 曲棍球比赛中的轰动，印度和巴基斯坦没有出现在决赛中，新西兰打败了澳大利亚(1–0)，后者大比分战胜了印度(6–1)。

15 加拿大利用开幕游行来讲述它漫长的历史，一切从印第安人开始……

气氛 1976

L'EQUIPE 队报聚焦

出乎意料的卡皮宁

8 个项目的 8 枚奖牌：民主德国完全完成了它的任务。8 块奖牌 (5 枚金牌、1 枚银牌、两枚铜牌)，这刚好与去年诺丁汉世界锦标赛上的结果相同。而正是与去年相同的 3 个项目中，民主德国没能确立自己的优势，这 3 个项目是：单人双桨、双人双桨和四人单桨有舵手。无法动摇的统治地位也不能使之囊括全部 8 块金牌，不然将会破坏仍然在赛艇运动中占统治地位的不确定性。

只要看到芬兰人佩尔蒂·卡皮宁 (Pertti Karppinen) 在单人双桨中的胜利以及汉森兄弟 (Hansen) 在双人双桨中的夺冠就可以确定力量的平衡，尽管并不那么明显，但它是真实存在的。民主德国的赛艇要获胜，从整体来看，要比去年艰难得多。这一天最大的惊奇当然是卡皮宁在单人双桨比赛中的夺冠，因为比赛从始至终掌握在出色的科尔贝 (Kolber) 手中，他曾经领先对手 3 个船身之多。他以每分钟 32 下的频率进入了水道，同时具备了力量和灵活性。在 1500 米处，他仍然领先卡皮宁两个船身，后者则发起了异乎寻常的追赶。

芬兰巨人 (2.01 米，98 公斤) 在逆风的情况下找到了自己的优势，他的船桨划水充满了力量。属于典型桨手的科尔贝拥有不可思议的天分，很可能会完美无缺地获胜。但他没能坚持到最后，不可动摇的卡皮宁通过巨大的努力在离终点 50 米处超过了他。卡皮宁，奥运冠军：这称得上是一个坐标。他是唯一一个相信自己拥有机会的人。除了科尔贝之外的唯一一人，而科尔贝毫无疑问太自负了。就好像神祉也会从底座上倒下。无论如何，7'29"，在逆风情况下，这是令人难以置信的成绩。

文／阿兰·比约安

1 美国人纳尔班迪安(Nalbandyan)在68公斤级古典式摔跤中胜利。保加利亚人内维德(Neved)和阿根廷人费兹曼(Fiszman)正在比赛。

2 纳迪亚·科马内奇并不是唯一获得10分的选手。涅利·金在自由体操和跳马中也得了10分。

3 如何能够抵挡苏联人西蒙诺瓦(Semonova)和她2.20米的身高?日本人,就像获得亚军的美国人一样,没有找到解决办法。

4 在十项全能比赛中,美国人布鲁斯·詹纳(Bruce Jenner)获得了冠军,并且打破了纪录:他值得接受热烈的拥抱。

5 苏联三级跳运动员维克多·萨涅耶夫(Viktor Sanеiev)第3次夺冠,3次分别是在墨西哥城、慕尼黑和蒙特利尔。他还会在莫斯科获得银牌。3倍的掌声!

6 100米栏的前3名彼此只差3厘米。最终获胜的是民主德国人乔安娜·沙勒(Johanna Schaller)。

7 匈牙利人(白帽)战胜了意大利人,获得了男子水球比赛的冠军。

8 挡不住的塔季扬娜·卡赞金娜(Tatiana Kazankina):苏联人在这里赢得了800米。3天后,她夺得了1500米的冠军。她在1980年再次卫冕。

9 英国人大卫·威尔基(David Wilkia)获得了蛙泳200米冠军,在蒙特利尔奥运会上,他是唯一一位非美国籍的男子游泳冠军。

10 德国人阿尔文·绍克默勒(Alwin Schockemoehle)成为了马术超越障碍赛的奥运冠军,没有犯过一次规。

11 波兰人伊莱娜·谢文斯卡(Irena Szewinska)在400米比赛中获得了最后一个冠军头衔。从1964年到1976年,她获得了3枚金牌,两枚银牌和两枚铜牌,分别是在100米、200米、400米和4×100米。

科马内奇，乖巧的娃娃

完美确实存在：在蒙特利尔，小小的罗马尼亚人看到自己得到了7个10分。

文/阿兰·比约安

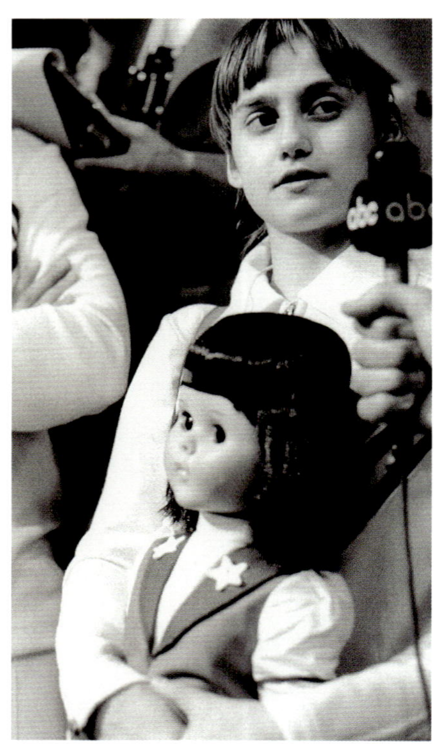

全世界热爱体操运动的小女孩们现在开始将要学着模仿她。这位可爱的褐发女孩就是纳迪亚·科马内奇，在摄像机镜头面前，她精湛的技艺比1972年慕尼黑奥运会的小女王奥尔加·科尔布特(Olga Korbut)更加耀眼。

在平衡木的比赛结束之后，她转向电子显示牌，小小的面孔带着一点苍白和担忧。然后，当看到10分这个最高分的时候，她的脸上闪耀出欢乐。乖孩子在这之后就坐到了她的队友身边观看其他的比赛去了。她又回到了属于其温和天性的那个宁静世界当中。在记者招待会的时候，体操“奇才”科马内奇满足于相当空洞的回答。荣耀这件事对她来说太大了。

“10分，”一位记者这样问她，“这意味着你已经达到了完美。那么在你其后的职业生涯中你还有什么期待呢？”“其他的胜利，其他的头衔，其他的奖牌，”她沉着地回答说，“我知道自己还可以进一步提高。我在正式比赛3次得到10分，但是在我的职业生涯过程中这已经发生过19次了。没有什么是特别新鲜的。”

新鲜的是纳迪亚的加冕是在面对由一群伟大的苏联体操运动员组成的豪华阵容时发生的，这一阵容包括涅利·金(Nelli Kim)、柳德米拉·图里谢娃(Ludmilla Touritcheva)、奥尔加·科尔布特和娇小的玛丽亚·费拉托娃(Maria Filatova)，她们组成了世界上最好的一支队伍，尽管有罗马尼亚在一旁虎视眈眈。这是不可思议的崛起，因为两年前，还没有人知道她在体操界的存在。

法国教练亚瑟·马夏奇昂(Arthur Mag－akian)目瞪口呆，他说：“我看到了一位罗马尼亚小选手，她很快就会成为世界上最伟大的体

在平衡木上，科马内奇身体的柔韧性、平衡和连贯感都令人钦羡。在她的表演中，一切都显得轻而易举。尽管非常年轻，她已经是这支阵容强大的罗马尼亚体操队的领军人物了。

科马内奇的自由体操表演是一曲欢快的颂歌。轻快、大胆，她就像是一位老练的体操运动员完全掌握了技巧。

操选手。”

科马内奇当时还不到14岁（她出生在1961年11月）。但是体操的规则是非常严格的。需要在比赛当天满14岁才能参加。但是1个月之后，科马内奇赢得了伦敦的比赛。1975年5月，在挪威斯基恩的欧洲锦标赛上她首次获得瞩目。还有图里谢娃令人惊奇的意外失误，获得第4名。纳迪亚超过了涅利·金和民主德国选手安妮罗尔·辛克(Annelore Zinke)。她的统治期开始了。

4年前，当奥尔加·科尔布特使全世界电视观众心醉神迷时，科马内奇只有11岁，在罗马尼亚最好的国家体育中心乔治亚-德治的国家体育学校进行每天4小时的训练。她在6岁被一位国家队教练发掘，然后交给了贝拉·卡罗利(Bella Karoly)。人们让她接受了几项测试：平衡、镇静、形态、关节和医学测试。就是从那时起，她被引向了国家体校。“值得注意的集体情结，”法国体操协会官员亚瑟·马戛奇昂解释说，“它有着一整套团队，就像别处的其他附属中心一样，用于进行高难度动作、体操器械训练，编舞的准备和身体的表现力。还有一位钢琴师来为自由体操表演提供伴奏。据我所知，在罗马尼亚存在十几个这样的中心，其中有5个是男子的，5个是女子的。”

尽管罗马尼亚体操在1956年的墨尔本和1960年的罗马都获得了体操的团体铜牌，但随后经历过一个很长的衰退期，然后政府决定对体系进行全部重建，其中尤其包括在离首都布加勒斯特400公里的乔治亚-德治建造一个大的国家训练中心。“他们精心组织学校比赛，实现对年轻苗子的选拔。我们可以说罗马尼亚具有广泛的体操传统，它的强大是有理由的。”马戛奇昂介绍说。

还是让我们回到科马内奇本人吧，这个苗条的罗马尼亚娃娃，身高1.56米，体重41公斤，人体测量使她要执行非常严格的饮食制度。“没有糖，尤其不吃面包，”罗马尼亚秘书长埃米尔·吉布(Emil Ghibu)详细介绍说，“而是水果、牛奶、奶酪和蛋白质。”

可以说，科尔布特已经被完全从头脑中抹去了。但是这个奥尔加·科尔布特的表现比在慕尼黑时更好。“她的顽皮很吸引人”，马戛奇昂说，“她与观众们之间有交流。她很受喜爱。她的节目带来了一种新的体操元素，并通过她每种器械的表演体现出来。在慕尼黑时，尽管非常瘦小，她已经16岁了。今天，她20岁了。”

但是今天科马内奇具有完全的优势。从身体形态上来说四肢更加细长，更加柔韧，更有弹性，每个动作的完成更加准确，她所做的一切都是如此完美。

在奥尔加·科尔布特的表现中有很多闪光之处，而在科马内奇身上，是从头到尾全部的表现，其连续动作的平衡程度令人注意。在连贯动作中没有暂停。例子之一是，在平衡木上，她对于平衡提出了真正的挑战。

无论何时，我们都无法想象她如何能够在一个宽度为10厘米的表面上变换位置。这不仅仅要求异乎寻常的腿部力量，还需要远远超乎想像的身体和心理训练。在平衡木上，她能够连续不中断重复其整套动作15次。

由于科马内奇，女子体操倾向于越来越接近体操舞蹈。这个趋势与花样滑冰的趋势相同，都是由于电视转播的巨大影响。

水之少女和空气之少女

文/安托万·布隆丹

米罗的维纳斯没有双臂，却有一张轮廓柔和的纯洁面孔。萨莫特拉斯的胜利女神失去了头部，昂首挺胸的姿态却向世人宣告着胜利。请将一个的头部放在另一个的肩膀上，您将会获得一个胜利地从波浪中现身的维纳斯。

她的名字叫做科内里娅·恩德(Kornelia Ender)，在这些日子里，她带着永不疲惫的愉快重复了好几次这一画面。人们徒劳无功地告知她一些可能的失望，如果我们对她说：“小心！有一个台阶……”她会置之不理，除非那是领奖台的最高台阶，在那里，她的轮廓勾画出一幅寓意画，那些橄榄球运动员会称之为《up and Ender》。

这个来自普洛的光芒四射的女生，能够带动她的同伴们随她前进，在游泳池中往返，对于瓦尔基里式的往返（瓦尔基里：北欧神话中的女武神），东德的合唱团每天用这样的旋律为之庆祝“今晚，用香槟陪伴水中的精灵……”

被一群美国游泳选手夹在当中，科内里娅是多项纪录的主要创造者，这些纪录仿佛是从这个有着超高速名声的奥运游泳池喷涌而出的。为了测量其持久性和强度，可能需要一个更精准一些的计算器。

这么多纪录被打破甚至值得往热水中加入一点冷水，在激情中加入一点保留。进步最锐利的尖端变得更加锋利，它表明，那些通常是久远的极限只是揭露了一种明显的激情缺乏，并且从其他很多具有同样优势的运动的角度来看，游泳仍然处在中等强度。

当我听到，那些优秀人物和享有盛名的人名，像施皮茨、皮特尔(Pyttel)、马特斯(Matthes)逐渐地被划掉，我对此感到高兴，为了人类种族的普遍利益。但是我也承认，在一个持续变化的宇宙中，一种如此决定性的表达存在某种不合时宜的东西。

首先，不管涉及的是哪一项体育运动，我们不会忘记一名运动员在这样一个领域中，后天获得的仍然是后天获得的，进步只相当于路标、传递的经验和漫长的进程。不，在一段时间的统治之后，人们对他进行继承——那些退役或者去世的运动员们伟大而异乎寻常的统治期，他们让自己的影子永久存在于人满为患的人生角斗场——就像是一个非常古老的皇室家族的后代提出其对王位的觊觎，并且提醒我们体育名人榜奇怪地与一个王朝十分相似。

这一纪录，它将在场的与缺席的、活着的与死去的联系了起来，这个概念在词源学上是心的连接和集合。令人兴奋的是，它在充满生命力的科内里娅身上完全体现了出来，她用美丽的双臂搅动着，用白色牙齿吞噬着培养了她的波浪，这是一个转变的完美象征，它不属于马的种族，而是属于这个理智而多愁善感的鱼雷，这个美妙的、我们称之为海妖的混血生物。

在城市的另一端，在另外一种元素内部，一个14岁的罗马尼亚小女孩纳迪亚·科马内奇以传奇性的轻盈成功地掌握了这个元素，她充满了我们在蒙特利尔所能呼吸到的空气的3个维度。

体操运动员、芭蕾舞演员、还是空气中的女精灵？我们不知道如何定义这个奥运会上的洛莉塔，她用无法改变的优雅，似乎战胜了一般的重力法则。在高低杠上盘旋，她从高杠转到低杠，像是虎皮鹦鹉的柔软闪电。在平衡木上，她变成了屋顶边缘上的斑尾林鸽。在自由体操中，她的动作仿佛给垫子施了魔法，把它变成了飞毯。在她的轻触之下，跳马是天马座，用翅膀推动着她。纳迪亚飞了起来。纳迪亚离开了我们，空气之少女扮演了空气之少女。不要再寻找白天使了，她就在这里！

我们无法评判天使。年轻的罗马尼亚小女孩获得了前所未有的、标志着完美的分数。根据其定义，这一纪录无法被打破。

科内里娅4金4纪录

4个冠军头衔、同样多的世界纪录，其中还包括神奇的25分钟内两次夺冠！恩德的波浪卷走了一切。

文/雅克·卡尔杜奇

科内里娅在第一次夺冠之后显得谨慎而慎重。这既不是冷漠，也不是距离，而是谦虚。

那些到目前为止只是用有保留的热情接受科内里娅·恩德的观众屈服了。最终被征服了。民主德国的金发女骑士刚刚实现了奥运历史上最重大的成就之一。这样的成就会永远铭刻在人们的记忆中。

迟些时候，她来到采访厅，回答记者们的问题，这时我们发现，在世界游泳的水域中经过3年的旅行之后，最后她显得十分轻松和自在。她战胜了其他人。又一次。

但尤其重要的是，她超越了自己，赢得了一项在当时被认为有点愚蠢的打赌，打赌发生在她与德意志民主共和国的领导人们之间，内容是她能否在赛程相连的两项比赛中获得两个奥运冠军头衔。她说："这一决定是我在训练中尝试做到这样之后大约一个月做出的。"

在蒙特利尔时间19点45分，伴随着奥运会进行曲雄纠纠的旋律，100米蝶泳的选手们开始绕游泳池半圈，来到她们的出发台。两分钟之后，介绍8位游泳选手。在美国选手温蒂·博格利奥利（Wendy Boglioli）和民主德国同胞罗斯玛丽·加布里埃尔（Rosemarie Gabriel）之间，第4水道，恩德获得了礼貌的掌声。

19点49分——开始。恩德自始至终处在领先地位，1'0"13。平了世界纪录。

20点2分——科内里娅在领奖台最高的台阶上。东德国歌《从废墟中崛起》在人们耳边回荡。她的金牌在胸前闪闪发光。

20点5分——100米蝶泳颁奖结束。

20点11分——正好在6分钟之后，她又与200米自由泳的选手们一起回来了。她显得很放松。"我拥有的那点时间，我利用它来做最好的休息。我做了柔软体操，来避免肌肉紧张。我同样试图让自己放松。为了好好集中精神。我知道，舍丽·巴巴肖夫（Shirley Babashoff）相对我的优势是之前没有比赛。但是我也知道我能够战胜她。"

20点13分——在游泳池边上，她慢慢地去掉了浴巾，然后是罩衣，她做了几个深呼吸。她用手放松腿肚和胳膊的肌肉。

20点15分——如同往常一样，是她第一个到达终点，这是由出色的入水决定的，有人说她每天花半个小时或者将近半个小时来对此进行练习。但是在50米处，是舍丽·巴巴肖夫在前面，领先7厘米。尽管本身速度逊色于恩德，美国人知道如果她没有完全从100米蝶泳中恢复的话，这是唯一可能挑战科内里娅的战术。

"但是，"美国人说，"我实际上没能够游得像预想的那样快。我双臂划动的距离相对于它本来应该的情况有点被缩短了。"

100米处，舍丽还在前面。但科内里娅就在她旁边。在最后50米的冲刺中，两个对手在以同样的劲头前进。但东德人的拍击卷起了一堆泡沫，很快差距形成了。恩德用令人惊愕的28"88游完了最后的50米，比美国男选手布赖恩·古德尔（Brian Goodell）之前在400米的最后50米的速度（28"45）只慢了一点。

"去年在卡利，巴巴肖夫在最后几米赶上并超过了我，因为我出发得太快，这个教训并不是无用的。我从来没有感到力量被淘空和疲惫到这个程度。这个赛季我为此进行了专门训练。为了先跟在巴巴肖夫身后，并在最后发挥出我最快的速度。"

她完全实现了计划。世界纪录。在其职业生涯中第二次，科内里娅在少于2分钟的时间内游完了200米。刚刚好1'59"26。她浑身散发出喜悦的光芒。

20点20分。她再次来到最高领奖台上。

古巴人如此平静

前所未闻地在400米和800米中连续获胜，古巴人只把它看作是其人生的一个简单阶段。

文/米歇尔·克拉尔

令人惊讶和不可思议的阿尔贝托·胡安托雷纳（Alberto Juantorena）。他令人难以置信的冷静让所有人目瞪口呆。在比赛之前，我们看到他平静地坐在他的起跑器上，然后在发令枪的召唤下回到起跑器之前，蹲下前他先是平静地看了看自己的脚趾。到达终点之后，他仍然保持着绝对的镇静。

胡安托雷纳十分清醒地分析了使他成为双料冠军的两项比赛，他说："我很高兴赢得这两项比赛，因为这是奥运史上前所未有的。我取得这一成绩是为了我的国家。对我来说，这两项比赛中更艰难的是400米，这也是我更喜欢的项目。比赛完全按照我预计的进行。我并没有与教练约定完成比赛的时间。"

"只有到了赛场上我才决定要采取的战术。我当时的状态是完美的。我的两个主要对手弗雷泽（Frazier）和纽豪斯（Newhouse），跑在我的前面。我将他们放在了瞄准线上。我镇静地保持在他们后面，直到300米处。我进行冲刺，很容易就赶上了他们，正是在最后50米中，我完全确保了自己的胜利。"

尽管夺得了两个冠军，还是有人显得失望，因为他没有打破400米的世界纪录，就像他四天后在800米中做到的那样（1分43秒50）。对此，古巴人回答说："你要知道，400米的世界纪录是在高海拔的墨西哥城创造的（43秒86，在墨西哥奥运会上由李·埃文斯创造。），这意味着一个神圣的优势。我当然想要打破纪录，但这是以后的事情。现在我将会参加接力赛，然后休息。我付出的努力从外人眼里看来显得很容易，请相信我在这届奥运会上付出了大量的精力。我需要力量，下个赛季，我会想到打破纪录。"

胡安托雷纳详细介绍他在运动和职业方面的未来。

"我现在获得了经济学学位，但是我还要在哈瓦那上课来获得更高学历。对一个男人来说，重要的是协调两件事情。此外，这是古巴教育系统的一个基本原则。我梦想的是获得智慧：也就是说，成为一个完整的男人。"

涉及到更为遥远的未来，古巴人难免含糊其词："这很难预计，但很可能我会在莫斯科奥运会上试图卫冕。我那时是29岁，可能不会像现在一样强壮，尽管我仍然是一个赛跑新人。也许我需要在400米和800米之间做出选择。"

（上）800米的比赛中，胡安托雷纳一路领先，在终点处，他跑在比利时人范·达姆和美国人沃尔哈特的前面。还有世界纪录。

（左）在400米的领奖台上，胡安托雷纳向弗雷泽（图右）和纽豪斯致意，气恼的美国人们！

维伦如饮甘饴

4年来默默无闻的芬兰人突然再现，像慕尼黑奥运会上一样，成为了5000米和10000米的双料冠军。为了回复兴奋剂流言，他将驯鹿奶的功效作为辩护词。

文/阿兰·比约安

在距5000米终点400米的地方，7位运动员都有夺冠的可能。突然，维伦加速了……夸克斯(新西兰，691分)和希尔登布兰德(联邦德国，420分)不得不俯首认输。

如何能够不提到这件事？来自全世界的所有风凉话伴随了他在慕尼黑之后的某些失败的比赛。这位英俊的芬兰人由于1972年奥运会上夺得两个项目的冠军而被带到了荣耀顶峰，这样的衰退如何能够解释？

失势时，维伦用相当的洒脱接受了悲惨的失败，在此期间，我们几次与他接触：“由于打破世界纪录或者引起轰动的夺冠而获得某种声誉，这是正常的，而某些人有所怀疑，也是正常的，我不是一个愿意为此辩解的人，”27岁的拉塞·维伦(Lasse Viren)面带令人无法生气的微笑，“我的大腿严重受伤，需要接受手术。但是这并不会阻碍我参加奥运会。我感兴趣的只有奥运会。”

在这炼狱般的4年中，当我们一再询问芬兰田径的负责人加里·西科恩(Kari Sinkkonnen)时，他使用了几乎同样的表达方式：“维伦的安详并不是愚蠢的同义词，”他说，“我们认为他将会在蒙特利尔奥运会完全恢复。不管是在五千米还是在一万米中他都会是很难被打败的。”

6月，我们在赫尔辛基经历了一个适意而美好的夜晚。空气很纯净。观众们迫不及待要看到维伦在10000米比赛中的身影。这位来自小城米斯奇拉的警察宣布了：“我要来赢得奥运会的入场券。”1月，他在波多黎各进行了3个星期的训练，4月在肯尼亚的汤姆逊瀑布训练了4周；维伦自称已经为引起轰动的回归做好了准备。他每天要跑50公里。

在赫尔辛基体育场的入口处，我们在传奇人物努尔米的雕像面前走过。

芬兰已经失去了慕尼黑奥运会的1500米冠军瓦萨拉，而维伦在4年来死气沉沉。“芬兰在蒙特利尔无法独占鳌头”，我们这样想。但是两个小时之后，有了令人惊讶的新发现。维伦的表现可与10000米世界最好成绩相媲美：27分43秒。最后1公里所用的时间是2分36秒1。观众们见证了这一辉煌的回归，表现出非常快乐的感情。永恒的芬兰重新找到了维伦。芬兰人对他前几年的平庸进行解释：“在1973年，慕尼黑奥运会之后那年，我经常庆祝胜利。人们到处邀请我。然后在1974年和1975年，我的大腿受了重伤，需要手术。现在我们在1976年了。我又在这儿了；我恢复得很好。谢谢！”芬兰人微笑着。

踏上加拿大的土地之后，我们试图找到芬兰的教练员，来弄明白如此复苏的奥妙：“没有任何奥妙，”加里·西科恩对我们说。“你们将会看到他赢得万米比赛，并且他在5000米也将是很难被打败的。”这种断言不是没有理由的。坚信是建立在语言和数字的基础之上的。我们这样写道：这宣告了“救世主归来”，就像很久以前就写在芬兰中长跑的圣经上的一个预言。

在蒙特利尔，5000米的决赛使他获得了第4枚金牌，决赛之后进行的记者招待会上，维伦镇静地回答了不总是令人愉快的问题。

“我们听说，在芬兰可以使用人工的方式来提高运动员的成绩。”人们提问。

“不，绝对没有，”维伦回答说，“为了在训练中增强我的能力，我只喝来自拉普兰的驯鹿奶，这对我很有好处！”

西科恩认为有必要对他进行帮助：“维伦没有接受输血”，他言之凿凿。但是维伦面带讽刺的微笑，一个人从新闻发布会的圈套中脱身了，他表现得十分无辜：“这些输血的故事到底是什么？我从来没听说过这个。”猜疑是沉重的。不可能发现其中的真相。输血对于疲惫的人体可能具有刺激性的效果，它不是一种“兴奋剂”。维伦可以不在乎所有这些无稽之谈。他的脖子挂上了4枚金牌，它们会永远闪耀在芬兰中长跑运动的光荣榜上。

米，这是令人惊奇的速度。最后一圈只用1分钟就跑完了。维伦从而加入了扎托佩克的行列，他在1948年和1952年曾两次获得10000米奥运冠军，并且他比在1920年和1928年夺冠的努尔米做得还要好。

5000米——7月30日

5000米在战术上是一场绝妙的比赛。没有人愿意承担领头的风险：福斯特不愿这样做，毫无疑问是因为两个10000米而感到疲惫，并且最近几天他还抱怨胃疼，新西兰人也不愿，苏联人也不愿。所有人都指望最后加速。因此这是一场受骗者的比赛，但是什么样的比赛啊：7位运动员在离终点400米的时候仍然在一起，所有人都有夺冠的能力。

到目前为之，节奏不怎么快：在1000米处是2'41"2，在2000米处是5'26"4，在3000米处是8'16"3；我们感觉像是回到了15年前。然后突然集团在西德人希尔登布兰德的推动下变得生气勃勃。第4公里因此是用2'39"2的时间完成的，与之前用2'50"完成的1公里相比，这是令人惊讶的加速。新西兰人夸克斯和狄克逊，本项目两个最优秀的选手，显得是最轻松自在的。希尔登布兰德处在警戒状态。福斯特和斯图尔特(Stewart)在窥伺有利的机会。突然，维伦从集团中脱出，距离终点还有400米，他发动了进攻，这实际上并不是节奏的变化，而是从很远处发动的冲刺的准备。维伦跑得越来越快，在弯道上，然后是在对面的跑道。看上去只有夸克斯和狄克逊能够抵挡住他。在进入最后的直线跑道时，了不起的夸克斯几乎赶到了芬兰人的旁边。但是后者保持着他短促的步伐。在13'24"8时冲过了终点，最后一圈的时间是54"8，最后300米的时间是40"8，这是1500米比赛才会出现的冲刺。

在缓慢的起跑之后，赛跑在末尾出现了可怕的冲刺：最后的800米用了1'57"5，最后的1000米用了2'29"，最后的2000米用了5'8"5。根据这个节奏，维伦的耐力最终应该能够战胜那些速度更快、但是不如他精力充沛的选手。这是在重大赛事中经常获得证实的一条规则。

维伦像在慕尼黑一样成为了5000米和10000米的双料冠军。在他之前没有任何一名赛跑选手——即便是努尔米、里托拉、扎托佩克也没有——能够两次成为双料冠军。

两次夺冠的回放

10000米——7月26日

所有的目光都瞄准了维伦，他要卫冕自己在慕尼黑以辉煌方式赢得的冠军头衔。在两届奥运会之间，芬兰人谨慎地在重大国际比赛中扮演了龙套角色，只是在1974年罗马欧洲锦标赛中获得第3名，他从头到尾控制了这场奇特的赛跑，通过淘汰，它没有达到之前决赛的强度。非洲人和夸克斯(Quax)错过了点名。

从那时起，只剩下一位可能的推动者，葡萄牙人卡洛斯·洛佩斯(Carlos Lopes)，出色的赛跑选手，但完全不擅长最后的加速。他大胆地利用自己的机会，从3公里处开始，逐渐加速，在第5到第9公里之间保持在2'44"和2'42"的节奏上。在这场比赛中，比利时人斯梅特(Smet)，摔倒了一次，但是又回到了领先军团当中，然后自从第7公里开始就觉得不安的福斯特(Foster)，被无法挽回地甩掉了。

比赛的结局没有疑问：维伦用经济的短步伐，保持在葡萄牙人身后，他那超出对手的速度决定了他会占据上风。在离终点450米处，芬兰人的一次简单加速战胜了洛佩斯的顽强。维伦保留了冠军头衔，并且比他在慕尼黑获得这一头衔时要轻松得多，尽管他用13'31"跑完了最后的5000米，用8'4"完成了最后的3000

永恒的纪录

美国人吉姆·蒙哥马利(Jim Montgomery)竭尽全力赢得了100米自由泳比赛,并且创造了一项历史性的世界纪录(49秒99)。

文/埃里克·拉米

基础速度和耐力:蒙哥马利是百米游泳选手典范。

随着100米自由泳这场压轴戏的结束，游泳比赛进行完毕。它们表明了，尽管有着约翰·内伯(John Naber)在运动和演说方面的精湛技艺，他的同胞吉姆·蒙哥马利才是这届奥运会最伟大的游泳选手。

在半决赛和决赛，这位来自威斯康星的巨人，杰姆斯·康西尔曼(James Counsilman)在印第安纳的伯明顿的学生，没有让任何人想到，他会接连两次将世界纪录提高了0.6秒，并且通过0.01秒的差距，成为了第一个用少于50秒的时间完成游泳项目经典距离的人。

这一成就具有无可比拟的重要性。50秒的"高墙"有着美妙的名声，因为它很难打破。但是蒙哥马利显得十分突出，他用了不到12个月的时间就将这一纪录提高了1秒12：他游泳的速率，超过每秒两米。

蒙哥马利的伟大之处不仅在于打破了这一神话，还在于他在追求这一目标的道路上走了很远。100米是奥运项目中距离最短的，一切发生得都非常快，是精力的大量挥霍，是肌肉力量的爆发。

我们看到的是争夺非常激烈的比赛，不允许犯任何错误，并且出发和转身与游泳过程同样重要，甚至更加重要：正是在50米的泳池壁处，索兰德在1964年确定了其冠军地位，超过了本来比他速度要快的麦克格雷戈。这是因为他人生中第一次做到了一次正确的转身。正是同样的原因，4年后，澳大利亚人约翰·德维特(John Devitt)登上了领奖台最高处。

由于拥有巨大的优势，蒙哥马利没有经受任何风险：只有他可以让自己犯错误。他会获胜。他与那些在其时代无法被打败的伟大选手们一脉相承：1968年的温登，1972年的施皮茨。由于领先自己的跟随者杰克·巴巴肖夫(Jack Babashoff)82厘米，蒙哥马利可以自夸比起那些著名的前人他赢得更加轻而易举。要找到如此轻松控制了决赛的奥运冠军，我们需要追溯到1928年韦斯默勒的时代：在半个世纪中，游泳的激烈程度增加了。

尽管在精彩的半决赛中，他用50"39的时间第一次刷新了世界纪录，一个小小的怀疑存在于我们的头脑当中。我们还记得之前的两场重要比赛。蒙哥马利在资格赛中表现出色，但却在决赛中遇到了最糟糕的困难。去年，在美国锦标赛中，他在资格赛中打破了世界纪录，然后以0.01秒之差输掉决赛。上个月，在美国预选赛当中，同一情景重现了。从一出发，大吉姆就让我们安心了。没有争夺，他在第1个出色的50米就把所有的对手将死了。考虑到所有情况，有一个男人曾经比他出发得还要快。1968年墨西哥城奥运会的100米决赛中，扎迦利·佐恩(Zacchary Zorn)在赛程过半时的耗时是24"。但这个扎迦利是一个假先知。在第2个50米中，他出现了可怕的速度下降，在结束时落在了大后边。

就蒙哥马利而言，计时显示是24"14。但仍然需要坚持，不要让双臂疯狂划动的巴巴肖夫回到他的左边，在他的右边是意大利人瓜尔杜奇(Guarducci)，有着出色腿部力量的游泳选手，紧紧跟在蒙哥马利身后，紧贴水线，试图最大限度地利用他激起的波浪，让自己在他的尾流中喘息。

没有任何官方计时能使我们更加确信，将近75米处，巴巴肖夫双臂变频而轻微地减少了他的落后。但是，蒙哥马利又出发了。两天之前，在4×100米混合泳接力中，他用25"76游完了自己百米中的50米，对此结果十分满意，在这里，他游完了第2个50米，用的时间稍微多了一点，25"86，这是非常出色的，如果我们考虑到他游完最初50米所用的频率的话。

落后冠军1.5米，巴巴肖夫以50"81的成绩成为世界上成绩第2好的短距离游泳选手，将其与获胜者分开的差距更增加了冠军的伟大之处。当然，亚军也完全配得上"伟大运动员"这一称号。

内伯的光辉时刻

在60分钟内，美国人约翰·内伯(John Naber)获得了仰泳的金牌和自由泳的银牌。难以置信。

文/雅克·卡尔杜奇

这一成绩要求它的创造者同时具有体力、平静和专心，还有在一切之上的始终不渝的信仰。只有一位异乎寻常的冠军能够完成它。约翰·内伯(John Naber)就属于这个类型。20岁的内伯是南加利福尼亚大学的一名心理学学生，作为一名天生的迷人者，事先就已经赢得了观众们的心。在20点和21点之间，他经历了自己的光辉时刻。20点，伴随着其音调能让人想起古罗马斗士的入场音乐，他来到了泳池岸边，头上戴着羊毛帽子，身边是同胞彼得·罗卡(Peter Rocca)和罗兰·马特斯(Roland Matthes)。后者失去了荣耀,因为在资格赛中,内伯刷新了其最后的世界纪录(56"30)。懒散的步伐、目标不明的微笑、小小的致意手势。对自己的能力他十分肯定."我坚信,"他之后说,"我能够比头一天做得更好(56"19)。"

在100米仰泳比赛中，马特斯的两次抢先出发没有扰乱他。在他明显的冷淡背后隐藏着一种铁的气质。内伯的出发是没有缺陷的。在潜泳结束时,他几乎领先了罗卡和马特斯1米。比赛在真正开始之前就已经结束了。但一次胜利对这个年轻人来说还不够，他在两天之前宣布:"如果我没有尽到自己的最大努力，奥运会上的1个冠军并不能使我感兴趣。"

内伯的风格不一定能作为范例，因为他为了追求效率而牺牲了美学，他在50米处瞄准的是26"35。而在前一天，当他创造世界纪录时，他的计时是26"91。他将这一时间差距保持到了最后，因为在终点处，他将自己的纪录刷新了0.70秒，最后成绩是55"49。当内伯在电子记分牌上看到成绩时,他摇了摇头。怀疑。

20点6分——内伯是最后一个仍然留在水里的，他通过柔软体操来放松，带着天生的戏剧感。"这是我的个性；我不自我克制。我不为自己构建一种形象。"他向人群致意，从左到右地扫视，露出白色牙齿的微笑固定不变，好像是选举期一位想要入主白宫的候选人。

20点20分——在领奖台的最高处，内伯始终幸福地微笑着。

20点50分——内伯又回到了出发处。早晨，他是以第8名获得决赛资格的，成绩刚好与施皮茨在慕尼黑奥运会上的成绩相同，他走在200米蝶泳决赛选手们的最前头。在颁奖仪式和200米选手的点名之间，他获得了刚好30分钟的休息时间。在游完第1个50米之后，本身速度更胜一筹的蒙哥马利在最前面划水。但内伯是第3名。在比赛过半时，他实际上与布鲁斯·弗尼斯(Bruce Furniss，54"46)保持着同样的前进势头。我们不难相信为荣誉而战斗的命运。但是在150米处，始终是内伯在弗尼斯前方领先4厘米。

最后50米让观众们站了起来。喊叫。在右侧喘息的弗尼斯看到了对手，或者应该说是伙伴和朋友。已经确定了的优势。内伯什么也没有看见。"无论如何，"他说，"我不能够少游哪怕是1厘米。在最后25米中，我越过了痛苦的门槛。我重新感到一种沉重的压力，我的头就像在爆炸边缘一样嗡响。"

第2名，成绩1'50"50。完全与夺冠相当。

(上)始终非常快乐，经常热情洋溢，很迟才涉足游泳，内伯是一个奇才，尽管其风格仍然有待改进。

(左)内伯在100米和200米仰泳中的表现无可指摘，他将自己的领域提高到了一个之前从未达到过的水平。

“我意识到了自己的力量”

盖伊·德律详细叙述使他成为了奥运冠军的那一天。

文/克里斯蒂安·蒙泰尼亚克

“我先要赢得半决赛。之前一天的晚上，我睡得很好；没有任何问题。将近8点时，我回到大路另一侧的奥运村，我没有放弃在早饭期间开玩笑。一切正常，我保持着我所希望的精神状态，没有总是对自己说：‘很好，继续。’在13点，我开始为半决赛进行热身，在比赛开始前一个半小时。我在卡萨尼亚斯(Casanas)身边出发：这一次，我需要在前面。我十分地放松。在热身场地上，我记得给了蒙克尔特(Munkelt)几个建议，他感到很惊奇。但是我没有对他全盘托出，因为我认为通过去掉一个重要的错误，他将能够战胜我……”

半决赛中我的起跑是正确的，并没有特别出色。发令员很慢。我干脆坐到了第五跑道上，并且因为一米的差距输掉了。卡萨尼亚斯轻而易举地获胜。这一次，关于这个问题我完全改变了自己的观点：13秒34，像这样，没有风，他是强大的……至于我，我由于注意力不够集中而跑得不好。此外，在终点处，我感觉到右侧大腿和脊椎疼痛，但不是特别严重。

这时，我想要回到我的妻子布吉特和看台上的其他运动员身边。当我到了那儿，我对布吉特说：“卡萨尼亚斯比我所想象的要更强。不是他死就是我活。”我没有停留很长时间。我来到停在热身场地上的篷车中。在那儿，奥古斯特·德威利(Auguste Dewailly)和安迪维特医生为我解除伤痛，我不再觉得不舒服。他们都在那儿，福斯特(Foster)，达文波特(Davenport)，卡萨尼亚斯。我们开着玩笑，我在篷车的一个角落里安顿下来。在热身之前，我有半个小时要消磨。我打开放在袋子里的一本圣安东尼奥(San Antonio)的著作。但是我只读了两三个句子。然后，我前去热身。

(上)“在起跑时，我获得了所希望的爆发……在第6栏，我再也不能被打败。”

(右上)在让-米歇尔·勒略(Jean-Michel Leulliot)和罗伯特·夏帕特(Robert Chapatte)之间，盖伊将幸福与整个法国分享。

(下)在慕尼黑，他因些微差距输掉了比赛，在这里，半决赛又输给了对手，但他知道如何重新赶上。

“镇静，镇静，全神贯注的”

之前的半决赛我表现得很糟糕，就像在美国锦标赛的半决赛中一样。我需要重新找到我在美国认识到的一切。首先不要考虑决赛，不要使自己充满攻击性。我需要放松，镇静，镇静，全神贯注。我进行了正常的热身，试了几次起跑，我想有四次吧。最后一次试跑很好，非常好。我需要等待那个一切都爆发出来的时刻来临。我丝毫没有想到决赛所代表的意义，没有想到人们对我有所期待，没有想到人们将会看到的一切。不，我只是像应该的那样做到了聚精会神。

我们出发前往检录处，那是一间很大的屋子，被用绳子切割成几条走廊。我很放松，与我在罗马感觉到的没有任何关系。在那里，我们开始互相开玩笑。我对于这种放松感到吃惊，但是，突然，在进入赛道五分钟之前，人们不再互相讲话。当我来到赛道上时，我调整了起跑器，进行了三次起跑来看看是否一切正常。在第二次试跑时，我撞上了一个跨栏，我的肌腱很疼。我努力离开了这个地方，并且碎步疾走到转弯处。我放松了下来，这起了作用。我觉得有点疼，但是我没有在这里停留。我尤其不想进入到攻击状态中，这还太早。

“所期望的爆发”

我在保持这种放松-集中的状态，一个相对重要的事实出现了，在美国室内锦标赛的决赛上我认识的一个发令员，走了过来。当我回到出发点时，他向我眨了一下眼睛。我从来没有想过比赛的结果。我进入了起跑器。我刚刚达到了我所希望的状态。我能够重复与在美国一样的行为。我知道我没有处在最佳状态，但是，在心理上，我有信心，我知道自己的力量。

发令员比平常要慢一点。我竭尽了自己的所能。正是因为如此，我的起跑能够跟欧文斯一样好。从那时开始，我所积累的一切具体化了，真的是一切。我获得了希望的爆发。确实，我有印象，在跨过第六栏的时候我是微笑着的。我不再能够被打败。卡萨尼亚斯赶了上来，但我已经决定了比赛的结果。之后，我没体验到在罗马时那样的幸福感。在意大利，这种幸福感更加强烈，因为我在比赛之前是那么紧张。在这个时候，我很快乐。

在领奖台上发生的？我不知道。我所记得的，是我被蚊子叮了一下！之后，我被媒体绑架了。我讲了很多。在这种狂热下，我相信自己犯下了一个错误，我提到对于我的胜利，法国的一部分人跟另一部分的反应之间会存在差别。我错了。

漂亮的收尾

法国人又一次实现了东京奥运会上的成绩，再次获得马术超越障碍赛的团体冠军。

文/雅克·卡尔杜奇

前一天，我们判断法国骑手们在奥运会的最后一项比赛马术障碍团体赛中获得一块奖牌的几率大约是二分之一，在第一局结束之后，这个几率大大增加了。他们的得分与德国人相同 (24 分)，并列第一。最终，这一局比其最初显示的更具有决定意义……

在比赛开始之前，所有骑手步行对赛场进行检查，他们一致觉得它太小了，特别小。不过这没有选择性。“在这块场地上，所有人将会完美无缺地完成动作”，我们可以听到这样的评论。如果说这些障碍确实显得微不足道，在头一天的降雨过后，奥林匹克体育馆的草坪变得非常潮湿，这就有麻烦了。

这很快就得到了证实，场地的状况相当于障碍的增高，我们估计大概相当于增加了 15 或者 20 厘米。而且还不用说它给马匹造成的疲劳，这在它们跨越最后那些障碍时可以明显看出来，犯规频频出现。

在这种乍看上去超级容易的赛场上，将没有一个选手能“完美无缺地完成整套动作”，奥运冠军阿尔文·绍克默勒 (Alwin Schockemoehle) 包括在内，他的马沃里克 (Warwick) 碰撞了 13 号障碍与之前的几个障碍。只有另外一位骑手，加拿大人吉姆斯·戴 (James Day) 同样得到了4 分。在法国队方面，4 位骑手中的 3 位——于贝尔·帕罗 (Hubert Parot)、马克·罗盖 (Marc Roguet)、马塞尔·罗西 (Marcel Rozier)——犯了两次规，法国人总共得到了 8 分。他们的表现非常平均，这使得他们暂时与德国人并列在第 1 位。

法国队在第 2 局开始的表现令人钦佩。于贝尔·帕罗，跨骑着他的“海岸”(Rivage)，完成了一次精彩的表演，只犯了一次规。被认为是最稳定的加拿大选手吉姆斯·戴到此时获得了 16 分，而墨西哥骑手阿基尔 (Aguirre) 和西班牙骑手阿莫罗斯 (Amoros) 犯了最多的错误。在每个国家的第 1 位选手都完成动作之后，出现了前所未有的情况：争夺看上去仅仅限定在德国人、加拿大人和法国人之间。

情况并没有按照完全相同的方式来进行。马克·罗盖，比早晨更加紧张的，犯了4 次规！

(上)于贝尔·帕罗、马克·罗盖、米歇尔·罗什和马塞尔·罗西，这4位选手形成了完美的互补，这在一块湿漉漉的赛场是十分关键的，他们让《马赛曲》回荡在场地上方。

(下)在决定性的一轮中，马塞尔·罗西只有一个小错误，确保了法国队的胜利，逼得德国人阿尔文·绍克默勒和他的沃里克多次犯规。

但是其他队伍的第 2 名骑手也没有制造出奇迹，除了美国人米德兰 (Midland) 得了4 分，最好的是德国人索恩森 (Soenksen)，12 分。此外这证明了马匹的疲劳程度。

法国人离获得奖牌已经不远了，但是哪一种成色还是未知数。这留下了可怕的悬念。在 4 名骑手中的第 3 组经过之后，是米歇尔·罗什精彩的只有两次犯规的表现，他在早晨的事故之后很好地恢复了镇静，哪怕在最糟糕的情况下，法国的骑手们确定将能获得铜牌。

这是米歇尔·罗什和奥运冠军阿尔文·绍克默勒的对决，它将会决定团队冠军的归属。米歇尔·罗什在 18 点 55 分第一个上场。他的经验似乎可以使他避免致命的不良情绪。精彩的表现。他完全掌控了比赛，毫无疑问，在这一时刻他是世界上最优秀的技术型选手。

只有一次犯规。4 分。已经是银牌了。刚好在 10 分钟之后，轮到了阿尔文·绍克默勒。他骑着沃里克，有个非常好的开始，这匹马给人留下了充满力量的良好印象。我们在河流处等待着它。他越过了，而且没有犯规。在 10 号障碍之后，是 11 号障碍，出现了一个出乎意料的错误。现在，法国和德国比分相同。但是，在碰触到 13 号障碍之后，沃里克好歹越过了两个障碍的垂直部分，然后在牛栏摔倒了。

结束了！法国马术队成为了奥运会冠军。这届奥运会随着三色旗的胜利落下了帷幕。就好像 12 年前在东京一样，一个伟大的时刻。

女子200米比赛。

1976年蒙特利尔第21届奥运会

蒙特利尔以及魁北克省体验了奥运会的宏大壮观，当然还有昂贵的滋味。

数据

开幕日：1976 年 7 月 17 日

闭幕日：1976 年 8 月 1 日

主办国：加拿大

其他申办城市：美国洛杉矶、苏联莫斯科

92 个国家奥委会派队参赛（有 66 国有女运动员参加）

6028 名参赛运动员：其中包括 4781 名男运动员和 1247 名女运动员

21个大项（有 11项有女子参加，包括混合项目）田径、赛艇、篮球、拳击、皮划艇、自行车、马术、击剑、足球、体操、举重、手球、曲棍球、柔道、摔跤、游泳、现代五项、排球、射击、射箭、帆船。

表演项目：团体操。

198 个小项（其中 49 项有女子参加，包括混合项目）

宣布开幕者：英国女王伊丽莎白二世

点燃火炬者：加拿大田径选手桑德拉·亨德森 (Sandra Henderson) 和斯蒂芬·普雷方泰恩 (Stephane Prefontaine)

运动员宣誓：加拿大举重选手皮埃尔·圣–让 (Pierre Saint-Jean)

国际奥委会主席：爱尔兰人迈克尔·基拉宁勋爵 (Lord Michael Killanin)

冬季奥运会

第十二届冬季奥林匹克运动会 1976 年 2 月 4 日至 2 月 15 日在奥地利因斯布鲁克举行。1354 名运动员（1123 名男运动员和 231 名女运动员）代表了 37 个国家，在 6 个大项 37 个小项中对峙。冰上舞蹈在这里首次出现。奥地利共和国总统，鲁道夫·基希施莱格 (Rudolf Kirchschlager) 博士宣布第十二届冬季奥运会开幕。德国人罗茜·米特迈尔 (Rosi Mittermaier) 获得了速降和回转的冠军。

在男子方面，奥地利人弗朗兹·克拉默 (Franz Klammer) 在男子速降中夺冠。

在花样滑冰中，苏联的代表，与阿莱克西·乌兰诺夫 (Alexis Oulanov) 搭档在札幌夺得奥运冠军的伊利娜·罗德尼娜 (Irina Rodnina) 又一次夺冠了，但这一次是和亚历山大·扎伊采夫 (Alexandre Zaitsev) 搭档。

苏联和东德分别凭借着 27 块奖牌（其中 13 块金牌）和 19 块奖牌（其中 7 块金牌）成为了因斯布鲁克的两个大赢家。

从慕尼黑到蒙特利尔

1973

•1 月 1 日，英国、丹麦和爱尔兰加入了欧洲经济共同体，欧共体从此包括 9 名成员。

•9 月 11 日，在智利，萨尔瓦多·阿连德 (Salvador Allende) 总统在将军皮诺切特 (Pinochet) 的军事政变中丧生。

•10 月 6 日，第 4 次阿以战争。赎罪日当天，叙利亚和埃及攻击以色列，后者成功地击退了他们。10 月 25 日签署了停火协议。

1974

•4 月 2 日，法国总统乔治·蓬皮杜 (Georges Pompidou) 去世。瓦莱里·吉斯卡尔·德斯坦 (Valery Giscard d' – Estaing) 继任。

•6 月 16 日，在法网决赛中，18 岁的瑞典人比约恩·博格 (Bjorn Borg) 战胜了西班牙人欧兰提斯 (Orantes)。

•7 月 5 日，在法国，成年的年龄从 21 岁变成了 18 岁。

•7 月 7 日，在慕尼黑，足球世界杯决赛中，联邦德国 2 比 1 战胜了荷兰。

•10 月 30 日，在扎伊尔的金沙萨，阿里重新成为了拳击的重量级世界冠军。第 8 轮，他 K.O 乔治·福尔曼 (George Foreman)。

1975

•3 月 18 日，欧洲经济共同体的成员国创造了欧洲货币单位埃居，欧元的前身。

•4 月 17 日，波尔布特 (Pol Pot) 和红色高棉在柬埔寨掌权。

•10 月 20 日，在西班牙，独裁者弗朗哥 (Franco) 死去。一个月后，胡安·卡洛斯 (Juan Carols) 王子被宣布为国王。

1976

•3 月 24 日，阿根廷政变。魏地拉 (Videla) 将军掌权。伊莎贝拉·贝隆 (Isabel Peron) 被逮捕和剥夺了公民权。

•6 月 29 日，新西兰橄榄球队抵达种族隔离的国家南非来参加一系列比赛。

你知道吗？

奥运火炬通过空路抵达。通过传感器将它以电子信号的形式发送到 Intelsat 系统的一个卫星上，然后传递到一个接收器。在那里，储存的能量发动了一道激光射线，赋予它原始的形态。

凭借拳击手克拉伦斯·希尔 (Clarence Hill)，百慕大群岛（53000 名居民）成为了获得奥运奖牌的人口最少的国家（铜牌）。女子比赛第一次在篮球、手球和赛艇中出现。

蒙特利尔奥林匹克体育馆统治着城市风景。

蒙特利尔 Montreal

这里的居民来自至少80个国家,他们使用35种不同的语言,信仰30种不同的宗教,蒙特利尔成为了一个多种文化的集散地。

蒙特利尔是加拿大的第二大城市，位于加拿大东南部，北美洲腹地的五大湖区以东，地理位置极为独特，通向大西洋的圣劳伦斯河在城东缓缓流过。

作为魁北克省最大的城市，蒙特利尔的法语居民占多数，体现出独特的法国文化底蕴，被认为是北美的浪漫之都。蒙特利尔也是加拿大历史最悠久的城市之一。

15—16世纪的地理大发现时代，葡萄牙人绕过非洲的好望角发现了印度；西班牙人一直向西发现了南美洲；英国和法国奋起直追，他们开通西北航道发现了北美大陆。大约350年前，这里便有了法国人的足迹，尔后欧洲其他各国移民纷纷涌入。在所有的北美大城市中，当属蒙特利尔的欧洲风情最为浓郁。蒙特利尔的市旗图案由四朵小花组成，分别代表最早建设蒙市的英格兰、法兰西、苏格兰和爱尔兰移民。

纵览蒙市全景，大大小小、风格各异的教堂构成引人注目的文化奇观，其数量之多(约450座)，甚至超过了古城罗马。在蒙特利尔，每跨一两个街区便可看到一个教堂。置身于这些教堂内外，可集欣赏建筑、文化艺术、历史及宗教于一刻。傍山而立的圣约瑟夫大教堂气势磅礴，而位于蒙特利尔老城的圣母大教堂则以金碧辉煌闻名，它美丽而凝重的装饰及壁画具有震荡肺腑、融化灵魂的气势与力量。

蒙特利尔是一个繁荣的国际大都市，具有浓郁的拉丁气息。自1642年法国殖民者踏入以来，是英国商人最先使其发展变化为兴旺发达的贸易中心，皮毛成为主要交易商品。18到19世纪，酿酒业、木器和皮革制造也成为主导行业和经济支柱。进入20世纪后现代制造业蓬勃发展，一跃成为加拿大最富有的城市之一。

各大洲移民带来的不同传统，使蒙特利尔成为是世界上最大的双语言城市。主要语言是法语，不过英语也是常用的语言之一。由于这里的居民来自至少80个国家，因而他们使用35种不同的语言；信仰30种不同的宗教，蒙特利尔也就成为了今天这样一个多种文化的聚集地。

在外界看来，蒙特利尔似乎是一座“默默无闻”的城市，像加拿大这个国家一样，平静而安康，人民的生活悠然自得，过着天堂一般的生活。这样的地方，特别需要时不时举办一两次国际性盛会,让平静的生活换位于一种另类的、刺激的生活方式，1976年，国际奥委会就将一枝“红玫瑰”献给了蒙特利尔。

虽然奥运会使蒙特利尔市民的负担加重，这届奥运会也没有达到预期的成功，但蒙特利尔人照样打棒球、滑冰……过着依旧平静的生活。

也许过不了多久，这里还会再一次举办奥运会，谁知道呢。

关键词·蒙特利尔大奖赛

在蒙特利尔，居民从不缺乏对体育的喜爱。每年6月，全国车迷都将聚集在这座城市观看一项赛事——F1加拿大大奖赛。F1的到来使这座城市显得更加拥挤。

蒙特利尔赛道从1978年开始主办一级方程式赛事。1982年，蒙特利尔赛道以雅克·维纶纽夫的父亲吉尔·维纶纽夫命名，这是为了纪念吉尔·维纶纽夫，这位F1著名的车手在这里丧生。吉尔维纶纽夫于1982年在比利时佐德尔赛道发生严重撞车事故，赛车被撞成了几大块碎片，并高高抛向空中，吉尔也随着他的法拉利赛车永远离开了人间。这条赛道以维纶纽夫命名，但维纶纽夫父子从未在这里取得过冠军。迈克尔·舒马赫曾在这条赛道六次称雄，堪称维纶纽夫赛道之王。

赛道在圣母院附近，交通十分方便。这条独特的赛道是由永久赛道和街道组合而成。对于观众来说，除了能观看到精彩的比赛，赛道旁的五大湖风光也很迷人。

第22届奥运会➔莫斯科

1980 年伴随着美国总统吉米 · 卡特 (Jimmy Carter) 的这一宣言来临：“苏联在阿富汗的干预将会严重影响目前和未来我们和苏联之间的关系。” 联合抵制莫斯科奥运会的威胁很清楚。它在 1 月 20 日成为正式的，这一决定由美国奥委会在 4 月 13 日批准。

直到奥运会的开幕日期 7 月 19 日，这场战役划分了出那些想要跟随美国的立场的国家，那些想要无条件参加的国家和那些想要以个人名义前往莫斯科、不要国徽也不要国歌的国家。《队报》甚至在其专栏里发表了一份对于“没有国歌和国旗的奥运会”的请愿书。

国际奥委会及其主席爱尔兰人基拉宁勋爵 (Lord Killanin) 承受了很大压力。需要拯救奥运会。如果说公众看法并不一致的话，大多数运动员都赞成参加。7 月 19 日，81 个国家最终出现在奥运会上。

这届被扭曲的奥运会在组织方面无懈可击，但却因为观众们过度的沙文主义而黯然失色。尽管如此，尽管有如此众多的缺席者，我们在这里仍然收获了 34 项世界纪录和 62 项奥运纪录。

8 月 3 日，在闭幕式期间，当出现“第二十三届奥运会再见”时，小熊吉祥物米沙 (Misha) 流下了一滴眼泪。

MOSCOW 1980
Games of the
XXII Olympiad
Moscow
1980

1980

古巴人泰奥菲罗·史蒂文森(Teofilo Stevenson)在1972年和1976年在规定时间内赢得了所有的比赛。他的第3个冠军头衔是更有争议的：苏联人扎耶夫(Zayev)仅仅是因为点数才输给了他。

在大规模抵制的阴霾下

这次奥运史上最大规模的抵制运动给许多人留下了终身的遗憾,错失的机会永远不会再来,所有的人都希望这样的事情不会再发生。抵制不仅冲淡了会场的热烈气氛,也给关心奥林匹克运动发展的人们的心灵上蒙上一层阴影。

申请主办1980年第二十二届奥运会的,只有苏联的莫斯科和美国的洛杉矶两个城市。

1974年10月23日,国际奥委会在维也纳召开的第75次会议上,基拉宁主席没有公开表决票数,只宣布莫斯科为第二十二届奥运会的主办城市——已有70多年历史的奥运会将第一次在一个社会主义国家的首都举办。

1975年3月,莫斯科成立了奥运会筹委会,开始对各项工作进行积极的准备,兴建和改建了许多体育设施。据有关资料统计:大型体育场从原先的50多个增到近70个,人工游泳池从30多个发展到60多个,体育馆由1300多个扩增到1600多个。与此同时,这座已有800多年历史的古城还整饰了城市建筑,改善了交通运输网。据外电报道,苏联为主办这届奥运会,总共耗费了90亿美元左右。这在奥运会史上是创纪录的数字。

由著名的儿童书籍插图画家维克多切兹可夫设计的本届奥运会的吉祥物"米沙大熊"(Misha),让人爱不释手。Misha在1977年12月19日第一次展现在人们的面前,在莫斯科奥运会期间,它的形象被用于诸如毛绒玩具、瓷器、塑料制品、玻璃器皿等上百种纪念品上,而且还被印制成了邮票。

但是,这届莫斯科奥运会却遇到了自复兴以来最严重的危机。由于苏军出兵阿富汗,美国带头抵制了当年举行的莫斯科奥运会。面对这样的局势,国际奥会最高领导阶层决心发表一则表明立场的严肃声明。声明在最后指出:国际奥委会无力解决世界上的政治问题。它呼吁所有国家的政府,尤其是大国政府共同来解决它们之间的分歧。

这个声明提交国际奥委会后得到了国际奥委会委员的一致同意,奥委会宣布1980年奥运会必须按计划在莫斯科举行。国际奥委会的决定不仅保证了莫斯科奥运会的顺利举行,还实践了奥林匹克运动与政治无关的原则。

在宁静湖冬季奥运会的闭幕式上,基拉宁主席发表了一个对莫斯科奥运会前景充满忧虑和警醒的谈话:本届冬季奥运会表明,我们对促进这个世界的相互了解,对促进人们之间的共同点而不是分歧点,尽了自己的一切努力。如果我们所有的人都能同心,这个世界肯定会变得更加美好,我们就能避免灾难。如果我们不谨言慎行,灾难就可能会降临到头上。

莫斯科奥运会于1980年7月19日至8月3日举行,恰好与第十五届奥运会会期相吻合。两届会期举办月日完全一样,

(下)莫斯科奥运会开幕式的全景。
(右)国际奥委会主席迈克尔·基拉宁勋爵请苏联领导人前来宣布奥运会开幕。

是奥运会史上仅有的一次。第十五届是苏联首次参加的奥运会，它标志着苏联奥林匹克运动发展进入了一个新时期。不言而喻，两届会期吻合，这不是历史的巧合，而是组委会的精心安排。

7月19日下午2时，奥运会在列宁中央体育场正式开幕。苏联党政领导及奥委会主要官员出席了开幕式，国际奥委会主席基拉宁主持了他任期内的最后一届奥运会。参赛的运动员共5872人，其中女子1274人。苏联运动员人数最多，为534人；民主德国、波兰次之；最引人注目的是人口不多、远隔重洋的古巴，他们派出了由239名男女运动员组成的庞大队伍来参加本届奥运会。

开幕当天，气候不佳，主办当局不得不出动6架飞机，在云层中喷洒化学药剂，驱散飘浮在体育场上空的乌云。苏联人为这次盛会准备得非常周详，长达4个小时的开幕式场面盛况空前。1.6万名表演者在体育场内进行各种运动的表演。

大会是隆重的，但人们被一种不愉快的气氛所困扰。有近60个国家响应美国的决定而没有出现在莫斯科，其中包括中国奥委会。最终参加莫斯科奥运会的国家只有81个，这是自1956年以来参赛国数量最少的一届。

有16个队在入场式上没有打本国国旗，以奥林匹克五环旗替代；有10个队只有旗手一人，运动员没有出场。在奥林匹克会旗交接仪式中，因加拿大属抵制国家行列，上届主办城市蒙特利尔市长只派了代表将奥林匹克会旗交给了莫斯科市。凡此种种，冲淡了奥运会场的热烈气氛，也给关心奥林匹克运动发展的人们的心灵上蒙上一层阴影。

抵制也使比赛成绩受到影响。由于上届奥运会非正式团体总分列前十名的美国、联邦德国、日本等国拒绝参加，田径、游泳、体操、柔道所受的影响尤为明显，有的甚至不能反映当时的世界实际水平。如男子游泳，在上届奥运会全部13个项目中，破12项世界纪录，本届仅破了1项。另如马术，上届奥运会进入前六名的14个队中，13个队没有代表去莫斯科。再如曲棍球，上届前五名新西兰、澳大利亚、巴基斯坦、荷兰、联邦德国，也全都没有出席。人们评论说：莫斯科奥运会金牌贬值达50%。

因抵制而失去比赛机会对运动员而言是终生的遗憾，因为对于一个运动员来说，参加奥运会与其他高手同场竞技是其运动生涯中的头等大事，为了参加奥运会至少要作四年甚至更长的时间准备。

而一个优秀运动员出现成绩高峰的时间和次数是有限的，也许整个运动生涯都没有机会出现在最高水准的舞台上。而这次机会的错失却是个人经过任何努力都没有办法改变的。

投了抵制票的西德奥委会委员、体育基金会主席、两获奥运会马术金牌的约瑟夫·内卡曼在其回忆录中心情沉重地追述当时投票时的心理状态："我深深地感到左右为难：一方面，我认为有必要坚持政治原则；另一方面，我亲身体验到了年轻运动员们的深切失望，抵制使他们丧失了到奥运赛场去一显身手的宝贵机会。我心中的公民战胜了我心中的运动员。1980年5月15日在杜塞多夫投票时，我选择了抵制……这个选择让今刻的我比当时更加痛心，因为在没能参加莫斯科奥运会的运动员面前，我感到深切的内疚。我永远不能原谅自己没能尽一切努力去为他们奋争的行为。"

确实，对于一个运动员而言，一生中可能只有一次参加奥运会的机会，失去的机会将永远不会重来。面对着失去的机会，不少运动员都有意见，为了安抚他们，美国奥委会只好做出决定，发给本应参加这届奥运会的每位运动员一枚纪念金牌，以做补偿。

然而，又岂止是运动员失去的机会永远不会重来，对于体育官员也同样如此，国际奥委会西德委员维利·道默本来有很大可能在莫斯科继任基拉宁出任国际奥委会主席，但由于西德奥委会做出了抵制的决定，他永远地失去了竞选国际奥委会主席的机会。

这次奥运史上最大规模的抵制运动给许多人留下了终身的遗憾，错失的机会永远不会再来，所有的人都希望这样的事情不会再发生。

莫斯科奥运会竞赛项目仍为21个大项，但单项数从上届的198增至203，女子曲棍球首次进入了奥运会大门。抵制虽然给本届奥运会带来了多方面的影响，但在成绩方面，总体来说这还是一次较高水平的比赛。大会共破33项世界纪录：计田径6项，游泳8项，举重13项，自行车、射击各3项。举重、自行车水平都很高，特别是自行车，先后有10人次刷新了世界纪录；其中1000米计时赛的纪录，是1964年以来从未突破的。

男子游泳，是受抵制影响最明显的项目。由于强手缺席，苏联取得了从未有过的成绩：获金、银牌各7枚，铜牌3枚。20岁的苏联大学生弗拉吉米尔·萨尔尼科夫是本届男子游泳的新闻人物，共得了3枚金牌。

田径开赛较迟，于7月24日至8月1日在中央体育场举行。73个国家的1088名选手参加了角逐。由于美国、联邦德国、肯尼亚等一些强手缺席，男子部分如跨栏、长跑等受到了影响，但总体成绩还算差强人意。引人注目的是埃塞俄比亚的伊夫特。这位年逾35岁，并有五个儿女的长跑选手，一举获得5000米和10000米两项金牌。

英国两位中跑明星科和奥维特在1500米和800米的比赛中各获得1枚金牌，但科的表演并不令人满意。1979年科曾如风卷残云般的在41天的时间里连破800米、1500米和1英里的世界纪录，被评为当年世界最佳运动员。而这次在莫斯科奥运会上，他在800米赛中失利，只获银牌；1500米赛虽然夺金，但并没有突破奥运会纪录。

与男子情况不同，由于民主德国、苏联及其他东欧国家，在女子田径中一直居主导地位，所以抵制行动对比赛成绩带来的影响不大。上届称雄的民主德国女将，这次意外丢掉了几枚金牌，以5比7的金牌数输给了苏联。民主德国的成绩虽不尽如人意，但仍是田坛的强者。在获得金牌的选手中，23岁的玛丽塔·科赫受到了人们的关注。1976年，首次参加奥运会的她在400米决赛中因背伤复发，不得不中途退出比赛。她在本届奥运会终于取得了这个项目的桂冠，并在4×100米接力赛中获得1枚银牌。

苏联和东欧国家垄断了这次体操比赛。在男子项目中，由于从1960年起一直获团体冠军的日本缺席，苏联取代了这个位置，这是它自1956年后再次获得这个荣誉。苏联列宁格勒22岁的大学生亚历山大·季佳京在与上届新闻人物安德里亚诺夫争夺个人全能王座时取胜，成了本届男子赛的明星。除获得个人全能、吊环和团体3枚金牌外，他还在鞍马、跳马、双杠、单杠中四获银牌。安德里亚诺夫成绩虽不如上届出色，但也获得了两金两银。有鞍马"大师"之称的匈牙利选手佐尔坦·马乔尔再次表演了出色的技艺，蝉联冠军。

女子金牌之争，主要是苏罗两国。上届体操"女皇"罗马尼亚的科马内奇，在争夺个人全能桂冠时，败给了苏联18岁女将叶莲娜·达维多娃，与民主德国的马克西·格瑙克并列亚军。罗马尼亚《火花报》于7月25日发表题为"玷污奥运会精神"的文章，指责"裁判员们粗暴地践踏了体育道德和奥运会精神，在众目睽睽之下夺走了她（科马内奇）的金牌"。

不过科马内奇仍是这次赛场的强者，获得了平衡木和自由体操两枚金牌，以及全能比赛和团体比赛的两枚银牌。

在闭幕式上，由于美国反对，奥运会一反惯例没有升起下届奥运会东道主美国的国旗，而代之以洛杉矶市市旗。苏联在本届奥运会上共获金牌80枚、银牌69枚、铜牌46枚，居各队之首。这是苏联自1952年以来在奥运会获金牌最多的一次，也是奥运会有史以来一个国家在一届奥运会上获金牌最多的一次。

本届奥运会上还有一个非常值得关注的人物是萨马兰奇，这位西班牙人在这次奥运会上成为继基拉宁之后的新一任国际奥委会主席。由此，开始了他对世界奥林匹克运动长达20年的统治。

气氛 1980

L'EQUIPE **队报聚焦**

去参加奥运会？

几个小时之后，第二十二届奥运会将会正式在列宁体育馆开幕。3 个小时的民俗表演和奇特的运动员入场式构成了比赛的前奏。其中，法国代表团没有参加入场式，有 15 个左右的西方国家仿效了这一行为。从星期天开始，这项我们在过去 6 个月中谈论最多的仪式将要开始，因为尽管阿富汗、伊朗和人权问题的严重性，它们并不能在同一时期在媒体的版面上永远占据风头。体育被当做了一种威慑的武器，曾经是拥护示威的借口。从那时起，为了忠实于奥运理想，在这 15 天当中，最好不是看到运动员们化身赋予了国家使命的使节，而是看到冠军们按照顾拜旦的箴言，在此我们有必要重复这一箴言，将它从常常是被歪曲的事实中还原出来："在奥运会上，重要的是参与而不是夺冠，因为人生的关键不在于征服而在于努力奋斗。"

文/克里斯蒂安·蒙泰尼亚克

1 3届奥运会(1968,1972,1976)的三级跳冠军,维克托·萨涅耶夫(Victor Saneev)是奥运火炬最后的传递者。他把火炬交给了篮球运动员谢尔盖·别洛夫,后者点燃了圣火。

2 安全是组织者优先要考虑的事情之一。警察和军人们无所不在。

3 大多数西方国家的抵制并没有妨碍莫斯科的街道吸引众多的游客和运动员。

4 小熊米沙应该获得吉祥物的金牌,在奥运会期间都是欢乐的他在闭幕仪式期间留下了一滴眼泪,感动。

5 奥运村的外观丝毫无法让人联想到田园牧歌,但是现代运动会的巨大规模可以很容易地解释这一点。

6 运动员在纪念品商店中购物。图中,玛克西·格瑙克(Maxi Gnauck)和东德体操运动员们(右)在购买著名的俄罗斯套娃。

7 大量观众们前往庄严的奥林匹克体育馆,但是在看台上没有一个孩子。在这一惊奇面前,组织者们回答:"在我们国家,所有的儿童可以到农村,海边或者山区度假……"

8 在奥运村的出口,运动员们展示着他们的民族服装。文化冲击。

9 作为第一届在社会主义国家举行的奥运会,莫斯科奥运会不能错过镰刀也不能错过斧头。体育场被命名为列宁体育场。

10和12 与他们的美国邻居相反,墨西哥人对能够参加奥运会非常满意,他们大声地宣告自己的快乐。

11和13 10000名观众参加了闭幕仪式,每一天几乎同样多的人数观看比赛,这保证了其在普罗大众中的成功。

L'EQUIPE 队报聚焦

韦西格，来自东德的信天翁

这超过了他的身高40厘米。盖德·韦西格(Gerd Wessig)刚刚从2.36米的高度上重新降落。通过这一最令想象力惊奇的纪录，被认定的人类极限在其刻度上又增加了一格。请看一下您家厨房的天花板。双手空空的韦西格跳得就有那么高，用一只灵活的脚，背部向内弯曲。当他重新落到垫子边缘上时，又一次是在翻转的身体的重量下弯曲了。

那些从座位上站起身来的东德人大声呼喊，这种呼喊很快变成有节奏的，在其中我们听到了“冠军”这个词。先生们，这位21岁的年轻人为了戏弄角落里的蜘蛛网而成为了一位伟大的冠军。去年，他的成绩是2.21米，很快又提高到2.30米。他来到了奥运会，成绩又提高了6厘米。世界纪录。伟大的斯通斯(Stones)和他2.30米的成绩被远远抛在后面，显得多么微不足道。

这位东德人始终在翱翔，他有着一张平凡的脸，小胡子试图使表情显得更加柔和。但是有这样一个问题将其从云端拖下来并让他落到地面：韦西格不再微笑而是大笑起来。有人刚刚问他最喜欢的菜肴是什么。对于审问一位奥运冠军，什么都不过分。确实，韦西格是一位来自什未林的厨师。他毫不犹豫地说明，他喜欢所有的菜，甚至包括那些不是由他烹饪的。

但是，此外还有什么可以向这位从自己的热气球中出来的年轻人提问的?啊!有的，他的感情!“我没有感到不舒服，甚至音乐也没妨碍到我。不，我感觉到能够去到非常高的地方。我想要利用这一有利的时刻,这使我取得了成功。”

这一“时刻”能够解释他的成功吗?不，而且它同样也不能解释他与背向式跳高的相遇。那是在1976年，他16岁。他已经在没有冲力的情况下跳得很高了。他高大的身躯没有丝毫笨拙的痕迹。他在体育场轻快地跳动。人民体育盛会完成了剩下的……

文/克里斯蒂安·蒙泰尼亚克

1 蒙特利尔奥运会冠军东德队这一次被打败了。捷克斯洛伐克在决赛中胜出，1:0。

2 就像在蒙特利尔一样，东德人瓦尔德玛·西尔平斯基(Waldemar Cierpinski)成功卫冕了马拉松冠军头衔，正如阿贝贝·毕基拉在他之前做到的一样。

3 意大利人吉纳利(Generali，15号)，维亚塔(Villalta，12号)和默耐辛(Meneghin，11号)面对达利帕吉奇(Dalipagic)也无能为力。他是这场南斯拉夫人占据绝对优势的决赛的象征，比分86比77。

4 第一次，一位芬兰人在帆船芬兰型比赛中获胜……荣誉归于金发的埃斯科·雷卡尔特(Esko Rechardt)，弥补了这一历史性的错误。

5 利用美国选手的不在场，苏格兰人阿兰·维尔斯(Allan Wells)用10秒25的成绩赢得了100米，这是自从使用电子计时以来最慢的成绩。他同样在200米中获得第2名，意大利人皮亚托·门内亚(Pietro Mennea)获得了冠军。

6 在1976年她的名字是埃克特小姐(Eckert)。她变成了渥克尔夫人(Wockel)，但是仍然赢得了比赛，200米的冠军属于她。东德人按照顺序超过了苏联人娜塔丽雅·博奇娜(Natalia Bochina，红衣)和年轻的牙买加人玛莲娜·奥蒂(Merlene Ottay)。

7 东德人碧姬特·菲舍尔(Birgit Fischer)在皮划艇单人比赛中获得了首枚金牌。从1980年到2000年，她总共在K1，K2和K4中获得了7枚金牌和2枚银牌！

8 1978年国际比赛上受伤之后第一次参加比赛，不可战胜的阿列克谢耶夫(Alexeiev)一上来就卡住了。3次抓举180公斤失败，被淘汰。

9 对于英国人达莱·汤普森(Daley Thompson)来说，这是1980和1984年蝉联十项全能冠军的第一步。他以8495分获胜，超过了苏联人库岑科(Kutsenko)和热拉诺夫(Zhelanov)。

10 小女孩变成了小妇人，魔法失效了，但是纳迪亚·科马内奇在莫斯科奥运会上仍然获得了两枚金牌(平衡木和自由体操)和两枚银牌。

季佳京惊艳起跳，完美落地

团体比赛让苏联人称王称霸，也让亚历山大·季佳京(Alexandre Ditiatin)为劫掠奖牌做好了准备。通过他在器械决赛中获得的6块奖牌，季佳京将他的奖牌总数增加到8块。

文/菲利普·德雷福斯

当亚历山大·季佳京，这位列宁格勒的花花公子，飞起来的时候，得到了10分。达到了完美，他是第一个得到满分的男子体操运动员。

24 年的等待被忘记了。最终，苏联获得了男子体操团体金牌。自从 1956 年以来，苏联人始终没能从日本人手中夺走奥运桂冠。今年，他们获得了它，这让整个国家的人都很高兴。当然也包括 6 位体操运动员：季佳京、安德里亚诺夫 (Andrianov)、特卡切夫 (Tkatchov)、阿扎良 (Azaryan)、马凯洛夫 (Markelov) 和马库茨 (Makuts)。

一条箴言说，缺席者总是错的。在精彩的表演结束之后，这就是苏联人所想的。因为，对于这一水平非常平均的团队，我们从没有一刻为它担心过，夺冠团体中成绩排在最后的马凯洛夫他获得了第 9 名。民主德国如同预想的一样排在第 2 位，最后获得了 8.45 分。

这位强大的男人是亚历山大·季佳京，我们对此不会感到惊奇。这位福特沃斯世界锦标赛的冠军将优势进一步扩大，超出了蒙特利尔的奥运冠军尼古拉·安德里亚诺夫 (Nikolai Andrianov)0.1 分。他现在领先 0.25 分。这是仿佛按照节拍器节奏来实现的高度精确的工作。还有在吊环上的一点才能，他在吊环项目中收获了完全应得的 9.95 分。这个曾被称为体操世界花花公子的人在热情的观众面前飞了起来，这些观众都是他的狂热支持者。

我们同样了解那些幸运地进入了单项器械决赛的选手们。在这个领域，苏联人实现了满贯。季佳京也是如此，在周六下午，他 6 次出现在赛场上。但是他只在名单的最前头出现了一次：在吊环比赛中。在跳马和自由体操比赛中，安德里亚诺夫表现得更好。特卡切夫在双杠，马格伊尔 (Magyar) 在鞍马还有德尔切夫 (Deltchev) 在单杠分别获得了冠军。

单项器械的决赛，每项有 6 名进入决赛的选手，它结束了所有体操项目。在这些决赛中要决出 18 块男子奖牌，12 块女子奖牌，与个人全能比赛相比这显得很夸张。规则就是如此，而且无可置疑决赛拥有非常精彩的一面。

由于亚历山大·季佳京，比赛显得十分精彩，他出现在 6 场决赛中，并且给自己赢得了 6 枚奖牌，这是了不起的成就。他并不是只获得了金牌，只有在吊环比赛之后他才登上了领奖台的最高台阶。此外，季佳京总共获得了 4 枚银牌：单杠、双杠、跳马和鞍马。在自由体操中，他“只”获得了第 3 名。高大金发的阿列克桑德确实统治了这届奥运男子体操。

保加利亚人德尔切夫获得了单杠的金牌，他始终能为这个项目带来某种新东西；在双杠中，优雅的特卡切夫获得了安慰性的第一名，因为他原本希望在全能中能获得更好的位置；在鞍马中，匈牙利人马格伊尔保留了他的桂冠，在这一项目中他还没有找到与之相媲美的对手，他的柔韧性起到了决定作用。

至于安德里亚诺夫，他获得了跳马的最高分，这将会是他的天鹅之歌，奥运冠军将会投身于教练生涯。

需要注意的是，这个苏联人还打破了男子体操奥运奖牌数的纪录——15 块奖牌 (7 金、5 银、3 铜，从 1972 年到 1980 年)，这一纪录是由他的同胞伯里斯·沙赫林 (Boris Chakhlin) 在 1956 年到 1964 年之间创造的：13 枚奖牌 (7 金)。

飞鸟般的季佳京的唯一小弱点显然是自由体操，但是他仍然能够获得了铜牌，因此没有错过登上任何一个可能的领奖台。

沙皇萨尔尼科夫

没有一项胜利能比俄国人在1500米自由泳中的更具有可预见性。他在其中加入了独特的方法。

文/埃里克·拉米

这些夜晚与莫斯科奥林匹克游泳馆相似，在那里，在昨天，东德人瑞卡·赖尼施(Rica Rinisch)在女子100米仰泳的资格赛中打破了世界纪录，4年来这一纪录始终属于她的同胞乌尔利卡·黎克特(Ulricka Richter)，而且她两天前还在4×100米混合泳接力比赛中平了这一纪录：1'1"51。但是需要承认，这些资格赛只是在等待主菜上来之前的小点心，真正的重头戏是男子1500米自由泳比赛。这一游泳比赛中距离最长的项目将会为苏联人弗拉吉米尔·萨尔尼科夫(Vladimir Salnikov)加冕。对此我们很确定。至于剩下的，人们可能感兴趣的问题显得都是偶然性的。萨尔尼科夫将会决定以何种方式赢得比赛？在其他选手当中，哪两个将会登上领奖台，站在他的两旁？

英勇而优雅

萨尔尼科夫决定跟随一条兼顾英勇和优雅的道路，在这个场合下，它同样也是在一条孤独的道路中。在他作为一名长距离游泳运动员的泳姿中，主要的力量来自于双臂，而双腿的拍击则是用来保持身体在水中的平衡和位置，他一马当先，差距立刻被拉开了。

有人告诉我们，萨尔尼科夫在马拉松训练中听音乐，而正是这种训练使他成为了世界上耐力最强的游泳选手。需要相信的是，他选择了一种从头到尾都特别有节奏的曲调来进行伴奏。

布赖恩·古德尔(BrianGoodell)保持了4年之久的纪录并不是一成不变的。萨尔尼科夫用一种无可指摘的规律游过了每一个50米：在500米处5'0"23，在1000米处10'0"85。他在1100米处达到了11'1"15。在这时，难以察觉地，他强调并且建立了自己的纪录。他用3'57"12的时间游完了最后的400米，1'57"46游过最后的200米，他在游泳池中的最后一个来回所用时间是58"05。

在15分钟之内

萨尔尼科夫用14'58"27游完了整个距离，因此他成为了第一个跨越15分钟界限的人。通过一项永垂不朽的功绩，他确保了自己永远不会遗忘，就像是58年前的约翰尼·维斯穆勒，传奇的泰山本人战胜了100米的1分钟墙壁，今天他病得非常严重，在阿卡普尔科休养。

观众们是以何等的热情面对他们的冠军和从澳大利亚人马科斯·梅茨克(Max Metzker)手中夺得银牌的另一位苏联人亚历山大·查耶夫(Alexandre Chayev)的。当他们当中的一位的行为取悦了观众时，这里的人们通过响亮的“Molodiet”来向其致意，这个单词在陀思妥耶夫斯基的语言中意味着“勇敢的”。这个单词也被用在了中长距离游泳的沙皇身上，因为没有凶猛、不可摧毁的意志是不可能获得这一艰苦项目的冠军的。

萨尔尼科夫作为充满魅力的战胜者，将会是莫斯科奥运会的冠军中最没有争议的。整整3年来，在他最拿手的这个项目和400米中，没有人能打败他。在这一项目中，美国人也只能在这个巨人面前俯首认输。

在这项运动中，游泳进步的重担成为了他的责任。1500米的16分钟的界限是刚好10年前由美国人约翰·金塞拉(John Kinsella)打破的(15分57秒1)，而17分钟的界限则由另外一位西大西洋的选手罗伊·萨里(Roy Saari)在1964年打破的(16分58秒7)。时间过得多么快!

两天之后，弗拉基米尔·萨尔尼科夫同样获得了400米冠军，成绩3'51"31，奥运纪录。

(左)百战不败，所向无敌，微笑的萨尔尼科夫一个人进入了历史，就像是巨人一般。

(下)从1100米开始，萨尔尼科夫加速，加速，直到粉碎了世界纪录和15分钟的墙壁。

第一局奥维特获胜

在800米比赛中，两名不列颠选手的对决由史蒂夫胜出。惊奇。

文/米歇尔·克拉尔

让我们立刻将战术的争议合盘托出。塞巴斯蒂安·科 (Sebastian Coe) 跑得不够好吗？他诚实地回答了这个问题："我跑步是为了打败对手，并且我相信已经为此做到了能做到的一切。我的机会不在于领先，有风，我们不该把这样的一个竞争对手留在集团当中。我想最好回到他的后面，但是我在进入直线跑道的时候，我们离得还很远。当俄国人在对面的跑道启动时，我看到了他，但是我没有做出反应。我在这些日子里并没有处在最佳状态。比赛中存在一些挤撞。有一个比我更好的赛跑选手，我们需要向他道喜。"

塞巴斯蒂安恭喜了他的"对手"(他始终避免说出那个和他同为英国最优秀的中长距离赛跑选手的名字)。在领奖台上，我们记得这一点，他握了他的手，眼睛却看着别处。

关于他的对手，科说："他比我多了点脾气"，我们自问是否是这种脾气造成了差别。如果我们对攻击性进行测试，毫无疑问我们会意识到奥维特要多一点。两个男人的举止更加强了这种印象：科的敏感和奥维特的孤僻，后者是一位真正的布赖顿码头的男孩，就好像小说家格雷厄姆·格林 (Graham Greene) 在他的作品《布赖顿码头》中令人钦佩地描写的那样，充满了腼腆，并且对待朋友非常敏感。

史蒂夫·奥维特 (Steve Ovett) 向我们重复了经典的回答："我当然愿意与一位法国记者交谈，但是由于我对英国的记者们感到很生气，告诉你们我所想的将会是很不礼貌的。"

幸运的是，他的快乐足够有说服力，他的环赛场致意，他对观众们的飞吻，他对自己母亲深情的动作，所有这些都显示出这个孤僻的人有着柔软的内心。他的谨慎是个性的一个部分，解释了在他身上，在其内部发生的一切。并且就是这样，他储存了自己的力量。

去年，当科打破世界纪录时，奥维特则避免去参赛，保持着沉默，看上去似乎是寻求使自己被遗忘。过于聪明的科对于这种"暂时的放弃"完全没有上当。当时在都灵，在欧洲杯之前，他向我们袒露："我处在一个竞技状态良好的时期，我利用了这一点，但是对于奥运会，毫无疑问将是奥维特更有优势。他聪明地在今年节省了体力。他将会在莫斯科表现得非常强大，因为我对这位赛跑选手非常尊敬。他有着出色的才能，在比赛中他会更加出类拔萃。在他的行为中有些是我没有注意到的，但是个人来说，我完全对他没有敌对看法，我甚至对他感觉到强烈的钦佩。"

奥维特对此早有安排："对于 800 米，我有一个很小的担心，但我最近在速度方面的训练使我安心。我比塞巴斯蒂安具有心理优势，在这一比赛中我没有什么可以失去的。世界纪录保持者不是我，我所需要的是孤独的战斗。"

这是轶事之一，在这两位著名的竞争对手之间还会有其他的故事发生。24 岁的塞巴斯蒂安·科，来自山区的男人，醉心于纯粹精致的风格；而 25 岁的史蒂夫·奥维特，来自海边的男人，有着如同橡树的身材。他很孤独，除了跑步之外，另外一个爱好是收集古董。田径比赛中始终存在这两种类型的冠军：一方面，竞争型的运动员，始终追求对自身的自我超越。追求纪录的男人；另一方面，竞赛型的运动员，他更喜欢与其他人的对抗，更适合于在一个精心选择的时刻进行全身心的投入。之后要进行的是 1500 米的比赛，这一次，科没有什么要失去的。

(上)史蒂夫·奥维特(279号)轻易获得了800米冠军，超过了塞巴斯蒂安·科(254号)，后者落入了过分缓慢的集团的陷阱。俄国人尼古拉·基罗夫(Nikolai Krilov，右)获得第3名。

(左)亚军科，目光空荡；冠军奥维特，幸福的；还有第3名基罗夫，满意的：这是800米比赛出人意料的领奖台顺序。

科的报复

在他的拿手项目中被打败了，塞巴斯蒂安解放了自我，并在1500米中进行了报复。

文/米歇尔·克拉尔

啊！科的快乐，他摆脱了良好英式教育带来的含蓄，在到达终点之后不久就抛弃了冷漠，跪在跑道上，拥抱土地，感谢上苍。没过多久，在领奖台上，他抬眼望天，就像是为了将他的快乐扩大至无限一样。

这是一位纯粹的自成一派的运动员而不是一位跑道上的战士。他这样形容800米决赛那天："自我成为运动员以来失望最大的一天"，每次想到这一天目光就会变得阴沉，好像刚从一场噩梦中醒来。塞巴斯蒂安向我们证明了他知道如何牙关紧咬奋斗，并且他那与个性相媲美的才智使他能够在6天内解决面前的问题，从而打败奥维特。

1500米冠军这样宣称："800米是次很糟糕的经历。这是我想要赢得的比赛。如果能够选择的话，我宁可获得800米的金牌。但是在这个完败的决赛第二天，我睡得不太好，我与父亲一起反思，我们分析了这一失败。"

"这让我恢复了斗志，首先是对自己说：'我经历了自己职业生涯中最糟糕的一天，完全没能发挥出水平。这种事情不可能重复发生。'我看了好几次800米的录像，这为分析带来了积极因素。我意识到，不是我的绝对速度而是战术出了问题。在最后的几百米中，如果我同奥维特一起启动，我能够更早到达终点。我从录像带的图像中解读出了这些。但是这是在一个条件下，也就是说我要跑得非常放松。在赛跑过程中我完全不能紧张，我不要担心集团，但是在进入最后的直线跑道的时候要排在前面。我就是这样跑的，在比赛之前我非常有信心。我保持在集团的前列，跑在施特劳布(Straub)的旁边，只想到一件事情：保持随机应变，不停放松肌肉。

施特劳布带领的集团是这场比赛中的一个宝贵元素。我自始至终觉得很舒服，我知道自己能够在终点之前的那个转弯发动冲击。最后10米是很艰难的，非常艰难，因为我的力量快要用完了，但是我宁可死在跑道上也不愿意屈服。"

比赛之后1小时，塞巴斯蒂安完全没有死气沉沉的模样。当带有圈套的问题被提出时，他微笑着表达自己的看法，在回答问题时永远小心提防。

例子："当看到奥林匹克旗帜而不是您的国旗在旗杆上飘荡时，有没有让您难过？"

回答："当然了，我们很愿意看到自己的国旗和听到本国的国歌。我也很满意为我的国家赢得了比赛。但是我明白，有一些理由促使英国的奥委会选择了奥运徽章，我对于这一选择持有相当的敬意。"

塞巴斯蒂安·科感到很欣慰，在1500米比赛中，他赢得了与奥维特之间的对决的第二局。在右边，东德的施特劳布，第二名。

米鲁兹·伊夫特，重新发现非洲

作为5000米和10000米冠军的获得者，这位埃塞俄比亚人纯粹是非洲这块大陆的产物。

文/菲利普·德雷福斯

米鲁兹·伊夫特 (Miruts Yifter) 在 5000 米和 10000 米中的双重胜利，是一位出色田径运动员的胜利，他每一次都完美地向我们诠释了，在比赛的最后一圈中，一位冠军的爆发应该是什么样的，这些时刻将会是本届奥运会上给人留下最深刻印象的镜头。在奖牌榜上，最终他将会是“体育场之神”，就好像维伦曾经做到的那样，他在蒙特利尔和慕尼黑同样夺得了这两个项目的冠军。但这里是完全不同的情况，尽管两位冠军之间确实存在一个共同点：他们都不沉迷于打破纪录，而是通过与其他人友谊性的对抗来将自己的潜能发挥到极致，为一项兄弟之间的比赛带来了竞赛精神，这是两位没有攻击性的运动员。

每一次伊夫特谈论其他人时，当他谈起那些在夺冠道路上可能碰到的人，他总是使用非常诚恳的字眼，充满对维伦的尊敬的诚恳 (“一位非常勇敢的赛跑选手，尽管身材不高，仅仅是他出现在跑道上就是对与他一起奔跑的人们的致敬”)，以及对于肯尼亚选手们特别是罗诺 (Rono) 殷切的同行之谊：“他是我的兄弟，很遗憾他没有能够来这里，非洲对他所欠良多，我对他的成绩总是很自豪。”我们对没能看到这一代两位伟大的中长跑运动员的相遇感到更加遗憾，这是由于非洲对蒙特利尔的联合抵制。如果米鲁兹·伊夫特出现在跑道上的话，维伦还能创造他在慕尼黑奥运上的功绩吗？永远不会有人知道。当我们提出这个问题，米鲁兹过于“光明磊落”了，以至于没有大胆说出自己的意见，他说：“维伦是一位非常伟大的赛跑选手。当然了，如果我参加了 1976 年的赛跑比赛，我将会努力去夺取胜利，但是我并没有参加。”他怀着沉重的心情离开了加拿大，对人说：“我是个非洲人，这既是最好的事情，也是最坏的事情。”

在莫斯科，我们看到了非洲在这位名叫伊夫特的领军人物带领下又卷土重来。8 年之后，这是一个新的机会，使我们能够意识到非洲究竟为奥运会带来了什么，对于威胁到体育的人为偏差，它会成为什么样的抵消力量。

不管是他们在赛场之外的行为，例如在奥运村中，还是在赛场上的，他们的英勇姿态，他们将赛跑作为一项冒险的想法，自从发令枪响起那一刻他们的那种拼劲，为奥运旋律带来了正确的音调。所有那些向我们宣称奥运会将走向灭亡的人忽略了新非洲的突然闯入。

伊夫特具有高贵的品质，不管是在其从训练出发的赛跑概念，还是其对人生的想法方面。他的家庭成员包括妻子和 6 个孩子——5 个男孩和 1 个女孩——其中年龄最大的 9 岁，除了赛跑和其军人的职责外，他喜欢整修自己的庭院，并致力于畜牧业这种平静的娱乐。

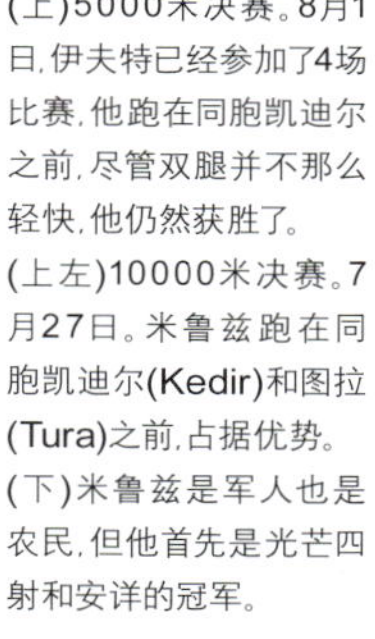

(上)5000米决赛。8月1日，伊夫特已经参加了4场比赛，他跑在同胞凯迪尔之前，尽管双腿并不那么轻快，他仍然获胜了。

(上左)10000米决赛。7月27日。米鲁兹跑在同胞凯迪尔(Kedir)和图拉(Tura)之前，占据优势。

(下)米鲁兹是军人也是农民，但他首先是光芒四射和安详的冠军。

“但是我始终喜欢跑步，”他说，“这存在于我的天性当中，我特别喜欢在自然中奔跑，每天 3 到 4 个小时，有时是在亚的斯亚贝巴我家附近的小树林中，有时是在山坡上，为了对各种加速进行练习。我也经常在跑道上进行各种距离的训练，根据赛季选择多变的步伐。”

从 15 年前开始，他在比赛中奔跑，但是他对赛跑真正的热爱是从 1968 年开始的。1970 年他首次出现在非洲的参赛队伍中，在 5000 米比赛中战胜了基诺，然后在 1971 年美国组织的洲际比赛的 10000 米决赛中为非洲赢得了冠军。

后续如下：慕尼黑奥运会 10000 米比赛中的一枚铜牌，他错过了 5000 米的决赛，有时这被人以不怀好意的方式解释，他错过了比赛的开始，因为他找不到体育馆报到处在哪里，还被警卫阻挡在外面。

1977 年，当他在杜赛多夫的世界杯上夺得 5000 米冠军时 (13'13"8)，人们开始严肃对待他，他于 1979 年在蒙特利尔再次获得了这个项目的冠军。然后奥运的两个冠军头衔让伊夫特成为了非洲的第 8 位田径奥运冠军，第 3 个埃塞俄比亚冠军。

“4 年后，在奥运会上，我希望能够参加马拉松”，他说。他感觉到自己已经准备好了。他的年龄是我们有时带着恶意评论并且公开嘲笑的：35，36，37 或者更多？不论如何，年轻并不是用年龄来衡量的，也不是外表，秃头、明显的皱纹、美丽的眼窝、深陷的深色眼睛、苦行僧般的细瘦身材，但是却有着像橄榄树树干一样结实的双腿。

科赫，顺理成章的夺冠

没有人会质疑东德人的优势。尽管准备时间有限，玛利塔仍然证明了这一点。

文/菲利普·德雷福斯

蒙特利尔奥运会上400米半决赛中的韧带扭伤被忘记了。这就是玛利塔·科赫(Marita Koch)，短距离赛跑无可置疑的皇后，奥运金牌的获得者。此外，她穿着与4年前一样的钉鞋，这无非是为了驱邪而已。尽管由于受伤而推迟了训练，玛利塔·科赫仍然毫无争议地成为了历史上跑得最快的400米冠军：这也是历史上第一次比赛的前3名都用不到50秒的时间跑完了全程。在蒙特利尔用50秒51的成绩获得亚军的克里斯蒂娜·拉坦［用的是她出嫁之前的姓氏布雷梅尔(Brehmer)］，在这里又重新出现在领奖台的第3级台阶上，尽管其成绩水平提高了很多：49秒66！

奥运冠军是科赫，怎么可能出现其他的情况？自从她将心血倾注在田径跑道上，就好像是经营一个专属于她的花园，东德人从来没有遭遇过失败。在这里，在奥运决赛中，她仍然不会屈服。“对于蒙特利尔，我拥有非常糟糕的印象。”她说。这是双重的糟糕回忆，因为除了1976年在奥运会上受伤之外——当时她是夺冠热门之一，去年同样是在蒙特利尔的世界杯期间，在200米比赛中她被小羚羊一般的美国黑人选手埃弗琳·阿什福德(Evelyn Ashford)超过了。

这位罗斯托克的医学生——这证明一个人可以在所有领域都取得成功——今年显得不如上个赛季那么轻盈，在比赛中占据了上风。“我仍然对对手们有些担心，这是因为本赛季由于受伤我没有跑出特别出色的成绩。我最好的成绩是49秒15。”相比她的世界纪录48秒88，差了0.27秒。玛利塔仍然有一些小的遗憾。她很愿意同时夺得200米和400米两个冠军头衔，或者至少尝试这样做。“不幸的是，由于赛程设计的缘故，这是不可能的。在200米四分之一决赛与400米决赛之间只有20分钟，这是办不到的。我冒了很大风险，从那时起，400米有可能逃脱我的掌握。我的安全余地不如某些人可能想象的那么大。”后来，她的同胞巴贝尔·渥克尔(Barbel Wockel)——以前姓埃克特(Eckert)，两天之后赢得了200米的决赛，时间22秒03。玛利塔·科赫的世界纪录是21秒71。

我们不要忘记，玛利塔在布拉格获得了欧洲冠军，她今年刚好23岁半，她的教练是沃尔夫冈·迈耶。这距离她第一次在东德获得青少年冠军头衔已经6年了。自从1975年在雅典夺得欧洲青少年冠军头衔之后，她从没停下在国际比赛中夺冠的脚步。尤其在去年，她给人留下了深刻印象，成为世界上第一个在200米比赛中突破22秒大关和第一个在400米比赛中突破49秒大关的女选手。毫无疑问，这并不是终结。看上去从现在到本赛季结束之前，如果努力去做的话，她应该能够至少将后面这一纪录显著提高。“我非常喜爱年轻的力量。当我踏上起跑器并全力付出的时候，我会体验到巨大的愉悦。但是有些时候，这很困难……”，她这样结束了谈话。但是，实际上对于那些梦想追赶这位两项世界纪录拥有者的选手们来说，这岂不是更加困难？她们面前的路还很长……

(下)作为世界上跑得最快的医学生，玛利塔也是了不起的女子400米比赛奥运冠军。
(右)保持了不可战胜的成绩，她可以微笑了。

加勒比拳王

古巴以决定性优势支配了拳击比赛。在古巴派出的6名奥运冠军当中，泰奥菲罗·史蒂文森(Teofilo Stevenson)第三次夺冠。不费吹灰之力。

文/诺埃尔·库埃德尔

作为光芒四射的古巴队的标志性人物，泰奥菲罗·史蒂文森(左)，没费很大力气就给苏联人扎耶夫上了关于适度的效率的一课。

在奥林匹克综合体育馆进行的拳击决赛非常令人失望，尽管美国人们没能出现在拳击赛场上，他们却存在于人们的头脑当中。没有霍华德·戴维斯 (Howard Davis)，没有斯平克斯兄弟 (Spinks)，没有雷·舒格! 1980 年的参赛选手远远不能与 1976 年的相提并论，即使是最优秀的奥运冠军——阿尔达马、戈麦斯 (Gomez)、奥利瓦 (Oliva)——在我们看来也显得十分平庸、迟钝、混乱。

很显然，这些决赛没能满足之前比赛给人们带来的期待，我们可以为此找到原因：很多拳击选手在决赛中精疲力竭，是由于预赛的战斗耗尽了他们的精力。

这个夜晚最精彩的部分当然是重量级的决赛，古巴人泰奥菲罗·史蒂文森对苏联人皮奥特·扎耶夫(Pyotr Zayev)。需要对此说什么？首先通过赢得这一比赛，古巴人完成了传奇性的功绩，连续获得 3 块金牌：在慕尼黑、在蒙特利尔和最后在这里。他加入了匈牙利人拉斯洛·帕普 (Laszlo Papp) 的行列，后者曾经获得奥运中量级冠军和超次重量级冠军，分别在 1948 年、1952 年和 1956 年。这是可观的功绩。至于剩下的，拉斯古纳斯的众议员没有改变。他的拳击是始终的样子：令人厌倦和原始的。左直拳、左直拳、在对手周围的小跳动、一些令人生畏的右拳，因为这是规定需要做到的：在第 1 轮 3 次、在第 2 轮 3 次……

作为一名议员，有时候要戴拳击手套的。

面对他，比他高 16 厘米 (1.95 米对 1.75 米) 的强壮的扎耶夫做到了所需要的一切，因而并不需要失败脸红。首先，他禁止自己感到害怕，在紧密进行防守的同时，他大胆靠近雕塑般优美的古巴人，并且迫使他付出比平时更多的努力。扎耶夫用他的右拳碰到了几次史蒂文森，在几次短兵相接中顽抗到底，使古巴人失去了平衡，但是后者的打击仍然更加清晰、更加锐利。无可置疑的胜利，在这场全新的奥运历险当中，史蒂文森并没有过度消耗其体力。

扎耶夫可预见的光荣失败毫无疑问是苏联人能够最容易接受的，当决赛开始时，他们没有想到本国的收获如此微薄。古巴潮的急速对应了苏联的溃败。在进入决赛的 8 名选手中，古巴人实际上拥有 6 位奥运冠军，而照亮这场拳击马拉松的一些闪光之处，我们首先应该将它们归功于古巴人。

榻榻米上的高卢勇士

在安杰罗·帕里西 (Angelo Parisi) 夺冠 5 天后，蒂埃里·雷伊 (Thierry Rey) 为法国柔道获得了第 2 块金牌。激动人心的。

文/让-弗朗索瓦·雷诺

有一些成功会带来尊敬，而其他的则会引起惊奇，还有其他的会引起好感。而对于蒂埃里·雷伊 (Thierry Rey) 的胜利，不如说需要谈论的是眷恋。这是疯狂的，因为这个还是少年的年轻男人像一块磁石一样吸引了那些想要在他的海岸线上着陆的人。

6 个月之前，在他夺得世界冠军之后，他对我们重复说："我只是一个小孩子。" 在这里，他成为了奥运冠军，并且他承认说："与其他人相比，例如让-吕克·卢日 (Jean-Luc Rouge) 或者安杰罗·帕里西，我一无是处。我永远也无法赶上他们。" 伪装的谦虚？不是。毫无疑问这是出于智慧。也许是来自那些日本老大师们的智慧，他们知道在柔道中没有什么是决定性的，被认为是最强的人在明天也可能输给一个默默无闻的人。

但是在表面上，雷伊给出了一种无情的印象。"我看到了你想要说的，" 他说，"这是当我看到卢日处在良好状态时他发动攻击时所感受到的。我从来担心他。我知道在我头脑中发生的事情。当然，我始终有怀疑。我既害怕成功也害怕失败。"

很少有一位冠军对胜利拥有如此的狂热。他的头脑以成功为目的。此外与弗拉芒 (Flament)、利布 (Ribout)、卢日或者撑竿跳选手们不同，难道他不是法国夺冠热门中唯一坚持到底的吗，其他人则因为每个人的特殊原因而没能登上领奖台。"一切都经过了深思熟虑，" 他继续说，"我的状态比在世界锦标赛上差，但是心理更坚强。在巴黎，我承受了过大的压力。我在决赛中向着胜利前进，每一次新的胜利构成了一个良好基点。这一次，需要获胜。目的不是做到我所能做到的最好，而是获胜。我不是从底部出发。标杆一下子就摆在了顶部。"

这就是为什么蒂埃里在可能的最佳条件下出现在赛场上。没有重量的问题。没有外部压力，因为他在最后一刻才出现。这一出色的专心致志使他这样说："自从我了解了抽签的结果之后，也就是说在抵达莫斯科前一个星期，我实际上没有睡过觉。这很累人，在这段时间中。我的父母接受了这一点。整个家庭都绕着我转。但是还有我的哥哥和妹妹。我没有权利夺走全部的注意。我将会能够给予。过去一年中这是不可能的。"

他现在 21 岁，他的第一个个人周期已经结束了。在 3 年中，他获得了一切，除了一个欧洲冠军头衔。"一切都进行得很快，" 他说，"在这 3 年中,我做到了我想要的。我实现了理想。这妙极了，但同时也很令人担心。因为现在我要做什么？在社会层面上，我什么都没有。事情已经决定了：回去之后，我开始学习成为一名辅导教师。我去年已经想要这样做了，但是不可能调和一切。从现在开始，我想要过真正的生活。" 他重复说，"不再承受这种永远的焦虑。但是我也知道我仍然需要奋斗。我的双手中没有任何具体实在的东西。无论如何，在人生当中需要被评价，否则就放任自流了。我不隐藏这一点，我是个游手好闲的人。但是在柔道中，我懂得自我超越。通过我的冠军头衔，我得到了认可，这就是我的责任。"

(上)蒂埃里·雷伊(右)："罗德里格斯(Rodriguez)？我不认识他。他总是很危险的……我从来没能放松过。他非常灵活。但是我不想输。"

(左)帕里西在无差别级比赛中获得了他的第 2 枚奖牌。在决赛中，他输给了迪耶特马尔·洛伦茨 (Dietmar Lorenz，民主德国)。

“科扎”的伟大劫掠

尽管观众们充满敌意，波兰人科扎基耶维奇(Wladyslaw Kozakiewicz)为自己夺得了冠军头衔和世界纪录。

文/阿兰·比鲁安

在无情的4小时战斗之后，只有一个男人还能够咧开嘴微笑，就像他在每次夺冠之后喜欢做的，在跳远场地周围快乐地蹦蹦跳跳。“科扎”兴高采烈，仰面朝天，面带一种如痴如醉的喜悦，作为胜利的信号，他挥舞着拳头，很快他的两位同胞塔德斯·斯卢萨尔斯基(Tadeusz Slusarski)，蒙特利尔的奥运冠军，还有马吕斯·科里姆兹耶克(Marius Klimczyk)也加入了进来。

“科扎”，绰号“巴尔提克的海员”，因为他来自格丹斯克，在蒙特利尔奥运会上非常不幸，刚好在撑杆跳决赛之前的热身运动中受了伤,他终于获得了属于他的胜利,还有他的纪录：在第2次试跳跳过了5.78米!

昨天在一场精彩的决赛中，有谁能够打败科扎基耶维奇?尽管对于法国选手他的滋味特别苦涩。27岁的波兰人科扎基耶维奇处在颠峰状态。我们看到波兰人在5.35米开始了逐步上升。这是无法阻挡的上升，没有丝毫失误，直到为了打破世界纪录的一跳：5.50米、5.60米、5.65米、5.70米和5.75米，一次而过。他使所有的对手们都哑口无言了。

当夜幕慢慢地笼罩了赛场，天空变成了淡紫色，科扎基耶维奇对世界纪录发起了冲击，菲利普·乌韦翁(Philippe Houvion)7月7日在巴黎运动会上创造了5.77米的纪录。不可抵挡的，科扎基耶维奇在第2次试跳就成功了。因此他实现了一切。他夺光了法国人的一切……还有苏联人的，在这个满足的下午。快乐的歌声在飘扬着波兰国旗的看台中升起。我们不再听到苏联观众们令人不快的口哨声，也没有更加礼貌的法国群体的“法国加油”，像我们一样，他们曾长时间相信让-米歇尔·贝洛(Jean-Michel Bellot)和菲利普·乌韦翁将会出现在领奖台上。

但是法国人在莫斯科的战斗中一无所获。

(上)这一快乐和傲慢的示威手势回应了观众的沙文主义。

(下)直到5.75米,韦拉迪斯劳·科扎基耶维奇都是一次就跳过了横杆。确保了自己的金牌,他尝试并且成功打破了世界纪录：5.78米!

巨大的幻灭，组成了体育馆运动的一部分。因此历史上将会这样记载，法国人在今年打破了世界纪录，但是却不能获得奥运桂冠，而我们不能对他们进行丝毫的指责。

如果说，未来前景广阔的蒂埃里·维内隆(Thierry Vigneron)在5.55米这个高度就退出了比赛(第一次就跳过了5.45米)，处在最佳状态的让-米歇尔·贝洛以及具有可作为典范的韧性的菲利普·乌韦翁在他们最后的一跳中都失败了。让-米歇尔·贝洛甚至看上去能够获得银牌，5.35米、5.50米和5.60米他都是一次试跳就成功的。然后他要求将横杆升至5.65米。这种选择可能显得有点令人惊奇。他徒劳无功地希望对手会被难住，无论如何，他将赌注放在继续每次增加5厘米。

但是在5.65米，一切都与他作对。苏联人沃尔科夫都是一次就跳过了5.35米和5.55米……通过3次试跳跳过了5.65米，还有令人惊讶的斯卢萨尔斯基(Sluzarski)也一样……甚至乌韦翁也跳了过去。贝洛的3次试跳都失败了。他将不再有机会继续试跳5.70米。

至于菲利普·乌韦翁，他带着可敬的心态进行战斗，在道路上他遇到了那么多的小烦恼，人们怀疑他是否会因此变得迟钝。在5.25米和5.45米两次试跳;在5.55米1次和在5.65米3次。他最后尝试了5.70米，并且遇到了可怕的幻灭。他的高度与沃尔科夫和斯卢萨尔斯基相同，都是5.65米……但是比他们试跳的次数更多。他因此成了第4名。法国人刚刚输掉了本年度最重要的比赛。

我们不要忘记，科扎基耶维奇在这个赛季开始的时候，已经在米兰打破过世界纪录，5.72米，今天是属于他的荣耀日。那位非常光明磊落的法国撑竿跳选手向他致敬，尽管后者刚刚打破了由他创造的世界纪录，但他在这4年来的表现同样值得获得充分的认可。

法国柔道选手在红场游玩。

1980年莫斯科第22届奥运会

主要项目中很多高手缺席,环境有些政治化,有些裁判判罚不公,观众大国沙文主义严重,尤其是在列宁体育场内:莫斯科奥运会是被伟大的体育成绩拯救的。

数据

开幕日:1980 年 7 月 19 日

闭幕日:1980 年 8 月 3 日

主办国:苏联

其他申办城市:美国洛杉矶

81 个国家奥委会派队参赛(国家名义)

5217 名参赛运动员:其中包括 2092 名男运动员和 1125 名女运动员

21 个大项(其中 12 项向女性开放,包括混合项目)田径、赛艇、篮球、拳击、皮划艇、自行车、马术、击剑、足球、体操、举重、手球、曲棍球、柔道、摔跤、游泳、五项全能、排球、射击、射箭、帆船

表演项目:团体操。

203 个小项(其中 50 个小项设有女子比赛,男女混合项目包括在内)

宣布开幕者:苏联最高苏维埃主席,连尼德·勃列日涅夫

点燃火炬者:苏联篮球运动员塞尔吉·贝罗夫

运动员宣誓:苏联体操运动员尼古拉·安德里亚诺夫

国际奥委会主席:爱尔兰人迈克尔·基拉宁勋爵

冬季奥运会

第十三届冬季奥林匹克运动会于 1980 年 2 月 13 日到 24 日在美国普莱西德湖举办。

共有 37 个国家的 1283 名运动员参加(其中男选手 1012 名,女选手 271 名)。比赛分 6 个大项 38 个小项。美国副总统华特·蒙代尔 (Walter Mondale) 宣布冬奥会开幕。代表全体运动员宣誓的是埃里克·海登 (Eric Heiden,速度滑冰)。她在本届冬奥会上创造了历史性的成绩,囊括了速度滑冰的 5 枚金牌 (500 米、1000 米、1500 米、5000 米、10000 米)。夺得回转和大回转冠军的安格马尔·斯登马克 (Ingemar Stenmark) 是第一个夺得高山滑雪项目的瑞典人。

中国派出代表团参加了本届冬季奥林匹克运动会,中国的 28 名运动员参加了速度滑冰、花样滑冰、高山滑雪、越野滑雪和现代冬季两项共五个项目十七个单项的比赛。这是我国自从恢复奥委会合法权利和地位之后首次参加冬奥会。这在我国体育发展史上具有划时代的意义,标志着我国体育开始走向国际化,成为了国际体育运动大家庭中的一员。

从蒙特利尔到莫斯科

1976

• 9 月 9 日,毛泽东去世。

1977

• 3 月 25 日,雅克·希拉克 (Jacques Chirac) 当选法国总统。

• 7 月 30 日,从 1964 年开始就保持不败的阿根廷中量级拳手卡洛斯·蒙宗 (Carlos Monzon) 结束了职业生涯。

• 10 月 1 日,有史以来最伟大的足球运动员贝利,在纽约宇宙队继续大放异彩。他打入了自己的第 1281 个也是最后一个进球。

1978

• 6 月 25 日,在布宜诺斯艾利斯,阿根廷经过加时,3 比 1 击败荷兰,世界杯夺冠。

• 9 月 17 日,在戴维营,以色列的贝京 (Begin) 和埃及的萨达特 (Sadate) 签署了具有历史意义的和平协议。

• 10 月 16 日,波兰科拉科维大主教 Karol Wojtyla 成为教皇,是为让-保罗二世。

1979

• 2 月 1 日,在伊朗,国王被赶下台。霍梅尼 (Komeiny) 领导建立新政权。

• 12 月 24 日,苏联军队进入阿富汗。

1980

• 7 月 27 日,伊朗国王去世。

• 8 月 31 日,自行车选手贝尔纳尔·伊诺 (Bernard Hinault) 成为世界冠军。

你知道吗?

只有 81 个国家参加奥运会,这是 1956 年以来参加率最低的奥运会。虽然有抵制,还是有 3 名美国公民出现在了莫斯科:迈克·贝里 (Mike Perry,瑞典篮球队教练)、阿尔伯特·莫卡多 (Albert Mercado,代表波多黎各参加轻量级拳击比赛) 和比尔·里亚 (Bill Rea,代表奥地利的跳远选手)。双人无舵手赛艇比赛中,获得金牌的东德人本德·朗沃格 (Bernd Lanvoigt) 和约格·朗沃格 (Jorg Lanvoigt),获得银牌的苏联人尤里·皮莫诺夫 (Youri Pimenov) 和尼古拉·皮莫诺夫 (Nikolai Pimenov) 都是双胞胎。女子曲棍球比赛参加的 6 国中有 5 个抵制了奥运会,只剩下了苏联。印度、奥地利和波兰依次递补,而津巴布韦在比赛开始前 5 周也应邀前来救急。这没有影响津巴布韦夺冠,成为了黑马。

1979年，正在修建的卢日尼基体育馆。

莫斯科 Moscow

第二次世界大战后，莫斯科成为"华沙条约国"的大本营，第22届奥运会正是在两极对峙的严峻形势下举行的。

前苏联是世界上第一个发射人造地球卫星和第一个将宇航员送入太空的国家，莫斯科是苏联的首都。

莫斯科位于俄罗斯平原中部、莫斯科河畔。从高空俯瞰巨大的莫斯科城，可以看出这是一个同心圆式逐层铺开的城市，布局有如石头投入平静的河面时荡开的涟漪，环状的城市扩张圈与放射道路系统组成了一个结构严谨的大莫斯科城，这是世上少有的大都市规划风格。历史上不同时期的不同建筑所构成的古老与现代的建筑相配套，构成了今日的莫斯科城。

莫斯科是俄罗斯国家的发祥地，也是俄罗斯最古老的城市之一。莫斯科市作为居民点最早见诸史册是在公元1147年，由于这里森林茂密，又非异族入侵的要道，因而得以平静地发展。

1156年，莫斯科奠基者尤里·多尔哥鲁基大公在莫斯科修筑泥木结构的克里姆林城堡（即今天的克里姆林宫），后来在克里姆林城堡及其周围逐渐形成若干商业、手工业和农业村落。13世纪初莫斯科成为莫斯科公国的都城。14世纪俄国人以莫斯科为中心，集合周围力量进行反对蒙古贵族统治的斗争，从而统一了俄国，建立了一个中央集权的封建国家。

15世纪中期莫斯科已成为统一的俄罗斯国家的都城，一直到18世纪初。1712年彼得大帝迁都圣彼得堡，但莫斯科仍是俄罗斯最大的经济、政治和文化中心，仍发挥着俄国第二都城的作用。1812年拿破仑率领的法军占领莫斯科后，这个城市在大火中焚毁，但很快又重新建设起来。

重建后的莫斯科逐步变成一座世界闻名的近现代工业城市。至此，昔日欧洲东斯拉夫人的一个小公园，迅速发展成为东濒太平洋、西董大西洋的波罗的海，北环北冰洋，南到黑海，横跨欧亚大陆的国家。

十月革命前，莫斯科以纺织工业驰名于世，被誉为"花布城市"。之后，先后成为苏联、俄罗斯最大的工业中心，工业总产值居全国首位，工业门类齐全，拥有两万多家工厂。以机械制造和金属加工业最为重要，莫斯科以其特有的发展速度昂首于世界城市之巅。

二战时期，莫斯科成为法西斯侵略的主战场。德国战败后，苏联迅速崛起为世界上仅有的两个超级大国之一。那时的苏联是个让人望而生畏的国家。以这里为中心，在世界历史的近半个世纪里，建立了一个叫做"华沙条约国"的阵营，成为世界战争与和平的一极。

1980年的第22届奥运会，就是在这个超级大国最鼎盛的时期召开的。但是，这届奥运会却成为了国际社会都不愿看到的最残缺的一届。由于苏联入侵阿富汗，很多国家决定抵制莫斯科奥运会。奥林匹克运动自1896年复兴以来，经历了各种风雨，莫斯科遇到的是最严重的危机，它威胁着奥林匹克运动的发展。然而，俄罗斯人还是以其特有的坚韧性格，精心组织了这届奥运会。

莫斯科奥运会出现的大规模抵制情绪，一直延续到4年后在洛杉矶举行的第23届奥运会。奥林匹克经历了两次世界大战的毁灭性打击、经历了超级大国明争暗斗，一切阻碍奥林匹克和平、友谊、进步和欢乐的不和谐音，终于在汉城奥运会划上了句号。奥林匹克精神最终战胜了战争和霸权强加给人类的灾难。

而莫斯科，今天也恢复了平静和谐的欧洲文明古城的风貌。

关键词·女网

俄罗斯是个盛产美女的国度，而她们又往往与网球结缘。从安娜·德米特里耶娃，库尔尼科娃到库兹涅佐娃、莎拉波娃，均是引领世界女性风潮的代表。俄罗斯网球的崛起并非偶然，作为苏联解体后俄罗斯的第一任总统，叶利钦从1990年代开始，就对国内当时并不受重视的网球运动投入了巨大的资金支持，包括萨芬、库尔尼科娃在内的许多有天赋的少年都得到资助前往国外深造。现在，俄罗斯已经成为了世界网坛整体实力最为雄厚的国家。

中国：离开与重返

为抵制国际奥委会"两个中国"的做法，中华全国体育总会于1958年8月19日发表声明：中国奥林匹克委员会（中华全国体育总会）同国际奥林匹克委员会正式中断关系。21年后，国际奥委会做出了恢复中华人民共和国在国际奥委会合法席位的决议。

（上）国际奥林匹克委员会执委会于1979年10月25日在日本名古屋一致通过决议，决定恢复中华人民共和国在国际奥委会的合法席位。这是基拉宁主席（左）同中国奥林匹克委员会秘书长宋中（右）握手祝贺的镜头。

（下）国际奥委会副主席穆罕默德·姆扎里（右一）宣布有关恢复中国奥委会席位的决定。国际奥委会经过全体委员的表决，以62票赞成，17票反对，批准了执委会在日本名古屋作出的关于中国代表权的决议。

1936年，当希特勒对奥运会的态度突然由仇视变为支持时，国际奥委会专门成立了一个调查委员会，负责人正是布伦戴奇。他虽然耳闻目睹了纳粹排斥犹太人、扩军备战的行为，却仍然在递交的报告里说"柏林仍具备举办奥运会的条件"，为此奥运接连2届停办；1952年，时任国际奥委会副主席的他，又竭力阻止中国参加第15届奥运会，只不过当时由于多数委员的反对，他的提议遭到否决。随后，大权在握的布伦戴奇，终于让中国脱离奥运会长达数十载。

赫尔辛基奥运会后，中国继续要求国际奥委会承认中华全国体育总会为中国唯一合法代表。1954年，国际奥委会第49届全会在希腊雅典举行，本次大会再度讨论了中国代表权的问题，最终以2票（23票赞成，21票否决）优势通过了决议：承认"中华全国体育总会"为中国国家奥委会。但是，两年前被选为新一任国际奥委会主席的布伦戴奇却在未经任何讨论的情况下下，私自将台湾方面建立的体育联合组织以"中华民国"的名义放在国际奥委会承认的国家奥委会成员中。此后，中国在一系列国际奥委会会议中一再抗议，强烈要求取消这种不合理的设置。

1956年，奥运会首次来到南半球，东道主墨尔本向中国发出了邀请。中华全国体育总会为参加第16届奥运会进行了认真的准备，为了把台湾运动员也吸引到中国代表团中来，中华全国体育总会和中国第16届奥运会筹备委员会于该年9月1日邀请台湾运动员到北京参加全国选拔赛。10月21日，经过一系列选拔，从全国各地1400多名运动员中脱颖而出的92名运动员，组成了中国体育代表团，整装待发。

与此同时，以布伦戴奇为首的国际奥委会却邀请所谓的"中华民国"——台湾参加墨尔本奥运会，在第16届奥运会组委会的各种文件中，屡次出现"北京中国"、"福摩萨（formosa）中国"等模糊词汇。中国人民为回到奥林匹克大家庭做出的努力有目共睹，但是国际奥委会却违背中国的原则，玷污中国的尊严，对"两个中国奥委会"的存在视而不见，还让这种现状继续恶化，这实质上已经违背了奥林匹克宪章。11月6日，中华全国体育总会在北京发表声明：由于国际奥委会一再邀请台湾派遣运动员参加奥运会比赛，中国运动员在这一问题得到解决之前，将不会前往墨尔本。

之前的第52届国际奥委会全会上，董守义就曾义正词严地阐述中方立场，数次抗议国际奥委会纵容台湾、意在制造"两个中国"的行为，但一手遮天的布伦戴奇仍无动于衷。国际奥委会的不以为然，让中国只能被迫宣布放弃参加墨尔本奥运会，先期到达的黄中副团长和董守义委员在11月22日，也就是16届奥运会开幕当天就愤然离开墨尔本回国，本已集结广州、准备赴澳参赛的中国体育代表团奉命解散。而中国台北派出21名男运动员，参加了田径、举重、射击、篮球、拳击项目的比赛，未获名次。

1956年后，陆续有一些国际单项体育组织仿照国际奥委会的做法，承认中华全国体育总会为中国唯一合法的全国性体育组织，又以"中华民国"的名义接纳了台湾的体育组织。

1957年9月，董守义在参加于保加利亚的索非亚举行的第53届国际奥委会全会上，就中国合法席位问题据理力争。然而国际奥委会依旧将错就错，"北京中国"、"福摩萨中国"竟然又出现在会后的《奥林匹克公报》上。为此，12月20日，董守义给布伦戴奇写了一封抗议信。身为国际奥委会主席，布伦戴奇不但使"中华民国"成为合法，还歪曲史实、分裂中国，这让每个中国人都愤怒不已。董守义迅速回信，批评布伦戴奇："台湾自古以来就是中国的领土，这是任何人也改变不了的历史事实。诚然，在1895到1945年间，台湾确曾一度被日本帝国主义所强占，但在第二次世界大战以后，根据《开罗宣言》和《波茨坦公告》的规定，台湾重新归还了中国。"此后两人信函往复，董守义称："像你这样玷污奥林匹克精神、破坏奥林匹克宪章的人已经没有任何资格担任国际奥委会主席，所有忠于奥林匹克精神的人，都会反对你。"

为抵制国际奥委会"两个中国"的做法，中华全国体育总会在1958年8月19日发表声明：中国奥林匹克委员会（中华全国体育总会）同国际奥林匹克委员会正式中断关系，由于相同原因，中华全国体育总会宣布退出国际游泳、田径、篮球、举重、射击、摔跤、自行车联合会及亚洲乒乓球联合会8个国际体育组织。董守义也辞去了国际奥委会委员的职务。

自此，中国和国际奥委会的正常联系被迫中断了21年。1959年，慕尼黑国际奥委会第55届全会上再度讨论了中国问题，许多委员都认为把台北奥委会称作中国奥林匹克委员会是毫无道理的，应该改变这个名称。然而布伦戴奇一意孤行，没有采纳这个建议。

1960年，在意大利罗马奥运会上，中国台北的杨传广获十项全能亚军，这也是第17届奥运会亚洲获得的唯一一枚田径奖牌。1964年，中国台北派出55名运动员参加了日本东京奥运会；1968年，中国台北选手纪政在80米栏比赛中获得墨西哥奥运会银牌；1972年，在德国慕尼黑举办的第20届奥运会上，中国台北共派出63名运动员参加田径、游泳、举重、射击、自行车、射箭、摔跤、柔道、拳击和帆船项目的比赛。

接下来的蒙特利尔和莫斯科奥运会，由于各种原因，中国都没有参加。

整整二十四载，中国几乎同奥运绝缘，这成为中国奥运最心酸的往事，也是奥林匹克历史最大的缺失。

1979年，中国奥委会向国际奥委会正式提出关于解决中国合法席位的建议。这一建议得到了包括国际奥委会主席基拉宁在内的大多数人的赞同。同年11月，国际奥委会以通讯表决的方式，让国际奥委会全体委员投票，通过了国际奥委会执委会于10月25日在日本名古屋做出的有关恢复中华人民共和国在国际奥委会合法席位的决议。"名古屋决议"指出：中国奥委会在参加奥运会时使用中华人民共和国的国旗和国歌，同时允许台湾作为中华人民共和国的一个地方性组织在国际体育组织中占有席位，以"中国台北奥林匹克委员会"出现。国际奥委会的这一决定，最终扫清了中国重返奥林匹克大家庭的障碍。从此，中国奥委会与国际奥委会建立了良好的、密切的合作关系。

1980年，中国派出代表团参加在美国普莱西德湖举行的第13届冬季奥林匹克运动会。这是中国被迫中断与国际奥委会的联系20年后，第一次出现在奥运会的赛场上，也是中国第一次参加冬季奥运会。

第23届奥运会→洛杉矶

在西方，吉米·卡特(Jimmy Carter)在1980年11月的总统竞选中输给了罗纳德·里根(Ronald Reagan)。在东方，经历了尤里·安德罗波夫(Youri Andropov)15个月的过渡执政后，康斯坦丁·契尔年科(Constantin Tchernenko)正式接班连尼德·勃列日涅夫(Leonid Brejnev)。人事已经变了，但原则没有变。苏联以美国发生的游行为借口，在1984年5月5日正式拒绝了洛杉矶奥组委的邀请。这并不是"抵制"，而是"不参加"。苏联人觉得他们运动员的安全不会得到保证。

一共有17个国家跟随苏联的脚步缺席了奥运会。其中不乏一些体育强国，比如古巴、波兰、保加利亚、捷克斯洛伐克、埃塞俄比亚，还有东德。这就重演了4年前莫斯科奥运会的形势，一些项目变成诱人的巧克力蛋糕。这些缺席的国家曾经在蒙特利尔奥运会上夺取了58%的奖牌……

再一次，奥运会被政治绑架。但美国人对此毫不在乎，也不怕别人批评他们大国主义。有错误的永远都是缺席者，参加者们用格外明显的方式让他们知道这一点。人们甚至经常批评CBS电视台只顾拍摄自己的选手。这届奥运会是第一届政府没有投资也没有给予补贴的奥运会，展示了美国组织者运作的成功。奥运会最终盈利2.23亿美元。至于奥运明星——洛杉矶就是一个制造明星的地方——是货真价实的"美国制造"。卡尔·刘易斯(Carl Lewis)足可以这届奥运会慰平生。

© 1980 L.A. Olympic Committee
TM
Games of the XXIIIrd Olympiad Los Angeles 1984

1984

接力比赛之后，卡尔·刘易斯被同胞们举起。刘易斯刚刚超越了历史：再现了1936年杰西·欧文斯的功绩，获得了100米、200米、4×100米接力的金牌。

尤伯罗斯点石成金

尤伯罗斯在没有政府补助的情况下,通过门票、电视转播、广告、企业赞助、利用大学宿舍、招募无薪志愿者等方式增收节支,使得奥运会最终赢利2.23亿美元,扭转了之前奥运会始终亏损的局面。

由于投资巨大且很难收到回报，1984 年奥运会甚至出现了没有太多城市愿意申办的尴尬。1978 年国际奥委会雅典会议决定，由唯一申请城市美国洛杉矶承办 1984 年第 23 届奥运会。

洛杉矶市虽然二次赢得夏季奥运会承办权，但是洛杉矶市民一点也不高兴：奥运会的花费是巨大的,近几届更是如此。据统计,1972 年，慕尼黑花了 10 亿美元；1976 年，蒙特利尔花了 20 亿美元；而 1980 年，莫斯科竟花了 90 多亿美元。当时的美国，职业体育四处开花，篮球、拳击、棒球、橄榄球，是媒体与公众注意的中心。这些职业体育组织自己的运转机制，吸引了大量的商业赞助，形成了美国体育经济的骨干力量。

相比之下，奥林匹克在美国不仅仅是不被青睐，1978 年 11 月，加利福尼亚州在公民投票中，还以压倒优势通过了一项不准动用公共资金办奥运会的宪章修正案，就连后来奥运会的承办者尤伯罗斯本人也投了反对票。洛杉矶市民坚决反对政府拨款承办第 23 届奥运会。

奥运会失去了政府补贴，同时还不能增加纳税人负担，美国法律又禁止发行彩票。摆在洛杉矶奥运会面前的只有两条路：交给私营企业筹办或取消承办这届奥运会。国际奥委会迫于形势，只好做出重大让步，认可作为特例，由私营企业承办洛杉矶奥运会。

出身金融界的尤伯罗斯被委任为筹委会主席。如果把 1984 年以前靠政府投资举办奥运会称为“官办奥运”的话，1984 年尤伯罗斯的创举就真正开始了民办奥运的历程，即由私营企业承办奥运会。尤伯罗斯想要组织一次令美国人民终身难忘的火炬接力，以在奥运会开幕之前激发起美国人民的爱国情感，使大多数反对奥运会的美国人改变态度。商人的敏感性告诉他：每一个参加奥运火炬接力的人都把它作为一种荣耀。由此，他打破传统，标新立异，在火炬接力上设计了新招——销售火炬接力的公里权。所有美国人都可以参加接力活动，只要他向当地的慈善机构捐助 3000 美元。

对于这种具有明显商业色彩的建议，起初国际奥委会主席萨马兰奇和秘书长贝利乌女士感到担忧。在洛杉矶组委会宣布将把筹集到的资金用于：为财源有限的奥林匹克业余体育项目投资；帮助青少年深入了解奥林匹克运动；资助残疾、弱智人奥运会的情况下，萨马兰奇和贝利乌表示同意，萨马兰奇并且购买了第一棒。1983年，这4000个名额就已经订满。圣荷西的一位银行家因为订晚了，愿出高价，也没能得到名额。

尤伯罗斯在没有政府补助的情况下，通过门票、电视转播、广告、赞助、利用大学宿舍、招募无薪志愿者等方式增收节支，使得奥运最终赢利2.23亿美元，扭转之前奥运会始终亏损的局面。

第23届奥运会于洛杉矶的黄金季节7月28日至8月12日举行。当时国际奥委会成员有159个，参赛的共140个国家和地区，远远超过了以往的规模。

奥运会再次受到政治事件的影响。苏联于1984年5月5日公开表示将不参加洛杉矶奥运会，在苏联的影响下，其他17个国家做出了同样的决定，其中包括古巴、波兰、捷克斯洛伐克、保加利亚、埃塞俄比亚和东德等这些体育强国。上述这些缺席洛杉矶的国家在蒙特利尔奥运会上，夺得了全部比赛中58%的冠军。他们的退出对奥运会是不小的损失。

(左)美国总统里根在奥运会开幕式上讲话。尤伯罗斯则因为成功策划奥运会上了美国《时代周刊》的杂志封面。
(上)美国副总统布什和夫人芭芭拉为焰火表演鼓掌叫好。

本届参赛运动员共6797人，其中女子1567人,也是历届人数最多的一次。东道主选手最多,共622人;加拿大次之,计483人;联邦德国列第三，为444人。中国奥委会派出了一个大型体育代表团参加这次盛会。52年前，旧中国首次参加的第十届奥运会,地点也是在洛杉矶。当时运动员仅刘长春孑然一身。而这次运动员达225人,参加了除足球、曲棍球、拳击、马术、现代五项以外的其余16个大项的比赛。中国台北奥委会也派出67名运动员参加了田径、游泳、举重等项的比赛，这是海峡两岸中华儿女首次在夏季奥运会上相逢。

7月28日当地时间下午4点15分，大会于洛杉矶纪念体育场正式开幕，美国总统里根出席了开幕式。10万名服色艳丽的观众挤满了看台，由好莱坞著名导演戴·沃尔帕主持的一幕幕富有美国民族特色的歌舞，引人入胜，使开幕式成了一次激荡人心的艺术盛会。参加演出的人超过10万人。

本届奥运比赛项目仍为21个大项,但单项数从上届的203增加到221。新增加的18个单项,男子占6项,女子为12项。由于科学技术的发展,对女子身体机能有了进一步的了解,加之女子体育在许多国家得到日益广泛开展,使得奥运会中的女子项目有了历史性的突破。新增设的女子项目,有长期以来被认为是女子不适宜参加的马拉松,有自1896年以来一直只有男子项目的射击和自行车,还有首次列入的纯女子项目:花样游泳和艺术体操。从发展趋势看,女子项目还将进一步扩大。

7月29日，射击赛场的枪声给本届奥运会带来第一枚金牌，中国射手许海峰是夺得这个荣誉的幸运儿，他也是中国自1932年参加奥运会以来第一个奥运金牌得主，随之各项金牌之争开始。

田径项目首次增设了女子400米栏、3000米和马拉松跑。男女总项达到41个。另外，女子五项全能改成了七项全能。参加比赛的有115个国家和地区，1377名男女运动员。但比赛仅破了1项世界纪录，这在奥运会史上是极为罕见的。不过它仍是一次高水平的争夺。

田径赛场上最耀眼的明星毫无疑问就是美国田径名将卡尔·刘易斯。他以风一般的速度夺得100米、200米、跳远和4X100米接力的冠军，其中200米和接力比赛的纪录都被打破。男子田径赛中另一神奇人物是美国黑人跨栏选手埃德温·摩西。他在1976年获400米栏奥运会金牌后，除1977年在一次国际赛中败于联邦德国施密德外，10年来一百多场比赛全部取胜，被誉为“常胜将军”和“跨栏之王”。他先后4次创世界纪录，3次获世界杯和1次获世界锦标赛冠军。

22岁的非洲女选手埃穆塔瓦基尔在400米栏中获胜是出人意外的。她生活在封建王国，能冲破歧视妇女参加体育运动的樊笼，摆脱世俗的偏见，为非洲妇女获得第一枚奥运会金牌，成为第一个奥运会400米栏女冠军，是难能可贵的。赛后她兴奋地对记者说：这枚金牌将使更多的阿拉伯妇女对体育产生兴趣。首次列入的女子3000米项目，赛前人们预测，金牌之争将在美国26岁的玛丽·德克尔和英籍18岁的南非运动员佐拉·巴德之间展开。但是在比赛进程中两人相撞，德克尔严重受伤，被担架抬出场外，而巴德因情绪受到影响，只得了第七名。冠军为罗马尼亚34岁的老将玛.普伊克获取。女子马拉松也是首次列入，美国27岁的琼·贝诺瓦取胜，成绩2小时24分52秒，超过了1956年男子奥运会冠军。

自1960年以来，游泳比赛都在室内进行。本届东道主为了利用现有设施，突破了以往先例，把赛场安排在加州大学校园的麦克唐纳室外游泳池。25岁的盖恩斯，是本届参加决赛年龄最大的运动员。1980年他以49秒36突破100米自由泳50秒大关，成为世界上游得最快的人。这次他获得100米自由泳(49秒80)、4×100米自由泳和4×100米混合泳3项冠军。

体操比赛7月30日于保利体育馆拉开战幕。参赛的有19个国家和地区的156名男女运动员。男子团体赛中，美国出人意外地获得了团体冠军，中国屈居亚军。女子比赛中，以埃·萨博为首的罗马尼亚年轻选手，战胜了美国和中国，荣登团体冠军宝座。

7月31日，艾伯特·格斯滕体育馆60公斤级举重比赛领奖台上，站立着两位龙的子孙：一个是来自中国大陆的陈伟强，另一个是中国台北的蔡温义。他们俩分获了这个级别的金牌和铜牌。海峡两岸的中国儿女，虽说在萨拉热窝冬季奥运会上就已首次相逢，但同台领奖还是第一次。

第23届奥运会的奥林匹克圣火于8月12日在欢乐、友谊的气氛中熄灭。尤伯罗斯别出心裁的火炬接力激起了美国人的爱国热情，美国掀起了空前的奥运热。东欧国家对本届奥运会的抵制，使得美国有机会获得自参加奥运会以来单届最多的奖牌，计金牌83枚，银牌61枚，铜牌30枚。罗马尼亚也取得了历史上最好的名次,列第二,得金牌20枚。联邦德国位居第三，金牌17枚。中国队按金牌数排第四位，计金牌15枚，银牌8枚，铜牌9枚。

1

2

3

4

5

6

L'EQUIPE 队报聚焦

从卡特到斯基拉

苏军进入阿富汗确实应该受到普遍的谴责。但时任美国总统的卡特做出了一个重大的错误决定，他略带懈怠地选择了抵制莫斯科奥运会，这是报复，而且仅仅只是报复……为了让中西部的小麦继续在苏联市场上得到出售……今天，不可避免的反击来了，虽然有虚伪的借口，但用心依然昭著。奥运会被斩首了。奥运会的使命被剥夺了，甚至其存在的意义也没有了。

然后呢？奥林匹克运动能摆脱其从蒙特利尔奥运会开始挥之不去的人质身份吗（非洲国家缺席），还是卡特总统发起的抵制运动能够成为常态？国际奥委会突然发现其最严峻的责任就摆在面前。显而易见，良好的解决方案出现了，在奥林匹亚山或者巴黎建立超越领土的圣殿。建立没有国歌和国旗的奥运会。

这一次，要把现代奥运会从政治上的衰败中解救出来，要建立前所未有的更受欢迎的和平，因为现在世界各地的喜欢相遇相知的男孩和女孩们都受到了威胁。

文 / 诺埃尔·库埃德尔

1 跨栏选手埃德温·摩西，在白色旗帜的环绕下，代表全体运动员宣誓。

2 虽然不少国家抵制，依然有140个国家的代表团来到了洛杉矶。国际奥委会主席萨马兰奇，就围绕在他身边的创历史新高的参赛国数目表示庆祝。

3 洛杉矶奥运会的预算高达5亿美元，全部来自私人投资。奥运会在商业性和广告性上做出了很大让步。

4 全世界都在关注着明星：美国4×100米游泳夺冠后，选手们在美国国旗前合影。

5 奥运会上，吉祥物"山姆鹰"无处不在。它在奥运会主体育场纪念运动场的主要门口处守候。

6和7 从慕尼黑奥运会开始，安保都是重中之重。在体育场的各个地方，警察和军人无处不在，也像观众一样守候着运动员。

8 主体育场内几乎每天都有10万名观众；在玫瑰碗进行的足球决赛吸引了超过10万人；每场公路自行车赛的道路旁都聚集了30万人……为了控制人群，警察大批出动。

9 美国人的爱国情绪表现得不能再明显了。看台上到处都是爱国标志：红心和旗帜。

10 开幕式动人一幕：杰西·欧文斯的孙女，吉娜·汉菲尔(Gina Hemphill)，举着火炬进入主体育场。她把火炬交给1960年十项全能冠军拉弗·约翰逊(Rafer Johnson)，后者点亮主火炬。

11 开幕式非常成功，好莱坞式的编排，充满活力，快乐，年轻很有节奏。当然，还有传统的放气球仪式。

1

2

3

4

L'EQUIPE 队报聚焦

艺术家课程

又来了!美国人第9次夺得了奥运会篮球比赛金牌。美国人的优势太明显了，我们甚至可以说并不存在真正意义上的比赛。

最初的几轮比赛，面对联邦德国和加拿大(加拿大让人失望的没表现出其相对意义上的潜力)，美国队的表现多少让人失望。但决赛面对西班牙时，美国人在很大程度上展现了自己的才华。他们是真正的艺术家，打着梦幻般的篮球，有时甚至让人觉得“不真实”，正常比赛，全场观众一直都在不停地喝彩欢呼。

美国人的防守特别出色，这并不是微不足道的事情，防守一直是美国人真正的强项。鲍比·奈特(Bobby Knight)的队员们进攻也特别优秀，精准和想象力让人咋舌。

面对潮水一般的攻势，西班牙人表现出了难得的勇气。他们没有放弃抵抗，这也让他们避免了纯粹的被侮辱。面对美国人出色的防守，西班牙人的进攻表现得特别笨拙，命中率极低，只有37%。美国人的整体非常高效率和具有摧毁性，但依然遮盖不住乔丹个人的精彩表演。他完美地证明了自己绝非浪得虚名。

最终，美国人赢了31分，这也无关紧要，反正胜利都是他们的。有一个人在比赛前早就完美地预料到这一点，美国队主教练鲍比·奈特说：“决赛的命运很快就确定下来，就应该如此，我就是如此设计的。”

当你看美国人比赛时，会觉得篮球是如此简单。但并不是对每个人来说都是如此……

文/马克·樊图雅

5

1 在洛杉矶，塞巴斯蒂安·科(359号)蝉联了1500米冠军。这是战术上的杰作。英国选手格拉姆(Cram，362号)获得第二，西班牙选手阿巴斯卡尔(Abascal，219号)获得第3。

2 李宁是洛杉矶奥运会体操比赛上最大的亮点之一。

3 37岁的葡萄牙人卡洛斯·洛佩兹(Carlos Lopes)赢得了马拉松冠军，他的第1块奥运会奖牌。

4 美国人詹姆斯·马丁内斯(James Martinez，蓝衣者)击败了希腊人帕帕多普罗斯(Papadopoulos，红衣者)，取得了希腊罗马式摔跤68公斤级的季军。

5美国人埃弗林·阿什福特(Evelyn Ashford)1976年没有入选国家队，1980年美国抵制莫斯科奥运会，她直到1980年实现了自己的梦想，夺得了100米冠军。

6 奥运会花样游泳比赛的第一人：优雅的美国女子特雷西·路易兹(Tracy Ruiz)赢得了两块金牌(单人和双人)。

7 美国选手特雷西·考尔金斯(Tracy Caulkins)是全面的泳者，她赢得了200米混合泳和400米混合泳两块金牌。

8 公路自行车赛中，美国人阿莱克斯·格雷瓦尔(Alexi Grewal，左)战胜了加拿大人史蒂夫·鲍尔(Steve Bauer，右)，挪威人劳里森(Lauritzen，穿红衣者)获得第3名。

9 比昂迪(Biondi，左)向依然在水中的盖内斯(Gaines)表示庆祝，后者刚刚胜利地游完了美国4×100米接力的最后一程。

10 美国人瓦莱里·布里斯科-胡克斯(Valerie Briso-Hooks，364号)在奥运会历史上首次囊括200米和400米金牌。她在400米中领先于英国选手卡特林·库克(Kathryn Cook，左侧，最终获得第3)。

11 美国骑士乔·法吉斯(Joe Fargis)赢得了马术障碍赛的金牌。

12 团队追逐赛，澳大利亚队爆出冷门，战胜美国队夺冠。

13 摩洛哥人纳瓦尔·埃尔-姆塔瓦科尔(Nawalel Moutawakel)夺得了400米栏金牌，她也是第1位夺得金牌的马格里布女子。

刘易斯比肩欧文斯

卡尔·刘易斯开始征战100米、200米、跳远和4×100米四项比赛，轻松获胜，之后是美国式的秀。

文/诺埃尔·库埃德尔

传奇似乎事先就已经写定，如戏剧，如电影。卡尔·刘易斯刚刚赢下百米飞人大战。西方的太阳消失在主体育场的看台后，其余晖只是照亮了洛可可式样的墙壁。这是奥运会田径项目中第一个激情四溢的时刻，也是刘易斯独角戏的第一幕。

第27看台第2排，保罗·塔克(Paul Tucker)喜不自禁。他50岁，来自新奥尔良。他展开了藏在包里带进来的美国国旗，左右摇着，动作幅度很大。他身边12岁的儿子兴奋地站到了椅子上。即将远去的刘易斯看到了这面旗帜，他回来接过了旗，开始庆祝自己的胜利。他邀请美国观众们和他一起，开始了某种爱国主义的集体狂欢。

我们可能会喜欢看这一幕电影，但这是电影。刘易斯庆祝胜利的天赋毫不逊色于他创造胜利的才能。他把国旗裹在自己身上，彻底挖掘了美国人的爱国主义，把自己也打扮成了偶像。另一个迈克尔·杰克逊(Michael Jackson)。

昨天早上，《洛杉矶时报》写到："刘易斯近乎完美地跑完了100米，令人信服地加冕世界上跑得最快的人。但这是一个追逐不朽的年轻人，一个渴望抓住生命中一切的年轻人。"

国旗的一幕暂时结束了，卡尔·刘易斯依然在沿着跑道小跑，很明显，他在寻找看台上的什么人。刘易斯停下来的地方聚集了一群人。他和一个更高大、年龄较大的黑人紧紧拥抱。这是约翰·卡洛斯(John Carlos)，墨西哥奥运会200米铜牌得主。当年卡洛斯曾经在1968年的领奖台上高举着拳头，象征着为"黑人力量"而战，给人留下了很深的印象。当时在电视机前目睹这一幕的有一个7岁的小男孩，那时在新泽西威灵波罗的家中，他的名字是卡尔·刘易斯。

在确保了戏剧效果和感情宣泄后，卡尔·刘易斯离开了体育场。他没有走为运动员准备的通道，在那里等待的数架摄像机和上百名记者都空等一场。到了晚上，刘易斯通过报纸发布了一份通告，内容如下：

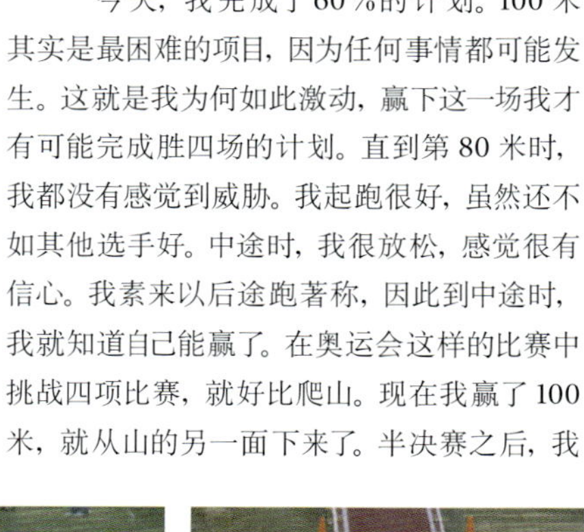

"今天，我完成了60%的计划。100米其实是最困难的项目，因为任何事情都可能发生。这就是我为何如此激动，赢下这一场我才有可能完成胜四场的计划。直到第80米时，我都没有感觉到威胁。我起跑很好，虽然还不如其他选手好。中途时，我很放松，感觉很有信心。我素来以后途跑著称，因此到中途时，我就知道自己能赢了。在奥运会这样的比赛中挑战四项比赛，就好比爬山。现在我赢了100米，就从山的另一面下来了。半决赛之后，我的双腿感觉很奇怪。逆风很强，我因此有些松懈。我现在感觉非常完美。一项结束了，还剩下三项。"

获得银牌的萨姆·格拉迪(Sam Grady)的情况完全不是这样(10秒19输给了9秒99)，他不太容易接受自己的失败。格拉迪一再说过要击败刘易斯，只是这一切完全变成了不可能。

20毫秒的差距也是从1964年鲍勃·海因斯1964年在东京取胜后最大的差距。格拉迪嘟嘟囔囔："或许刘易斯在今天是不可战胜的，但如果有一天有人能够击败他，那个人将是我。卡尔现在是完美无缺的，他彻底发挥了自己的优点。他很强，但他的技术也有弱点，尤其是摆臂有问题。我20岁，他已经23岁。我会进步，我会击败他。但现在，我相信刘易斯斯能够拿下他可望的其他金牌。"

几天之前，刘易斯宣称："人们对我的谈论，我的对手们想击败我的雄心，这些我都能在报纸中读到。但这些东西没有让我担心，也没有削弱我的信念。他们都会有机会展示能否真正击败我。而我知道这其实是不可能的，在此时，在此地。"

(左)跳远赛场上，刘易斯，这头贪婪的野兽，跳出了8.54米。

(右)刘易斯四冠王皇冠上的最后一颗宝石是4×100米接力。刘易斯是最后一棒，他身后是队友史密斯。

上帝宠儿

在杰西·欧文斯创造历史之后48年,卡尔·刘易斯也达到了同样的高度。他证明了自己不是一个人在战斗。

文/克里斯蒂安·蒙泰尼亚克

是杰西·欧文斯,还是杰西·刘易斯,哦,应该是卡尔·刘易斯。美国田径界有着光荣的传统,刘易斯就像是站在巨人肩膀上的孩子,永远渴望着更高更远。他成功了,取得了无法复制的成功。这场戏剧的结尾是绕场一周接受欢呼,手中还举着一个化成心形的气球。一切都在提醒着我,卡尔·刘易斯达到了人类的极限。终于!

他就在那里:照相机镜头闪烁,纸笔摩擦挲挲作响。人们沉浸在最时兴的幸福感觉当中:宗教、家庭和祖国。祖国方面,欢呼和飘扬的旗帜就已经足够了;家庭方面,他的两个4×100米的队友布朗(Ron Brown)和史密斯(Calvin Smith)赶过来承担这个角色;至于宗教方面,男主角卡尔无师自通,承担了起来。他说:"没有上帝的力量,我们什么都做不了。我要把我在奥运会上的美妙历程献给他。"

这就是一种对事实真相的揭露:美国人是5个人在奔跑。刘易斯在谈论着自己的祈祷和虔诚,是上帝在助他奔跑。我被巨大的幸福感攫取,抬起头,心中暗想:刘易斯是运动场之神,再加上上帝的力量,才诞生了这4块金牌。想到这里,我感觉到一种不可抵抗的宁静。我平静地看着接下来发生的事情。刘易斯刚刚举起了自己的第4块金牌。金牌越多是不是其边际效应就越低。刘易斯擦了擦额头的汗,回答说:"不,这块金牌特别的重要。我们在一起真的非常好。我觉得自己做了应该做的事情。我现在身心俱疲。观众们对我在跳远比赛中的表现感到失望。但希望大家能够理解我,我必须谨慎行事。在奥运会之前,人们说我做的事情是不可能的。我做到了,当然也付出了极大的努力。我非常非常累。"

话题毫无疑问地转到欧文斯身上,人们喜欢比较他们的4块奥运会金牌。刘易斯说:"欧文斯是一个传奇,但他也是一个人。能够追平他的纪录,我感觉非常荣耀。但没必要总是把我们两个拿来比较。他是杰西·欧文斯,我是卡尔·刘易斯。

我们两个的时代是不一样的。我要说,我根本不在乎是赚5美元或者5万美元,这根本就不重要。我赢得了4块奥运会金牌,这才是无价之宝。"这位22岁的年轻人身边围满了人。有一个问题谈到他田径事业的初期,这给了他机会把访谈变成奥斯卡颁奖典礼式的致谢感言。

"我要感谢父母和对我信任有加的朋友,比如乔·道格拉斯(Joe Douglas)、汤姆·特雷斯(Tom Tellez)。我感谢所有支持过我的人。至于负面形象,我从来不想这些,我只想我爱的人和爱我的人。"他不能忘记任何人,尤其是那个人……"我感谢上帝准许我奔跑并且获胜。"

摩西就是这样伟大

埃德温·摩西在创造他自己的神话,独自一人,遥遥领先于其他人。这位400米栏的王者总是脚踏实地。

文/克里斯蒂安·蒙泰尼亚克

摩西是400米栏的先驱。历史上最好的19个成绩中,他一人就占了17个,7年来105场连战不败。摩西得到了所有人的尊敬。

埃德温·摩西(Edwin Moses),他进入了球场,阳光满面,神情坚定。他就好比是赛场的主人,自信于自己的特权,从容地向来客们问好。他已经征服了这个国家,也早已征服了领奖台。当他走过舞台的第一个弯角时,观众们鼓噪声音大作。摩西简单地挥手致意,表示他已经收到了信息。

他拥有习惯性的力量,第二种本能,作为常胜将军有着英雄的气质。他的动作就像是倨傲的闲逛。他就是如此……

"他很紧张,度过了艰难的一天"。说话的是摩西的妻子米雷拉(Myrella)。她穿着一件白色的裙子。那天是周日。米雷拉被描述成风趣吸引人的女神像,但此时此刻,她啜泣着为摩西加油。

而赛场上的摩西依然很放松,就像是身披阳光的养路工人。他想比其他人尽快出发,这暴露了些许兴奋和焦躁。"当在赛场上时,所有人都很脆弱。只要有一点噪音就足以引发慌乱。我觉得这次肇事者是摄影师们。"摩西确实比其他人出发得更快。

他弯下身子,让自己能够喘口气。就在这同一条跑道上,在美国选拔赛期间,人们就曾看见摩西气喘吁吁,汗流满面,让人心中生疑。

摩西说:"当时人们说我跑完之后特别疲劳,说那将是我最后一次比赛。我坚持要证明他们是错的。"这种话只有常胜将军才能说的出来。对手们只能将其胜利的激情看作是倒霉,将无畏的魅力看作是灾难,无奈接受命运的残酷。转眼间,已经是7年105场比赛,摩西乱云飞渡,身后留下成群的失败者。

记者们都已大体知道报道该怎么写,题目都已经到了笔尖。这也算是一种失败。一切还没有尘埃落定。我们自问,到底应不应该期待有人击倒摩西。

摩西已经老了,虽然他依然一次次地高举双臂冲过终点线。

摩西已经老了,却依然像一名老神甫矗立在田径界的视野当中。他的沉思的面容上有着尊严的外表。他总是很温顺很注意地听别人讲话。或许他在进行另一次布道。他是独自一人停留在自己的高度,我们观察到了孤家寡人的力量。

但是埃德温·摩西的言语一点都不炫耀卖弄。在他的非常聪明的新闻发布会上,他表现得非常谦逊。

"能经历8年来我经历的一切,我感觉非常的幸运。为什么是我取得了这么多的胜利?我感觉自己非常的幸运。我知道像哈里斯那样的运动员才华横溢,水平也逐渐和我接近。我必须格外谨慎。我不知道自己接下来要做什么。我曾经谈过要去跑800米。但当务之急是把我400米栏的世界纪录降到47秒以下,时机就是我将要参加的在欧洲的那些比赛。"

摩西,这位1976年蒙特利尔奥运会的英雄和1980年抵制莫斯科奥运会的牺牲品,如今拥有了更高大圆满的形象。而其助力就是镜头的捕捉和观众的敏感。上千万电视观众都记住了这个容光焕发的男人,以及他和母亲妻子的深情相拥。

这个形象也迅速地被市场化。摩西曾代表全体运动员进行宣誓,曾经说过要当医生,他代表的已经不仅仅是自己。他的市场力量和其全球竞争对手卡尔·刘易斯并驾齐驱。这个赛季之后,从一个品牌到另一个,他签了120万美元的合同。到1989年,他的收益就高达250万美元。而摩西依然住在靠近机场的一套公寓里。

在这个话题上受到恭维之后,摩西首先表现了礼貌,"国际田联在这方面有着非常好的规定",然后回避了这个话题,"你们随时可以咨询我的会计"。之后他就谈起了110米栏中的常胜冠军尼赫米亚,后者点评了摩西的第二块奥运会金牌,而自己则因为"职业"身份而不能参赛。

但我并不想去拉扯先知的胡子。甚至没敢提自己最想问的问题。在蒙特利尔,十几场跨栏比赛之后,摩西进入了奥运的传奇,拥有了自己的神秘,而上帝在这其中吗?因为同样让人好奇的是,摩西根本没有谈这个问题。也可以理解,当他自己就是体育场的上帝,而且又是在主日获胜时,完全有资格只谈自己的功绩。

摩西就是这样伟大。

汤普森，一分就是一切

神奇的英国人夺得了自己的第二块奥运会金牌，距离破世界纪录只差1分。

文/阿兰·比鲁安

达雷·汤普森保住了他在莫斯科奥运会和赫尔辛基世锦赛的冠军头衔。他是世界上最好的十项全能选手。他再一次击败了最大的对手，德国人尤尔根·希格森。他的铅球成绩是惊人的15.72米，几乎和他的个人纪录持平。

最终，一切还都要看达雷·汤普森(Daley Thompson)的，这个众说纷纭又很有魅力的人物。在十项全能最后一项比赛1500米的起跑线上，达雷·汤普森和竞争对手们逐个问好，似乎是在沙龙，而不是在笼罩着紧张气息的赛场。这个来自诺丁山的孩子快乐的脸上永远挂着明亮的微笑。从1978年布拉格欧锦赛开始，汤普森已经6年没有输过。他也知道在这场1500米的比赛之后，情况也将依然如此。他的主要对手是来自德国勒沃库森的巨人希格森(Jurgen Hingsen)，外号叫"两米先生"。希格森在撑竿跳和标枪比赛中失手。汤普森领先209分。这1500米比赛只不过是一场有益健康的散步。他要做的只是安安静静地顺利完成，然后就能第二次成为奥运冠军。汤普森也意识到他已经领先希格森的世界纪录多达104分。他只需要再努力一点，就能够在金牌之外再加上世界纪录的芳香。难道他不应该为安娜公主殿下努力一把，毕竟公主特地来到纪念体育场，为这位十项全能巨人加油。

他对世界纪录不感兴趣

1500米比赛开始了，尤尔根·希格森很有冲劲。他并不是要进行为荣誉而进行的最后战斗，而只是为了发挥自己的能力，争取最好的成绩。至于汤普森，他不紧不慢地跑在大部队的中段，看上去一点也不想打破希格森保持的世界纪录(8798分，当年5月在曼海姆创造)。

只要是稍微有点逻辑能力的观者都会想到：汤普森可能是状态不好，他前面保存体力，向参议员一样慢跑，是想留到最后严酷的一圈全力冲击世界纪录。毕竟，这对任何人来说，都是很有诱惑力的。

但可爱的人们，你们都错了。最后一圈，汤普森依然不紧不慢，轻松地跟着勒沃库森巨人。另一侧的电子计时板上，秒和毫秒正在飞快地走着。汤普森会冲刺吗？奥运会上最不可思议的一幕出现了。汤普森根本就没有冲起来，而是轻轻松松地跑过终点线。他的成绩是4分35秒，距离打破世界纪录所需的时间只多了十分之一秒。汤普森的总成绩正是8797分，是他个人的最好成绩，距离希格森的世界纪录只差1分。

汤普森自己倒是一点都不后悔。他解释说在撑竿跳比赛(成绩为5米)之后，他意识到自己已没有希望突破9000分大关，而这才是他心中的目标。这个始终愉快的汤普森是一个心智非常平衡的家伙。他没有放弃裹着英国国旗绕场一周的机会。他并不是很确定见证者们有没有看清他穿的T恤上的字样：前胸是"感谢美国奉献的伟大比赛和光荣时刻"，后背是"你们的电视头条新闻将是什么呢？"这是对美国媒体大国沙文主义的讽刺。

1984

玛丽·德克看着梦想飞走

1973 年，玛丽·德克 (Mary Decker)14 岁，她就在一场美国和苏联的比赛中，击败了世界亚军尼约尔·萨白特 (Nijole Sabaite)。但青春期长年累月的奔跑给她带来了严重的伤病。这位“美国的小未婚妻”消失了，直到 1980 年才重新出现，创造了新的 1 英里跑世界纪录。但对莫斯科奥运会的抵制让她只能在家里看电视……1983 年，她在赫尔辛基世锦赛上取得了 1500 米和 3000 米两项冠军。25 岁的德克是奥运会 3000 米比赛的最大热门。加利福尼亚也是她的家乡。1984 年 8 月 10 日再次成为黑色的一天：比赛刚刚过半，德克就和南非选手左拉·巴德 (Zola Budd) 撞在一起。巴德持英国护照，光着脚跑。德克倒在了纪念体育场的跑道上，眼睁睁看着梦想飞走，一个她追寻了整整 11 年的梦想。

一个巨人背后藏着另一个

德国人迈克尔·格罗斯夺得了100米蝶泳和200米自由泳的冠军，一举撼动了美国人在泳坛的垄断地位。

文/埃里克·拉米

对迈克尔·格罗斯 (Michael Gross) 来说，这是残酷的一天，残酷而美丽的一天，其中有一个世界纪录和一块奥运金牌，虽然在比赛中格罗斯并不是最大热门。格罗斯一共参加了三个个人项目，其中只有100米蝶泳他不是最大热门。他通向最高领奖台的道路上有美国人帕布洛·莫拉雷斯 (Pablo Morales)，一名古巴裔美国人。莫拉雷斯瘦长、黑发、长得很帅，泳姿也格外轻盈流畅，人们将其和马克·施皮茨相提并论。在美国选拔赛中，莫拉雷斯以53秒38的成绩胜出，人们相信他能游得更快。

西德方面，人们热衷谈论的是他们的王牌迈克尔·格罗斯。一名西德通讯社的朋友杰尔德·海登 (Gerd Heydn) 几天前在从泳池到新闻中心的路上对我说："迈克尔如果出发、转身和到达都表现正常，而且全力冲杀，能够游到53秒到53秒1。但莫拉雷斯可能更出色，两人的差距不会到1秒。"

早上是预赛，无法看到高手的直接对决，能够比较的只有时间。莫拉雷斯依然领先4毫秒，这样是其世界纪录53秒78和格罗斯的欧洲纪录之间的差距。40厘米的距离，如果是在赛跑中还算是差距，那么在人和人的对决中就什么都算不上。

(右)贾米森(英国选手，第5名，右侧)在100米蝶泳比赛结束后分享格罗斯的快乐。

(下)100米蝶泳决赛中，德国人格罗斯领先最大热门美国人莫拉雷斯，最终打破世界纪录夺冠，成绩是53秒08。

而且又有谁敢说格罗斯在上午已经尽了全力？格罗斯不是最受关注的人，他也奉行着一条金科玉律，那就是在最后24小时对媒体保持绝对的缄默。在没有言语的情况下，唯一能做的就是拭目以待。

这场决赛绝对是人们所期待的对决。从出发到之后长段的连贯动作，莫拉雷斯对格罗斯寸步不让。莫拉雷斯拥有篮球球员一样的臂展，很占优势。莫拉雷斯甚至看上去有些放松，他泳姿的优雅也丝毫不逊色于德国人。不过，莫拉雷斯也将见识到格罗斯同样拥有巨大的双臂和双手。在转身的时候，莫拉雷斯领先格罗斯一头，但转过来之后，领先优势只有一点，一厘米。换句话说，就是没有领先。所有的一切将在回程中决定。莫拉雷斯突然开始加大动作幅度，来打乱格罗斯的节奏。这一加速是可怕的，因为它提高了节奏，而没有减低频率。格罗斯若是输了，没什么好奇怪的。但承认这一点还为时过早，人们太多谈论了这位奥芬巴赫的游泳天才。人们没有足够去讲他训练的刻苦，他每天早上徒步走15到18公里，然后每天下午游两个小时，还有健身。人们也没有认识到他的战斗精神，在比赛中挑战极限的勇气，决不认输。

蝶泳的结果应该比自由泳还要具有偶然性。因为蝶泳的技术中，双臂是同时运动，而不是轮流。两个人同时到达，头部水平，谁的手伸在前面谁赢，谁刚刚结束一轮动作输。最终是格罗斯赢了：53秒08胜53秒23，只赢了15毫秒。胜利很短暂，但完美无缺。两天之内第二次，继100米蛙泳之后，打破世界纪录的男孩没有成为奥运冠军。

贝努瓦，独自奔跑

这位美国女子漫步马拉松比赛，成为了第一个奥运会女子马拉松冠军。

文/阿兰·伦森费希特

等了整整88年，才等来了第一个奥运会女子马拉松冠军。几乎一个世纪以来，女性们一直在争取男女平等。在洛杉矶，约安·贝努瓦(Joan Benoit)重新演绎了马拉松，将这个"杀人的奔跑"变成了有益健康的散步。贝努瓦身高只有1.57米，体重46公斤，27岁。她也根本没有战术。在3公里之后，她就独自一人冲在前面，根本不管对手们的情况。

"我决心完全按照自己的情况奔跑，不去管对手们的动静。在这种比赛中，要找到自己的节奏，几公里之后就适应自己的节拍。如果你在大部队中奔跑，好处是不用打头，减少阻力；坏处是你得不停地变换节奏，这在马拉松比赛中是致命的。比较好的是自己超脱出来，匀速奔跑，这很值得。"

这一年的5月12日在奥林匹亚的美国奥运选拔赛上，贝努瓦就创造了非常好的成绩。她以2小时31分4秒获胜。其实这个数字本身并不特别出众，但17天之前，她还躺在医院的病床上，做了半月板的手术。

"在此之前，我被伤势深深困扰，我也不敢上手术台。但就在奥运会之前17天，疼痛实在难以忍受。我听从了医生的建议，医生说用不了一个星期，我就可以再次奔跑。"

这个故事不禁让人想起另一个奥运马拉松冠军，埃塞俄比亚人阿贝贝·比基拉(Abebe Bikila)。东京奥运会前几周，他做了阑尾手术。

几年之前，约安·贝努瓦就已经是波士顿大学女子田径队的教练。但这个雄心壮志的美国女子辞职了，决心全力准备奥运会。"我不能什么都做。我每周训练大概要跑200公里，根本没有时间去做其他的事情。我每天都训练，而且总是孤身一人。因为我觉得这会锻炼你的意志和忍受能力，毕竟马拉松是一项吃苦的事情。"

(上)约安·贝努瓦在比赛之前宣称："我会自己跑比赛，不理会别人。"她从第3公里处一马当先，最终领先挪威人维茨多达1分34秒。

(下)贝努瓦手里拿着帽子，开始绕场一周。她刚刚成为有史以来第一个奥运会女子马拉松冠军。

比赛进行了3公里之后，这个瘦弱的身影就一马当先。她只听从大脑里的时间和身体的声音。"当我出发时，我并没有真正启动。我的速率特别慢。在第10公里时，我们所处的状况也不是特别突出，而我已经领先了30秒。我总是希望能够有其他选手从后面冲上来，这样会给我激励。但我没有看到人上来。最后，我是很满意的。一直跑到体育场外面，我才确信了自己的胜利。因为当我回头时，来路上没有任何一名对手。"

小小的贝努瓦夺得了奥运会金牌，成绩也不错。前一年在波士顿，她打破了世界纪录，成绩是2小时22分43秒。比萨托贝克在1952年的奥运冠军成绩(2小时23分3秒)还要好。但在那时，这个成绩引来了很多批评：距离太短、风向有利……人们甚至批评她泄了气，不敢参加赫尔辛基世锦赛。

"对我来说，唯一一个重要的冠军就是奥林匹克金牌。在难以忍受的炎热天气下，能够以2小时24分52秒的成绩夺冠，我觉得已经肯定了我在波士顿创造的世界纪录。"

没错，在夺取奥运会金牌的同时，贝努瓦实现了有史以来的第三好成绩。这和她前一年创造的世界纪录相得益彰。

卡皮南三连冠

芬兰人卡皮南领先于皮特–迈克尔·科尔博，在喀斯塔斯湖夺得了单人赛艇的第 3 个冠军，追平了苏联人伊万诺夫的纪录。

文/马克·樊图雅

溢美之词可能是老调重谈，但芬兰人佩尔蒂·卡皮南 (Pertti Karppinen) 确实在喀斯塔斯湖载入了历史，他实现了奥运会单人赛艇三连冠。在他之前，只有苏联人雅切斯拉夫·伊万诺夫 (Vyacheslav Ivanov) 在 1956 年至 1964 年之间做到了这一点。卡皮南说："在单人赛艇中获胜是很特别的事情。人们能够记住单人赛艇的冠军名字，其他的划船项目则只能记住获胜的国家，这降低了胜利的价值。另外，所有人都要从单人赛艇练起，然后才能练习其他的项目。" 卡皮南领先于西德人皮特–迈克尔·科尔博 (Peter-Michael Kolbe)，这是一场经典的两人对决。堪比 1920 年奥运会的两个杰克大战——美国人杰克·凯利 (Kelly) 和英国人杰克·贝莱斯福德 (Beresford)，或者是 1956 年墨尔本奥运会上伊万诺夫大战麦克肯奇 (MacKenzie)。

科尔博曾经 4 获世界冠军，整场决赛中他几乎一直领先。皮卡南落后半个船身，但始终没有放弃，没有被拉开。渐渐地，他追上对手，并在还剩下 120 米时取得些许领先。两个人的姿态非常优美，几乎是并驾齐驱，肩并肩。最终在还剩下 20 米时，精疲力尽的科尔博终于放弃，将冠军留给了卡皮南。卡皮南领先科尔博 1 分 95 秒抵达终点。1976 年，卡皮南为芬兰送上自己的第一块金牌时，领先时间是 2 秒 64。当时，他还带着玳瑁框的大眼镜，而现在换成了更合适更时髦的眼镜。

(上)1976年，蒙特利尔。佩尔蒂·卡皮南超越了世界冠军、夺冠热门德国人皮特–迈克尔科尔博。1980 年，莫斯科。卫冕冠军卡皮南进一步确定了自己的统治地位。

(下)1984年，洛杉矶。和8年之前一样，卡皮南再次超越了科尔博。

为了继蒙特利尔和莫斯科之后再次夺得冠军，这位身高 2.01 米的芬兰巨人付出了很多努力，而且不仅仅是在赛场上。1981 年和 1983 年，科尔博两次成为世界冠军。卡皮南都早已决定在最后一届奥运会上参加双人项目。在莫斯科奥运会之后，有一种新型的船面世了：座位是固定的、桨架和脚舵是活动的。对一些运动员来说这是有利的，比如科尔博；但对另一些运动员来说是不利的，比如卡皮南。卡皮南明确表示反对这种新船。这让他和科尔博的关系有些变凉。1979 年世锦赛和 1980 年莫斯科奥运会卡皮南夺冠，之后他开始赌气不参加单人赛艇比赛，而是和兄弟莱玛 (Reima) 一起比赛，在 1981 年世锦赛上夺得银牌。第二年，国际划船联合会作出决定，禁止了新型赛艇，因为这会有利于那些不适应动荡水域的船手。在此之前，卡皮南已经决定回到自己喜欢的赛艇上。其实单人赛艇这个项目非常适合卡皮南的个性。从天性上看，单人赛艇选手就是与众不同的，都是坚定的个人主义者。只有那些讨厌依赖别人的家伙才能参加这个项目。卡皮南就是这样的一个孤独的人。在芬兰，一年有 6 个月冰雪封水，只能玩越野滑雪和力量练习。卡皮南也不在湖上练习，而是在海上。他说："那里有更大的空间独处。"

但这种独处的梦想随着他的成名变得越来越困难。1976 年夺冠之后，他已经升级成为国家英雄。而这一次，情况更加糟糕（按照卡皮南自己的标准）。人们要为他写书、拍片子来讲述他的功绩。他对这些事丝毫不敢兴趣。他说："只要有了广告，人们就没有了私生活，人们变得嫉妒。我喜欢的就是自己呆着。" 这对卡皮南来说是很难的，因为他只有 32 岁，职业生涯还远远没有终结。

玛丽-鲁起飞

充满爆发力的16岁女孩玛丽-鲁·雷顿，成为了美国第一个体操女子奥运冠军。

文/让-弗朗索瓦·阿高格

美国教练比尔·桑茨(Bill Sands)如此谈论他最喜欢的运动："体操是极少见的人体自身构成抛物线的运动。身体越小越轻，就越容易抛到空中。"他还将体操运动员们比作"消防栓"，这个想象很大胆，但是观察得很细致。

美国观众处在狂热情绪当中，他们也为整个国家的宠儿玛丽-鲁·雷顿(Mary Lou Retton)献上了狂热的节日。这个漂亮的"充气娃娃"有信心、有力量、有能量、有钢铁般的意志，而且很放松。她充满力量地跳来跳去。当然她的表现和科马内奇属于不同的类型，雷顿就是雷顿。

美国队在体操项目上制造了一个不幸。美国男队和雷顿摘金，美国女队和皮特·韦德马尔(Peter Vidmar)夺银。这是一个重大的事件。两名罗马尼亚教练之一的阿德里安·戈里亚克(Adrian Goreac)，在美国媒体面前毫不犹豫地放言说："毫无疑问，如果奥运会不是在美国举行，最终结果不会是这样的。"他随后又跟了一句，算是稍作补偿："但我要向美国体操脱帽致敬，他们进步非常快。"

个人全能比赛开始了，雷顿和叶卡捷琳娜·萨博(Ecaterina Szabo)之间的差距只有0.15分。换句话说，也就和一名在洛杉矶顺道看奥运会的法国游客的钱包那么厚。人们发现玛丽·鲁先进行的是两个她并不特别擅长的项目：高低杠和平衡木，这两个项目无法完全展现她力量上的优势。但她知道把自由操和跳马留在最后，就能够留住机会。这是很正常的，高手对决，胜负要到最后一项才能看出来。

叶卡捷琳娜·萨博的技术或许更加为人称道。她的表现也非常抢眼：平衡木10分!她是唯一一个在这条危险的木头上完成4次跳跃的选手。这也抵消了雷顿在高低杠上9.85分的成绩。她没有疯狂，而是很优雅的完成比赛，采用了美国作曲家格什温(Gershwin)的音乐，吸引了美国观众的注意。她得到了9.95分的高分。而玛丽·鲁的平衡木并不是特别理想：9.80分。

现在两人的分差又回到了出发点，只不过现在是萨博领先。她或许觉得自己已经度过了难关，那可就是缺乏对著名教练贝拉·卡罗里尔(Bela Karolyl)的弟子的正确认识……卡罗里尔也是罗马尼亚人，1981年来到美国，为美国体操事业服务，同时收入了大量美元。这种经历和提里亚克类似：他曾经是不朽的纳迪亚·科马内奇的教练。

萨博，这位扎着头发的小个子罗马尼亚女子，尽力完成了高低杠和跳马比赛。质量不错，只是高低杠她选的结束动作难度偏低。两个9.90分，也不低，但已经不能确保冠军。因为玛丽·鲁剩下来的都是强项。她就像在弹簧上蹦跳一样，先在自由操上征服了所有人。美国"名义上"的教练唐·皮特斯(Don Peters)双手高高举起。因为他觉得如此的表现足以拿到满分。裁判们也是如此认为的，萨博的领先优势只剩下了0.05分。

只剩下跳马比赛了，女子跳马要比两次，取最好的成绩。对玛丽·鲁来说，细节已经不重要了，因为她拿了两个10分。这是完美的，裁判一致认定的，即便罗马尼亚的教练也无话可说。大局已定，领先优势再度逆转。现在是玛丽·鲁领先0.05分。16岁的玛丽·鲁·雷顿成为第一个美国女子体操奥运冠军。

(上)雷顿是意大利后裔，她的艺术表现力特别出众。剩下的问题就留给她出色的体力了。

(左)雷顿身高1.44米，体重42公斤，是新一代体操选手中的佼佼者。

埃尔弗斯特罗姆，维京老巨人

从1948年到1960年，埃尔弗斯特罗姆曾经4次获得奥运金牌。现在，这位56岁的丹麦人和女儿搭档，参加龙卷风级(Tornado)帆船赛。

文/帕特里克·夏普伊

维京是书写传奇的民族。埃尔弗斯特罗姆是拿帆船金牌最多的人，而且航海如同呼吸，呼吸不止，航海不已。他又和女儿一起出发了。

这位总是欢颜的丹麦人血管里流的肯定是海水，那是维京人的血液。保尔·埃尔弗斯特罗姆(Pol Elvstrom)是帆船界的奇迹，斯堪的纳维亚来的真正的航海之神。他4次获得奥运会金牌：1948年在英国的图尔盖的萤火虫级(Firefly)比赛、1952年在赫尔辛基的芬兰级比赛、1956年在墨尔本、1960年在那不勒斯。之后，埃尔弗斯特罗姆就没有再登上奥运会的领奖台。1968年，在斯塔尔，他距离领奖台就差一步。

但是如今，距离他最后一块奥运会奖牌之后24年，他依然来到了长岛，代表自己的国家参赛。他掌舵着一艘龙卷风级帆船，超快的双体船，他的队友是女儿特丽娜(Trine)。在他夺得第四块奥运会金牌时，特丽娜还没有出生呢。

埃尔弗斯特罗姆脸上有着岁月的痕迹，胡子花白，像是海王，而且他的脸上已经多了知天命的微笑。他的无法计算的胜利让其成为了所有对手的目标。那个时代，参赛选手们赢得船赛的心劲远远比不上对击败埃尔弗斯特罗姆的渴望。要是能让伟大的埃尔弗斯特罗姆出丑，那是多大的荣耀啊。在激烈异常的海战中，埃尔弗斯特罗姆失去了航行的幸福，失去了那种与生俱来的灵感，能够感触风向和水流的最深层的变化。

帆船是一项特殊的运动。身体状况和训练并不是最决定性的因素，运动员必须得有能够解析各种因素、通晓天气脾性的禀赋。有着多年航海经验的老选手完全可以战胜年轻力壮但经验不足的年轻人。这可以解释埃尔弗斯特罗姆的超常运动寿命。埃尔弗斯特罗姆对自己的竞技状态也非常珍惜，时刻保持身体处在最佳状态，精神始终清醒，在最贴近自然的情况下保留着丰富的想象力。

除去4块奥运金牌，埃尔弗斯特罗姆也曾经在6项不同级别的赛事中，拿到过8次世界冠军。他有时是舵手，有时是船员；他经常和汉斯·弗格(Hans Fogh)合作，汉斯是他的学生，也是丹麦人。埃尔弗斯特罗姆也设计帆船，比如一艘大好赛船“贝斯”(Bes)，在四分之三吨比赛中获胜。如今，在长岛的水面上，埃尔弗斯特罗姆和女儿特丽娜合作，驾驶着快速的双体船。埃尔弗斯特罗姆迅速适应了船的特性，展现了他非凡的才华。

法国帆船协会的前总管帕特里克·赛塔特(Patrick Seitert)说：“我是看着埃尔弗斯特罗姆初次驾驶龙卷风的，那是在1982年，纯粹是为了陪他的女儿玩。他参加了基埃尔百年帆船赛，没有得到任何名次。甚至远远落后于大部队。”但是到了1983年，埃尔弗斯特罗姆就已经是欧洲龙卷风帆船赛的冠军。这一年，他还在数项重要的比赛中赢得了名次甚至夺冠。

只要有这个神人在，任何事情都有可能，对他来说，航海就像呼吸一样。驾驶着“飞翔的荷兰人”夺得基埃尔比赛亚军的伊夫·帕约(Yves Pajot)说：“有些日子，我们能够感觉到一切细微的变化，最轻微的风力和天气变化；而有些日子，我们会失灵。”

而埃尔弗斯特罗姆永远都处在好日子，时刻警惕，充满警觉。就像他的祖先维京人一样，他与海上的一切都有约定。

这位“海洋之星”到底要在天空上闪耀多久？18岁时，保尔·埃尔弗斯特罗姆就在英国夺得了第一块奥运金牌，那时大战刚刚结束不久；现在他已经56岁了，依然充满激情。

“和我的女儿特丽娜在一起，我仿佛也和她一样年轻，至少激情是那样年轻。和她一起航行给了我另一次青春。”

法国足球在世界之巅

继1984年欧洲杯之后，法国队又赢得了奥运会金牌，决赛中2比0击败了强敌巴西。

文/杰拉尔·埃内斯

他们做不到，他们都这么说。以后或许可以，但是现在不行。那我们呢？你或许相信我们的足球在一个夏天就有足够的实力成为世界第一？

我们回过头去，那个时代并不遥远，看到了戏剧性的元素，看到了争吵、失败，我们对那个时刻越来越充满称赞。6月27日，法国足球宣告了它在欧洲的优势地位；8月11日，法国足球宣告了它在世界的优势地位。并不是古希腊的小世界，那时地球只有两个中心，雅典和斯巴达。而是我们现在所说的世界，五大洲，30多亿人口。所有人都在足球的新神的金脚面前俯拜，这些新人不是来自日尔曼、不是来自意大利、不是来自英格兰，也不是来自巴西，而是来自法兰西，来自布列塔尼、来自勃艮地、来自阿基坦，来自小的村镇、教堂钟楼或者海边岩石。伊达尔哥 (Hidalgo) 这样的法国人、米歇尔 (Michel) 这样的法国人，值得尊敬的继承者。

对我们来说，音乐不重要，旗帜不重要，但是历史很重要。现代奥运会的第一批获得金牌的职业运动员是法国人，直到时间尽头，直到永远。当布里松 (Brisson) 进球时，是永恒的；当叙埃雷 (Xuereb) 进球时，是永恒的。有必要在朗斯插一把奥运圣火，它将是永恒的。

这支法国队在它达到目标的那一刻也就死去，但它给未来的几代人留下了一个可供观赏的没有污点的荣誉榜。这支法国队诞生于1982年11月，它一共踢了12场比赛，8胜4平。它衣锦还乡，光荣退隐。时至今日，我们依然为其强大欢呼，因为我们当年就如此许诺过他们。在奥运会领奖台上继承了捷克斯洛伐克队的法国队，继承了瑞典队的法国队，瑞典是1948年以来最后一个夺得奥运金牌的非东欧球队。法国队是一支伟大的球队，实至名归。

成为一支伟大的球队，只有一个条件，那就是赢得伟大的比赛。在玫瑰碗 (Rose Bowl) 球场聚集了十万多名观众，这是纪录，迄今依然是纪录。这是个伟大的事件，但这场比赛或许并不精彩。很艰辛、很苦涩、甚至有些沉闷。但伟大的球队不仅仅懂得获胜，更加懂得适应环境和对手。这是法国队的光荣传统，一直以来懂得的事情。

令人好奇的巴西队，或许他们只是来自一家俱乐部，但依然是巴西队。灵感、处理球的速度、良好的球感，一如既往。但是也严谨、勇猛、压迫，很现代化的巴西队。

上半场巴西人踢得很轻松，法国队则被扼住了喉咙，非常辛苦。人们甚至说，一块银牌也算是不错的回忆了。但法国队不会认输的。

我不知道这写在哪里，但这是确实无误的：1984年，就是法兰西之年。金牌就在那黑夜之心发光。我铲断、我头球、我防守、我奔跑、我反击、我进球，我让观众震惊，我让巴西人伤心。

这是无畏者的巡游，国王的围猎。当裁判凯泽 (Keizer) 吹向了终场哨时，他也吹响了充满欣喜和眼泪的狂欢的开场哨。我们立马想到未来，这多少让我们有些害怕。我们真的需要这些吗？但管它呢。法国足球现在在世界之巅。当它下来时，我们也会告诉你。在等待期间，就让我们唱吧、跳吧。夏天从来没有这么美过，爱他们，爱我们自己。

(上)法国队披金全家福。
(下左)弗朗索瓦·布里松，独自一人在巴西队防守中心，成功利用了让-菲利普·鲁尔的传中，头球建功，法国队1比0领先。
(下右)巴西门将吉尔玛尔只能挡出多米尼克·比约塔的射门(左二)，右侧的达尼埃尔·叙埃雷抓住机会，确定了胜局。

男子重剑比赛法国人布瓦斯击败了瑞典人瓦高。

1984年洛杉矶第23届奥运会

半个世纪之后,纪念运动场又迎接了运动员。但城市已经改变了,体育也是……
很多项目对女子选手放开了,甚至专门为女子准备的项目,这一趋势依然在放大。

数据

开幕日: 1984 年 7 月 28 日
闭幕日: 1984 年 8 月 12 日
主办国: 美国
申办城市: 无
140 个国家参加本届奥运会(有 94 个国家有女子选手参加。**)**
6797 名运动员 (1567 名女选手, 5230 名男选手);
22 个大项 (共有 14 项对女选手开放,包括混合项目): 田径、赛船、篮球、拳击、划艇、自行车、马术、击剑、足球、体操、举重、手球、曲棍球、柔道、摔跤、游泳、五项全能、排球、射击、射箭、赛艇。
表演项目: 棒球。
221 个小项 (62 个有女子项目,包括混合项目。)
宣布开幕者: 美国总统罗纳德·里根
点燃火炬者: 美国田径选手拉弗·约翰逊
运动员宣誓: 美国田径选手埃德温·摩西
国际奥委会主席: 西班牙人胡安·安东尼奥·萨马兰奇

冬季奥运会

第十四届冬季奥林匹克运动会于 1984 年 2 月 8 日到 2 月 19 日在南斯拉夫萨拉热窝举办。

来自 49 个国家的 1410 名运动员参赛 (1127 名男选手, 283 名女运动员), 共分 6 个大项 30 个小项。南斯拉夫总统米卡·什皮利亚克 (Mika Spiljak) 宣布冬奥会开幕。代表运动员宣誓的是高山滑雪选手博扬·克里扎伊 (Bojan Krizaj)。22 岁的瑞典人昆德·斯万 (Gunde Svan) 在他的第一届冬奥会中, 就获得了4 块越野滑雪的奖牌 (2 金、1 银、1 铜)。女选手中, 芬兰人玛丽亚–丽莎·哈马拉依 (Maria-Liisa Hamalainen) 获得三项越野滑雪的冠军 (5 公里、10 公里和 20 公里)。高山滑雪中, 美国人威廉·约翰逊 (William Johnson) 力压瑞士人和奥地利人夺得了速降金牌。

中国奥委会派出由 37 名运动员组成的中国代表团参加了滑冰、滑雪和现代冬季两项的 26 个单项比赛。中国台北奥委会也派了 14 名运动员参加本届冬奥会, 这是海峡两岸中国选手第一次同时参加奥运会。

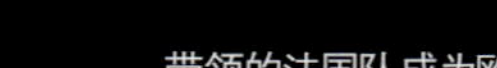

从莫斯科到洛杉矶

1980

• 9月22日,波兰格丹斯克的造船厂工人列赫·瓦文萨(Lech Walesa),建立了团结工会。

• 11月4日,罗纳德·里根当选美国总统。

1981

• 1月22日,法国作家玛格丽特·尤瑟纳尔(Marguerite Yourcenar)成为第一名进入法兰西学院的女子。

• 5月10日,弗朗索瓦·密特朗(Francois Mitterrand)当选法兰西共和国总统。

• 罗兰加洛斯,瑞典人博格(Bjorn Borg)第6次夺冠。

• 10月6日,埃及总统萨达特(Sadate)被伊斯兰原教旨主义者杀害。

1982

• 7月25日,贝尔纳尔·伊诺(Bernard Hinault)首次包揽环意和环法冠军。

• 7月11日,意大利赢得西班牙世界杯冠军。

• 8月9日,巴黎发生针对犹太餐馆的袭击,6人死亡,22人受伤。

1983

• 5月8日,全球已经有1361人感染艾滋病,其中半数死亡。

• 6月5日,罗兰加洛斯,决赛中雅尼克·诺亚(Yannick Noah)3盘击败瑞典人马茨·维兰德(Mats Wilander)夺冠。

• 8月31日,瑞士阿尔滕莱茵,格雷格·勒蒙德(Greg LeMond)成为第一个夺得自行车赛冠军的美国人。

1984

• 意大利人弗朗西斯科·摩瑟(Francesco Moser)两次突破自行车时速50公里的大关,创造了时速51.151公里的纪录。

• 6月27日,米歇尔·普拉蒂尼(Michel Platini)带领的法国队成为欧洲冠军。

你知道吗?

苏联人如此回应美国人:社会主义阵营的 14 个国家拒绝参加奥运会。这比抵制莫斯科奥运会的国家数目要少, 但要知道这些国家在 1976 年奥运会上拿到了 58%的奖牌。

洛杉矶是唯一一个申办城市。洛杉矶举办奥运会没有依靠美国政府的援助, 而是利用了现有基础设施, 争取到了私人资金的支持。1984 年奥运会一共盈利 2.33 亿美元, 一举成为后来各届奥运会效仿的典范。

有史以来第一次, 女子马拉松写入了奥运会日程, 另外还有艺术体操和花样游泳, 另外还有女子公路自行车赛。

其他的第一:职业球员可以参加足球比赛, 条件是其没参加过世界杯。决赛中, 法国 2 比 0 战胜了巴西。

洛杉矶国际机场鸟瞰。

洛杉矶 Los Angeles

大量的移民使洛杉矶成为一个多民族、多种文化色彩的国际性城市，少数民族占全市人口的一半左右，并拥有众多移民社区

洛杉矶到底是座什么样的城市？是美国城市中的花花公子？是一个胡作非为之地？是一个让人血脉膨胀的销金窝……没错，洛杉矶是这样的城市，但这些只是它的一部分。

这样的描述，大多出于美国人自己的牢骚。美国人其实很爱这座城市，因为爱得太深所以恨它的每一个缺点和不足。洛杉矶绝对不是作家笔下那种荒诞不经、嬉戏终日的城市，它是座典型的美国城市，气势宏伟，包容博大。

要了解这里的经济吗？

第二次世界大战后，现代工业的崛起，商业、金融业和旅游业繁荣，移民激增，城区不断向四周扩展，洛杉矶成为美国的特大城市。现在的洛杉矶，已是美国石油化工、海洋、航天工业和电子业的最大基地。它是美国科技的主要中心之一，拥有科学家和工程技术人员的数量位居全美第一，享有“科技之城”的称号，著名的硅谷就坐落这里。近年来，洛杉矶的金融业和商业也迅速发展，数百家银行在洛杉矶设有办事处，包括许多著名的国际大财团，如洛克希德，诺思罗普，罗克韦尔等。以这个城市繁忙的新金融区为圆心，划一个半径90公里的圆圈，这个“黄金圈”若是一个国家的话，那么其国民生产总值无疑是全世界最高的。

要了解这里的文化教育吗？

洛杉矶是世界上最大的电影制造基地，迄今为止的两代电影观众都把洛杉矶视作世界影都。这里的电影、电视广播和录音业，在世界上占主导地位。20世纪福克斯影片公司的外景场地已变成“世纪城”，这是一个数百万美元的“速成城市”。坐落在圣费尔南多河谷的环球影片公司，其摄制活动成为每年数百万来此的观光客极受欢迎的参观项目。

大量的移民使洛杉矶成为一个多民族、多种文化色彩的国际性城市，少数民族占全市人口的一半左右，并拥有众多移民社区，各色人种聚居的地区形成了各自的“城”。值得一提的是，洛杉矶也是美国华人的主要聚集地之一，约有40万左右华人。来洛杉矶旅游的中国人一定会到“中国城”走走看看，可以说“中国城”已经成为洛杉矶华人社区的特色之一。

洛杉矶有世界著名的加州理工学院、加利福尼亚大学洛杉矶分校、南加利福尼亚大学，亨廷顿图书馆、格蒂博物馆等。洛杉矶公共图书馆藏书量居全美第三位。

国际奥委会将第23届奥运会举办权再次交给了这座城市。虽然1984年奥运会主办权之争并不激烈，但这届奥运会却对此后的奥运会争办产生了深远的影响。洛杉矶奥运会组委会主席尤伯罗斯成功地将体育与商业运作巧妙地联系在了一起。

富于创造精神的洛杉矶又给了世界一个惊奇：它是奥林匹克历史上第一次由民间承办，无政府补贴，一切资金都自行筹备的奥运会。之前一直赔钱的奥运会从此变成了摇钱树。“洛杉矶效应”的直接结果是：奥运会主办权之争一改“门前冷落鞍马稀”，又重新变得激烈起来。

关键词·洛杉矶道奇

NFL(美国橄榄球大联盟)、MLB(美国棒球大联盟)、NBA(美国职业篮球联赛)、NHL(全美职业冰球联赛)并称为“美国四大联盟”。据统计，在美国，不论是收视率还是利润等方面，MLB都排名第二，超出了在中国最有影响力的NBA。

在洛杉矶，有一支MLB传统强队——洛杉矶道奇队。早在1884年道奇队便组织了起来，1890年转入国家联盟，成为MLB元老级球队之一。洛杉矶道奇队曾6次夺得全美冠军。尤其最近几年，网罗了中国台湾球员陈金风在其小联盟中打球，使中国球迷莫不引颈期盼华人球员也有一天在大联盟中占有一席之地。

奥运会女排决赛，中国3比0战胜美国。胜利降临的瞬间，姑娘们拥抱和跳跃着。三连冠霸业已成，郎平一代成为了中国人心中的图腾。

CHINA 1984

零的突破

当以前苏联为带头大哥的体育强国缺席洛杉矶奥运会时,尤伯罗斯却盼来了一个巨大的好消息:阔别了32年的中国重返奥运大家庭。商业奥运的起始和中国回归奥运，这两个具有重大历史意义的事件让1984年洛杉矶成为现代奥运的拐点。洛杉矶奥运会，中国共派出225名选手和50名教练员，参加了除足球、曲棍球、拳击、马术、现代五项以外的其余16个大项的比赛。中华台北奥委会也派出67名运动员参加了田径、游泳、举重等比赛,这是海峡两岸中华儿女首次在奥运会上相逢。最终中国体育代表团夺得15枚金牌、8枚银牌和9枚铜牌，高居金牌榜第四位，不仅令世界震惊，也在国内引发了全社会性的奥运热潮。

1984年洛杉矶奥运会的前一年,大连理工大学退休教授刘长春在寓所溘然长逝。他于1932年代表中国首次参加奥运会,地点也是洛杉矶,亲身感受"东亚病夫"的巨大耻辱。时隔52年,地点没变,情形变了。正是巨大的反差,使得奥运和整个中国社会产生了宏大的关联。恰好是中国国门初开、百废待兴的时期,奥运金牌成为一种重要的象征符号。"女排精神"和"零的突破"以及由此延伸的"振兴中华",成为整个20世纪80年代中国人的集体记忆。在一个需要体育,也许只有体育才适合最大限度激励国民的特殊时期,中国体育用它的胜利,担当起了历史重任。对于中国人在这届奥运会上的表现，无论如何评价，都不过分。

001 许海峰

许海峰在男子自选手枪慢射的比赛中为中国夺得了第一枚奥运金牌，同样也是赛会首金

许海峰，这个27岁的安徽小伙子，在男子自选手枪慢射的比赛中为中国夺得了第一枚奥运金牌，同样也是赛会首金。他一个人的期待，中国体育代表团的期待，所有中国人的期待，全部汇聚在许海峰射出的子弹上。然后，将半个世纪来“东亚病夫”的噩梦狠狠击碎。

赛前并没有多少人预感到历史会在这一刻被改写。普拉多奥林匹克射击场的80个靶位一字排开，现场记者似乎比观众还多，但只有中国教练和记者才会关注站在40号靶位上，身穿红色运动衣的83号射手许海峰。大多数人都把视线的焦点集中在拿过世界冠军的拉罗格纳·斯卡纳克尔身上。

免受干扰的许海峰在打完第三组第8发子弹后，突然消失了。赛场内枪声一阵紧似一阵，将近一个半小时过去了，还是不见他的影子。许海峰第一组打了七个10环三个9环；第二组八个10环一个8环一个9环；第三组前八发也已是五个10环两个9环一个8环。

颇为有趣的是，裁判员悄悄地把许海峰的教练张福叫去，欣喜地说：“你们的运动员有可能拿冠军。打完以后请到指定房间去。”张福教练会意，要尿检，看是否服用了兴奋剂。

此时的许海峰正在休息。赛后他表示，之前虽然打得好，但如果神经过度兴奋，肌肉紧张，扣扳机就可能受影响。第三组连续四个10环之后，接着却是一个9环和一个8环，他毅然决定放松一下神经。

在许海峰的第四组打完后，风向突变。人们开始明白，金牌的希望在83号运动员身上。照相机的镜头逐渐转向了许海峰，每当他回头看一下，便响起一阵“咔咔”声。

外国人可能不知道，许海峰枪龄尚不满两年。1983年初才进入安徽省射击队的他，以前是“弹弓大王”，一个晚上能打二百多只麻雀。

场内的秩序有些乱了。裁判员和监察员拿出红牌向观众和记者们挥舞，示意大家静下来。但不听话的记者们片刻后又慢慢地声张起来，监察员不得不再次举起了红牌，还在一个牌子上写下了“安静”字样。之后警告频频出现。

第五组，许海峰打得依然漂亮，六个10环四个9环，最后一组又是一个10环开局。就在大家以为大局已定时，他却连发两个9环，接着两个8环。许海峰将枪放下，背靠观众坐在椅子上，双手掩面，似乎陷入了沉思。终于，许海峰重新站起来。“砰”，9环，9环，接着一个10环。这时斯卡纳克尔的成绩与许海峰不相上下，只剩最后一枪了。

许海峰枪举起来，又放下；再举起来，再放下。四起四落，每个人的心都要被揪碎了。记者都围拢过来，中国教练露出了少有的严肃与紧张，领队在观众后面焦急地走来走去。

最后一发子弹终于打出去了。10环！报靶员报出了569环的最终成绩。首金是许海峰的了，是中国的了！国家体委的黄中、陈先难以抑制内心的激动，在人群中与许海峰紧紧拥抱。多少中国人欣喜若狂，热泪盈眶。

只有许海峰还是很紧张，脸上的肌肉紧绷着。他还在等着裁判长验证靶纸，眼睛始终跟随着裁判长。终于，裁判长挥手示意通过，许海峰的脸上露出了迟到的笑容。

国际奥委会主席萨马兰奇亲自前来授奖，他说：“这是中国体育史上伟大的一天。”

许海峰
Xu Haifeng
性别 男 生日 1957.8.1
出生地 福建 项目 射击
1984年在洛杉矶第23届奥运会上夺得男子50米手枪60发金牌，实现中国在奥运会史上金牌“零”的突破。退役后曾任国家射击队总教练和国家体育总局射击中心副主任。现任国家体育总局自行车击剑中心副主任。

曾国强 002

从领奖台上下来之后，曾国强用"一口奶"诠释了这场意外的胜利

当大家还在津津乐道神枪手许海峰为中国奥运历史"开天辟地"之时，短短数小时后，广东小子曾国强为这部崭新的历史又添上了一页华美篇章。许海峰意义非凡的首金让人们几乎忽略了19岁就夺得男子举重52公斤级奥运冠军的曾国强。

曾国强用一个公式描述心中的感慨：心理+运气+实力=金牌。出征洛杉矶前，周培顺是队内成绩最好的队员，曾国强并不被大家看好，他能够取得这张奥运会的入场券完全是凭借选拔赛上打动教练的那股拼劲。国家队当时对曾国强夺金并未抱太大的希望，甚至曾国强自己都认为，能够代表新中国第一次出现在夏季奥运会的赛场上，就已经是莫大的荣耀。

然而来到洛杉矶后，曾国强却开始萌发"非分之想"。在仔细总结了各国选手比赛排名后，他分析了自己的实力，并且暗暗下了一个指标：力争铜牌。但当他进入决赛之后，先前脑中所想的"铜牌"却不知不觉镀上了金色。

这是一场斗智斗勇的较量。抓举之前，教练黄强辉看到日本队的真锅和人开把重量为105公斤，而中国队的计划是：周培顺105公斤，曾国强100公斤。正当教练考虑是否改变开把重量之时，真锅要的重量由105公斤减为102.5公斤，而且日本人此时脸色苍白，显得力不从心。而另一位实力不及真锅的日本选手宫下第一把要了107.5公斤，明显是有意扰乱中国队军心。于是黄强辉果断决定不为所动，按计划行事。

抓举比赛，曾国强首次试举100公斤没有成功，周培顺也在105公斤面前败下阵来。宫下的107.5公斤压得他喘不过气，但真锅102.5公斤成功了。场面扑朔迷离，气氛愈加压抑。第二把，周培顺成功举起105公斤，曾国强也奋力征服了100公斤，而真锅和宫下的107.5公斤则双双失败。关键的第三把，周培顺107.5公斤成功，真锅没能顶住压力，再次挑战失败。他的队友宫下此轮107.5公斤一举成功，曾国强105公斤同样成功。战局发生了微妙的变化，总成绩上周培顺和宫下以107.5公斤并列首位，曾国强以2.5公斤之差紧随其后，落后榜首已达5公斤的真锅渐渐退出了争冠集团。

随后的挺举将比赛带入高潮。抓举落后2.5公斤让曾国强下定决心要在挺举中挽回损失。第一把，两位日本选手双双成功，第三个出场的周培顺也顺利举起127.5公斤。此后命运女神站在了中国队一方。第二把，真锅和宫下分别在130公斤和127.5公斤的重量上折戟沉沙，此时金牌实际上已经宣告收归中国队帐下。

接下来的比赛成为中国选手的内战。在现场观众惊讶和怀疑的眼光中，曾国强不动声色地上台，以一个连贯而协调的动作稳稳地把130公斤杠铃举在半空，队友周培顺也以127.5公斤结束了自己的全部比赛。两名中国选手最终总成绩同为235公斤，小将曾国强凭借体重轻的优势摘得金牌。

当日本选手杠铃落地的瞬间，站在曾国强身边的教练黄强辉侧身对他说："你拿冠军了。"还沉浸在下一步战术策略的考虑中曾国强喃喃自语地问了一句："怎么这样就拿了金牌呢？我还没试举135公斤呢。"

这个曾经把参加奥运会都当做是奢望的19岁年青人，就这样兵不血刃地为重返奥运会的新中国摘下了第二枚金牌，同时也是中国举重史上的奥运首金。

颁奖仪式尚未开始，曾国强就迫不及待地登上了最高领奖台，他的举动间接影响到了周培顺，后者跟着也登上了亚军领奖台。身后的礼仪小姐急忙伸手拉了一把，周培顺被拉了下来，曾国强却一直站在上面，直到《义勇军进行曲》响起。

从领奖台上下来之后，曾国强用"一口奶"的量化诠释了这场意外的胜利。比赛当天，周培顺曾约曾国强去食堂吃点东西，试称体重刚好52公斤的曾国强怕体重超重没有赴约，体重稍轻的周培顺则自己去食堂享用了一杯牛奶的午餐。

正是这一杯牛奶，让周培顺的体重在12时正式称重时比曾国强多出了0.05公斤。二人绝对不会想到，这"一口奶"会最终决定他们的命运：总成绩相同的情况下，少喝"一口奶"的曾国强凭借体重轻力压队友摘得了这枚宝贵的金牌，周培顺日后也许会为自己的"贪吃"好好懊悔一番。

曾国强
Zeng Guoqiang
性别：男　生日：1965.3.18
出生地：广东东莞
项目：举重
1984年在洛杉矶第23届奥运会上夺得举重52公斤级冠军，成为中国第一位摘得奥运会金牌的举重运动员。现任广东省举重队教练。

003 吴数德

一度对自己产生怀疑,想要放弃挺举的吴数德凭借超人的理智和意识在最后一刻上演了起死回生的好戏

吴数德
Wu Shude
性别:男 生日:1959.9.18
出生地:广西南宁
项目:举重
1984年在洛杉矶第23届奥运会上获举重56公斤级总成绩金牌,成为中国第二位荣获奥运金牌的举重运动员。现任广西壮族自治区体育局副局长。

1984年的洛杉矶,25岁"高龄"的吴数德最后一次站在奥运会56公斤级的举重赛场上。面对满场观众,他看了看前面不远处的记分牌,心里底气十足地对自己说:"只要将147.5公斤的杠铃挺起来,奥运金牌就是我吴数德的!"

此刻,体育馆外正在下雨,洛杉矶的七八月间很少有雨,可是这场罕见的急雨却着实让吴数德抓狂了一把。"都怪那天下了一场雨。"吴数德对此记忆犹新,"洛杉矶的七八月间很少有雨的,可那时候偏偏下了一场雨,事情一下子变糟了。"

原来,吴数德之前的体重是59公斤,比赛时必须降到56公斤。比赛当天一觉醒来,发现外面在下雨的吴数德不禁大喊:"大事不好!"果然,由于雨天凉爽,排汗少,他的体重下降得没有预料快。要达到参赛标准,必须得再降0.8公斤。面对这样一个千钧一发的局面,吴数德想尽了一切可能用到的降体重的方法,也吃了不少苦。结果体重顺利降到标准数值,但习惯通过节食来降重的吴数德此时却感觉全身绵软无力。

吴数德别无选择,伴随全身发飘的感觉,他走上了赛场。首先开始的是抓举比赛,这是吴数德的强项,128公斤的世界纪录就是他保持的。吴数德开把举起了120公斤,但此后接连两次试举125公斤失败。吴数德这时候只能眼睁睁地看着队友赖润明举起125公斤的杠铃,总成绩排在自己前面。

抓举结束,吴数德陷入绝望之中。"赖润明的体重比我轻,我要赢他,必须超过他2.5公斤以上。而抓举输了5公斤,这意味着我的挺举必须超过他7.5公斤。但正常的情况下,我都超不了他7.5公斤,何况现在身体发软?"

"往日不输,偏偏在这么重要的时刻输,真窝囊。我躺在那,两眼望着天花板,感觉心灰意冷,不想再参加后面的挺举了。"内心一番激烈的思想斗争,"去跟教练说?国家花这么多钱,让我坐飞机来比赛,如果半途放弃,肯定要挨骂。"

半晌的挣扎过后,吴数德仍旧心乱如麻。他索性走出休息间,到后场散心。这一散心,让吴数德重新燃起了希望。后场的记分牌上写着各运动员报名的第一把挺举的试举重量,吴数德惊讶地看到赖润明和自己报的开把重量都是140公斤。"如果他第一把成功,第二把145公斤失败,我就还有希望。"

事情果然如他所"希望"的那样,赖润明的挺举成绩仅仅停留在140公斤。"只要将147.5公斤的杠铃挺起来,奥运金牌就是我吴数德的!"排除所有杂念后,吴数德认真做着准备活动,慢慢让肌肉力量恢复过来。他意识到自己手中还握有夺金的希望,随即打起精神,憋着一股劲走上赛场。结果,吴数德一鼓作气把杠铃翻过肩,然后一运力站起来。这时裁判示意他放下,但他显然没有放下杠铃的意思,还紧紧抓着杠铃。

"147.5公斤是我的极限重量,我估计自己能把杠铃翻过肩,但不一定能站起来。所以站起来后,裁判示意我放下,我还抓着不敢放。"回顾自己的夺冠一举,吴数德兴奋地说道,"别人都以为我兴奋得糊涂了,其实我当时清醒得很。我是怕自己的双脚没站平,裁判判我违规。我低头确认双脚站得符合要求后,才把杠铃放下来。"

一度对自己产生怀疑,想要放弃挺举的吴数德凭借超人的理智和意识在最后一刻上演了起死回生的好戏。他最终以267.5公斤的总成绩夺得冠军,成为中国第三位荣获奥运会金牌的运动员。

"当时真是置之死地而后生。"赛后吴数德透露,洛杉矶奥运会是他最后的机会,因为25岁的他已过"鼎盛"阶段。如果当时因为一念之差,放弃挺举比赛,他的奥运冠军梦也就完了。

大起大落之后终成正果,吴数德透露了自己的秘诀:"并不是说平时训练达到冠军水平了,比赛时就一定拿冠军,心理素质非常关键。"他至今无法忘记多年前启蒙教练的教导:"你的出路,你的前途就是练举重。"

1981年在名古屋亚洲举重锦标赛上,吴数德以126.5公斤的成绩打破56公斤级抓举世界纪录。名古屋市长亲自道贺:"您,是亚洲的光荣,东方的骄傲。"

3年以后,他的话再次被证明。

李玉伟 004

夺金之后，性格内向，不爱张扬的李玉伟面对镜头，竟然毫无兴奋的表情

经过精确检查环数之后，未及弱冠的李玉伟拿到了男子50米移动靶标准速的金牌。19岁的青春，在洛杉矶的夏天，以最绚烂的方式怒放。

7月31日，决赛的快速射打完，中国的李玉伟和哥伦比亚人贝林格罗特都是586环，不分伯仲。但总成绩还要经过组委会的精确检查方能有定论。尽管比赛已结束，在场的所有人依旧屏息凝神，等候着最终结果的来临。

如此的局面终于被打破。经检查以后，李玉伟的成绩加了一环，而贝林格罗特则减去一环。这样李玉伟就以两环的优势将冠军揽入怀中，哥伦比亚人屈居亚军。中国的第4枚奥运会金牌就此诞生！

而当李玉伟出人意料地拿了奥运会金牌以后，在场的中国记者几乎没有一个人知道他的简单情况。有些人面面相觑，有个声音问："好啊！老张、老蔡，你们怎么把李玉伟埋伏起来了！"

"是的，我们是把他埋伏起来了。"李玉伟的教练蔡添响说，"他刚刚19岁，太年轻了，赛前没有对任何人讲过他可能会拿金牌的事。"

教练也许并没有意识到，他的弟子现在是奥运会射击项目有史以来，最年轻的冠军。

这个年轻人，新科奥运冠军，也许正在经历他目前为止生命中最美丽的时刻。但是——不得不说但是——性格内向，不爱张扬的李玉伟面对镜头，竟然毫无兴奋的表情。

这是一个"心中有数"却"不露声色"的人。之后，李玉伟透露，由于强手都缺席了比赛，他在心里预感到自己肯定会获得这个项目的金牌，但是一贯低调的作风让他把这种预感深深地埋在了心里。

就在许海峰夺得中国奥运首金的同一天，李玉伟同样在参加50米移动靶的预赛。慢射的预赛中，他发挥不俗，以298环的成绩名列榜首进入决赛。但他仍不被看好。

大家都认为李玉伟心态非常平和的时候，他的内心却开始如波涛一般"翻涌"了。决赛前一夜，他失眠了。

严格说来，李玉伟有个不好的习惯，就是击发慢，如果节奏调整不好，往往就会造成脱靶。而决赛比的是速射，恰是他的弱项。实际上他吃亏也不只一次了，在今年年初的洛杉矶国际比赛和全国冠军赛中，他都曾有过脱靶。决赛赛前，教练们反复地提醒李玉伟，不要追求环数，因为这会使击发犹豫，有脱靶的危险。

上午10点，决赛正式开始。李玉伟之前的领先优势逐渐丧失，甚至一度落后。是因为夺金心切，精神压力加重，因而影响了发挥吗？

毕竟对于一个只有19岁的男孩来说，起伏在所难免。从李玉伟身上，我们还能看到孩子般的脾气。训练中，他有一次打出了远弹，气得把装着子弹的枪"啪"地摔在台上。随着"当"的一声，子弹被摔走了火，把在场的人吓了一跳。蔡添响教练开始也挺生气，可是念在他也还是个孩子，于是就停止了训练，给弟子做了不少思想工作。李玉伟如此大发脾气，还不只一次。教练像兄长一样耐心地开导他，帮助他，使他的急脾气的棱角，慢慢地磨钝了。训练自然是辛苦的，即使是炎夏也要穿着毛衣、皮夹克，拖着7公斤重的枪又练又磨，汗水常常浸透了衬衣。有的队员练得不顺心了就放下枪；李玉伟却不然，不顺心时仍然端着枪，面对墙壁做协调动作，争得了很多宝贵时间。

决赛进行到白热化，李玉伟摆脱阴影迎头赶上。场边是中国队的教练在嘱咐：你的速度已上去了，再也不要下来了，速度一定要掌握好，要继续放开打。

"我跟李玉伟说，领先那么多，不着急，别盯着十环，朝着八环九环打就行了。"蔡添响的话让徒弟放下心来，牢记八九不离十。因为是搞射击的，蔡教练的名字也变了：之前他叫蔡天响。姓不能改，否则可以叫"震天响"。

他手下弟子的成绩真是震天响。基本功扎实的李玉伟心理素质还算出色，最后10发，他打出了99环，金牌有惊无险。

从他进入沈阳市军事体育陆上运动学校，开始练习打移动靶的那一天开始，他就在心中为自己勾画了奋斗的曲线，从此他就再也没有离开过"枪"。今天，他以枪为伴，走上这条曲线的高处。

李玉伟
Li Yuwei
性别：男 生日：1965.7.20
出生地：辽宁沈阳
项目：射击
1984年在洛杉矶第13届奥运会上夺得50米移动靶标准速度金牌。目前担任辽宁省射击队教练。

005 陈伟强

出身名门的陈伟强注定会走上举重道路，续写祖辈的辉煌

7月31日，洛杉矶，一个身材矮小的中国人，举起了“千钧重量”。他的力量让世人震撼，举重馆里传来的掌声经久不息。

“一个家族里面有三个人去练举重，三个人都拿冠军，三个人都打破世界纪录，这的确是很少的。”广东小伙陈伟强对自己的“名门”背景甚为得意。三叔陈镜开创造了新中国第一个世界纪录，并先后将其九次打破；四叔陈满林曾三破世界纪录。而陈伟强自己则在1979年两次打破56公斤级挺举的世界纪录。战绩显赫的“陈氏家族”一时间写下了中国举重史上的一段佳话。

陈伟强和叔叔们一样，个子不高，大腿的形状呈四方形，俨然有名的“海珠桥墩”——海珠桥的那个桥墩。过人的天赋曾使他在初出茅庐的半年时间内，便将众多纪录和头衔揽入怀中。此时的他信心十足，似乎只要他站在举重场上，就没有举不起的杠铃，没有破不了的纪录。

然而，通往终极荣耀的道路注定不会一马平川。1980年南宁全国举重锦标赛成为了陈伟强的滑铁卢，渴望在一届比赛中打破抓举、挺举和总成绩三项世界纪录的他却不慎肘关节受伤，随后医生对他的运动寿命的严厉警告——如果继续练习举重可能将要告别体坛，对于一名刚刚步入巅峰期的年轻运动员来说更是个致命的打击。从此以后，陈伟强在各项比赛中再无建树。束手无策的他想到过退役，甚至自嘲地说：“随便在街上找一个人，可能都比我的条件好。”

就是这个自称随便找个人都比自己强的男人，却在不久之后的洛杉矶达到了自己运动生涯的顶峰。低谷中，教练和亲友们的鼓励让陈伟强逐渐找回了夕日的信心，实力和成绩的恢复让他在奥运会前立志要努力为祖国夺得这枚金牌。

男子60公斤级举重比赛强手云集，要想取得金牌有相当的难度。比赛中陈伟强主要的对手就是罗马尼亚的选手格鲁·拉都和日本名将林木洋介。

比赛从一开始就进入了白热化状态。抓举比赛，第一把三人都要了120公斤，同时成功；第二把杠铃增加了5公斤，陈伟强失败了，林木也没有成功，拉都却成功举起。去年的莫斯科世界举重锦标赛，拉都的总成绩是292公斤，林木的总成绩是282.5公斤，而陈伟强只有280公斤。因此，中国举重队60公斤级比赛的战略，就是在劣势之下争取优势，暂时的落后也是意料之中的事情。

最后一把，拉都要了127.5公斤，但是他没有成功，而陈伟强要了125公斤，并成功地举起，林木却再一次试举受挫。此时林木已经不再是威胁，陈伟强决定和拉都拼了。

挺举的争夺中，拉都将原定的开把重量减为155公斤，并轻松成功。陈伟强见状毅然要了157.5公斤，并且一举成功。拉都顿时有些慌乱，第二把他出乎众人意料地要了165公斤，可惜失败。接下来出场的陈伟强也要了同样的重量，同样没能成功。对于陈伟强的“跟随”战术，黄强辉教练赛后解释：“明知拉都举不起来，陈伟强也举不起来。虽然都是举不起来，但陈伟强已经有了一个157.5公斤垫底，拿金牌就有希望了。”果然不出所料，由于165公斤二人双双失败，陈伟强便成功凭借体重优势占得先机。

最终，陈伟强以抓举125公斤，挺举157.5公斤，总成绩282.5公斤，夺得了这块来之不易的金牌。陈伟强在他从未登上过世界之巅的60公斤级的决赛上，在奥运会的赛场上，以体重较轻的优势站在了领奖台的最高处。继曾国强、吴数德之后，中国举重再添一金。

比金牌更有意义的，是海峡两岸体育健儿同台竞技并且同时获得奖牌。中国台北运动员蔡温义以总成绩272.5公斤获得了铜牌，这在奥运史上尚属首次。记者招待会上，外国记者问陈伟强对同时获得奖牌的感想。陈伟强说：“我们都是炎黄子孙，来自一个国家，我们能为中华民族争光，并同时获得奖牌而高兴。”

陈伟强
Chen Weiqiang
性别：男　生日：1958.6.7
出生地：广东东莞
项目：举重
1984年在洛杉矶第23届奥运会上获60公斤级金牌。90年代初期就已经结束了运动员生涯的陈伟强一度下海经商，1997年成为广东举重队的总教练，2003年一度在国家队任教，如今的陈伟强任广东举重队62公斤级教练。

姚景远 006

拿到金牌后,"小手大力士"姚景远再也控制不住自己,忘情地哭了出来

胸口的金牌闪闪发亮，面对记者的提问，姚景远憨厚地回答："兄弟们看着我呢，我不拿金牌怎么说得过去？"

当姚景远用他那双小手，一次次举起极不相称的杠铃时，人们不禁赞叹：小手也出大力士！身体素质好，爆发力强，柔韧性强，教练刘殿武没有错过一个举重英才。针对姚景远手小不好握杠的特点，他想出了让弟子用抓粗铁杠和杠铃片的办法来练手掌抓劲。从此姚景远开始了艰苦的训练生活，成绩也在汗水的灌溉下逐步提升。他先后6次荣获全国冠军，13次打破亚洲纪录,保持着67.5公斤级抓举、挺举和总成绩的三项亚洲纪录。带着骄人的荣誉，姚景远和队友一起踏上洛杉矶之旅。

7月29日，举重比赛正式开始，没有夺冠指标的曾国强，出人意料地获得52公斤级的金牌。姚景远向他表示祝贺，曾国强笑道："姚兄弟，看你的了！"姚景远心里一紧，没说话。

翌日,获得举重56公斤级金牌的吴数德，见到姚景远张口喊道："姚兄弟，看你的了。"姚景远心头一颤，嘴角儿抖动了两下，还是没说话。

举重比赛的第三天，姚景远没有去现场，而是躲在公寓里看完陈伟强勇夺60公斤级金牌的电视转播。当他转身来到电梯口时，满面春风的陈伟强从电梯里闪了出来，俩人一见面，陈伟强抓着姚景远的肩膀晃了两晃："姚兄弟，看你的了！"

队友们一句句祝福的话，像铅块一样，把姚景远的心砸得生疼。"那感觉也许就是阵痛'吧。"姚景远笑道。

重压之下让姚景远选择到训练房里缓解情绪。在那里，他遇到了曾多次在世界锦标赛中战胜过自己的强敌芬兰选手格朗曼。芬兰人故意站在姚景远身边练习，每次试举成功，就会有意识地把杠铃摔得哐哐响。姚景远看在眼里，气在心里。

决赛之前，他的锁骨处被碰破了一条两寸多长的口子。由于杠铃每天都要挤压这个部位，伤口始终无法愈合，几乎天天都要流血，但他并不把这放在心上。他几次说："不发炎不要管它。"

决赛前的晚上，姚景远失眠了。于是他干脆起来，趴在窗台上数灯，由近到远地数街灯，越数越远，渐渐地有了睡意。第二天，姚景远精神很好，而且他感觉自己的心态也处于最佳。赛前称量体重，姚景远67.2公斤，芬兰人格朗曼67.3公斤，他在体重赢了对手。教练清楚，姚景远的优势项目是抓举，只要抓举发挥得好，就能在场上占据主动。

抓举比赛中,姚景远第一把要了135公斤，举得十分轻松，而格朗曼以140公斤回击。第二把，姚景远成功地举起140公斤，而芬兰人却试举145公斤，中国小伙的心随着对手加重的杠铃一点点地提了起来。当格朗曼无奈地扔掉举到一半的杠铃，姚景远猛地站了起来，双手握拳。第三把成功举起142.5公斤后，他把杠铃狠狠地砸落在地，痛快淋漓地怒吼着。

这样姚景远抓举成绩就超出了格朗曼2.5公斤。接下来的挺举比赛争夺得更加激烈。格朗曼仍旧死死咬住姚景远，姚景远开杠重量是172.5公斤，他也要172.5公斤。此时的姚景远脸色苍白,体力显得并不是很充沛。但是,他还是坚定地走上场去，在台上深深地吸了口气，然后沉着地握着杠铃，1秒、2秒……10秒钟过去，他才突然奋力地将杠铃提至胸前，站起后稍停片刻,猛力上举,三盏指示灯齐亮，成功！

不过随后格朗曼也举起了同样的重量。姚景远要了177.5公斤，拼了！他再度沉着上场，大喝一声，竭尽全力将177.5公斤的杠铃稳稳举过头顶。此时格朗曼还是不甘心这样输掉比赛，他在试举177.5公斤失败后，竟把杠铃又加到了180公斤，不过终以失败收尾。姚景远以320公斤的优异成绩夺得了这块金牌。

领奖台上，国歌响起，姚景远的泪水夺眶而出。练习举重这么多年来，这是他第一次流泪。13岁时候他动了疝气手术，因为麻药过了劲，他硬是一声不吭地挺了一个多小时；15岁时在一次训练中他的手腕断裂，对接了三次成功,他也没有流过一滴眼泪。拿到这块金牌后，这位"小手大力士"再也控制不住自己，忘情地哭了出来。

姚景远
Yao Jingyuan
性别:男 生日:1958.6.14
出生地:辽宁营口
项目:举重
1984年在洛杉矶第23届奥运会上获举重67.5斤级冠军,1987年退役后,曾在辽宁省举重队做教练,现任国家举重队教练。

007 吴小旋

她战胜腰痛,夺得了金牌,成为第一个获得奥运会冠军的中国女性

吴小旋
Wu Xiaoxuan
性别:女 生日:1958.1.26
出生地:浙江杭州
项目:射击
1984年洛杉矶第23届奥运会上,获女子小口径标准步枪3×20项目冠军,气步枪第三名,是中国第一个女子奥运冠军。1991年退役后去美国洛杉矶留学,目前定居美国。

德国诗人歌德说过,尚未实现的崇高目标,比已经达到的渺小目标更为可贵。这句话也是女子标准步枪3×20的新科冠军吴小旋笃信的格言。她在射击场上已经奋斗了将近十年。

8月2日,决赛日。吴小旋披着霞光,登车从奥运村出发前往射击场。两天前,在气步枪比赛中她打了390环,夺得铜牌。她并不满意:"我十年征战的目的绝不是拿铜牌,在3×20小口径标准步枪比赛中,我一定要拼一下!"

这几乎是一个"现代版"花木兰的故事。吴小旋来自杭州西子湖畔,身高1.53米的她初学射击时,有人认为她身材比较矮小,难以取得好成绩。然而,1979年全运会上,她却以386环的成绩打破了女子气步枪全国纪录。

吴小旋"不让须眉"。1980年,她代表中国男队参加了射击亚锦赛,摘得男子气步枪的桂冠;两年后,再替男射手参加亚运会,以584环的成绩获男子气步枪金牌,并创亚洲纪录。洛杉矶之旅开始前,26岁的吴小旋已收获大大小小20个冠军,有"长胜女将"之美称。

通往最高目标的道路并不好走。与气步枪金牌擦肩而过后,吴小旋在3×20决赛的前一天,腰椎隐裂病突然发作。腰痛迫使她不得不躺倒在床上,但是我们还是看到,吴小旋咬紧牙关,强忍伤痛,又英姿飒爽地站在了普拉多射击场的靶位上。她的左右并立站着来自五大洲的26名高手,争夺的激烈程度和实际水平并不因为苏联等国不参加比赛而有所降低。

第一个20发子弹是卧射。中国姑娘打得不错,头十发99环,第二个十发97环,共196环。瑞典的马格雷特两个十发全是满环,美国的哥劳利亚打了199环,联邦德国的乌尔利克也是197环。第二项立射比赛难度较大,场上出现了命中率普遍下降的趋势。马格雷特只打了176环,哥劳利亚打了187环,乌尔利克环数较高也才有191环。由于腰部病痛的干扰,吴小旋只打了187环,处于不利地位。

两种姿势赛完,吴小旋仅居第四。只剩下跪射的20发子弹了。那时她的头脑反而特别冷静,吴小旋在赛后回顾。当时只有一个念头:谨慎细微地处理好每一发子弹,顽强地坚持到最后一发子弹的射击。情况开始悄悄发生变化。吴小旋在自己的长项上几乎枪枪10环,她冷静、耐心地重复着举枪、瞄准再击发的动作。差之毫厘,缪以千里。教练李素芳认为,吴小旋在气步枪比赛中发挥欠佳,主要是因为情绪控制得还不太好,每次出现9环时,大半是因为扣扳机急躁了一下。而今天的她,在洛杉矶30多度的高温下,一枪一枪,高度平稳地向着胜利的绝对值迈进。

此时在其他几个主要对手的记分牌上,9环、8环不断增加。吴小旋渐入佳境,最后十发只有一个9环。中国姑娘在跪射这个姿势上大获全胜,打出了全场唯一的一个197环。几个主要对手均未超过190环。

射击场上的枪声终于停息,电脑系统的洁白打字纸上,醒目地显示着"中国——吴小旋——581环",奥运史上第一个小口径步枪3×20比赛的纪录诞生了!吴小旋以高出第二名3环的成绩夺得了金牌。此时她如愿以偿,她作为第一个获得奥运会金牌的中国女性,登上了最高领奖台。普拉多射击场在见证了许海峰为中国实现奥运金牌零的突破后,又迎来了中国首位女子奥运冠军的诞生。

栾菊杰 008

右手轻柔地下垂，左手紧握寒光四射的剑。在她身上，一边是和平，一边是战争

栾菊杰
Luan Jujie
性别：女 生日：1958.9.14
出生地：江苏南京
项目：击剑
1984年洛杉矶第23届奥运会上获得女子花剑冠军。退役后移民加拿大，现任加拿大国家队女子花剑总教练。

美国洛杉矶的长滩大剧院，本届奥运会的击剑场馆。这是一个三层看台的剧场，舞台呈半圆形向外突出，狭长的剑台搭设在舞台中央绿色的地毯上，仿佛是为新版《三个火枪手》的上演造势，角落处的几盆鲜花点缀出一种优雅的气氛。

这并非歌剧，洛杉矶奥运会女子花剑的金牌争夺战即将上演。世人多将目光投向欧洲明星们，唯有中国观众密切关注来自东方的亚洲第一女剑客——栾菊杰。此刻她身穿白色击剑服在场中等待比赛开始，镜头在她身上呈现出惊人的分化：身体右侧的手臂柔软下垂，左手却紧紧掌握一柄寒光四射的佩剑。这光景俨然一边是和平，一边是战争。

场下总是笑容可掬的栾菊杰被人们普遍认为已具备了夺金的实力。她技术全面，能攻善守，2月份的世界杯夺冠更加证明她已跻身世界顶尖剑客的行列。擅长紧逼中展开多方向的快速进攻是她的技术特点，不尚高雅，而讲求实效的风格堪称别有特色的“东方派”。

让我们看看中国剑客即将迎来的欧洲群星们，罗马尼亚人古兹甘努，稳健细腻的法国女将戈丹、布鲁基埃、莫戴娜，联邦德国老将汉尼斯，毕肖夫和意大利“击剑皇后”瓦卡洛尼，绝对的顶级阵容。在以往的世界大赛中，栾菊杰与她们互有胜负，实力相当。今天的决赛采用淘汰赛制，只有连胜三场才能夺取金牌。赛场上闪烁的剑光，震撼着现场一万多名观众尤其是中国人的心。

金牌争夺战正式打响，全场的观众瞬间安静下来。在长滩大剧院宽敞的舞台上，栾菊杰举起了三尺剑，首场与她同台对垒的是联邦德国名将毕肖夫。

开场阶段双方紧咬比分，一剑比赛需要冲杀几个来回才能勉强得分。打到3平时，毕肖夫突然一改冷静相持的态度，发起猛烈进攻。栾菊杰则避实就虚，以退为进，在防守中伺机发动反击，最终连连得分，以5比8取得胜利。

第二场比赛，栾菊杰将要迎战曾令众多西欧选手望而生畏的罗马尼亚名将古兹甘努。“中国女侠”携上一场获胜的余威，气势逼人，古兹甘努兵败如山倒，完全丧失了旧日的威风。0比8，栾菊杰让对手一分未得。

实际上，相比决赛的顺利，进军决赛的过程反而更加惊心动魄。争夺八强的比赛中，栾菊杰曾因比赛规定时间用完而被直接判负，当时场上真实的比分仅为5比3。面对再输一场就将被挤出八强的窘境，栾菊杰满怀信心，轻装上阵，此后连胜意大利和罗马尼亚选手，成功晋级。

决战时刻，宽敞的舞台上只剩下栾菊杰和联邦德国老将汉尼斯。汉尼斯是1981年击剑世锦赛该项目的冠军，经验丰富的她是本次比赛栾菊杰碰到的最难缠的对手。

这是一场技术、智慧、体力和意志的较量。开场后，汉尼斯连连发起进攻，一个近身冲刺，首先刺中栾菊杰。栾菊杰在对手凌厉的攻势下，轻巧后退，等对方攻势稍减，便突然大弓步冲刺，夺回一剑。

2平，3平，赛场上始终青锋相交，铿锵有声。栾菊杰在前世界冠军面前收放自如，她坚持采用欲扬先抑、欲擒故纵的战术，连续四个回合过后，她拿下了扭转局势的关键1分，场上比分打成3比4。

德国人似乎无法原谅自己的错误，她愤怒地深蹲下去，使劲摔了几下手中的剑。栾菊杰乘胜追击，多种战术的运用令人眼花缭乱，3比5、3比6、3比7，战局迅速向对中国人有利的方向倾斜。

只剩最后一剑，栾菊杰见汉尼斯已经无心恋战，稍稍引逗之后，便以迅雷不及掩耳之势，刺中对方肋部，彻底结束了这场扣人心弦的恶战。

这一刻，栾菊杰高兴地跳了起来。一切都让人想起6年前的马德里世青赛，栾菊杰在手臂被钢剑刺穿的情况下勇夺亚军的惊世壮举。全世界再次为这位打破欧洲垄断的中国女剑客发出由衷和赞叹。如同一幕雄伟壮观的戏剧演出之后，演员要多次谢幕一样，栾菊杰频频向观众举手致意。赛前她曾说过，我的目标就是要夺取世界冠军。现在，梦想终于实现，她如愿成为当今“天下第一剑”。

五星红旗在长滩剧场舞台上空冉冉升起，栾菊杰抬头仰望。她说：“这是我一生中最激动、最幸福的时刻。”

009-011 李宁

3金1银，体操单项决赛成为了"体操王子"李宁的登基大典

李宁
Li Ning
性别：男 生日：1963.9.8
出生地：广西柳州
项目：体操
1984年洛杉矶第23届奥运会上获得自由体操、吊环和鞍马三枚金牌，跳马银牌和全能铜牌，男子团体银牌，成为该届奥运会中获奖牌最多的运动员。现任李宁公司董事局主席。

多年之后，无论我们回顾奥运史或体操史，1984 年 8 月的这个晚上都必将是浓墨重彩的一章。一同被铭记的还有这个名字——李宁。男子体操的 6 个单项决赛中，他一人独揽 3 金 1 银。看起来在这个晚上，他是这颗星球上最无所不能的人。

在雄壮激昂的中华人民共和国国歌声中，五星红旗正在冉冉升起。赛场中不少中国教练员、运动员掉下了眼泪；中国的裁判员和采访记者，以及许许多多的华人观众，眼睛里都含着激动的泪花。

中国人的英雄李宁，刚刚拿到了自由体操的冠军，首次登上了奥运会的最高领奖台。大会特意安排国际奥委会的中国委员何振梁颁奖。李宁手捧鲜花，戴上了耀眼的金牌。他凝望升起的国旗，眼睛湿润了，模糊了。李宁情不自禁地闭上了眼睛，沉浸在胜利后的欢乐与欣慰之中。

"在以往的比赛中，哪怕是 1982 年的世界杯赛，我从来没有流过一滴眼泪，"李宁赛后说，"这次我实在忍不住了。"

由于右肩受伤，他做动作很吃力，至今仍感疼痛。几天前他在洛杉矶还收到一封家书，父母在信中嘱咐道"不要辜负祖国人民希望"。吃不好，睡不着，从来不失眠的小伙子，比赛前深夜三、四点钟还闭不上眼。

1982 年体操世界杯，李宁一人独得个人全能和五个单项共 6 枚金牌；1983 年他与队友一起又夺得体操世锦赛男团冠军，打破了苏、日垄断金牌 30 年的局面。曾经倾倒过莫斯科，威慑过萨格勒布的中国健儿，这次，难道不行了吗？

李宁率先挺身而出。在今晚第一项自由体操的决赛中，他一上场，就用世界上鲜有的 720 度"旋"技惊四座，接着潇洒的托马斯全旋激起了满场掌声。身上红色的背心和白色的短裤，在浅蓝色地毯的衬托下更显夺目。最后，他以独创的团身后空翻两周结束，落地纹丝不动。在观众热烈的掌声和欢呼声中，四名裁判几乎同时亮出 10 分。李宁高兴得举起了双手。看台上的华人挥舞着五星红旗，为今晚的第一个满分叫好。

6 点 10 分，人声鼎沸的体育馆安静了下来。体操比赛开始以来，第一次响起了中国国歌。许多人都眼含热泪。闪光的金牌，祖国的荣誉，绽开了人们的笑脸。

接下来鞍马上的较量，素以动作新颖惊险，飘逸潇洒见长的李宁发挥得同样无可挑剔。为了练出特有的"韵味"，给人以美感，他把高难的"纵向全旋"做得内紧外松，简单的交叉动作也做得幅度很大，几乎到了极限。最复杂的托马斯转体动作飘来飘去，观众看得如痴如醉。

这套动作有横向有纵向，有平面有立体，精彩之极，令人眼花缭乱，毫无争议地再得 10 分。美国选手维德马尔发挥也不错，以相同的成绩与李宁并列冠军。两人并肩站在冠军台上，互相握手祝贺。

之后，李宁抖擞精神迈向更高的高度。在奥运历史上，男子体操比赛只有苏联的季佳京获得过两块金牌。现在，李宁能超越他吗？

吊环的角逐开始了。四天前就是在吊环上，中国队出师不利，但今时已不同往日。李宁带着受伤未愈的右肩，以一个独创的，世界上还无人做过的前摆上正吊臂开局。一系列的十字支撑和水平支撑，他忍着伤痛，向我们展示着人类身体和力量的美感。最后的高难绝技大转肩后空翻三周下，稳稳站住。

我们再次见证了一次征服：观众不停地鼓掌；四个裁判，两个打出 10 分，两个给了 9.9 分。在之前日本老将具志坚拿到 9.95 分的重压之下，李宁获得了同样的分数，与其携手走向冠军领奖台，同时也完成了自己的金牌"帽子戏法"。今夜的决赛就此成为了"体操王子"的登基大典。

中国小伙子们身上的光环还在闪耀：楼云不让李宁独美，在跳马比赛中技压群雄，再添一金，李宁居亚；童非在单杠上又获 10 分，争得一银。再加上楼云在自由体操中得到的一面银牌，仅仅一个晚上，中国体操男队就席卷 4 金 3 银。

他们一度被认为前景堪忧，团体比赛屈居第二，个人全能再失桂冠。然而随后苦尽甘来，奥运会的体操史上第一次刮起了"中国旋风"。连最强劲的对手美国运动员都心悦诚服地说："今天，是中国体操队的天下，也是李宁个人的天下。"

012 楼云

"跳马王子"比肩"体操王子",成为洛杉矶耀眼的双星

楼云
Lou Yun
性别:男 生日:1964.6.23
出生地:浙江杭州
项目:体操
1984年第23届夏季奥运会获体操跳马金牌(19.950分)。四年后在同一项目上成功蝉联金牌(19.850分)。现任北京楼云置业有限公司董事长。

全场观众屏住呼吸,凝视着站在跳马前的"炮弹腿"楼云。如同超人升空前的准备动作,他"噔,噔,噔"几步快速地助跑,似离弦之箭,飞身跃马,推手腾空,一个转体180°接直体后空翻,像钉子一样稳稳落地。

不等裁判打分,观众们都齐声高喊"10分、10分",四名裁判顺理成章同时亮出10分。全场观众欢呼雀跃,掌声雷动。

第二个上场的楼云,初次试跳即获满分。加上他之前在团体赛该项目的规定和自选动作中所获得的两个满分,总成绩已经一马当先。他的一只手已经触到了金牌,成败只在那最后一跳。

当李宁一人独揽三金,头顶"体操王子"的光环,其他同场竞技的选手似乎很难再引起观众的兴趣。不过楼云以自己完美的表现,让观众的目光首次聚焦在自己身上。"跳马王子"比肩"体操王子",成为洛杉矶今夜耀眼的双星。

楼云第一次真正接触体操运动是在1972年,日本体操队与中国体操队在杭州举行表演赛。"当时日本体操队是世界冠军,这次表演非常难得,也让我大开眼界,我第一次知道原来跟头还可以这么翻。"

赛场上那些穿着印有"中国"字样运动服的运动员也让楼云羡慕不已,"当时就想什么时候我也能穿上那样的运动服代表中国队参加比赛,多牛呀!"看完比赛走出体育馆,兴奋的楼云告诉父亲:"我也会那样翻!"说着在体育馆的草地上来了个空手翻。父亲看后惊讶不已,他认定此子必定具有体操天赋,于是带着儿子来到杭州市业余体校。从此,楼云走上了体操之路。

身形矮小结实,腿部爆发力极强,使得楼云的跳马和自由操特别突出。奥运会前,他曾经获得多项世界大赛的跳马和自由操冠军。本次出征洛杉矶,队友李宁已经上演金牌"帽子戏法"的壮举,赛前同样踌躇满志的楼云自然不甘心仅仅当一个欣赏者。

裁判员举起绿旗,楼云开始第二次助跑。脚步稳健地登上踏板,随即完成了一个更加高难度的动作,直体前空翻转体540°。这是他首次完成这个独创动作,腾空高,转体快,可惜落地的时候稍稍后退了半步。在观众的掌声和欢呼中,裁判打出了9.9分,总成绩上楼云以19.95分暂居首位。

之前勇夺三金的李宁第五个上场,第一次试跳,李宁的跳马侧手翻转体270°,干净利落,无懈可击,获得一个10分;第二跳侧手翻转体720度,落地不够稳,得了9.9分。紧接着日本老将具志坚第一次跳也获得了10分,但第二个动作直体后空翻欠稳,也是9.9分。

这是一场异彩纷呈的比赛。高手们使出浑身解数,赛场上高分层出不穷,金牌争夺战已进入白热化阶段。

美国的盖洛德在东道主观众的助威下,士气高涨,第一次试跳满分10分,总成绩拉近了与楼云的距离。但无奈今晚运气不在美国队这边,他第二个动作落地时后退了一大步,仅仅得到9.8分。最后上场的是日本的森末慎二,他在第二次试跳中,一套直体后空翻无懈可击,又是一个满分10分。

今天的洛杉矶奥运会体操馆注定属于中国人。直至森末慎二完成动作,所有选手无一人的得分能赶上楼云。跳马王以19.950分的成绩傲视群雄,如愿将这枚金牌收入囊中,也为中国队赢得了第四块体操金牌。李宁和日本运动员具志坚幸司、森末慎二,美国人盖洛德等4人,均以19.825分的成绩并列第二名。

美国西海岸宁静的夏夜,来自大洋彼岸的楼云正站在冠军领奖台上,激动地仰望五星红旗冉冉升起。心中最大的愿望就此实现,完美的奥运金牌正在胸前闪闪发光。为了这块金牌,楼云毅然在世界锦标赛后加大了跳马动作的难度,将屈体后空翻改为直体,并且重点提高了动作质量,加强了比赛稳定性,而今一切努力都在洛杉矶得到了回报。

退场的时候,当楼云走下领奖台,场馆门口有很多老华侨,他们等待着与祖国的奥运冠军握手的机会,热泪盈眶:"我们来美国那么多年,从来没有像今天这么扬眉吐气过,看到那么多美国人站在比赛台上,奏的却是中国的国歌,我们以前想都不敢想,你替我们争取到这种荣誉,作为中国人,我们感到自豪。"

马燕红 013

没有过度的兴奋，没有激动的泪水，马燕红平静地站在奥运会最高领奖台上

从高低杠上下来稳稳落地时，马燕红就已知道金牌非她莫属。尽管只有20岁，但运动生涯的几度沉浮已将她打磨得心静如水。

马燕红从小活泼好动，"愿练、苦练、会练"三大法宝，曾令她童年时代的体操生涯显得顺风顺水。但随着年龄的增长，力量的薄弱却使她一度险些告别体操赛场。好在八一体工队的周济川教练针对马燕红的身体特点，让她主攻对腿部力量要求较低的高低杠。此时的师徒二人也许料想不到，多年以后这个选择被证明是改变了中国体操历史的伟大决定。

1979年的美国沃斯堡体操世锦赛成为马燕红人生的一个转折。15岁的她第一次参加世界级的比赛，就在强手云集的激烈竞争中顶住压力，以绝对的实力和完美的表现，赢得了中国体操历史上的第一个世界冠军，也是中国奥运会项目的第一个世界冠军。也正是从这次比赛开始，"马燕红下"，第一个以中国人的名字命名的体操动作，开始为世人所熟知。

洛杉矶奥运会全能决赛即将开始，命运却在此时和中国姑娘开了一个玩笑，莫名其妙的脖子疼让马燕红无法起身。按照规则，只有经过全能比赛的选手才有资格参加单项的角逐。中国队的领队和教练焦急不堪。马燕红捂着脖子蹲在地上，大脑一片空白。

噩梦似乎即将再度上演，世锦赛夺冠之后的马燕红正是陷入了一段莫名其妙的低潮。此后一次普通的表演赛上的失败，却给马燕红带来了出人意料的巨大打击。接下来的3年中，她再也未能染指大型比赛的桂冠。

这样的日子里，她承受了许多常人无法想象的压力。但倔强的她不甘心这样结束体操生涯，在教练的鼓励下，马燕红又重新开始刻苦的训练，并拿到了洛杉矶奥运会的入场券。

回到因为剧痛而一片模糊的赛场，马燕红比任何人都清楚自己站在这里的意义。就在大家都几乎以为高低杠夺金的希望就此破灭的时候，马燕红硬是站了起来参加了全能比赛。记不清动作是如何完成，马燕红得到了全能的第6名，顺利地进入了高低杠的决赛。

她对这枚金牌的渴望不容置疑。"这不是什么奢望。"她内心非常平静，"只要决赛时，把动作顺顺利利地做下来就好。"

高低杠决赛中，马燕红首先登场。前天因患慢性阑尾炎体力尚未恢复的她，此时却好像产生了一股奇异的力量。她沉稳地站在高低杠下，然后深吸一口气，随即开始了比赛。她如天鹅一般张开双臂上下翻飞，往来穿梭，又高又飘的"特卡切夫腾越"，惊心动魄。全套动作即将结束，当她凭借世界上独一无二的绷杠后空翻转体360°下（"马燕红下"）稳稳地落地时，全场顿时掌声雷动。

20秒钟之后，电子计分牌上显示了成绩，满分10分！马燕红获得了金牌，这是中国女子体操有史以来的第一块奥运金牌。

"我练体操12年了，有两个愿望：一是在世锦赛上拿冠军，二是在奥运会上夺金牌。前一个愿望在1979年就实现了，而第二个愿望在经过了长久的伤痛、苦闷、徘徊后也实现了。"

夺冠后的马燕红走进了奥运村理发店，剪掉了留了多年的长发。第二天，很多报纸都刊登了她短发的照片。"剪头发是因为我觉得要换一种形象。外界总有一个印象，梳个马尾巴就是练体操的，我希望体操就此告一段落了。"

马燕红在20岁这年拿到了奥运会金牌，一切都顺理成章。没有多么的兴奋，没有多么的激动。万众瞩目之下，站在奥运会最高领奖台上的马燕红真正体会到什么叫平淡是真。

马燕红
Ma Yanhong
性别：女 生日：1963.7.5
出生地：北京 项目：体操
1984年第23届奥运会体操女子高低杠冠军，平衡木第五名，女子团体第三名。现任北京某广告公司的副总经理。

014 中国女排

“在场的所有美国人谁也不会料到我们会输，而且输得这么惨。”——一个美国记者说

从此刻起，女排对于整个中国，已不再是一个榜样，也不是一面旗帜，而是一座图腾。

继3年前于日本捧起世界杯，两年前在秘鲁称霸世锦赛后，中国女排如今以洛杉矶奥运会冠军向世界宣告了王朝的到来。

决赛中，当中国队最后一次把球发到美国队场上，对方组织起了强攻，将球扣到中国队的五号位。郑美珠双臂侧接垫起，把球送到杨锡兰手上，张蓉芳从二号位跳起扣杀，球重重砸下，碰到了美国队员的手弹起，高高飞向界外，三名美国人几乎同时追出场。这个牵动世界的白色皮球，最终落在橙黄色的地板上。

胜利降临的一瞬间，令人感慨系之，往事萦怀。中国姑娘们拥抱着，跳跃着。

3比0。对于隔网而立的美国姑娘来说，这个结果多少难以接受，甚至不免残酷。几天前，她们曾是对决的赢家；而现在，她们的世界冠军梦在长滩体育馆落空了。队员们泪水长流，犹如每天8小时训练洒下的汗水。

赛前，就连洛杉矶的夕阳也有些异样，它好像明白一场举世瞩目的比赛即开始而匆匆藏起最后的金辉。长滩体育馆笼罩在一片淡淡的暮色之中。

笛声响起，1万多名观众骚动起来，目光同时投向运动员入场处。最先入场的是身着蓝衣的美国队，随着每一名队员的露面，都会掀起一阵雷鸣般的欢呼。中国姑娘仪态从容地跟在东道主后面进场。她们面带微笑，礼貌地向观众行注目礼。

1982年世锦赛预赛，美国队就是身穿蓝色球衣，以3比0胜中国队。此后每逢中国，她们便坚持身穿蓝衣。小组赛中，蓝色的美国队果然以3比1取胜。冠亚军决赛时，中国队又一次满足了美国姑娘的要求，她们穿上了红色的球衣。

比赛一接火，就呈现胶着状态。双方在1平上就较量了7分钟，斗了13个回合，争夺了8次发球权。

海曼亮出新绝招，高抛球低扣，她的发球直接将比分变为8比5。落后之时郎平抓住对方主力轮到后排的机会，从二号位大力强攻，两次突破了对方拦网，打在对方防守的死角上。9平后，又经6次易手，中国队才以1分赢得优势。

美国队沉不住气了，克罗克特把球垫飞，海曼强攻落网，三号位快攻接连失误。仅仅两分钟，中国队连涨3分。东道主姑娘不服气，海曼抓住机会到二号位跳起重扣。无数的闪光灯捕捉到了这个瞬间：郎平、杨锡兰和张蓉芳三人高高跃起，筑起坚固的“长城”，“砰”地一声，把海曼的超手球拦死，14比9。美国队在震耳欲聋的加油声中奋起直追，14平。空气紧张得要爆炸了。

中国队教练袁伟民当机立断，遣上了4号侯玉珠。

21岁的侯玉珠泰然自若地站到了发球区，她的长距离上手重飘球直接落地。没等全场的惊呼声平息，她的第二记重炮被对方仓促救起。郎平拔地而起，迎着探头球一锤定音。16比14，缠斗42分钟后，中国女排终于拿下了举足轻重的第一局。

易地再战，中国姑娘打得十分顺手，拦网频频成功。美国人明显地表现出情绪上的波动，慌乱中很快以1比11大比分落后。虽然扳回两球，颓势已难挽回。中国队以15比3轻取第二局。

总统里根赛前曾说“拿到第二就算失败”，也许这样的鼓励让东道主姑娘背上了沉重的思想包袱。第三局，破釜沉舟的美国队力图重树信心，但已为时过晚。她们一度以4比1领先，而袁伟民的队伍没有给她们机会，再以15比9结束了整场比赛。观众席上无数的小星条旗停止了摇动，反而有华人和留学生把五星红旗和“中国第一”的标语悬挂起来。

颁奖仪式上，12名中国姑娘胸前的金牌在闪耀，每人手中还举着一束鲜花。这束花是由美国名花“大力花”“天堂之鸟花”和“小野菊花”组成的，据说象征着美好、坚强和幸福。

“在场的所有美国人谁也不会料到我们会输，而且输得这么惨。”一个美国记者说。

恺撒在远征之后豪言：“我来了。我看了。我征服了。”今天，袁伟民和这支“三连冠”的队伍有资格说出相同的话。

中国女排
China Women 's Volleyball
1984年洛杉矶奥运会上夺得女子排球冠军，并且实现了世界杯、世锦赛和奥运会的“三冠王”。队员有：张蓉芳、郎平、朱玲、杨锡兰、周晓兰、梁艳、姜英、侯玉珠、苏惠娟、李延军、杨晓君和郑美珠。主教练是袁伟民。

周继红 015

19岁的周继红成为第一个在奥运会跳水金牌榜上留下姓名的中国人

透过脚下清澈见底的碧水，周继红看见了自己的身影。头顶，不是湛蓝的天空，不是圆穹方顶，是笼罩着的胜利的光环。

女子10米跳台决赛即将开始，场上仍然没有出现周继红和陈肖霞的影子，教练梁伯熙和徐益明焦急万分。原来，今天是洛杉矶的周末，路上车辆较多，原本半小时的路程今天却耗费了司机一个多小时才赶到赛场。

"快，赶紧做准备活动！"两位教练催促队员下水，脑中闪现出一丝不祥的感觉。女子跳板预赛领先决赛失误的局面莫非又将上演？

代表中国队出战的湖北姑娘周继红是中国人瞩目的焦点。虽只是新秀，但突飞猛进的实力和去年世界杯夺魁使得周继红承载了中国跳水队实现金牌零的突破的希望。

早先进行的女子10米跳台预赛中，周继红和陈肖霞分别以462.87分和434.88分名列第一、二位。美国队的米歇尔和怀兰分别以402.39分和378.11排在第3和第5。预赛中周继红超水平发挥，8个动作都很漂亮，分数一直遥遥领先，尤其205B，更是获得了76.56的高分。不过预赛成绩并不带入决赛。

决赛从规定动作开始，第一个动作过后，美国姑娘米歇尔以49.80分领先。周继红、陈肖霞分别处于第3、4位。规定动作是中国选手的强项，如果在这些动作上发挥的不理想，想获得金牌就很困难了。在后面三个规定动作中，中国两名选手空中姿势优美，动作准确到位，水花压得也相当漂亮。总排名上周继红以190.53分升至第一，陈肖霞紧随其后，两位美国姑娘则分别降到了第3和第5名。但选手之间的分差仍旧在毫厘之间。

关键就看后面的4个自选动作，周继红、陈肖霞自选动作的难度系数比米歇尔分别高了0.7和0.6，只要不出现大的失误，这块金牌就将属于中国队。

在交替领先之后，陈肖霞手指受伤，影响了技术的发挥，以至于她在跳难度最大的107B时出现重大失误，动作没有放开，水花很大，一下丢了20多分。这样，夺金的希望全部落在了周继红一人的身上了。此时，美国的米歇尔却紧紧追赶，第6个动作107C，她完成得很漂亮，总成绩上再度逼近周继红。

最后一跳即将上演，现场观众突然抬头，原来天空出现一架飞机，用一圈圈的白雾画出英文"美国好"的字样。伴随观众的欢声雷动，米歇尔终于完成了自己的最后一跳，63.84分。

轮到周继红上场，她只有得到超过52.3的分数，才能确保金牌。周继红采用的动作是107B，一个只有中国、苏联和澳大利亚的5名女选手会做的动作。在最近一年多的比赛中，周继红每次做这个动作时发挥得都不理想。对于最终冠军的归属谁都没有把握。

她登上高台，两眼平视，接着纵身一跃，腾空而起，在空中轻巧地翻腾了三周半。平静的碧水池，泛起了不大的水花。成功了！中国姑娘终以4.34分的优势战胜美国选手。

"我们胜利了！"老将陈肖霞兴奋地向周继红祝贺。虽然再次与冠军失之交臂，但她没有遗憾："只要中国队拿到冠军，我就高兴！"

赛后，美国队教练奥布赖恩在记者招待会上表示：他们原来的计划是要在决赛中逐步向陈肖霞和周继红施加压力，结果周继红没有屈服。他认为，在今后一个相当长的时间里，中国队都将是美国队令人生畏的劲敌。

19岁的周继红看上去还透着几分孩子气，但年纪轻轻的她却为中国赢得了第一枚奥运会跳水项目的金牌。赛后她对记者说："当时我刚一入水，就高兴得笑了。因为，我知道自己能拿冠军了。"

周继红
Zhou Jihong
性别：女 生日：1965.1.1
出生地：湖北武汉
项目：跳水
1984年在第23届洛杉矶奥运会上获得女子10米跳台冠军。现任国家体育总局游泳中心副主任。

SEOUL

第24届奥运会➔汉城

这是一个奇怪的象征：东方和西方意义重大的和解居然在这样一个国家进行。朝鲜，一个分裂的半岛，横亘中间的是1953年停火协议建造的“竹幕”，对应于德国的“铁幕”。共产主义和资本主义两个世界对立的完美写照。汉城往北50公里，所谓的非军事区构成了一个不理解、不信任乃至仇恨的地区。其中板门店的木板屋中，谈判和交涉从1952年以来一直在进行。这是透彻而又让人懊丧的写照。

1981年9月30日，国际奥委会选定汉城来主办第24届奥运会时，天空中飘荡着的是批评乃至谴责。随后，抵制的威胁也若隐若现。韩国航空的一家波音坠毁，269名乘客遇难。该飞机可能被认为是间谍机，被苏联的苏霍伊战斗机击落，但没有什么结果……

1985年3月，天空开始转亮。戈尔巴乔夫当选苏联共产党总书记。改革、开放……奥运会被拯救了。除去几个和朝鲜坚决站在一起的国家外，整个世界都动身来到了这个“安静早晨”的国家。但难得的历史机遇没能成全奥运会的完美。这届奥运会被禁药丑闻所笼罩。本·约翰逊开了一个“好”头，在他被取消成绩之后，很多国家的很多运动员都在跟随。举重、柔道、五项全能，保加利亚人、匈牙利人、西班牙人、英国人、澳大利亚人……

SEOUL
1988
SEP.17-OCT.2
제24회 서울올림픽대회
JEUX DE LA XXIVEME OLYMPIADE
GAMES OF THE XXIVTH OLYMPIAD

1988

7月24日周六13点30分：本·约翰逊以很大优势赢得了100米决赛，而且以9秒79的成绩打破了世界纪录。他在终点照上签名。7月27日周二10点30分：本·约翰逊被取消资格。卡尔·刘易斯被宣布为胜利者。他在新的终点照上签名，但约翰逊的影子是擦不掉的……

SEOUL 88
Ω OMEGA

除了丑闻，还有……

在最受关注的男子100米决赛中，尽管上届冠军卡尔·刘易斯跑出了非常不错的成绩，但他还是输了，因为和他站在同一个起跑线上的还有事后被查出服用了兴奋剂的加拿大人本·约翰逊。这也成为了奥运历史上最具轰动性的兴奋剂事件。不过，汉城奥运会还有其他诸多值得记忆的内容。

(上)国际奥委会主席萨马兰奇。
(下)点燃火炬仪式是由三位分别来自学术、体育和艺术界的代表共同完成，寓意天、地、人三者间的和谐。
(右)约翰逊在药检中呈阳性反应，他在百米决赛中的金牌和成绩被取消。

1981年在联邦德国举行的第84届国际奥委会会议上，汉城成为继东京之后第二个主办奥运会的亚洲城市。为了举办好1988年第24届奥运会，汉城可谓尽心尽力。奥运会筹委会经过两年多的时间才敲定奥运会火炬的图案方案，参与设计的工作人员多达156人。韩国政府为了迎接奥运会也作出了很多努力，严重污染的汉江也完全净化了。

1988年9月17日，上午10时30分，第24届奥运会在汉城综合体育场拉开序幕。汉城奥运会组委会主席朴世植首先作了热情洋溢的致词，随后国际奥委会主席萨马兰奇发表了简短而富有激情的演讲。11时整，象征1988年的88名号手吹响铜号，韩国总统卢泰愚在嘹亮的奥林匹克乐曲声中向参加开幕式的7万多名观众宣布：第24届奥运会开幕仪式开始。

不得不提到的是，奥运会连续第四次受到了参赛国的抵制，只不过这次拒绝参赛的国家只有4个，分别是朝鲜、古巴、埃塞俄比亚和尼加拉瓜。汉城奥运会刷新了此前奥运会的规模纪录，总共有来自159个国家的8465名运动员来到了汉城，大赛共设23个大项、237个小项的比赛。首次参赛的国家和地区有文莱、马尔代夫、美属萨摩亚、圣文森特和格林纳达、阿鲁巴、瓦努阿图、关岛、库克群岛。参赛运动员最多的国家和地区是：美国612人、苏联524人和韩国467人。中国奥委会派出299名运动员参赛，居参赛国的第11位。

组委会别出心裁，点燃火炬仪式是由三位分别来自学术、体育和艺术界的代表共同完成，寓意天、地、人三者间的和谐。奥林匹克誓言宣誓完毕后，五环旗冉冉升起。此时，两千多只白鸽从圣火上掠过，翱翔天际，向世界传递着这和平节日的喜讯。五架飞机盘旋飞行，撒出五条彩色烟带，在蓝天上组成象征五大洲团结的巨大奥运五环。

表演节目中的假面舞、跆拳道、龙鼓以及表现农家丰收欢乐的草圈赛等，都具有鲜明的朝鲜传统民族特色。本届奥运会的吉祥物多力虎也出现在开幕式上，它与历届奥运吉祥物的舞蹈和合唱代表着世界文化的交会与融合。最后18000名表演者齐聚中心舞台，在四名韩国男女歌手的带领下，全场高唱汉城奥运会主题歌——《手拉手》，这首歌成为

了奥运历史上最动听、最受欢迎的歌曲。

在本届奥运会上，乒乓球首次被列为比赛项目，网球则在时隔64年之后重新成为了正式项目。正是在汉城，一位伟大的运动员诞生了——德国女子网球明星格拉芙。1988年10月1日之前，“黄金大满贯”这个词还没有出现过，然而格拉芙在汉城的爆发让它得以问世。4年前格拉芙就曾在洛杉矶夺得了女单冠军，但上届网球还只是表演项目。格拉芙在汉城的成功只是她那一年不可思议的“全球大满贯”中的一个组成部分。在奥运会比赛开始前，格拉芙就已经一人包揽了全部四大满贯公开赛的冠军，而她那一年才刚刚19岁。

另一位在汉城奥运会上战绩辉煌的女运动员是美国姑娘贾姬·乔伊纳。9月24日，她在七项全能赛中以绝对优势取胜，并以7291分改写了同年7月她在美国奥林匹克队选拔赛中所创造的7215分世界纪录。在跳远比赛中，贾姬·乔伊纳战胜了名将德雷克斯勒，获得金牌，并以7.40米刷新奥运会纪录。这使她在短短的一周内，两次荣登冠军领奖台，两次刷新世界纪录。

乔伊纳在21岁那年被选入美国田径队，参加了赫尔辛基举行的第一届世界田径锦标赛，但因腿部拉伤，只好饮恨回国。1984年22岁的贾姬首次参加奥运会，在七项全能赛前六项的比赛中，她的得分都高居榜首，却在最后的800米中失败，屈居第二。但这些毫不影响贾姬前进的步伐，1985年，她在瑞士苏黎世的田径比赛中刷新了美国跳远纪录，并在同年以7.71米的成绩创造了女子跳远的世界纪录。1986年7月，在莫斯科友好运动会上，贾姬以总分7148分的惊人成绩打破世界纪录，成为第一个在七项全能比赛中突破7000分大关的运动员；同年8月在美国的休斯顿，她再次创造7158分的世界纪录。1987年的第二届世界田径锦标赛上，贾姬获得七项全能和跳远两枚金牌，并创造了7128分的世锦赛纪录；随后在汉城奥运会的夺冠使她达到了运动生涯的最高峰。这位在跑步、跳跃、投掷项目上成绩都非常优秀的女运动员是名副其实的女子田径之王。

回顾前23届奥运会的奖牌榜，不难发现载入奥运史册的大都是美洲人和欧洲人，非洲国家的选手虽然偶尔也能获得金牌，但基本形成不了规模。特别是四年前的洛杉矶奥运会，在苏联等欧洲体育强国缺席的局面下，非洲国家的运动员也只拿到了三枚金牌、一枚银牌和两枚铜牌。

然而，在强手如林的1988年汉城奥运会上，非洲运动员的表现却令人惊艳：共获得14枚奖牌，其中包括6枚金牌。奥运赛场上刮起了一阵黑旋风。

男子3000米障碍赛中，两名肯尼亚选手朱利叶斯·卡里乌基和彼得·凯奇在最后几圈猛然加速，甩下所有对手，将金、银牌都收入囊中。非洲选手不仅在中长跑项目上继续保持了传统优势，在其他项目上也取得了一定的突破。肯尼亚拳击选手罗伯特·万吉拉为非洲夺得了第一枚拳击金牌，塞内加尔的运动员阿马杜·迪亚巴战胜了世界跨栏王美国选手摩西，获得银牌。此外，一批新手异军突起战胜老将，也为非洲国家在这届奥运会上的表现加分不少。肯尼亚选手鲍尔·埃伦在800米中战胜了上届冠军巴西选手克鲁斯获得冠军，被视为汉城奥运会的一大冷门；夺得10000米金牌的摩洛哥选手伯泰布更是在赛前无人知晓的一个新手。

非洲选手在汉城奥运会上的成绩证明了他们的训练方法的成功。黑人运动员虽然有着良好的运动天赋，但他们的国家却因为贫困而没有经费投入体育设施和训练方法的改善上。于是许多贫困的非洲国家就选择了一条让运动员出国深造的道路：从国内比赛中选拔出来的年轻运动员里挑选更有潜力的，把他们送到欧洲或美国受训。刻苦的训练和科学的方法，使这批非洲运动员在本届奥运会上脱颖而出。

然而，这届奥运会也被称为“丑闻奥运会”，因为众多服用兴奋剂的事件在汉城奥运会上大爆发。在最受关注的男子100米决赛中，尽管上届冠军卡尔·刘易斯跑出了非常不错的成绩，但他还是输了，因为和他站在同一个起跑线上的还有事后被查出服用了兴奋剂的加拿大人本·约翰逊。这也成为了奥运历史上最具轰动性的兴奋剂事件。

当时各项国际大赛的男子100米跑项目，最后的冠军几乎都是在刘易斯和约翰逊的竞争中产生的，这届奥运会也没有例外。汉城奥运会百米决赛起跑前，两位巨星在媒体的追逐之下各显光芒，也都表现出夺冠的自信。

备受瞩目的决赛枪响，只见约翰逊有如黑豹一般从起跑架上弹出来，一次非常完美的起跑，一开始就取得领先。刘易斯也与往常一样，在起跑中落后。依照过去经验，以他后半段的加速度及冲刺能力，要追上约翰逊并超前，是没有太大问题的。然而赛程已过80米，约翰逊仍然跑在他前面，并且两人之间的距离还拉大了一点。最后10米时，约翰逊高举右手提前庆祝胜利，并首先压线，夺走百米金牌。

终点计时显示出来的成绩令人难以置信：9秒79。这被认为是已经超出了本世纪人类的体能极限，世界纪录再次被打破。后半段速度很快的刘易斯成绩也很好，9秒92，落居第二。

赛后，刘易斯在接受媒体访问时很不客气，直指约翰逊有使用禁药的嫌疑。约翰逊让参加赛后记者会的记者苦等了两个多小时，理由是他在赛后的禁药检测取样时不太顺利。

两天后，国际奥委会宣布重大消息，因为约翰逊在本次禁药检测中呈现合成类固醇禁药阳性反应，他本人也已经承认使用禁药，因此他在百米决赛中的金牌和成绩被取消，金牌由刘易斯递补。国际田径总会随后也对约翰逊追加禁令，除判处他两年禁赛外，1985年他创下的9秒83的世界纪录也一并取消。

在比赛中仅仅跑出9秒92的刘易斯，从亚军晋升为冠军，这也是“卡尔王”在四届奥运会上所获的九枚金牌中最具戏剧性的一枚。1996年百年奥运会在美国亚特兰大举行，刘易斯再度在国人面前出现，并缔造了空前创举，成为奥运会上的跳远四连霸。在奥运会史上，留下不可磨灭的一页。

本届奥运会，是欧美各国各路精英在十二年之后的第一次对抗，所以无论是田径、游泳还是重竞技、球类等项目的竞赛都十分激烈，到了白热化的地步。田径破奥运会纪录30项，其中世界纪录5项；游泳破奥运会纪录23项，其中世界纪录11项；举重总成绩破奥运会纪录8项，其中世界纪录3项；射击和射箭破奥运会纪录与世界纪录各2项和1项。

1988年10月2日，晚8时20分，熊熊燃烧了16天的奥林匹克圣火在汉城中心体育场熄灭，第24届奥运会宣告结束。本届奥运会共破64项奥运会纪录，其中有22项世界纪录，在世界体育史上写下了光辉的一页。

“约翰逊事件”使奥林匹克运动和世界体育界把兴奋剂问题提高到严重损害体育道德和违反奥林匹克精神的高度来对待。对于奥运会来说，丑闻并没有损害其品牌价值，因为国际奥委会开始了更加严格的反兴奋剂措施。

气氛
1988

L'EQUIPE 队报聚焦

向前辈致敬

孙基祯，一位76岁的老人，穿着一身白，进入了奥林匹克体育场。他举着奥运火炬，跑了200米之后，交给了年轻的同胞李春爱。52年前，在柏林奥林匹克体育场，孙基祯率先冲过了马拉松的终点线，但他身穿的却是带有太阳旗的比赛服。孙基祯成为了奥运会马拉松冠军，但他却被迫用自己的日本名字kitei son，还代表着日本国的颜色。这双重的剥夺持续了一段时间：1936年时，朝鲜已经从地图上被抹掉，成为了日本国的一部分。朝鲜作为殖民地，只是日本人掠夺人力和资源的地方。日本人想尽办法抹杀能够代表朝鲜民族和国家的一切代表性事务。站在领奖台上的孙基祯，是日本代表团的成员。他一边哭泣一边低下了头。他说："那并不是喜悦，而是因为我不想看到不是我的旗帜在奥运会的旗杆上升起。"

半个世纪之后，全朝鲜半岛应该向这位冠军致以全民的敬意，他在长达10年的时间内尝尽了亡国奴的痛苦。当孙基祯将火炬递给了自己年轻的同胞，似乎也交出了自己的生命历程的一部分。他像小山羊一样跳了起来，这次是真的高兴。

文/阿兰·伦森费希特

7

8

9

10

11

12

13

14

15

16

1 现代五项运动员是奥运会上最兼收并蓄的好手。但是这并不足以保证观众最广泛的宠爱。

2 "Keep Out"的标语其实一点用都没有，开幕式的观众们特别遵守纪律。

3 韦晴光与陈龙灿勇夺乒乓球男子双打冠军。

4 斯威士兰代表团的着装体现了社会融合和异国情调。

5 韩国警察们穿得像武士，他们对付学生们很有办法，在他们的校园里逮捕了他们的头目。

6 毛里塔尼亚派出了自行车冠军，让自己国家的旗帜也飘扬在奥运村中。

7 法国队的旗手是击剑冠军让-弗朗索瓦·拉穆尔。

8 当日本选手出现在榻榻米上时，日本观众们激动地无以附加。

9 开幕式上，英国代表团的女选手们格外抖擞精神，引来人们的赞叹。

10 奥运会开幕式的排练，举牌子的女孩在休息。

11 当澳大利亚代表团入场时，人们看的很清楚，他们的衣服牌子是"鳄鱼，邓迪"。

12 这位匈牙利马拉松选手曾经梦想作为胜利者进入体育场，但他放弃了，沿着墙走。

13 男子帆板比赛是在釜山进行的。

14 田径传奇卡尔·刘易斯的到来吸引了大量的人群。

15 奥运历史上，游泳比赛曾经在江河湖海进行，而现在条件已经好了许多。

16 在汉城的街道上，孩子们和奥运会的吉祥物玩耍。

伟大的海斯里希

伟大的冠军们有时让人怜悯。在拿下第2块奥运会金牌后，鲁茨·海斯里希 (Lutz Hesslich)，趴在教练的肩膀上，留下了眼泪。这让人感觉他不像表面上看来那样胜券在握、坚如磐石。其实当他最重要的对手也是其同胞的那些东德选手不在时，海斯里希就能飞得更高更稳。

他的最后两场比赛，对阵苏联选手尼古拉·科沃奇 (Nikolai Kovche)，都非常经典。第一场比赛，海斯里希在500米比赛处就发动进攻。科沃奇在身后紧紧追赶。自行车变成了飞行器，两双钢铁大腿在驱动。放松的那一刻，就是海斯里希通过终点线的那一刻。

第二场比赛，科沃奇率先发难，但是被身后的神行太保紧紧咬住。

海斯里希连续拿了4次世界冠军(1979年、1983年、1985年和1987年)，1980年莫斯科奥运会上拿到过1枚金牌，现在则拿下了自己的第二枚奥运金牌。他也借此进入了奥运会最伟大的场地自行车选手的殿堂。

新闻发布会上，有人问这两枚奥运金牌中，哪一枚带给他的折磨更大。他回答说："眼下这一枚。不仅仅因为是在汉城，也因为国内的选拔赛格外艰苦。3年以来，世界上最好的4名场地自行车选手都是东德的。要在国内保持优势地位非常困难。"

眼睛闭着、牙齿紧咬、面部肌肉抽搐、右手抓着衣领，出发前的海斯里希非常的僵硬和紧张。海斯里希对待比赛，精神集中到无以复加。这让人害怕。"每次大赛之前我都极端紧张。我职业生涯的唯一遗憾就是拖累到我的妻子，赛前我变得让人受不了。但没有办法，这是我准备比赛的规定动作，这样才能把我身体的能量全部汇聚起来"。

然后，爆发！

文 / 阿兰·伦森费希特

1 水球比赛中,经过加时赛,南斯拉夫(白帽)9比7击败了美国。
2 排球比赛中,美国队3比1战胜了苏联队,保住了优势地位。图中美国队的提蒙斯(Timmons)大力扣杀。
3 罗马里奥非常失望,足球决赛中,经过加时赛,巴西1比2输给了苏联。
4 女子乒乓球单打比赛前三名都是中国人(左起:李惠芬、陈静、焦志敏)。
5 柔道95公斤以上比赛中,日本的Hitoshi Saito(左)战胜了苏联人斯托尔(Stohr),为日本摘得唯一一枚金牌。
6 美国选手雅基·乔伊纳-柯西跳出了7.40米,战胜了东德的海克·德雷斯勒(Heike Drechsler),夺得跳远冠军。
7 400米栏的领奖台,望着摩西(左)只拿到了第3名,冠军是美国人菲利普斯(Philipps),亚军是塞内加尔人迪亚·巴(Dia Ba)。
8 100米仰泳比赛,日本人铃木出人意料地战胜美国人贝科夫。
9 男子篮球比赛,苏联队(红衣)在决赛中76比63战胜南斯拉夫夺冠。半决赛中,苏联82比76战胜了美国。
10 乒乓球双打半决赛中,韩国选手输给了中国选手,中国人是最后的冠军。
11 苏联手球队(白衣)在决赛中遇到了顽强的韩国队,最终以32比25取胜。
12 花样游泳双人比赛中,加拿大人卡洛琳·瓦尔多(Carolyn Waldo)和米歇尔·卡梅隆(Michelle Cameron)夺得金牌。

星光 Star | 田径 Athletics | 1988 汉城 Seoul

炸弹约翰逊

从周一到周二的夜晚，我们听说一名奥运冠军还在接受盘问。根据绝对可靠的消息，本·约翰逊会被取消资格。

文/罗贝尔·帕里昂蒂

谣言已经传播了24个小时。消息让人无法分辨，但大体意思是第三位奥运冠军将会被取消资格，而且此人的规格相当高。

CIO医药委员会的主席是亚历山大·德·梅罗德 (Alexandre de Merode) 王子，委员会成员对消息全都不予置评。但是我们早就知道，从奥运会开始，医药委员会的报告已经得到了国际奥委会执委会的极大重视。两名保加利亚的举重金牌得主已经被取消了资格，另外的几名举重选手和一名五项全能选手也遭受了同样待遇。

我们已经从一个绝对可靠的内部消息得知，复核专家组正在就阳性样本进行再次检查，而这个样本来自一个重量级的人物。

从7月26日周一到7月27日周二，汉城的一家媒体正在匆匆印刷第二天报纸的头条新闻《本·约翰逊，100米的奥运冠军和世界纪录保持者，药检呈阳性》。

很自然地，加拿大代表团对这一事件拒绝发表任何评论。加拿大奥委会主席杰克森 (Jackson) 承认复核专家组已经确定，加拿大代表团中有一例药检阳性，但他依然没有说出约翰逊 (Ben Johnson) 的名字。本·约翰逊本人也杳无踪迹。甚至有消息说他已经离开了汉城，不敢这么快面对现实。

现在已经是汉城的周二上午，这一天田径没有比赛。萨马兰奇亲自主持的国际奥委会协调委员会按照惯例也开会，他们要研究国际奥委会各委员会的报告，尤其是医药委员会的报告。接下来，是具有行政权的国际奥委会执委会的会议，他们将就奥运会开幕以来最大的事件做出评估和最终决定。

国际奥委会执委会拥有取消资格的最终决定权。他们手头已经有不可反驳的证据，说明有一名超级田径明星犯了过错。

记者们就这一爆炸性新闻纷纷提问国际田联秘书长约翰·霍尔特 (John Holt)，但霍尔特永远都是送出最简短清晰的回答："无可奉告。"

但他补充透露，鉴于事体的重大，国际田联也只是被通知有重大事情发生，而一切都要等国际奥委会在周二上午的会议结束之后，才能最终披露事件真相。霍尔特可能已经有些乱了方寸，他说："当国际奥委会通知相关的国际联合会时，就意味着事体已经闹大。我不能以谣传为依据下结论，但我们一定要做好一切心理准备。"

这些闪烁其词都非常的英国化，而且有所

(上)7月24日周六13点30分：本·约翰逊以很大优势赢得了100米决赛，且以9秒79的成绩打破世界纪录。他在终点照上签名。
(右)7月27日周二10点30分：本·约翰逊被取消资格。卡尔·刘易斯被宣布为胜利者。

保留。似乎国际田联还在希望事情依然有转机，或者结果不会严重到玷污整个世界田径界。

但我们已经知道，国际奥委会医药委员会不喜欢面对丑闻的妥协态度，他们对两个获得金牌的保加利亚人重拳出击时丝毫没有犹豫。当我们在写下这些文字时，心里已经肯定亚历山大·德·梅罗德王子及其专家们肯定不会玩游戏，他们肯定会毫不妥协地重拳出击，该打击谁就打击谁。

当然，应该对如此一个决定的后果做出评估。它会向全世界说明最高水平的竞技比赛中照样有人做手脚；在100米比赛本·约翰逊历史性地夺冠后，我们在文章中热情地赞扬；而现在，我们又要用同样的力度抨击。

最近几个月来，约翰逊身边一直陪着一位内分泌专家，他一心帮助约翰逊清除大腿受伤后的各种后遗症。这一年2月份，约翰逊因为大腿的伤势曾经完全中断了训练。

加拿大人身边的专家都很有水平，甚至用基因技术这样的复杂手段来促进约翰逊的运动水平。如果说他们疏忽中开给约翰逊很容易被国际奥委会实验室查出的药物成分，那将是非常令人吃惊的。汉城奥运会药物检查实验室非常严格，不允许任何可疑事情过关。但是解释其实很简单：阿诺德·贝克特 (Arnold Beckett) 教授是世界上最好的药理学家之一，也是国际奥委会医药委员会的成员。他向我们确定成长类固醇在使用后六到七个月的时间内，依然可以在体内检测到。这一类的禁药检测使用的就是定性而不是定量分析。像咖啡因检测或者睾丸素检测一样，极少量的残留物就可以确定出很久以前的违禁事实。毫无疑问，负责本·约翰逊的医生们也做了测试，希望能够让约翰逊在汉城奥运会的奔跑逍遥法外。或许约翰逊的医生们掌握的技术还不足够先进。虽然国际奥委会和相关世界联合会最近几个月没有采取太多的新技术，但它们的实验室还是掌握了一些新成果。

在两名保加利亚举重金牌选手被剥夺了资格后，贝克特教授还向我们透露：由于国际奥委会有时对一些国际联合会在禁药问题上的不作为，国际奥委会有时并不把自己的观点强加给他们。这也就是为什么在汉城，国际奥委会拒绝那些国际体育联合会加入到禁药检测中来。

周二早上，汉城，人们等待着国际奥委会执委会公布正式的处罚。而国际田联执委会也将在周二早上开会，通过处罚决议。国际奥委会可能会取消本·约翰逊的资格，那样卡尔·刘易斯就将递进为奥运会百米冠军。

至于100米的世界纪录，约翰逊的9秒79，只有国际田联有权利将其取消。取消后，世界纪录回复到在罗马的9秒83。不管怎样，国际奥委会的决定没有追溯效力。而在国际田联方面，如果罪行坐实的话，它有权利开出终身禁赛的罚单。

奇怪天使

经历了100米比赛中的跌宕起伏，刘易斯在跳远比赛中重新飞翔。他的作风依然是那样奇怪和飘忽。

文/克里斯蒂安·蒙泰尼亚克

第4次试跳中，卡尔·刘易斯跳出了8.72米的成绩，夺取了跳远冠军。

他走过了过道，走得笔直，从容地像是礼拜天的散步者。“是的，我回来了，但是没有新闻发布会。”他如此安慰挤在隔离绳和警察警戒线后的人群。然后他以同样的步伐走到白砖砌成的迷宫中去小解。卡尔·刘易斯继续和人群若即若离。他高大的身材引人注目，他柔柔的风度要么让人欢喜要么让人讨厌。他是如此与众不同，安静而且高傲。但这个大孩子能够摆脱最后的盯梢，其王者一样的仪态就会彻底融化、土崩瓦解。

面对着本·约翰逊的超常规实力，被击败的刘易斯以自己的态度来回应。

这位27岁身披黄金的年轻冠军，坊间映射其有同性恋嫌疑的流言蜚语很多。而在体育界中，从体育的属性和表象来说，很多人都将同性恋看做是不恭和罪过。要知道，以前刘易斯从来是以特别阳光、擅长交流的形象出现，各种光怪陆离的包装，将其扮成了杰西·欧文斯那样的天皇巨星级运动员。但是在汉城，那些原教旨主义者们很宽慰地看到刘易斯变回了一个没什么特别之处的正常运动员。因为这一次他的不同之处是突然爆发的：他拥有新的肌肉外壳，加利福尼亚的阳光给他镀上了新的颜色；当他站在加拿大的机械战警身边，他的身体之美达到了一条阳光赛道上前所未有的高度。

在两次赛跑和五次跳跃的期间，没有了约翰逊的强烈竞争，刘易斯也越来越不耐烦了，这些比赛冠军几乎已经是他的囊中之物。当他被邀请第一个起跳时，他很不满，有些生气；因为他还要同时参加200米比赛的预赛，他有资格最后一个起跳。

刘易斯跳出了8.72米，他的职业生涯进入了新高峰。原来他既是短跑选手也是跳远选手，他经常能够取胜，但是要想创造纪录就不那么容易了。这位别具一格的运动员真的是剑走偏锋，既是地球人又是外星人。就所有的理由来看，在刘易斯和其他所有的运动员之间建立了一种奇特的关系，其主流是尊敬，而熟悉则已经淡化。而且这种崇拜还不是那种体育场清场时，等候在门口的两个满脸堆笑的骨肉皮那种感觉。满天鸽子纷飞，那是一种由衷的崇拜。

要注意到，卡尔·刘易斯在通过排排的药检试管时，从来不回头，从来不加评论。200米比赛时，他站在金黄色的阳光中，眼神中流露出了一丝轻微的不安。有消息说，刘易斯拒绝了第6次试跳，是因为已经有受伤的隐患，但他的美国同行否认了这种可能。当他和姐姐卡罗尔一起走的时候，他也是一幅傲慢不可方物的样子。他穿着白色骑士衫，看上去总是那样奇怪。他看上去像是其从事运动中的陌生人，轻轻地攫取金牌，然后就不知所踪。

令人震惊的格里菲茨·乔伊纳

乔伊纳轻松夺得了100米比赛的冠军，她在200米比赛中又重演了这一幕。

文/罗贝尔·帕里昂蒂

当一名冠军获得了全球的声誉，而且其名气通过媒体前所未有的宣传达到不可思议的高度，她已经超越了人类的极限，也超越了我们的理解能力。

当弗罗伦斯·格里菲茨-乔伊纳跑出了21秒34的成绩时，我们的心情既是充满敬仰，又充满了惊讶。要知道，她的这个成绩将女子田径向前推进了几代人和至少10年的时间。

这名28岁的年轻女子，她已经追逐多年光荣，参加了两届奥运会。现在她在刚刚超过20秒的时间里，成为了速度的新化身。

在100米比赛中，顺风帮助乔伊纳创造了辉煌。而通过200米比赛，乔伊纳开辟了短跑历史中的一个新篇章。她创造的非常出色的成绩成为了我们新的乐事。

很有意思的是，乔伊纳实际上属于正在老去、逐渐离开体坛的那一代田径选手。或许说，那些人比她老得快。在1980年奥运会的时候，乔伊纳就已经是参赛选手。但她一直等了8年，期间尝到了一些第二档次的荣誉，并且在世锦赛上分享了4×100米金牌。她也开始了她的变形记。

乔伊纳生活在那个年代。那个年代就是经常在家里和旱獭玩耍、做各种各样的小吃，增重个6、7公斤。她还给孩子们写诗或者童话故事，故事里公主的魔杖能够把南瓜变成青蛙。

这或许是城市里佻而单纯少女的浪漫故事。在大多数冠军们都沿着线性轨迹发展时，走出冬眠的乔伊纳却似乎是碰上了富有魔力的仙女，送给她返老还童药。

这段故事她可以写到自己的故事集中，讲给小女孩们听。她的教练鲍勃·柯西(Bob Kersee)有两条训练方向：从本·约翰逊的训练方式中汲取灵感，并且模仿卡尔·刘易斯的奔跑技术。约翰逊的启动和起跑确实是举世无双的，而刘易斯的放松和加速能力更是奇绝无比。

在汉城奥林匹克体育场上的乔伊纳已经能够将自己的人格双重化：她的能量似乎从其大腿的每个毛孔中迸发出来，她的大腿格外粗壮，略略和其比较单薄的上身不成比例。至于跑步姿态，乔伊纳和刘易斯一样，拥有完美的平衡，浑身的线条动起来特别和谐。

角色完全颠倒了：以前完胜乔伊纳的人现在只能看到她的脚跟。自从1948年奥运会上法尼·布兰科斯-科恩(Fanny Blankers－Koen)以绝对优势赢得200米冠军以来，还没有人能够像乔伊纳这样赢得如此轻松。乔伊纳将所有对手打入了过去，也挑战成功了神奇的玛丽塔·科切(Marita Koch)的纪录，前者的21秒71长期以来似乎是不可突破的。

就像在100米比赛中一样，乔伊纳的对手们一直跑到半程还能保住面子，但是到了后面就溃不成军。

可以说，美国人始终保持着初始的速度，而其他人做不到，越来越弱。

乔伊纳品尝200米金牌的甜蜜。在200米比赛中，乔伊纳如入无人之境。

隐藏的一面

乔伊纳的前100米用时11秒11，也就是说后100米她只用了10秒23。对手中表现最好的格拉斯·杰克逊(Grace Jackson)也算是飞快，但依然落后乔伊纳0.22秒，而海克·德雷克斯勒(Heike Drechsler)落后0.35秒。

乔伊纳的成绩为辉煌的田径大厦添砖加瓦。她的纪录也证明了我们永远比想象的要有天赋，需要的是有时间和热情，而且愿意服从一些必须服从的东西。

乔伊纳功绩隐藏的一面可以解释她的突然爆发。但是诸多因素中的一些因素还是让我们无法毫无保留地兴奋起来。

双腿力量145公斤

这位加利福尼亚女子的传记告诉我们她每天都读《圣经》，餐前要做祈祷，而且每天给妈妈打两个电话。她告诉我们她在冬季非常地刻苦，她的双腿弯曲力量145公斤。

但当我们想到乔伊纳因为爱情纠葛，差点在1989年退出田坛；而现在她要为自己冬季努力的成果分红，到1989年高达数百万美元。我们还是不禁要有疑问。

不现实、神秘、不可理解，这头美丽的黑豹破笼而出。再见吧，美妙的食物。多谢了，我的上帝。但是我们想起《新约》中的经文，它教我们说地狱并不总是用好意铺成。

肯尼亚的崛起

来自内罗毕的跑者们在汉城夺取了4块金牌：800米、1500米、5000米和3000米障碍。黑色丰碑开始建立起来。

文/阿兰·伦森费希特

迈克·克斯凯(Mike Koskei)说："还记得冬天在奥克兰的世界越野锦标赛吗？我们倾巢而出，包揽所有的荣誉……而且顺利达到了目的。"克斯凯是肯尼亚轻骑兵兵团的教练。"这只是我们有没有计划安排或者认真与否的问题。我们有足够的人力资源来达到目标，只要安排合适的训练就可以了。好的结果自然就会到来。"

奥运会开幕之前一周，人们都被肯尼亚代表团中的放松、融洽和守纪律震惊。这和之前的肯尼亚代表团一贯的放任自流截然不同。来自各个部落的肯尼亚选手都精诚合作，抛弃了相互之间的成见。

克斯凯说："我们第一次对团队的组成采取了严格的规则。不管是不是世界冠军，都没有直通车进入国家队。看看孔切拉(Konchellah)和齐布科切(Kipkoech)吧，他们去年双双在罗马夺冠。但这个赛季他们有伤，自然就没能入选国家队。事实上，我们采取了非常严格的规则。去世界各地参赛赚钱，这是不被允许的。另外，有几个原本有能力进入国家队的冠军选手因为不守纪律而被排除在外。而且我们也史无前例地参照美国模式组织了选拔赛，只不过他们重视的是短跑，我们重视的是中长跑。可以说，来到汉城的选手个个都是状态饱满。"

就像美国短跑队一样，肯尼亚人在国家队中争个位置的难度或许还要大于夺取奥运奖牌。约翰·努古基(John Ngugi)是世界越野冠军，也是汉城奥运会5000米冠军。他说："确实如此，在肯尼亚队中排第三号，决不意味着你在奥运会中榜上无名。这是一个信心问题。比如说我，直到目前，我依然感觉在跑道上跑步不舒服，因为我是越野跑好手。我的这种特点也时时引起争议。去年在罗马，我因为膝盖囊肿而完全不在状态。我必须耐心等待，等待我的时刻到来……要击败欧洲选手，必须得学会打破常规，不能用传统的赛跑战略。换句话说，就是要出其不意。欧洲选手喜欢有规律的奔跑。所以就得不停地烦他们，这一招就是加速。我在跑到第1000米时就开始冲击，一圈只用了58秒。"

同样令人惊讶的，是肯尼亚队的更新换代。只要有一名冠军身体不好，马上有无名之辈顶上，而这个无名之辈绝不会逊色于前辈，只会青出于蓝而胜于蓝。皮特·罗诺(Peter Rono)是1500米的奥运冠军。他说："尤其是美国教练的训练技巧让我们进步很大。我在美国马里兰的蒙特圣玛丽学院已经训练了两年，学到了很多东西。我很有天赋，而良好的训练让我成为冠军。"

在堪萨斯、华盛顿、新墨西哥和马里兰等州的大学里，很多地方都有肯尼亚人在训练。越来越多的冠军走了出来，亨利·罗诺(Henry Rono)、奇穆布瓦(Kimobwa)、孔切拉、科切、库里尔(Korir)……但是依然有两个例外，努古基是军人，从来没有出过肯尼亚；而马拉松选手瓦基胡里(Wakiihuri)则是在日本生活。

不过这没关系，汉城已经再次向大家证明：只要看到有肯尼亚人站到起跑线上，不管他有没有名气，都应该将其考虑为夺冠大热门。

(上)肯尼亚人皮特·罗诺(中)刚刚夺得了1500米的金牌，他的同胞奇普乔治·舍鲁约特(Kipchoge Cheruyot，右，7号)和约瑟夫·舍希尔(Joseph Shesire，左，11号)和他一起庆祝。

(左)努古基的最后一圈跑了1分0秒2，轻松地夺得5000米冠军。他领先德国选手褒曼(Baumann)多达几乎4秒。

布勒卡飞越云端

布勒卡还不到25岁,世界纪录保持者终于变成了奥运冠军。一切似乎理所当然。

文/帕特里克·勒穆瓦纳

撑竿跳比赛已经开始了4个小时，沙尘满天。这时，一只鸽子在起跑处引发了混乱。这时，苏联选手格里高里·埃果洛夫(Grigori Egorov)刚刚突破了5.80米的高度，并且暂时领先。场上局势非常清晰。现在只有4个人有希望杀入三甲：三个苏联人，埃果洛夫、加托林(Gatauline)、布勒卡(Serguei Bubka)和美国人厄尔·贝尔(Earl Bell)。贝尔1976年就参加了蒙特利尔奥运会，在1984年洛杉矶奥运会上获得铜牌。但是贝尔又没能将命运把握在自己手中，他只跳出了5.70米，失去了夺牌的希望。贝尔是久经沙场的老将，但这次他只能做附带的现象。最终的决战开始，布勒卡参加这样的决战并不算多。

后来布勒卡承认说他从来没有经历过这么大的压力：“所有人都在期待，所有人都想看布勒卡能不能做到。这种压力是难熬的。”那些没有现场观看比赛的人，或许不能完全理解布勒卡的感受。要注意当时布勒卡的尖顶鞋中有些什么。横杆一次次地上升，一次次地跌落，这位世界纪录保持者只维持在第四的位置。他前两次试跳都失败了，最后屁股坐到了5.70米的高度。布勒卡还犯了战术错误:他连续三次试跳,高度依次上升(5.75米、5.80米和5.85米)。作为世界上唯一一个跳过6米的人，他正在被这个难堪的高度折磨，造人起哄。而以往，他总是面带微笑地轻松掠过。

已经是下午5点过了，我们才领悟到苏联人引发了多高的热度。专家们指出，布勒卡从来没有如此兴奋过，即便是他将世界纪录玩弄于股掌之上时也没有如此。当他落到垫子上时，发出了一声兴奋的喊叫。然后再极度兴奋中弹跳起来。世界冠军，世界纪录保持者，他终于成为了奥运冠军。

终于!他统治撑竿跳已经5年了，但始终就缺这快金牌……布勒卡自信地说：“这是我生命中最美的一天。”

布勒卡远远没有发挥出他的最高水平,但他依然以5.90米夺得了奥运金牌。他很火爆。

克里斯汀·奥托，超级KO

6块金牌，其中4块是个人项目，来自3个不同的泳姿：伟大的功绩，来自伟大的德国人奥托。

文/帕特里克·勒穆瓦纳

伟大的奥托的对手们只剩下最后一招：罢工。因为如果你设身处地为她们想想，4年以来，她们游了数千公里，喝了大量的氯元素，也就说都吃尽了苦头。但当她们要收成时，却一无所获。最多是块银牌，一般有块铜牌就不错了。这样下去谁还对工作有兴趣。

克里斯汀·奥托（Kristin Otto）则总是能赢得满堂彩，兼任各项冠军。6块金牌！她的小伙伴们除了目瞪口呆，还能做什么？昨天是50米的决赛。奥托在预赛中没能游出最好成绩，唯一一次不处在电视屏幕的中心。两天之前，她还信誓旦旦地说大家不要对她的50米比赛抱有信心。“50米不是我的强项”。人们差点相信了她……

我们没有错过。奥托让所有的观众和记分员们震惊地跳了起来。4块个人金牌，这是女子比赛中前所未有的成绩。不管是墨西哥奥运会上的戴比·梅耶（Debbie Meyer）还是蒙特利尔奥运会上的科内里亚·恩德（Kornelia Ender）都未曾达到这个高度。最令人们惊讶

的是,奥托不仅仅在自由泳和蝶泳中横行霸道,而且在仰泳中也不可战胜。这是她和两位伟大的前辈完全不同的地方。

当一位游泳选手如此行事时,我们自然就要转向伟大这个定义的基准,马克·斯皮茨在1972年慕尼黑奥运会上创造的伟大纪录。

从周五开始,人们就不停地拿这个问题来问奥托。即便奥托不太可能追赶上美国人的纪录,我还是问她在奥运会过程中有没有想到过前者。她坦率地微笑,然后回答说:“没有,来到这里之后,我想的只是获胜。就算我只拿一块或者两块金牌,我也会非常地开心。”

奥托即便追不上伟大的马克,或许是天时原因,而不是自己的原因。因为奥运会的游泳项目设定对奥托不利,女子只有两个项目,而男子中有3个。

如果排除这个因素,奥托做得和加利福尼亚人一样好。接下来,想要知道的就是她的命运会如何变换。这位姑娘于1982年在瓜亚基尔拿到了她的第一个世界冠军,接下来的6年她见识了一切。22岁就功成名就。她的成绩单无可比拟:6枚奥运会金牌、6枚世锦赛金牌、8枚欧洲冠军金牌。

人们对她的了解也就到此为止,没人知道她怎么能应对这么多责任。她对自己的未来也没有太多计划,这容易理解,毕竟她还年轻。

奥托在100米蝶泳比赛中,拿下了自己的第4块奥运金牌。在她身边,普勒温斯基只能满足于第4。

在这个9月,她一天一天的生活,快乐无比。至于未来,她可能会做体育记者吧。她在莱比锡大学就是学这个专业。

也许正是这个原因,她对争相伸到面前的话筒并没有抵触情绪。在侃侃而谈中,有时也会暴露出她的东德式的思维方式。她说:“我喜欢游泳。有人问过我是否觉得因为游泳而错过了青春,我完全不能理解人们为什么会问这样的问题。”

除去略显单调的个人陈述,她也很少表达出自己内心深处的自我。当被问到觉得回到莱比锡家中会有怎样的待遇,她不愿意从个人的角度回答。她说:“受到热烈欢迎的将是整支队伍,没有任何理由能将我们分开。”

奥托不会因为她的多块奥运金牌成为百万富翁。和苏联人不同,东德人没有对在汉城夺冠的运动员许诺任何东西。9月过去,10月时奥托就将重新回到新闻系就读。

但不管是谁,经历了奥运会夺冠这样伟大的时刻,就很难再觉得生活轻松有趣……

比昂迪上七重天

这位本届奥运会上最出色的游泳选手在奖牌数量上追平了马克·施皮茨(7枚)。

文/帕斯卡尔·科维尔

(左)4×100米混合泳，比昂迪(左侧站立者)游的是蝶泳，很完美。

(上)马特·比昂迪在100米自由泳比赛中，他没能实现个人项目的大满贯。但借助集体项目的胜利，他拿下了三冠王。

(上)比昂迪拿下了50米和100米自由泳的冠军，是汉城的短距离之王。

NBC电视台解说员忘情呐喊着，忘记了话筒尚未打开。“游泳比赛的最后一天出产了历史性的成绩，马特·比昂迪(Matt Biondi)成为了继马克·施皮茨之后历史第二好的游泳选手。东德选手奥托，则成为了历史上第一个夺得6枚金牌的女选手。

不需要再多说什么了。第24届奥运会的游泳比赛质量好得出奇。一共打破了11项世界纪录，还有很多意料之外的精彩表现。

本届奥运会的两大明星比昂迪和奥托吸引了所有人的注意力。虽然有很多新兴国家参加奥运会，重新洗牌，但两个人依然席卷了大部分金牌。

在奥运会的最后一个周末，比昂迪和奥托再度掀起了波澜。在混合泳接力比赛中，两支队伍强大的整体实力掩护了这两名选手再添上一枚金牌。而比较具有戏剧性的场景都出现在50米比赛当中。

50米的世界纪录

一切从令人惊讶的日本选手铃木(Suzuki)开始，他先后超越了100米仰泳中的两大热门波里安斯基(Polianski)和贝科夫(Berkoff)。

之后比昂迪终于拿下了他在个人项目中的第一个世界纪录：50米自由泳中的22秒14。这对国际泳联来说也是好消息，他们不用再费心思去验证南非人威廉姆斯(Williams)的世界纪录22秒18。

还剩下两个世界纪录留在最后一天。首先出手的是达尔尼(Darnyi)，他在混合泳比赛中夺冠，打破世界纪录。接下来是200米自由泳，他只差17毫秒就能成为第一个游到2分钟以下的人。如果我们认定伟大的索兰德(Schollander)是第一个游到2分钟以下的人，那时间也才过去了四分之一个世纪。

混合泳接力中的另一个纪录

仅仅一个世界纪录怎么足以结束全部比赛，美国混合泳队伍上演了巅峰表现，比昂迪和其队友表现出众。

但即便如此，也无法阻挡东德队成为游泳比赛中的最大赢家。奖牌榜上的形势一目了然：东德队一共获得28枚奖牌，其中11枚金牌；而美国队获得18枚奖牌，其中8枚金牌。

还好，美国队送出了两位超级明星，比昂迪和埃文斯都各自拿下了5枚金牌。

洛加尼斯,光荣的跳板

虽然预赛时出现了事故,但美国人依然在跳板上拿下了自己本届比赛的第一块金牌。

文/帕斯卡尔·科维尔

厉害的格雷格·洛加尼斯(Greg Louganis)。即便他头部撞到了跳板,但依然没有找不到北。在预赛中发生事故之后,人们依然期待着他在决赛中的精彩表演。

这块跳板跳向辉煌,毫无疑问。洛加尼斯成为了第一位在奥运会上卫冕两块金牌的跳水选手。他的这一雄心曾经看起来要灰飞烟灭。一位超一流高手,居然会在预赛中头撞跳板。但事情最终有惊无险,某种程度上还打动了裁判,为洛加尼斯赢得了感情分。在后来的新闻发布会上,洛加尼斯承认这个事故的严重性远远不及其戏剧性。"我现在一点都不痛了"。

洛加尼斯已经有接近10年的时间没有出现这种失误,当时带来的恐惧远远大于疼痛本身。"1979年在苏联参加一项比赛时,我的头部撞到了跳板。比这次要严重多了,我昏迷了20分钟,然后放弃了比赛。"这次在汉城则没那么严重。严重失误只得到了小小惩罚。"起跳时,我没有足够地向前推出胯部。我当时也没意识到,直到头部撞到跳板才如梦初醒。我当时感受到极大的震动,不光是身体上的,更是心理上的。"说这番话时,洛加尼斯脸上带着淡淡的微笑。

这次撞击远远不足以让洛加尼斯放弃比赛。"这个事故当然暂时动摇了我的信心。但我在决赛前进行了长时间的热身,终于又找回了平静。"洛加尼斯在决赛中表现得很出色,第4跳结束之后,一切就进入了洛加尼斯的节奏。他的领先优势一直没有被逆转,虽然中国选手表现得也很完美。

裁判对洛加尼斯似乎很慷慨。尤其是最后一跳,洛加尼斯的入水似乎有些问题,但他依然得到了80分。洛加尼斯的得分似乎有些过多了。但获得亚军的中国选手谭良德很有公平竞赛精神,他在赛后的新闻发布会上说:"我不觉得裁判们是不公平的,洛加尼斯的表现值得赞赏。"跳水确实是绅士运动。即使受了伤,洛加尼斯依然向着高台跳水的冠军进发。

继1984年洛杉矶拿下两金后,洛加尼斯在汉城卫冕成功。

1988

刘易斯骄傲地回到加拿大

本·约翰逊禁药事件发生一周之后，加拿大幸运地在 23 岁的雷诺克斯·刘易斯 (Lennox Lewis) 身上找回了自信。这位来自安大略的拳手在超重量级决赛中击败了美国人里迪克·鲍 (Riddick Bowe)，而且是裁判在第二回合终止了比赛。刘易斯说："在拳台上，两位加拿大的官员紧张地围住了我。不停地嘱咐我不要和任何人握手，不要喝水。一直到药检的小瓶被灌满而且封好，他们才放松下来。"另一件事情也让刘易斯很紧张。在超轻量级决赛中，美国人罗伊·琼斯 (Roy Jones) 居然不可思议地输给了韩国选手 Park Si－hun。刘易斯说："我当时在更衣室，双手已经戴上了拳套。听说琼斯输了，我非常震惊。我觉得裁判们可能会为了补偿美国队，而不自觉地偏向里迪克·鲍。因此要想获胜，我必须将他 KO。"

像土耳其人那样强壮

奈姆是王者,他夺得了60公斤级别的冠军,同时刷新了6个世界最好成绩。

文/阿兰·伦森费希特

两年之前,他还属于土耳其的邻国保加利亚。现在,他是土耳其的国家英雄,超级明星。他走到哪里,只要露出鼻尖,就会被认出来,受到大家的欢迎。餐厅再爆满,只要见到他来,就会让出位子。光荣的名字就叫做奈姆·苏莱曼诺尔古(Naim Suleimanoglu)。原来他在保加利亚生活,名字也改成了斯拉夫式的沙拉马诺夫(Shalamanov)。他自己不喜欢,抓住机会跑回了土耳其。土耳其总理出面,让这个迅速成长的男孩能够为其祖先的国家出力,成长为一个英雄。

苏莱曼诺尔古是5500万土耳其人的英雄。1988年汉城奥运会也成为了他的第一次重大考验。

在看台上,有几十面土耳其国旗在招展。土耳其代表团在其奥委会主席杰尔菲·费拉特里 (Jerfi Firatli) 以及国际奥委会委员阿里·斯南·厄登 (Ali Sinan Erdan) 的带领下全部来为苏莱曼诺尔古加油。

苏莱曼诺尔古的前保加利亚教练阿巴吉耶夫 (Abadjiev) 说:"只要我看着他,他就不会成为奥运冠军。"这位教练话说大了,相反是他的弟子托普洛夫 (Topurov) 崩溃了。他在加迪夫欧锦赛上曾经举起了145公斤,但在汉城他只举起了137.5公斤。

而苏莱曼诺尔古没费多大力气就举起了145公斤。他自己在嘀咕:"现在要做更认真的事情了。"他举起了150.5公斤,新的世界纪录。他骄傲地做了个手势,"很简单,不是吗?"他接着尝试了152.5公斤。让人难以相信,第二个世界纪录又诞生了。他什么时候才能停止?整个土耳其代表团完全颠狂了,呐喊着,似乎永不停止。

托普洛夫又出场了,距离王者还有15公斤的差距。他在努力,但无济于事。第二轮比赛是挺举,托普洛夫举起了165公斤,虽然有些摇晃。他再接再厉举起了175公斤。当苏莱曼诺尔古轻松地举起了同样重量,托普洛夫彻底认输,放弃了第3次试举。

接下来就完全是苏莱曼诺尔古的表演时间了。177.5公斤、185公斤、187.5公斤,最后一直到188.5公斤。两个时间、3个动作,1个微笑,苏莱曼诺尔古的双眼自信地看着同胞们,一蹴而就。土耳其的旗帜舞动得更加狂乱。苏莱曼诺尔古似乎还在说:"简单,太简单了。再给我点有挑战性的东西吧。"

190公斤!这太不真实了。人变成了半神。干净利落的举起,虽然有些摇晃,但这个小个子最终稳住了。这是他的第33个世界纪录,这天晚上的第6个,而且伴随着微笑。土耳其真的改变了苏莱曼诺尔古。

苏莱曼诺尔古赢得了比赛,并且打破了他这个级别的所有世界纪录。

格拉芙，绝对冠军

一枚奥运会金牌为她一年包揽的四大满贯冠军锦上添花。此前，还没有女网选手做到过这一点。

文/阿兰·德弗拉希耶

直到这个10月1日星期六，“金满贯”(Golden Grand Chelem)这个词组尚未存在。而现在要发明这个词组，否则无法表达史蒂芬·格拉芙(Steffi Graf)前无古人的辉煌战绩。在收集满了四大满贯冠军之后3个星期，格拉芙又拿下了奥运会金牌。这一年网球刚刚重新成为奥运会项目，就迎来这样一个伟大的冠军。格拉芙的辉煌绝对堪比鲍勃·比蒙当年8.90米的一跳，以及本·约翰逊9"79米的百米成绩，如果那是在正常条件下跑出来的话。

在网球编年史中，格拉芙这样的纪录是独一份。虽然网球从1924年起就不是奥运项目，那个年代也还没有大满贯的概念。但查查过去的年表，女子网球实现了几次包揽四大满贯，但那些年份都不是奥运年。所以即便从1924年到1988年网球是奥运项目，不管是1938年的多纳德·巴奇(Donald Budge)、1953年的莫琳·科诺里(Maureen Connolly)、1962年和1969年的罗德·雷沃(Rod Laver)和1970年的玛格丽特·库特(Margaret Court)都没有机会实现格拉芙的金满贯。这是不是意味着年仅19岁的德国人能够成为有史以来最伟大的网球选手?是不是已经可以把她置于苏珊·伦格伦、海伦·维尔斯(Helen Wills)、莫琳·科诺里、玛格丽特·库特、金夫人(Billie Jean King)、克里斯·埃弗特(Chris Evert)和马蒂娜·纳芙拉蒂诺娃(Martina Navratilova)之上?或许还要再等一到两个赛季才能正式宣布。但现在已经可以确定，格拉芙出色的网球技艺和充足的体能都在其对手之上；她的顽强意志也是最出色的，不可摧毁；她的工作精神和刻苦训练也不逊色于任何人。

这种条件下，除去格拉芙统治女子网坛5到10年，我们实在看不到其他的可能性。至少在她全身心投入网球时，她将是没有对手的。

也要看到，格拉芙这一年独霸网坛是赶上了很好的时机。埃弗特和纳芙拉蒂诺娃都已经不在其最好状态，而加布里埃尔·萨巴蒂尼(Gabriela Sabatini)还没有完全展现出其巨大潜力。1988年将格拉芙孤独地扔在了金字塔之巅。不知道未来几年中，谁能够给她制造麻烦。

萨巴蒂尼，毫无疑问。她是这一年中唯一一个击败格拉芙的选手，而今年当她们在法网、美网和奥运会中相遇时，这位年轻的阿根廷人给格拉芙制造了很多麻烦。即便格拉芙一直保持着最佳状态，萨巴蒂尼给她带来的压力有增无减。这对全世界的网球迷来说，是件大好事。

15岁的格拉芙就曾经在洛杉矶的表演赛上夺得冠军。4年之后，她成为了货真价实的奥运冠军。

风一般的乔伊纳掠走了女子百米的金牌。

1988年韩国汉城第24届奥运会

在1980年莫斯科奥运会西方国家抵制和1984年洛杉矶奥运会东方国家抵制后,世界各国又会师了。但爆发的禁药丑闻让奥林匹克蒙羞。

数据

开幕日:1988 年 9 月 17 日

闭幕日:1988 年 10 月 2 日

主办国:韩国

其他申办城市:日本 Nagoya

159 个国家奥委会参赛(国家名义):其中 117 国有女选手参加

8465 名参赛运动员:其中包括 2186 名女选手, 6279 名男选手。

23 个大项(17 个大项有女子参加, 包括混合项目)田径、赛船、篮球、拳击、划艇、自行车、马术、击剑、足球、体操、举重、手球、曲棍球、柔道、摔跤、游泳、五项全能、网球、乒乓球、射击、射箭、排球、帆船。

表演项目:不设表演项目。

237 个小项(86 个小项有女子参加, 包括混合项目)

宣布开幕者:韩国总统卢泰愚

点燃火炬者:韩国田径选手郑善万, 金元卓和孙美廷

运动员宣誓:韩国篮球选手许政

国际奥委会主席:西班牙人萨马兰奇

冬季奥运会

第十五届冬季奥林匹克运动会于 1988 年 2 月 13 日至 28 日在加拿大卡尔加里举办。

参加本届冬奥会的有 57 个国家和地区的 1423 名运动员(其中女选手有 313 名, 男选手有 1110 名)。首次参加的国家和地区有斐济、牙买加、关岛、危地马拉和荷属安的列斯。

本届冬奥会共设 10 个正式比赛项目, 其中新增一些小项, 有男女超大回转、男女阿尔卑斯式混合、男子 90 米跳台团体、男子北欧式团体、女子 5000 米速度滑冰等, 共设 46 枚金牌。

加拿大总督 J. 索维夫人宣布本届冬奥会开幕, 奥运圣火由卡尔加里 12 岁的业余滑冰运动员罗宾 · 佩里点燃, 加拿大越野滑雪运动员皮埃尔 · 哈维和花样滑冰裁判员苏珊娜 · 莫罗 - 弗朗西斯分别代表运动员和比赛官员进行了宣誓。

由于中国未取得冰球参赛资格, 高山滑雪、跳台滑雪和现代冬季两项的水平较低, 而雪车、雪橇两项又未开展, 因此, 中国仅派出一行 20 人的代表团, 参加速滑、花样滑冰、越野滑雪 3 项 18 枚金牌的竞争。

从洛杉矶到汉城

1984

• 11 月 4 日, 世界上第一个收费电视频道在法国创立:Canal +。

1985

• 5 月 29 日, 比利时布鲁塞尔, 尤文图斯和利物浦的冠军杯决赛演变成了海瑟尔惨案, 共有 38 人丧生。

• 7 月 10 日, 绿色和平组织的"彩虹勇士"号在奥克兰港被法国秘密部门炸沉。留在船上的一名摄影师丧生。

• 7 月 13 日, 在巴黎的让-布安体育场, 苏联撑竿跳选手塞尔盖 · 布勒卡成为第一个跳过 6 米大关的人。

• 9 月 7 日, 爱尔兰人史蒂凡 · 罗切成就了自行车史上的伟业, 夺得了环意、环法和世界锦标赛冠军。

1986

• 1 月 14 日, 巴达创建者萨宾乘坐的直升飞机失事。

• 4 月 26 日, 乌克兰的切尔诺贝利核电站的一个反应堆爆炸。4.8 万人疏散。

• 6 月 29 日, 阿根廷人迭戈 · 马拉多纳带队夺得世界杯。法国队名列第三。

1987

• 1 月 27 日, 戈尔巴乔夫提出了苏联政治生活的民主化。

• 4 月 8 日, 在拉斯维加斯, 雷 · 莱昂纳德击败卫冕冠军马文 · 海格勒, 成为世界中量级冠军。这场比赛堪称经典。

• 6 月 21 日, 奥克兰, 第一届世界橄榄球锦标赛决赛, 新西兰 29 比 9 击败法国。

1988

• 5 月 8 日,弗朗索瓦 · 密特朗击败雅克 · 希拉克, 再度当选法国总统。

你知道吗?

虽然古巴、埃塞俄比亚和尼加拉瓜抵制了奥运会, 但汉城奥运会依然创下了参赛国最多的纪录, 159 个国家。有史以来第一次, 盛装舞步的三块金牌被女子获得。瑞典击剑选手 kerstin palm 参加了她的第七届奥运会, 这是女子选手中的一个纪录。乒乓球第一次成为奥运项目, 网球在阔别 64 年后再次成为奥运项目。德国人克里斯蒂娜 · 鲁丁-罗森伯格曾在卡尔加里冬奥会上夺得两块奖牌, 在汉城奥运会上又夺得场地自行车速度赛亚军。

奥运会极大地改变了汉城，不仅仅是在市容上。

汉城 Seoul

和中国一样，朝鲜民族的历史沿革、民族文化从形成以后，基本上就没有割断过。汉城已有超过六百年的历史。

虽说汉城地方于公元前1世纪在史书上就曾提到过，但直到高丽时代才逐渐成都。1394年，朝鲜李朝的开国统治者定都汉阳，也就是我们现在说的汉城（现称首尔）。作为韩国的首都，汉城已有超过六百年的历史，现在的汉城已成为世界上人口密度最大的城市之一。

汉城市位于朝鲜半岛中部盆地，被山脉和丘陵包围，韩国第一大江——汉江迂回穿城而过，将城市一分为二。城中部由北岳山、仁旺山、鞍山等环绕成。汉城的年温差较大，四季分明，夏季有充沛的降水，冬季则可以欣赏到美丽的雪景。每年12月至来年的3月，是韩国滑雪的高峰期，大部分滑雪场都具备夜间滑雪设施，住宿设备也很齐全，其中以汉城的熊城和阳智两大滑雪场最为出名，每年都有众多游客。

汉城作为一个多种职能高度集中的城市，其发达的工业体系为韩国跻身亚洲经济"四小龙"奠定了坚实的基础。早在18世纪后半叶，汉城的商业就很繁荣，是当时朝鲜国内三大市场之一，各地商家云集，手工业尤其繁盛。20世纪60年代开始，韩国实行外向型经济发展策略，工商业、制造业以及服务业成为汉城的新支柱。此外，汉城还大力发展旅游业，这里与中国、日本、东南亚及欧美各国有航线相连，各国游客可方便地来往汉城与各国之间。汉城的公路、铁路交通也非常发达，特别是地铁交通，不但完全实现了现代化管理，总长度更是达到了125.7公里，位居世界第7。

在高度发展现代城市的同时，汉城也保留着许多名胜古迹，景福宫、昌德宫、昌庆宫、德寿宫和秘苑都是韩国历史的文化宝藏。市区内的浓荫下，古老的宫殿、庙宇与直入云霄的现代建筑群交相辉映，显示了汉城巨大的包容性。

这里同样是韩国的文化中心，汇聚了国家美术馆、国家科学馆，以及国家学术团体和图书馆。汉城市拥有包括汉城大学在内的36所高等院校，大学生占全国总数的三分之二。

汉城是继东京之后，第二个举办奥运会的亚洲城市。1988年的奥运会无疑是令人印象深刻的，开幕式上那有着浓郁东方色彩和朝鲜民族特色的歌舞，让世界为之欢呼。

汉城奥运会新列入了乒乓球比赛，并恢复了已中断64年的网球项目，允许网球和足球职业运动员参赛，但足球职业运动员年龄限制在23岁以下。表演项目有在韩国流行的跆拳道、棒球、羽毛球和女子柔道等。

而其间出现的约翰逊等运动员服用兴奋剂的问题，也给奥林匹克运动敲响了警钟，从此，世界体育界开始把兴奋剂问题提高到严重损害体育道德和违反奥林匹克精神的高度来对待。

蚕室体育场回荡着被后来很多年一直在吟唱的《手拉手》。这是第24届奥运会的主题歌，韩国人把西方流行音乐与朝鲜民族旋律完美地结合起来，创造了这首狂放而又优美的奥运会主题歌。毫无疑问，这是一首经典。

关键词·跆拳道+红魔

跆拳道古称跆跟、花郎道，是起源于古代朝鲜的民间武艺。公元688年，新罗王国统一了朝鲜，经济繁荣，百业兴旺，就建立了一种"花郎制度"（早期的跆拳道运动）。第二次世界大战后，自卫术再度兴起，从异国他乡回归故土的朝鲜人，也将各国的武道技艺带回本国，逐渐与跆拳道融为一体，形成了现在的跆拳道体系。1961年9月韩国成立了唐手道协会，后更名为跆拳道协会。1966年国际跆拳道联盟正式成立，1973年5月在首尔成立了世界跆拳道联合会，并且把这项运动带到1988年汉城奥运会上，成为了奥运会的正式比赛项目。

2002年的足球世界杯第一次落户亚洲，并首次由两个国家合办。韩国作为东道主之一历史性地杀入四强，创造了亚洲球队在世界杯上的最好成绩，同时也让人们见识到了韩国"红魔"的气势。本届杯赛以弱胜强的冷门频出，夺标热门队伍纷纷在小组赛落马，其中包括卫冕冠军法国队。法国队成为历史上第一支第一阶段未能出线并且不进球的卫冕冠军。中国队首次进入世界杯决赛阶段的比赛，小组赛三场未进球，以失9球、积0分的成绩无功而返。

CHINA 1988

汉城低谷

所有的情节都太像经典剧情了。这是新中国第二次参加奥运会，共派出了**301**名运动员，参加了**21**个大项的比赛，获得**5**枚金牌。相比于**4**年前洛杉矶奥运会爆发性的**15**枚金牌，汉城奥运会金牌数不可思议的大幅度下滑，虽然本次中国代表团的奖牌数明显下降，但有很多客观原因。可是这种落差还是在国际、国内产生很大影响。

金牌数的下滑并非单纯的内因所致，必须考虑到**1984**年奥运会中国代表团的**15**枚金牌，是在以苏联为首的东欧军团缺席的情况下所得，而**15**枚金牌中**5**枚体操、**4**枚举重、**1**枚女排金牌，均为东欧军团及古巴的强项。而汉城奥运会，所有重要体育强国均派代表团出席，中国的夺金项目遇到了太多的劲敌，**5**枚金牌，基本反应了当时中国的奥运竞技水平。

体育不无救世情结，人类亦习惯将奥运升腾为神圣的譬喻。在严峻时刻代表中国站出来的，是乒乓球（陈静、陈龙灿和韦晴光）、跳水（高敏、许艳梅）和体操（楼云），三个中国的王牌项目。唯其如此，这三个项目加上后来的羽毛球，才成为中国人心灵的神奇出口。

头顶洛杉矶的光环，中国代表团意气风发地走在汉城奥运会的入场式上。始料未及的是，中国人在此摔了跟头，荣耀不再。

许艳梅 016

这是中国代表团在汉城奥运会上的首枚金牌，在当时的情形下，这枚金牌的意义非凡

许艳梅
Xu Yanmei
性别：女 生日：1971.2
籍贯：江西南昌 项目：跳水
1988年在第24届奥运会上夺得女子跳台跳水冠军，这是中国代表团在本届奥运会上的首枚金牌。1991年退役后南下海南，进入海南大学文学系专攻外事侨务专业。现任海南省文体厅体育科研处处长。

注视五星红旗的时候，许艳梅被那红色映得睁不开眼。东方"红宝石"此时焕发出了更加夺目的光彩，人们能看到她的脸上绽开的笑容。奥运开赛第2天，中华人民共和国国歌响起在汉城中心体育场游泳馆。此时，许艳梅胸前的金牌更像是黄色的花瓣，让这束红梅显得灿烂无比。

这块金牌意义非凡。这不仅是中国体育代表团汉城之旅的首金，还被日本广播协会称为"亚洲的荣誉"。

从10米跳台通向世界之巅，每一步走得都再漫长又平凡不过，以至于当许艳梅被称为"老将"夺金时，才刚刚17岁零7个月。

8岁时，她像大多数孩子一样被父母送去练体操。小艳梅天资聪颖，学动作很快，可不起眼的她还是落选省队，失望在所难免。所以，当欧阳蕊教练看中她身体的柔韧性，问她是否愿意进入省跳水队时，她很干脆地回答"愿意"。

许艳梅从此开始踏上跳水之路。虽说隔行如隔山，但有体操功底的许艳梅把体操柔韧的美感在跳台上发挥得淋漓尽致。她凭借着"手掌压水花"的绝技，把跳水的最后也是最重要的一个环节做到无可挑剔。

世有伯乐，然后有千里马。许艳梅的伯乐是著名的跳水教练徐益明。在国家队师从徐教练，让她觉得世界冠军不再是奢望。

但她跟冠军的距离还很远。1986年世锦赛，由于伤病她错失了令世界惊艳的良机；之后的亚运会，她又在大好形势下由于最后一跳的失败屈居亚军。身体上的伤痛并不是病根，"易受外界干扰，杂念多"才是制约她成功的桎梏。回国后，许艳梅在保证技术训练的基础上，加强心理训练，确保每个细节都万无一失。

许艳梅展示出自信的一面，付出在翌年得到回报。她先后在新西兰、澳大利亚国际跳水比赛上，把第二名甩开六、七十分轻松夺冠；同年四月份，她在荷兰用一个满分的305(反身翻腾两周半)捧起了沉甸甸的跳水世界杯。许艳梅开始收获荣耀，之后的世界跳水分龄组跳水赛和第六届全运会她也顺利夺魁。

但是跳水是个人才辈出的项目，一不小心名将就被小字辈超越。洛杉矶奥运会上，老将陈肖霞就见证了周继红的崛起。

而在汉城，和许艳梅并肩战斗的，是14岁的跳水玉女陈晓丹。一稳一冲，一老一新，大家都觉得这块金牌是属于中国的。

许艳梅预赛中有两个动作没跳好，排名第三。初生牛犊的陈晓丹排名预赛第一，这使得大家都把目光投向她而不是"老将"许艳梅。大赛经验的缺乏，还是让陈晓丹在一个高难度动作时不堪重负。她发挥失误，与奖牌无缘。美国老将米切尔在四个规定动作后，以181.44分排在第一。许艳梅178.23分，紧随其后。

自选动作开始了，比赛也进入"艳梅时刻"。许艳梅的第一个动作选择了405(向内翻腾两周半)，得分超过米切尔将近14分，攀升到头把交椅。然而美国人没有轻易放弃，她在第三个自选动作结束后将差距缩小到0.27分。

许艳梅走上跳台，没有想太多，起跳、翻腾、入水，像流星在空中闪过。向后翻腾两周半，动作潇洒舒展、优美准确。68.73分，赢了米切尔8分多。观众席上，连原先预备为米切尔夺冠而庆祝的美国人都为她献上掌声。

稳定，是许艳梅夺金的保证。许艳梅平静地说："我的动作难度不如别人高，所以我就把苦功都下了在美和稳上，现在看来，我选对了路。我非常高兴。"

017 楼云

谈笑间他蝉联了奥运跳马金牌，他留给体操的是"楼云1"和"楼云2"两套动作

洛杉矶奥运会，大家很少把目光投向"跳马王"，因为"体操王子"的神奇表演更让人痴迷。楼云取得一金，而李宁是金牌"帽子戏法"。

四年前初次参加奥运会就一举夺金，除了实力作保障，良好的心理素质也不可或缺。奥运竞争的残酷，观众制造的噪音都让20岁的楼云感到些许紧张。美国人很会"打广告"，把硬币装进可口可乐的瓶子，摇得叮当作响。自信的楼云，把这当成自己胜利的提前庆祝，出色地完成了动作。轻盈落地的同时，金牌掷地有声。

洛杉矶的15块金牌也许使国人太过振奋，大家都感觉轻飘飘的。四年后，汉城，中国与世界，其实已经拉开了距离。信息的不通，让体操健儿对国外选手的实力不甚了解。他们只知己而不知彼，等现场目睹别人的精彩表演后，觉得对手很强，压力陡增是很正常的。

男子团体决赛，在规定动作比赛中，中国队出现了5人次的重大失误，直接扼杀了争金的可能。全能比赛，中国选手再遭重创，连奖牌都没有获得。在两枚金牌远去的时候，楼云的自由操铜牌已经算是对男子体操的安慰。

难道是盛极必衰？四年前的光辉注定要让这次汉城之旅变得艰辛甚至难堪？

单项决赛上，苏联的阿尔吉莫夫势头不减，拿下双杠和单杠金牌。而李宁从吊环上摔下，自由操、鞍马也没有发挥好。所有中国人都认定，楼云的跳马是挽回颜面的最后机会。

希望都寄托在这位已经24岁，拥有40多个跳马冠军头衔的"跳马王"身上。压力像骤雨将至的乌云笼罩在汉城体操馆。

在楼云的家里，父亲楼有根也为他捏着一把汗。作为楼云的启蒙教练，楼有根把儿子引入体操圣殿，并看着他一步步走向成功。楼云的下肢力量很强，身材比较短小，所以自由操和跳马是他的强项。1981年，楼云在日本两次获得自由操和跳马的冠军；1982年他夺得亚运会跳马冠军；1983年楼云与黄玉斌、李小平和李宁在世锦赛夺得男团冠军，打破了苏联人在该项目上的垄断；接下来他帮助中国拿下一块奥运会跳马金牌；1986年他卫冕了亚运会跳马金牌；1987年世锦赛他又获得了跳马、自由操两项冠军。楼云的基本功自不必说，更重要的是，他有一种身处逆境而不惧的魄力和稳定的心理素质。挫折对于楼云来说是家常便饭，每一次都能顺利攻克难关。第六届全运会体操预赛中，楼云在训练时脚趾骨折，医生宣布他不能再比赛了。可是他靠着对体操的热忱，咬牙忍痛继续比赛，结果获得了决赛权。眼前这个时候，就是顽强意志起作用的时候了，因此楼有根觉得，儿子肯定会不负众望。

第一个动作，楼云发挥得很一般，落地时没有站稳，只拿到了9.925分，而他的主要对手民主德国的克劳尔却得到9.975分。这样的高分，并没有引起楼云情绪的波动。他依然沉着冷静，自信地望着前方，是在心中回忆第二套动作的要领吗？他起跑了，踏上跳板，起飞，这套前手翻直体前空翻转体180°的动作做得唯美无比。人们只看到，楼云在空中划了一道优美的弧线，落地时纹丝不动。他成功了！

"成功了！"楼有根激动不已。

而用"震天动地"的声音喊出"成功"的，还有体操队的队员们。本届奥运会的成绩令他们都十分郁闷，楼云的金牌让他们把抑郁宣泄了出来。

"今天是我参加所有比赛以来最紧张的一次，由于中国队在规定动作中的失误，我的担子更重了。"楼云赛后说，"但是我相信自己的实力，终于在最后一跳获得成功。"

谈笑间，楼云蝉联了跳马的金牌。他留给体操的，是"前手翻屈体前空翻转体540°"和"前手翻屈体前空翻转体180°"，即被国际体操联合会分别命名为"楼云1"和"楼云2"的两套动作。而他在自由体操中的"团身、屈体或直体侧空翻两周同时转体270°"也被命名为"楼云空翻"。

多年以后，人们还会记得在汉城体操馆内曾经有过一团云，飘逸，美妙。

楼云
Lou Yun
性别：男 生日：1964.6.23
籍贯：浙江杭州
身高：1.58米 项目：体操
第23届夏季奥运会获体操跳马金牌(19.950分)。四年后在同一项目上成功蝉联金牌(19.850分)。目前任北京楼云置业有限公司董事长。

高敏 018

中国跳水队是一支金牌之师，高敏则是跳水皇后

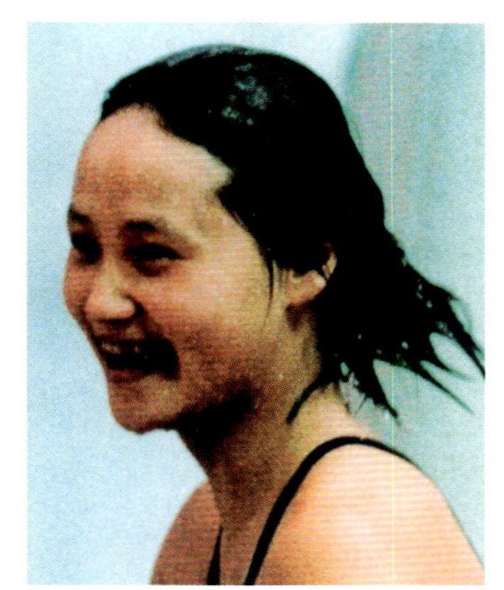

高敏站在跳板上，此刻她心中已把跳水看作芭蕾。她轻盈地做出最后一个动作，从起跳到入水，几乎无懈可击，伴随着观众掌声的是77.43分的高分。她如愿以偿获得了奥运冠军。“跳水皇后”的时代已然来临。

其实那个时候，她才17岁。

比赛的前半段，“皇后”发挥得并不好。预赛第一还是多少让她有些放不开手脚，在前3个规定动作结束时，她仅仅位列第三。五个动作全部跳完后，她把名次提高一位升至次席。高敏逐渐释放出自己的好胜心和自信，从第一个自选动作开始一跃成为第一，第三个动作结束后，她已经超出第二的美国名将麦考密克30余分。最后两跳，405(向内翻腾两周半)和5335(反身翻腾一周半转体两周半)。她把跳水这项运动以轻灵、飘逸完美诠释，她出色的柔韧性和协调性，让观众仿佛正在欣赏《天鹅湖》。

高敏秉承了四川姑娘活泼开朗的性格，爱打爱闹为她赢得了“小疯子”的外号。正是这样敢打敢拼的作风，让她敢于挑战高难度动作，不怕吃苦，不惧失败与挫折。她的“疯劲儿”一方面让她在比赛中表现得游刃有余，另一方面也在她瘦小的身体上留下了不少的伤病：1981年膝盖重伤，次年肘关节又严重受损；如果说耳膜穿孔和拍水吐血都还算小儿科的话，1986年，她在跳台上练习5237这套动作时腰部的严重受伤则让她痛不堪言。休息一天后，咬牙坚持的信念使她又出现在训练馆。教练命她赶紧回去休息，她笑答：“练不练都痛，还不如继续训练呢!”

自11岁夺得全国跳水冠军以来，几乎每年一次的大伤都没能击垮她，反而让高敏愈战愈勇，更加坚定了夺取世界冠军的信心。1986年，西班牙世界锦标赛，她以无懈可击的表现一路领先，并创造了新的高分纪录，与第二名拉开了40多分的距离。次年的跳水世界杯，她带伤上场又一举夺魁。她的目标也越来越高，当600分的梦想在济南中国跳水公开赛实现时，奥运金牌就不再遥远。

在汉城，蛹终于破茧成蝶。高敏在连取世锦赛、世界杯后，摘下奥运金牌，实现了三连冠，谱写出美丽的青春三部曲。

高敏
Gao Min

性别：女 生日：1970.9.7
籍贯：四川自贡
身高：1.62米 项目：跳水

1988年在第24届奥运会上，以580.23分的绝对优势获得跳板跳水金牌，成为我国第一位奥运会跳板跳水金牌获得者。退役后远嫁加拿大，目前暂居北京。

跳水是“一秒钟的艺术”，从始至终，微笑从未在高敏的脸上消失。当跳入水中时，她从水里看到了光明。短短的1.4秒，其实凝聚着她为之付出的心血、汗水和智慧，以及那么多人的关心和付出。她拼命挥着双手向观众致意，激动和兴奋溢于言表。

当国歌响起，五星红旗冉冉升起时，高敏酸甜苦辣涌上心头。她咬紧牙关，希望这一刻就此停住。徐教练的话还在耳畔：“让我们的国旗升起来，升到最高处，让对手仰头看你们，看我们的国旗，听我们的国歌!

沉浸在胜利喜悦中的高敏，没有忘记那些帮助过她的人。大会发给她一束盛开的鲜花，回到奥运村后，她把鲜花诚心诚意送给了队医杨大夫。高敏每次受伤，都是杨大夫耐心细致为她进行按摩治疗，正由于此，她才得以恢复健康，才能登上最高领奖台。现在圆梦了，她没有忘记这位“功臣”。

之后的插曲很有趣。高敏夺冠后显然是“被胜利冲昏了头脑”，在奥运村纪念物前照相时她把身份卡放在旁边，照完相后竟忘记戴上，回到宿舍才想起来。她随即折回去找卡，卡却已经不见了。她随即去报案，当警察认出她是奥运冠军时，争相和她合影。

019 陈龙灿&韦晴光

这是中国乒乓球的首枚奥运金牌，具有里程碑式的意义

陈龙灿（右）
Chen Longcan
性别：男　生日：1965.3.30
出生地：四川新都
项目：乒乓球

韦晴光
Wei Qingguang
性别：男　生日：1962年
籍贯：广西南宁
项目：乒乓球

第24届奥运会乒乓球男子双打金牌得主，这也是中国首枚乒乓球奥运金牌。陈龙灿现任四川省乒乓球队教练，韦晴光定居日本，从商。

1988年奥运会，有一个被中国乒乓球队称为"黑色星期一"的日子。这一天乒乓球比赛进行了男女单打1/4决赛，中国男单全军覆没，江嘉良输给瑞典的林德，陈龙灿负于匈牙利的坎纳帕尔，许增才不敌南朝鲜的金琦泽。

一切都无法减轻陈龙灿的痛苦。他在两局领先的大好局势下，被匈牙利人以3个21比19奇迹翻盘，然后眼睁睁看着朝鲜选手刘南奎和金琦泽顺利会师决赛。而最后的胜者，正是自己从未败过的刘南奎。

当萨马兰奇宣布乒乓球进入汉城奥运会时，世界的目光便一致投向中国。中国的首个世界冠军是1959年荣国团的世乒赛的男单金牌，此后人才辈出。随着1984年中国回到奥运家庭，乒乓球成为正式比赛项目是奥运送给中国最好的见面礼。中国在4个项目上都有极强的实力，夺金似乎只是走走过场。

在最能显示一个国家乒乓球实力的男单比赛中，中国队竟没有一人进入四强。当这种"史无前例"的事情发生时，汉城无疑给中国男单玩了一次黑色幽默。

几天来，乒乓球队极其郁闷地进行着训练。虽然陈龙灿/韦晴光要面对的是曾经的手下败将——前南斯拉夫组合卢布莱斯库/普里莫拉茨（1987年印度世乒赛陈韦组合曾击败过他们），但男单的失利如挥之不去的阴影一般，缠绕着陈龙灿。

男单败退后，女双也告失守，中国乒乓球队已经输掉了2块金牌。男双再不能有任何闪失，否则，乒乓霸主将名不副实。

这相当于一场正名之战，压力可想而知。

与单打相似，双打比赛中陈龙灿同样在八进四时遭遇强敌。单打，他一个人没能闯过去。而靠着两个人的默契配合，他和韦晴光十分艰难地击退波兰组合德罗巴/库阿斯基顺利晋级。其余的比赛淡若白水。2比0成为他们进入决赛的伴奏曲。

结果的平淡并不能真正反映当时的情景，看起来假相十足。其实两个人都紧绷着神经，大环境的压抑，使得每个人都透不过气来。

决赛对手卢布莱斯库和普里莫拉茨都来自贝尔格莱德游击队，与来自中国的肖战并称"三架马车"，经验丰富而实力强大，绝对属于难缠的角色。

这是一年前世乒赛的翻版。中国男双只能胜利，不能失败。第一局，韦晴光显得有点紧张。他的接发球较高，多次给对手抢攻的机会，再加上卢/普左右开弓、两面拉冲，打得越来越有气势，这让陈龙灿/韦晴光招架不住。随着拉锯战的进行，中国组合以20比22先失一局。

万事开头难。如此的开局，不能不让坐在教练席上的许绍发捏一把汗。他在休息时，告诫弟子尽量放松，放开手脚，不要背思想包袱。一句话，想赢怕输是万万要不得的。

陈韦组合在第二局真正发挥威力。韦晴光逐渐找回状态，他的接发球富于变化，陈龙灿又辅之以刁钻的进攻路线。对手对于突然发威的中国选手感到不适应，他们频频失误，最后放弃了抵抗。21比8，场上局势反映在比分里。

关键的决胜局，前5分双方势均力敌。陈龙灿在3比2领先的时候，用一个漂亮的侧身抢拉打到了对方最难受的位置，连许教练也在场外喊出"有啦！"。之后中国组合打得得心应手，陈韦组合几乎复制了第二局，以21比9拿下比赛。

双方其实没有这么大的实力差距。摧枯拉朽的背后，是陈韦二人必胜的信念在支撑。况且，他们身后，有太多的人在关注。

这是中国乒乓球的首枚奥运金牌，具有里程碑式的意义。两人都十分兴奋，五星红旗把他们的脸映得彤红。让人激动的国歌响起，领奖台上落下男儿泪。

陈龙灿显得有点不甘。他很想回到几天前，把单打比赛赢下，然后，上台领奖。那是枚更具诱惑和挑战的金牌。

可是没有如果。"我只有深深的遗憾。那一刻，我觉得压抑。"陈龙灿回忆道。

按理，男双金牌多少该让他释怀了。但快乐总是短暂的，一块双打金牌，并不能掩饰单打上的失落。对于陈龙灿而言，好事成双才是真正的大团圆结局。

陈静 020

她是奥运会历史上第一个乒乓球女单冠军，运动生涯复杂曲折

人如其名，陈静不爱张扬，不喜外露，但十分温柔的外表下是沉着冷静的头脑和一股永不服输的精神。

陈静的运动生涯十分顺利。1975年，朱达仁教练慧眼识英，把7岁的小陈静收归门下，并把她培养成一个左撇子选手。那个时候，陈静更喜欢音乐和舞蹈，宣传队的解散才让她与乒乓结缘。15岁时，陈静顺利进入湖北省队，在获得1987年瑞典乒乓球公开赛女单亚军和女双冠军后，她顺利入选奥运阵容。

她的入选还有一段插曲：陈静能在人才济济的女队脱颖而出，完全是靠毛遂自荐式大胆的自我挑战。队内曾进行过一次有关出征奥运人选的民意投票，对于一般人而言，投焦志敏、何智丽和戴莉莉这三个人是顺理成章的。她们都是久经沙场的老将，大赛经验丰富，而乒乓球就是项以稳取胜的运动。陈静很不服气，她没有写任何人，却留下了几行字："你们就不打算让队伍更新换代了吗？我以为目前的队伍太老了，别人对老队员的研究很下工夫，到了赛场她们是知己不知彼，很吃亏。不如启用一下新队员，因为新队员比之老队员更有冲劲，技术也并不逊色，所欠缺的就是经验……让新队员参赛，可以让她们增加大赛经验，对手也不可能对之进行透彻研究……"

陈静事后说，那张名单就是典型的"我选我"，是请战之票。她说其实很多东西都要靠自己争取。既然选择，就有可能兵败汉城，那么你就得承担所有责任，但乒乓球是圆的，输赢是不定的。有一点你必须肯定，那就是你要自信。

这届奥运会第一次把乒乓球列入正式比赛，中国是4个单项的夺冠热门。而初出茅庐的陈静，就是靠自信打动教练，最终入围出征的名单。

从小组赛打到决赛，奔着冠军去的陈静憋着一股劲儿，每场都是3比0完胜对手。当3名中国选手进入女单4强，随后李惠芬也在另一半区顺利杀进决赛，奥运会的第一块乒乓女单金牌注定烙上中国的印记。

这是陈静夺冠最难攻克的关卡。"内战"，意味着知根知底，自己的技术特点对方完全清楚，关键就看谁的状态更好。

大比分2比0领先，第三局打到赛点。只差一步了，陈静就能夺得奥运金牌。这一步，很近。"我心里想着，再赢一球就是冠军了。"她赛后透露。这种念头虽然只是一闪而过，但明显影响了陈静的技术动作。场上局势开始发生变化。

李惠芬看出了陈静的急于求成，心浮气躁。她开始放手一搏，拼得更加凶狠，临场变化也非常大。陈静有些招架不住，错失了最好的机会，被扳回一局。

陈静在第四局兵败如山倒。杀得兴起的李惠芬状态神勇，陈静没回过神来就几乎已经放弃，盘算着如何打第五局。大比分变成了2比2。

精彩的比赛进行到这个时候，观众们屏住了呼吸，连加油也不敢喊了，生怕错过某一个细节。

一定要拿世界冠军，一定要拿奥运冠军。这是陈静从小就有的梦想。她在朝着这个目标步步迈进。

决胜局，过于拼命的李惠芬节奏已被打乱，体力也出现了问题。陈静打到20分的时候已经是遥遥领先了。于是我们看到她夺下最后一分，拿下女单冠军，脸上并没有什么喜悦之色。

"其实最激动的一刻并不在拿到冠军之时，而是她领先很多，笃定取胜的时候。"陈静说，"我告诉自己：比赛在我控制之中，我赢了！"

当然她不是不高兴。在领奖的时候，她假装擦汗，实际上眼泪已经忍不住了。颁奖仪式上，冠亚季军都是中国选手。陈静、李惠芬、焦志敏，三个人看着国旗缓缓升起。

20岁的武汉女孩陈静，舒了一口气，她的梦想终于实现。

陈静并不喜欢别人把冠军冠上她的名字。她在获胜之后说："当你看到一个冠军站在领奖台上的时候，你也许认为只有她一个人，其实并不是，凭借一个人的力量根本就没有办法拿到冠军。在她的背后有很多的人，一直陪伴着她一路走来。这其中，有教练，而且是很多个教练，有陪练，也有很多个陪练，以及一些相关的工作人员，当然也离不开她的家人、亲戚、朋友的支持。所以当我站在台上时，我想的是，冠军不是陈静的，我只不过是代表一群人来领奖。"

为人低调，却很真实。陈静用言行把名字描绘得贴切妥当。静静的温柔，静静地圆梦。

陈静
Chen Jing
性别：女　生日：1968.9.20
籍贯：湖北武汉
身高：1.70米　项目：乒乓球
1988年汉城奥运会女子乒乓球单打冠军，也是奥运会历史上第一个乒乓球女单冠军。现任华南师范大学副教授、广东陈静俱乐部有限公司董事长、中国国家乒乓球男队科研组心理辅导。

第25届奥运会➔巴塞罗那

他们来了，他们都在。南非人在种族隔离制度废除之后再次敲开了奥运会的大门；爱沙尼亚人、拉脱维亚人、立陶宛人，还有其他十几个苏联解体后独立的国家，以独联体的名义共同参赛，但是各国的国歌和国旗也都在使用；德国人也以统一的姿态出现，1990年民主德国取消，并入联邦德国；也门人也来了，1990年南北也门统一；克罗地亚人、斯洛文尼亚人、波黑人也来了，虽然战争依然在南斯拉夫进行；塞黑人也在奥运的旗帜下，打着个人的旗号来了；唯一缺席的就是巴勒斯坦人，他们还要等上4年，才参加了亚特兰大奥运会。

他们来了，他们都在。业余选手来了，职业选手也来了。这算是有史以来第一次所有的职业选手都获许参加奥运会。这就让人们有机会见识到世界上最伟大的一些运动员。比如足球中的路易斯·恩里克(Luis Enrique)和瓜迪奥拉(Guardiola)、自行车比赛中的伯德曼(Boardman)，最引人注目的还数NBA球员组成的篮球队，一个永远不会被击碎的梦。

他们来了，他们都在。国际奥委会主席萨马兰奇为他的家乡加泰罗尼亚举行的第一届奥运会而骄傲。这届奥运会掀起了巨大的热情，组织工作也很完美。就连安保工作在保证了威慑性的同时，也不让人觉得那么束手束脚。

Sponsored by Telefónica
Barcelona'92
Jocs de la
XXVa Olimpíada
Barcelona 1992
Juegos de la
XXV Olimpíada
Barcelona 1992
Jeux de la
XXVe Olympiade
Barcelona 1992
Games of the
XXV Olympiad
Barcelona 1992
© 1990 COOB'92 S.A. All rights reserved Disseny gràfic: Josep M. Trias

1992

魔术师约翰逊、尤因、皮蓬、马龙、伯德、巴克利、乔丹……美国篮球“梦之队”是巴塞罗那奥运会上最大的吸引力。看观众的反应就知道了。

NIKE
REAM TEAM

大门，向职业选手敞开

这是有史以来第一次所有职业选手都获许参加奥运会。这就让全世界有机会见识到这个星球上最伟大的一些运动员。比如足球中的路易斯·恩里克和瓜迪奥拉、自行车比赛中的伯德曼，最引人注目的还数NBA球员组成的篮球队，一支不可能被击败的梦之队。

1986 年 10 月 17 日，国际奥委会在洛桑举行第 91 届全会，巴塞罗那，这个曾申办 1924 年、1936 年、1940 年三届奥运会但均未果的城市，终于赢得 1992 年第 25 届奥运会的主办权。

从 1992 年巴塞罗那奥运会开始，人们对环境保护的认识更加深刻，并真正能在建设体育场馆时付诸实施。巴塞罗那奥运会奥林匹克设施在蒙特尤克方圆 5 公里的范围内，分成 4 个各具特色又有机联系的部分，即蒙特尤克、迪埃戈纳尔、巴尔德黑勃龙和海洋公园，其设计施工都充分考虑了环保和绿色奥运的主题。

奥运村位于海洋公园区。这里是 19 世纪最后三十年西班牙第一个工业区的原址，集中着一批濒临倒闭的工厂和企业，到处是废弃的仓库和闲置的厂房。巴塞罗那市获得第 25 届奥运会主办权后，组委会决定按照“西班牙国家建设 5 年计划”，选择这块废弃的工业区做为以奥运村为主的奥运区。

巴塞罗那曾是 1920 年代世界建筑业的先锋，也是著名的创新派建筑师安东尼奥·高迪的故乡。巴塞罗那奥运村的建筑设计别具一格，由西班牙建筑设计联合会发起的设计大赛的获奖者设计。奥运村兴建在一个宽阔海滩上，面积为 65 万平方米，有 2500 个套间，公寓大楼大多是 6 层高，其中多是包括 2 到 3 间卧室的套间，能容纳 15000 名运动员、裁判员、教练员住宿。

巴塞罗那奥运会是历史上首届禁烟的奥运会。除了运动场上禁止吸烟外，室外球场观众席也被列为禁止吸烟区。同时抵制烟草制造商任何形式的广告，严禁在各赛场出售烟草制品等。

不知禁烟措施是否与奥运前夕发生的奥林匹克饭店失火事件有关。位于奥林匹克城的两座高达四十几层的饭店，是专门为奥运会修建，用于接待政府来宾及各国高级官员的。盛会前夕这两座五星级饭店接连失火，虽说经济损失不大，但影响却不小，因为每次失火均是人为破坏。失火事件无疑给世界敲响了警钟，组委会考虑最多的就是安全问题，西班牙政府不惜耗费 3.6 亿美元买来最新式装备培训人员。奥运会期间，1.5万名从全国各地抽调来的警察和军队将被安排在各个比赛场馆、饭店、奥运村及交通要道；巴塞罗那港口外面布置了数艘战舰，负责海上安全；并严格出入境手续，奥运会期间，进入运动员下榻的奥运村手续繁琐得使人瞠目结舌。

国际奥委会主席萨马兰奇成功地让奥运会来到了他的故乡加泰罗尼亚，20年来，国际奥委会旗下的所有成员也终于聚于一堂，这是一次真正属于全世界的奥运盛会，有来自172个国家和地区的9344名运动员参加。

南非终于废除了种族隔离制度，自1960年被排除在奥林匹克大家庭外后，这个国家首次来到了奥运会；爱沙尼亚、立陶宛、拉脱维亚和其他十几个从苏联脱离出来的共和国，在独联体的旗帜下重新聚在一起；于1990年实现统一的德国也在一面国旗的引导下走进赛场；克罗地亚、斯洛文尼亚、波黑，甚至塞尔维亚和黑山都团结到了奥林匹克大家庭里。此次盛会规模之大、组织之严密达到了空前的程度。

开幕式于7月25日当地时间晚8时在蒙锥克体育场举行。价值10，200万美元的通讯卫星，在大西洋上空同时用32条线路向五大洲约35亿观众进行实况转播。西班牙国王卡洛斯、国际奥委会主席萨马兰奇和来自24个国家的首脑、政府要员出席了大会。

巴塞罗那奥运会的圣火，从6月5日上午11时45分由希腊著名女演员玛丽娅·帕布基于奥林匹亚引燃后，搭乘木造帆船航行，由地中海登录西班牙，开始了在西班牙境内穿越17个自治大区625个中小城镇的接力传递。经过51天，全程6307公里，动员10448人接棒的圣火传递，还特别邀请了50多个国家和地区的155名代表参加火炬接力跑，这在奥运史上尚属首次。1992年7月25日奥运会开幕典礼当天，圣火来到奥林匹克体育场。一位残障运动员推着轮椅缓缓进场，拿起弓箭，“射燃”了21米高塔上的火焰。这是奥运会史上唯一一次以间接方式点燃圣火。

本届奥运会共设25个大项257个单项，首次列入棒球、羽毛球两个大项，并新增设了女子柔道等20个单项。

自1928年以来，立陶宛从未参加过夏季奥运会，也从未获得过一枚奖牌。铁饼运动员尤巴塔斯改变了这一切，他曾在1986年获得过欧洲冠军，并在1988年的汉城奥运会上为当时的苏联获得银牌。

另一名应该为自己的成就感到骄傲的运动员，毫无疑问是独联体的体操王子谢尔博。体操赛场上，他一人夺得了6块金牌。在奥运历史上，仅落后于此前美国泳将施皮茨7块金牌的纪录。跳马、双杠、全能、吊环、鞍马，谢尔博简直战无不胜。

11岁的西班牙少年卡洛斯·弗龙特成为自1900年以来，参加奥运会的最小的选手，他参加的是8人赛艇比赛。德国人安德烈亚斯·凯勒夺得了男子曲棍球比赛的金牌。他很好地继承了长辈的传统。他的祖父和父亲都曾夺得过奥运会奖牌，而且都是在曲棍球这个项目上。祖父在1936年奥运会上获得了银牌，父亲则在1972年夺得了奥运会金牌。

西班牙王子菲利普参加了帆船比赛，组委会对他参加比赛的海域实行了全面保护。在方圆12海里的海域里，北面有巡逻快艇监护，另外还筑起了深海防御网，配有声纳探测系统，两名潜水员用电视深水摄影机，在200米深的海底处，监视任何异常动静。同时，还配有军舰，严密监视海面上商船的活动，加上在奥运会的保安人员，共有2000人。

(左)美国队的飞人乔丹。
(上)巴塞罗那市长帕斯奎尔·马拉加尔和加泰罗尼亚区长约尔迪·普约尔共同举着奥运火炬。
(下)南非总统曼德拉也参加了开幕式。

但在这届奥运会上赢得最多掌声的还是由迈克尔·乔丹、“魔术师”约翰逊等NBA巨星领衔的美国男篮。虽然他们的比赛根本没有悬念，但这些职业大师们的表演让所有观众如痴如醉，因为他们展现了“更快、更高、更强”的具体含义。在上届汉城奥运会上，美国奥运男篮半决赛中便负于原苏联队而被淘汰。也正是这次惨败促使美国篮球协会(NBA)允许其所属的职业球员参加奥运会。国际篮联在1989年4月修改规章，允许职业运动员参加包括奥运会在内的一切国际比赛。

美国篮球之盛世界无敌，尤其是NBA，汇集了世界最顶尖的篮球选手。本次组队的美国梦幻队召集了在NBA效力的最顶尖的篮球巨星。特别是迈克尔·乔丹，这个芝加哥公牛队得分后卫，身高1.98米，是史上最伟大的篮球巨星之一。他在1987年的一个赛季得分突破3000分大关,从此开创了“乔丹时代”。他6次赢得总冠军，10次夺得赛季最佳得分称号，5次当选最有价值球员。

梦幻队在到巴塞罗那前已经接到了联盟下达的死命令：夺取冠军。队员们也许下诺言：每场比赛净胜对手30分！在巴塞罗那，他们用实力实现了自己赛前的“狂言”，古巴、委内瑞拉、加拿大……一支支队伍来进行尝试，都被梦幻队毫不留情地送了回家。

最终，没有人能给梦幻队形成一点点的威胁，他们以魔术般的表演，轰动了整个巴塞罗那，以绝对的优势夺得了冠军。

田径赛场出现了有违体育道德的情况，使得国际田联左右失据。男子10000米的比赛只剩下最后3圈时，肯尼亚选手理查德·切利莫和摩洛哥运动员卡利德·斯卡赫并肩跑在最前面，另一位落后三圈的摩洛哥选手布塔耶布与他们也跑在一起，有心帮助队友的布塔耶布突然加速在两人身边猛跑起来，并在切利莫前面有意阻挡其前进。

受到干扰的切利莫在最后150米时眼睁睁看着斯卡赫超越了自己，率先冲线。然而，30分钟后场上电视屏幕显示的是切利莫以27分47秒72获得冠军。斯卡赫虽然跑出了27分47秒70的成绩，但被取消了比赛成绩。摩洛哥代表团提出上诉，经国际田联仲裁委员会讨论裁决，又将金牌改判给摩洛哥选手斯卡赫，肯尼亚运动员切利莫列第二名。

本届奥运会共破19项世界纪录，其中田径3项、游泳9项、射箭5项、自行车2项。

气氛 1992

L'EQUIPE 队报聚焦

国际足联vs国际奥委会：分道扬镳？

“如果国际奥委会不想在奥运会中加入足球这项赛事，那就明说，我们会退出的。”这句警告从国际足联主席阿维兰热 (Joao Havelange) 的嘴里说出来，威力不小。这个带有威胁意味的表态清楚地表明了国际足联和国际奥委会长久以来的摩擦和分歧。长久以来，国际足联为了保持世界杯独一无二的地位，一直把奥运会的足球比赛维持在一个较低的规格。这一次，在商业利益的驱使下，奥委会希望能够提升足球比赛的精彩程度，梦想着有一天能够在奥运会上出现“梦之队”的身影。但是，国际足联却不想买账。从 1992 年奥运会开始，NBA 职业球员正式加入奥运会男篮赛事，其他职业的体育项目也希望在这一体育盛事之中能占一席之地。背道而行的，只有国际足联。

事实上，国际足联主席阿维兰热和国际足联对于挤进奥运会都没有太大的兴趣。世界杯绝对能够吸引全球观众的眼球，在两届世界杯之间举办一场可以和世界杯媲美的奥运足球赛事，对于国际足联来说，除了影响世界杯的票房，没有任何好处。1988 年，国际足联曾经勉强同意，允许各国派职业球员参加奥运会，但年龄只能在 23 岁以下。1992 年，这个世界上影响力最强的足球组织依然希望奥运会能够汇集 23 岁以下的优秀球员，从而成为下一届世界杯培养人才的基地。

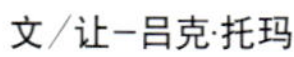
文/让-吕克·托玛

1 记者们可以从蒙就伊克(Montjuich)体育场的记者席直接看到比赛，或者通过转播比赛大屏幕欣赏比赛。

2 10000米的田径赛场上，摩洛哥选手布达耶伯(Boutayeb)帮助他的队友卡里德·斯卡(Khalid Skah)压制肯尼亚选手舍里莫(Chelimo)。斯卡获得了胜利。

3 奥委会主席萨马兰奇正在和西班牙国王胡安·卡洛斯(Juan Carlos)交谈。而古巴领导人卡斯特罗好像被开幕式吸引了全部注意力。

4 巴塞罗那奥运会上的美国篮球队被称为"梦之队"，它囊括了NBA几乎所有的顶尖球员，被人们看作是历史上最强大的篮球队。

5 邓亚萍夺得乒乓球女子单打冠军。

6 幸运的古巴人：尽管未能参加洛杉矶奥运会和汉城奥运会，古巴人在1992年得以重返奥运赛场。他们在棒球比赛中取得了出色的成绩。

7 巴塞罗那奥运会的现代化射击场坐落在郊区小城莫莱(Mollet)。

8 运动员在赛后都要参加新闻发布会。

9 曾做过健美运动员的阿诺·施瓦辛格(Arnold Schwarzenegger)津津有味地欣赏着田径比赛。

10 每一场比赛结束后，清洁人员都快速入场清洁体育器械，他们的工作非常有效率。

11 巴塞罗那奥运会上，孙淑伟夺得10米高台跳水冠军。

12 美国和西班牙远隔重洋。不过，真正的体育爱好者都不远万里前去助兴，例如著名演员杰克·尼克逊(Jack Nicholson)和迈克尔·道格拉斯(Michael Douglas)。

13 体育竞技场也不免成为政治观点的发布地：两位僧侣在人群中放置标语。

气氛 1992

L'EQUIPE 队报聚焦

莫拉莱斯：终于，终于！

现在我相信了，梦想是会变成现实的。"帕布罗·莫拉莱斯 (Pablo Morales) 的声音十分激动，眼睛里充满了喜悦的光芒。这是在 1992 年巴塞罗那奥运会上，美国运动员莫拉莱斯夺得男子 100 米蝶泳金牌之后说的话。这个 27 岁的美籍古巴裔小伙子离开泳坛已经有 3 年半了，直到比赛前的 11 个月，他才重新回到游泳池边参加训练。在赛场上，他终于如愿以偿地登上了男子 100 米蝶泳的最高领奖台。

1984 年，莫拉莱斯在美国运动员的预选赛上曾经创下过世界纪录。但是幸运之神在正式比赛的时候却弃他而去了：在男子 100 米蝶泳的决赛中，他败给了德国运动员格罗斯，仅仅抱得银牌遗憾而归。那时候，他才 19 岁，十分缺乏国际大赛的经验。这个年轻人随后决定全心投入，卷土重来。

1988 年的奥运会预选赛上，虽然莫拉莱斯仍然是世界纪录的保持者，但是他在预赛中仅仅排名第 3。名气是名气，规则是规则。由于只能有两名运动员获得出征资格，莫拉莱斯只能望池兴叹了。提起那个时候，他说，"我根本就不能看汉城奥运会的比赛，对我来说那简直是种折磨。"

绝望之中的莫拉莱斯决定离开泳坛，专心于他的法律学习。3 年半中，他一次都没有踏入游泳池。但是就在巴塞罗那奥运会临近的时候，这个小伙子按耐不住了。"我意识到，我希望能够重返赛场，弥补以前的遗憾。作为一个 27 岁的老将，我不知道我能走到哪里，于是我给自己定了几个目标。"

仅仅经过 7 个月的恢复训练，莫拉莱斯就成功地夺取了奥运会比赛资格。"第 2 个目标，当然是金牌了。在几个星期内，我都在设想着奥运赛场上可能发生的情况：我赢了、我输了、我还没进入决赛就被淘汰了。"

在率先触壁实现金牌梦想的时候，莫拉莱斯难以掩饰他的激动和狂喜。他在比赛中耗尽了体力和精神，上岸的时候甚至有些摇晃。在颁奖仪式上，这个激动万分的小伙子不得不用手背擦去涌出的泪水。在最辉煌的时候，莫拉莱斯想的最多的是他那过世的母亲。"那个时候，我多么希望她能看到我的比赛啊。我知道她的精神无时无刻不在我身边。这一次，终于我赢了。"

文/让-吕克·托玛

1 在双向飞碟的比赛中，中国运动员张山凭借过人实力获得了金牌。尽管秘鲁运动员亚鲁尔(Juan Giha Yarur)和意大利运动员罗塞蒂(Bruno Rossetti)输给了一个女子，分获银牌和铜牌，他们的脸上依然挂着笑容。

2 埃塞俄比亚长跑好手图卢(Tulu)和其非洲姐妹迈耶(Meyer)共同庆祝胜利，她们分获金牌和银牌。1992年南非重返奥运赛场。

3 亚历山大·波波夫，俄罗斯游泳健将，连夺男子50米和100米自由泳的金牌，把长期称霸泳坛的美国运动员甩在了身后。

4 在1984年和1988年都未能出战奥运会的古巴跳高选手索托马约尔(Javier Sotomayor)终于在巴塞罗那圆了奥运金牌梦。

5 英国桨手雷德格雷夫(Steve Redgrave)和品森特(Matthew Pinsent)这对黄金组合又一次把金牌收入囊中，他们获得了男子双人单桨无舵手的冠军。

6 占尽地利优势的西班牙选手鲁伊斯(Fermin Cacho Ruiz)在男子1500米田径赛中夺冠。

7 自行车男子个人追逐赛上，英国车手博得曼(Chris Boardman)把德国人莱曼(Jens Lehmann)远远甩在了身后。

8 男子个人公路赛冠军，意大利运动员卡萨尔泰利(Fabio Casartelli)在公路上的照片。银牌得主，荷兰人德凯尔(Hendrik Dekker)看起来和他一样开心。

9 美国田径运动员扬(Kevin Young)在男子400米栏的比赛中收获了双重惊喜：他既是金牌得主，又是世界纪录的创造者。

10 俄罗斯名将谢尔盖·布勃卡在巴塞罗那发挥失常，未能进入决赛。

11 美国名将卡尔·刘易斯帮助美国队赢得了4×100米接力的金牌，这也是他在奥运会上赢得的第8枚金牌。此前，他刚刚夺得了跳远金牌。

12 德国桨手、卫冕冠军朗格(Thomas Lange)摘取了男子单人双桨金牌，又一次证明了自己的实力。

“梦之队”实现所有的梦想

武装到了牙齿的美国队确保了他们的囊中之物：奥运会金牌。

文/让-吕克·托玛

(上)他们是一些人的梦之队，另一些人的恶梦，比如在安哥拉人看来就是恶梦。他们无法抵抗德雷克斯勒、巴克利和穆林。

(右)克罗地亚人只输了32分，他们对乔丹的防守可以说是最成功的，但也没防住。

梦想到来了。我们看到了走廊那头，魔力盛放。魔术师约翰逊夹着球走了出来，还有乔丹、皮蓬、尤因、巴克利……查克·达利说过：“我喜欢做巴克利的教练，但不要超过 5 个星期。”在决赛开哨之前，巴克利还出现在《今日美国》的专栏上。他甚至说：“这将会成为我生命的烙印。我能够长久地保留奥运会金牌（注意他还没有真正得到呢！）和记载了梦之队的录像带。没有人能够夺去我们分享了的这些经历。”

只剩下决赛要打了。美国队的这些夜游神们也在“巴塞罗那假日”里第一次早早上床休息。半夜时分，他们就进入了梦乡，而不是像平常那样凌晨 3、4 点才睡。面对最后一场“训练赛”，他们再次搬出了自己的“职业精神”。这也算是体贴那些专门保护他们的西班牙警察，向那些为保护他们安全的人们的工作致敬。他们已经准备好了。

克罗地亚人也是如此。他们感觉很光荣。在颁奖仪式上，他们流露出了绝对真实的快乐。他们佩服战胜了自己的那 12 名队员，他们都是伟大的人物。而他们也绝对配得上奖牌和手中的鲜花，他们证明了篮球运动的普世性，在这个星球上，各个地方都在出场高质量的篮球运动员。

在火星上，有梦之队。在地球上，有谁？库科奇 (Kukoc)？穆林说：“当然，库科奇可以打 NBA，不管在什么地方。”没错，哥们，库科奇可以打 NBA：他得了 16 分，3 分 5 投 3 中，其中一个是压着皮蓬投进，还有 5 个篮板、9 次助攻。库科奇确实出色。另外还有弗朗科维奇 (Vrankovic) 和阿拉波维奇 (Arapovic) 也都有灵巧的双手。

德拉曾·佩特洛维奇 (Drazen Petrovic) 打了所有的比赛，决赛的时候也当然在场。他贴身防守乔丹，非常抢眼。另外还有打疯了的拉贾 (Radja)：他得了 25 分，3 分球 6 投 5 中，手感令人敬佩。

面朝未来的微笑。

决赛确实没有什么悬念。但半场的比分依然让人存有幻想，56 比 42。美国人下半场依然要好好打球，这已经让人满意。他们很放松，但也很认真。这就与美国对安哥拉等比赛截然不同。克罗地亚人保证了这是一场比赛。以他们自己的方式，虽然过去的习惯让我们时不时说出“南斯拉夫”这样的字样。结果无法改变，但过程更加精彩，这让我们对克罗地亚的男人们充满敬意。虽然乔丹曾经高傲地说过：“我们最艰苦的比赛就是在摩纳哥的训练……”但克罗地亚人做得好。比赛结果最终是 117 比 85，这也是面对梦之队输的最少的比赛。最后几秒钟，库科奇的嘴角甚至流露出了微笑，面朝未来的微笑。

乔丹站在最高领奖台上，用一面星条旗遮住了官方领奖服胸前的“Reebok”字样。“这是他自己决定的”，巴克利和德雷克斯勒如此评价这一商业捉迷藏。美国人赢了。他们自我感觉很伟大、很美。克罗地亚人也赢了。佩特洛维奇说：“对我们来说，银牌就相当于金牌。这已经对得起我们所做的一切努力。这是克罗地亚体育获得的第一个团体奖牌。我们非常骄傲，把它献给我们的人民。比赛本身或许不太具有戏剧性，但有很长一段时间，我们打出了梦之队的水平。”持相同观点的大有人在。

molten
9

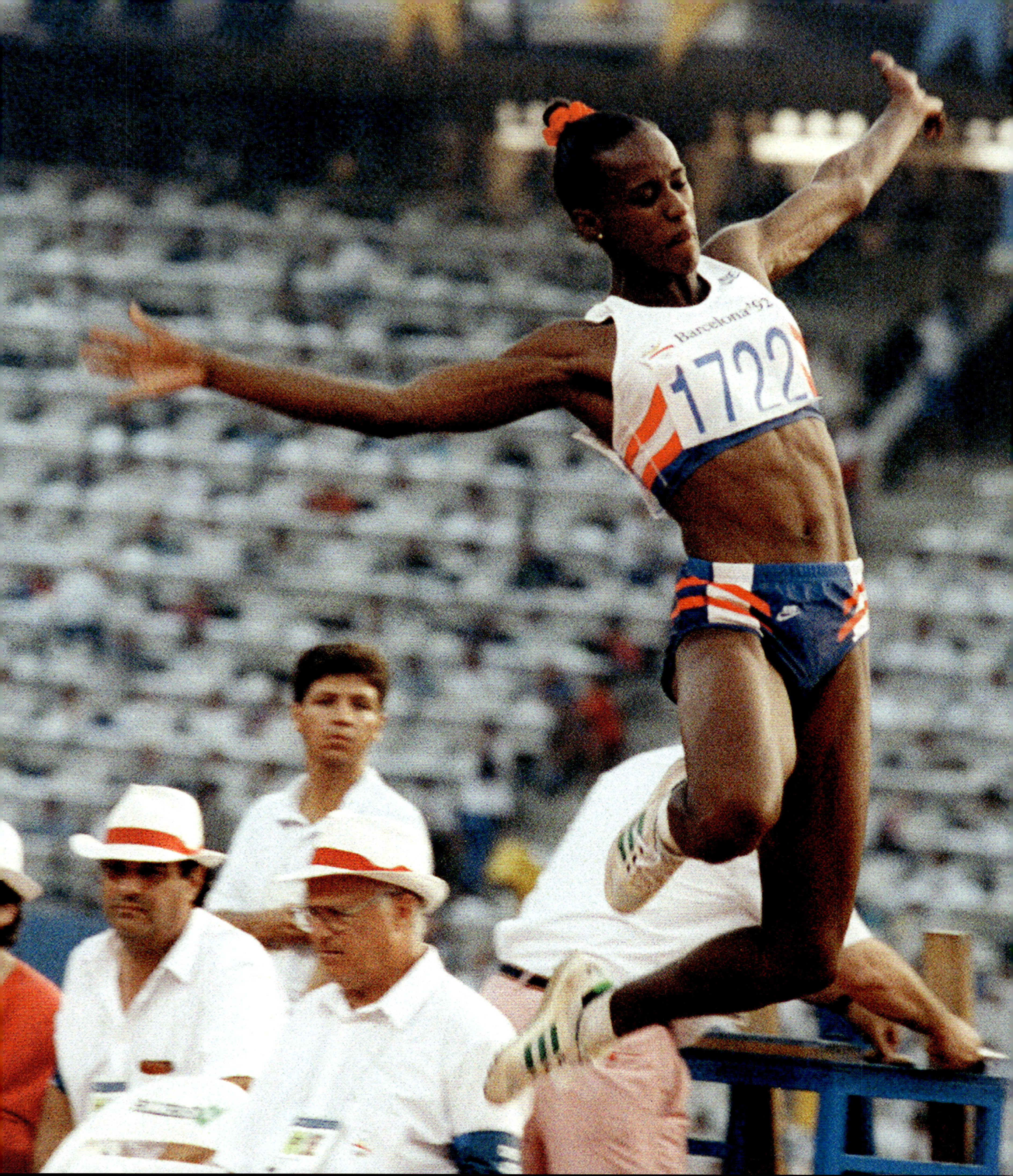

1992

雅基·乔伊纳–柯西，兰博夫人

雅基·乔伊纳–柯西 (Jackie Joyner-Kersee)，她的名字里有乔伊纳。她的哥哥阿尔 (Al)，是洛杉矶奥运会三级跳远冠军，也是佛罗伦斯·格丽菲斯·乔伊纳的丈夫。佛罗伦斯·格丽菲斯·乔伊纳在汉城奥运会上得到了 100 米、200 米和 4×100 米 3 项冠军。她的名字里还有柯西，她的丈夫鲍勃·柯西 (Bob Kersee) 也是所有这些人的教练。鲍勃·柯西说：“如果说有一个女兰博，那就是雅基了。” 1984 年洛杉矶奥运会上，雅基获得了七项全能亚军，仅仅输给了澳大利亚人努恩 (Nunn)5 分。

后来她一直想证明自己是最棒的。1987 年和 1991 年世锦赛以及 1988 年奥运会上她夺得了跳远冠军，在巴塞罗那奥运会上她夺得了跳远亚军。至于七项全能，她在

得了冠军。她也是唯一一个超过了 7000 分大关的七项全能选手。

她出生于 1962 年 3 月 3 日，父母给她取名雅克琳娜 (Jacqueline)，这是美国总统约翰·肯尼迪 (John Kennedy) 的夫人的名字。她的祖母说：“等着吧，总有一天，这个女孩还会成为某个领域的第一夫人的。” 30 岁的

克里斯蒂，最老的飞人

出生于牙买加的英国运动员林弗德·克里斯蒂成为了获得奥运100米金牌的年龄最大的运动员。

文/史蒂凡·莱尔密特

提起成就卓越的黑人，人们脑海里会浮现很多名字，例如好莱坞著名黑人导演派克·李(Spike Lee)，或者牙买加乐手鲍勃·马利(Bob Marley)。在1992年巴塞罗那奥运会的田径赛场上，观众们眼中的黑人英雄则是林弗德·克里斯蒂(Linford Christie)。这个出色的黑人运动员确实值得钦佩。看看他那黝黑的皮肤、发达的肌肉，人们立刻就会明白这个运动员绝对是赛场上的高手。他在赛场上的爆发，就像是对命运的有力回击和挑战。别忘了，这个选手可是出身于伦敦郊区贫民窟的移民家庭。

夺冠后的克里斯蒂终于赢得了人们对他的尊敬。他的那枚沉甸甸的金牌，同时也代表着他在和个人命运抗争的过程中取得了决定性的胜利。

还有一件事值得一提，就是在克里斯蒂夺冠之后的媒体见面会上，很多人都以为这位运动员会态度激烈，为了报复那些曾经轻视他的人而大放厥词。他的发言让那些人始料未及。也许以后，当命运又一次把他抛入消沉的深渊时，他还会发出愤怒的吼声，但是这一次，在胜利光环的笼罩下，他只是简单明了地说："我只想着一件事，就是尽我所能地快跑。当一个士兵要上战场的时候，他的脑海里都会浮现人们对他的告诫。我也一样。"

克里斯蒂夺得100米奥运金牌的时候，已是32岁"高龄"。他是奥运史上年龄最大的100米短跑金牌得主。这位大龄冠军于1960年4月2日出生于牙买加。在起跑的时候，他常常落后于他的对手。直到1986年，已经26岁的克里斯蒂才赢得了第一个冠军——1986年欧洲室内田径赛200米的冠军。从此之后，这位大器晚成的运动员开始在世界田径赛场崭露头角。他曾经说："不论如何，人们总认为我太老了。但是别忘了，对我来说一切都不晚。我的精神还在，我的身体会追随我的精神前进。"巴塞罗那奥运会后的克里斯蒂俨然成为了唯一一位能和美国人一争高下的世界顶级短跑选手，他是英国人的骄傲。

在1988年的汉城奥运会上，克里斯蒂获得了铜牌，后来因为金牌得主本·约翰逊被检测出服用禁药，他的名次上升到了第2名。不幸的是，几天之后波澜再起，他本人也被告知，他被测出体内含有某种不明药物。兴奋剂事件使克里斯蒂的情绪在那个时候跌到了谷底。

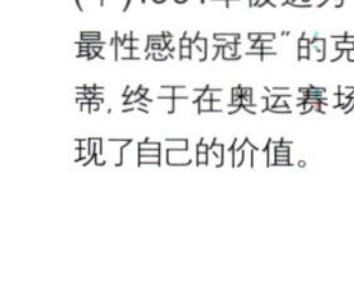

(上)中间的那名运动员就是克里斯蒂。
(下)1991年被选为"英国最性感的冠军"的克里斯蒂，终于在奥运赛场上实现了自己的价值。

不过后来国际奥委会认为，那种药物成分可能来自克里斯蒂服用的人参。在经过投票之后，奥委会决定，不对他施以处罚。一开始名誉岌岌可危的克里斯蒂终于讨回了清白。小小的一杯人参茶，差点就断送了这位短跑高手的职业生涯。他后来说："在这件事上，媒体的想象力太丰富了。"身处惊涛骇浪却能涉险过关，这就是他当时命运的写照。

这位英国短跑好手容易冲动，有的时候会头脑发热地说出一些不该说的话。随家人移居伦敦之后，小克里斯蒂曾经在学校受尽歧视。艰难的移民生活让他及其敏感。他的一个队友说，"当事情不尽如人意的时候，克里斯蒂总是觉得自己受到了不公平的待遇。"在东京世界田径锦标赛上，起跑略慢的克里斯蒂把奖牌拱手相让，自己只获得了第4名。事后克里斯蒂不满地说，铜牌本来应该是属于他的。克里斯蒂的火爆性子不仅仅体现在赛场上。就在他的体育生涯达到高峰的时候，他和英国媒体的关系也几乎跌入谷底。最后这位短跑明星终于明白，毫无风度地以牙还牙，站到所有人的对立面，对自己没什么好处。与其对所有不喜欢他的人都恶语相向，倒不如保持沉默。

谢尔博，6金！

在体操历史上，只有美国运动员施皮茨可以和谢尔伯媲美。这位白俄罗斯运动员在1992年巴塞罗那奥运会中一举夺得6枚金牌。

文/理查尔·蒙泰尼亚克

维塔利·谢尔伯(Vitaly Sherbo)一直是个出色的运动员，这是白俄罗斯国家队教练对他的评价。这位体操健将一遇到比赛就能达到兴奋的状态。1992年的巴塞罗那奥运会对他来说，是绝对值得极度兴奋的，在那里，他把6枚金牌收入囊中，创造了体操历史上的神话。谢尔伯是抱着这样的愿望来到西班牙的：证明自己的实力，在个人全能赛中力争上游，赢得至少1个冠军。

比赛结果给了这个白俄罗斯人一个巨大的惊喜：他最终一人包揽6枚金牌，让我们细细数来：男团金牌，个人全能金牌，跳马、吊环、双杠以及鞍马金牌。只有单杠和自由体操的金牌从这个小伙子的手中溜走了。

面对荣誉，谢尔博保持了极度的清醒：他并没有像一般人一样因为连夺6金而狂喜，而是冷静地分析为什么他会与另外两枚金牌失之交臂。如果说这个小伙子有些过人之处，他那冷静的态度就是最好的凭据。

在单杠比赛中，谢尔博未能过关。为什么呢？查找原因，应该是这个体操健将太过专注于个人全能的比赛了。从这个角度看，问题或许能迎刃而解。比赛中，他的大部分注意力都放在了相对较弱的项目上，而对于单杠项目，谢尔博则十分自信，认为自己是世界级顶尖好手，一定能在领奖台上占有一席之地。过满的自信，甚至可以说是有些轻敌的骄傲，让这个选手在单杠比赛上落了下风。要知道，在体育界，每个优秀选手技术的进步速度都是让人吃惊的，谢尔博在单杠上的小步子，比起其他选手的大步伐来说，自然让这个曾经占尽优势的白俄罗斯选手希望落空。

在自由体操比赛上，这个白俄罗斯选手的失利可以用运气不佳来形容。在这个项目上大放异彩的是中国著名体操选手李小双。这个中国队的领军人物以技惊四座的后空翻"团三周"夺金。他那几近圆满的9.925分让中国人沸腾了。教练激动得热泪盈眶，场上观众也为他的精彩表演忘情地鼓掌。在李小双的精彩表演结束后，紧接着上场的谢尔博有些心神不定。从他的脸上，人们可以清楚地察觉到他的情绪变化。这个小伙子从一上场就从心理上输掉了比赛。

尽管如此，谢尔博在巴塞罗那的表现也足以载入史册了。他是奥运历史上获取金牌最多的几位运动员之一。第一位是美国运动员施皮茨，他在1972年的慕尼黑奥运会上独得7枚金牌。第二位，和伟大的德国女运动员克莉斯汀·奥托（1988年汉城奥运会包揽6枚游泳金牌）齐名的运动员，就是谢尔博了。

"来到这里，我坚持夺冠的梦想。我曾经看到，别人在提到我的时候眼睛里期待的微笑。我是那种真正相信自己的人。我的教练甚至觉得我有点傲慢。但是并非因为一个人的外表有点傲慢，就判定他的内心世界也是冷冰冰的。你们错了。"

有人笑着问夺冠之后的谢尔博：你为什么微笑？

他回答说：因为生命中第一次我觉得幸福。其实我有点夸张了，不是第一次，算是某个第一次吧。这恐怕是我一生中最大的幸福了。谁知道呢，也许过很久以后，很久很久以后，当我是个卧床不起的老人时，我才能明白今天这个判断是正确的。

在场的听者都笑了。这个大男孩，那么骄傲地宣称他那一刻是幸福的，却忘了他在内心里通常是快乐的。从那一刻起，谢尔博似乎变得风趣了一些。好像那6枚金牌可以彻底改变一个人，彻底改变命运。

可能是因为过于自信，谢尔伯未能闯入男子单杠的决赛，而这恰恰是他最喜欢的项目之一。单杠和自由体操，是谢尔伯在巴塞罗那留下的两个遗憾。谢尔伯在跳马比赛中发挥出色。

SPIETH
SPIETH

德拉霍亚：以母之名

美国运动员奥斯卡·德拉霍亚(Oscar De La Hoya)有着强大的精神支柱。他为了母亲而战，后者因为癌症去世了。

文/让-吕克·托玛

在巴塞罗那，德拉霍亚终于在和卫冕冠军鲁道夫的战斗中取得了胜利。

巴塞罗那奥运会拳击场。看台下，黑压压的全是观众。德拉霍亚的父亲激动得热泪盈眶；他坐在电视机前的表姐也抑制不住激动的泪水；他的母亲如果地下有知，也必然会为她的儿子感到骄傲。可惜德拉霍亚的母亲因为癌症于1990年秋天过世了，年仅38岁。

在场内，这个身高1.65米的19岁的大孩子双膝跪地，向天堂的母亲抛了一个飞吻。这个男孩刚刚获得了巴塞罗那奥运会60公斤级的金牌。用他的话说，他争取这枚金牌是为了他的母亲。

在1991年冬天的悉尼世锦赛上，卫冕冠军鲁道夫(Marco Rudolph)在四分之一决赛中击败了德拉霍亚。这一次，他们又在比赛中相遇了。鲁道夫的任何防御措施都没有奏效。美国小伙子的一记犀利的左钩拳使鲁道夫彻底崩溃了。

在3个回合之后，德拉霍亚终于能手持星条旗和墨西哥国旗庆祝胜利了。就是这样的小细节，让人们更加喜欢德拉霍亚。他的天赋当然是毋庸置疑的，生于墨西哥的他对自己的出生地引以为傲，也同样令人肃然起敬。

这个天才小伙子能从此在职业生涯中走上一条金光闪闪的大道吗？他的这次胜利，无疑是他超群实力的一个明证。对此，美国一家著名健身中心的负责人布鲁斯·斯佛格拉德(Bruce Silverglade)曾经非常肯定地对一家杂志透露，他看好这个有好教练引导的小伙子，并且预测他不久就会在职业大赛中夺取拳王金腰带。

在前方的道路充满光明和希望的时候，德拉霍亚是多么渴望能够听到他那早已过世的母亲的建议啊！如果他的母亲，赛里西娅，能够活到那一天，能够亲眼看到自己的儿子在震天的欢呼声中，在无数的闪光灯下走出拳击场，该多么自豪啊！

站在领奖台上，德拉霍亚看着国旗升起，没能抑制住自己激动的泪水。他略略地低了头，轻轻地抽泣。我们不能更爱德拉霍亚了。

游泳皇后艾盖尔塞吉

获得了三枚奥运会金牌的艾盖尔塞吉,是巴塞罗那游泳赛场内一颗引人注目的新星。

文/杰罗姆·布罗

克里斯蒂娜·艾盖尔塞吉(Kristina Egerszegi)的眼睛就像多瑙河的河水一样蓝。不仅迷人的眼睛,这位姑娘身上的一切都是那么有吸引力:身材匀称,身体在水里是那样灵活;四肢修长;尤其让人难忘的是她的微笑。在巴塞罗那奥运会上,人们经常看到她的脸上挂着那种微笑。

和艾盖尔塞吉在一起的时候,每个人都禁不住被这位姑娘的魅力所吸引。别忘了,她在赛场上可是一名让对手不能掉以轻心的健将。1988年的汉城奥运会上,年仅14岁的艾盖尔塞吉收获了生平第1枚奥运金牌——200米仰泳金牌;1992年,在巴塞罗那,这位还没有过18岁生日的年轻人又获得了奥运游泳两块金牌。和4年前相比,这个天才姑娘长高了8厘米,体重增加到了54公斤。而且,她长大了,成熟了。

在她的祖国匈牙利,曾经有一家报社以这样的大标题吸引人们的眼球:艾盖尔塞吉会嫁给谁呢?报社的营销策略是非常成功的,凭借这样的题目,它的报纸发行量一下子激增了一倍。大约有几万名艾盖尔塞吉的仰慕者,看到这样的题目不免心惊肉跳。

不过,最后的结果让他们长舒了一口气:那个未婚夫根本不存在。后来有人当着这位姑娘的面提起这件事,她笑了。那笑容和她在巴塞罗那夺得200米仰泳冠军之后的笑容一模一样。

在人们取得成功的时候,人生总是美丽的。"在水里,我总是微笑。其实在微笑的背后有很多不为人知的东西,有很多牺牲。"4岁的时候,艾盖尔塞吉第一次把脚浸入游泳池的水里。从那以后,游泳就成为了她生活不可或缺的一部分。每天6个小时的训练,星期天也不例外。当谈起这艰苦的训练生活,艾盖尔塞吉禁不住轻轻撇了撇嘴。尽管如此,她对训练生活仍然充满了热情和牺牲精神。为了提高成绩,她什么都可以做,只有一件事情例外:"我永远都不会剪掉我的头发,即使有人向我证明这样我能游的更快。那也太丑了。"

(上)在女子400米混合泳的比赛中,艾盖尔塞吉唯一的愿望就是能够打破她自己创造的世界纪录。

(下左)艾盖尔塞吉正在奋力向终点冲刺。

(下右)在仰泳比赛中,盖尔塞吉遥遥领先。

其实,艾盖尔塞吉是个每天都能换五六套衣服的那种女孩子,直到她确信自己光彩照人时才肯罢休。

在匈牙利,人们给她的昵称是"微笑"。她的祖国是个内陆国家,连一厘米的海岸线都没有。值得一提的是,美丽多姿的多瑙河从这个国家境内流过。但遗憾的是,匈牙利渔业的产量很小。很难找到合适的词汇描绘这个国家的水文状况。或许我们可以说,这个东欧国家是不亲水的。这一切并没有阻碍艾盖尔塞吉这颗水中明星冉冉升起。在游泳池里,这个匈牙利姑娘就像一尾灵活的鱼。她尤其擅长仰泳。她获得了奥运会仰泳两连冠,并且是世界纪录的保持者。

在巴塞罗那,有很多艾盖尔塞吉的支持者都来到比赛现场,为他们心中的偶像加油助威。艾盖尔塞吉没有让他们失望。她夺冠的那一天,对于匈牙利人来说,是个盛大的节日。1992年奥运会上,令匈牙利人扬眉吐气的还有另外一名男子游泳健将——塔马斯·达尔尼(Tamas Darnyi)。达尔尼在巴塞罗那勇夺两枚金牌:男子200米混合泳和400米混合泳。自从1986年以来,这位匈牙利游泳天才就包揽了世界大赛中混合泳的金牌,并且多次创造世界纪录。不过,这位天才已经精力不再。他曾经笑着自嘲说,每个人都会老的。在下一届奥运会上,人们可能不会再看到这位老将的身影。不过好在匈牙利人还有期待,那就是年轻的艾盖尔塞吉。

一位美国记者曾经这样酸溜溜地问匈牙利游泳教练:那么在游泳方面,匈牙利究竟在什么地方超越了美国呢?那个教练做出一副很谦虚的样子回答:其实,匈牙利既缺少游泳池又缺少游泳天才。或许是匈牙利游泳队团结向上的决心才使匈牙利人有了巴塞罗那的辉煌。

当然,作为匈牙利国家队的资助者和运营者,亿万富翁赞普勒尼先生(Zemplenyl)也功不可没。

不论如何,结果是令人异常兴奋的。5枚游泳金牌,外加一位耀眼的皇后,游泳界冉冉升起的一颗新星。对于一个连一寸海岸线都没有的内陆国家来说,能取得这样的战绩,应该可以满足了。

1992

芭芭拉·肯德尔，这个姓氏因她而荣耀

1984 年，在洛杉矶，帆船帆板比赛第一次亮相奥运会。1992 年的巴塞罗那奥运会上，帆板比赛则向女运动员敞开了大门。新西兰运动员芭芭拉·肯德尔(Barbara Kendall) 在女子帆板比赛中大放异彩，夺得了金牌。肯德尔的这块金牌来之不易。7 个月前，她在训练中和一艘船相撞，受了重伤。医生的鉴定结果是肌肉严重拉伤，肘骨骨折。尽管如此，这位新西兰姑娘并没有放弃参加奥运会的梦想。她在奥运会中的出色表现让每个人都眼前一亮。

FRA
CAN

神射手弗吕特

凭借男子个人射箭的金牌，弗吕特(Sebastien Flute)，这个平日里寡言少语的法国小伙子声名鹊起。

文/理查尔·蒙泰尼亚克

决赛中，专注于靶子的弗吕特没有看一眼他的对手。他射出了3个10环，最终锁定了胜局。

弗吕特辉煌的一天是从一个星期一早上开始的，下着雨，有点风，空气凉凉的，天空密布着灰色的云块。弗吕特在八分之一决赛中以106比97淘汰了韩国选手韩圣洪(Han Seung-hoon)。这个头脑冷静，技术出色的韩国箭手虽然对于这个法国小伙子来说是个不小的威胁，

但是弗吕特的心情依然像在海面平静行驶的一叶小帆板，丝毫没有被这突如其来的旋风扰乱。他说："在欧锦赛上也一样，我一直都很平静。"

八分之一决赛结束后，弗吕特有了片刻的休息时间。他和女友瓦莱丽(Valerie Spetebroodt)安静地坐在场边的角落里。寡言少语的弗吕特和略带羞涩的瓦莱丽看起来就像一对金童玉女。在休息的间歇期，太阳露面了。阳光下的射击场就像一块绿色的毛边绒毯。四周绿树环绕，典型的西班牙景色。

四分之一决赛开始了。起风了，色彩斑斓的靶子，随风飘动的旗子，这一切都像是一副水彩画。弗吕特在这一轮又以109比103战胜了一位芬兰选手。他进入了半决赛。

弗吕特后来说，"其实，最后的决赛对我来说不是最难的，也不是最让我感到压力的。因为在决赛里，起码我还能拿到一枚银牌，金牌则是锦上添花的荣誉，就像是奶油蛋糕上唯一的一颗樱桃。最考验我的比赛就是半决赛。一旦发挥失常，我就只能空手而归了。"

半决赛，弗吕特的对手挪威运动员格劳夫(Bertil Grov)俯身射箭了。弗吕特也把箭射了出去，和他的北欧对手不同的是，这个法国小伙子挺得笔直。最终，法国射手以110比107胜出。

休息时间又到了。记者们向瓦莱丽的身边涌去。这个神秘的安静的姑娘有母亲陪在身边，她的母亲在适当的时候，会"代表"这两个沉默的年轻人发言，同时她在一定程度上也代表了关注比赛的激动的观众。瓦莱丽先开口了："我不像预期的那么担心害怕，弗吕特把节奏控制得很好。我不想多说。"她的母亲接过了话茬："这两个年轻人都非常冷静，弗吕特话很少，头脑也很冷静。"

15点20，决赛时间。弗吕特赢了。法国人沸腾了。甚至连安静羞涩的瓦莱丽也忍不住大声欢呼了起来。郑载宪，他那戴着眼镜文质彬彬的韩国对手，透过镜片看着他，表情五味杂陈。这个刚刚夺冠的法国小伙子说，"我们站在赛场上，知道对手就在面前，但是谁都没有看对方。我们只看着靶子。在赛场上，一直都是这样。射手的心态是决胜的关键。如果你看了对手，你就分心了。"郑载宪收起了他的弓以及他夺冠的梦想，离开了赛场。

在决赛刚开始的时候，比分咬得很紧。场边的瓦莱丽不停地咬着自己的嘴唇，透过手中的望远镜，她的视线一直都没有离开弗吕特。好在弗吕特很快就做出了调整：10环。场边，法国射手的父亲忍不住跳了起来："弗吕特，你是最棒的！"韩国射手皱了皱眉，嘴里嘟囔了一句。他最后只射出了7环。接着，弗吕特射出了倒数第二箭：9环。瓦莱丽的脸色缓和了。她未来的岳父继续激动地大喊："弗吕特，好样的！"法国小伙子这次以100比97领先了对手。最后一箭了，一言不发的弗吕特发箭了。10环！

忽然，瓦莱丽激动得哽咽了。她的母亲站了起来。她未来的岳父则跳起了舞，难掩激动地大喊："弗吕特，你是最棒的，以前是，现在是，将来也是！"

佩雷克：田径场上的大作

继贝松1968年的辉煌之后，过了足足24年，人们才等来了瓜德罗普岛(法国海外省)的另一颗珍珠在400米奥运赛场上大放异彩。

文/阿兰·比鲁安

当荣耀一霎时将你置于幸福的彼岸，你就应该抓住每一分每一秒好好享受内心溢满的激动。

在巴塞罗那的田径赛场上，法国女将玛丽·何塞·佩雷克 (Marie-Jose Perec) 见证了她的命运，就像她的前辈，法国运动员高莱特·贝松 (Colette Besson) 在 1968 年的墨西哥奥运会上一样。佩雷克的胜利是壮丽的。就像是在夜幕降临的时候奏响的一首雄壮又有些凄凉的奏鸣曲，配合着落日，配合着那种渴盼得到夜的温柔和宁静的心情。不论如何，佩雷克的胜利让她筋疲力尽，而对于所有支持她的法国人来说，这场比赛也着实让人揪心万分。想想这个姑娘站在起跑线的表情吧，想想她那望向天空的、小鹿般受惊的眼神，人们就会明白奥运赛场的残酷是其他所有赛场所不能比拟的。在那里天堂和地狱只有一步之遥。起跑线上的运动员，怎能不心脏砰砰直跳？

发令枪响起后，一分钟过去了，胜负已见分晓。佩雷克的命运，就在这一分钟内改变了。所有喜爱她的人都禁不住流下激动的泪水。看台上的人群激动了，好像波涛汹涌的海面。佩雷克有着强烈的取胜欲望。她用尽了全力去拥抱地狱般的 400 米，只为了在最后一瞬间点燃天堂的火焰。

现在我们就来回放一下比赛全过程。发令枪响起之后的佩雷克似乎由一头小鹿便成了一只猎豹，因为只有这样她才能从对手的利爪下逃脱。在第一个 200 米，佩雷克一直都被另外两个对手所压制。不过这个法国姑娘自有一套教练传授的技巧。起跑迅速,但是不透支体力。在比赛中，佩雷克遵循了这一套技巧。但是在第一个 200 米，看着她迟迟不能一马当先，很多人都为她提心吊胆——她能追上并且超过对手吗？

这个法国姑娘的表现是神奇的。她把手中掌握的王牌一一打出：良好的平衡能力、流线型的腿、全速冲刺的爆发力。临近终点，佩雷克已经精疲力竭，但她仍然像一只优雅的豹，坚持着最后的爆发。佩雷克在自己的职业生涯里第一次跑出了低于 49 秒的成绩：48 秒 83。在连续拿下 1991 年东京田径世锦赛 400 米冠军和 1992 年巴塞罗那奥运会 400 米冠军后，佩雷克划出了一个完美的轨迹。

(上)佩雷克在前一年的世锦赛上就是冠军，这次再次巩固了自己的地位。
(左)夺冠之后的佩雷克，绕场碎步小跑来庆祝自己的胜利。

桀骜不驯的美女柔道手

在凯西·弗勒丽(Cathy Fleury)夺得柔道61公斤级冠军3天后，塞西尔·诺瓦克(Cecile Nowak)为法国队又摘得了48公斤级的金牌。

文/让-巴普蒂斯特·弗拉芒

随着终场的一声锣响，巴塞罗那奥运会48公斤级柔道比赛结束了。诺瓦克把对手摔倒在地。这是一场激烈的战斗。但是面对16岁的日本著名小将京都田村，塞西尔从未向命运低头。这个日本小姑娘早已是那个东方岛国家喻户晓的红人，她甚至已经是不少日本漫画的主人公，而漫画又进一步神化了这个小姑娘的传奇经历。尽管如此，塞西尔仍然奋力抓住了每一个获胜机会。

26岁的诺瓦克，在法国从来就不是个风云人物。虽然她曾获得4次欧洲冠军和1次世界冠军，但也清楚地知道一枚奥运会金牌将如何改变她的命运。这一次，一切都不同了。她在法国激起了巨大的波澜。“我承认，这枚金牌曾是我真正的困扰，我一直想得到这枚金牌，我曾梦想最后我赢了，梦想自己接受媒体的采访，并发表讲话感谢所有帮助过我的人”。

现在塞西尔终于梦想成真，她成为了法国柔道界继弗勒丽之后的第2个女子柔道冠军。她说：“每场比赛我都很害怕，虽然有些是非常轻易就能取胜的。比赛的确给人带来很大压力，但是最后都如预期那样过去了。这就是有意思的地方，我在这项业余的项目中表现得像一个专业运动员。而今天，我终于成了奥运会冠军。”

然而一切并不象看上去那么轻松，尽管塞西尔如今已经在聚光灯下品味着成功的幸福，但她也曾经历过失败的阴影。1987年世界冠军杯赛场上，年轻的诺瓦克当时只有19岁。在第1轮中，她膝盖严重骨折，韧带严重拉伤，正是这一事件造就了今天坚强的她。她说：“1988年，做过两次手术后，我对自己说：‘4年后，女子柔道将成为正式比赛项目，到那时，我一定要打赢！’”

在恢复中心，她远离朋友和家人，她那桀骜不驯的天性再一次爆发了。“我那时是多么渴望逃出那座金色的监狱，重回赛场啊！因为尽管我们吃得好住得好，对我来说这根本不是我想要的美丽生活。我甚至想说，我简直生活在地狱里。”

她承认，在技巧上她还有些缺陷，但是可贵可贵的是，她在努力弥补。在训练场上，大家都在休息的时候，依然会看见一个还在疯狂训练的姑娘，她就是诺瓦克。她的身体看起来脆弱又苗条，就像瓷娃娃一样。“我家中有两个兄弟，所以我的性格有点像男孩，但表面上看我却女孩子味十足。我的性格和我的外表有着巨大的反差。”塞西尔说，“我总是不喜欢很规矩地走路，我心里想什么我就说什么。但是，从现在开始，我得试着优雅些。”

(上)诺瓦克在全神贯注地进行比赛。她的一系列动作完成得相当漂亮，简直无懈可击。在第2个回合，她没有给对手任何一个反扑的机会。

(左)在7年的职业生涯之后，诺瓦克才赢得了第一块奥运会金牌。这个荣誉对她来说非常神圣。

布梅尔卡的榜样力量

布梅尔卡已经成为了一个象征：她是第一位带给阿尔及利亚奥运金牌的女性。

文/阿兰·伦森费希特

"我为了祖国而战。我全力奔跑，为了一个和平、自由、没有极端主义的阿尔及利亚。"布梅尔卡那握拳向天的姿势坚定地传递了她发自内心的呐喊。

巴塞罗那奥运会女子1500米赛跑结束了。握拳向天的布梅尔卡(Hassiba Boulmerka)大喊了三声："阿尔及利亚！阿尔及利亚！阿尔及利亚！"观众们掌声如雷。虽然他们听不懂她的语言，但是他们了解她此刻的狂喜。这是阿尔及利亚第一位获得奥运冠军的女运动员。布梅尔卡激动万分，因为，在过去的一年中，她历尽了艰辛。1991年，在东京世界田径锦标赛的1500米比赛中，这位姑娘曾经上演了精彩的夺冠好戏。回到阿尔及尔后，她成了阿尔及利亚的国家英雄，也成了那些想打破种种限制，争取自由的阿拉伯妇女的楷模；但她也被伊斯兰教义主义者所批判，被迫离开祖国，前往其他国家训练生活。

从1992年年初开始，这颗阿尔及利亚明珠的训练生活简直可以用"流浪"这个词来形容。她辗转于一个又一个国家，换了一个又一个训练场，今天在巴黎，第2天就可能在意大利。就这样，她以惊人的意志完成了大赛前的训练。

此刻，她终于又一次证明了自己，登上了职业生涯的巅峰。

有些外国媒体捕风捉影，得出结论说这个阿尔及利亚姑娘会移民国外，甚至连地点都具体化了——说她将来会搬到意大利生活。对于一个崇尚独立、追求自由的姑娘来说，这些评论显然是伤人的。夺冠后的布梅尔卡对这些话予以了坚决反击："我对政治不感兴趣，我只是一个渺小的、试图为阿尔及利亚添彩的普通姑娘。"大家都忘不了，冲过终点线之后，布梅尔卡曾经握拳向天，大声地喊出了祖国的名字，也喊出了自己的信仰。的确，这个简单的姑娘不搞政治，但是她那3声大喊，也是她最清晰有力的政治宣言。

在受到挑衅的时候，这个姑娘也会变得咄咄逼人："我为了我的祖国而战。我全力奔跑，为了一个和平、自由、没有极端主义的阿尔及利亚。"

勇敢的榜样

"我希望，这枚金牌可以鼓舞年轻人的斗志。他们应该有牺牲精神，有拼搏精神，在所有的领域里力争上游。我希望自己能给阿尔及利亚人做个勇敢的榜样。在我们那里，并没有人明令禁止女性参加运动。那么，我参加奥运会又有什么可值得争论的呢？"

布梅尔卡的教练布哈斯(Ammar Bouras)坐在大厅的角落里一言不发。他看起来很疲惫，就像刚刚跑过了1500米。布梅尔卡的成绩是3分55秒30。当被问及什么时候能够打破世界纪录的时候，这个阿尔及利亚姑娘说："现在，阿尔及利亚应该出产更多的世界冠军，甚至破纪录的运动员。现在，我只有24岁，正期待着人生中最美好的岁月。"

西班牙队夺得奥运会足球金牌。

1992年巴塞罗那第25届奥运会

萨马兰奇主席可以坚定地说这是"最美的一届奥运会"。他盛赞接待工作以及媒体和运动员工作的优秀条件。这也是具有新的地缘政治意义的奥运会，是职业运动员的奥运会，也是由职业筹办者组织。

数据

开幕日：1992 年 7 月 25 日

闭幕日：1992 年 8 月 9 日

主办国：西班牙王国

其他申办城市：荷兰阿姆斯特丹、南斯拉夫贝尔格莱德、英国伯明翰、澳大利亚布里斯班、法国巴黎。

169 个国家和地区奥委会派队参赛（其中 136 个派出了女运动员）

9344 名参赛运动员：其中女运动员 2708 名

25 个大项（其中 17 个大项对女运动员开放，包括混合项目）田径、赛艇、羽毛球、篮球、棒球、拳击、皮划艇、自行车、马术、击剑、足球、体操、举重、手球、曲棍球、柔道、摔跤、游泳、七项全能、网球、乒乓球、射击、射箭、排球、帆船。

表演项目：轮滑和巴斯克回力球。

257 个小项（101 个小项对女运动员开放，包括混合项目）

宣布开幕者：西班牙国王胡安·卡洛斯 (Juan Carlos)

点燃圣火者：西班牙残奥会运动员安东尼奥·雷波罗 (Antonio Rebollo)

运动员宣誓：西班牙帆船选手路易斯·多雷斯特·布兰科 (Luis Doreste Blanco)

国际奥委会主席：西班牙人萨马兰奇

冬季奥运会

第十六届冬季奥林匹克运动会于 1992 年 2 月 8 日至 23 日在法国阿尔贝维尔举行。

共有 64 个国家和地区的 1804 名运动员参加（其中男选手 1312 名，女选手 492 名）。比赛共有 6 个大项，57 个小项。法兰西共和国总统弗朗索瓦·密特朗宣布冬奥会开幕。代表运动员宣誓的是苏尔亚·伯纳利 (Surya Bonaly，花样滑冰)。挪威人维加德·乌尔凡德 (Vegard Ulvand) 和比约恩·达林 (Bjorn Daehlin) 成为越野滑雪的明星，各夺得 3 枚金牌。

中国派出 35 名男女选手参加 34 个小项比赛，共获银牌 3 枚。这是中国自 1980 年首次参加冬奥会以来，经过 12 年的努力，终于在本届实现了奖牌"零的突破"。

从汉城到巴塞罗那

1988

• 11月8日，共和党人乔治·布什 (Georges Bush) 当选美国总统。

1989

• 1月9日，柏林墙被拆除。

1990

• 2月11日，非国大领导人内尔森·曼德拉在 27 年的囚禁后被释放。

• 7月8日，弗朗茨·贝肯鲍尔 (Franz Beckenbauer) 带领的德国队 1 比 0 战胜马拉多纳带领的阿根廷队，第三次赢得世界杯

• 8月2日，伊拉克军队入侵科威特。

• 10月3日，德国正式统一。

1991

• 1月15日，海湾战争爆发，沙漠风暴行动实施。

• 6月25日，南斯拉夫战争开始。斯洛文尼亚和克罗地亚宣布独立。

• 6月30日，南非种族隔离制度被废除。

• 8月30日，东京田径世锦赛上，美国人迈克·鲍威尔 (Mike Powell) 以 8.95 米的成绩打破了世界纪录，前纪录是鲍勃·比蒙在 1968 年创造的 8.90 米。

• 10月30日，中东和会在马德里举行。

1992

• 1月20日，法国内陆航空公司的一架空客坠毁，87 人遇难。

你知道吗？

西班牙 8 人赛艇队的舵手卡洛斯·弗朗特 (Carlos Front) 年仅 11 岁，是从 1900 年以来参加奥运会年龄最小的选手。德国人安德里亚斯·凯勒 (Andreas Keller) 在曲棍球比赛中夺得金牌。他已经是其家族中在奥运会上夺牌的第 3 代人。他的爷爷埃文 (Ewin) 在 1936 年奥运会上夺得银牌；他的父亲在 1972 年奥运会上夺得金牌。

巴塞罗那的西班牙广场鸟瞰。

巴塞罗那 Barcelona

在西班牙，加泰罗尼亚地区是一个拥有自己独特历史和文化背景的地区，巴塞罗那就是这个地区的首府。

巴塞罗那位于西班牙东北部地中海沿岸，是伊比利亚半岛的门户，是仅次于首都马德里的西班牙第二大城市，也是世界上人口最稠密的城市之一。巴塞罗那属于典型的地中海型气候，全年阳光充足，植被茂密，有着享誉世界的地中海风光和充满浪漫色彩的历史文化，吸引着来自世界各地的游客。同时，巴塞罗那是西班牙最重要的贸易、金融中心，工业总产值占全国的20%以上，也是西班牙最大的综合性港口。

巴塞罗那比马德里更为古老，在西班牙的历史上它甚至比马德里更为重要，从西哥人的首都到加泰罗尼亚和阿拉贡联合王国的首府，直至并入西班牙王国，巴塞罗那成为了一座富有而奢华的城市。丹麦作家安徒生曾经将巴塞罗那誉为"西班牙的巴黎"。

和欧洲的很多城市一样，巴塞罗那也是两城合一，中世纪的古老与漂亮时髦的现代化在城中交相辉映。旧城区有壮观的哥特式教堂宫殿，新城区则是现代城市规划的典范，宽阔的街道，宏伟的广场以及设计感极强的现代建筑，市内随处可见毕加索等人的遗作。在城外延绵的山丘上，能将城市优美的景色一览无遗。

圣家族教堂是西班牙最大教堂，连接和平门广场和加泰罗尼亚广场的兰布拉斯大街是著名的"花市大街"。西乌达德拉公园的喷泉、动物园、植物园及蒙特惠奇公园的层层瀑布闻名遐迩。现代艺术博物馆、毕加索博物馆、海洋博物馆等20多所博物馆更是不能不去之处。每年10月举行的国际音乐节是世界乐坛盛事，当地的萨尔达那园舞、吉他歌曲是世界著名的民间歌舞。每年4月的玫瑰花展、斗牛、国际博览会同样十分吸引人。

运动爱好者在这里找到了他们的福音：帆船、滑雪、高尔夫、冒险运动项目以及徒步漫游。更值得一提的是当地人引以为傲的巴塞罗那足球俱乐部，在该队逾百年的历史上，曾获得45个冠军奖杯，并且是三支获得过欧洲三大杯冠军的"大满贯"球队之一。

1492年，哥伦布带着他的船员们走向巴塞罗那海港，从这里出发，实施一个将改变世界的计划。五百年后，在这个具有世界性意义的年份里，国际奥委会主席、西班牙人胡安·安东尼奥·萨马兰奇先生，将奥运会带回了他的家乡巴塞罗那。

当时的西班牙刚刚从经济危机中开始复苏，而筹办奥运会大大加速了复苏的进程。从1986年巴塞罗那获得奥运会主办权起，就开始了城市的改造和建设，在奥运会举办的这一年，西班牙全国失业人数降到历史最低点。

这充分说明，奥运会对巴塞罗那乃至整个西班牙的经济复苏和发展起到了不可估量的作用。

1992年8月9日，奥运会圣火在巴塞罗那蒙锥克体育场缓缓熄灭，曲终人散，热情好客的巴塞罗那人怅然若失地送走了来自世界各地的嘉宾，沸腾了半个月的巴塞罗那又回到了往日的生活之中。但不管人们走到哪里，都会怀念巴塞罗那，怀念这座美丽的、有着特殊情调的城市。

关键词·斗牛与禁止斗牛

诺贝尔文学奖得主海明威曾经说过："斗牛是唯一一种使艺术家处于死亡威胁之中的艺术。"的确如此，西班牙斗牛赋予这项竞技运动艺术美感，它是艺术的最初形式，更是力与美的完美结合。

斗牛源于西班牙古代杀牛供神的宗教活动。13世纪由西班牙国王阿方索十世将这项祭神活动演变为赛牛表演，真正的斗牛表演则在18世纪出现。每年3月、11月是西班牙斗牛节，通常以星期日和星期四为斗牛日，并在下午举行。如逢节日和国家庆典，则每天都可观赏。

尽管从动物保护的立场看，不断出现反对之声，但是作为西班牙特有的古老传统还是保留了下来。斗牛场面壮观，格斗惊心动魄，富有强烈的刺激性。千百年来，这种"人牛之战"吸引着世界各地的人们，更是现代西班牙旅游业的重要项目。

但在2003年的11月，巴塞罗那公布了一项民意调查，大多数的民众反对斗牛表演，而且强烈呼吁彻底禁止斗牛。至此，巴塞罗那成为首个禁止斗牛的西班牙城市。

萨马兰奇亲自为邓亚萍挂上金牌，。邓亚萍的表现让世界折服，以她为代表的中国健儿开始成为奥运主旋律中强有力的音符。

CHINA 1992

强力反弹

在巴塞罗那，中国成为奥运主旋律中强有力的音符。中国体育代表团派出**251**名男女运动员参加除足球、曲棍球、棒球、手球和马术以外的**20**个大项的比赛，最终以**16**金**22**银**16**铜的成绩，紧贴传统三强俄（独联体）、美、德之后，排第四位。

除了跳水运动员谭良德在预决赛中的巨大反差而失落金牌外，所有的意外都是惊喜。虽然匈牙利一代名将埃盖尔塞吉拿到了三枚女子游泳金牌，但在巴塞罗那的泳池中，给人最大震撼的还是中国运动员，杨文意、庄泳、钱红、林莉在自己的强势项目上各得一枚金牌，加上在**200**米蝶泳项目上摘银的王晓红，"五朵金花"的传说不胫而走，并成为中国游泳一个时代的象征。射击运动员张山在男女混合参赛的双向飞碟射击比赛中，突破男选手的封锁摘金，而体操选手陆莉在高低杠项目上的"**10**分"之作，更堪称不可思议。当然，最大的意外之喜还是来自田径场上的女子**10**公里竞走，陈跃玲虽然在最后一刻被伊万诺娃超越，但后者却因犯规被取消成绩，中国有史以来第一枚奥运田径金牌戏剧性地诞生了，这个改变命运的时刻，看起来源于一个偶然，但这种看法是错误的。

与意外之喜并蒂的是中国在自身符号化的项目上的凛然不可侵犯。跳水的高敏、伏明霞和孙淑伟，乒乓球的邓亚萍、乔红、王涛、吕林，都以毫无悬念的表现征服了裁判和对手。

中国军团"兵败汉城"后的强力反弹，既是特定体制与预设框架调整的产物，也是光荣梦想与崇高信念的产物。

这届奥运会对于中国而言，还诞生了一个流行一时的概念——"阴盛阳衰"，因为中国的**16**枚金牌里，**12**块由女运动员所获。值得庆幸的是，这个内涵复杂的概念并未成为一个历史悬谜，而是在四年后被破解。

021 庄泳

第一名，庄泳，54秒64。这是中国首枚游泳金牌

庄泳
Zhuang Yong

性别：女　生日：1972.8.10
出生地：上海　项目：游泳

1992年夺得奥运会游泳比赛女子100米自由泳金牌，这是中国在奥运会游泳比赛中的首枚金牌，另外还获得50米自由泳和4X100米自由泳接力的银牌。1993年第七届全运会后退役。1995年担任凤凰卫视音乐节目主持人。现任郁金香广告公司首席运营官。

她1972年8月10日生于上海。她原名庄蓉，因喜欢游泳，故改名为庄泳。

庄泳天生就是个与水打交道的人，她有很多地方接受了母亲的遗传：个子不算高，臂展却超过身高10厘米，手掌也出奇地大。朋友们笑称庄泳的手似乎就是划船的桨。

1988年，庄泳的国际大赛首演就选择了奥运会作舞台。汉城的女子100米自由泳决赛，她在起跳时以为有人犯规迟疑了一下，结果入水最迟。但最终她以55秒47的成绩第二个到达终点，为中国夺得了有史以来的第一枚奥运会游泳奖牌。

1992年7月26日，巴塞罗那奥运会进入第二天的争夺。首日过后，中国军团在金牌榜上尚未有所斩获。巴塞罗那游泳场，女子100米自由泳比赛。上午的预赛中，世界纪录保持者美国选手汤普森摘得头名，54秒69的成绩还顺便打破了奥运会纪录。

"我们期待了很久，这是几代人的期待。"中国游泳队总教练陈运鹏在巴塞罗那如是说。谁都知道他说的是什么。多年来，中国游泳选手从未染指奥运金牌。

下午6：03，庄泳站在游泳池的第二泳道出发台上，等待着最后冲击。她身旁还有法国名将普列文斯基。

"从预赛到决赛的6小时内，我没有同任何人说过一个字。为了调动自己的兴奋点，我给双手指甲涂上鲜红的指甲油。"庄泳赛后说道，"预赛中汤普森的上佳表现使我感到压力，所以我觉得决赛离她远点儿会有利，我可以按照自己的节奏去拼。"

事后证明，庄泳在预赛中的失常"欺骗"了汤普森。50米过去，庄泳第一个转身，26秒46；汤普森紧随其后。差距仅为0.08秒。多数观众仍然相信，胜利天平会倾向美国人。

最后50米，庄泳和汤普森齐头并进。看台上狂热的美国拉拉队发出震耳欲聋的呼喊，而在场的中国人几乎全是心悬在口，欲言无声。庄泳的教练周明曾说，弟子的特点是冲刺能力强。从前一年年底开始，庄泳先后经历了海南的露天泳池适应性训练，云南高原的能力训练和奥运开赛前的适应时差训练等艰苦备战，换来的是速度和耐力的进一步提升。

几乎看不清是谁先触壁，场上响起一片欢呼声。庄泳和汤普森在终点转过身来，向对面的大屏幕望去。少顷，字幕跳了出来：第一名，庄泳，54秒64，新的奥运会纪录！中国人的欢呼顿时响起。只有零星几处，却异常响亮。

"我是近视眼，根本看不清她的位置。就这样，我沉浸在自己的世界里，拼命游向终点。触壁后，我看不清楚显示屏上的成绩，只看到教练和队友在一旁跺脚拍手，这一刻才意识到，我赢了。"

此时的上海，27日零点8分。庄泳的父亲兴奋地从沙发上跳了起来，母亲和外婆热泪盈眶，她的外公从海南岛打来电话表示要立即返沪，打烊的花店甚至为了庆祝庄泳夺冠而重新营业。整个家庭乃至整个城市都为这次胜利所深深震撼。

伏明霞 022

她是奥运历史上最年轻的金牌得主，以及最年轻的奥运会和世锦赛双料冠军

这是一个无与伦比的运动奇迹——12 岁获友好运动会冠军，13 岁拿到世锦赛桂冠，14 岁摘得奥运会金牌。

奇迹并非与生俱来。5 岁时伏明霞开始学习体操，7 岁时改练跳水，第二年被后来的恩师于芬教练相中，从此开始了传奇的运动生涯。

1988 年奥运会备战集训，伏明霞只是作为编外人员跟随教练来到国家队体验气氛。跳水队自汉城归来后，总教练徐益明将济南训练营中包括伏明霞在内的一批可造之材带回北京，预示着这些后起之秀即将踏上国际舞台。

1990 年西雅图友好运动会上，伏明霞一鸣惊人，以 443.04 分力压曾创女子跳台最高得分纪录的欧洲冠军，夺取金牌，并成为赛会史上最年轻的冠军。稚气的伏明霞对突如其来的荣誉毫无准备，外界过高的期望使她背上了前所未有的压力。几个月后的北京亚运会，她出人意料地败走麦城。对 12 岁的孩子来说，要在成王败寇的残酷赛场上屹立不倒，在舆论心血来潮的评头论足中保持镇定，比在 10 米高台上跳出花样繁多的高难度动作要困难得多。

之后一年，伏明霞"闭关修炼"，不仅精心磨练技艺，提高动作难度，而且领悟人生，变得更加成熟。果然，珀斯世锦赛上，伏明霞再度以小搏大，摘取女子 10 米台冠军，她也因此成为跳水史上年龄最小的世界冠军。

不可否认，伏明霞是为跳水而生。很少有人像她一样，在获得世界冠军后的短短几个月内，就对原本熟悉的整套动作进行调整，进一步增加难度系数，始终保持自身技术的世界领先地位。

1992 年的巴塞罗那再次见证了这个中国小姑娘的神奇。

赛前半年，伏明霞在教练于芬的带领下开始钻研 207C 和 5237D 两个全新的高难动作，这个大胆的冒险使全套动作的难度系数上升 0.4，从而增加奥运会上的竞争实力。在三亚的奥运集训中，我们看到伏明霞每周训练 60 个小时，为的就是尽快掌握和熟悉新动作。

伏明霞
Fu Mingxia
性别：女　生日：1978.8.16
籍贯：湖北武汉
项目：跳水
1992年在巴塞罗那奥运会上获女子10米跳台冠军，成为世界跳水史上最年轻的奥运金牌得主。现定居香港。

来到奥运赛场，伏明霞仍然保持着与年龄极不相称的沉着和稳重。第一天的预赛中，伏明霞一路领先。赛后她在训练日记里写道："今天，我预赛还不错，排在第一，但那已经成为过去，明天我要重新开始，一轮一轮地拼。"

决赛开始了，伏明霞并非一帆风顺，前三轮跳完，排名暂时靠后。但是她没有受到落后的影响，从第四跳开始越跳越好，排名稳步攀升。反观其他选手，在巨大的压力面前，她们的动作质量起伏不定，得分也忽高忽低。选手们的排名不断地交替变化，唯独伏明霞第一的位置始终无人能够取代。

波澜不惊地，伏明霞最终拿到 426.50 分，以 49.80 分的优势力挫群芳，顺理成章地为中国收获了本届奥运会的第二金。此次大捷也让她再度创造了多项纪录：中国最年轻的奥运冠军，并且帮助中国跳水队实现了史无前例的女子 10 米台三连冠；迄今为止奥运历史上最年轻的金牌得主，以及最年轻的奥运会和世锦赛双料冠军。

健康阳光的伏明霞以高超的技艺和纯真大方的气质赢得了所有裁判和观众的心。她赢得无可争议，令人信服。

《华盛顿时报》把伏明霞列为奥运会第二天的杰出明星；NBC 的电视转播多次出现伏明霞比赛的画面。媒体引用美国教练的话说，伏明霞为未来的女子跳水界做出了表率，今后几年，运动员必须练习更难的动作，才能有可能赶上她的水平。伏明霞甚至成为第一个登上《时代》周刊亚洲版封面的中国运动员。

023 王义夫

1980年到1992年，历经一个轮回，王义夫方才拿到奥运金牌

王义夫
Wang Yifu
性别：男 生日：1960.12.4
出生地：辽宁
项目：射击(男子手枪)
1992年在巴塞罗那奥运会上，以618.8环的成绩获男子气手枪冠军；以657环的成绩获男子自选手枪慢射亚军。目前任中国射击队总教练。

在中国传统的生肖文化中，12年被视作一个轮回，世间万物在轮回之中循环往复。

从1980年莫斯科奥运会集训开始，王义夫就梦想拿一块奥运金牌。然而事与愿违，1980年奥运会中国没有参赛；1984年许海峰为中国赢得首枚奥运金牌之时，他以两环之差只能站在第三领奖台上；1988年由于发挥欠佳更是只获第八的成绩。1992年，已入而立的王义夫不再是当初那个翩翩少年，他历经了一个轮回，等待了12个春秋，为的就是一枚奥运金牌。

这是王义夫的第三届奥运会，但他从未放弃对金牌的执著。兵败汉城之后，他更加刻苦地训练。为了备战巴塞罗那，他把刚出生几个月的小女儿送到亲戚家，并且下定决心改革自己快节奏的打法。即使在身体素质训练中腿部受伤，他也从没误过训练。他心里始终憋着一口气，这一次一定要打个翻身仗！

资格赛中，王义夫出师不利，第一组只打了95环。他的教练张恒趁他休息的间隙提醒他说："不要着急，时间还多，慢慢打。"王义夫稳定情绪，后5组一组比一组打得好，最后以585环排名第二的成绩进入决赛。罗马尼亚名将巴比打出586环，排名预赛第一，另一位中国选手许海峰的成绩为583环，排名第四。决赛的环数将计算到小数点之后，到时的竞争势必更加激烈。

28日中午，莫利特奥林匹克射击场决赛馆，男子气手枪决赛，气氛紧张得令人窒息。

决赛一共要打十发子弹，每发子弹必须在75秒内射出。前六发子弹打完，王义夫的处境极为不利，他与巴比的差距从1环拉大到了1.7环。许海峰则稍稍挽回了一些劣势，但与第一名之间仍有2.5环的差距。中国观众和记者不禁为两位选手的争冠前景暗暗担忧。

好在第七发，巴比略有失误，王义夫趁机追回不少落后的环数。第八轮，王义夫继续出色发挥，打出了10.3环的优异成绩。巴比状态平平，9.9环，二人的差距已经缩小到0.4环。可惜的是，许海峰打出了远弹，7.4环，名次又向后滑落一位。

第九轮，巴比快枪出膛，9.3环！王义夫沉着击发，9.6环！与巴比的差距缩小到0.1环！

只剩最后一枪。赛场上，硕大的记分牌上显示出此时位居前两位的选手的成绩。九枪过后，巴比以675.2环暂列第一，王义夫以675.1环排在第二。

关键的最后一轮，最激动人心的时刻即将到来。12年的等待今朝能否一战成功，所有的压力和期待全都系于这最后一枪。此时，赛场的空气似已经完全凝固了。

"砰！"，巴比率先射出自己的最后一枪，屏幕上显示的成绩为8.9环，观众席上随之发出一阵轻微的叹息。王义夫仍旧从容淡定，没有百分之百的把握绝不轻易击发。他举枪又放下，调整了一下状态。还剩30秒，其他7名选手全部射击完毕。王义夫不慌不忙才再次举起手枪，伴随手指扣动扳机的轻轻一下，"砰！"9.7环！金牌属于中国，金牌属于王义夫！现场观众一下从座席上站起，兴奋地为胜利者鼓起掌来。

王义夫终以684.8环的总成绩问鼎冠军。巴比痛失好局，最终落后0.7环屈居亚军。许海峰则遗憾地与奖牌擦肩而过。

枪声刚落，性格内向腼腆的妻子张秋萍已是热泪盈眶。在全场观众的注视下，她忘情地投向丈夫的怀抱。平时活泼开朗的王义夫从心底里喊出一句话："我盼了12年啊！"夫妻二人12年的执著追求和辛劳付出在这一刻得到尽情地释放。

在之后进行的男子自选手枪慢射的比赛中，王义夫为中国代表团再夺一枚银牌。

张山 024

奥运史上男女同场竞技、共逐名次的单项"王座"，首次让位于女性

张山
Zhang Shan
性别：女 生日：1968.3.23
出生地：四川南充
项目：射击(飞碟)
在1992年巴塞罗那奥运会射击双向飞碟比赛中，以223中的决赛成绩将所有男选手"射"下马，摘走金牌。目前为中国射击队队员。

川妹子张山好静、迷书。刚刚度过两个本命年的她有一句霸气十足的座右铭：天上天下，唯我独尊。1992年巴塞罗那奥运会的双向飞碟比赛注定将被永载史册，因为这是奥运会最后一次出现男女选手同场竞技的盛况。

在此之前，这个项目长期被欧洲男选手垄断，金牌从未"旁落"女子选手。而张山曾在亚锦赛和11届亚运会上战胜过男子选手。这届奥运会将是张山创造奇迹的最后机会。

1992年7月26日，巴塞罗那莫利特射击场，奥运会双向飞碟比赛鸣枪打响。预赛中，首次参加奥运会的张山以150靶全中的优异成绩，成为唯一打入前24名半决赛的女子选手。

两天之后，还是在这片场地，张山开始了一场史无前例的"王位争夺战"。

上午的半决赛中，张山200靶全中的战绩如同一颗重磅炸弹从巴塞罗那上空坠落，在场的其他39个国家和地区的59名男选手无不目瞪口呆，因为他们之中最好的一个也才打了199中。这一惊人的成绩不仅追平了由美国男选手威廉姆·罗伊创造的"无法超越"的世界纪录，并且帮助张山一举打破男子汉们创造的预赛和决赛两项奥运会纪录。

下午两点的决赛场上只剩下张山和另外五位以毫厘之差紧随其后的壮汉。这位身高1.63米的纤纤女子已经成为了全场瞩目的焦点。

决赛共射25靶，稍有不慎射失一枪便有可能错过金牌。开阔的扇形靶场内，靶线两端的高、低抛靶房各自抛出了橘红色的碟靶。但见头戴红色遮阳帽、鼻架墨镜、一袭短装的张山，第一个举枪果断施射。碟靶应声而碎，顿时化作两团烟雾，飘绕而去，张山脑后的"马尾辫"这时也随之轻晃一下。

顺利开局之后，第四、五轮，张山连续各脱一靶，场面险象环生。紧追不舍的西班牙、美国等选手没有放过这一千载难逢的机会，在总成绩上追平了张山。所有在场的中国观众无不倒吸一口凉气，为张山捏一把汗。

前中国射击队总教练赵国瑞说，张山最突出的特点就是心理素质极佳。她不仅技术精湛，而且射姿潇洒漂亮。她射中的碟靶，在空中无大的碎块，基本"化作烟雾一缕"，由此可以看出她手上的深厚功底和良好感觉。决赛之前，射击队有意安排张山"深居简出"，不受干扰，以求将其赛前状态调整到最佳。

此刻，张山一人靠在电子显示屏后，面色宁静，嘴里默念着什么。眼见这位中国姑娘如此镇静，成绩一度暂列第二的美国选手反倒慌了手脚，第五、六轮连续脱靶。张山没有再让机会从手中溜走，此后二十轮的比赛中，她弹无虚发，枪起碟落。对手们望尘莫及。

当最后一轮两声清脆的枪响过后，张山情不自禁地向观众高扬起双手，原来一片肃静的看台上，霎时间爆发出阵阵的喝彩声。张山终以决赛23中，总成绩223中夺得了女子在双向飞碟项目上的首枚金牌。

放下手中的枪，张山向刘继升教练大步走去。她伸开双臂，与教练紧紧拥抱，无数摄像机纷纷抢拍下这一激动人心的场面。

"国际奥委会和国际射联已经商定，从下届奥运会开始，飞碟项目比赛将男女分开进行。此次是女运动员最后一次参加男子比赛，却创造了奥运史上的这个奇迹，"专程前来观看比赛的国际奥委会副主席何振梁难掩兴奋之情，"张山真了不起！"

张山站在最高领奖台上，获得银牌和铜牌的两位男子汉，情不自禁地将张山抱起，由记者拍照。这种女王加冕般众星捧月的感觉，或许会比胸前金牌更令这个川妹子难忘。

赛后，当国际射联主席拉纳向她祝贺时，张山对这位墨西哥人说："为什么不把女子双向飞碟列入奥运会项目呢？"她此时并不知晓，国际奥委会和国际射联已经决定从下届奥运会开始单独设立女子双向飞碟项目。但她清楚，她正上演着一出现代版的"花木兰"，将"巾帼不让须眉"展现到淋漓尽致的程度。她出色的表演进一步印证了女性在体育世界中的地位和能力。

张山在男女同场竞技的世界"登基为王"，她的加冕令世界心悦诚服。

025 钱红

钱红以强有力的冲刺，抢先一肩抵达终点，并以58秒62的成绩刷新了奥运会纪录

钱红
Qian Hong
性别：女　生日：1971.1.30
出生地：河北　项目：游泳
1992年在巴塞罗那第25届奥运会上打破女子100米蝶泳奥运会纪录并夺得金牌。目前经营钱红游泳俱乐部(北京)和钱红游泳学校(保定)。

蝶泳或许是四种泳姿中最美的一种。选手在游动时外形犹如蝴蝶展翅飞舞，所以被形象地称为“水上蝴蝶”。

钱红大概是这个星球上最耀眼的一只“水上蝴蝶”。身材略显瘦弱的她是中国女子100米蝶泳第一个突破1分钟大关的运动员。在13年的运动生涯中，她共获得了30个全国冠军和51个世界冠军，其中大多在蝶泳项目中取得。“蝶泳皇后”的美誉因此不胫而走。

1992年以前，钱红几乎将所有国内外游泳赛事蝶泳项目的冠军收入囊中，唯独缺少一枚奥运会金牌。1988年在汉城，钱红只得到一枚铜牌，与金牌擦肩而过使她懊恼不已。如今来到巴塞罗那，“皇后”的目标只有一个——拿下奥运金牌。

当地时间7月29日，女子100米蝶泳拉开战幕。

上午预赛过后，成绩进入1分钟的选手只有三位：两名中国选手钱红和王晓红，成绩分别为59秒37和59秒34，以及澳大利亚选手奥内尔，成绩为59秒95。此外，加上两位报名成绩在1分钟以内，并且夺冠呼声很高的名将莱顿和桑德斯，敏感的中外记者不约而同地预测决赛的竞争将会异常激烈。八位当今世界泳坛游得最快的“水上蝴蝶”将在晚上为奥运金牌而战。

时光倒转，两年前的北京亚运会上，钱红因为出发稍慢，结果以0.02秒的微弱劣势输给王晓红，“罕见”地仅获银牌。赛后，钱红曾说：“我感到非常痛苦，我深深地体会到竞争的残酷。”之后两年，钱红以亚运会的“失败”不断激励自己，鼓足劲头渴望在巴塞罗那一战成功。不过，此次她要战胜的对手不仅是自己的队友，更是强大的美国军团，钱红需要一枚奥运金牌捍卫自己“蝶泳皇后”的美誉。

晚上的决赛即将打响。早些时候进行的男子400米自由泳比赛争夺激烈，最终的夺冠成绩创造了新的世界纪录，这更大大调动了观众的情绪。喧闹的观众席上五星红旗、星条旗和日本国旗在拉拉队手中不停挥舞，人们迫不及待。

枪声响起，比赛正式开始。前半程，美国选手莱顿一马当先，以27秒50的成绩率先触壁转身。王晓红紧随其后，成绩为27秒81。此时，八位决赛选手中公认实力最强的钱红却只游出了27秒83，排名暂时靠后。

原来，钱红在奥运会之前一直发着低烧。为了适应赛场，教练提前一周将她带到巴塞罗那，并在她的房间里挂满对手的漫画像，让她熟悉这些强敌。但毕竟是四年一回的奥运会，来到竞争残酷的奥运会决赛赛场，钱红还是难免有些紧张。

然而，本届奥运会游泳比赛最为经典一幕也就此诞生。50米转身过后，眼见自己仍然落后，钱红作出了一个极为大胆的决定：以减少抬头换气次数争取有限的一点时间，将惯用的两至三次划水一次换气改为五次划水换一次气，每一次都要在临近窒息时才抬头。

这个冒险的做法果然起到奇效，原本落后的钱红在冲刺阶段逐渐赶上领先集团，几名选手几乎齐头并进，向终点发起最后的冲击。

美国人在奥运会游泳项目开赛以来就有些黯然神伤。她们在多个夺金项目中都受到了来自大洋彼岸的中国姑娘的强力挑战。此刻，巴塞罗那游泳馆内再度上演中美双雄争霸的场面。美国拉拉队所在的看台被数量众多的星条旗覆盖，呼啸的口哨和加油助威声震耳欲聋，连绵不绝。

不幸的是，美国人又一次收获了失望。钱红最终以强有力的冲刺，抢先一肩抵达终点，并以58秒62的成绩刷新了奥运会纪录。预赛成绩排名第一的王晓红则以0.09秒的微弱差距与奖牌失之交臂。

事实上，钱红触壁后并不知道自己已经获得金牌。她回身朝赛场一端的大屏幕望去，“极度缺氧”的她在巴塞罗那的夕阳下已无法辨认名字后面的数字“1”究竟是道次还是名次。直到她被领去做例行药检时，她才意识到自己已是奥运冠军。

赛后，钱红的教练冯小东说：“我是后来在录像当中才发现，钱红在后50米采用的是五次动作换一次气。这种行为在其他蝶泳运动员当中从未出现过。这是一种危险的做法，它会导致快速游动中缺氧，使运动员变得全身无力。”

幸运的是，冯教练担心的情况没有发生，钱红赢了。而这种被众多后来者模仿的，以减少换气次数提高游速的做法则成为钱红人生的又一骄傲。

林莉 026

世界纪录被改写，她在200米个人混合泳决赛中完成了自我救赎

从1982年进江苏省队算起，林莉在张雄教练麾下拼杀已有十载，其间遍尝酸甜苦辣。

汉城奥运会，初出茅庐的林莉在女子200米和400米个人混合泳比赛中获得两个第七，且双双创造亚洲纪录；3年后她勇夺世锦赛女子200米和400米个人混合泳冠军，幸运地成为中国第一位游泳世界冠军。1992年，随着奥运的临近，林莉追随张雄教练开始积极的备战。世界杯、亚锦赛，上高原、赴捷克，师徒往来奔波于各大赛场之间。然而，收获只有两块银牌。

此刻在大洋彼岸，去年世锦赛上以微弱的劣势负于林莉的美国名将桑德斯，却在国内的奥运选拔赛上顺利夺标，成绩甚至超过了林莉1991年的最好成绩。

开赛四天，眼见队友庄泳、钱红一个个站在最高领奖台上挥舞鲜花，展示金牌，而自己只握两枚银牌在手。400米个人混合泳铩羽而归，200米蛙泳又败给日本14岁的小将。200米个人混合泳，成为了她的“救赎之战”。

上午的预赛，林莉有所保留，只游出了2分15秒13，排名第四晋级决赛。

晚上6时30分，惊心动魄的金牌争夺战即将打响。八位女将逐一踏上出发台，静静等待发令枪的响起。林莉的恩师张雄教练正紧张地坐在看台上。平时见到记者总会热情攀谈的他，今天却闭口不言，而是举了举紧握的拳头。他很清楚，对林莉来说，这是本届奥运会最后一次向金牌发起冲击的机会。

枪声终于响起。第一个泳姿是蝶泳，桑德斯的强项。林莉入水稍慢，结果导致美国人在第一个50米的比拼中占尽优势。尽管林莉奋力追赶，甚至一度连续8个动作没有换气，但触壁转身时，她仍然落后0.41秒。

众人转身后立刻进入第二种泳姿——仰泳。这是桑德斯的相对弱项，林莉抓住机会迅速扭转颓势，她的两臂如旋转的车轮一般飞速划动。终于，在第二个50米游程即将结束时林莉发力赶超了桑德斯，以1分02秒05第一个转身，反超美国人0.11秒。

接下来是蛙泳。这是林莉的强项，三天前同在这一池水中，林莉曾在200米蛙泳决赛中夺下银牌，而她当时击败的对手中有另一位美国女将、世界纪录保持者诺尔。桑德斯不愧为美国女子泳坛的“一姐”，她发挥出色，“奇迹”般地紧随林莉触壁转身，没有被林莉将优势进一步扩大，两人之间仅有0.19秒的差距。

进入最后50米自由泳的决战。领先集团的竞争进入白热化，全场顿时沸腾，人多势众的美国拉拉队发出强劲的声浪，为桑德斯助威。此时的林莉简直“疯狂”了，她像马力十足的机器般奋力划水，俨然已将几天来、几年来积蓄的斗志和能量全部投入到最后的50米中。桑德斯也拼尽全力，试图反败为胜。但在林莉的气势面前，她的努力很快丧失了意义。

抵达终点！当大屏幕上打出林莉的夺冠成绩——2分11秒65的时候，全场欢声雷动。前东德选手格威尼格尔的世界纪录在尘封11年后，终于被这位拼劲十足的中国姑娘改写。林莉成为第一位夺取奥运金牌并同时创造世界纪录的中国游泳运动员。

中国记者跑去向张雄教练祝贺，张雄压抑着内心的激动对记者说：“该拿的终于拿到了！林莉和庄泳、钱红这些老运动员终于为自己的运动生涯画上了完美的句号。我可以说对得起林莉，对得起关心我们的所有朋友了。”

林莉 Lin Li

性别：女　生日：1970.5.4

出生地：江苏　项目：游泳

1992年巴塞罗那奥运会，在女子200米个人混合泳比赛中以2分11秒65刷新了2分11秒73的世界纪录，并荣获冠军。同时获得400米混合泳、200米蛙泳银牌。林莉是第一位同时既夺奥运会金牌又创世界纪录的中国运动员。目前任美国旧金山某游泳俱乐部教练。

027 杨文意

50米自由泳决赛，杨文意以24秒79获得冠军，并打破世界纪录

杨文意
Yang Wenyi
性别：女 生日：1972.1.11
出生地：上海 项目：游泳
1988年汉城奥运会夺得50米自由泳银牌。1992年巴塞罗那奥运会夺得50米自由金牌并打破自己保持的世界纪录，同时还获得4x100米自由泳接力银牌。现任上海金意体育传播有限公司董事长。

这是奥运会游泳比赛的最后一天，作为“五朵金花”的一员，杨文意终于绚丽绽放。她如愿收获了个人首枚奥运金牌，并同时打破了自己保持的世界纪录。

杨文意年少成名。1988年，年仅16岁的她就在广州举行的第三届亚锦赛中以24秒98刷新了女子50米自由泳世界纪录，获得冠军。随后的汉城奥运会，由于经验不足，出发稍迟，杨文意最终以半臂之差输给原民主德国选手克里斯汀·奥托，屈居亚军。

脱下泳装的杨文意身材娇美，加之傲人的实力和出众的成绩，被誉为“中国美人鱼”。

然而，运动生涯对于“中国美人鱼”来说并非一帆风顺。上天给了她美人鱼般优雅的体态，也给了她美人鱼般略带感性的性格。汉城奥运会半臂之遥痛失金牌曾使她多日以泪洗面；1989年的一场大病使她形瘦神疲；近几年的大赛，“五朵金花”中的其他几人摘金夺银，光鲜耀眼之时，她的成绩却一直不够理想。困境中，她最终选择了坚持。

奥运会女子50米自由泳比赛中出现了两位中国女将的身影——杨文意，以及几天之前刚刚夺取中国游泳首个奥运冠军的庄泳。

如同之前获得金牌的队友们一样，杨文意在预赛中的成绩并非顶尖。上午预赛中成绩最好的庄泳被马蒂诺和汤普森两名美国选手夹在第四道，而预赛成绩仅为25秒86的杨文意只能远离这一“集团”，排在决赛第七道出发。

50米自由泳决赛之前，另一位队友王晓红勇夺女子200米蝶泳的银牌，在场的中国记者都认为这是一个好兆头。此时，刚做完准备活动的杨文意正在静静休息，准备迎接最后半分钟的决战。记者们纷纷询问陈运鹏教练，杨文意的状态如何。回答是干脆的：“很好！”

大战一触即发。站在出发台上的八位“女飞鱼”，堪称当今泳坛的风云人物。而其中美国名将汤普森和马蒂诺，中国的杨文意和庄泳更是实力超群。

忽然，枪声未响，庄泳就抢先跳入水中，结果被判犯规，顿时场上的气氛更趋紧张。

这是一次重大的考验。过去的杨文意往往训练水平很高，但一到关键时刻，发挥总不尽如人意。为了克服心理障碍，陈运鹏教练花了很大工夫来调整她的心理状态，协助她有意加强自身意志的磨练。

只听“砰”的一声，发令枪二度响起，选手们顺利出发。八位女将如离弦之箭，跃入池中，顿时碧波翻腾、浪花四溅。50米自由泳赛程极短，比赛结果只在毫厘之间，因而选手们毫无保留，刚一入水便屏住呼吸，全力冲刺。

前15米，中美4名选手齐头并进，不相上下。25米处，杨文意爆发力好的特点开始显

露，她以一臂之优开始领先其他选手。30米后，杨文意的领先优势逐渐扩大，她一马当先，划水的频率越来越快，银灰色泳帽在起伏的水面上时隐时现，身体在与水面平行的轨道飞速前行，每一次抡臂划水，在空中划出一道优美的弧线。

在这场只有电子计时器才能分辨出谁胜谁负的决战中，八条泳道的计时器在1秒钟之内全部停止。

所有人都屏住呼吸等待，大屏幕上清晰地显示，杨文意以24秒79的成绩获得冠军，并且再次刷新世界纪录；庄泳以25秒08的成绩为中国再添一银。

陆莉 028

6个10分！当裁判已经被彻底征服时，陆莉笑得很甜

1976年7月18日之前，奥运会体操项目中还没有人能满分夺冠。但罗马尼亚女孩纳迪亚·科马内奇让这成为历史。在高低杠比赛中，她以完美无缺的表演让蒙特利尔为之震颤。观众和裁判被征服，于是她成为奥运历史上体操项目第一个满分获得者。在她成功拿下个人全能、高低杠以及平衡木冠军的背后，是7个10分的耀眼光芒。于是她被唤作"蒙特利尔仙女"，这一年她刚满15岁。

1992年7月30日，圣豪尔迪体操馆见证了"体操女皇"博金斯卡娅、美国体操名将兹梅斯卡尔的失意，而3个15岁的小姑娘乌克兰小将古楚、美国后起之秀米勒、罗马尼亚新人米洛舍维奇包揽个人全能前三，"新势力"和"颠覆"成为主旋律。

巧合的是，陆莉也是15岁。

14岁时，陆莉从省队进入国家队。初出茅庐的她参加的第一次世界大赛，是巴黎体操世锦赛单项决赛。她在半决赛里名列第一，着实被自己吓了一跳，这样的想法让她终与世界冠军擦肩而过，她获得高低杠第四名。

由于陆莉预赛排名并不高，仅列第四，所以赛前人们自然而然把注意力投向了朝鲜的金光淑，她是去年世锦赛这个项目的单项冠军；而横空出世的全能赛冠亚军古楚和米勒也获取了大家更多的期许。

金光淑是第二个出场的运动员。她做的还是去年世锦赛夺冠的动作，成熟老练，惊险曼妙，但是落地的一小跳，让她只拿到9.912分，这意味着她几乎失去了冠军。

罗马尼亚的米洛舍维奇第三个上杠。她发挥得也很出色，落地时退了一小步，让她得到了和金光淑一样的分数。

比赛由于古楚的演出变得精彩起来。在大家还沉浸在"特卡切夫"、"京格尔"的回旋之美时，"直体两周下"的稳稳落地，为这套动作画上完美句号。裁判给了9.975的高分，明眼人一看便知，金牌要属于独联体了。

米勒显然受了影响。但她也表现得也可圈可点，9.962分，只是她没能突破古楚的"金牌防线"。

此时，已经出场的6名选手，最高分9.975分，最低分9.90分，观众们大气儿都不敢出，等待着下一个选手的表演。

陆莉上场了。她身穿蓝色的体操服，胸前缀着的国徽熠熠生辉。她的表情从容淡定，丝毫没受到前面选手的影响。她走上高低杠赛台，助跑、起跳，身轻如燕，她轻盈的上杠动作马上就获得掌声一片。观众还没回过神来，她就做了一个漂亮的向前大回环，接转体360°，然后，成扭臂握杠姿势，接反吊回环，再接前空翻抓杠，这是3个D组高难度的动作。她连贯而舒展的表演技惊四座，万头攒动的观众席报以最热烈的掌声。表演尚未结束，她又做了个弧形转体180°，紧接着是3个高难动作：腾身回环、分腿回环、手倒立，惊险而漂亮，让人叹为观止。她采取的是"直体后空翻2周下"的下法，落地时就像钉子生根，纹丝不动！场内掌声雷动，人们纷纷为行云流水地表演完了的陆莉鼓掌，为这套天衣无缝、一气呵成的动作欢呼。

陆莉高兴地向观众致意，她知道自己将成为冠军。此时，硕大的电子计分牌上，是耀眼的光芒："陆莉，10.000"。来自保加利亚、以色列、葡萄牙、德国、意大利、匈牙利的裁判们不约而同地为小陆莉打了满分。6个满分，这是史无前例的。

赛后，国际体操联合会主席季托夫拥抱着激动的高健教练，惊呼"陆的表现太美妙了"；打出10分的葡萄牙裁判也说："这是完美无缺的艺术，是全人类都能感受到的一种美。"

钱奎教练难以掩饰激动和喜悦，连声说"太可爱了，小陆莉"；高健教练也自豪地说："别看她是个小不点，其实很伟大。"

此时的满分冠军陆莉，真情流露地说："我真的很高兴！"很简单，但却真实。年幼的她不知道，"陆莉动作"，已深深在所有人的心里烙下印记。

陆莉 Lu Li

性别：女 生日：1976.8.30

出生地：湖南 项目：体操

1992年在巴塞罗那第25届奥运会体操比赛中，以满分获高低杠金牌，同时获得平衡木银牌和女子团体第四名。目前在美国旧金山经营ACC体操俱乐部。

029 李小双

当他完成"团三周"时，所有人都知道，金牌属于中国了

李小双
Li Xiaoshuang
性别：男 生日：1973.11.1
出生地：湖北 项目：体操
1992年巴塞罗那奥运会上，以一个高质量的"团身后空翻三周"获男子自由体操冠军，并获男子吊环第3名、个人全能第5名；与队友合作，为中国队夺得男子团体银牌。现任李小双体育用品公司董事长。

团体赛，尽管中国队发挥不错，但独联体如日中天，在谢尔博的带领下以5.07分的巨大优势取得金牌，中国队最终只获一银。个人全能，谢尔博依旧不可战胜。他和队友们包揽了冠亚季军，只留给李小双一个第五名。所以，单项决赛成为李小双最后的机会。

圣豪尔迪体操馆，注定要成为小双的福地。很诧异地，在他前面出场的参赛选手，都没能获得9.80以上的分数。前有全能亚军，后有全能冠军，小双不得不拼。而杀手锏，正是他苦练已久的"团三周"。

在李小双之前，世界上还没有人用"团三周"夺得世界冠军和奥运冠军。所谓的"团三周"，就是"毽子后手翻接团身后空翻三周"动作的简称，这是自由体操的高难动作。自打1987年中苏对抗赛第一次看李春阳做"团三周"，小双就从心里爱上了这个向人类极限挑战的动作。

尽管直到1990年，还没有人在世界级比赛中成功地完成这一动作，但小双想，中国人有翻跟头的天赋，"团三周"这枚自由操王冠上的钻石应由中国运动员来摘取。

接下来是魔鬼训练般的专项攻关。深蹲杠铃、蛙跳、弹网翻三周……为练习这个动作，李小双曾经摔出脑震荡。1991年世锦赛，自由操预赛中由于规定动作失误，他失去了参加决赛的机会，"团三周"没能用上；1992年世锦赛全能比赛中，李春阳先出场，由于发力过早，他的"团三周"落地时失败了。李小双本想汲取他的教训，稍晚点发力，没想到落地后没能明显站住，一下子被裁判扣了0.35分。

"团三周"伴随李小双的，尽是失败的阴影。于是改变起跳角度，加快翻转速度，提高落地稳定性成为他后来备战奥运的基础课。

昨天陆莉高低杠夺金使得全队振奋不已。领队张健、总教练高健征求黄玉斌的意见，体操项目已经拿到金牌，是不是不冒风险，保银争金，小双可以不用三周这个动作了，因为如果失误，连名也拿不着了。黄玉斌深知小双为练三周所吃的苦和所受的伤，更明白自己的弟子在关键时刻想强烈表演自己绝技的愿望，他斩钉截铁地说："我们没有其他选择，只有用三周才有夺金的可能，只能用！"

第一项比赛就是自由操。黄玉斌和李小双进场了。3分钟准备活动时，小双做了一个三周。起跳、高度都很好，只是劲儿大了点，有点向前趴。黄指导交待给小双一句话："敢起，敢转，敢站！"就在这时，李大双从看台上跑下来，传达张健、高健的意见："让小双将三周改为直体旋"，大概是他们看到小双准备活动时做三周过了头，放不下心。黄玉斌教练接到这个指示后，处在相当激烈的矛盾之中。做，不做；不做，做。最后他想："做！要不就称王，要不就是熊！"黄导向看台上打了个手势，比划着"三"。

站在自由操比赛场地地毯的一角，小双格外地亢奋，也格外地清醒，几乎能感觉到全身每一根神经对肌肉的控制。倒吸一口气，他像脱膛的炮弹一样飞速起跑，起跳的刹那间，感觉自己就像一名特级飞行员一样，清晰而又清楚地"看着"自己完成着"团三周"的空中转体的每一个动作……

"嘭"的一声，稳稳地站在地上，成功的兴奋使小双更觉身轻如燕，行云流水般继续后面的动作……一连三周后空翻，动作宛如鲤鱼跃龙门，干净利落。紧接着转体720°，接前空翻；托马斯起倒立，再接托马斯起倒立；落下劈横叉；又分腿直臂慢起手倒立；团身前空翻再接前空翻……就在他提气做最后的结束串"直体720°旋"这一高难动作时，人声鼎沸的体育馆里，小双清晰地听到哥哥的声音："别光想站，甩起来"，孪生兄弟的心灵感应给小双注入了新的活力，当他准确无误地翻完最后一串跟头，纹丝不动地"钉"在地毯上时，"有了！"小双和黄玉斌都感到这块金牌已稳稳地攥在手中。9.925分！

"小双，好样的！"黄玉斌教练把小双从赛台上抱下来，热泪盈眶。

庄晓岩 030

古巴选手拼尽全力,以求挽回败局,但一切都毫无意义。最后的胜利者庄晓岩在赛场上喜极而泣

庄晓岩
zhuang Xiaoyan

性别:女 生日:1969.5.4
出生地:辽宁沈阳
项目:柔道

1992年夺得奥运会女子柔道72公斤级冠军,是该届奥运会柔道赛中唯一连胜5场保持不败的金牌得主,也是我国奥运历史上的第一位柔道冠军。1995年退役,目前在省体育运动技术学院训练处工作,分管柔道。

1992年7月27日晚11点左右,巴塞罗那市布劳格拉那体育馆内的一块榻榻米上,一个中国姑娘在向观众挥手示意,突然间她再也不能抑制自己的激动,泪如泉涌。泪水,掉在她曾洒滴过汗水的榻榻米上。这样的一方场地,有太多的心酸;而更多是胜利的喜悦。

彼时,对手罗德里格斯也泣不成声。她是卫冕冠军,而对面这个比她瘦小的中国姑娘,让她吃尽苦头,最终饮恨。

庄晓岩来自东北的辽宁省,性格开朗,泼辣奔放,榻榻米是她最向往的舞台。上了战场,她会虎视眈眈地用眼光直逼对手,如同猛虎一般,"老虎"的昵称于是比她的真名更流行,更为人所知。

14岁她就进了业余体校,先练田径,后改为柔道。在队里训练时,教练为了磨练她的意志力,曾经连续让她进行15场5分钟的模拟比赛。到第12场的时候,她累得不行,实在坚持不住,汗水和泪水模糊了双眼,身体似乎不听使唤,她瘫倒在榻榻米上。这时队友们一边放着国歌,一边大声打气:"东北虎,站起来!"晓岩在这样的鼓励下重又上阵,继续扑向下一个对手。

韧劲和勤奋让她从国内成名到征服世界:1986年,全国成人柔道赛上的亚军,是她事业的起步;第二年她就成功获得六运会柔道比赛无差别级冠军;1988年,日本第六届国际女子柔道锦标赛,她拿下第一个世界级冠军;继而她在1990年亚运会笑傲群雄,并卫冕该年的日本国际女子柔道锦标赛;1991年,她赢得世锦赛无差别组金牌,随后在福冈成为72公斤级和无差别级的世界冠军。

自六运会后,她几乎垄断了5年的国内无差别级女柔比赛的金牌。"无差王"美名远播。就连以柔道为国技的日本人都为之惊叹道:"在重量级集团中,中国的庄晓岩简直是一个无法逾越的障碍!"

带着征服世界的梦想,庄晓岩踏上西班牙旅途。7月27日,下午4点开始,庄晓岩连续同德国、西班牙、匈牙利的选手交锋,在消耗了大量体力后,她成功进入半决赛。

半决赛庄晓岩的对手是日本的坂上洋子,观众席上6000余人,竟有三分之一是日本观众。日本人将激情和欢呼声毫无保留地寄予他们心中的勇士坂上洋子。而西班牙观众不仅爱欣赏斗牛,对于柔道也痴情不已。呐喊声不绝于耳,比赛简直可用沸腾来形容。坂上或许太过亢奋,一上来就想先发制人,结果她与庄晓岩相持了几个回合,便被后者双手压倒,以一本告负。

其实庄晓岩眼里一直盯着古巴黑塔罗德里格斯。她们之间,才是真正的对手。

果然,另一半区的古巴黑妞不费吹灰之力就进入了决赛。罗德里格斯是汉城奥运会该级别金牌得主。去年的世锦赛,两人就已比过一场,当时是庄晓岩获得冠军。

古巴人为复仇而战。她人高马大,1.92米,足足超过庄晓岩半个头,体重更达到130公斤。这样的身形于谁都是一种压力。何况,偏偏在这个关键时刻,庄晓岩左腿受伤了。为了减轻压力,教练孟昭瑞刻意"隐瞒军情"。他对记者闭口不谈伤情,只说她会全力以赴,争取成为名副其实的"无差王"。

比赛在10点30分准时开始。这是真正意义上的冤家聚头。庄晓岩心里坦荡得很,在去年,她曾两度挫败对手,心理优势很明显。

一开始,庄晓岩便扑上去展开近身搏斗。3次背负都把罗德里格斯成功掀翻。当第5个回合打响时,她采用"边线战术"把罗德里格斯牢牢限制住,并巧妙借对方巨大的作用力,把对方狠狠摔倒,尔后按住对手的肘关节,并用柔道服上衣领子紧紧勒住罗德里格斯的颈部。古巴人几次想翻过身来,都失败了。这个时候,懂行的记者们都开始看表:1,2,3……还没到30秒的时候,"古巴黑塔"无奈地用手拍了一下榻榻米,表示服输。于是,在9米见方的有效比赛区域,庄晓岩干净利落地以"一本"的绝对优势获胜。

庄晓岩胜利了!她3次击败了同一个对手,只不过这一次,她是在奥运赛场圆梦。中国第一个奥运柔道冠军、"无差王"庄晓岩此刻只能用泪水表达心情,这一天她想得太久、等得太久了。

泪流满面的庄晓岩,让人们看到了她在力量之美背后的柔情之美。

031 邓亚萍&乔红

这对技术最全面、配合最默契的双打组合,赢得了奥运冠军,当然这只是开始

乔红 (左)
Qiao Hong
性别:女 生日:1968.11.21
出生地:湖北
项目:乒乓球
邓亚萍
Deng Yaping
性别:女 生日:1973.2.6
出生地:河南
项目:乒乓球
两人合作,夺得1992年巴塞罗那奥运会女子双打金牌。此外,邓亚萍和乔红还分别获得该届奥运会女子单打金、银牌。乔红退役后就读于华南师范大学体育科学学院,2003年1月至今担任中国乒乓球队教练。邓亚萍现在北京奥组委任职。

也许有人认为，乔红生错了年代。在邓亚萍时代里，中国的其他女乒选手都是配角。高军、陈子荷，及至乔红，众星捧月般地，邓亚萍成为女队最大的骄傲。作为与她配对的乔红，更能体会到那种光辉下的落寞感。

乔红本也是单打高手。作为非主力选手，她第一次参加世锦赛,就连夺女单、女双金牌，数十年来只有她做到了。"一人之下,众人之上"的地位,也其实是很多人追求一辈子的目标了，况且，在一个乒乓球巨人照耀下仍然能发出光芒的，必定是一块金子。

乔红成名于中国乒乓球的危难之中。1989年第四十届世锦赛女单比赛，中国队娘子军被朝、韩两强打得七零八落，仅是闯进比赛四强的李粉姬，就淘汰了中国的五员大将，女单金牌似乎岌岌可危。

拯救中国乒乓球的，就是乔红。"当她拿下最后一分，乔红终于笑了"，她的平静、随和的笑，同她出类拔萃的球技一样，为人所知。

乔红长邓亚萍5岁,个子比亚萍高7厘米。乔红的发球极具威胁，反手快拨和快带能有效牵制对方半台区的进攻火力，她的正手拉扣处理得当，能应对不同技术的打法，再加上心理素质稳定，她于是成为以凶猛著称，快、准、狠俱佳的邓亚萍的得力搭档。乔红主守，亚萍主攻，在两个顶尖单打选手的演绎下，中国女乒的双打开始变得无敌。

两人的默契也在相熟相知的训练对抗中慢慢实现。1989年世锦赛，她们的组合所向披靡，邓亚萍拿到自己的第一个世界冠军，虽然只是双打金牌。随后她们同队友一起努力，获得团体冠军。

转年，她们一起获得第一届女子世界杯乒乓球锦标赛团体冠军。

然而在1991年，她们遭遇了滑铁卢。世锦赛双打亚军、女团亚军，让这对黄金组合心里很不是滋味。年底的第二届世界杯女子团体冠军也没能抚慰二人"伤痛"的心。

她们到巴塞罗那，就是冲着冠军而来，为了证明她们是世界最好的女双组合。

7月的西班牙，正是风景宜人的季节。迷人的风光,映衬着邓乔的心情。她们过关斩将，顺利进入前四名。半决赛的对手是韩国的玄静和与洪次玉。邓亚萍和乔红对她们的战绩并不占优，所以这应该是她们夺冠最难的一关。

8月1日的北站市体育馆，挤着前来观战的各国乒乓迷。赛前被高度渲染的气氛，此刻骤然紧张起来。

这果然是一场惊心动魄的恶斗。第一局双方比分交替上升，打到17平，韩国选手连下4分先拔头筹。"我们的发球落点长，被对方用弧圈球拉住，攻击力未能全部发挥……"乔红对邓亚萍说。第二局她们改变打法，把迅猛的韩国选手打得无还手之力，用一个21比17还以对方颜色。第三局是第二局的翻版，连比分都惊人的一致。决胜局时，邓、乔已经一发不可收，她们用9分的优势把对手送回了家。另一场半决赛，高军和陈子荷也淘汰了对手，两对中国双打顺利会师决赛。

决赛俨然演变成为中国的"内战"：邓、乔战陈、高，最终谁会笑？

虽然是队友，但赛场上的较量就不会那么客套。何况陈子荷和高军为了这块金牌，付出的血汗和泪水并不比邓、乔少。大家都知根知底，比的就是临场的状态和战术的应用。

凑巧，乔红在热身时脚崴了，肿得特别厉害。陈子荷与高军商量了一下，就决定调整战术，因为她们觉得乔红脚伤了，跑得应该没有那么快。

但是决赛中，乔红跑得比任何一次都快，很多跑不到的球她都成功跑到了。乔红带伤上场、越战越勇，这感染了邓亚萍，她的攻击比任何时候都更具威胁。陈子荷、高军明显被拖入了对手的节奏，最终，技高一筹的邓亚萍和乔红如愿夺金。

邓亚萍和乔红互相注视着对方。接着，她们拥抱在一起，那种心灵相通的甜蜜超越了过往的酸苦。

高敏 032

许多跳水选手认定，作为一名女跳水运动员，和高敏同时代是种悲哀

在体育界，被看作一个神话、主宰一个时代的人物有如凤毛麟角。当高敏自1986年出道起便包揽所有大赛的跳板跳水金牌，1987至1989年连续3年被美国《游泳世界》杂志评为年度世界最佳跳水运动员时，属于中国人自己的神话已经到来。

头顶"跳水皇后"的炫目光环，高敏踏上了巴塞罗那奥运会的征程。这次她背负的压力将是前所未有的。因为她是一个时代的象征，胜利的象征，在亿万中国人心中，她被看作是本届奥运会中国军团"唯一有把握"的夺金选手。

这是高敏人生中的最后一届奥运会，因为之后她就将宣布退役。预赛第三的成绩多少让习惯了"冠军高敏"的国人有些意外，但超群的实力还是让人们对她的轻松夺冠坚信不疑。决赛终于打响，按照预赛排名，高敏倒数第三个出场。

预赛冷门的情形还在延续，前两轮动作，高敏出师不利，仅排第九。神话似乎正在悄悄消退，观众不禁为她捏一把汗。好在高敏经验丰富，第三轮跳罢，她追至第五。随后她再接再厉，到第五轮规定动作结束，她只落后独联体名将拉什科5.64分，暂列第二。

第六轮，自选动作开始。高敏和拉什科同演105B，结果双双得到59.04分。只剩最后四轮，如果只在小数点后的几位数字上与对手消耗下去，高敏必败无疑，因为拉什科此后动作的难度系数比她略高，在两人动作质量接近的情况下，难度将保证拉什科获得足够的分数。

至关重要的第七跳开始了。高敏的出场动作是205C，难度系数2.8，比拉什科的205B低0.2。这就意味着，如果后者正常发挥，处于劣势的高敏就必须表演完美，才有可能在得分上与之一拚。

只见高敏从容起跳，空中反转轻灵，入水如一柱光影射入池中，水波不惊。裁判给出了令人振奋的67.20分。反观拉什科，巨大的压力使她阵脚大乱。素以动作优美，难度大著称的她出现了一个严重失误，仅仅得到了这一轮次所有选手中的最低分37.80分。

久违的笑容开始在高敏脸上漾起，"女皇"的风采终于重新征服了跳水馆的观众。高敏凭借这完美的一跳，排名升至第一。

高敏 Gao Min
性别：女　生日：1970.9.7
出生地：四川　项目：跳水
1992年在第25届奥运会上，蝉联女子跳板跳水冠军。她是世界上唯一突破600分大关的女子跳水运动员，她的技术难度和稳定性远远超过那个时代的任何对手。退役后远嫁加拿大，现居北京。

回到自己的轨道，"皇后"的势头便不可阻挡。接下来的两个高难度动作，高敏一个比一个发挥得出色，分别得到了67.20和74.70的高分，进一步巩固了领先地位。胜利似乎就在眼前。

最后一轮，高敏拿出了曾演练过千百遍的一套动作，533D，反身翻腾一周半转体两周半。不出所料，"女皇"的演出美轮美奂，起跳高飘轻盈，空中转体快速连贯，团身滚翻姿态优美，入水似一把利剑，直插池心，几乎难见水花。整套动作发挥得淋漓尽致，无可挑剔。

命运之神被她的顽强感动，终于又一次紧紧拥抱了她。

高敏如愿以偿地以572.40分领先拉什科58.26分的成绩夺得她的最后一枚金牌，再现了汉城的辉煌，成为首位蝉联奥运金牌的中国女选手。新闻发布会上，有记者问："这是你最艰难的一次比赛吗？"

"虽然决赛第二轮时还落后20多分，但我相信，后面只要跳出正常水平，一般人不会有和我拼下去的毅力。"虽然夺冠之路布满荆棘，但高敏的回答始终不失轻松自如。

22岁的"跳水女皇"正式退位，伴随前无古人的荣誉。巴塞罗那的金牌为高敏的跳水生涯画下了一个完美的句点，她的退役标志着世界女子跳板项目一个时代的终结。

033 陈跃玲

奥运金牌"失而复得"后，陈跃玲平静地说："我很理解伊万诺娃，但我相信裁判是公正的"

以外人的眼光来看，巴塞罗那奥运会女子10公里竞走冠军陈跃玲的运动生涯多少有"教条主义倾向"。原因？对规则近乎苛刻地遵循和日复一日的艰苦训练，这就是她获得奥运金牌的秘诀。

陈跃玲1986年进入辽宁竞走学校，从此踏上超乎常人想象的艰苦训练道路。6年来，陈跃玲只在家过了一个春节，训练紧张时甚至连写家书也顾不上。1989年巴塞罗那世界杯，陈跃玲的脚刚做完鸡眼切除手术，伤口还未愈合，比赛当天她却忍着钻心的痛成为第一个抵达终点的中国选手，为中国女队夺得团体银牌立下头功。赛后回到家里，她甚至仍然坚持每天带伤训练。

陈跃玲的母亲曾经问她，天天这么练，怎么受得了。这个女孩却装出满不在乎的样子说："天天练就不累了，平时不刻苦，怎能拿金牌。"

1987年世界杯因技术犯规被罚出场曾使陈跃玲灰心。回到旅馆，她甚至赌气想要退出竞走运动，但对成功的渴望和信念的执着让她最终咬牙坚持了下来。此后，她与教练开始对国际竞走规则做更加精心的钻研，从而对自身技术动作进行更加细致的雕琢。

1991年的世界锦标赛，本已具备夺冠实力的陈跃玲，为确保技术过关，竭尽全力走出近乎完美的动作。最终排名第八的成绩固然不尽如人意，但陈跃玲的表现却因为额外的收获而显得意义非凡。她漂亮的技术动作给了众多国际裁判一个中国选手"改过自新"的良好形象，为奥运会赢得了宝贵的"印象分"。

陈跃玲
Chen Yueling
性别：女 生日：1968.4.1
出生地：辽宁铁岭
项目：田径
在1992年巴塞罗那奥运会上获得女子10公里竞走金牌，这是我国在奥运会历史上的首枚田径金牌。1993年8月退役，同年留学美国犹他州杨伯翰大学。1994年移居圣迭哥。现在美国加州任美国步行联盟董事、美国肾脏基金会和泛亚侨团联盟发言人。

1992年的夏天，陈跃玲身负中国竞走东山再起的重任，再次踏上巴塞罗那的赛场。她拼命叮嘱自己：千万不能犯规，这一次绝不能留任何遗憾。

比赛的开始阶段，陈跃玲十分注意自己的技术动作，而且尽量避免冲在前头。为的是谨防"枪打出头鸟"，受到裁判"额外照顾"，受罚。

巴塞罗那竞走场地最后一段是上坡路，在青海进行高原训练时，陈跃玲和教练专门找了一段相似的路进行特训。果然，陈跃玲凭借过人的实力顺利占据第一的位置，朝着奥运金牌稳步迈进。但此刻的形势容不得她一丝地掉以轻心，世锦赛冠军、世界纪录保持者独联体选手伊万诺娃正步步紧逼，试图随时抓住机会进行超越。

白热化的高潮终于到来。陈跃玲率先走入蒙锥克山奥林匹克体育场，伊万诺娃紧随其后，在3米处咬定不放。

最后300米，不可思议的事情发生了！伊万诺娃"奇迹般"地对陈跃玲完成了超越！与此同时，场内大型电子屏幕上出现了伊万诺娃有犯规之嫌的"双脚腾空"镜头。

结局似乎不再有悬念，伊万诺娃以44分23秒率先撞线。此刻陈跃玲双脚感到有些发软，但体力已至极限的她仍近乎疯狂地提醒自己"不能犯规！不能犯规！"。终于闯过终点线之时，陈跃玲不禁显得有些"懊恼"。

电视屏幕上迅速出现了名次：第一名，伊万诺娃，独联体；第二名，陈跃玲，中国……陈跃玲真的累了，经历了千辛万苦，奥运金牌此刻却俨然与她渐行渐远。

陈跃玲拿起一瓶水猛喝了两口，或许在反思刚才最后的冲刺是否应该撇开规则放手一搏。

就在山穷水尽之时，国际田联技术委员会官员、中国田径协会副主席楼大鹏大步流星地走了过来："跃玲，你拿金牌了！伊万诺娃犯规了，成绩已被取消。"说罢，伸手向她祝贺。

陈跃玲几乎不敢相信自己的耳朵。当她再次将目光投向电子大屏幕时，上面反复显示的字幕已经换成："第一名，中国，陈跃玲，44分32秒……"

刚刚还在挥舞旗帜、绕场向观众致意的伊万诺娃顿时目瞪口呆。得知自己因为犯规被取消成绩后，她失声痛哭起来。

王涛&吕林 034

尽管4年前陈龙灿和韦晴光曾带回双打金牌，但这次王／吕的夺冠依然是惊喜

王涛 Wang Tao（左）
性别：男 生日：1967.12.13
出生地：北京
项目：乒乓球

吕林 Lv Lin
性别：男 生日：1964.4.6
出生地：浙江
项目：乒乓球

两人合作在1992年巴塞罗那第25届奥运会上获乒乓球男子双打金牌。王涛目前任八一男队主教练，吕林任浙江体育运动技术学院小球系主任。

当冠军终于到来时，他们冲向蔡振华教练，王涛率先落泪，继而吕林也跟着哭了，随后这两个20多岁的小伙子，激动得难以自禁，双双倒在地上，抱着头，捂着脸，足有3分钟之长。

如果说4年前，陈龙灿、韦晴光为中国男子乒乓球带回双打金牌是差强人意的话，那么这次王吕的夺冠则实在有太多的惊喜成分。

两个原因使得这块金牌显得可贵。彼时，中国男乒的水平已经跌到了谷底，与欧洲相比，已经不是先前的一家独大，而是处于劣势；何况王涛、吕林的状态并非最佳，双打项目只是突破口，而非必杀。

默契是他们的法宝，他们的“心有灵犀”，甚至达到了“一个人”的境界：一左一右，一横一直，吕林接发球技术富于变化，快搓摆短、快挑、拧挑左右侧旋等都是他的看家本领；王涛则更具进攻气质。王涛和吕林的惺惺相惜，体现在话语里。王涛后来说：“吕林单打的水平其实很高，自从跟我配合后，基本上放弃了单打，专攻双打。我处于起伏期时，吕林总是说‘没关系，有我呢，我来补’，跟他配对，真的很让人放心。”

这对中国双打选手，在与欧洲选手的长期较量中，积累了丰富的经验。在巴塞罗那，经验派上了用场，他们一路闯进决赛。

决赛在11时进行。9点25分，蔡振华教练带着王涛、吕林在奥运村等候10分钟后出发的班车，然而车迟迟不到。于是三人立刻出了奥运村，截了一辆的士车直奔比赛场地。

到达场地时，比赛还有40分钟左右开始。观众们等得有点不耐烦，场馆里喧嚣一片。王吕二人急忙开始准备活动。

对手是1989年世界冠军，德国选手罗斯科普夫和费茨纳，两人配合多年，成绩一向稳定，大赛里总能取得好成绩。

他们也知道，王涛和吕林是三年前世乒赛的双打冠军，一年前世乒赛的双打亚军。这是一场双方都期待已久、势均力敌的对抗。

准备活动的不足使得王吕二人没能及早进入状态，对方中远台弧圈球的优势十分明显。吹哨声、锣鼓声、唱歌声声声入耳。王涛打得有些急，吕林也显得略微有点紧，他们很快落后，15比20，德国选手进入赛点。

还好，在国内时，他们已经进行了高强度的抗干扰训练。相互鼓励后，王吕越打越好，将比分步步追近。猛醒后的就是连串的反击，长拉短吊，他们打得如鱼得水，26比24。王涛和吕林成功翻盘。

风水轮流转。第二局王、吕打得十分出色，打到18比12的时候，德国观众显得迷惘而沉默。德国人的意志力在此时起了作用，王吕像着魔了似的，他们的松懈立刻被对方利用，罗斯科普夫和费茨纳一连赢下9分，活生生把局分扳成一平。

第三局双方你来我往，比分交替领先。德国观众开始了排山倒海式的外力干扰，他们要把压力强加给中国选手。但是这一局，罗、费虽然竭尽全力，仍以18比21失利。

但德国人随后稳住了阵脚，他们在第四局发挥出色，多次利用前冲力很强的弧圈球，让王涛吕林输了8分之多。

最后一局，双方展开了对攻。比赛场面极其精彩。10平后王吕二人的战术更为合理，发球抢攻和往前摆短都连连得分。而对手近台后退步伐衔接不好的弱点被王吕充分利用，最后当一高一矮的德国人撞在一起，王吕拿下赛点时，比分定格为21比14。

德国选手赛后说，我们打得很好，没想到的是，他们打得更好。

王涛和吕林看着国旗冉冉升起，抚摸着金牌，心里已被激情的红色淹没。

035 孙淑伟

奇迹发生了,这个中国小子最后一跳竟得了99.96分

孙淑伟一直低头注视胸前的奥运金牌。从领奖台上下来后，他说，就是想看看这金牌是什么模样,因为以前从没见过,“好像看到雅典娜坐在那儿拿着盆花似的”。

从1990年开始，孙淑伟连获亚运会、世锦赛和世界杯三项大赛的男子10米台冠军。他一直在等待这枚奥运金牌。

参加男子10米台比赛的有两名中国选手：孙淑伟和熊倪。预赛中，熊倪发挥出色，排名第一，孙淑伟暂列第二。按照倒序原则，孙淑伟和熊倪将在决赛中前后脚出场。

孙淑伟曾说，这届奥运会自己的主要对手是独联体名将萨乌丁。事实上，队友熊倪才是他最强的对手。熊倪比他年长两岁，并先于他进入国家一线队。而孙淑伟当初进一队，正是为了辅助熊倪冲击世界男子跳台的霸主地位。而今，两人却要为同一目标而手足相争。决战前夜，同住一屋的两人都翻来覆去难以入眠。

8月4日下午，决赛正式打响。第一跳，孙淑伟开局不利，仅列第四。第二轮，队友熊倪出现低级失误，排名靠后。前三轮过后，德国选手暂时领先。直至第四个规定动作结束，孙淑伟才追至首位，但与身后的海姆佩尔、萨乌丁等主要竞争对手只有区区几分之优。第五轮,自选动作开始，进入选手各展绝技、决定胜负的关键时刻。孙淑伟首先以一个精妙绝伦的5237D，向内翻腾一周半转体三周半的高难动作，获得92.16的高分，稳固了自己第一的位置。第六轮，他继续完美发挥，依旧领先群雄。

第七跳时，师兄熊倪出现重大失误，中国队的“双保险”计划彻底破产，夺金的重担全部落到孙淑伟一人肩上。最后三轮，竞争进入白热化阶段。

德国人海姆佩尔未能走出第七跳失利的阴影，第八、九轮连续出现严重失误。众多名将连续失误、心态失衡，“小老头”孙淑伟的表现确有长者风范。他沉着冷静，应对自如，每个动作都力求完美，始终保持领先。

最后的冲刺注定是最为激烈的缠斗。美国选手斯各特突然发力，出色地完成了第九、十轮的两个动作，分别得到了80.19和78.72的高分，丝毫没给“中国小子”喘息的机会。

孙淑伟
Sun Shuwei
性别:男 生日:1976.1.30
出生地:广东 项目:跳水
1992年在巴塞罗那第25届奥运会上夺得跳台金牌,这是中国在奥运跳水史上第一枚男子金牌。他也是我国第一位在世界大赛上获“三连冠”的男子跳台跳水选手。目前任广东省跳水队教练。

最后一跳。孙淑伟登上跳台，从容地走到跳台边缘，站定几秒之后，陡然腾空跃起，一个漂亮的307C，反身翻腾三周半抱膝。飞燕般轻盈的空中翻转过后，他如银针般清脆地插入水中，整套动作天衣无缝。

奇迹发生了，7名裁判中4名亮出了10分，两名9.5分，1名9分，这个动作的最后得分达到令人乍舌的99.96分。巧合的是，两年前的北京亚运会上，孙淑伟的最后一跳也是这个动作，而且得到了同样的高分。99.96分也是跳水比赛有史以来单个动作的最高得分，孙淑伟凭借这一跳的神奇发挥以总分677.31分，领先第二名43.68分的惊人成绩，为中国赢得了本届奥运会的第15块金牌。

最后一跳入水之后，孙淑伟兴奋地向上挥动了一下右拳。在这个万众瞩目的瞬间，他独自在水下提前庆祝着自己的成功，也把登上世界之巅的狂喜藏在了水底。赛后，成为中国男子跳水奥运冠军第一人的孙淑伟并没有得意忘形：“我没什么伟大，只是这一次赢了”。

这或许是孙淑伟最完美的一次演出，但他的完美主义从来不会停止。即使是从休息室到领奖台的一段短短的路程，孙淑伟也要求自己表现完美。3名获奖的运动员中，只有他穿着整齐的运动衫和领奖服。“任何情况下都要追求完美。”他说。

邓亚萍036

邓亚萍和萨马兰奇实现了一年前的约定

邓亚萍
Deng Yaping
性别：女 生日：1973.2.6.
出生地：河南
项目：乒乓球
1992年巴塞罗那奥运会上，一人独获乒乓球女子单打、双打两枚金牌。4年后的亚特兰大奥运会，蝉联乒乓球女子单打、双打金牌。1997年后，先后到清华大学、英国剑桥大学和诺丁汉大学进修学习，并获得英语专业学士学位和中国当代研究专业硕士学位。现在北京奥组委任职。

发奖仪式上，萨翁走到邓亚萍面前，双手把一枚雕有奥林匹亚女神的金牌挂在她的胸前，口里不断说着"祝贺你!"而发奖仪式结束后，他又跟小邓及教练张燮林交谈起来。他显得很激动，看到从台上下来的何振梁，迅速上前与之拥抱在一起。

这是萨翁第三次为亚萍颁奖，为了让主席践约，亚萍付出了太多。

1.55米的身高，这样的身体条件似乎不太适合乒乓球运动。可是她却凭借勤奋和果敢、惊人的攻击速度和永不服输、顽强拼搏的精神，让劣势反而成为她打球灵动的特色。她，就是邓亚萍。

13岁，获得全国冠军；15岁，晋升为亚洲霸主；16岁，捧起世锦赛女团和女双的双料桂冠。邓亚萍3年3跳，从国内到世界，人人都知道有个小个子女选手，她的作风就是不服输，她的锐气很凛然，她的未来不是梦。

这一点国际奥委会主席萨马兰奇也十分清楚，他明白这个中国姑娘必将称霸世界女子乒坛。某种意义上，她代表了乒乓球运动的改革与提升，即速度压倒身高臂长。他从心里默默感激邓亚萍。还有个原因，萨翁非常喜欢乒乓球运动，年轻时曾获得西班牙全国混双冠军。他更喜欢欣赏快速凶猛、大刀阔斧的打法。而邓亚萍，正是这种打法的突出代表。

所以这才有了他和邓亚萍之间的约定。

1991年第41届世乒赛，萨翁第一次观看邓亚萍的比赛。她凭借快速干脆的发球抢攻，变化莫测的击球线路和诡异的落点，把汉城亚运会亚军李姬芳打得狼狈不堪，仅仅耗时45分钟便疾风扫落叶似地以3比0击败对手，第一次登上世界女单冠军宝座。这给萨马兰奇留下了极深的印象。他决定亲自为邓亚萍颁奖，须知，作为国际奥委会主席，这是他第一次为乒乓球运动员颁奖。

9月份的东京"萨马兰奇杯"上，萨翁在邓亚萍获得冠军后，诚心邀请她去国际奥委会总部洛桑做客，并且对她说："还有一年的时间，我希望能在巴塞罗那为你颁奖。"

年底的世界杯团体赛后，邓亚萍赴洛桑参加萨马兰奇举办的晚宴。她在午餐时偶然学到一句西班牙方言的问候语"BonDias !"，并在晚宴时用这句话向萨翁问好。萨翁激动不已，并当即让秘书查看了巴塞罗那奥运会女单决赛的日子，还在记事本里写道："8月5日，为邓亚萍发奖。"邓亚萍高兴地为萨翁唱了一首《我的未来不是梦》，因为她明白要想让主席践约，就必须做到"我必须珍惜每一分钟"。

邓亚萍带着满心欢喜和自信，来到巴塞罗那。在开幕式上，萨翁翘起拇指向她做了个手势，意在鼓励她夺冠。而邓亚萍也翘起手指回了个手势过去，意思更加明显："我知道，我会尽力去争取夺冠，而希望您也能准时赴约。"

小组赛十分顺利，邓亚萍以全胜不失一局的战绩顺利晋级复赛。匈牙利名将巴托菲，丝毫不能阻挡邓亚萍，她3局尽负，惨遭淘汰。在对阵41届世锦赛曾击败自己和高军，帮助朝鲜获得女团冠军的余顺福时，邓亚萍以智取胜，连下3局将对手挡在半决赛门外。而后的玄静和，也倒在了邓亚萍的拍下。另一场半决赛的胜者是队友乔红，冠军已属中国。

萨马兰奇明白，冠军终归会是邓亚萍的。所以他事先就向国际乒联主席荻村先生打了招呼，说要来观看女子乒乓球决赛，荻村马上转告了中国代表团的副团长徐寅生。

邓亚萍为主席的守约感动不已。为了不辜负萨翁的期待，也为了自己蕴藏心中的梦，一上场她就以凌厉的攻势，咄咄逼人。连续的攻杀，让乔红无力阻挡。第一局21比6，第二局21比8，邓亚萍2比0领先。

此时的萨翁还没到场。裁判也知道主席即将光临，担心邓亚萍以这样的气势，迅速夺冠，势必造成无人颁奖的冷场。他示意两名选手休息一会儿，待主席来后再接着打。

也许是邓亚萍心有旁骛，也许是急于求成。乔红缓过劲来，全力反扑，邓亚萍输掉了第3局。比分变为1比2。

邓亚萍很快稳定了情绪。最终她3比1战胜队友。此时，萨马兰奇也兴奋地站起来为奥运冠军鼓掌，并表示祝贺。

1996

ATLANTA

第26届奥运会→亚特兰大

当1996年奥运会举办城市被挑选出来后，随即而来的是怀疑甚至严厉的谴责。亚特兰大，在洛杉矶奥运会才过去12年后，奥运会又回到了美国。没错，美国CBS电视台一家就提供了4.56亿美元的电视转播费用，亚特兰大也是奥运会忠实合作伙伴可口可乐公司的总部所在地。这是符合逻辑的，但很难让人信服。

还有一些象征性的意义是无法估计的。亚特兰大是马丁·路德·金的故乡，这位1964年诺贝尔和平奖得主给了黑人民众一次梦想的机会。同样是在这个美国南部城市，同样是一个黑人，穆罕默德·阿里点燃了奥运圣火。他曾以卡西乌斯·克莱的名字夺得罗马奥运会冠军，凭借自己的才能和魅力征服全世界。还是一个黑人，卡尔·刘易斯，完成了现代体育史上最伟大的成就，于12年后再次在祖国的土地上获得奥运冠军。还有迈克尔·约翰逊和玛丽-何塞·佩雷克(Marie-Jose Perec)，他们在亚特兰大实现了最令人惊奇的爆发……

一切似乎都很美妙，但这次奥运会是失败的。亚特兰大奥运会交通混乱，信息系统功能欠缺，志愿者准备不足且缺乏能力，公众表现出强烈的沙文主义，还有奥林匹克公园的爆炸声。7月27日，一枚炸弹在奥林匹克公园爆炸，导致了1人丧生100多人受伤。

或许亚特兰大最大的错误在于，它不该被挑选为现代奥运会诞生百年的主办地，也许雅典会更好。

CENTENNIAL OLYMPIC GAMES LES JEUX OLYMPIQUES DU CENTENAIRE
ATLANTA

1996

牙买加人奥蒂(Merlene Ottey)和尼日利亚选手昂亚利(Mary Onyali)输在了最后一刻，法国人玛丽-何塞·佩雷克(Marie-Jose Perec)获得了冠军，这也是她7天内完成的第8场比赛。她完成了对女子400米和200米的包揽。

Atlanta 1996
3298
adidas

第一次未被冠以“有史以来最好的一届”

当本届奥运会结束时，很多人都认为这次奥运会是最近几次奥运会中最不成功的一次。交通问题突出，而且过度商业化，很多人抱怨广告无处不在；发生在奥林匹克公园的爆炸事件更使本届奥运会蒙上了一层阴影。在国际奥委会主席萨马兰奇的闭幕演说中，第一次没有将本次奥运会形容为“有史以来最好的一届奥运会”。

在参加1996年第26届奥运会申办的城市中，亚特兰大事先并不被人看好。因为1996年恰逢现代奥林匹克运动诞生100周年，大家都认为最好能让奥运圣火回到希腊雅典。然而最终的投票结果却是亚特兰大，因为奥委会认为希腊的场馆建设远未能达到理想的标准。

1990年9月18日，国际奥委会第96次全会在日本东京召开。布什总统的夫人芭芭拉亲自带领300人的代表团前往助阵，经费高达700万美元。为了获得承办权，亚特兰大和可口可乐不惜血本。凭借国际奥委会合作伙伴可口可乐的雄厚经济实力，亚特兰大先后向73个国家派出了游说人员，三年内仅游说费用就高达750万美元。

当亚特兰大被确定为1996年奥运会主办地的时候，怀疑如潮水般涌来。要知道洛杉矶奥运会才刚刚过去12年。这是美国第四次获得夏季奥运会的主办权，更重要的是，亚特兰大以微弱优势击败奥林匹克文明发祥地，首届现代奥林匹克运动会的举办地希腊雅典，成为现代奥林匹克运动的100周年庆典的主角。布什总统立即发来贺电：我高兴至极，并确信，亚特兰大将创造第一流的成绩，把奥运会办好。很遗憾，布什总统的愿望并没有成真。

亚特兰大奥组委对环保问题之重视一度让人敬佩，在筹办奥运的15.8亿美元费用中，环保资金的比例和绝对额超过了此前任何一届奥运会。他们在建筑物中装备使用环保型冷媒的设备，建造了太阳能装置，并通过有轨电车和各类环保汽车组成公共交通网络。此外，为了及时了解亚特兰大的大气和水质情况，奥组委还专门建立了总体监测系统。所有这些投入，都让人们感觉这届奥运会将是清洁和环保的。

然而问题却在奥运会临近的时候出现了。环保部门证实，七成亚特兰大市民的饮用水源，市内最大的一条河流已被污染；亚特兰大的废水处理系统连该市原有人口的需要都应付不了，更别谈数百万游客的饮用水安全。这个消息对绝大多数亚特兰大人来说都不能算是个好消息，除了可口可乐公司。

在商业化的大潮中，奥运会逐渐变得庞大而繁复。16天的盛会背后，是一个长达数年、内涵丰富的巨大工程。亚特兰大奥运会向全球2/3的地区现场转播，共有30多亿人能够收看到比赛内容。为了实现这个目标，共有7万台电脑，同步钟表和电视机参与了这项工作。在30多年的发展中积累了丰富经验的国际商用机器公司（IBM）担负起了提供电脑服务的重任。他们还在奥运会科学技术史上创造了新纪录，从宣布获胜者名单到成绩进入电脑之间的时差仅在3/10秒至7/10秒之间。

这一切的投入都是值得的。因为精打细算的亚特兰大人在奥运会后，发现这届没有政府投入的奥运会实现了1000万美元的盈利，这确实是前所未有的壮举。并且除了最直接的收入外，很多间接的获利也不可忽视。

奥运会的举办树立了亚特兰大的新形象，

大大提高了该市的知名度。拥有300多万人口的亚特兰大，原先在美国大城市中排位第十。然而在奥运会举办后，其知名度大大提高。《世界贸易》杂志的一项调查显示，亚特兰大在最适于跨国公司投资的十大美国城市中已名列榜首。本届奥运会的举办为乔治亚州创造了7.7万个就业机会，从申办奥运会的1991年到奥运会结束后的1997年之间，奥运会组委会在该州开支达到26亿美元；来自国内外的游客在该州开销高达25亿美元；州政府因此增加的税收收入也高达1.8亿美元。

1996年7月19日，美国总统克林顿主持开幕典礼，宣布百年奥运会正式开幕。1960年奥运会拳击金牌获得者，后来成为重量级拳王的阿里，虽然患有帕金森氏症，仍被请来点燃圣火。当他以颤抖的手，缓慢用火把引燃圣火时，全世界都被这一刻感动了。

举世瞩目的奥运百年盛会，给人们留下了无尽的美好回忆，但却并没得到推崇友爱和平的奥林匹克精神的护佑，奥林匹克公园的爆炸案成为这一辉煌时刻的黑暗记录。就在奥运会开幕一周后，7月28日凌晨1时20分左右，在奥林匹克百年公园，轰然一声巨响，使一片歌舞升平的中心舞台顿时变成了魔鬼降临的地狱。爆炸的背包式炸弹，带着四处飞

(左)美国总统克林顿在奥运会开幕式上。

(右)美国民众在悼念袭击事件遇难者。

(下)作为1960年罗马奥运会冠军，穆罕默德·阿里一直是一名充满魅力的人物，就是他点燃了亚特兰大奥运会的圣火。

散的铁钉和弹片击中了园内的游客。44岁的艾丽斯·霍瑟伦被炸死，另有一百多人受伤。

早晨9点30分，美国总统克林顿在白宫召开新闻发布会，他嘶哑着嗓子说："这是个丑恶行为，这是向和平挑战。我们一定要将恐怖分子尽快捕获。"经过美国军警全力搜索，并且在加强安全措施之后，百年奥运公园在三天后再度开放。不过这名罪犯并不好找，直到7年后的一天，美国警方才将其捕获。

第26届奥运会会期定在1996年7月19日至8月4日，共举办了27种运动271项比赛，项目之多再次写下奥运会纪录。新增加的项目是女子垒球和女子足球，此外，排球增加沙滩排球，自行车增加越野比赛，划船比赛也增列轻量级项目，这些增设使比赛项目达到前所未有的271项。

国际奥委会的197个会员国，全部都参加本届奥运会，使亚特兰大奥运会的规模和参赛人数成为百年之最。选手多达10320人，首次突破一万大关，其中女性运动员多达3523人，与男性选手的比例成为34%比66%，比例大幅提升。奥地利人胡伯特·劳达斯绍尔成为了第一名参加过9届奥运会的运动员，他首次参加奥运会还要上溯到1964年的东京奥运会。

越野自行车、沙滩排球、垒球成为首次进入奥运会的项目。男足比赛允许每队派出3名职业球员，没有年龄限制。自行车比赛则完全对职业选手开放。这是国际奥委会在运动比赛逐渐职业化的情形下，为了留住观众及增加奥运会的观赏性，不得不做出的取舍。

田径赛场上的英雄是美国人迈克尔·约翰逊，他一人获得了200米和400米跑两项冠军，并打破了200米的世界纪录。年届35岁的美国名将卡尔·刘易斯已是第五次参加奥运会。在美国本土举行的百年奥运对于刘易斯而言具有特殊的意义，他将在这届奥运会上向自己的第九枚奥运金牌发动最后的冲击。

跳远比赛于7月29日进行。刘易斯的主要对手是古巴名将佩德罗索和自己的队友鲍威尔。在与世界一流高手争雄的比赛中，刘易斯得到了幸运女神的垂青。佩德罗索状态一般，鲍威尔则在比赛中拉伤了肌肉。刘易斯充满信心的一跳落到了8米50的地方，圆梦百年奥运。

由于奥运会一贯坚持业余原则，将一大批优秀的职业球员拒之门外，使得奥运会的三大球比赛并不代表世界最高水平，所以赛场内通常冷冷清清，只有决赛和东道主参加的比赛才会引来足够的关注。然而，随着国际奥委会主席萨马兰奇将职业化思路引进奥运会，这一情况发生了变化。在四年前的巴塞罗那奥运会上，篮球比赛对职业球员全部开放。美国NBA球星首次进入奥运殿堂后，篮球项目忽然由冷变热，转眼间成为奥运会的宠儿。亚特兰大奥运会上的梦幻三队注定也要制造同样的轰动，这支集中了众多超级明星的队伍，在同胞面前以全胜战绩夺得男篮金牌。

同样续写巴塞罗那辉煌的，还有俄罗斯著名自由泳选手，90年代驰骋泳坛的"自由泳短距离天王"亚历山大·波波夫。在百年奥运的泳池中，他再次上演了精彩的一幕。100米自由泳决赛中，波波夫以有力的冲刺在最后15米超越对手成功卫冕。在三天后的男子50米自由泳决赛中，他出色的冲刺再一次使他在最后触壁时超越对手，获得金牌。同上届一样，波波夫还帮助俄罗斯队夺得男子4×100米自由泳和4×100米混合泳两个接力项目的银牌。

1996年亚特兰大奥运会是有"冰美人"之称的俄罗斯体操选手霍尔金娜首次出现在奥运赛场上，那时的她已经是俄罗斯女队的领军人物了。

1

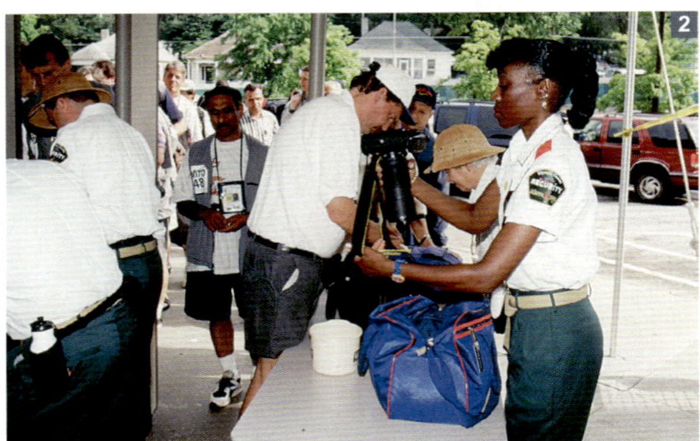
2

3

4

5

6

L'EQUIPE 队报聚焦

奥林匹克公园惊魂

1996 年 7 月 27 日凌晨 1 时 20 分，奥林匹克公园里———熙熙攘攘，大约有 2000 多人涌入这个 14 公顷的半贸易半娱乐区域。组织者曾承诺在奥运会的这 17 天里，亚特兰大是“这个星球上最安全的城市”，然而爆炸声让他们的承诺显得那么可笑……3 时 25 分，FBI 公开证实爆炸由一枚炸弹产生。这枚炸弹制作得十分简单，被藏在一个绿色背包里，里面还塞满了螺钉。一名炸弹专家表示：“这种炸弹制作的目的就是为了尽可能多地伤人。”

5 时 30 分 FBI 公布了第一份正式伤亡名单：110 人受伤，其中 1 人伤情非常危机，另外有两人身亡。其中一名是爆炸后赶到出事地点的土耳其摄影师，结果因为心脏病突发死亡，另外一名 44 岁的美国人被爆炸弹出的金属碎片杀死。装有炸弹的背包就放在公园大屏幕的下面，当时有几百人正在观看一场摇滚音乐会。

早上 10 时，总统比尔·克林顿在电视中发言：“我们所有人都同意奥运会继续举行，我们将不惜一切代价保护所有参与奥运会的人。我们不能让恐怖分子获胜，最终获胜的将是奥林匹克精神。”

文/让-菲利普·勒克莱尔

7

8

9

10

11

12

13

1 阿根廷队同立陶宛队的篮球比赛在超级现代化的佐治亚穹顶球馆(Georgia Dome)举行。

2 自慕尼黑奥运会发生恐怖事件以来，进入奥运场馆、奥运村和媒体中心都必须接受严格的安全检查。

3 所有参与奥运会的人正在签署"奥林匹克运动员对抗贫困公约"，那年也是联合国发起的国际消除贫穷年。

4 所有美国的象征都被组织者想到了，玛丽莲·梦露自然也不例外。

5 王军霞披着国旗庆祝胜利，她得到了"东方神鹿"的美誉。

6和7 亚特兰大奥运会的商业广告随处可见，也许只有外国人才会对此感到惊奇。

8 亚特兰大室内交通崩溃，最好的交通方式就是步行。

9 一大早上，可口可乐的销售人员就走上了亚特兰大的街头，这里也是可口可乐公司的总部所在地。

10 穿着传统服装，日本人有支持他们冠军的特殊方式。

11 两位最高领导人的巅峰会面，国际奥委会主席萨马兰奇和美国总统比尔·克林顿。

12 在女子自行车争先赛中，法国男子选手维朗克(Richard Virenque，左)和加拉贝尔(Laurent Jalabert，右)来为同胞巴朗热(Felicia Ballanger)助阵。

13 在石山公园进行的网球比赛吸引了大量观众，这很正常，因为最终获得男子和女子单打冠军的阿加西和达文波特都是美国人。

1

L'EQUIPE 队报聚焦

凯拉里，如同在室内

在雨中与搭档斯特弗斯(Kent Steffes)赢得奥运会沙滩排球金牌后，美国人凯拉里(Charles Kiraly)再次证明了自己"排球历史上最伟大选手"的身份，那是他在室内排球生涯中获得的成就，与美国队一起，他获得了1984年和1988年奥运会男子排球冠军。

在汉城奥运会后，已经有两个孩子的凯拉里决定在沙滩上继续梦想。很快，这个加利福尼亚人便成为了沙滩上的王者，于1990年、1992年、1993年、1994年和1995年当选为沙滩排球美巡赛最有价值球员。

此外，他在1995年成为历史上第一个获得总奖金达到200万美元的沙滩排球选手。他的搭档斯特弗斯也绝非等闲之辈，斯特弗斯于1993年以25岁的年龄成为历史上累计奖金达到100万美元最年轻的选手。而且，尽管在1995年因为肩膀伤痛长期缺阵，凯拉里依旧在一个赛季里与三位不同的搭档赢得了三次巡回赛冠军。

而在奥运会决赛中，对手迈克尔·多德(Michael Dodd)和迈克尔·维特马什(Michael Whitmarsh)正是他曾经的另外两个搭档。这两个迈克尔也是运动全才，他们曾分别在NBA选秀中被明尼苏达森林狼和圣迭戈快船选中，在淘汰了1995年世界冠军和奥运会夺标热门、巴西组合泽·马可和埃马努埃尔(Ze Marco-Emanuel)后，他们在决赛中与凯拉里-斯特弗斯相逢。

美国人赢得男子沙滩排球冠军，巴西人夺取女子冠军，这是最符合逻辑的结果。因为大约半个世纪前，沙滩排球就是在加利福尼亚诞生，而美国和巴西这两个国家一直都统治着这个项目。

文/让-菲利普·勒克莱尔

2

3

4

1 俄罗斯人马斯特科娃(Svetlana Masterkova)赢得两块金牌，她首先在7月27日获得800米冠军(3700号)，随后又在8月3日的1500米比赛中夺魁。每一次，她都用自己的节奏控制了比赛。
2 巴巴亚罗可以尽情地欢庆，在男子足球决赛中，他打入第一球，帮助尼日利亚3比2获胜，成为历史上第一个夺得世界冠军的非洲球队。
3 王军霞夺得了5000米冠军和10000米亚军。
4 安德烈·阿加西的父亲曾代表伊朗参加过1948年和1952年奥运会，但儿子显然更棒，他夺得了亚特兰大奥运会网球男子单打金牌。他也成为唯一一一名获得了所有大满贯赛事和奥运会冠军的男子选手。
5 安杜兰(Miguel Indurain)对于1984年奥运会有着糟糕的回忆，当时他不得不中途退出比赛。12年后，他在男子个人公路计时赛中夺冠，这个项目是自1932年以来首次进入奥运会。
6 美国人的梦之队非常轻松地夺得男子篮球冠军，决赛中他们95比69击败前南斯拉夫，要知道他们可拥有奥尼尔、皮蓬、马龙和巴克利这样的NBA球星。
7 在巴塞罗那，人们期待着莫塞利(Noureddine Morceli)，夺冠的却是费明·卡乔(Fermin Cacho)；在亚特兰大，人们期待着摩洛哥人奎鲁伊(Hicham el-Guerrouj)，夺冠的却是莫塞利。1500米比赛确实难以预料……
8 舒娅(Ghada Shouaa)曾是篮球国手，但她先后获得1995年世锦赛和1996年奥运会女子七项全能冠军，这也是叙利亚历史上第一枚奥运金牌。
9 在巴塞罗那夺得女子排球冠军的古巴人在亚特兰大卫冕成功，她们在决赛中3比1击败了中国队。

迈克尔·约翰逊:“我想进入历史”

凭借难以置信的19秒32的成绩,迈克尔·约翰逊成为了奥林匹克冠军和200米世界纪录创造者。在又夺得400米冠军后,他讲述了这次难以置信的"双冠王"经历。

文/让-菲利普·勒克莱尔

(上)博尔顿、桑切斯、弗雷德里克斯、马什(左至右)距离约翰逊都太远,他们无力阻止美国人夺冠,并将世界纪录从19秒66改写为19秒32。

(右)约翰逊没能在1992年奥运会上夺冠,亚特兰大的两枚金牌对他来说是复仇也是解脱。

迈克尔,完成了,您夺得两块金牌,还打破了200米的世界纪录。您的梦想实现了……

我难以向你描述,在以这样的方式打破世界纪录后自己的感受。如果奥运会在美国以外的地方举行,我肯定只能跑出19秒50到19秒60之间的成绩,但亚特兰大的观众太棒了,是他们让我实现了爆发。

决赛前是什么样的感受?

在走上起跑线的时候,我告诉自己:"这就是你想要的那块奖牌,那块你在巴塞罗那没有拿到的奖牌。"随后,一切都按照预计的进行,像弗雷德里克斯(Frankie Fredericks)这样强大的对手给了我额外的动力。我希望进入历史。很多运动员可以创造世界纪录或者赢得金牌,但有几个能说:"哇,我已经进入了历史!我在奥运会上夺得了200米和400米冠军,打破了世界纪录和奥运会纪录。"

您可能想到了您的偶像杰西·欧文斯?

他的夫人在我入选美国代表队后给我写了一封信,这对于我来说既是巨大的荣誉,也是动力源泉。从400米预赛到200米决赛,我一直把那封信带在身上。

决赛这一天都有怎样的感受?

压力,巨大的压力。在我的整个生命中,从来没有这样的感受。6个月来,每次翻开报纸或者打开电视,总是有关这两场决赛的东西。我接到了许多善良的人们打来的电话:"千万别担心!"实际上,他们这么做只会增加压力(笑)。但我总是说要想发挥出全部潜力,就得有压力。我喜欢走上起跑线时感到害怕,决赛时我确实非常害怕。

是否感觉到自己是这个星球上最出色的运动员?

这应该由观众来决定。我对于这样不以数据统计为依据的荣誉不怎么感兴趣。

那么是否感觉完成了一次完美的比赛?

实际上,我的起跑并不太好。一开始就落后了几厘米……

什么时候您感觉比赛进入了轨道?

从第4步起,我开始放松了心情,在80到90米处开始完全控制了比赛。我知道自己再也不可能跑得像今天这么快。

能否分享一下这样一次比赛中的感受?

在我还是孩子时,一天父亲送给我一辆卡丁车。我住的街道有一个大斜坡,我最大的乐趣就是从坡上以最快的速度滑下。所以如果你们想体会我的感受,那只有一个办法:去买一辆卡丁车,然后找一个超级大斜坡!(笑)

在如此特别的一周后,您现在锁定了其他的目标了吗?

4年后我会去悉尼,至于参加哪个项目还不知道。博尔顿(Ato Boldon)说我是世界上跑得最快的人,但德鲁蒙德(Jon Drummond)说只有100米冠军才是。为了说服德鲁蒙德,或许只有去跑100米……

是否认为自己真正的价值得到了承认?

是的。在亚特兰大前,我还没有赢得过一枚奥运金牌,却成为了所有杂志的封面。在赢得200米冠军后,我想这一切是公正的。

您获胜的那天晚上,玛丽-何塞·佩雷克夺得了"双冠王",对于她的爆发有何看法?

我在房间的电视里看了她的比赛,没有太多的想法。博尔顿也看了,我告诉自己:"他(博尔顿)总是和佩雷克一起训练,肯定能获得更多的动力。"但不论如何,看到她获胜我很高兴,我在成为主角前先当了一回观众。

USA
1996
370

不是泰山，我是萨沙！

如同在巴塞罗那一样，萨沙(Sacha)波波夫完成了对50米和100米自由泳的垄断。俄罗斯人追上了历史上的著名运动员魏斯穆勒(Johnny Weissmuller)，尽管波波夫对他并不怎么感冒。

文/杰罗姆·布罗

(上)波波夫是自1928年以来第一位卫冕100米自由泳冠军的选手，魔咒被征服了。

(右)在美国人的主场击败他们是一种责任，俄罗斯人可以笑了。

“魏斯穆勒，我当然知道他，但从来没有见过他。”面对美国记者提出的这个不可回避的问题，萨沙没有不满的神情，只有微笑。魏斯穆勒是此前唯一连续两次夺得100自由泳冠军的选手，不过那是远在1924年和1928年的事情，后来他还主演了好莱坞影片《人猿泰山》。想知道波波夫触摸到亚特兰大的泳池时内心真实的感受吗？他唯一想的就是发掘内心的欲望，获得胜利。

为了追随魏斯穆勒成为传奇？不，原因更简单：波波夫可无法忍受在自己最擅长的100米比赛中失利，更何况是在美国人的土地上……波波夫确实不怎么欣赏美国人，几个月来，他们都在费尽心机地阻止俄罗斯人在他们举办的奥运会上夺冠。然而，在波波夫获胜后，他们只能带着看上去完全礼貌的方式来看待

他。“我尊重所有人，所有对手，所有观众，加里（他的主要对手加里·霍尔）也一样……对于我来说在亚特兰大打败美国并不怎么重要。此外我要感谢加里对我的推动，他给了我更多决心。”哈，多么美妙的喜剧，最滑稽的是，美国媒体都给这幕大戏安排了一个美国式的“Happy End”……

不管是谁，如果你有朝一日想成为一名出色的游泳运动员，那最好去看看波波夫的姿势。他是一名理想的游泳选手，首先身体条件突出，四肢修长，他的技巧也非常完美，曾创造单届奥运会夺牌纪录的马克·斯皮茨将波波夫描述为“姿势天才”。

当然，波波夫还拥有两个优点，这是即使最具天赋的游泳选手也永远不会具备的：智慧，他知道如何控制比赛，就如同知道如何避开那些难堪的提问一样。另外就是对胜利的极度渴望，这次他战胜了加里·霍尔，4年前他同样击败了美国人比昂迪。

他是荣获无数荣誉的冠军，也是讨人喜爱的家伙，人们甚至会问“斯拉夫式魅力”这个词组是否就是为他而生。然而他的成功简直可以堪称奇迹，在他还是孩子时，一次从树上掉下来，左腿上留下了伤痕。“直到今天，即使我走路时也会感觉到不便，但到了泳池里这就不是问题了。”8岁时，波波夫被前苏联体育系统发现，开始进入了“计划冠军系统”，接受培训。就这样，前苏联找到了一位理想的冠军，一个在100米自由泳中击败比昂迪的最佳人选。

这个“计划出来的冠军”就是波波夫，他的教练格纳迪·图雷茨基(Gennadi Touretski)把他当成自己的亲生儿子来培养。1991年他出现在欧洲游泳锦标赛上，结果以49秒18的成绩夺取100米自由泳冠军。此后，他几乎赢得了一切。

这个“计划出来的冠军”也是一个完美的“前苏联英雄”。前苏联模式崩溃了，教练也去了澳大利亚，但波波夫也成为了一位完美的“后苏联时代冠军”。他不再是俄罗斯人，那是“冠军很难生活的国家”，他也不是澳大利亚人，他只会在冬天去那里，“那是一个没有文化的国家”。不，他不属于任何一块陆地，萨沙真正的“土地”就是游泳池。

米歇尔·史密斯疑云

在夺得女子400米混合泳和400米自由泳金牌后，米歇尔·史密斯(Michelle Smith)又夺得了200米混合泳冠军，但她的"爆发"引来的却是质疑。

文/帕特里克·勒穆瓦纳

在48小时内连夺两块奥运金牌后，米歇尔·史密斯在新闻中心里面对着众多记者，想象一下她此刻的感受。她得到的不是铺天盖地的称颂，而是针锋相对的质疑，美国记者提出的第一个问题就已经让空气中充满了硝烟。"在爱尔兰，人们都在以最美好的方式来描述您的故事。但为何在美国人们对您的仙女童话不那么有感觉？"

爱尔兰人反问道："你们从这个仙女童话中听到了什么？"美国记者继续说道："老实说，您闪电般的进步让人想起了两年前的中国女子游泳选手。"这位记者还不忘加上一句："您不这么认为吗？"

1969年出生于都柏林的史密斯，于1993年移居荷兰，那时她还不是一名特别出色的选手。然而她在15个月中将自己的400米自由泳成绩提高了18秒，有什么办法能获得如此快速的进步呢？此前民主德国运动员有过这样的进步，还有中国女子游泳选手在1994年世锦赛和亚运会上的爆发。人们开始以审视甚至怀疑的态度来看待游泳运动，而且史密斯如今已是27岁"高龄"了。

(上)400米自由泳比赛中，史密斯在15个月内将自己的成绩提高了18秒。在许多观察家看来，这实在难以置信。

(下)史密斯的蛙泳技术一般，但她通过蝶泳和自由泳进行弥补，获得了两个混合泳项目金牌。

更让人费解的是，史密斯选择了与荷兰铁饼运动员埃里克·德布鲁因(Erik DeBruin)结婚，而他因为使用合成激素而被禁赛4年！在这种背景下，不难理解史密斯任何的解释都难以让人们接受，她的飞速进步难以说服爱尔兰之外的观众，即使她数次提及自己从1月以来已经接受了6次药检。尽管今天她拿到了两枚金牌，但这一天显然不属于这个可怜的女人，因为还有一件事情令人生疑。她本来不具备参加奥运会400米自由泳比赛的资格，她只是在7月中旬才拿到了参赛资格。

不是美国著名选手简内特·埃文斯(Janet Evans)排在预赛第9与决赛无缘，这个事件引起的质疑浪潮或许不会这么汹涌。一家媒体在谈起这件事时充满了敌对情绪："假如我们要埃文斯谈谈自己(对于史密斯飞速进步)的疑问，她肯定会说。"但埃文斯选择了沉默。

不管史密斯是否作弊，质疑总免不了。

只有"金刚"才能摔倒卡列林

在一场巨人之间的决战后,卡列林(Alexandre Karelin)获得了个人第3枚古典式摔跤奥运金牌,这也是俄罗斯在亚特兰大的古典式摔跤比赛中获得的唯一一块金牌。

文/尼古拉·埃尔贝劳

即使观众都支持他,加法里也无能为力,他承认"只有金刚才能击败卡列林"。卡列林自从1989年以来就保持不败。

人们都在期待着他,卡列林也没有让自己的名声受到玷污。尽管决赛中的优势不是那么大,但他还是连续第3次成为了奥运冠军,也是本次奥运会唯一一夺得古典式摔跤金牌的俄罗斯选手。

"USA!USA!"8000名观众在看台上疯狂地呐喊,他们要在古典式摔跤最后一个比赛日,见证一场巨人之间的对决。祖籍伊朗的美国人加法里(Matt Ghaffari)将面对卡列林。两名体重130公斤的巨人,要为摔跤项目含金量最高的1枚金牌而战斗。比赛实际上没有太多悬念,比赛结束后,卡列林以不大的优势取胜,美国人加法里则跪在赛场上,他在赛后不乏幽默地解释道:"只有金刚才能打败卡列林。"

加法里将战胜卡列林作为自己一生的目标,但现在他只能回到更衣室里继续敬仰偶像的招贴画。当裁判在加时赛判俄罗斯人积极进攻时,加法里眼里满是担忧,他给卡列林设下的陷阱没有起到作用,此前卡列林已经连续9年保持不败。俄罗斯巨人解释说:"我在此前的欧洲锦标赛上受了重伤,随后进行了手术,此后基本上没有怎么参加比赛。加法里失去了打败我的最好机会。"

其实,更加担忧的是俄罗斯人,他们在本次奥运会古典式摔跤比赛中的成绩非常差劲,总共只获得了3枚奖牌,其中2枚是铜牌,而美国人获得了3枚银牌,本次比赛的最大赢家波兰则获得了5枚奖牌,其中3枚金牌。卡列林分析说:"我认为这只是一个事故,前苏联的解体并没有影响到我们的工作方式,但我确实为此感到伤心。"

至于他的个人前途,尽管兰开夏式摔跤组织者和美国职业橄榄球球队都向他发出了诱人的邀请,但他只想从事自己一直以来深爱着的运动。

刘易斯国王传奇

8.50米的成绩让刘易斯在35岁夺得了第4块奥运会跳远金牌,也是个人第9块奥运金牌……他确实是世纪最佳运动员。

文/杰罗姆·布罗

这就是卡尔·刘易斯,田径王国之王。

洛杉矶奥运会上他的形象是一名完美的选手,理想的身材,就如同只有达芬奇才能想象出来。汉城奥运会上,人们看到了他短暂迷茫的眼神,因为本·约翰逊刚刚从他手里"偷"走了冠军。那种眼神充满了难以理解的仇恨,还有伤痛。巴塞罗那奥运会上,人们看到了他会心的微笑,那是在夺得4×100米接力冠军后,他高举双臂直指天空,他希望永久保留那一刻的幸福。现在,1961年出生的卡尔·刘易斯又给了我们一种新的形象,他站在最高领奖台上接受自己的第9枚奥运金牌,他激动得泪流满面,那是一种童年时代才能看到的感动。

刘易斯赢得了这次赌博。去年夏天,他曾表示:"我有幸在美国开始了赢得奥运金牌的职业生涯,我希望有这种荣幸,在美国获得最后一枚奥运金牌,作为我职业生涯的结束。这枚金牌要求我比其他人付出更多的汗水。"因为冬季的休斯敦极度寒冷,但刘易斯履行了自己的承诺。"最糟糕的时候就是冬天,天气太冷,我情绪低落。"但他熬过来了,在5月为亚特兰大体育场揭幕的比赛中,他在100米比赛中跑出了9秒94的成绩名列第2,这个人们心目中已经"死去"的冠军又成为了话题的中心。

但最终让他入选美国代表队的是跳远项目,在6月的美国代表队选拔赛中,他的100米成绩名列第8,200米名列第4。这也是因为他在两天时间内进行了4场比赛,对于一个已经征战了16年的老将来说,这确实是巨大的挑战。不过,他至少在跳远项目中获得了去亚特兰大的资格,他可是这个项目中连续3届奥运冠军得主。

"我可以跳出8.50米,这个本赛季还没有人完成的最好成绩。"在选拔赛过后,刘易斯郑重承诺,当时他仅仅以8.29米的成绩获得参赛资格。在奥运会决赛重新面对这些竞争者的时候,他对贝克福德(James Beckford)和格林(Joe Greene)这些后辈开玩笑地说:"年轻人,我向你们保证这是我最后一次击败你们,今后我会撒手离去。我保证。"未来属于这些年轻人,但过去和现在属于刘易斯。

缺席了此前的世锦赛后,35岁的刘易斯在人们看来只是一位江河日下的运动员。只有他还相信自己。

1996

贝利让人们忘记本·约翰逊

他是出生在牙买加的加拿大人，在获得世锦赛冠军一年后，他又获得了奥运冠军。和本·约翰逊的比较可以到此为止了……多诺万·贝利(Donovan Bailey)不是一个“计划出来的冠军”，直到1991年他23岁时，才有了到跑道上去试试运气的想法，“只是因为乐趣”。这一天他已经拥有一个经济学文凭，和兄弟开了一个财政顾问公司，开着保时捷出入各个夜总会。但他是一个有天分的运动员，弗雷德里克斯说服了他。“他是一个非常热情的人，他告诉我，我非常出色。”不知道弗雷德里克斯(图中)是否后悔了，尽管他在决赛中跑出了9秒89的成绩，但也只能和4年前的巴塞罗那一样收获一枚银牌。率先通过终点的是贝利，9秒84的成绩使他成为了世界上跑得最快的人。

USA
Atlanta
2381

Atlanta 1996
3298
adidas

佩雷克，法国羚羊

在连续夺得女子200米和400米冠军后，玛丽-何塞·佩雷克(Marie-Jose Perec)创造了历史：她成为历史上第一位卫冕奥运会400米冠军的运动员。而她过去5年中一直处于最高水平。

文/吉尔·纳瓦罗

轻盈的步伐让佩雷克轻松地成为奥运历史上的传奇人物。

她的生命就如同一个美梦。在夺得亚特兰大女子400米冠军后，她成为奥运会历史上第一个卫冕该项目的选手。4年前在巴塞罗那折桂后，出生于瓜德鲁普岛的佩雷克在亚特兰大这个黑人受到承认的标志性城市，在这个田径冠军的摇篮复制了成功。两块金牌证明了她为奔跑而生，而且还肯定会获胜。

一切开始于1991年，那一年她进行了膝盖手术。恢复训练后，她承受的痛苦令周围的人非常吃惊。但在去东京参加世锦赛前，她两次改写法国女子400米最好成绩，6月29日在法兰克福更是创造了49秒32的个人最好成绩。但艰苦的训练让她在东京的决赛前体重骤降4公斤，任何食物都不想吃，晚上无法入睡……然而决赛那天，她的梦想开始了，200米金牌轻松收入囊中。比赛的夺标热门、德国人格里特·布罗尔(Gritt Breuer)被击败，佩雷克赛后平静地说："我是世界冠军，这是梦想的开始！"

接下来的一年，在巴塞罗那奥运会上，她成为了夺标热门，击败乌克兰人奥尔加·布里兹金娜成为奥运冠军后，她开启了光辉职业生涯新的篇章。媒体开始疯狂地追逐她，甚至陪她一起去瓜德鲁普看望母亲。佩雷克成为了明星，但她还是能够享受与姐妹一起下厨的日子。在瓜德鲁普岛，这是她儿时就已经习惯的生活。

400米世锦赛冠军、奥运会冠军，佩雷克赢得了一切：1993年她必须确定新的目标，唤起自己迎接挑战的渴望。1993年斯图加特世锦赛给了她机会，她参加了200米比赛。这个新的挑战给了她欲望和勇气。然而在7月的一次比赛中，大腿受伤让她一度对自己产生了疑问，她花了4周修养，最终在世锦赛200米比赛中失利。失望，丧气，佩雷克希望换换空气。1994年初，在巴黎贝希公开赛的最后一刻，她选择了退出。

她希望去阳光下生活，美国吸引了她，她眼里也闪耀着美国梦。在洛杉矶，她遇到了日后的教练约翰·史密斯(John Smith)，在和他的接触中，佩雷克学会了自控、纪律和放松。此前她每次比赛前都极度紧张，甚至会病倒，现在她学会了更好地看待比赛。佩雷克在加利福尼亚开始与其他运动员一起训练，身边围满了田径明星。在巴黎她是明星，但到了这里她变成了一名普通的冠军。约翰·史密斯的放松训练让她变成了另外一个人，唯一不变的是她获得胜利、"创造历史"的渴望。

在两人合作的第一个赛季，史密斯帮助佩雷克夺得了她唯一缺少的冠军头衔：在赫尔辛基举行的欧锦赛400米冠军。随后一年，她又在哥德堡获得了世锦赛冠军。她就快触摸到自己的美国梦了……

7月29日，在以完美的方式卫冕奥运会400米冠军后，玛丽-何塞·佩雷克成为了传奇。曾经，人们认为这个双腿修长的女孩不适合跑400米，因为她太瘦弱，但如今她却成为了这个项目上有史以来最出色的选手。她生命的小说变成了实现的梦想，从巴黎、东京、巴塞罗那到亚特兰大，一直到悉尼……

开幕式上的表演

1996年亚特兰大第26届奥运会

为了庆祝奥运百年诞辰，1996年的奥运会应该不仅仅是美国人为本国人上演的独角戏，组织状况本应是无可挑剔的，但遗憾的是，那一届奥运会有太多欠缺了。

数据

开幕日：1996 年 7 月 19 日

闭幕日：1996 年 8 月 4 日

主办国：美国

其他申办城市：希腊雅典、南斯拉夫贝尔格莱德、英国曼彻斯特、澳大利亚墨尔本、加拿大多伦多

197 个国家和地区（其中 168 个成员派了女运动员参赛）

10320 名运动员（3523 名女运动员，6797 名男运动员）

27 个大项（其中 21 项有女运动员参赛，包括男女混合项目）田径、赛艇、篮球、羽毛球、棒球、拳击、皮划艇、自行车赛、马术、击剑、足球、体操、举重、手球、曲棍球、柔道、摔跤、游泳、垒球、网球、乒乓球、篮球（包括沙滩排球）、射击、射箭、帆船赛、五项全能

271 个小项（其中 108 项有女运动员参加，包括男女混合项目）

宣布开幕者：美国总统比尔·克林顿

点燃火炬者：美国拳击运动员穆罕默德·阿里

运动员宣誓：美国篮球运动员特里萨·爱德华兹 (Teresa Edwards)

国际奥委会主席：西班牙人萨马兰奇

冬季奥运会

第十七届冬季奥林匹克运动会于 1994 年 2 月 17 日至 27 日在挪威的利勒哈默尔 (Lillehammer) 举行。

从 1994 年开始，冬季奥运会与夏季奥运会交替举行。1994 年利勒哈默尔冬奥会距离 1992 年阿波特维尔 (Albertville) 冬奥会仅仅两年时间。1737 名运动员参加了利勒哈默尔奥运会（其中包括 1216 名男运动员和 521 名女运动员）。他们代表全球 67 个奥委会协会成员在 6 项大比赛项目和 61 个小比赛项目中展开了角逐。

挪威国王哈拉尔 (Harald) 宣布了本届冬奥会开幕。挪威的著名滑雪运动员维加尔·于尔王 (Velgard Ulvang) 代表运动员进行了奥运宣誓。

中国选派 27 名运动员（其中女运动员 19 名，男运动员 8 名）共参加了速滑、短道速滑、花样滑冰、冬季两项和自由滑雪等竞赛。其中张艳梅获 500 米短道速滑银牌，叶乔波获 1000 米速滑铜牌，陈露获花样滑冰女子单人铜牌。

从巴塞罗那到亚特兰大

1993

• 5月1日，法国密特朗总统任命爱德华·巴拉杜 (Edouard Balladur) 为总理，前总理皮埃尔·贝格伯 (Pierre Berecovoy) 在纳维尔 (Nevers) 自杀。

• 5 月 26 日，在德国慕尼黑举行的欧洲冠军杯决赛上，马赛奥林匹克队凭借巴塞尔·博里 (Basile Boli) 的进球以 1 比 0 战胜了 AC 米兰。

• 9 月 13 日，以色列和巴解组织举行了一系列秘密会谈，最终巴解组织主席阿拉法特和以色列总理拉宾在白宫签署协议，双方从此互相承认。

• 10 月 15 日，南非总统弗雷德里克·德克勒克 (Frederick de Klerk) 和非洲国民大会领袖纳尔逊·曼德拉一起获得诺贝尔和平奖。

1994

• 4 月 7 日，卢旺达内战爆发，上演种族大屠杀。

• 5 月 2 日，巴西著名车手阿依顿·塞纳 (Ayrton Senna) 在伊莫拉 (Imola) 赛道进行比赛时丧生。

• 5 月 2 日，非洲国民大会在南非历史上首次多种族参加的大选中获胜。

• 5 月 9 日，纳尔逊·曼德拉被选为南非总统。

• 7 月 1 日，阿拉法特创立巴勒斯坦自治领导机构。

• 7 月 17 日，在美国足球世界杯上，巴西点球决战胜意大利 (0 比 0 和 3 比 2)。

1995

• 5 月 7 日，雅克·希拉克当选法兰西共和国总统。

• 5 月 21 日，在雷克雅未克举行的世界手球锦标赛中，法国队以 23 比 19 战胜克罗地亚，获得冠军。

• 7 月 25 日，纳尔逊·曼德拉领导下的南非在约翰内斯堡以 15 比 12 战胜新西兰，夺得橄榄球世界杯冠军。

• 11 月 4 日，以色列总理依扎克·拉宾 (Yitzhak Rbin) 在特拉维夫遇刺身亡。

1996

• 1 月 8 日，法国前总统弗朗索瓦·密特朗在巴黎去世。

• 5 月 29 日，本杰明·内塔尼亚胡 (Benjamin Netanyahou) 领导的右翼政党在以色列掌权。德国队在温布利体育场以 2(其中包括一个金球）比 1 击败捷克队，获得欧洲杯冠军。

你知道吗？

1996 年亚特兰大奥运会上，79 个国家获得了奖牌，其中有 53 个国家获得了至少一块金牌。

奥地利运动员霍波特·劳达舍尔 (Hubert Raudaschl) 是第一位参加了 9 届奥运会的运动员。他第一次参赛的时间可以追溯到 1964 年的东京奥运会。

1996 年奥运会首次将沙滩排球，越野自行车，轻量级赛艇和女子足球，女子垒球列入比赛项目。

自行车项目对职业运动员敞开了大门，在男足方面允许各队派遣 3 名职业球员出战，这些球员的年龄也不受限制，从而大大提高了奥运会足球比赛水平。

亚特兰大奥运会主赛场，福尔顿棒球馆也作为了奥运场馆。

亚特兰大 Atlanta

1996年，当26届奥运会在美国亚特兰大举办时，许多人甚至还不知道这座城市在美国的什么地方。是的，它并非一座名气很大的城市

亚特兰大是美国东南部佐治亚州的首府，佐治亚州首要的交通、贸易服务中心。亚特兰大都会区分布在佐治亚州西北部蓝领山脚下，这里是起伏而林木繁盛的皮德蒙高地，查塔胡奇河跨境而过，由于地势不高，位置偏南，所以气候温和。

与纽约市相比，亚特兰大的历史要晚二百多年。当初佐治亚州北部根本没有亚特兰大这个地点，甚至连个农村的影子都没有，那地方只是一片无名的茫茫荒野。到了1836年，州政府批准修建一条通往西北的铁路，而这条铁路的起点就是初名塔米努斯的亚特兰大。

在南北战争以前，这里仅是一个只有1.5万人口的小城市。1861年至1865年的南北战争期间，这个小城成为南方军的战略要地，是南方奴隶主政权“美利坚联邦”的大本营。联邦军队攻占亚特兰大后，下令烧毁了这座小城。南北战争一结束，亚特兰大就立即开始了重建工作。当时，南方的黑人为逃避奴隶主的统治，纷纷向北迁移。北方的一些白人企业家为使企业接近原料产地和就地雇用廉价劳力，逐步移往南方，形成了一种黑白人口南北对流。在这种历史背景下，亚特兰大由一座不起眼的小镇，逐步发展成美国东南部的工商业中心和重要的交通枢纽。

值得一提的是，在这座城市的发展历史上，曾诞生过一位著名的黑人民权运动领袖——马丁·路德·金。20世纪60年代，这里曾是美国黑人民权运动的中心之一。马丁·路德·金著名的演说《我有一个梦》早已成为千古绝唱。

第二次世界大战后，亚特兰大成为了一个大都会。该市的经济具有多样性，其中服务业居冠，销售业、制造业居次，没有出现仅仅依赖某项工业的现象。到了20世纪80年代，亚特兰大已经是许多全国性工商业机构的地区总部、产品的重要销售地与首要商业区，其地位已不容忽视，有“无限城市”之称。在美国《幸福》杂志公布的美国最大的工商企业名单中，500家最大的工业企业就有442家在亚特兰大设有分厂或营业机构。亚特兰大已成为美国“新南方的象征”，连续多年被评为全美最佳商贸城市之一。

在奥运会举办之前，许多人也许不知道这座城市，但一定不会不知道可口可乐。这种来自美国的“魔水”，差不多统治着全世界的饮料市场，人们对美国不论持什么样的态度，但对可口可乐，就像它的名字一样，都很喜欢。

可口可乐是美国文化的一部分，并且是美国风味世界性的象征。第26届奥林匹克运动会在一定程度上就是被可口可乐拉到美国，拉到可口可乐的大本营亚特兰大的。

1996年恰逢现代奥运会百年诞辰，由发源地雅典百年之后再来举办第26届奥运会更具意义，世界舆论也普遍看好雅典。谁知，可口可乐的腰形瓶成为亚特兰大的魔杖。不过，亚特兰大并没有让世界失望，这届奥运会同样实现了奥运家庭的大团圆。“I have a dream(我有一个梦)”——在亚特兰大上空，回荡着马丁·路德·金深切的呼唤。在奥运大家庭里，所有肤色的种族平等相处，实现了金的梦想。

关键词·鹰

亚特兰大让世人印象深刻的是饮料“可口可乐”和文学作品《飘》，它除了举办过第26届奥运会外，体育方面仅有加盟NBA的鹰队尚可一提。实际上，鹰队最初的根据地也并非这里。1946年，全国篮球联盟批准在密西西比河流经的三个城市中建立一支球队。这三个城市为伊利诺伊州的莫莱恩、罗克岛和衣阿华州的达文波特。因为印第安索克人首领黑鹰在罗克岛活动，而且1831年的黑鹰战争也在附近地区展开，因此球队被命名黑鹰(BLACKHAWK)队。1949年，黑鹰队加盟NBA，1951年，黑鹰队在密尔沃基落户，球队名称改为鹰队(HAWK)。1955年，球队迁往圣路易，1868年搬到亚特兰大。亚特兰大老鹰队是NBA联盟当中资格最老的17支球队之一，曾经在1958年获得过一次总冠军的老鹰队，但那时候球队尚未迁至亚特兰大。

一次漂亮的腾跃，李小双在双杠上拔剑向天。团体赛失利后，他挺身而出，摘下了中国首枚个人全能奥运金牌。体操界迎来了新的王者。

CHINA 1996

第四把交椅

309 名运动员，16 金 22 银 12 铜，中国军团坐稳了第四把交椅。

在所有 16 枚金牌中，有一枚金牌的重要意义是无法估量的。四年前中国荣登金榜第四，女子游泳的异军突起起到了关键的作用，但随后中国游泳遭遇寒流，整体实力大打折扣。这个时候，中国游泳军队极需要一场胜利，一个足以为中国证明实力的人站出来。终于，有人挺身而出了，来自上海的乐靖宜以 54 秒 50 获得 100 米自由泳冠军，再以 24 秒 90 获得 50 米自由泳亚军，还没完，在女子 4x100 米自由泳接力中她与队友合作又获亚军。另外，刘黎敏以 0.01 秒之差获得 100 米蝶泳亚军，老将林莉则拿下 200 米个人混合泳铜牌。这些奖牌无疑给中国和世界一个响亮的回答。

还是乒乓最令人放心。身为中国超强势项目的乒乓球此前在奥运会上并不能驾驭局势，这项伴随着新中国历史，在精神气质上影响着几代中国人的运动，在亚特兰大终于恢复王者之相，邓亚萍、乔红、刘国梁、孔令辉，包揽四枚乒乓金牌。中国乒乓无可阻挡的势头还在延续之中，一代代运动员也成为满足人们多种诉求的偶像。而王军霞在女子 5000 米中冲破非洲选手包围圈夺冠的情形，更像是一种预设的表演，这是中国田径的第二块奥运金牌。

在另外一块场地上，女足女垒两个项目上的中美对决，成为全社会关注的焦点。虽然中国女足和女垒均惜败于对手，但中国姑娘们的精神气质却征服了东道主。

037 孙福明

她为中国赢得了女子柔道72公斤以上级金牌，同时成为中国第一位奥运柔道冠军

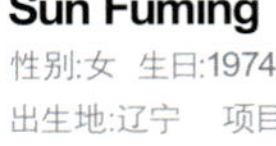

孙福明
Sun Fuming
性别:女 生日:1974.4.14
出生地:辽宁 项目:柔道
1996年获得第26届奥运会女子柔道72公斤以上级金牌。现任辽宁柔道队领队。

自1904年圣路易斯奥运会自由式摔跤被引入，1908年伦敦奥运会开始有古典式摔跤，1964年东京奥运会日本人将柔道带入奥运赛场以来，摔跤和柔道一直都是男子运动员的天下。女子柔道只是最近两届奥运会才设立的新项目，而其中大级别比赛中更是只设72公斤以上级一项。此项规定致使世界各国众多巾帼柔道好手纷纷挤于这个级别的门下，拼尽全力争取这枚奥运会金牌。

1996年，年仅22岁的孙福明肩负起中国冲击首枚奥运柔道金牌的重任。

这是孙福明人生中的第一届奥运会，但她表现出的适应能力和轻松平和的心态却着实令人吃惊。到了亚特兰大后，她就餐睡眠一切正常，训练状况也十分好，没有出现丝毫不适应的情况。甚至决赛前教练们聚在一起讨论战术，全队气氛异常紧张之时，她仍然像个没事人似的四处遛达。但是轻松的表现没有减轻教练的担忧，赛前教练没有对孙福明提出任何名次要求，因为她毕竟年纪还小，而且几乎没有任何大赛经验。教练甚至担心，把第一次参加奥运会的孙福明"吓坏了"。

稍早进行的淘汰赛中，孙福明的发挥一如她的心态般轻松自如。三场比赛一路顺风顺水，孙福明以一分未失的成绩昂首挺进决赛。

奥运会女子柔道72公斤级决赛在亚特兰大世界会议中心的柔道馆内举行。这场决赛的主角是中国的孙福明和古巴选手罗德里格斯。罗德里格斯号称"巨无霸"，比孙福明高5厘米，重20公斤，胳膊也长出孙福明一截，肌肉似乎也力道十足，站在榻榻米上给人一种咄咄逼人的气势。而且29岁的她无论经验还是功底，相比孙福明都略胜一筹。

两人扎下马步，一个左腿当先，一个右脚在前。比赛开始，空气顿时凝固。罗德里格斯步步紧逼，孙福明一个不留神，就会被对手缠住难以脱身。她能成功吗，她能最终战胜自己获得胜利吗？亿万观众拭目以待。

奥运会的柔道比赛和其他柔道比赛不同，比赛双方毫不拖沓，几乎没有任何试探性的动作，一开赛就立刻进入了实质性交手阶段。人高马大的罗德里格斯一上来就一手抓住了孙福明的前襟，另一只手伸向孙福明的颈后，想利用自己身高的优势居高临下，瞬间把孙福明压倒在地。孙福明也毫不示弱，她顺势钻入对方怀里，试图通过背负投摔压制对手。但由于两人求胜心切，略显操之过急，第一个回合都没有占到对方的便宜。

比赛时间在一点一滴地流逝，两名选手在过去的时间里都还没有得分。孙福明曾两次被对手压在身下，但是幸好应对得当，并没有失分。场上的气氛达到白热化。

然而柔道赛场最大的魅力就是它的瞬息万变。2分30秒时，孙福明抓住了一次转瞬即逝的战机，她利用罗德里格斯发力不均立足不稳的瞬间，用一个漂亮的背负投摔将罗得里格斯翻倒在地，得到一个"有效"。此后，占得先机的孙福明愈发活跃，她在场上利用自己灵活多变的战术和走位不断调动对手，消耗对方的体能，使罗德里格斯在剩下的时间里始终无从发力，最终败下阵来。

国旗、国歌，鲜花、掌声，24岁的"大丫头"孙福明终于不负众望，为中国代表团夺得了本届奥运会上的第一枚金牌，更为中国获得了奥运史上的首枚柔道项目的金牌。这位新人一夜之间成为创造历史的"奥运巨人"。

乐靖宜 038

她终于将女子100米自由泳金牌收入囊中。她一个人，捍卫了中国游泳的尊严

乐靖宜
Le Jingyi

性别：女　生日：1975.3.19
出生地：上海　项目：游泳

1996年在美国亚特兰大举行的第26届奥运会女子100米自由泳比赛中，以54秒50的成绩，打破奥运会纪录并获金牌；在女子4×100米自由泳接力比赛中，与晁娜、年芸、单莺合作，以3分40秒48的成绩获银牌；在女子50米自由泳比赛中，以24秒90的成绩获银牌。现在上海经营漫画吧eManga和神乃健体育俱乐部。

乐靖宜赢了被她称作“生命中最重要的一场比赛”——亚特兰大奥运会的第一个比赛日，她将女子100米自由泳金牌收入囊中。出水后，终于争得了光荣与梦想的乐靖宜，情不自禁用毛巾掩面哭了起来。

她许久没有如此扬眉吐气了。两年前的罗马，乐靖宜在世锦赛上连取4金，两破世界纪录。作为“后五朵金花”时代的领军人物，之后她与中国游泳一样在低谷徘徊。1994年广岛亚运会，罗马归来的乐靖宜根本没拿到100米自由泳的参赛权；又在50米的比赛中，因为第二次起跳犯规而被罚失格。于是她在个人项目居然空手而归。

但她自信依然。今年3月，她曾直率地说，我拿金牌的机会有七八成。比赛当天清晨，乐靖宜在床单上发现了一只小小的红蜘蛛。她在早餐时告诉了周明教练，说“红”是吉兆。乐靖宜没让教练操心，上午预赛，她排位第一。

而创造了今年世界最好成绩的单莺仅获第9，无缘决赛。4月的国内选拔赛上，乐靖宜游进了55秒，却屈居单莺之后。她说，我自认为游得很好，没想到她比我游得还好。现在，“比她还好”的队友意外饮恨，本来的“双保险”又成了乐靖宜一个人的战斗。

午休之后，乐靖宜听教练周明布置战术。教练让弟子看他的手表，问她是否还记得那句手表的广告语。乐靖宜心有灵犀一点通，笑了。

周明想说的就是：压力之下，毫无惧色。

7月20日晚7点半，参加100米飞鱼之争的8人齐刷刷地站在泳池边，其中就有美国冠军玛蒂诺和德国好手沃尔科。令人不解的是，座无虚席的看台上，处于转播席正中的美国NBC转播席却空空如也。难道他们已经预感到，今晚的冠军并不属于东道主？

预赛第一的乐靖宜身处第4泳道。她先是低头看了看胸前，上面绣着鲜红的“中国”二字，接着双手插了一下腰，深吸一口气，迈着坚定的步伐走上出发台。

发令枪响，乐靖宜如离弦之箭跃入池中。恰到好处的起跳让其稍占先机。第一个出水后，她以微弱优势领先，沃尔科和玛蒂诺紧紧咬住。50米处，德国人几乎赶了上来。28秒26，乐靖宜先于对手百分之六秒率先转身。

乐靖宜一个滚翻转身蹬壁，动作漂亮而有力，再次把沃尔科拉大了少许距离。此时，在全场东道主观众的呐喊助威声中，玛蒂诺也奋力赶了上来。第4道的乐靖宜抡起双臂，飞溅的水花中，她的划水频率越来越快。还剩20米，中国飞鱼的领先优势开始逐渐明显。

在最后斗志与冲刺能力的较量中，腿的力量助乐靖宜占据上风。沃尔科在临终点处再次赶上，乐靖宜抢在了前头。冲刺，再一下有力的冲刺！54秒50，乐靖宜，第一个触壁！这个成绩是她个人的历史第二佳绩，打破了庄泳在巴塞罗那创造的54秒51的奥运会纪录。

039 唐灵生

在亚特兰大,沉寂了八年之久的中国男子举重重铸辉煌

姓名:唐灵生
Tang Lingsheng
性别:男 生日:1971—
出生地:广西临桂
项目:举重
1996年 在第26届奥运会上打破59公斤级举重的世界纪录并获得金牌,为中国举重夺得了12年来的第一枚奥运金牌,被誉为"起重机"。亚特兰大奥运会后唐灵生退役,先是下海经商,还曾向歌坛发展,现任广西南宁少体校教练。

唐灵生曾在家乡广西舞过狮子,举过石担。他并没有想到,这种四处可见的、简陋的石头疙瘩会改变他的一生。年少的他只是想比其他人举得更重一点,正是这种争强好胜的念头成就了他的奥运会冠军梦想。

7月21日,亚特兰大奥运会59公斤级举重比赛好手云集。参赛者包括卫冕冠军韩国的全炳宽、希腊名将萨巴尼斯、保加利亚的世界纪录保持者佩沙洛夫和中国大力士唐灵生。虽然唐灵生在前一年11月份的世界锦标赛上摘得挺举第一,但总成绩却只排在第5位。奥运会恰以总成绩论输赢,他并没有获胜的把握,却有初生牛犊不怕虎的气势,与夺标呼声极高的萨巴尼斯和全炳宽展开了激烈争夺。

抓举比赛率先进行。唐灵生开把要了130公斤,随后是135公斤和137.5公斤。三举之后,他和佩沙洛夫、萨巴尼斯的成绩均定在137.5公斤上,由于唐体重稍重,暂居次席。而卫冕冠军、韩国名将全炳宽则在此重量上惨遭淘汰。比之过往,这个成绩对唐灵生而言,确实是超水平发挥。

决定胜负的挺举比赛开始,恶战在所难免。佩沙洛夫在162.5公斤的重量上两次失败,萨巴尼斯接着出场,顺利地举起了162.5公斤。局势对唐灵生非常不利。中国大力士第一把就要了非常冒险的165公斤,这离他的最好成绩也只差2.5公斤。在全场观众的注视下,他成功地把杠铃举过头顶。

佩沙洛夫倒下了,最终较量在唐灵生与萨巴尼斯之间展开。稍稍落后的希腊人此时把重量直接叫到167.5公斤,这是唐灵生的最好成绩。由于萨巴尼斯体重较轻,唐灵生必须在他之前登台。

凑巧的是,两人第二次试举双双失败。此时,唐灵生大胆地发动攻势,直接喊出170公斤的重量,迫使萨巴尼斯在第三次试举中率先出场。形势紧张地让人窒息。希腊人实力非凡,在最后的试举中稳稳地举起了167.5公斤的杠铃。他不相信唐灵生会挺起170公斤,觉得自己已是稳操胜券。

全场的目光再次聚焦在中国选手身上,170公斤这一重量已大大超过了他的历史最好成绩。唐灵生若一举成功,不仅金牌到手,还将打破总成绩世界纪录。他会成功吗?

教练和队友们都为他捏了一把汗。唐灵生最后一搏,比赛时间只剩下50秒,他走出来了。唐灵生生龙活虎地步入举重台,又活动活动双肩,沉稳地下蹲,紧紧地握住杠铃,抬头看了看台下黑压压的观众,猛然一个发力把杠铃提起,停到了肩部。全场观众鸦雀无声,站在举重台边的教练王国新,心随着杠铃提到了嗓子眼。

唐灵生定了定神,大吼一声,一个弓步,一双铁臂将杠铃稳稳举起,随后将其举过了头顶。脚下晃了几晃,但随后就稳如泰山立在台上。刚才还静悄悄无声的举重馆响起了震耳欲聋的欢呼声。裁判也被唐灵生的逼人气势惊呆了,竟然忘记了按信号灯,使得他足足将杠铃高举了十来秒才放手。教练王国新冲上台,泪流满面,叫着"放下!放下!"。喊声震醒了惊呆的观众,雷鸣般的掌声在举重馆内回荡。

唐灵生犹如一尊力与美构成的雕像,为中国代表团再添一金,并刷新了59公斤级总成绩的世界纪录。他举起的是于他体重三倍的杠铃,这一过人之举,竟让裁判惊讶得忘记了给成功信号。于是他在打破了世界记录的同时,有人说他还创造了一个不是纪录的纪录,他将破纪录的杠铃托举在空中整整坚持了12秒。

举重历来是中国的传统优势强项,但自从1984年曾国强、陈伟强、姚景远和吴数德在洛杉矶掠走四枚金牌,之后两届奥运会,中国举重队一直无所建树。在亚特兰大,沉寂了八年之久的中国男子举重选手终于在赛场上重铸辉煌。

唐灵生练了11年的举重,全国冠军、亚洲冠军和世界锦标赛冠军都拿过了,唯独没有得到过奥运会的金牌。今天他终于如愿以偿,在亚特兰大世界会议中心举重馆里,他登上了百年奥运之巅。他做到了。

占旭刚 040

夺冠之后，"张狂"的中国小子向全场观众连送三个飞吻

当占旭刚在举重馆里向全场观众连送三个飞吻时，队友唐灵生意识到，他必须掏腰包请占旭刚吃一顿中餐。原因很简单，后者打破了男子举重 70 公斤级的三项世界纪录。

出征奥运会之前，这个张狂的小伙子在日记中写到："奥运会的金牌即使是天上的月亮，我也要把他摘下来。" 如今他兑现了自己的承诺，甚至一举成为中国体育史上最有个性的举重奥运冠军。"

亚特兰大的日子远没有占旭刚想得那样轻松。为了保证赛前不超重，占旭刚在 9 天的时间中只能坚持"少吃多练"，通过节食减轻体重。比赛当天，他的午餐只吃了两个鸡腿和一块巧克力。赛前称体重，占旭刚 69.98 公斤，他的"劲敌"朝鲜选手金明南 69.79 公斤。这意味着占旭刚在比赛中必须举出超过对手的重量才能夺冠。

赛前填报第一次试举的杠铃重量，教练杨汉雄兵出奇招，按照"高开高冲"的预定战术，将占旭刚的开把重量定为抓举 155 公斤，挺举 190 公斤。去年世锦赛上，占旭刚的开把重量为抓举 147.5 公斤，挺举 180 公斤；最终获得总成绩冠军的成绩为 157.5 和 190 公斤。这无疑是在宣布：今日决战金牌非我莫属。

金明男和教练顿时阵脚大乱，慌忙把抓举开把重量由155公斤提高到160公斤。接下来的比赛情况可想而知，占旭刚前两把 155 公斤和 160 公斤分别试举成功，最后一举 162.5 公斤更是打破了金明南 161 公斤的抓举世界纪录。反观朝鲜人，三次试举之后才艰难地举起 160 公斤。占旭刚占得先机。

嘈杂的运动员休息室内，占旭刚和金明南相视而坐，默默思考。身旁的教练在不停地比划，讲解比赛要领。男子举重 70 公斤级的决赛已经白热化。

此刻，过往对世界纪录苦苦追求的一幕在占旭刚脑中上演。釜山举重亚锦赛上，由于裁判的疏忽，占旭刚将实际只有 188.5 公斤的杠铃视作破世界纪录的 193.5 公斤成功举起，致使他的"第一次打破世界纪录"成为一次"啼笑皆非的历史"。今年 4 月的举重亚锦赛，占旭刚又在抓举中举起了破纪录的 160.5 公斤，但仅仅 3 分钟后，朝鲜选手金明南就把重量刷新为 161 公斤，他再次与世界纪录擦肩而过。占旭刚非常明白，想要获得今天比赛的胜利，就必须继续创造纪录，别无选择。

占旭刚
Zhan Xugang
性别：男 生日：1974.5.15
出生地：浙江开化
运动项目：举重
1996年7月23日，参加在美国亚特兰大举行的第26届奥运会男子举重70公斤级比赛，以抓举162.5公斤、挺举195公斤和总成绩357.5公斤的成绩打破三项世界纪录，并获冠军。2000年9月22日，第27届悉尼奥运会男子举重77公斤级决赛中蝉联冠军。目前，担任浙江体育职业技术学院重竞技系主任。

挺举比赛，占旭刚不给金明南丝毫喘息的机会，开把就成功举起 190 公斤。朝鲜大力士略显紧张，难于发力，第二把才刚刚举起 187.5 公斤。眼看比赛局势正朝中国选手倾斜，濒临绝境的金明南最后一把孤注一掷试举 192.5 公斤，但力不从心的他以失败告终。这位前世界纪录保持者提前退出了争冠行列，金牌已牢牢握在了占旭刚的手中。

尽管第二把同样没有顺利举起 192.5 公斤，但占旭刚已然士气大振。他气势如虹，最后一举临时改要 195 公斤：他渴望向挺举和总成绩世界纪录再次发起冲击。

双手紧握杠铃，猛然发力，杠铃翻至胸前，大幅深蹲，反弹杠铃，双臂顺势伸直，锁肩支撑，双腿发力，稳稳站起。一个招牌式的经典"下蹲式挺举"，占旭刚如愿刷新了世界纪录。奥运会举重馆开始沸腾，数千美国观众集体起立，为这位大洋彼岸的大力士齐声欢呼。

金牌凝聚了占旭刚多年的奋斗和努力，更闪耀着他对世界纪录的执著追求。他终于可以骄傲地向全世界宣布："我有这个实力，该轮到我了。"

放下杠铃后，兴奋异常的占旭刚情不自禁地朝全场观众连送三个飞吻。镜头定格在此刻，这三个深情的"飞吻"也成为本届奥运会留给中国人的最为经典的回忆之一。

041 李小双

他从团体赛失利的阴霾走出，赢了涅莫夫0.049分，获得了中国第一枚体操个人全能的奥运金牌

李小双
Li Xiaoshuang
性别:男　生日:1973.11.1
出生地:湖北　项目:体操
1992年巴塞罗那奥运会上，以一个高质量的"团身后空翻三周"获男子自由体操冠军。1996年奥运会获男子个人全能金牌。现任李小双体育用品公司董事长。

佐治亚圆顶体育馆内的观众陶醉了。美国人在大声呼喊着，就像以往东道主在此地收获冠军一样。体操台上还有十多个人没有出场比赛，台下已经乱成一锅粥。数不过来的摄像机往前挤，数不过来的话筒往前塞，数不过来的记者冲过工作人员的封堵，上前将一名运动员和他的教练紧紧包裹在中央。到底是哪个人有如此魅力，在比赛尚未完全结束之时就将现场完全引爆？

看台上的美国观众在大喊着"LI！LI！"，中国观众高叫着"小双!"。处于长枪短炮包围圈中的李小双，成功地征服了体育馆内的人，让他们忘记国籍差异共同欢呼。不需要等到所有选手完成比赛，李小双已经笃定将分量最重的男子体操个人全能的金牌收入囊中。

气氛由决战时的紧张缓和下来，新科全能王向观众席挥手致意，脸上是迷人的微笑。"我觉得最可惜的是没有拿到团体赛的金牌。"李小双依旧无法忘记前几天的遗憾。体操男团规定动作的比赛中，有伤在手的他在吊环上出现罕见意外，在做吊环屈体上接十字支撑时脱手，手伸进环内。领队钱奎说，他教体操几十年从没有见过在比赛时出现这类的失误。虽然后来的自选动作表现十分出色，但李小双还是在获得团体银牌后泪水长流。

出师不利的阴霾甚至延续到了今日。个人全能的首项比赛，李小双在强项自由体操上出现了一个小失误，仅以9.687分排在第五。暂居头名的是俄罗斯人涅莫夫，他在鞍马比赛中先声夺人，得到了9.800的高分。

涅莫夫拥有"雕塑一般"的身材和容貌，团体赛中规定动作和自选动作皆名列榜首，其实力毋庸置疑。去年世锦赛失利后，这位俄罗斯新秀曾表示，李小双的全能冠军完全是由于他们的失误造成的。现在，他等来了和李小双正面角逐的机会。

李小双很清楚，场外有多少人为他捏着一把汗。利用换项的短暂时间，他略微调整了一下紧张的情绪。教练黄玉斌见状上前："你还是要自己和自己比，脑子里不要老想着过去的事，应该向前看。"

面对挑战，男子汉选择勇敢向前。李小双开始渐入佳境，终于在第三项——他曾失误过的吊环上赢得了9.775的高分，并一跃升至积分榜首。在他的脸上我们不再看到痛苦，而是一付"剑拔沉默便倚天"的霸气。

观众开始为高手之间激烈的争夺所吸引，而不再只关注于东道主选手的表演。风云多变，李小双由于在第五项双杠上落地不稳，积分被涅莫夫反超。比赛只剩最后一项，俄罗斯人再度手握0.038分的优势。

李小双最后的机会是被体操选手视作"鬼门关"的单杠，而涅莫夫则是不易失误的自由体操。在比赛坐席上，一架摄像机在不到一英尺远的距离"压逼着"李小双，似乎要把白热化的压力聚焦在他身上。教练黄玉斌再次走上前向他耳语几句。李小双抬起头，神情庄重，眼中闪动着拼将向前的杀气。决定胜负的一搏，涅莫夫走向平坦的自由体操地毯；而身穿黄色背心和白色长裤的李小双，将直面危险的空中天堑。

关键时刻方显王者本色。李小双的一套杠上动作无可挑剔，两次单臂飞行动作干净利落，最终像钉子一样稳稳地站在垫子上。裁判们亮出9.787分。与此同时，涅莫夫在雷鸣般震天动地的欢呼声中脚下"动摇"了，这让他在此轮输了0.087分。冠军产生了，李小双以戏剧性的0.049分的优势最终反败为胜！

看台上像雕塑般坐了三个钟头的老帅高健，突然从座椅上弹起来，忘情地和坐在身边的人拥抱。这位身经百战、持重沉稳的老帅，再也无法控制自己的感情闸门了。

李对红 042

作为许海峰的弟子,4年过去,李对红的奖牌果真换成了金色

26岁的李对红跟随教练许海峰踏上征途时，心里是沉甸甸的使命感。

开赛第一天，她亲眼目睹队友、师兄王义夫带病顽强拼搏但还是痛失金牌的一幕。当时，她坐在座位上默默流泪。如今她就站在了王义夫决赛的靶位上，准备冲击女子25米运动手枪的金牌。

在中国射击队中，李对红也算得上一员老将了。13岁的时候，她受双胞胎姐姐李双红的影响开始练习射击。15岁她被选进了沈阳军区射击队，水平飞速蹿升。1987年，17岁的她进入国家射击集训队，并于当年夺得了在古巴举行的世界射击赛的女子运动手枪冠军。北京亚运会上，她一人独揽3金1银。

李对红穿着红色的上衣，戴着眼镜上场了。在现场介绍运动员的时候，她回头向观众招招手，俏皮地一笑。

比赛如期开始。第一枪，“砰砰”连续响了七声，电子报靶器上显示了七枪的环数。只有排在第一位置上的李对红的名字下还是空白，全场的人都聚精会神地注视着她。她把一直举着的枪放下来，想了想动作，又举了起来。“砰”的一声，10.1环。第二枪，李对红深深地吸了一口气，这一发打出了9.4环。第三环和第四环，她有意识地加快了射击速度，两枪分别为9.3环和9.0环。不甚理想。第五枪时，她又一次放慢了速度，但效果仍然不佳，仅仅打出了9.8环，领先的优势已缩小到了2.6环。

这时，教练席上的许海峰很清楚，他的弟子还是有点紧张，她摘掉眼镜的举动和发枪的节奏全都看在眼里。他提醒她说：“你现在领先，但是不知道领先多少，你就放开打吧。”

李对红看来轻松了很多。她抱着双肩休息了一会儿，然后摘下了眼镜准备第六枪。“砰”的一声过后，10.3环，场上的局势逐渐好转。此时她再次回头看了看许海峰教练，后者告诉她现在领先3环，可李对红似乎没有听见。第七枪，10.7环。终于，中国姑娘的脸上出现了一丝笑容，一闪而过。

第八枪，李对红第一个装好子弹，然后第一个出击，又是一个10.3环。第九枪，李对红装好了子弹，拿起螺丝刀在枪上拧了几下。大屏幕上正好播放出她的大特写，看得出来此刻的她内心很平静。这一发她打出了9.7环，领先对手2.9环。

1990年参加世界射击锦标赛时，李对红曾带了条漂亮的裙子,准备得第一名领奖时穿。结果她只得到了铜牌。今天是否会一偿夙愿?

又一次地，她回头看教练。许海峰向她微笑:“你现在领先三环,放开打,金牌就是你的。”李对红沉思了片刻，扣动了扳机——10.3环。她成功了。李对红终以687.9环的成绩刷新了奥运会决赛纪录，夺得了金牌。

4年前在巴塞罗那，李对红曾获女子运动手枪的银牌，暗下决心，要在亚特兰大奥运会上把银牌换成金牌。于是在巴塞罗那取得佳绩的运动员忙于庆功时，她却在一边和教练讨论、总结失败的教训。4年过去，李对红的奖牌果真换成了金色。这是对她努力的奖赏。

李对红
Li Duihong
性别:女 生日:1970.1.25
出生地:大庆 项目:射击
1992年第25届奥运会上曾获女子运动手枪射击银牌,1996年,在亚特兰大奥运会上获女子25米运动手枪冠军,并创奥运会纪录。目前是沈阳军区射击队教练兼队员,中国射击队队员,大校军衔。

043 杨凌

685.5环的总成绩助他射落奥运金牌的同时，还打破了奥运会纪录

枪手杨凌痴迷古龙的武侠小说，尤其欣赏潇洒飘逸、高深莫测的“盗帅”楚留香。亚特兰大一战，杨凌却凭借手中的“神枪”，让自己像楚香帅一样卓尔不群，扬名立万。

杨凌生性内敛而专注，训练中一丝不苟、从不分心的他，曾让前来观看训练的母亲感动落泪。奥运赛场上，当枪口冒出最后一缕青烟，冠军已见分晓，他没有挥拳舞臂的激动，也没有欣喜若狂的叫喊。面对现场观众震耳欲聋的热烈欢呼，杨凌仍只是微微一笑，颔首以答，一如平日在训练场上，细心地收好自己的枪匣。

他有独特的比赛方式，为求稳而调慢击发过程的整体节奏。其他选手大多会在2秒内射出子弹，杨凌却必定在2秒之后击发。几乎没有任何一个射手能在举枪、瞄准、击发的整个过程都保持稳定，而杨凌却能做到这一点。

1995年世界射击锦标赛冠军，1996年射击世界杯冠军，世界纪录保持者，如此炫目的荣誉让杨凌坚定了对自身比赛型选手的定位。遇强则强，他认定自己的好成绩都来自比赛。

好事多磨，奥运赛场遍布荆棘。抵达亚特兰大，由于当地天气潮湿，杨凌意外发现比赛用枪居然超重24克，步枪重量无法达标意味着丧失比赛资格。拆下枪头部分的配重，或是锯掉枪的部分后托，步枪的“瘦身计划”势在必行。木质枪托连带扳机保护圈被锯掉一截。杨凌自己说，“一条枪几乎已被拆空”。

病毒同样不甘寂寞，装备残缺的杨凌还必须与感冒抗争。教练蔡添响赛前只叮嘱了一句话：“注意调整好呼吸。”他担心的是感冒引起的咳嗽会影响现场发挥。好在杨凌没有让病魔找到空子，每次举枪瞄准，咳嗽都不翼而飞。赛后杨凌笑称：“感冒病菌也怕枪。”

预赛60发子弹，杨凌以585环的成绩顺利跻身决赛，领先最大对手迪米特里4环。

迪米特里绝非等闲之辈。决赛10发决战，第一枪，杨凌10.0环，迪米特里10.2环；第二枪，杨凌9.4环，迪米特里9.6环；第三枪，杨凌10.3环，迪米特里10.7环。三枪过后，迪米特里已将落后的差距缩小了0.8环。

俄罗斯人看到了翻盘的希望。他每发一枪，观众席上都是一阵喝彩。巨大的欢呼声透过耳塞传入参赛选手的耳中。耳塞、眼镜，每名选手几乎都是全副武装，当然，除了杨凌。

杨凌无需防范，他追求处变不惊。“集中精力打好下一发”是他从失败和挫折中悟出的道理，更是他永恒不变的比赛哲学。于是，没有耳塞，没有遮光镜，整个赛场却唯有杨凌能够做到对周围赛场环境的影响视而不见、充耳不闻。而当记者对此大惑不解时，杨凌索性抛出一句：“我根本没带耳朵。”

第四枪，杨凌10.3环，转守为攻；迪米特里7.9环，乐极生悲。第五枪，杨凌10.0环，稳若泰山；迪米特里8.2环，方寸已乱。两枪过去，大局已定。杨凌的领先优势迅速扩大到7.4环，这块金牌已成囊中之物。

最后五枪，杨凌继续稳扎稳打，分别打出了10.4、10.2、10.2、9.4和10.7环。兵败如山倒的迪米特里却是相形见绌，10.7、8.8、9.9、9.6和10.1环的成绩让他只能成为比赛的配角。

这是中国射击队男子项目本届奥运会的首枚金牌。赛前正当人们认为中国射击队将要“败走麦城”之时，杨凌一语惊人：“射击队现在的情况不好，等我打完就会好了。”

杨凌站上了世界之巅，正如冠绝天下的武林高手。“残疾”的步枪在他手里化为不朽的“神枪”，685.5环的总成绩助他射落奥运金牌的同时，还打破了奥运会纪录。

杨凌
Yang Ling
性别：男　出生日期：1972
出生地：北京　项目：射击
1996年亚特兰大奥运会上，获10米移动靶冠军并创奥运会纪录，四年后，在悉尼的奥运会赛场上再次蝉联了该项目的冠军。2007年，被国际射击联合会评为“终身射击冠军”，现任北京射击队教练员。

王军霞 045

在长期由欧、美、非洲人统治的田径领域里，王军霞带去了中国人的解读方式

人们一度怀疑，处于低谷状态的王军霞是否还能创造辉煌。然而她用双腿回答了所有的问题，在亚特兰大女子5000米的决赛后最终亲吻了金牌。

这位世界冠军、世界纪录保持者、亚洲唯一的欧文斯奖获得者，在参加亚特兰大奥运会前经历了人生的低潮期。太原全国锦标赛，明明训练状况非常不好，身处逆境，却一定要亮个相——虽然，命中注定那是失败者的尴尬；南京城运会，她输给了自己的小队友，赛后她大度地向她祝贺，心里却流着血：谁让世界纪录保持者输给了一名小字辈儿。

但是在亚特兰大，所有阴霾都已不在。女子5000米决赛，第一次参加奥运会的王军霞率先冲过了终点。夺冠后，王军霞身披着国旗缓步绕场一周。灿烂的笑容，鲜艳的国旗，健美的身姿，把她打扮得如仙女下凡。她是一抹难以磨灭的亮色。观众们自发地起立，为这个神奇的东方女孩鼓掌。

在西方王军霞的名字让很多人感到恐惧。她决定参加本届奥运会的女子5000米和10000米两项比赛，这给许多选手带来了困惑。德国的长跑名将皮皮格得知王军霞要参加10000米，自己转而参加马拉松，结果名落孙山。爱尔兰的奥沙利文也报了5000米和1500米两项比赛，但是她只把前者当为主项，结果第一个没有赛完，第二个没有及格。埃塞俄比亚的图鲁以为王军霞两项都参加必有所失，自己只选择10000米，最后也仅排名第四。

王军霞注定要在亚特兰大创造辉煌。尽管主项10000米只获银牌，但她还是成就了自己的世青赛、世锦赛、世界杯和奥运会四项赛事的大满贯。

王军霞
Wang Junxia

性别：女　生日：1973.1.19
出生地：吉林蛟河
项目：田径

1996年的亚特兰大奥运会上，以14分59秒88的成绩获得女子5000米金牌，并获女子10000米银牌，成为中国第一位获奥运会长跑金牌的运动员，被誉为"东方神鹿"。王军霞获得国际国内奖项颇多，1993年当选全国十佳运动员之首，并获世界"十佳运动员"称号。1994年在美国纽约接受了第14届杰西·欧文斯国际奖，这也是亚洲运动员首次获此殊荣。现任王军霞健康跑俱乐部董事长。

在这5000米的金牌背后，还有一段鲜为人知的故事。亚特兰大奥运会的赛程安排难称合理，女子5000米和10000米两个长跑项目预赛接连进行，这让同时参加此两项目的王军霞难于取舍。她的主项目是10000米，兼项目5000米。但从预赛结果看，两项成绩均不理想：一个小组第4，另一个第7。为确保万米，代表团曾打算让其放弃5000米。虽然并无获胜把握，但王军霞考虑再三后，还是决心去拼一拼。当时中国国家体委主任伍绍祖曾对她说："我们支持你的决定，无论跑第几都支持你的这种精神。"

7月28日晚8时45分，女子5000米如期开赛。两圈过去了，奥沙利文开始领跑，王军霞却裹在众人之中，让人为她捏了一把汗。三圈跑完，她还是未能冲出重围。但此时奥沙利文渐渐体力不支，落到了后面。王军霞升至次席，位于孔加之后。人们不禁开始担心，王军霞能否顺利通过尚不知名的肯尼亚人这道关。

还剩下8圈时，王军霞突然加速，超过了肯尼亚人，但仅跑了30米又退回到第二。最后800米了，只见王军霞开始发力冲刺，她与孔加的距离越来越大，轻轻松松地以14分59秒88的成绩将金牌收入囊中。

冲过终点后，她本能地巡视着四周看台，看起来在找寻什么，似乎一时找不到……在奔跑、张望中，王军霞突然发现了离跑道约300米处的看台上，仿佛有团"火"在跃动：那不就是国旗吗？顿时眼睛一亮，她奔跑过去。与此同时，一位中国留学生也飞跑过来。在场边，那位留学生把鲜艳的五星红旗交到王军霞手中。王军霞兴奋地舞动着手中的红旗，绕场飞奔，感受胜利的喜悦，倾听如潮的欢呼。如此经典的瞬间永远留在了人们的心里。

在长期由欧美、非洲人独霸的运动之母——田径领域里，王军霞带去了中国人的解读方式，以她的矫健步履，征服了世界，使世界纪录作古，让全球媒体侧目。

伏明霞 044、051

这是奥运会近四十年来唯一的跳台/跳板双料冠军

奇迹，我们可以如此形容她的出现。12岁的伏明霞，小小的个子就站在了国际跳水舞台的最高领奖台上，震惊世界。13岁时，获得了世界冠军，创造了一个不可逾越的记录并被载入了《吉尼斯世界纪录大全》。1年后，在巴塞罗那加冕最年轻的奥运冠军。如今，她18岁，又将带来怎样的神奇？

奥运会女子跳台跳水的决赛在27日晚进行。伏明霞的第一个动作是5237D，她完成得相当漂亮，得到了70.08分，把对手甩开近20分。悬念其实已不复存在。接下来的5个自选动作,她都跳得十分出色,轻松保住领先地位。

尤其值得一提的是第四跳207C，顶尖的高难度动作。伏明霞起跳很高，在空中快速翻腾，恰到好处地打开，入水成直角，水花被压得很小。近乎完美!全场都为她的高水平演出而欢呼、鼓掌。被征服的裁判们全部亮出8分以上，其中3个给了8.5分，实得81.16分。全场最高分诞生了!此时伏明霞已凭借总分455.34的优势，拉开对手40分以上。这是她的卫冕之战，却几乎成了一场表演。她的最后一跳已然胸有成竹，结果得到了66.42分。总分521.58，金牌终于在艰苦的奋斗后被伏明霞再次握在手中。

1992年伏明霞初获奥运冠军后，在随后的两年间滑落到了低谷。她一度经常哭。在她的印象中，1996年奥运会前的那段时间是痛苦的，多年的大运动量使她的身体劳损很严重。但为了在亚特兰大有所作为，又继续咬紧牙承受起每天超负荷的训练。想归想，伏明霞依然每天坚持完成教练布置的训练任务，有时还自己偷偷地开小灶。每天练完后，都累得瘫倒在床上。

登上领奖台，伏明霞又哭了。这次的泪水不再苦涩，而是甜蜜的。多年的努力终于换来累累果实，哭着哭着伏明霞又笑了。这一刻的到来实在不易，她的眼睛因多年的训练和比赛出了问题。眼睛肿了，每一次入水都被强大的水压所困扰，肿疼迫使她付出比任何一个选手都要大许多的代价。当她完成最后一个动作步出水池时，眼睛已经红肿得如同蜂蜇一样。

伏明霞对自己红肿的眼睛轻揉一下，露出一对可爱的小虎牙，笑笑说："我还要准备接下来的三米跳板的比赛。"眼睛或许在短时间内难以消肿，因为还有三米跳板等待她去征服。

女子跳板自高敏出现后，一直是中国跳水夺金的拳头项目，然而本届奥运会上却遇到了麻烦。亚特兰大的女子跳板跳水预赛中，谈舒萍意外失利，与决赛无缘。而伏明霞也只得到284.14分排在第4位，落后第一名俄罗斯名将拉什科24.60分之多。

为什么会出现这样的状况?第二个动作，伏明霞跳难度3.1的107B(向前翻腾三周半屈体)，因为动作质量不高，仅得33.48分；而拉什科的105B，难度系数只有2.4，但高质量为她收获了60.48分。光是这一跳差距就达27分。此刻中国跳水的"智囊团"当机立断，在复赛结束后一小时做出紧急决定，毅然将成套动作中最难的107B改为107C。如此，整套动作难度系数虽然下降了0.3，但起平值仍高于对手。

当天决赛前的练习，伏明霞连续跳了几个高质量的动作，就立即收工。相反，拉什科却练了足足一个小时。这样的情景让伏明霞和教练对晚上的比赛都充满了信心。

决赛开始了。由于预赛成绩排在第4位，按照规则伏明霞先于拉什科出场。第二跳，107C,伏明霞满怀信心地走上跳板。自然走板，起跳有力，抱膝、翻腾、打开，翻掌压水花。掌声响了起来。一个9分，4个8分，2个7.5分，实得66.36分，高出预赛整整33分。压力抛给了拉什科，而俄罗斯人不堪重负——跳105B只得到59.04分，比预赛少1分多。伏明霞在总分上已反超2.22分。

拉什科再也没有机会了。伏明霞梦想成真，继跳台之后又夺得了跳板的金牌。18岁的伏明霞创造了新的奇迹，她成为了奥运会双料冠军，这也是奥运历史上近40年来唯一一位获得双冠的女子跳水选手。

可能对于眼前的一切，这个小姑娘还不是很适应，但是人们都知道世界跳坛已经有了一个新的皇后。

伏明霞
Fu Mingxia

性别：女 生日:1978.8.16
出生地:湖北武汉
项目:跳水

1992年在巴塞罗那第25届奥运会上，夺得跳台跳水冠军，为中国在奥运会女子跳台跳水史上实现"三连冠"立下功劳。1996年在亚特兰大奥运会上获3米跳板和10米跳台冠军。2000年在悉尼奥运会上夺得3米板冠军。伏明霞在1992年巴塞罗那奥运会上夺得10米跳台冠军时只有14岁，是奥运史上最年轻的冠军。悉尼奥运会后退役，随后移居香港。

046 熊倪

噩运没有再次降临，8年的卧薪尝胆，终于换来早该属于自己的奥运金牌

命运似乎有意和这位早已具备夺金实力的小伙子开玩笑，14岁便开始参加奥运会的熊倪已两次与冠军擦肩而过。站在亚特兰大的赛场上，熊倪将向梦寐以求的奥运金牌发起第三次冲击，他用一次次有力的起跳告诉人们，他对金牌的渴望远远超出任何一个对手。

7岁就开始登上十米跳台；他有顽皮的一面，曾一边瞒着父母说去训练，一边跑去菜市场看老头下棋；两度奥运挫折，写在他脸上的只有平静，他始终相信是金子总会发光，才华不会被失败淹没。然而也许还是没有逃脱命运的捉弄，因为一次训练中的小小事故和年龄的增大，在又一个奥运周期开始的时候，熊倪放弃了十米台，专攻三米板。

与巴塞罗那一样，熊倪在亚特兰大并非孤军作战，只是战友从孙淑伟变成了余卓成。面对眼前一个个熟悉的对手，美国名将伦奇，俄罗斯“沙皇”萨乌丁，熊倪仿佛感到时光倒流。他无法忘记过去八年一直存留的遗憾，他要在今天的决战中将所有阴霾一扫而光。

1988年汉城奥运会，14岁的熊倪与当时如日中天的“跳水皇帝”洛加尼斯展开了一场惊心动魄的高台大战。在决定胜负的第十轮，熊倪表现的完美无缺、无可挑剔，而洛加尼斯则稍显瑕疵。就在全世界观众认为这块金牌非熊倪莫属时，裁判却将金牌“送”给了洛加尼斯，直接导致少年熊倪金牌梦想的破灭。

4年后的巴塞罗那奥运会，洛加尼斯的退役使全世界都预测这位在4年前备受委屈的中国男孩应该收获一枚属于自己的奥运金牌。然而这一次熊倪却因为自身状态不佳，只能站在第三名的领奖台上眼看队友孙淑伟展示金牌。

来到亚特兰大，熊倪只有一个目标——打破宿命。从预赛、复赛到决赛的第9个动作，熊倪和余卓成一直以微弱的优势领先。但是对熊倪来说，此刻金牌花落谁家还未可知，8年前的噩梦始终萦绕心头，他唯有坚持到底。

近年来男子跳板一直被美国人垄断，美国人伦奇是今天熊倪最强有力的竞争对手之一。他显示出良好的竞技状态，总分始终紧咬两位中国选手，试图向金牌发起最后的冲击。

最后一跳，伦奇选择的动作是难度系数最高的307C。他的动作完成得相当出色，得到了单轮动作的全场最高分92.40分，他的总分也上升到了686.49分。这意味着，熊倪最后一跳至少需要79分才能将金牌收入囊中。

似曾相识的场面，巨大的压力再次降临在熊倪身上。虽然在他前面出场的余卓成依靠漂亮的一跳已将金牌锁定在中国队帐下，但对熊倪来说，这枚金牌不仅意味着为国争光，更是他八年卧薪尝胆的终极目标和最佳回报。

熊倪的最后一跳是407C。只见他站在板端，背向水池，双手往上一举，轻轻划出弧线，脚尖瞬间发力压板，随即高高跃起，整个人被弹向空中，上体紧贴两腿，在空中快速翻转三周半，最后手臂伸直，向下轻轻一压，轻巧入水，水花恰到好处。不出所料，熊倪的这一跳得到了86.70的高分，他终以701.46分的总成绩夺得了这枚期盼已久的奥运金牌。

历经奥运会银牌、铜牌的锤炼，熊倪终于站在了奥运会的最高领奖台上。8年来的挫折没有把熊倪压垮，反而使他变得更坚强。赛前他给自己定的目标就是“征服裁判”，而今他早已征服世界的技艺得到了每名裁判的首肯。

赛后熊倪回忆说：“我在3米板这个项目上是以新兵的姿态出现，所以我首先立足于去拼对手。恰恰是因为这种思想，为自己在1996年亚特兰大奥运会上奠定了一个胜利的基础。”

领奖台上的熊倪仍旧挂着那张灿烂而充满希望的笑脸，平静而又深沉的眼睛欣喜地来回张望。命运终究是公平的，熊倪用不懈的努力换来了早该属于自己的奥运金牌。

熊倪
Xiong Ni

性别：男 生日：1974.1.11
出生地：湖南长沙
项目：跳水
1996、2000年奥运会男子跳水三米板金牌得主，2000年奥运会男子双人跳板金牌得主。1993年8月，进湖南大学国际商学院工业外贸专业学习，1997年八运会结束后退役，1998年5月复出，2001年再度退役，现任湖南省体育局副局长。

邓亚萍&乔红 047

四年前的巴塞罗那，邓亚萍女子单打冠军，邓亚萍/乔红女子双打冠军。四年后，依然如故。

乔红 (下右)
Qiao Hong
性别：女 生日：1968.11.21
出生地：湖北武汉
项目：乒乓球

邓亚萍
Deng Yaping
性别：女 生日：1973.2.6
出生地：河南郑州
项目：乒乓球

两人合作，夺得1992年巴塞罗那奥运会女子双打金牌。此外，邓亚萍和乔红还分别获得该届奥运会女子单打金银牌。1996年亚特兰大奥运会，历史重演，两人合作夺得女乒双打金牌，邓亚萍还夺得女子单打金牌。乔红退役后就读于华南师范大学体育科学学院，2003年1月至今担任中国乒乓球队教练。邓亚萍现在北京奥组委任职。

正是这样一对不被外界看好的组合，屡屡称霸国际赛场，打破了身高这个被乒坛默认的决定性要素。邓亚萍和乔红这对年轻的组合开始逐渐走入人们的视线。

1989年的第40届世乒赛，二人脱颖而出，摘走了女子双打的桂冠。这是她们第一次参加世界大赛。那一年邓亚萍16岁，乔红21岁。从此之后这对乒坛双姝成为了中国乒乓球女队历次世界大赛团体阵容中不可或缺的中流砥柱。在单打比赛中，她们是分守上下半区的"双保险"，双打比赛中她们也是中国队摘金夺银的"黄金搭档"。在7年的时间里，邓亚萍获得了12个世界冠军，乔红也摘取了10项赛事桂冠。而在她们一举成名的女双项目上，这对姐妹花在世乒赛、世界杯和奥运会上更是一共夺得了5次冠军。

这次在亚特兰大，乒乓球女双比赛，外界普遍看好她们这对组合，希望她们能为中国队再次夺得这枚金牌，蝉联这个项目的奥运冠军。

预赛中，邓亚萍和乔红一路过关斩将，顺利地杀入决赛。她们在决赛中的对手是同样来自中国的组合刘伟和乔云萍。

因为这场比赛是在中国选手之间进行的，无论谁获金牌都将收归中国队帐下，所以场上出现了少见的一幕：双方的教练席上空无一人。

决赛开始了，第一局比赛刘伟和乔云萍掌握了主动，打法积极主动的她们以21比18先拔头筹，带着一分的优势进入第二局比赛。

第二局中，刘伟、乔云萍继续默契配合，开局就一路领先。她们越打越顺，以20比13的大比分领先于邓亚萍和乔红，只要再拿到一分她们就可以轻松再下一城。正当在场观众都以为第二局比赛就要这样结束的时候，谁也没有想到，场上的形势瞬间发生了戏剧性的变化。

邓亚萍和乔红及时改变战术，她们机敏地避开了刘伟的强攻，将火力集中在实力相对稍弱的乔云萍身上，并主攻其反手，以落点的变化来调动乔云萍。邓亚萍抓住每一个机会强攻重扣，乔红在一边积极掩护配合。她们顽强地将比分一点点追赶上来。20平！邓亚萍和乔红出人意料地突围而出，扳平比分。

不过此时的刘伟和乔云萍也不甘示弱，接下来双方的比分交替上升，双方每一个球的争夺都要经过多个回合的对抗。21平、22平，一板一板，一分一分，每一球的拼杀都十分艰难，场面异常精彩。终于，经过多番较量，邓亚萍和乔红以25比23后来居上，扳回了一局，场上局分变为1:1平。邓亚萍和乔红在得到最后一分时，两个人重重地击掌庆贺，然后会心地对视一笑。这一局比赛打了将近一个小时。

第三局比赛一如第二局比赛的翻版。刘伟、乔云萍开局仍旧顺风顺水，邓亚萍和乔红始终处于追分的形势。比分很快来到18：13，刘伟、乔云萍眼看又将获得本局的胜利。惊人的一幕再度上演，由于背上了想赢怕输的包袱，刘伟和乔云萍在最后阶段的比赛中自缚手脚，几个关键球的处理失误导致邓亚萍和乔红再度翻盘。大比分上邓亚萍和乔红后来居上，2:1反超。

第四局比赛，连续上演翻盘好戏的邓亚萍和乔红一路势如破竹，刘伟和乔云萍由于心态上的微妙变化已无招架之力，很快败下阵来。邓亚萍、乔红最终以总比分3:1战胜队友，蝉联奥运会女双金牌。

邓亚萍和乔红能在亚特兰大卫冕，这是在多数人意料之中的事。而年纪轻轻的两人发挥如此稳定，配合如此默契，却是很多人意料之外的事。

两位性格迥异的双打搭档却在国际赛场上所向披靡，邓亚萍和乔红凭借相互的信任和极致的默契创造了一段属于两个人的传奇。

048 孔令辉&刘国梁

整届奥运会仅输一局,孔令辉与刘国梁正式接管中国乒乓球男子双打项目

孔令辉 (右)
Kong Linghui
性别:男 生日:1975.10.18
身高:1.73米 体重:67公斤
出生地:黑龙江哈尔滨
运动项目:乒乓球
1996年第26届亚特兰大奥运会与刘国梁搭档夺得男子乒乓球双打冠军,2000年在悉尼奥运会乒乓球男子单打决赛中击败老将瓦尔德内尔荣获冠军。2006年宣布退役,目前担任中国乒乓球女队教练。

刘国梁
Liu Guoliang
性别:男 生日:1976.1.10
身高:1.68米 体重:60公斤
出生地:河南新乡
项目:乒乓球
1996年在亚特兰大奥运会上获男双(与孔令辉)、男单双料冠军,还是中国第一位世乒赛、世界杯和奥运会"大满贯"获得者。2002年退役担任中国乒乓球队教练。2003年6月23日出任中国国家乒乓球队男队主教练。

这是两个中国男乒"绝代双骄"式的人物,12岁时双双破格进入重新组建的中国青年队,三年后又同时被刚刚上任的男乒少帅蔡振华破格选入国家队。两位天才少年注定成为中国男子乒乓球复兴的关键人物,正如二人的名字,"令辉""国梁"。

英雄出少年。1992年,16岁的刘国梁在中国公开赛上一举击败当时世界一号人物瓦尔德内尔,他也凭此入选42届世乒赛中国男团阵容。孔令辉则在1994年秋天至1995年期间连拿5个亚洲冠军和3个世界冠军。

8年同屋给二人带来的不只是深厚的友谊,更是难以名状的默契。相似的经历和自幼对乒乓球的酷爱使他们分外投缘,情同手足,平日训练比赛二人都是结伴而行。1995年天津世乒赛,孔令辉刘国梁双双打入男单决赛。比赛结束,孔令辉最终获得冠军,走下赛场的两兄弟抱头痛哭了一场。

单打项目小有成绩的孔令辉和刘国梁从未配对参加过双打比赛,不过二人"各自为战"的状态并未持续多久。国家队酝酿奥运参赛名单之时,孔令辉、刘国梁首度萌发并肩作战参加双打的强烈愿望。事后证明,他俩的配对是十足的"天作之合"。这对男双新人刚进入实战阶段,便在国际公开赛中连斩罗斯科普夫/费茨纳尔、金泽洙/刘南奎等名将。连续的胜利促使教练组下定决心由孔令辉/刘国梁和老将王涛/吕林一起组成男双双保险。

于是,配对仅仅3个月的孔令辉和刘国梁以黑马姿态亮相亚特兰大。并非种子选手的他们与41届世乒赛冠军、瑞典选手冯舍/卡尔松、法国名将希拉/勒古同在一组,加之同时身兼单、双打两项比赛,看上去二人此番奥运之行荆棘密布。

小组赛一帆风顺,战胜法国人希拉/勒古之后,孔令辉/刘国梁以小组第一的战绩进入淘汰赛。1/4决赛同样波澜不惊,中国组合轻取日本削球手松下浩二/涩谷浩,晋级四强。与此同时,韩国名将刘南奎/李哲承以3:0横扫瑞典冠军组合瓦尔德内尔/佩尔森,强势占据了四强的另一个名额。

这是韩国人的战略胜利,他们之前制定的战略便是以男双为夺金突破口,并将刘南奎/金泽洙的黄金搭档拆开,换成效果更好的刘南奎/李哲承组合,韩国媒体断言此次韩国男双"不会空手而归"。淘汰赛抽签,当得知自己与新秀孔令辉/刘国梁同分在下半区,避开了卫冕冠军王涛/吕林,刘南奎和李哲承对击一掌,甚至兴奋得跳了起来。

这是对中国"双星"的严峻考验,孔令辉被另一个韩国人金泽洙挡在男单八强之外更使战局雪上加霜。男单失利之后,孔令辉做了两件事情:给进入男单八强的王涛当陪练;回到房间与刘国梁研究韩国组合的比赛录像。

半决赛上场前,蔡振华对孔令辉说了一句:"看一个运动员是不是优秀,不能光看成绩,还要看他能不能尽快从失利的痛苦中跳出来。"孔令辉点了点头,刘国梁做出了同样的反应,尽管此时的这番话与他无关。

随后观众看到,备受鼓舞的中国组合势不可挡,风卷残云般的攻势令一度暗自窃喜的韩国人毫无喘息之机。3:0,"奥运黑马"孔令辉/刘国梁创造了与外国选手交锋未失一局的奇迹,与上半区的王涛/吕林胜利会师决赛。

中国乒乓球队延续了自奥运会男双项目设立以来金牌从未旁落的历史。

决赛成为中国选手的"内战",对国人来说结果已不再重要,但对这枚金牌更加迫切的渴望使年轻的孔令辉/刘国梁在决赛中再次超水平发挥,以21:8、13:21、21:19和21:11,总比分3:1战胜了有伤在身的卫冕冠军王涛/吕林组合,收获两人的首枚奥运男双金牌。

人们把这块金牌视作又一个象征,象征孔令辉与刘国梁"双星"正式接管中国乒乓球男子双打项目。

葛菲&顾俊 049

这对美丽的姐妹花,夺得了中国羽毛球在奥运会上的首枚金牌

年纪相同的葛菲与顾俊，从小一起上体校，一起被选进了省队，又一起跨入国家集训队。葛菲白皙文静，顾俊健壮开朗，两人的性格截然相反，在球场上却紧密相连。两人战绩出色，更以“不败神话”流芳羽坛。

现在，她们在亚特兰大延续着连胜纪录，将奥运会羽毛球女双金牌收入囊中。站在冠军的领奖台上葛菲哭了，但还是那么美丽；顾俊却瞪着大大的眼睛笑着。她们一个哭着一个笑着，面对冉冉升起的五星红旗，都难以抑制心头的激动之情。配合了多年的姊妹花，如今终于站在了奥运会的最高领奖台上。

顾俊与葛菲的成功从体育的角度对“集体智慧”做了最好的诠释，她们成功的模式不仅是中国羽毛球队的财富，也对其他集体项目具有指导意义。

七岁那年，在父母送的生日礼物中，还不知道羽毛球为何物的顾俊，自己选了一支羽毛球拍，从此与羽毛球结下了不解之缘。从1987年起，她与葛菲就开始配对双打了，那时两人还在江苏省体校。一个重大的转折于1993年底来临，在夺得全国冠军后，她和葛菲被双双选进了国家队。1995年，两人的排名升至世界第一。顾俊似乎是专为羽毛球女子双打而生的，她与葛菲“天下第一双”的名号逐渐响亮。自1996年3月开始，她们在所参加的各类国际比赛中就未尝败绩，不败的神话看来还会书写下去。

此番出征亚特兰大奥运会，葛菲和顾俊就是抱着夺冠的信念去的。她们一路过关斩将，很轻松地晋级。在8进4的比赛中，两人轻松赢了第一局，第二局又以12比4领先。此时，极度愉快的心情，让这对组合手上的功夫开始变得越来越轻松。场边的教练李永波见状，连忙提醒：“别玩了，抓紧点拿下比赛。”两个人于是加快了速度，轻松地拿下了比赛。

赛后，教练李永波仍绷着脸对她们说：“能拿下的比赛就要全力以赴赶紧拿下来知道吗？这样的情况在以后的比赛中绝对不能出现了。”赢球还挨训，这是什么道理？对了，李永波不能容忍葛菲、顾俊的松懈。

半决赛中，中国的第二女双选手秦艺源和唐永淑输给了夺冠热门、来自韩国的张惠玉和吉永雅。虽然未能与葛菲、顾俊顺利会师，但是一场恶斗极大地消耗了韩国选手的体力。

7月31日，葛菲、顾俊与韩国的吉永雅和张惠玉隔网而立。中国的姊妹花在场上一直占据着主动，很快就以15比5，兵不血刃地拿下了第一局。

第二局开始，韩国选手气势逼人，她们一度把比分咬住在4平。见此情况，中国组合不但没有心慌乱了阵脚，反而轻松地相互对视一笑，继续比赛。这一次她们再也没有给对手什么机会。葛菲顾俊利用自己擅长的发球强攻和连续的劈杀打乱了对方阵脚，连取8分，优势瞬间扩大到了12比4。

韩国的两位选手似乎开始意识到，如果再这样下去的话，比赛可能就此结束。她们开始了疯狂的反击，可是在网对面中国组合的完美配合下，这样的攻势似乎是来得太晚了一些。最终韩国选手并无回天之力，当张惠玉最后一次回球出界,记分牌上显示出了5比15的比分。中国的姊妹花轻松赢得了胜利，整场决赛仅耗时45分钟。教练李永波情不自禁地跑上场去，与他的爱徒们紧紧相拥。

葛菲 (上右)
Ge Fei
性别:女 生日:1975.10.9
出生地:江苏南京
项目:羽毛球

顾俊
Gu Jun
性别:女 出日:1975.1.3
出生地:江苏无锡
项目:羽毛球

葛菲、顾俊两人在1996年亚特兰大奥运会羽毛球女子双打决赛中,以两个15比5的绝对优势轻松击败了韩国的吉永雅和张惠玉,实现了中国人在奥运会赛场上羽毛球金牌零的突破,同时也一雪中国羽毛球队上届的"滑铁卢"之耻。葛菲目前任南京市体育局局长助理,顾俊在家相夫教子。

050 邓亚萍

蝉联女子单打奥运金牌后，邓亚萍破天荒地泪洒衣襟

再一次地，邓亚萍站在了奥运会的最高领奖台上。金牌，掌声，荣耀……一切显得如此和谐，又如此熟悉。就像君临天下的女王，万众瞩目中一如既往地接受欢呼和庆贺。

颁奖仪式开始了，这是一个4年，跨越大西洋的约会。不仅是指邓亚萍与奥运冠军，同样是指中国姑娘与萨马兰奇先生。4年前在巴塞罗那，国际奥委会主席亲自将金牌挂在了邓亚萍的胸前；今天，萨翁第二次如约而至，高兴地重复着过去的一举一动。主席难以抑制内心的喜悦，依旧伸出手，在邓亚萍的面庞轻轻地拍了一下。在场的其他国家和地区的运动员看着这一场面，都露出了羡慕的目光。已经泪流满面的邓亚萍，只在这一刻露出了她灿烂的笑容。

她说，我忍不住流下眼泪，萨马兰奇先生给我挂上金牌时，我看见他的眼里也含着激动的泪水。

邓亚萍与陈静的乒乓球女单决赛吸引了众多的观众，最为欣赏前者的萨马兰奇自然也早早地坐在佐治亚世界会议中心的看台上。在老人心中，个子矮小的邓亚萍，永远是球台前难以战胜的巨人，尽管站在对面的中国台北选手陈静同样是前奥运女单冠军。

陈静梦想着1988年汉城奥运会的重现，还特地剪了一头与8年前夺冠时一样的短发，她在亚特兰大不俗的表现配得上她的梦想。在女子双打比赛中，她和队友只差一把就可将邓亚萍、乔红拉下马；单打赛事，她在半决赛3:0挑落乔红，高调挺进决赛。

战鼓在下午4点30分正式擂响。邓亚萍弯着腰，神情严肃，准备还击对方的来球。

她是佩戴着一枚毛泽东像章走上决赛场的。身为卫冕冠军，她在适当的时间，走上适当的场地，遇到了一名再适当不过的对手。再也没有比这更能调动她的了。21:14，21:17，邓亚萍打得非常顺利，先下两城，轻松到我们都有点没想到。

第3局的比分双方咬得很紧，双方打到15平时，场内一阵骚动，比赛因此停了几分钟。不甘放弃的陈静抓住了这个喘息、调整的机会，比赛恢复之后与邓亚萍纠缠到20:20平。卫冕冠军此时的两次失手将这一局拱手相让。紧接着第4局陈静又利用邓亚萍开局打得很乱的机会将比分逐渐拉开，并以21:17的比分又抢回一局。2:2平，紧张的气氛开始产生并蔓延。

如果奥运会的决赛注定要有一个跌宕起伏的戏剧化铺垫过程，那么它必将迎来更加传奇的高潮和结局。最终会是谁，赢得这场艰苦拉锯的决斗？

来亚特兰大之前，陈静与她现在所属的中国台北乒协都格外重视，专门聘请了陈静的男友、原四川选手肖战和一名匈牙利的横拍选手作陪练，以适应欧亚不同打法。但是她们无法跟中国队相比，陪邓亚萍和其他人进行针对性训练的，共有30多名运动员，各种打法都有。

经过了张燮林教练的稍加点拨，邓亚萍再度登场。惊心动魄的决胜局，比分一开始胶着上升，但是2:2平后风云突变，邓亚萍连续起板主动进攻，竟然一口气连得9分！每赢得一分，她就跺脚大喝一声。在如此压倒一切的英雄气概面前，精神防线终告崩溃的陈静在前两局里抗争的意识一点点地被瓦解了。火力全开的邓亚萍让她本局仅仅拿到了可怜的5分，这还都是由于前者击球出界造成的，陈静并没有主动进攻得分。

硝烟散去，邓亚萍没有忘记向观众席挥挥手，坐在那里的萨马兰奇先生也向她招手。面对采访邓亚萍说，如今已获得14项世界大赛的冠军，每一次都十分困难，会遇到许多劲敌；但是这次能蝉联奥运会冠军，所遇到的困难最多，所付出的代价最大，真的是百感交集，激动难禁。

五星红旗升起来了，邓亚萍泪流不止。这泪水是苦，是甜，恐怕别人是难以体味出的。奥运会前遭遇低谷，她在两个月内连输5场球，颗粒无收。于是在出征前期我们看到邓亚萍拼命苦练，加大运动量，别的队员训练1个小时而她就要练两个小时。无人能计算出她付出了多少常人难以想象的艰辛。

好在所有的拼搏换来的是奥运金牌的蝉联。尽管今天的邓亚萍已是奥运四金挂于胸前，手握14项世界冠军，但，她依旧站在新的起跑线上。

邓亚萍
Deng Yaping
性别：女 生日：1973.2.6.
出生地：河南 项目：乒乓球
1992年巴塞罗那奥运会上，一人独获乒乓球女子单打、双打两枚金牌。四年后的亚特兰大奥运会，蝉联乒乓球女子单打、双打金牌。1997年后，先后到清华大学、英国剑桥大学和诺丁汉大学进修学习，并获得英语专业学士学位和中国当代研究专业硕士学位。现在北京奥组委任职。

刘国梁 052

年方弱冠的刘国梁成为奥运史上第一位乒乓球男子项目的双冠王

7月19日，刘国梁的心情如亚特兰大潮湿的空气一般，始终难以顺畅。奥运会乒乓球男子单打的小组抽签结果刚刚出炉，他与比利时人小塞弗、南斯拉夫的克鲁奇科以及一位澳大利亚选手同在一组。两年前的世界杯团体赛，刘国梁0:2负于塞弗；克鲁奇科则是新科欧青赛男单冠军。重要的是，只有一人能从小组出线。

刘国梁似有心态不稳的弱点，强劲的对手令他的信心略有动摇。主管教练尹霄一语点醒弟子："看看你现在的进步和成绩，两次世界冠军，世界排名第6，你的小组对手怎么跟你比?"刘国梁甩开包袱，抓住了危险中的"机遇"——早打硬仗早"入戏"，三战全胜，小组顺利出线。

淘汰赛中，在刘国梁凌厉的攻势和如虹的气势面前，日本"牛皮糖"松下浩二、加拿大快球手黄文冠和德国"冷面杀手"罗斯科普夫全都丢盔卸甲。刘国梁成功从上半区突围而出，与队友王涛会师决赛。

刘国梁是一个不折不扣的天才，他或许是史上最善于用脑子打球的乒乓球选手，人送外号"智多星"。他的训练量平时只有王励勤的三分之一，可是成绩却是世界最佳。他拥有当时世界上最先进的乒乓球技术——"直板横打"，把处境尴尬的中国传统直板快攻打法带到了一个前所未有的全新高度，总教练蔡振华戏言刘国梁救活了TSP正胶。他为中国队在43届世乒赛上重夺男团冠军立下了汗马功劳；如今，20岁的他又要向中国乒乓史上的首枚男子单打奥运金牌发起冲击。

刘国梁和王涛在早些时候进行的男双决赛中已经有过交手，刘国梁和搭档孔令辉以3:1的比分战胜了卫冕冠军王涛和吕林，拿下了二人运动生涯中的第一枚奥运会金牌。男单决赛二人再度相遇，场面更加难解难分。

前四局的比赛中，刘国梁有效控制了场上节奏，每一板球紧咬王涛。发球一直是刘国梁的强项，此番他的发球对王涛造成了很大威胁。但老将王涛毕竟身经百战，遭遇逆境很快调整了战术。比赛局面呈现胶着态势，前四局双方平分秋色，2比2。

上一次单打比赛与王涛交手时，他正是在2比2平的情况下丢掉最后一局，导致满盘皆输。此时刘国梁心里难免有些紧张。

比赛前一天的晚上，首次参加奥运会的刘国梁失眠了。凌晨4点半，他仍在专心地阅读武侠小说。5个小时的睡眠对于即将参加奥运会决赛的运动员来说略显吝啬，但下午4点的比赛之前，刘国梁始终辗转反侧，无所事事。决赛的对手是大师兄王涛，队内训练的时候，刘国梁经常观察王涛的练习，熟悉他的打法。过往的比赛中他经常输给这位自己的队友同时也是劲敌，此次奥运金牌的争夺战，他渴望扭转颓势，夺取胜利。

如此重大的比赛，选手的理智对最终结果往往起到决定作用，刘国梁幸运地做到了这一点。他把自己放在更低的位置上力拼王涛，争取把思想包袱扔给对手。从年龄上看，这是王涛的最后一届奥运会，他内心对于这个冠军的渴望自然异常强烈。刘国梁通过换位思考，站在王涛的立场上思考比赛，自己的信心顿时坚定不少。

换球的时候刘国梁用手擦了擦汗，沉着地走上战场。决胜局的比赛正式打响，刘国梁开局占据了场上主动，果断地发球抢攻助他以4:1暂时领先。随后他乘胜追击，比分差距进一步拉开，9:1。

初生牛犊不怕虎，年轻气盛的刘国梁继续加强自己的攻势，侧身抢攻频频得手。反观王涛，接发球质量不高，正反手攻球连连失误。最终，决胜局的比分定格在21:6，气势的差异决定了比分上的巨大差距。失利的王涛赛后坦诚地表示，刘国梁今天确实超水平发挥，球速比训练时快了许多，自己的落败在情理之中。

他给自己定下的参赛目标只是力争双打夺金，单打夺牌，而今他却悄然成为奥运史上第一位男子乒乓球项目的双冠王。

刘国梁
Liu Guoliang
性别:男　生日:1976.1.10
身高:1.68米　体重:60公斤
籍贯:河南新乡
项目:乒乓球
1996年在亚特兰大奥运会上获男双(与孔令辉)、男单双料冠军，还是中国第一位世乒赛、世界杯和奥运会"大满贯"获得者。2002年退役担任中国乒乓球队教练。2003年6月23日出任中国国家乒乓球队男队主教练。

S Y D N E Y

第27届奥运会 → 悉尼

20世纪最后一届奥运会,千禧年奥运会在悉尼举行。本届奥运会创下了多项纪录:将近200个国际奥委会成员国家和地区参加(其中80个国家和地区夺得了奖牌);10500多名运动员参加了300个小项的角逐;大约47000名志愿者为此次奥运会服务;另有约16000名新闻记者参与了报道工作。特地为此次盛会修建的奥林匹克体育馆是奥运历史上最大的室外体育馆,可容纳约11000名观众。尽管规模宏大,参加人员众多,此次奥运会的组织却无可挑剔,使得奥林匹克运动重拾自信。在组织混乱、商业气息过于浓重的亚特兰大奥运会之后,在兴奋剂丑闻灾难性地蔓延开来之后,在2002年盐湖城奥运会申办受贿丑闻爆出之后,2000年悉尼奥运会为这项体育盛事带来了盼望已久的清新之风。这一届奥运会的成功举办挽救了奥林匹克盛会。简单说,在澳大利亚,一个世界上参加运动人口比例最高的国家里,运动已成为了一种信仰。要想把奥林匹克勇士的精神发扬光大,澳大利亚是地球上的首选地之一。

2000年,在澳大利亚,这个仿佛处身于"世界尽头"的国家里,一切似乎都消失了,只有熊熊奥运圣火燃烧在亘古不变的蓝天下。

此届奥运会,运动健将战绩辉煌:英国划艇运动员史蒂夫·雷德格拉夫(Steven Redgrave)、美国名将玛里昂·琼斯(Marion Jones)、荷兰游泳明星因格·德·布鲁因(Inge de Bruijn),荷兰自行车手昂蒂安·范莫瑟尔 (Leontien van Moorsel),都获得了3枚金牌。也不能忘记大卫·杜耶,法国伟大的柔道运动员。

Sydney 2000
GAMES OF THE XXVII OLYMPIAD JEUX DE LA XXVIIè OLYMPIADE
Sydney 2000

2000

举世闻名的悉尼歌剧院的空中俯瞰图。这座别具一格的建筑是悉尼奥运会的明星建筑。不过，观众造访歌剧院的首要目的是为勇夺金牌的运动员们喝彩。

奥林匹克完美风暴

在亚特兰大组织者不尽如人意的表现后,在种种兴奋剂事件和盐湖城冬奥会的腐败丑闻之后,奥林匹克急需一次辉煌的、没有瑕疵的盛会来挽回自己的声誉。悉尼适时地出现了。

1993年，悉尼从包括北京在内的5余个申请城市中胜出，赢得了千禧年奥运会的主办权。澳大利亚造币厂和珀斯造币厂为本届奥运会生产了3100枚奥运奖牌，其中只有650枚金牌、650枚银牌和670枚铜牌颁发给运动员。根据严格的国际奥委会制度，其余备用奖牌被销毁一空。

比起奖牌，悉尼奥运会的门票几乎没有多余的可供销毁。高达90%的销售率不但让悉尼永远地留在了奥运会的史册上,还让他们一口气赚了史无前例的7.8亿澳元。

但若有人想把这块金牌颁发给悉尼奥运会的安全保卫工作，第一个站出来反对的恐怕就是法国田径明星玛丽·若泽·佩雷克。这位前两届奥运会女子400米冠军在女子400米预赛前突然失踪。佩雷克是澳大利亚田径英雄弗里曼最强劲的对手，结果由于佩雷克的弃权，弗里曼轻松夺得了女子400米的金牌。

悉尼奥运会于9月15日至10月1日举行。奥运会开幕前的圣火传递活动新意叠出，组织者充分利用了水、陆、空各种运输方式，圣火甚至由潜水运动员带到了水下。9月15日，全球大约30亿人收看了开幕式，最受注目的是朝鲜和韩国的运动员在同一面旗帜下一同入场；东帝汶首次派出4名运动员参赛，虽然他们还只能在奥运会旗下入场。仪式的最后一项是点燃奥运圣火。澳大利亚400米赛跑选手、土著人弗里曼被选为火炬接力的最后一棒，点燃圣火。

弗里曼不仅是澳大利亚民族和解的象征人物，而且是澳洲土著人获取奖牌的希望。在澳大利亚总督威廉·迪恩爵士宣布奥运会开幕后，曲棍球运动员雷切尔·霍克斯和水球裁判员彼得·克尔分别代表运动员和裁判员进行了宣誓。

来自国际奥委会199个会员协会的10651名运动员参加了27个大项41个分项300个小项的比赛。出于对兴奋剂问题的重视，本届奥运会首次对运动员同时进行了EPO检测和血检；国际反兴奋剂协会(WADA)作为独立的组织，参与并监督了本届奥运会的药检工作。

铁人三项、跆拳道首次成为奥运会正式比赛项目，同时第一次进入奥运会的还有现代五项全能和女子举重项目。

值得注意的是，本届奥运会的运动员中有38%是女性，比亚特兰大的34%又有提高，而且在现代五项、撑杆跳高、链球和举重等比赛中都有了女子比赛。澳大利亚媒体给悉尼奥运会的另一个名称就是"女性的奥运会"，因为这年恰好是女运动员第一次参加奥运会的100周年纪念。女性用最好的方式庆祝了她们自己的奥运会。

本届奥运会在电视转播方面也取得了成功，全球有220个国家和地区通过电视转播比赛，比历届最多的亚特兰大还多6个。基本上可以说，这个星球上只要有电视机的人都看到了比赛。因特网也在悉尼奥运会期间也火了一把，单是组委会的官方网站点击率就创下了令人咂舌的90亿次，远远高出1998年长野冬奥会的6亿3千4百万次。

又涌现出了多个值得被人们记住的名字。比如在田径赛场上异常夺目的美国著名短跑运动员马里昂·琼斯。在首先进行的100米比赛中，她以较大优势获得金牌，随后又在200米跑中顺利取胜。在夺得了跳远和4×100米接力的两块铜牌后，她又帮助美国队夺得了4×400米接力的金牌。这个美国姑娘一人独得5枚奖牌，成为第一位在一届奥运会上夺取5块田径项目奖牌的女运动员。

对于琼斯的队友，美国田径选手马拉·鲁尼恩来说，能够进入奥运会1500米决赛就是最大的胜利。因为鲁尼恩只能依靠眼球边缘部分的一点点视觉，跑道上的对手在她眼中只是颜色各异的条纹而已。在预赛当中，鲁尼恩险些被淘汰，因为她不知道自己站在什么地方。而在半决赛中她以4分6秒14的成绩名列小组第六。

意大利姑娘贝隆尼虽然在20公里竞走比赛中被出示红牌取消了比赛成绩，但她却算得上悉尼奥运会上最具幽默感的选手。当比赛还剩下差不多1公里时，领先的贝隆尼因为犯规被取消了继续比赛的资格。然而，当懊丧的贝隆尼正准备退场时，却发现一直在她身后的澳大利亚选手塞维丽成了领头羊，而且后者的竞走动作明显犯规。于是，贝隆尼用最标准的竞走动作赶了上去，走在塞维丽的前面，好像在教她应该怎样竞走，同时也用这样的方法发泄她心中的不满。她仿佛在问裁判们："为什么塞维丽犯规却不罚她？"也似乎在提醒观众，自己是被冤枉了。

泳池里，最耀眼的运动员非荷兰双星霍根班德、德布鲁因二人莫属。这两个荷兰人的战绩是，5块奥运金牌，5项世界纪录，足以组成一支泳坛"梦之队"。27岁的德布鲁因顺利取得了女子50米、100米自由泳和100米蝶泳3枚金牌，并全部刷新这3个项目的世界纪录。而26岁的霍根班德更是了得，在男子100米自由泳中让"沙皇"波波夫维持8年的世界短距离自由泳之王的荣耀随风而逝，在男子200米自由泳比赛中，他与身着"鲨鱼泳装"的索普竞争非常激烈。"鲨鱼泳装"将选手从脖子到脚踝，再到手腕全部包裹起来，外形类似潜水服。称得上是一件高科技产品。可惜高科技最终未能帮索普将这枚200米自由泳金牌收入囊中，他输给了霍根班德，只获得银牌。不过夺金落败丝毫不能减弱索普的明星光环。毕竟，这位澳大利亚运动员才17岁，而且在打破自己保持的世界纪录的成绩夺得男子400米自由泳金牌后，又随澳大利亚队夺取了4×100米自由泳接力和4×200米自由泳接力的两块金牌。

在奥运大项——游泳和田径比赛中，女运动员为亚洲挽回了些面子。日本女子游泳运动员赢得了4枚奖牌；日本选手高桥尚子和中国选手王丽萍获得两块田径金牌。亚洲唯一一块自行车奖牌也是中国选手姜翠华在女子500米计时赛中得到的。

在本届奥运会上，中国男子篮球队主力，身高2.26米的姚明已经出现在赛场上。他在奥运会开幕前3天度过了自己20岁的生日。在汇集悉尼的各国选手中，姚明时常会给人以鹤立鸡群的感觉，即使是与美国"梦四队"中最高的加内特和莫宁相比，他也高出了足足20厘米。当时就有人预测，他将成为第一位进入美国职业联赛的亚洲球员。

本届奥运会比赛项目之多为历届奥运会之最。在奥林匹克精神的鼓舞下，他们向人类的生理极限发起挑战，展示出较高的竞技水平，共创造了34项世界纪录，77项奥运会纪录，3项奥运会最好成绩。

与赛场上运动员们的夺金同样激烈的是全球软饮料的两大巨头——可口可乐与百事可乐的争夺。由于可口可乐赢得了奥运会的独家赞助权，百事可乐便成为了在赛场中与炸弹、枪支、刀具一样的"危险品"。在奥运公园会场，保安人员会要求所有入场人士自动报出是否携有"刀、武器或罐装百事可乐"，原因是他们不愿意为此得罪赞助商。

不过可口可乐的"霸道"并不能影响本届奥运会在国际奥委会主席萨马兰奇心中的完美表现。为了以一次完美的奥运会结束20世纪，悉尼给了奥运会一大堆纪录：近200个国家和地区派出了自己的代表团（其中80个都获得了奖牌），超过1万名运动员来到了悉尼，专门为奥运会兴建的奥林匹克体育场也是历史上最大的，总共能够容纳11万人……

闭幕式上，萨马兰奇又拿出了那句套话，"这是有史以来最好的一届"。东道主在场馆建设、竞赛组织、药物检测等方面做了卓有成效的努力，也取得了圆满结果。"绿色奥运"为奥运会的成功举办提供了优美的外部环境，为今后主办奥运会提供了一种新的可借鉴模式。

(上)奥运火炬在水下传递，堪称创举。
(左)马拉松通常是欣赏一个城市风景的绝佳机会。在悉尼奥运期间，著名的港桥向人们敞开了怀抱。

气氛 2000

L'ÉQUIPE 队报聚焦

完美的世纪谢幕

在 20 世纪末举行的第 27 届奥运会上，人们早就预见到了热烈气氛，因为人们看到了澳大利亚人对体育充满了热情，看到了澳大利亚齐心向奥运的体育文化，以及这个盎格鲁-撒克逊国家对公平竞技的坚持。这些预见成为了现实。

这一届奥运会的主导精神令人耳目一新，尤其是在亚特兰大的阴霾之后。悉尼紧邻海湾，风景宜人，它得天独厚的气候条件和壮美的景色，再加上大批公众对体育盛会的热情支持，成就了 2000 年令人难忘的悉尼体育盛典。

尽管在悉尼检测出的 9 例兴奋剂事件给这一盛会蒙上了一点阴影，但是可以说人们在和舞弊者无穷无尽的斗争中跨越了一大步，因为人们不再对作假者视而不见。不过遗憾的是运动员对攀越纪录高峰多了一些敬畏，在田径赛场上，没有一项世界纪录被打破。

文/让-克里斯托夫·科林

1 在铁人三项开赛前，俄罗斯名将尼娜·阿尼斯莫娃(Nina Anissimova)以及加拿大选手卡罗尔·蒙哥莫瑞(Carol Montgomery)和沙伦·多纳利(Sharon Donnely)被人们寄予了极大的期望。但结果却让人大跌眼镜，他们的成绩分别是第12名、弃权和第38名。

2 澳大利亚马业协会(Australian Stock Horse Society)的骑士们应邀在开幕式上为他们的国旗添彩。

3 在庆祝仪式上，澳大利亚更偏向回归过去。澳洲原住民身着盛装参加了庆典。

4 刘璇完美发挥，夺得平衡木冠军。

5 "重在参与"是著名的体育格言。然而对于美国球迷来说，在美国对挪威的女足决赛中，他们是"非赢不可"，然而最后美国人空手而归。

6 奥运男篮决赛是美国与法国的对决。那些手持迷你摄像机的美国球迷看起来有一份胜券在握的轻松。

7 闭幕式上可以感受到奥林匹克激情的魅力，这几个亚洲观众绝对是被吸引了。

8和10 澳大利亚原住民选手，1997年和1999年世界田径锦标赛冠军，凯西·费里曼(Cathy Freeman)，是代表澳大利亚的最佳人选。她也是点燃奥运圣火，拉开悉尼奥运序幕的不二人选。当这位悉尼奥运400米冠军得主出现在电视屏幕上时，整个澳大利亚都为之沸腾。

9 从记者席上放眼望去，悉尼奥运体育馆很是壮观。它创纪录的观众席位(11000个左右)在赛后将调整到8000个左右。

气氛 2000

L'EQUIPE 队报聚焦

莫里斯·格林：另一支金箭

2000年悉尼奥运会上，两支美国火箭均战绩骄人。一个是来自洛杉矶的玛里昂·琼斯，另一个则是来自堪萨斯城的莫里斯·格林(Maurice Greene)。在9月23日的田径赛场上，他们都摘取了100米赛跑的金牌，成为了无数闪光灯的焦点。琼斯，1997年雅典世锦赛和1999年塞维利亚世锦赛女子100米冠军；莫里斯，1999年世锦赛男子100米世界纪录创造者，这两位天才运动员没有一次让大展才能的机会溜走。奥运会桂冠，对于24岁的琼斯和26岁的莫里斯来说，勿庸置疑，是一种极大的荣耀。

在奥运颁奖典礼上，伴着美国国歌，莫里斯·格林在那个不寻常的时刻流露了“脆弱”的一面。这个激动时刻感情外露的小伙子，仿佛一下子变成了堪萨斯城那个梦想着有一天能登上奥运领奖台的小男孩。如果说莫里斯的成绩还无法遮住琼斯的光芒，那么他领先博尔顿(Boldon)的12厘米绝对是继卡尔·刘易斯在洛杉矶领先格雷迪(Sam Graddy)20厘米之后，最为具有意义的一段距离。虽然他这次跑出的9秒87的成绩，和贝利(Baily)在亚特兰大创下的9秒84的成绩相比，有点黯然失色；虽然这个9秒87在世界田径史上不过排名第15好成绩；虽然在他的职业生涯中，他曾经5次超越这个成绩……但是这个9秒87对于莫里斯来说，依然有着重大意义。博尔顿，这个以快速启动著称的短跑名将，在开头60米的时候曾经用他的速度想压住对手莫里斯。不过最后，在颁奖典礼上登上了最高领奖台的还是莫里斯。来自加勒比的明星汤普森(Obadele Thompson)则排在博尔顿之后，摘取了铜牌。如果说是莫里斯的个人素质帮助他夺冠，不如说是博尔顿没能发挥他的最大潜力：他最终取得的9秒99的成绩，在他的职业生涯中，仅排第11位。

文/埃迪安·伯纳米

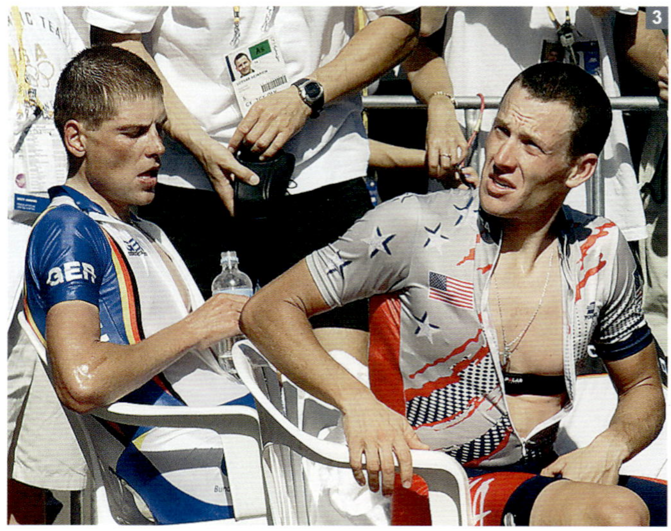

1 喀麦隆队在0比2落后的情况下后来居上，靠点球大战击败了西班牙人，摘取了悉尼奥运的足球金牌。

2 罗马尼亚名将勒杜坎(Andrea Raducan)在悉尼勇夺个人全能金牌。这位罗马尼亚运动员已经很久没有品尝过胜利的滋味。但是随后国际奥委会宣布她的尿检呈阳性，取消了她的个人全能金牌。事实上，是罗马尼亚队医阿玛纳(Simona Amanar)的操作失误导致了这一灾难性后果——这位队医给勒杜坎服用了含有禁药的感冒药。

3 德国运动员扬·乌尔里希在自行车公路赛上终于击败美国名将阿姆斯特朗(Lance Armstrong)，夺取了悉尼奥运会自行车公路赛金牌。他还获得了计时赛银牌，排在俄罗斯运动员埃基莫夫(Ekimov)之后。

4 美国网球好手大威廉姆斯(Venus Williams)在夺得了个人单打冠军之后，又和她的妹妹小威廉姆斯(Serena Williams)捧得双打金牌。

5 曾经在奥运会上6次问鼎金牌的匈牙利水球队自从1980年之后，就再也没有登上过最高领奖台。在悉尼，他们又重拾了昔日的辉煌。

6 在悉尼，德国跳远老将德雷克斯勒(Heike Drechsler)又一次刷新了她的个人奥运奖牌榜：两枚跳远金牌(1992年和2000年)，1枚跳远银牌(1988年)，还有100米以及200米两枚铜牌(1988年)。

7 德国老将费舍尔(Birgit Fishcer)在悉尼奥运会连夺两金。从第一次参加1980年奥运会起，直至2000年，这位皮艇运动员已经在奥运会上夺取了7枚金牌，3枚银牌。

8 古巴拳击手萨温(Felix Savon)夺得了重量级拳击比赛的金牌，这是他第3次在这一项目上捧得奥运桂冠了。他的成就和匈牙利英雄拳击手帕普(Papp)以及他的同胞史蒂文森(Stevenson)相比，毫不逊色。

9 尚略显稚嫩的姚明已经率队拼杀奥运赛场。

USA
Sydney 2000
3357
USA

女飞人琼斯

在100米和200米金牌，跳远的铜牌之后，琼斯又夺得了4×100米铜牌，最后是4×400米金牌。

文/让-克里斯托夫·科林

在琼斯以惊人的速度为美国队跑完4×400米接力的赛程之后，11万观众为她沸腾，而这位筋疲力尽的运动员却跪倒在了电子计时牌前。是的，对琼斯(Marion Jones)来说，明天，一年之后，甚至当她已是垂垂老妪时，这个澳洲梦幻一周永远都能为她带来美好的回忆。如果说她的100米比赛成绩可以载入史册，那么这次400米接力赛则是她的惊人天赋的又一次最好明证。

在田径界，琼斯跑出的4×400米比赛第3棒成绩是空前绝后的。在摘取了100米和200米金牌，夺取了跳远决赛权（后来她摘取了铜牌）之后，这个24岁的年轻姑娘又在4×100米和4×400米接力赛上再创辉煌，并且创下个人职业生涯400米的最好成绩：49秒4。这个数字不禁让人们觉得她完全可以和澳大利亚短跑名将弗里曼一争高下。不论如何，她的惊人速度让美国队把奖牌收入囊中。而她自己也借此摘取了悉尼奥运会上的第3枚金牌。这是一个奇人。

仅仅在1个小时前，琼斯刚刚在4×100米接力赛上收获了她的第2枚铜牌。美国队在这次接力赛上可谓历尽曲折。由于两次糟糕的传棒，美国队甚至险些和奖牌失之交臂。第3棒运动员南森·佩莉(Nanceen Perry，代替受伤的安吉尔·米勒(Inger Miller)上阵，传递有些失误，不得不抓住琼斯的手腕把接力棒交给她。事后琼斯评论说："赛后我有点儿遗憾，本来我们是有机会的，但是我们没能抓住它。不过在后来的4×400米比赛里，我看到了队友们的期待，也知道有一个艰巨的任务摆在面前。"正是那次可以被称为"失败"的4×100米接力赛给了琼斯动力，坚定了她在4×400米比赛中以辉煌成绩结束这个梦幻一周。当然决心是一方面，400米比赛又是另一回事。比赛是那么真实，以至于当它逼近的时候，这个坚强运动员甚至会感到一丝惧怕，因为摆在面前的挑战是艰巨的。

4×400米比赛中，琼斯从她的大学校友莫尼克(Monique Hennagan)手中接过了接力棒。她这样评价那场比赛："那一刻我对自己说，最后的100米是最具挑战的。不过在比赛终了的时候，我感觉太棒了。"短跑好手戴维斯(Bahameenne Pauline Davis)这样评论："简直太疯狂了，我还没有跑到她路程的三分之一就两腿酸痛了。我很佩服她。"

法国名将克里斯蒂娜·阿隆(Christine Arron)也很惊讶于琼斯的战绩，她不无醋意地说："我觉得她的精力恢复得很好。"在经历了这样的一周之后，琼斯的身体和精神都经受了来自各个方面的极大考验。在田径比赛刚刚开始时，琼斯的丈夫亨特(C.J.Hunter)被宣布药检呈阳性。面对这样的打击，琼斯表现得很坚强："我不会让任何人夺走我做出那么多牺牲后取得的成就。"在严酷的考验下，她需要无与伦比的心理素质才能全身心地投入竞技中去。"我的最近一次4×400米接力赛得追溯到我的学生时代。"琼斯回忆说。至于400米，她在这个赛季仅仅跑了一次，那是在4月份举行的预选赛上，她凭借49秒54的成绩取得了奥运会的参赛资格。而在悉尼奥运会上，她则以绝对的速度优势把接力棒传给了塔莎·理查德森(Tasha Colander Richardson)，为美国队赢得了奖牌。

在琼斯的5块奖牌中，分量最重的是100米比赛，最终她以10秒75的成绩夺冠。

她不是神是什么！在悉尼，她想做的都做到了，在或注重体力、或注重技巧、或注重耐力的不同竞赛项目中她都脱颖而出。琼斯，悉尼，3块金牌，2块铜牌。卡尔·刘易斯用雄心勃勃来形容她。琼斯说："我总觉得应该能够赢得跳远比赛的桂冠。不过这些比赛让我尝到了成功的喜悦，这是很棒的经历。"

[链接] 国际奥委会收回琼斯奖牌

2007年12月12日，国际奥委会主席罗格宣布取消马里昂·琼斯在2000年悉尼奥运会上取得的成绩，并收回她所获得的5枚奖牌。罗格说："琼斯事件对奥林匹克运动打击很大，但是从另一方面来说，对于促进反兴奋剂运动又是一件好事。"两个月前，这位31岁的前运动员在法庭听证会上向世界承认：她自1999年开始就被动接触违禁药物，并在2003年向美国联邦调查局(FBI)等部门的调查人员撒谎。在悉尼奥运会上，琼斯以3金2铜的成绩成为历史上第一位单届奥运会夺得5枚奖牌的女运动员。

“格布”，小个子巨人

埃塞俄比亚运动员海尔·格布雷西拉西耶在悉尼10000米长跑的比赛中经过与保罗·特尔加特的激烈较量，保住了冠军头衔。

文/让-克里斯托夫·科林

格布雷西拉西耶(Haile Gebreselassie)笑了，为了那份真实感，为了战斗结束之后那份满足的幸福。他还能怎样表达自己的情绪呢？除了这张照片上，他看似平静的微笑？这一天，他最后一次出现在奥运赛场上。在沸腾的体育场里，伴着观众们喝彩的节奏，他气喘吁吁地到达了终点线。在这之前他曾经遍尝煎熬。而现在他在终点微笑，为了他那份荣耀，虽然他曾经被担忧包围。

“正常情况下，我本不应该来悉尼的，我被骨伤折磨着。在开幕的前一两天，我改变了主意，决定参赛。”自从1993年他20岁时夺得第1个世界冠军以来，他从来没有在一次赛事之前如此焦躁不安。这种缺乏自信的状态，去年8月在苏黎世举行的5000米比赛中就初见端倪。那个时候，格布已经被伤痛所困扰。在1997赛季经历了丹尼尔·克曼(Daniel Komen)的挑战之后，他第一次感到来自另外一个运动员的威胁，那个人就是肯尼亚的保罗·特尔加特(Paul Tergat)，他是格布在10000米奥运赛场上的主要竞争对手。10公里这一段距离，格布在2000年并未跑过。但他在心里熟知这段距离的每一处沟沟坎坎，每一厘米中包含的挑战。他也是这个项目的世界纪录保持者，成绩是26分22秒75。

(上)在经过和保罗的精彩角逐之后，格布成功蝉联了两届奥运冠军，重演了1952年扎托皮克(Zatopek)和1976年维伦(Viren)的成就。

(下)特尔加特(2393号)仅仅输了9厘米，但他并不遗憾。“格布是最强的”。

对他来说，最重要的不是创纪录，而是竞技，是实现童年梦想。1980年，当他的同胞米卢茨·伊夫特(Miruts Yifter)在莫斯科夺冠的时候，在东非裂谷(Rift Valley)，一个不起眼的小男孩独自在他的小圣树下听到了收音机传递的消息。小树的荫凉一直庇佑着他，直到世界的尽头，直到悉尼。这就是他的信仰。这种庄严的力量一直伴着他来到悉尼，在那里他创造了载入奥运历史的神话，他那艰难伟大的奋斗历程也永远被人们铭记。

对于格布来说，悉尼的决赛是一场持续27分钟的比赛，节奏越来越紧张。随着冲刺的临近，两位运动员之间的较量也越来越白热化。在最后一圈时，两位运动员都在奥运跑道上迸发出了所有的剩余力量。随行的还有另外两位运动员：科尔(Korir)和另一位埃塞俄比亚运动员马泽格布(Mazgebu)。不过这两位和前两位比起来，充当的只是配角。在离终点300米的时候，特尔加特利用长腿优势发动了一次猛烈的加速，让格布极为震惊。“我稍后才加速，”格布后来说，“幸运的是，在我加速的时候，马格泽布给我让开了路，否则……”

格布需要用尽全力才能超过特尔加特，超过这个率先转过转弯处的肯尼亚人。只剩下不到100米了。这两位体形完全不同的运动员都做了最后也是最大的努力。在相当一段时间里，保罗·特尔加特那冲向终点的大步伐都让人以为他离胜利越来越近了。但是渐渐地，格布以短跑冲刺的频率，抢在特尔加特之前，在一片喝彩声中冲过了终点线。

“这真是太棒了，我从来没有在比赛中这样激烈地争夺过，”格布说。特尔加特说，“我跑得不错，但是对手太强大了。”

继亚特兰大奥运会之后，继雅典和塞维利亚世锦赛之后，格布又一次战胜了特尔加特。他们之间的竞争远未结束。肯尼亚人决定进军马拉松，而格布也作了这个决定。

雷德格拉夫：不败的神话

截至2000年悉尼奥运会，英国运动员史蒂夫·雷德格拉夫蝉联了5届奥运冠军。

文/马克·樊图雅

在悉尼男子赛艇四人单桨无舵手比赛中，四人组合平森特(Pinsent)、福斯特(Foster)、克拉克内尔(Cracknele)以及史蒂夫·雷德格拉夫摘取金牌，这是雷德格拉夫连续第5次在奥运会上夺冠。

赛艇是一项振奋人心的水上运动，无论是赢家还是输家都一样高贵，人们对他们都一视同仁，并且都会给予应有的尊重。这项规则在颁奖台上对于所有赛艇选手来说，也同样适用，没有人会因为有了凯撒而看轻庞贝。一旦获奖，同一条赛艇上的选手都有权得到同样级别的奖牌，同样级别的荣耀。但是四人单桨无舵手赛艇比赛是个例外。传统上奖牌是根据桨手在艇上的不同位置按序发放的。不过对于某个运动员来说，这条四人无舵手赛艇比赛规则可以忽略不计。英国王室的安妮公主，伊丽莎白女王的女儿，同时也是国际奥委会的成员，曾经破例优先为一位在艇上排位第3的英国运动员颁发荣誉。他就是史蒂夫·雷德格拉夫(Steve Redgrave)。对这位参加了5届奥运会并且蝉联5届冠军的桨手，安妮公主充满了敬意。

一次偶然的机会开创了这位神话般桨手的传奇历史。“是弗朗西斯·史密斯改写了我的人生。”这位英国运动员说。如果没有这位赛艇的狂热分子，雷德格拉夫永远都不会去他家乡的马罗(Marlow)俱乐部注册。那个时候他才15岁，没有任何资本，只有上天赐予的一副魁梧身材。从那个时候起，他开始了赛艇生涯，最初他尝遍了失败的滋味。不过雷德格拉夫渐入佳境。在英国国家队的日子里，他很快就崭露头角。不过，这个小伙子与参加1980年莫斯科奥运会的机会擦肩而过。幸运的是，仅仅4年之后，他就向荣誉进军了。1980年的莫斯科奥运会曾经遭到西方一些国家的抵制。作为报复，在1984年，一些苏联运动员失去了参加洛杉矶奥运会的机会，他们的缺席为另外一些野心勃勃的年轻人打开了荣誉之门。雷德格拉夫就是其中的一个。他和理查德·巴吉特(Richard Budgett)、马丁·克洛斯(Martin Cross)以及安德鲁·福尔摩斯(Andrew Holmes)组成了一个4人组合。尽管那个时候他才22岁，但是媒体提到他们的时候，总是说“雷德格拉夫的4人小组”

雷德格拉夫的成就远不止于此。1986年，他的教练麦克·斯普拉克伦(Mike Spracklen)建议他和安德鲁·福尔摩斯(Andrew Holmes)组成一个双人无舵手组合。那时世锦赛的比赛规则刚刚作出了调整。两个年轻人立即投入到了神圣的挑战中去：他们想把意大利的阿巴尼亚莱兄弟(Abbagnale)赶下宝座，成为双人无舵手的最强组合。虽然他们没有能够实现这个梦想，但是他们却是第一个敢于挑战意大利兄弟的运动员组合。

福尔摩斯——雷德格拉夫并非完美搭档，两个人之间的共同点很少。雷德格拉夫是个为了赛艇事业可以牺牲一切的人，而他的搭档福尔摩斯，则认为运动事业之外的私生活也应享有一定的优先权。1990年，雷德格拉夫和马修·平森特建立了新的组合，他的新搭档是前一年的世界青年锦标赛冠军得主。开始的时候，平森特对此并不怎么热心，因为他在一个4人组合里如鱼得水。不过，两个年轻人还是把一切可能触及的战利品都收入了囊中。从1991年到1996年，他们夺取了职业生涯中一切可能得到的荣誉：两届奥运冠军和四届世锦赛冠军。这时，雷德格拉夫心满意足准备退役了。在亚特兰大，在他获胜的那个晚上，他放风说，“如果有一天你们看到我在赛艇上，你们可以开枪打死我。”

但仅仅过了两个月，雷德格拉夫就宣布重回赛场，又开始了一个新的4年征程。他也意识到自己精力不再，于是选了四人无舵手作为复出项目，因为这个比赛更加节省体力。借助于注射治疗和定期检查（其队友经常拿他的胰岛素含量打赌开玩笑），他坚持参加比赛。1998年和1999年[1999年，年轻的埃德·古特(ED Coode)代替了蒂姆]，他又获得了两项世界冠军。

2000年对雷德格拉夫来说，似乎是坎坷的一年。由于受伤，他曾一度中断训练两个星期；在做准备运动时，还昏倒了一次。不过在悉尼，胜利之神依然向他微笑。

伊恩·索普浪潮

1小时内连续创造两项世界纪录，囊括两枚金牌，这位澳大利亚泳坛天才第一次踏入奥运赛场的时候，一点儿都没有感到胆怯。

文/阿兰·科尔蒂耶

当我跳入泳池时，我完全没有预料到比赛结果。我只有一个信念：我要战斗！所以那个时候我很放松，并且为我能够代表国家参赛而感到骄傲。观众们情绪非常激动，我们这些运动员就像置身于古罗马角斗场的角斗士。而我已经做好了充分的准备。有些人认为索普（Ian Thorpe）在奥运会上会惊慌失措甚至被压力压垮，这位奥运小将的表现则给了他们一个有力的回击。这个年轻的小伙子没有辜负上天恩赐的每一次机会，他淋漓尽致地展现了自己最好的一面。

他具有做奥运冠军的必备资质。早在开赛前，他几个月来的表现就让很多人在吃惊之余，开始设想可能发生在这个年轻人身上的灾难：究竟什么样的障碍才能阻塞他的热情？是受伤吗？在去年10月，索普扭伤了脚踝。但是他却变得更加强大了，在1月中旬的比赛中，他以1分42秒54的成绩打破了200米自由泳纪录。索比（Thorpie），人们都这么亲切地叫他，后来承认说他从没有中断过训练。打着石膏，他继续泡在游泳池里，这一经历甚至让他的臂力得到了更好的锻炼。

体力的考验通过了，剩下的便是精神上的考验。德国队的教练曼弗莱德·提斯曼（Manfred Thiesmann）大胆宣称，“有人怀疑索普服用了禁药。我们内部也讨论过这件事，每个人都寻思他怎么能有那么强大的力量”。索普，这个15岁就战斗在竞技场并且学会了控制自己情绪的运动员，是这样回击的：“这种言论真的让我很受伤。这是我人生中第一次产生这样的情绪。”他没有作更多的评论。而几天之后，在柏林，他又打破了自己创下的200米自由泳世界纪录。在5月份举行的澳大利亚奥运预选赛上，他的状态有点反常。他说：“站在起跳台上，我担心会在跳入水中的时候扭伤脚踝，担心会在起游时做得不好。”后来，澳大利亚总教练唐·塔尔沃特（Don Talbot）说他从来没有见过索普那么不安。通常那么平静的索普，居然有了焦躁的迹象。索普一直把入水那一刻看作比赛的决定性因素：“一切都从那一刻开始，一切都是未知的。”这就是为什么在转身时，索普的头总是高高抬起。他想要知道自己处于什么位置。2000年的悉尼奥运会上，在短短1个小时的时间里，索普为观众上演了完美的视觉大餐。19点15分，他夺得了男子400米自由泳的金牌。

在4×100米游泳接力赛中，索普在最后一棒领先于美国名将霍尔（Hall），他凭借出色的表现为澳大利亚赢得了金牌。

20点15分，索普又帮助澳大利亚队摘取了4×100米接力的金牌。“在400米比赛之后，一切都发生得太快，简直是一次紧急训练。我得对媒体说几句，然后去了休息室。接着有人让我拿出奖牌让他们保存好，我给了他们奖牌并且脱下了我的泳服，然后就意识到我的3位队友都快接到出发去比赛的命令了。有3个人一起帮我穿上了新的泳服，我飞快地去追赶我的3位队友。我差一点就赶不上了。接着我就入水了。在摸到泳池壁的时候，我既没有看电子计时牌，也没有听任何声音，我只是知道奖牌拿到手了。有梦想，并且实现它，这对于我们每个人来说，都是最美好的事情！”

霍根班德，水波之王

尽管未能打破他前一天创下的100米自由泳世界纪录，霍根班德仍然抢在亚历山大·波波夫前面到达了终点。

文/希尔皮·罗西

2000年，世界泳坛冉冉升起了一颗新星。霍根班德（Pieter Van Den Hoogenband），一个长着娃娃脸的高个子年轻人，经过前所未有的激烈争夺，从亚历山大·波波夫手里抢走了100米自由泳金牌。

游泳一向是奥运会上吸引眼球的项目。在这个项目里明星辈出：约翰尼·维斯穆勒，唐·斯克兰德、迈克·文登、马克·斯皮兹、吉姆·蒙哥马利等。悉尼奥运会的这次100米自由泳对于波波夫来说，有着特别的意义：他希望上演一场传世之作，成为奥运历史上第1个在这个项目上连续夺取3金的运动员。同时他也希望在这个自己统治了8年的短距离泳坛里，为职业生涯划上一个完美的句号。但是霍根班德，这个游泳神童没有让波波夫美梦成真。

在起跳台上，紧张的气氛一触即发。3位游泳好手都原地待命：卫冕冠军波波夫，半决赛中的世界纪录创造者霍根班德，以及泳坛名将迈克尔·克利姆（Michael Klim）。每个人脸上的表情都有几分凝重：紧张、全神贯注、随时准备出击。

在入水之前，霍根班德站在两名游泳好手中间。右临波波夫，左有克利姆，他的心里很清楚，这次决赛，决不会像他创下世界纪录的半决赛那样没有负担，轻松简单。不论如何，奥运会的决赛规则很简单，就是先触到池壁的运动员为胜者，所以霍根班德需要对付的只是身边的两位泳坛健将。在开头的50米，霍根班德先让克利姆领先，他相信在掉头之后自己有机会追上并且超过他。接着，霍根班德又把竞争目标转向了波波夫。在出发25米之后，这位22岁的运动员有了第一次加速，并且以一臂之遥领先于俄罗斯人。在掉头时，霍根班德已经以23秒32领先于成绩是23秒44的波波夫。掉头之后，游泳神童发动了鱼雷般的速度。他在水中的平衡一直掌握得很好，他的敏捷程度以及游泳技巧也堪称完美。在他身后，波波夫似乎没有更强大的力量来发动他著名的最后15米加速。这个俄罗斯名将甚至受到了近在咫尺的威胁：霍尔（Hall）和克利姆就在他身后4到5厘米的距离紧紧跟随。最后俄罗斯人获得了银牌。不过，波波夫也没有什么好自责的，因为确实诞生更加快的选手，不论在奥运赛场还是在世锦赛上，这一次是他的最好成绩：48秒69。

在第2个50米就胜券在握的霍根班德以48秒30的成绩获得了金牌。这个年轻人并没有流露出过多的喜悦。不过，那扇历史的大门，由于霍根班德的出现，在波波夫面前永远地关上了。

在短短的4天里，霍根班德成了继1972年的施皮茨之后，第1位连续荣获100米、200米自由泳奥运冠军头衔的运动员。

"当我在最后15米领先于他的时候，我太激动了，我不停地对自己说，会好的，我坚持住的。"赛后，霍根班德兴奋地品尝着胜利的滋味。

涅莫夫：平静的父亲

在夺得悉尼奥运会个人全能金牌的那个晚上，这个俄罗斯小伙子最挂记的，是他那刚刚出生，未曾谋面的儿子。

文/塞拉·图科维奇

这一次，站在领奖台上，涅莫夫(Alexei Nemov)收起了他那让姑娘们毫无抵抗力的微笑。在俄罗斯国歌奏起的时候，他一动不动，站得笔直，只有他那不停地一开一合的巨人般的拳头暗示着这个小伙子汹涌澎湃的内心。在地球的另一边，莫斯科，2000年9月2日呱呱坠地的小阿列克谢此时应该正在母亲加林娜的怀里。他出世的时候，父亲涅莫夫正远在悉尼，参加2000年奥运会。“我不知道几年以后，当我和他提起这个晚上的时候，我会怎么说，”初为人父的涅莫夫说，“你们知道，我是着眼于现在的。不过不论怎样，我会把这枚金牌送给他作为礼物。”

这位24岁的大阿列克谢，强壮而灵活，无论在单杠上，还是在自由操的场地上，他都能出色地保持平衡。在悉尼赛场上，他6次登上领奖台。除了个人全能金牌，他还把单杠金牌和自由操银牌收入囊中。俄罗斯国家队体操教练雷奥尼德·阿尔卡耶夫(Leonid Arkaiev)原本是反对国家队队员在职业生涯结束之前步入婚姻殿堂的。但是面对这个小伙子，教练认为不如疏导他旺盛的精力。于是，阿列克谢·涅莫夫获得了许可，每周有3天时间可以离开国家队，和家人度过美好的夜晚。

涅莫夫在夺冠之后说：“我并没有完全改变我的生活方式。我是个正常人，我有时候也喜欢半夜两点钟上床，或者出门喝一杯啤酒。”的确，啤酒清凉的泡沫会让人身心俱爽，精神也为之一振。在悉尼，他没准奖励过自己一杯，或者两杯啤酒。不过应该不会再多了，因为比赛还没有结束，鞍马等项目还有一些奖牌等着他去竞争。尽管在鞍马比赛中其落地不够完美，他仍然摘取了铜牌。他在双杠比赛中也获得了同样的好成绩。

“夺取双杠铜牌，对涅莫夫来说并不容易，”他的教练说，“就在1个月之前，他的双杠训练还不够理想。好在他从那个时候起就特别努力。”前苏联著名体操运动员，迪米特里·卡巴南科(Dimitri Karbanenko)是那么为他的小师弟涅莫夫感到自豪，以至于他简直都找不到合适的词语来表达对其的赞美：“他取得的成就非常惊人，因为对于率先完成所有个人比赛项目的选手来说，要想取得个人全能的好成绩太难了。裁判对于这些选手会更挑剔。全能金牌，他当之无愧。”

在俄罗斯国家队的训练场地上，迪米特里曾经给了涅莫夫不少建议和指导。从悉尼奥运会以后，在体操运动上，这位老将恐怕没什么可指点涅莫夫的了，不过他倒是可以给这个年轻人一些做父亲的建议。

在鞍马和自由操的比赛中，涅莫夫都表现得十分完美。

阿斯鲁姆：超越梦想

这位法国轻量级拳击比赛运动员夺取了奥运桂冠，同时也征服了观众的心。自始至终，他都牢牢把握了比赛的主动权。

文/皮埃尔·巴拉斯特

在领奖台下，布拉希姆·阿斯鲁姆(Brahim Asloum)开心地笑着，他用手势表达着他内心的激动，不断地向沸腾的场内观众招手致意。颁奖人员念出了他的名字，请他上台领奖。观众们安静了下来，而这个年轻小伙子的心却收紧了，他的脚下甚至有点发软。尽管明知胜利的果实已经被他摘取，他仍然有点不相信那即将到来的荣耀：颁奖典礼上刚才人们念到的，是我的名字吗？

他登上了领奖台。这个年轻人稍微有点局促不安，不过，他难以掩饰他的激动。在奖牌挂上脖子的那一刻，那张年轻的脸仿佛凝固了，眼里的笑意也收了起来。他的样子好像一个刚被加冕的国王。他把金牌看了又看，那样子就像是在凝视一块珍宝。《马赛曲》奏起，这个大男孩流泪了。他站得笔直，跟着乐曲磕磕巴巴地念着歌词。

这个年轻人平时温顺得像个小羊羔，战斗的时候却又勇猛得像狮子。在家里，父母对他十分宠爱。他甚至说过："如果我的母亲让我离开赛场，我就停止比赛。当然，她得有充分的理由……"赛场上的阿斯鲁姆，一旦进入状态便天分惊人。这个初出茅庐的小伙子在21岁时便夺取了奥运会拳击48公斤级比赛的金牌。

怎样才能有这样的成就呢？阿斯鲁姆的回答简单得不能再简单了："练习，练习，再练习。在家的日子，有时候我早上4点钟就起来跑步。虽然我很讨厌跑步，但我还是挣扎着出门。"他笑了笑继续说，"你们知道，我的外号是斯皮尔伯格，我脑袋里过的电影你们不可能都知道。"

阿斯鲁姆的"第3类接触"，他和"外星人"的谋面，就发生在位于依泽尔省的布尔昆·亚里厄市。"卡里姆(Karim)，我的哥哥，有一天带去我去雷欧朗格朗日俱乐部看了一场拳击比赛。我完全被比赛迷住了。我对哥哥说，我想干这一行。他回答我说'别想入非非了'。"那场拳击赛可以说是阿斯鲁姆的启蒙比赛。他坚持要实现自己的梦想。

"想办法击败别人，同时又要注意不被别人碰到，这太有意思了。看看我，我已经度过了5年的拳击生涯，但是我把自己保护得很好，我的脸仍然完好无损。我还算个小帅哥吧，不是吗？"讲述这些的时候，阿斯鲁姆的脸上一直带着无忧无虑的微笑。

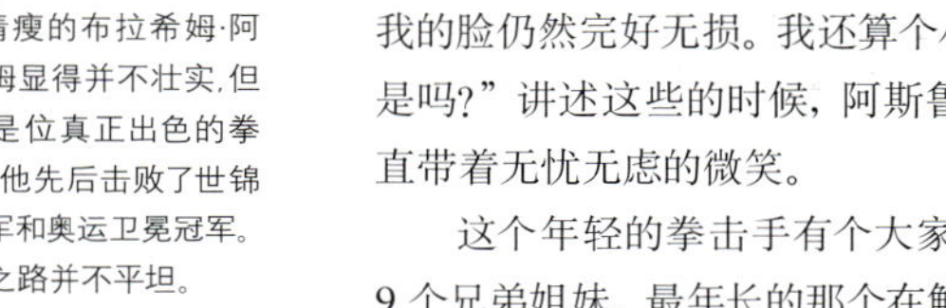

(上)清瘦的布拉希姆·阿斯鲁姆显得并不壮实，但他却是位真正出色的拳击手。他先后击败了世锦赛冠军和奥运卫冕冠军。夺金之路并不平坦。
(下)阿斯鲁姆的激动情绪感染了每一个人。所有人都被他在赛场上的出色表现折服了。

这个年轻的拳击手有个大家庭——他有9个兄弟姐妹，最年长的那个在解放大街上开了一家肉店。赛前，他的哥哥卡里姆曾经提醒他，不要犯愚蠢的错误。

家人眼里的宝贝，法国国家拳击队的明星，这就是阿斯鲁姆家的小儿子。他并不是很高（身高1.65米），他的另外一个绰号叫阿楚姆（法语Atchoum，拟声字，打喷嚏时发出的声音），倒是和他在赛场上所向披靡的情况十分相配——他的对手见到他就会患了感冒一样地浑身发软。在悉尼奥运会拳击48公斤级的决赛中，面对身高1.50米的西班牙对手，1.65米的阿斯鲁姆简直就是个顶天立地的大个子。这个法国小伙子在场上占尽上风，最后以23比10的大比分胜出。他后来说："一开场，我就觉得我比他更有气势。我能够控制场上的局面。我自始至终都有超越他的胆量和勇气。"正是这种发自内心的气势给了阿斯鲁姆不屈不挠的精神和取得胜利的意志。

在悉尼决赛一战之后，阿斯鲁姆成了法国人的英雄。他是第1个在拳击场上击败世锦赛冠军和卫冕奥运冠军的法国人；他给法国拳击队带来了无限希望；他赢得了自1988年汉城奥运会以来，法国队在拳击场上的第一块奖牌；他的胜利，也标志着从1936到2000年在拳击金牌榜上颗粒无收的法国队翻过了这漫长的一页，摘取了1枚历史性的金牌。

奥林匹亚巨人

赛场气氛异常紧张。但是最后，大卫·杜耶胜利了：他击败了日本运动员筱原信一，赢得了第2个奥运冠军。

文/埃迪安·伯纳米

(上)杜耶夺得了奥运会金牌，也进入了历史。
(右)作为法国代表团的旗手，杜耶在赛场上也没有让大家失望。

世纪之幕徐徐落下，传奇史话将要封笔。从亚特兰大到悉尼，从加拿大到日本，从巴塞罗那到巴黎，柔道的传奇，如果你用心聆听，永远都那么动人心弦。是巨人们用肩膀撑起了柔道世界的一片天空。其中一个就是法国运动员杜耶。

在悉尼，他赢得了重量级比赛的金牌，这也是他职业生涯中第2块奥运金牌，是最值得回忆，也是分量最重的一块金牌。凭借4个世锦赛冠军，两块奥运金牌，杜耶成为了柔道史上无可争议的领袖人物。他是唯一一个摘取两届奥运桂冠的法国运动员。他的个人成就远不止于此。

直到2000年9月21日，在柔道界，杜耶仍然和他的前辈、80年代的传奇人物、日本运动员山下泰裕平分秋色。在击败了山下泰裕的弟子，日本柔道好手筱原信一(Shinichi Shinohara)之后，杜耶把他的对手送入了绝望的深渊。31岁的杜耶从此退出了柔道赛场。他留给观众的是一个难以忘怀的精彩夜晚。他退隐了，作为世界冠军，作为胜利者，作为法国人的英雄，他淡出了观众的视线。

回顾杜耶在上两个赛季中平淡的表现，杜耶最后的精彩一击是对怀疑他的人做出的有力回应，还是对一直困扰他的伤病发起的强大挑战。不论如何，当胜利的潮水汹涌而来的时候，所有曾经阻挡他的大堤都被击溃了。

"只有最聪明的人才能赢得比赛。"法比安·卡努(Fabien Canu)曾经无数次强调。对决中的智慧，发起进攻的直觉，尤其是灵活的头脑，这个诺曼底人一样都不缺。长久以来，杜耶都拒绝服从身体的指令，指挥他赢得比赛的，一直都是他的头脑。

3年以前，在巴黎世锦赛的决赛中，也是面对同一个对手筱原信一，杜耶把他的第4块世锦赛金牌收入囊中。而在4年以前的亚特兰大奥运会上，杜耶也如愿以偿登上了冠军的宝座。1997年到2000年的3年时间，对于这个法国运动员来说，是艰难的。3年的徘徊彷徨，3年的伤病困扰，让人们对他产生了怀疑，也让他之前取得的一系列成绩渐渐光芒黯淡。他的老对手筱原信一，尽管在巴黎失望而归，却在伯明翰世锦赛上连获重量级和无级别两项冠军。

不过对于强者来说，力量永远伴随着他们。在2000年的悉尼，柔道赛场上，法国运动员渐入佳境。他们最后共收获6块奖牌，2金2银2铜。在这场法国和日本的对决中，这已经是他们能取得的最好成绩了。

就在悉尼，杜耶首次遭遇道格拉斯·卡尔多索(Douglas Cardoso)。这个南美运动员可以自豪地宣称是唯一一个没有被法国柔道巨人控制的运动员——他放弃了比赛资格。于是，杜耶在第一战遭遇的是土耳其人塔塔罗格鲁(Tataroglu)，这个体重150公斤的运动员不可小觑。最终，法国人以漂亮的"一本"击败对手。

杜耶在第2战的对手，是比利时柔道老将阿尔尼·凡·巴尔那韦德(Arnie Van Barneveld)。这场法国和比利时遭遇战，是一场战术策略的较量。虽然杜耶首先犯规，但最后比利时老将仍然避免不了被淘汰的命运。

杜耶获得胜利，将要进入半决赛，他只剩3个小时的准备时间了。这一次他的对手是爱沙尼亚运动员佩尔特森(Pertelson)，后者曾在世界级的比赛中获得亚军。这也是两位柔道好手第一次在赛场上相遇。

尽管由于背伤的困扰曾经沉寂3年，杜耶从来没有远离他所热爱的柔道。虽然他一直等到2000年在波恩举行的邀请赛才重现往日光芒，但他一直都很清楚自己的能力。法比安·卡努事后说："7月初，我就明确地向杜耶表达了我的意思，他如果不去参加波恩的邀请赛，就无法在奥运会中有出色的发挥。"

那一刻，站在悉尼赛场上，佩尔特森的激情丝毫不能阻挡杜耶前进的步伐。这位法国名将最终闯入了决赛圈。决赛中他遭遇了日本运动员筱原信一。这次对决，是所有观众盼望已久的精彩大战，也是柔道竞技的一次大事件，两个柔道强国的碰撞。

尽管筱原信一摔倒了杜耶，但是裁判却判给了杜耶一个有效分。杜耶胜利了。

在决赛结束之后，筱原信一的老师山下泰裕，走到裁判桌前对判罚提出了正式抗议。但是按照国际惯例，判决已经生效，不会再做任何更改。在领奖台上，筱原信一流泪了，因为他的心里装的全是日本人沉甸甸的失望。

自从1992年巴塞罗那的半决赛以来，除了小川直也，日本人就再也没有让这个法国人屈服过。这一次，日本人本来以为机会来了。但是他们没想到，昔日在柔道赛场叱咤风云的杜耶又回来了。杜耶事后说："感谢上帝让我度过了这样的一天。"

幸福降临船舷

两枚金牌，一枚铜牌，法国桨手们在悉尼奥运会上写下了最华丽的历史篇章。

文/马克·樊图雅

2000年，在澳大利亚，对于法国赛艇队员来说，是个新的开始。10年前，澳属塔斯马尼亚岛摘取了世锦赛金牌。法国赛艇10年以来都处于低迷时期，既没有摘取重要奖牌，也无任何明星问世。在这种情况下，法国汽摩运动联合会主席，德尼斯·马西戈里亚(Denis Masseglia)解雇了技术教练伯尔纳尔·勒鲁瓦(Bernard Leroy)。他认为，是时候引进一名外籍教练了，以便给法国队带来一些新鲜气息。于是有人向他推荐了埃伯哈德·蒙德(Eberhard Mund)。

蒙德加盟法国赛艇队的时候，正好赶上法国队的复苏时期。初到法国的曼德一句法语都不会说。在一名翻译的陪同下，手拿字典的曼德第一次见到了法国桨手。他为他们带来了久违的自信。他想反复强调他的竞赛理念，那就是比赛应该基于爆发力而不是基于速度。

法国队很快就有了改观，先是在1993年世锦赛捧杯，接着又在亚特兰大奥运会上揽入4枚奖牌。不过曼德说："不能把这些成绩都归功于我，这是所有队员和教练共同努力的结果，不能对某个人产生崇拜。"确实，这些成绩是所有教练几年来共同努力的结果。

法国队在悉尼赛场大放异彩，还能找到另外一些解释。技术教练雅尼克·勒索(Yannick Le Saux)带给了队员自信和从容；另外法国赛艇桨手组合的稳定性也值得一提。以罗兰(Rolland)和安德里厄(Andrieux)这对搭档为例，他们已经在同一条船上度过了10年的职业生涯，配合相当默契。4人无舵手轻量级的4位队员从1997年就开始了合作；而土伦(Touron)和夏佩尔(Chapelle)的组合则是从1998年就开始了。桨手组合的稳定性对于法国队的成功起到了不可磨灭的作用。

最后，就是技术上的改进了。曼德笑着透露："我们在技术上做出了一些改进，但是我不能明确地描述细节，否则会被对手抄袭。我只能说，法国队的特点是冲刺前的加速。其他国家的教练都知道，要想战胜法国人，他们就必须在距离终点500米之前领先法国队很长一段距离。别无他法。"在悉尼奥运赛艇奖牌榜上，法国荣居第4位，排在罗马尼亚、德国以及英国后面。

在法国赛艇史的巅峰时刻，法国桨手们却不得不为未来担忧。安迪尔和罗兰这对组合已不再年轻，即便在2001年他们能够继续出征世锦赛，他们能否坚持到雅典奥运会也是个问题。另外一些年龄比较大的队员都已经决定，或者正在考虑退役。

曼德对于未来也不抱乐观态度。由于法国队后继无人，他很担忧，他说："现在我无法预测未来。不过，在取得这个成绩之后，我很难在4年之后更上一层楼。在赛艇协会、教练和队员的共同努力下，我们取得了这样的成就。现在我们必须团结一致，共同度过这个后继乏人的阶段，才能在未来几年再续辉煌。"

(上)夏维尔·多尔夫曼和他的女友幸福相拥，分享胜利的喜悦。

(下)在亚特兰大奥运会上夺铜的组合：安迪尔、罗兰实现了悉尼摘金的愿望。

费利西娅·巴朗热：自行车皇后

在教练面前，巴朗热曾经是个听话的学生。后来，这位姑娘渐渐地不再言听计从。但是在悉尼，大战在即，她正在一字不落地专心聆听教练的建议。

文/皮埃尔·巴莱斯特

(左)这是巴朗热在悉尼赢得的第2块金牌，也是继亚特兰大夺金之后，她在奥运会上进账的第3块金牌。出发前，她正在和教练商讨对策。

(下)经历了失望和挫折，巴朗热终于再次崛起，收获了金牌。

这个来自法国的姑娘是个完美主义者。她一直为在赛场上沉默的那段时光感到懊恼不已。从1998年8月之后，她就在赛场上无所建树了。不过2000年，到了悉尼，是到了打破沉默，大放异彩的时候了。谁能料到这个曾经在生活上麻烦不断、训练场上状态欠佳的姑娘在悉尼能有出色表现呢？

经历过一系列坎坷的巴朗热(Felicia Ballanger)，本来有可能一蹶不振，自暴自弃。不过，她的教练达尼埃尔·莫尔隆可不是一般人物。经过和巴朗热近10年的合作，莫尔隆和这个法国姑娘之间已经产生了深深的信任和默契。在教练的帮助下，法国姑娘调整状态，重拾信心，来到了悉尼赛场。

从1995年第一次在世界级赛事上夺金，这位29岁的姑娘已经在世界自行车赛坛沉浮了5年，沉甸甸的5年，充满坎坷的5年。这一次她来到悉尼，希望能够再续从前的辉煌。赛前她曾经透露说："如果能在比赛中赢得金牌，我将会心满意足。"

巴朗热身上有一种特有的品质，这种品质即使在男人身上也极为罕见。她极富爆发力的启动让所有人都感到吃惊。在最后的一段距离，她总是咬紧牙关，全力冲刺。

少女时代的巴朗热曾经在拉罗歇俱乐部(La Roche-sur-Yon)接受自行车训练。她人生中第一个自行车训练场就是这个离家5公里的俱乐部了。热衷于运动的巴朗热，在中学毕业会考中拿到了B。17岁那年，她进入了巴黎国家运动中心(INSEP)学习。学校的公寓宿舍里不允许摆放电视机，这位有个性的姑娘就在自己的壁橱里藏了一台。

巴朗热的成名之战是1995年的哥伦比亚世界锦标赛，在那里她获得了生平第一个世界冠军。从此，这位法国女车手便一发不可收。1996年，她蝉联了世锦赛冠军，并且在亚特兰大奥运会上摘取了个人争先赛的金牌。她说："1996年我的状态达到了顶点。从那时起，我渐渐地不再对我的教练莫尔隆言听计从了。在那之前，我把他对我说的每一个字都当做箴言来执行。但是1996年之后，我不再那样了。我长大了，变成了女人，不再是个小女孩了。"人们后来所认识的那个自行车皇后就在那个时候渐渐成形。她的教练莫尔隆确实老了，但是年龄增加了他的阅历和经验。巴朗热有无限的冲动和热情，然而她缺乏的，正是莫尔隆的头脑。

像所有赢得冠军称号的运动员一样，巴朗热有自己独特的个性。很多琐碎的小事都能激怒这个年轻的姑娘。"真让人恼火。"这句话成了巴朗热的口头禅。在吉尔贝尔·阿万兹尼(Gilbert Avanzini)这位心理辅导老师的帮助下，这位冲动的女车手好好反省了一下自己的脾气，同时也重新设计了自己未来的职业规划。从1996到1998年，巴朗热连续3年蝉联世界锦标赛的冠军。

1998年她还打破了由自己创造的世界纪录。她获得的不仅仅是金光闪闪的奖牌，还有成熟和自信。2000年，巴朗热终于在奥运会上又一次大放异彩。

除了羽毛球比赛，美丽的圆顶奥运体育馆罗斯馆(Ross Pavililon)还迎来了艺术体操比赛。

2000年悉尼第27届奥林匹克运动会

在本届奥运会中，51个国家和地区荣登金牌榜，80个国家和地区获得了奖牌。这一纪录是前所未有的。在世纪之交的悉尼奥运会被认为是一届体现了融合和理解的奥运会。

数据

开幕日：2000 年 9 月 15 日

闭幕日：2000 年 10 月 1 日

主办国：澳大利亚

其他申办城市：中国北京、土耳其伊斯坦布尔、英国曼彻斯特、德国柏林

199 个国家和地区奥委会派队参赛 (10651 名参赛运动员，其中包括 6582 名男运动员和 4069 名女运动员)。

29 个大项(其中 25 个大项设有女子比赛，包括男女混合项目)：田径、赛艇、篮球、羽毛球、棒球、拳击、皮划艇、自行车、马术、剑术、足球、体操、举重、手球、曲棍球、柔道、摔跤、游泳、现代五项、垒球、网球、乒乓球、排球(包括沙滩排球)、跆拳道、射击、射箭、帆船、铁人三项

300 个小项(其中 132 个小项设有女子比赛，包括男女混合项目)。

宣布开幕者：澳大利亚总督威廉·迪恩 (William Deane)

点燃火炬者：澳大利亚田径选手凯西·弗里曼 (Cathy Freeman)

运动员宣誓：澳大利亚曲棍球运动员瑞舍尔·霍克斯 (Rechelle Hawkes)

国际奥委会主席：西班牙人萨马兰奇

冬季奥运会

第十八届冬季奥林匹克运动会于 1998 年 2 月 7 日至 22 日在日本长野举行。

1972 年，日本札幌曾经举行冬季奥运会。时隔 26 年，冬奥会又一次来到了日本。2302 名运动员参加了此次奥运会(其中 814 名女运动员，1488 名男运动员)。72 个国家和地区代表团在 68 个小项，7 个大项中展开角逐。

日本天皇宣布此次奥运会的开幕。荻原健司(曾获北欧两项冠军)代表运动员宣誓。本届冬奥会增加了女子冰球，男女滑雪板和冰壶 3 个新项目。

中国选派 60 名选手参加冬奥会速度滑冰、短道速滑、花样滑冰、越野滑雪、自由式滑雪、冬季两项和女子冰球 7 个项目中的 32 个小项的比赛，共获银牌 6 枚、铜牌 2 枚，是历来取得奖牌最多的一次。

从亚特兰大到悉尼

1996

• 9 月 27 日，阿富汗首都喀布尔被塔利班占领。原总统纳吉布拉 (Najibullah) 被杀。

• 11 月 5 日，在美国，比尔·克林顿获得了超过 50%的选票，当选美国总统。

1997

• 2 月 17 日，法国组织的环球不靠岸航海赛中，法国航海好手欧甘 (Christophe Auguin) 驾船以 105 天 20 小时 30 分 15 秒打破了从前 109 天的纪录。

• 11 月 17 日，在埃及发生了"卢克索"惨案，68 名游客被宗教恐怖分子杀害。

1998

• 4 月 10 日，在北爱尔兰首都贝尔法斯特，北爱尔兰和英国达成一项旨在结束长达 30 年流血冲突的协议。

• 5 月 15 日，在以色列建国 50 周年之际，9 名巴勒斯坦人在和以色列军队的冲突中丧命。

• 6 月 13 日，爱尔兰航海好手艾里克·塔巴里 (Eric Tabarly) 在海上失踪。

• 7 月 12 日，在法兰西体育场，法国队以 3 比 0 战胜巴西队，夺得足球世界杯冠军。

1999

• 5 月 21 日，瑞士人贝尔特朗·皮卡尔 (Bertrand Piccard) 和英国人布里安·琼斯 (Brian Jones) 完成了驾驶热气球环球一周的壮举。

• 11 月 6 日，在橄榄球世界杯的决赛上，澳大利亚队以 35 比 12 战胜法国队获得冠军。

2000

• 7 月 2 日，法国队击败意大利队，捧得了足球欧洲杯冠军。

• 7 月 25 日，法国航空公司一架协和式客机在起飞不久坠毁，这场灾难中共有 113 人死亡。

你知道吗？

对峙了 40 多年的朝鲜和韩国两国的运动员，在一面绘有朝鲜半岛图案的旗子的引导下走到了一起；东帝汶运动员也在奥运大家庭中找到了归属，以个人运动员的身份参赛。此次奥运会首次将铁人三项、跆拳道列为比赛项目，现代五项和举重项目中，第一次有了女运动员的身影。

为了查禁一种名为 EPO 的禁药，悉尼奥运会首次采取了尿检、血检双管齐下的手段。

悉尼歌剧院和奥运五环交相辉映。

悉尼 Sydney

悉尼(Sydney)是新南威尔士州的首府,也是澳大利亚第一大城市,面积为2400平方公里,位于围绕杰克逊湾的低丘之上,是用当时英国内务大臣悉尼子爵的名字命名的。

200 多年前，这里是一片荒原，经过两个世纪的艰辛开拓与经营，它成为澳大利亚最繁华的现代化、国际化城市，有“南半球纽约”之称。

悉尼杰克逊湾大桥下的罗克斯岬是早期移民登陆地点。桥旁是塔朗加动物园，园内有 28 公顷自然森林供珍禽异兽自由活动。

风帆形的悉尼歌剧院屹立于港畔的贝尼朗岬角之上。它三面临水，面对大桥，背倚植物园，犹如一组扬帆出海的船队，又如一枚枚被遗落在海滩上的白色巨形贝壳，自 1973 年建成以来，一直以造型新颖、风姿绰约著称于世。

市中心的悉尼塔，是悉尼城的又一标志，金黄色的外观闪耀夺目。塔高 304.8 米，为南半球最高的建筑物。登上圆锥形塔楼，纵目四望，悉尼市容一览无遗。

世界从悉尼进入澳大利亚，从悉尼认识地球上最年轻的洲。

这座位于澳大利亚东南海岸的城市始于 1788 年，以菲利普船长率领的首批英国殖民者在悉尼登陆为开端。悉尼正式建市则在 1842 年。然而，当时再大胆的预言家也不敢想象这座城市能有今天的繁荣。在 18 世纪末的英国人眼里，悉尼是一处不幸的地方，而今天，比悉尼古老的城市比比皆是，但比悉尼更美的城市却寥寥无几。

悉尼之美，不单是杰克湾上的单孔大铁桥，不单是悉尼歌剧院，而是悉尼城的每一处。城市里的每条街道有如画的景象，每一扇窗户就像是美丽景色的画框。

第二次世界大战之后，澳大利亚的贸易对象由英国转向北美和亚洲，并从此得到了利益，悉尼同样也成为了商业、贸易、金融、旅游和文化中心。

悉尼在澳大利亚国民经济中的地位举足轻重，其国内生产总值占全澳的 30%。服务业是悉尼经济的主体，其中金融保险业占全澳行业产值的 44%、房地产占 41%、批发贸易占 38%。澳大利亚储备银行和澳大利亚证券交易所均在悉尼，澳洲 53 家银行有 39 家银行的总部设在悉尼，最大的百家公司中，有四分之三在悉尼设立了公司总部或分支机构。来澳大利亚访问的国际商务人员几乎都要造访悉尼，同时大部分世界知名跨国企业也在悉尼设有分公司或办事机构。随着经济的不断发展，更是引来其他国家的人们移民至此，悉尼已经成为澳大利亚最具国际性、最先进的城市。

悉尼同样是一座提供体育享乐的城市。澳大利亚人一向被称为运动狂，而悉尼尤为突出。世界上没有几座大城市能为游泳、冲浪、赛帆船以及其他各项室外运动提供如此无与伦比的条件。

2000 年，当悉尼杰克逊湾铁桥上用霓虹灯装饰的奥运五环迸发成一片火雾的时候，绚丽的悉尼永远定格在全世界人民心中，这是悉尼两百年来最美的时刻。悉尼人成功地将第 27 届奥林匹克运动会办成了热烈、欢乐的体育盛会，显示出了奥运会应有的风格和气魄。这座美丽的城市，像它的主人所承诺的一样，在第 27 届奥运会上给了世界一个惊喜。

奥林匹克运动强大的感召力和凝聚力将来自世界各地的运动员召集在五环旗下。隔绝半个多世纪的朝鲜与韩国运动员走到了一起。

悉尼包容世界，世界关注着悉尼，恰如二百多年前，悉尼等待着世界，世界寻找着悉尼一样。

关键词·冲浪天堂

悉尼位于南纬 34°，平均气温从一月份的 22 摄氏度逐渐降到 7 月份的 12 摄氏度，气候温和，这使它的居民养成一种喜爱娱乐、从容不迫的生活态度，他们充分利用这里的优越条件，在家门口进行冲浪活动。

悉尼市区的海滩举世闻名，大小冲浪俱乐部比比皆是。每逢周末，海湾处处布满各种各样的帆船，游人络绎不绝。邦迪海滩是悉尼最著名的海滩之一，这里拥有澳大利亚最古老的冲浪俱乐部，创立于 1906 年。冲浪者、救生员、日光浴者和赤脚行路的当地人，构成了悉尼海滩文化的典范。

刘璇在平衡木上飞翔，飘逸优美，如蝴蝶展翅。平衡木金牌与女团、个人全能两枚铜牌，璇美人在体操生涯末期闪耀出最夺目的光彩。

CHINA 2000

第二集团领头羊

311 名运动员，28 金、16 银、15 铜，位列第三位，成为第二集团领头羊

中国代表团以金牌 28 枚、奖牌总数 59 枚的优异成绩首次取代德国位列奖牌榜第三位。仅 9 月 22 日一天，中国就日收 6 金，创下了中国运动员参加奥运会历史上单日夺取金牌数的最高纪录。本次奥运会，中国夺金的最大特点是：传统优势项目强劲发挥，奥运新增项目强力助推。

在传统优势项目中，中国继续保持着强盛势头，乒乓球包揽了全部 4 个单项的冠军，女子举重在所参加的 4 个级别中全部夺金而归，羽毛球金牌 5 中取 4，跳水则在出师不利的情况下连夺 5 金，与举重一样，成为中国在本届奥运会上收获金牌最多的项目。此外，射击和体操各获 3 枚金牌。

本届奥运会跳水比赛由于新增了双人项目，金牌数也增加了一倍，达到 8 枚。赛前被寄以厚望的中国队出人意料地在前三项比赛中接连失手，均只得到了银牌。关键时刻，奥运会前复出的老将熊倪为压力骤然增加的跳水队稳住了军心。他在男子跳板决赛中凭借最后一跳的稳定发挥，以微弱优势击败了强劲对手墨西哥的普拉塔斯和俄罗斯的萨乌丁，为中国在本次跳水比赛中夺得了第一块金牌。随后，他又与队友肖海亮合作，在跳板双人项目中称雄，再次获得了金牌。跳水队另一位退役后复出的老将伏明霞也表现稳健，在女子跳板中蝉联了奥运会冠军。

在乒乓球的 4 个单项中，女子单、双打和男子双打的决赛都是在中国运动员之间进行的，唯一由中国选手与外国选手争夺冠军的男子单打决赛进行得跌宕起伏，扣人心弦。中国的孔令辉面对乒坛长青树、瑞典老将瓦尔德内尔，积极主动，斗志旺盛，最终击败对手，确保了中国队连续第二次包揽奥运会乒乓球项目的全部冠军。

羽毛球的 5 项比赛中，中国队除了传统弱项男子双打无缘奖牌外，在其他 4 个单项中全面开花。男子单打 7 号种子吉新鹏状态出色，连续"手刃"了世界前两号种子球员印度尼西亚的陶菲克和叶诚万，一举摘得金牌。铁双打葛非 / 顾俊则在收山之作中战胜队友高崚 / 秦艺源，卫冕了奥运会女子双打冠军。高崚尽管在女双项目中未能夺金，但她与张军合作，在混合双打决赛中力挫印尼搭档许一敏 / 特里古斯，获得了冠军。龚智超则在女子单打决赛中，击败了丹麦名将马尔廷，为中国代表团锦上添花。

本届新增设的女子举重项目规定一个协会最多只能派 4 名运动员参赛，曾在这个项目中处于支配地位的中国队尽管优势受到遏制，但还是由 4 名选手分头出击，在各自级别中如愿夺金。4 位金牌选手是：杨霞（53 公斤级）、陈晓敏（63 公斤级）、林伟宁（69 公斤级）和丁美媛（75 公斤以上级）。而占旭刚在男子举重 77 公斤级比赛中，也顽强地拼下一金，成为中国第一位连续两届奥运会夺取举重金牌的运动员。

053 陶璐娜

她说："能从70米的高空往下跳，我还有什么不敢的呢"

陶璐娜在资格赛中领先南斯拉夫选手塞克里奇两环，但决赛的第一枪，塞克里奇就以10.5环对9.4环的优势瞬间追回1.1环，陶璐娜的领先优势仅剩下微不足道的0.9环。这预示着女子气手枪决赛必将跌宕起伏。

9月16日，中国奥运代表团预定的首枚金牌并未如期出现，女子气步枪夺冠热门赵颖慧在预赛中意外落马，中国队陷入首日无金的尴尬局面。翌日，中国队在悉尼的首枚金牌终于出现，仍然是在射击队，夺冠英雄换成了赛前并不被人看好的上海姑娘陶璐娜。

许海峰的弟子在资格赛中并非一帆风顺。第一组10发子弹打出97环，第二组10发98环，第三组10发只有95环，其中包括一枪8环。教练许海峰及时安慰了这位奥运新人，一发"远弹"不算什么，不必苛求自己。静坐之后重新举枪，陶璐娜果然状态回升，最后一组10发子弹打出满环100环，最终以总成绩390环排在资格赛首位。这是陶璐娜的个人最好成绩。争冠劲敌南斯拉夫选手塞克里奇以两环之差名列第二，另一位中国选手任洁发挥不佳，未能进入决赛。

射击之外，收集小猪娃娃是上海姑娘的另一大爱好，对小猪的喜爱塑造了她温顺可爱的性格。许海峰教练曾说："陶璐娜有个最大的优点，一旦教练指出错误或是要改进的地方，她就会很快改掉，而且决不再犯。如果她认为正确的东西，就会一直坚持下去。"

新科奥运冠军笃信这样一句名言："只有不悲不喜的人才经得起大悲大喜，也只有无所谓得失，不等待回音的人才能攀上人生的巅峰。""平静"是陶璐娜的制胜法宝，心理教练的"瓦伦达心理暗示法"助她在比赛中抛开杂念，平和心态，只专注于眼前的一发子弹，模糊对比赛进程的感觉，最终做到"无欲则刚"。

决赛的进程曲折中暗藏平稳。首枪被追上1.1环着实让国人胆战心惊，但随后的进程却进入中国姑娘的掌控之中。

第二枪陶璐娜10.5环，塞克里奇10.3环，二人的差距重回1环以上。第三枪开始，两人与其他选手的差距逐步拉大，金牌的角逐实际上只在陶璐娜和塞克里奇之间展开。

"不管别人如何，我自己要把握好自己，控制好自己。"这是陶璐娜赛后对决赛状态的自述。赛场几乎成为陶璐娜一人的世界，每发一枪，她都会静坐下来，从不回头，也不旁顾。

每一枪都是心灵的较量，陶璐娜用坚定的击发向世人证明，她的心是最强壮的。南斯拉夫人无能为力，始终被身旁这位"东方神枪"压制，战至第九枪，她仍落后陶璐娜1环。

最后一发子弹，悬念仍在。塞克里奇渴望殊死一搏，陶璐娜则依旧稳如泰山。裁判宣布射击"开始"，30秒内竟无人鸣枪。随后，当塞克里奇8.9环的成绩出现在电子记分牌上时，陶璐娜仍然没有射击。

9.6环，毫无悬念。当陶璐娜如往常训练般射出最后一枪，观众席上爆发出热烈的掌声。她没有立即意识到金牌已经到手，在试探性地朝记者席伸出一个手指，并得到确认后，圆圆的脸上露出了满意的笑容。

或许，金牌还应归功于奥运会前的蹦极经历。她说："蹦极的确刺激。能从70米的高空往下跳，我还有什么不敢的呢？"

陶璐娜
Tao Luna
性别：女 生日：1974.2.11
出生地：上海 项目：射击
2000年在悉尼第27届奥运会女子气手枪项目上以690.4环的成绩为中国队夺得本届奥运会首金。目前正在备战2008年北京奥运会。

蔡亚林054

从未获得世界大赛冠军的蔡亚林在悉尼奥运会信息表上写下：我的志向是成为奥运冠军

陶璐娜为中国赢得奥运首金之后，媒体曾询问射击队第二天的计划，冯建中领队一句“明天休息”让众多记者信以为真。于是在9月18日这天，只有河北记者奔赴40公里开外的塞西尔公园。在众人的目光之外，蔡亚林低调收获了一枚男子气步枪金牌。

中国射击队在男子气步枪项目上的成绩实在乏善可陈，过往奥运会中的最好战绩仅为第九。男子气步枪历来是欧美人横行的天下，世界纪录保持者美国名将杰森·帕克，奥运纪录保持者俄罗斯人古吉贝科夫，加上德国、法国、白俄罗斯等诸多好手，男子气步枪为中国队的奥运非重点项目，赛前目标仅为争取奖牌。

蔡亚林在射击队中的地位几乎等同于男子气步枪在中国射击界的地位。文静、内向的性格加上白净的相貌，他俨然是教练口中的“白面书生”。亚运会金牌未能使这个队里的“小字辈”获得外界更多的关注，最好成绩仅为世界杯分站赛第三名的现实反映了中国男子气步枪与世界一流水平的真正差距。对中国队来说，悉尼收获的这枚金牌堪称“意外之喜”。

蔡亚林
Cai Yalin
性别：男 生日：1977.9.3
出生地：河北省承德市
运动项目：射击
2000年 在悉尼奥运会男子10米气步枪比赛中，以696.4环的成绩打破了奥运会纪录(695.7环)并获得该项目冠军。现任河北射击队教练。

预赛最后一组，连发两枪9环的蔡亚林一度略显慌乱。教练常静春及时把他叫下靶台，提醒他抛开成绩，专注于技术动作。最后几枪，中国小伙果然连发10环，以594环的个人最好成绩预定了决赛场的一号靶位。

之前，蔡亚林险些就要面对“孤军奋战”的局面。由于男子气步枪并非夺金重点，加之奥运名额限制，分管教练常静春起初并未进入出征悉尼的名单。一次意外扭转了形势，当蔡亚林收到悉尼奥运会信息填报表格时，从未获得世界大赛冠军的他毫不犹豫地写下：我的志向是成为奥运会冠军；教练是对自己影响最大的人。面对这份坚定的“战前请缨”，射击队终于设法争到名额，把常静春编入出征名单。

决赛第一枪的争夺预示着夺金道路的艰险。蔡亚林10.0环，貌似不错，但头号劲敌，预赛以1环之差排名第二的白俄罗斯选手克里曼科首枪轻松命中10.4环，中国小伙的领先优势顷刻只剩0.6环。

中国射击队总教练孙盛伟曾说：“气步枪决赛，只要不出大的意外，基本上是拼小数点后的环数。决赛选手的水平都在10环以上，寥寥数枪就能导致局势逆转。”

第二枪依旧惊心动魄。击发完毕，电子记分牌上显示，蔡亚林9.8环，克里曼科9.7环，中国观众长出了一口气。蔡亚林此刻面无表情，似乎对刚才略有瑕疵的成绩无动于衷。此后两枪，他调整状态连续打出10.3环，白俄罗斯人则是10.2、10.3，形势稍显稳定。

第五枪，中国选手率先击发，10.8环，完美的一枪。克里曼科随后枪响，10.4环。孙盛伟教练和现场中国记者不禁拍手叫好。

随后两发子弹，蔡亚林依旧沉稳，两个10.5环将领先优势进一步扩大。身旁的白俄罗斯人只剩招架之功，两枪10.2环使他只能与金牌渐行渐远。第八枪，蔡亚林10.1环，基本及格。克氏丧失最后一线生机，仅仅打出9.7环，这致命的一枪宣告了他与冠军彻底无缘。

倒数第二发，10.5环，蔡亚林锁定胜局。最后一枪略显平庸，9.6环，但已不妨碍观众开始为新科奥运冠军纵情欢呼。

身高1.74米，体重只有55公斤的河北小伙为中国赢得了第二金。他夺冠后眼含热泪，与教练紧紧拥抱。谦虚和低调是他此番制胜的法宝，兴奋过后的他又恢复了一贯作风：“男子气步枪项目强手如林，现在只能说我与强手的水平逐渐接近。”

当瘦弱的蔡亚林站在最高领奖台上，身旁的前世界冠军们或许仍一脸疑惑：这个中国的无名小子是从哪儿冒出来的？

055 杨霞

当金牌挂在胸前的时候，杨霞觉得，自己举起的那些世界纪录，不过是轻松的一次次队内练习

杨霞
Yang Xia
性别：女 生日：1977.1.8
出生地：湖南湘西
项目：举重
2000年第27届奥运会女子举重53公斤级金牌得主，现任湖南省举重运动管理中心书记。

与作家沈从文一样，在2000年的悉尼，杨霞用一枚分量十足的奥运金牌将自己载入了湘西土家族的史册。

比赛于下午14点20分拉开战幕。有两个情况摆在杨霞面前：一是中午称体重时，她的体重是52.36公斤，而主要对手中国台北的黎锋英是52.42公斤；二是杨霞在16日训练时右肘不慎受伤，因为害怕用药会起副作用，只能用麝香膏外敷。麝香的药性使得她的例假提前，与此同时还伴有小腹的轻微疼痛。

参赛的共有10名选手，但前面8人的比赛实际上成了黎、杨二人的垫场赛。这二人的较量才是当今世界女子53公斤级举重最高水平的比拼。

杨霞对对手并不陌生：中国台北选手黎锋英同样祖籍湖南，两人也曾同属一队。只是杨霞刚入队时，黎锋英就请求退役，之后远嫁台北，可以说黎是杨的师姐。去年的雅典世锦赛，黎锋英独揽3金，实力非同小可。中国台北此番对她寄予厚望，希望她能为其实现奥运金牌零的突破。

自1997年出道以来，杨霞一举收获了亚锦赛和亚运会的冠军；世界纪录的榜单，她也是常客。更重要的是，杨霞经过3次内部选拔，4次民意测验才来到悉尼，她背负着中国女举目标四金，绝无退路”的任务。虽然杨霞劲头很足，而且有心理优势，但竞赛的悬念难免让人紧张，不到最后一刻，胜负难定。

赛前，中国台北队的队医曾试探杨霞："你实力强，一会儿比赛要手下留情哦。"杨霞回了一句："我这人心也软，手也软，我不会多赢你，就赢一点儿。"对方自讨没趣。

黎锋英的签号在前，原本95公斤的开把重量，为了求稳，被她临时改为92.5公斤。黎锋英动作干净利落，轻松成功。第二把，98公斤，眼看着她蹲下接铃时脚跟几乎离地，可她还是凭借惊人的毅力挺了下来。这样，原世界纪录已经作古，压力一下就推给了杨霞。

杨霞第一把举起95公斤后，并不为所动，第二把97.5公斤顺利举起。

第三把黎锋英要了100公斤，但她显然已是强弩之末。98公斤是她的极限，也成为她抓举的最终成绩。

杨霞的第三次试举同样是100公斤，这是她平时的最好成绩。她没有让教练和观众失望，100公斤纹丝不动！此时是15点02分，杨霞打破了刚由黎锋英创造的抓举世界纪录。知情人都知道，金牌几乎已被杨霞揽入怀中，因为她抓举弱，挺举强。

挺举比赛，中国台北队教练在开始前最后一刻把原定的120公斤的开把重量减为115公斤。这其实已犯兵家大忌，黎锋英上台时已显慌张，三步并作两步。提杠时她只剩下6秒，不过115公斤对于世界纪录保持者来说不算大问题，她成功了。

尽管赛前制定了三套方案，但是中国队没想到对手会如此行事。沙峰教练和领队韦迪在商量后认定，对手第二把肯定会跳，只有把她逼向绝路，这个开把重量才有意义。他们一致决定，让杨霞第一把试举122.5公斤。

对于训练最好成绩是132.5公斤的杨霞来说，122.5公斤的杠铃并非难事。但是因为体重和例假的缘故，这成为一招险棋。

16点整，杨霞深吸一口气，抓杠、提杠、挺杠，黎锋英去年创造的121.5的世界纪录瞬间成为历史。

这无疑是对对手的巨大打击，她第二把被迫要了125公斤，重量跨度达到10公斤，上挺高度差就是10厘米。如若成功，她还能继续保留获胜的希望。但她显然力不从心，第二次试举失败了。

杨霞则延续良好状态，125公斤的试举，有如探囊取物般轻松利索。她再一次刷新了自己刚刚创造的世界纪录。此时，杨在总成绩上已经超出了对手12.5公斤。

黎锋英没有退路，只好硬着头皮要了127.5公斤。结果，她连翻杠的动作都没完成。

男子体操团体 056

"这是中国体操40年来努力的结果,"黄玉斌说,"我们不想把这个梦想带入下一个千年"

当李小鹏在霍姆布什体操馆内的最后一跳稳稳落地的一刻，几乎所有中国体操人都情不自禁地流下了泪水。看台上的体操中心副主任高健起身振臂欢呼，难以抑制的激动使他双手掩面抹泪："我特别高兴，为这枚团体金牌，我们付出的太多了。"台下的黄玉斌总教练也哭了："这是中国体操几代人努力的结果，是我们梦寐以求的金牌。"

这是一个世纪梦想的实现。当国人还在为1984年"体操王子"李宁在洛杉矶一人独揽三金的壮举而津津乐道，为"全能王"李小双未能带队拿下1996年亚特兰大奥运会男团金牌而扼腕叹息，如今年轻的一代在悉尼收获的这枚金牌无疑为中国体操的历史翻开了全新的一页。

中国女排洛杉矶夺冠之后的16年中，中国人再也未能染指奥运会团体项目的金牌。4年前的亚特兰大，女足、女排和女垒决赛中的折戟，使人们更加意识到这枚体操男团金牌对于整个中国具有同等非凡的意义。

恋战悉尼，中国体操队把男团金牌列为首要目标。过往四届奥运会上三夺银牌的中国男团此番对冠军志在必得，老对手俄罗斯队整体实力的下滑和体操世锦赛四连冠的辉煌也在无形中增加了中国队夺金的砝码。

相比决赛中的精彩发挥，中国队在预赛中只能用"失常"形容。好在预赛的失利并未在小伙子们的心中留下任何阴影，逆境反而激发了他们的斗志。张健就曾说道："也许预赛失利反倒是件好事，决赛中国队只能背水一战。赛前我们提到最多的就是士气，士气是取胜的关键。"于是决赛当晚，我们在中国队的小伙子们身上看到的除了士气还是士气。

没人对这支队伍的团队精神表示怀疑，每完成一套动作，队员们之间都会击掌相庆。失误、伤病、"单杠陷阱"，这些曾经的梦魇，今晚在小伙子们高涨的士气和信心面前都显得微不足道。为中国队"打响头炮"的重任和双杠上的低分没有影响"候补队员"郑李辉此后的发挥；顶着队长黄旭出现重大失误的压力登场的杨威没有让4年前三人掉杠的"单杠噩梦"重演；练习时不慎小腿抽筋的邢傲伟成功完成跳马动作后被抬下了赛场；打着封闭上场的肖俊峰跳马站住之后更是振臂一吼："就是这条腿断了，也值!"

231.919分，这是中国队最终夺冠的分数。沸腾的体操馆内，中国观众拼命挥舞着五星红旗，向场内高喊："冠军!冠军!"黄玉斌高举双手,摆出象征胜利的"V"字，随后被弟子们高高抛起。队员们脱下自己的外套，同时向上空抛去。壮丽的场景。

黄玉斌的一句话是对中国队此战获胜的最佳诠释："这是中国体操40年来努力的结果，我们不想把这个梦想带入下一个千年。"随着李宁、李小双们渐渐淡出历史的舞台，从此取而代之进入国人视野的将是新一代的杨威、李小鹏们。

中国男子体操队：邢傲伟、肖俊峰、黄旭、杨威、李小鹏及郑李辉(从左至右)。

057 陈晓敏

第四次举起杠铃，金牌已经落入陈晓敏的口袋。她的脸上，一如既往地平静

陈晓敏的脸上总是写着“平静”。国内奥运选拔赛后，她如愿以偿，成为代表中国展示女举风采的“四朵金花”之一，但一路走来的艰辛只有她自己能够体会。

1988年，陈晓敏在广东鹤山少体校开始了举重生涯。省少年赛，她顺利夺得冠军，凭此她得以进入省体校，半年后被选拔进入省队。此时她才13岁，没人想到她将成为未来中国女子举重小级别的翘楚。

1995年，陈晓敏终于创造辉煌，登上了世界之巅。在举重世锦赛上，她一路过关斩将，登上女子59公斤级冠军的宝座，走向成功的道路似乎很顺。陈晓敏没能料到，声名鹊起过后，等待自己的竟是3年的“销声匿迹”。在这3年里，她因故没能参加任何大型比赛，甚至有一段时间还中止了训练。

2000年春天，女子举重队内部选拔赛即将开始。不幸再次降临，陈晓敏因腿伤可能面临无法参赛的尴尬。想到这么多年的辛苦即将付诸东流，陈晓敏哭了。

一天晚上，举重队的蔡教练突然接到陈晓敏的电话。原本在教练眼中异常坚强的陈晓敏却在电话里哭了。以往再苦的训练，再大的挫折也无法让她痛哭流涕，此刻的眼泪说明，她必然面临前所未有的压力和落寞。

竞技场上的眼泪只能赚取同情，却无法催人奋进。蔡教练知道，他此刻不能安慰自己的弟子。他让晓敏尽情地哭，把痛苦发泄出来。然后他问弟子：“你是不是完全没有机会了？”

陈晓敏回答：“我失去了最大的机会。”

“那么你是不是连这最小的机会也要放弃了？”

陈晓敏顿时领悟了话中的深意，她发誓绝不放弃。

一周的训练和疗伤过后，陈晓敏终于在19日这天走上了奥运赛场。

由于争冠对手之一，中国台北的陈瑞莲的缺席，俄罗斯选手波波娃成为陈晓敏夺冠路上的唯一障碍。她是去年世锦赛的铜牌得主，近年来成绩提升的速度惊人。俄罗斯人此番斗志旺盛。

不过来势汹汹的俄罗斯人未能拿出令人信服的表现，第二把抓举，波波娃仅仅举出102.5公斤的平庸成绩。而稳坐钓鱼台的陈晓敏则顺势把开把重量从107.5公斤下调为105公斤，稳稳压住波波娃，并顺利举起这个重量。

最后一把，波波娃无奈只得冲击陈晓敏的原定开把重量。成功，她的抓举成绩最终定格在107.5公斤。陈晓敏第二把则乘胜追击，试举110公斤。从出场到杠铃落地，一切都轻松自如，这个成绩也平了去年中国选手雷丽创造的抓举世界纪录。

随后中国姑娘更加一发不可收，她继续征服了112.5公斤的杠铃，又把世界纪录提高了2.5公斤。仅抓举一项，陈晓敏的领先优势就达到了5公斤。奥运会赛场俨然成为她一个人的舞台。

当然，抓举是陈晓敏的强项，要想摘金，挺举也大意不得。

波波娃开把要了127.5公斤，并且顺利地举起杠铃。陈晓敏不慌不忙，试举重量继续压制波波娃，130公斤成功后，她再次打破由另一位中国选手熊美英在去年世锦赛上创造的总成绩240公斤的世界纪录。此时她已领先俄罗斯对手7.5公斤。

波波娃的智囊团们开始玩起了战术，他们第二把一下把杠铃重量提高到135公斤，想以险搏胜。但实力是成功的基础，波波娃的实力尚无法征服这个重量，追赶陈晓敏的目标对俄罗斯队来说是可望而不可及。与此同时，陈晓敏只能被“逼”试举135公斤，这也成为她全场比赛唯一一次试举失败。

波波娃第三把继续试举135公斤，一旦成功，就意味着体重稍重的陈晓敏也必须成功举起同样的重量才能顺利夺金。

可惜俄罗斯轮盘再度失手，波波娃没能得到幸运女神的眷顾，她最后一次的试举以失败告终。这样，陈晓敏不用再次出场，就已经夺得了该级别的金牌。她挥手向观众示意，但胜利并未让她激动不已，她表现得一如既往的沉着和冷静。

陈晓敏
Chen Xiaomin
性别：女 生日：1977.2.7
出生地：广东鹤山
运动项目：举重
2000年在第27届悉尼奥运会上获得女子举重63公斤级比赛冠军，并且打破该级别的世界纪录。目前担任《羊城晚报》报业集团团委书记。

林伟宁 058

她看上去不是最强大、最不可战胜的，但对手在她面前无计可施

姓名:林伟宁
Lin Weining
性别:女 生日:1979.3.15
出生地:山东昌邑县
运动项目:举重
2000年在悉尼奥运会上获女子举重69公斤级冠军。退役进入山东大学体育教育学院学习,现在山东省体育总会秘书处工作。

五星红旗冉冉升起，林伟宁的泪水已经止不住了。

在69公斤这个级别，林伟宁并非独霸举台。中国国内还有她具备相同实力的选手，以孙天妮最具竞争力，而且后者的个人最好成绩还比她高出5公斤。

所以，当通过残酷竞争杀出重围，背负悉尼夺金的重任时，林伟宁明显感到压力让她有点头重脚轻，与此同时严重的腰伤更成为她夺金的桎梏。

备战奥运会之前，林伟宁经常失眠。在长达一年的时间里，她没好好睡过觉，连续三四天的失眠对她而言是家常便饭，沉重和急迫萦绕于心，这使得她的体重不断往下降，成绩也跟着掉。由于吸收不好，所以每次加餐时，她只能一边吃一边哭。

奥运村的生活反而让林伟宁调整得不错。她的体重稳定在了68公斤。

赛前，为了减轻林伟宁的思想包袱，领队韦迪就大放烟雾弹。他说69公斤级是中国女举把握最大的一块金牌，林伟宁的最高成绩是267.5公斤，云云。实际上，267.5公斤是林伟宁前一年在全国锦标赛上举起的重量。她从未在大赛露过面，不仅没有参加世锦赛，连亚运会都没去。在对手眼里，她完全是一个陌生的敌人。

哪知到了比赛当天中午一称体重，林伟宁一下轻了两公斤多，只有66.74公斤。而且更糟的是，她不慎感冒了。这样的状态，让每个人都悬起一颗心。

抓举比赛，教练组原本给林伟宁定下的开把重量是110公斤。因为对手普遍开把重量较低，加上自己的状态不好，所以林伟宁临时降了2.5公斤。降低开把，意味着将面临对手疯狂的追击。本来林伟宁以前曾多次抓起过120公斤，但腰伤让她不敢去硬撑。3次试举后，她虽然举起110公斤，却只能与印度的马勒斯沃丽平起平坐。而浑身肌肉凸起的匈牙利老将马库斯，却成功举起112.5公斤，打破了原本由中国选手保持的世界纪录，这让她暂时领先2.5公斤。

面对这样的局面，教练沙峰心急如焚。赛前考虑到了夺冠难度，但是竞争如此惨烈，却出乎他的意料。虽然如此，在弟子面前，他依然镇定自若，不能因此而影响林伟宁。

所有人都期待着林伟宁在挺举比赛中能一举翻盘。严峻的形势使得比赛的氛围异常紧张。在抓举落后的不利情况下，林伟宁的挺举开把重量高出别人一大截：135公斤。在上场前一瞬，教练组把开把改为132.5公斤。马库斯本来已经报了135公斤，并已站在场边，但她的教练一犹豫，把重量缩了回去。

林伟宁不负众望，成功举起了杠铃。她轻轻出了一口气，因为，开门红帮助她重获信心。

马勒斯沃丽和马库斯都成功举起了130公斤，林伟宁只能冲击137.5公斤。然而由于腰伤复发，她失败了。

此时沙峰的心已经提到了嗓子眼。因为，只要马库斯举起137.5公斤，这枚金牌将划归匈牙利，中国女举预定的“全金回国”的目标就成为空谈。

其他对手此时醒悟了过来。她们才知道，今天的林伟宁，绝不是最强大、最不可战胜的，可惜她们只剩下一次机会了。马勒斯沃丽在第三次试举中冲击137.5公斤，以失败告终。

这个时候就看马库斯的表现了。她面前的，是137.5公斤的杠铃，这个林伟宁也没能举起的重量。很显然，她过于着急，杠铃落地。她也失败了。

059 张军&高崚

特里库斯赛后坦诚以告:"我们不是输在技术上,而是对手的自信瓦解了我们所有的努力"

张军 (下左)
Zang Jun
性别:男 生日:1977.11.26
出生地:江苏苏州
运动项目:羽毛球

高崚
Gao Ling
性别:女 生日:1979.3.14
出生地:湖北省应城市
运动项目:羽毛球

两人合作获得2000年悉尼奥运会羽毛球混合双打冠军,这是中国羽毛球队混合双打的第一块奥运金牌,两人在2004年雅典奥运会上蝉联了这个项目的冠军。目前,高崚仍然在国家羽毛球队备战2008北京奥运会,张军现在担任羽毛球国家队教练。

刘永/葛菲爆冷出局之后,张军/高崚成为中国队在该项目上的幸存者,从那一刻起,他们承载了中国人夺冠的唯一希望。虽然受到国人更多的关注,但面对混双项目高手如云的状况,没人相信他们能一直走到最后。

1/4决赛,张军/高崚挑战的对手是卫冕冠军金东文/罗景民。中国小将毫不手软地以2比0的比分给了志在夺冠的韩国人当头一棒。第二局15比1的夸张比分除了将卫冕冠军送出四强之外,更令昔日无敌组合颜面扫地。

半决赛中遭遇丹麦冠军组合索戈尔/奥尔森,虽然比赛场面难解难分,但中国组合却再度带来惊喜。在以10比15先失一局的不利局面下,他们沉着应对,最终连下两城,反败为胜,有惊无险地闯入决赛。

直到这一刻,世界的目光才真正开始转向这对"黑马"组合,一路走来的神奇让他们包围在一层神秘的光环之下,他们脸上那永不消失的微笑成为赛场上一道灿烂的风景。过程纵然难以置信,但事实就是如此,两位中国小将正式宣告踏上最终决斗的战场。

又是一对世界顶尖组合,在以往与特里克斯/许一敏的两次交手中,经验尚浅的张军/高崚均以失败告终。这是一次"奇迹"与"宿命"的较量。

1比15,仅仅耗时9分钟,"有点想法"的张军/高崚梦就游般地丢掉第一局。悬殊的比分几乎已经宣告中国队夺冠计划的破产。残酷的现实在提醒人们,奇迹不是每天都有,姜还是老的辣。印尼人凭借娴熟的快攻,将中国队打得措手不及。毫无疑问,张军/高崚在与他们的对攻中轻易失去了自己的节奏。

即使首局比赛被打得毫无还手之力,高崚脸上的笑容仍然没有消失,张军的沉着也属难得。在中场休息的短暂间隙,二人和教练李永波进行了简单的沟通,对比赛进行了重新定位。与对手的实力差距一目了然,如何扬长避短,控制节奏,也就成为中国组合翻盘的唯一途径。

回到赛场,二人开始坚决执行既定战术。高崚成为"场上调度",她站在网前控制节奏,张军则利用自己的优势奋力扣杀对方后场两角。特里克斯在来回的奔跑中似乎显出体力不支。第二局比赛一波三折,开局阶段掌控比赛的张军/高崚一度曾以12比8领先。但关键时刻赛会头号种子竟在两分钟内连追5分,以13比12将比分反超!

压力转到中国组合这边,他们已经无路可退。好在"自信的笑容"再次拯救了他们,赛后高崚说道:"我想最坏也就是输,跟他们拼了,没什么好急的。"心态的放开帮助他们在第二局的最后时刻顶住压力,连得3分,最终以15比13扳回一局。

或许是被中国小将如虹的气势震慑,决胜局一开始,印尼组合便陷入全面的被动,高崚高质量的发球和张军连连得手的抢攻曾一度将比分差距拉大到6分以上。不过对手并未放弃,比分战至7比13时,特里克斯/许一敏调整状态,连赢4分,分差缩小到只有2分。

最后阶段,高崚先是凭借吊球获得1分。赛点,张军/高崚稍稍调整了一下,随着张军一记后场扣杀,对方的回球飞出了场外。夺冠之后的张军/高崚像孩子般欣喜若狂,张军笑称自己当时"被胜利冲昏了头"。

对手特里库斯赛后坦承:"我们不是输在技术上,而是对手的这种自信瓦解了我们所有的努力。"张军/高崚这对在悉尼起飞的黑马,用他们执着的微笑和坚定的自信书写了中国羽毛球队首枚奥运混双金牌的传奇历程。

唐琳 060

代表唐琳取胜的三面白旗被高高举起，唐琳得到的评价是：进攻积极

女子柔道首次成为奥运会的正式比赛项目是在1992年巴塞罗那奥运会上。从那时候开始，庄晓岩、孙福明分别在巴塞罗那和亚特兰大获得72公斤以上级和78公斤级的冠军，开启了中国女子柔道选手在历届奥运会上都有金牌入账的传统。

但，2000年在悉尼，中国柔道队对金牌的全面冲击在6天的比赛后似乎渐渐变得渺茫。9月21日下午3点，女子柔道78公斤级比赛上演。这一天的焦点是24岁的唐琳。

中国姑娘不负众望，一路过关斩将，4位世界一流高手相继摔倒在她的脚下，其中包括前世界巡回赛A级冠军的蒙古选手和意大利选手。接下来迎接她的是最后的决赛，而对手正是法国名将勒布伦。在备战奥运会的过程中，唐琳一直将勒布伦当做假想敌，让男陪练员不断地陪自己练习，希望能有施展的机会。今天，这个机会终于到来。

比赛持续了不过3分多钟，但对于唐琳来说，这3分钟却是如此漫长。短短的3分多钟内，她由开局落后1分的不利形势开始一点一点挽回劣势，直到最后以微弱的优势反败为胜。相较于别人，唐琳的这枚金牌更加显得来之不易。

这是一份10年的等待，生于四川内江的唐琳1992年正式入选省柔道队，之后作为陪练进入国家队。1995年的全国柔道锦标赛上，唐琳获女子72公斤级冠军，开始进入人们的视野，同年正式进入国家队。之后的两年，在72公斤级的比赛中，她的成绩一直比较稳定。1998年，由于比赛规则调整，原来的72公斤级调整为78公斤级，也正是在新的挑战面前，唐琳开始了她运动生涯的黄金期。1998年12月，在泰国曼谷举行的第13届亚运会柔道比赛上，唐琳战胜了当时的世锦赛冠军阿武教子，获得女子78公斤级冠军。这是她获得的第一个国际比赛冠军，也正是在那个时候，唐琳萌发了冲击奥运会金牌的想法。

然而亚运会结束后，在一次训练中，她的腰椎间盘病突然发作，伤病的折磨使她几乎放弃运动生涯。在教练陈志山的努力下，经过治疗，1999年末，她的身体终于恢复过来，并获得了悉尼奥运会的参赛资格。

决赛中，身穿白色柔道服的唐琳，和对手的蓝色相比，显得格外分明。在前两分钟的比赛中，双方打得难分难解，都没有得分。比赛进行到第3分钟，唐琳得到一个有效，而对手勒布伦却得到一个效果。时间还剩短短的几十秒，这段关键的时间将决定谁是最终的胜利者。

转瞬之间，唐琳突然一个健步冲向勒布伦，左手在对方的背后发力，右手抓住对方，同时攻击对手下路，脚下使绊，勒布伦被倒拎起来，逼迫只能双手撑地，以防双肩着地被唐琳得分。就这样僵持了几秒钟之后，乘唐琳松气之机，勒布伦突然使力反推，两人一起倒地。唐琳冷静地用双肘撑地，勒布伦将唐琳压在了身下。但唐琳坚持不动，并没有让对手翻过身来，也避免了自己背部着地的局面。

两秒钟之后，比赛结束。勒布伦略显兴奋，她似乎预感到自己刚才得分了。此刻唐琳的心中却是忐忑不安，她很清楚在柔道比赛中，如果没有大分的差距，结果都是由3名裁判来最终裁定。这场比赛中，双方都没有得到一本和技有，最终鹿死谁手无从预料。

最终，代表唐琳取胜的三面白旗被高高举起——3名裁判一致同意，唐琳以2比1的比分胜出，获得了女子柔道78公斤级的金牌。而裁判对唐琳的评价是：进攻积极！

从下午3点走上榻榻米之后，唐琳一直在心中默念着这样一个词——进攻，凭借着自己的不断努力，不断挑战，她得到了中国柔道队在悉尼的第一枚金牌。比赛结束时，已经是晚上9点半了。

这是一场不折不扣的"攻势"的胜利。整个比赛过程中，唐琳遭遇了世界顶级高手的不断狙击，依靠着"进攻"的信念，她拼到了最后一刻。教练刘玉琪对唐琳的表现给予了很高的评价："头脑清楚，能控制自己，韧劲十足。"

"我战胜了自己，所以战胜了对手，比赛打到这个份上，全靠精神支撑着我拼下去。"场下，唐琳掩饰不住自己的激动，声音哽咽，泪水比汗水还多。

唐琳
Tang Lin
性别：女 生日：1976.5.7
出生地：四川内江
项目：柔道
2000年悉尼奥运会获女子78公斤级柔道金牌，目前担任柔道裁判。

061 杨凌

最后一枪10.4环,造就了奥运历史上第一个蝉联男子步枪10米移动靶冠军的选手

杨凌
Yang Ling
性别:男 生日:1972
出生地:北京 项目:射击
1996年在亚特兰大奥运会上获10米移动靶冠军并创奥运会纪录,四年后,在悉尼的奥运赛场上蝉联该项目冠军。

685.8环，1996年的亚特兰大，杨凌用新的奥运会纪录，将自己载入了10米移动靶项目的史册。那一次，他赢得很轻松。

四年之后的悉尼，同样是10米移动靶决赛，当杨凌再次站在靶前的时候，他不再轻松——只剩最后一枪，他还落后名不见经传的摩尔多瓦人摩尔多万0.2环。

"我当时并不知道结果，不知道我落后，"杨凌赛后说道。但是，观众们给莫尔多万越发热烈的加油声，却让他意识到了什么。

教练沈建东坐在一旁，一言不发。没有人比他更清楚，1996年夺冠之后的杨凌，走过的是一段怎样艰难的路。

鲜花和掌声并不总是伴随着这位世界纪录保持者。离开亚特兰大之后的日子里，他一次次举起配枪，打响通往悉尼的战役，但他却一次次丢失准星。直到2000年1月马来西亚亚锦赛到来之前，他仍然尚未拿到通往悉尼的门票。而亚锦赛，已是杨凌的最后一次机会。

亚特兰大之后几年的消沉，并没有让杨凌就此倒下。事后他曾说："经过四年的磨练，我成熟了许多，不像以前光凭着一股冲劲和拼劲去打了。用自己的思想，控制住自己。"于是，人们在悉尼赛场看到了一个脱胎换骨、信心百倍的杨凌。

他略调整了一下站立的姿势，重新投入到最后一枪的射击当中。举枪，瞄准，射击。"砰"的一声枪响，一切都在顷刻间结束。在等待报靶员声音的这几秒时间里，所有人的心都提到了嗓子眼。

杨凌是带着1环的优势进入决赛的。然而，前5枪摩尔多万状态极佳，将差距缩小到只有0.5环。虽然摩尔多万第八枪发挥失常只打出了8.9环，但杨凌并未抓住机会，连续3枪都没有超过10环，与此同时摩尔多万却打出了一个10.8环。结果导致最后一枪之前，杨凌还落后对手0.2环的局面。然而现在一切都结束了，记分牌上即将显示最终的成绩。

10.4环,这一枪刚好超过摩尔多万0.3环!摩尔多瓦枪手流下了伤心的泪水，对于这位当时还名不见经传的选手，还有什么能比失去一块即将到手的奥运金牌更让人伤心的呢?而且实际上，他决赛阶段的成绩比卫冕冠军杨凌打得好。但或许是心理素质，或许是造化弄人，杨凌最后一枪的10.4环，夺走了摩尔多瓦人为本国摘得首枚奥运会金牌的机会。

他振臂欢呼，原本严肃的脸上也终于露出了笑容。与队友庆祝过后，他端起自己的汽步枪——自己战斗的伙伴，低头深深的一吻。这把枪陪伴了杨凌走过了亚特兰大之后的几个春秋，决赛时杨凌不时用嘴向握枪的手吹气的场景仍然历历在目。

射击，在这个1984年洛杉矶奥运会上诞生了中国第一枚奥运金牌的项目上，还从来没有哪位中国人能够蝉联奥运会金牌。而杨凌凭借最后一枪的10.4环，填补了这一空白。继现国际射击联合会副主席美国人加·安德森、飞碟多向的传奇意大利人卢·吉奥瓦内蒂、"射击"机器德国人拉·舒曼后，杨凌也成功步入了蝉联奥运冠军的选手行列。

丁美媛 062

最后一举须殊死一搏。丁美媛决定不给对手任何机会，直接要了165公斤

丁美媛
Ding Meiyuan
性别：女 生日：1979.2.27
出生地：辽宁大连
项目：举重
2000年第27届奥运会获女子举重75公斤以上级金牌。现任辽宁省女子举重队队员兼教练。

奥运会女子举重比赛开赛多日，队友们拿到奥运金牌后的欢笑和泪水让丁美媛感受到成功的喜悦，也让她身上的担子更重了一分。

女子举重第一次成为奥运会正式比赛项目，对于中国女举，拥有超强的实力无疑是幸福的。中国重竞技管理中心的主任韦迪曾说："我们全运会的前6名都有实力在世界大赛中拿到金牌，夸张点说，人人都有冠军相。"但对于中国女举的每一名成员，这也意味着残酷的竞争。队长丁美媛更是曾在腰伤缠身的情况下战胜两位成绩比自己高的队友，获得世锦赛的金牌，一切都来之不易。

75公斤以上级是女子举重的最大级别，无论是体重100公斤还是200公斤，都能参加这个级别的比赛，相比之下体重102.5公斤的丁美媛甚至算作"苗条"。对于大级别的选手来说，技术和力量是取胜的首要条件。于是，当其他级别的选手都在为降体重而绞尽脑汁时，丁美媛却不得不在胃里的食物还没消化完全前就开始加餐。魔鬼训练难不倒她，增肥的痛苦却曾让丁美媛潸然泪下。功夫不负有心人，体重增加之后，原本就身材匀称、爆发力强的丁美媛在绝对力量方面也得到了很大提升，奥运争冠的砝码进一步加大。

波兰姑娘沃伦贝尔是丁美媛的最大竞争对手，1981年出生的她在短短的3年内体重增加了十几公斤，达到惊人的120公斤。她的特点是力量大，冲劲足。但经验欠缺，技术不稳定是她最大的缺憾。初生牛犊不怕虎是这位新科女举欧锦赛冠军的绝佳写照。决赛开始前，她和丁美媛都似乎在刻意回避对方。不过赛前最后一天，她俩还是打了照面。两人深知对方就是自己的最大竞争对手，而她们的训练也成为举重馆内的一道风景：其他国家的队员和教练员训练结束之后，都一直观看她们的训练。每个人都知道，明天这两个人之间必有一场恶战。

比赛终于来临。之前其他选手的比赛无非是走马观花。丁美媛的开把重量原本是和沃伦贝尔相同的125公斤，但她实际上已具备举起135公斤的实力。经教练们商议，决定赛前临时增加重量，把开把重量改为130公斤。这招果然凑效，措手不及、匆忙上阵的沃伦贝尔第一把试举125公斤就失败了，士气也一下受到打击。而丁美媛则轻松上阵，一举成功。

举重的第一把非常重要，对于队员树立信心，帮助教练制定战术都有很大作用。第二次试举丁美媛有些犹豫，结果失败了。而沃伦贝尔却举起了132.5公斤，这也是她抓举的最终成绩。丁美媛第三举要了135公斤，这是她的最好成绩，也是新的世界纪录。丁美媛走近杠铃，回想了一下技术要领，提杠、抓杠一气呵成。这一成绩助她暂时排名首位。

尽管打破了抓举世界纪录，但丁美媛并未暗自得意。她深知真正的较量在于挺举比赛。去年世锦赛时，她曾险胜波兰选手，这让她觉得更有底气。

挺举第一把，丁美媛要了157.5公斤，难度不大，轻松成功。之后第二把，杠铃增加5公斤，162.5公斤的重量再次成功。

连续两把成功之后，最后一举须殊死一搏。丁美媛决定不给对手任何机会，直接要了165公斤。没有丝毫犹豫，动作干净连贯，3盏白灯，同样顺利过关。

三举过后，丁美媛的比赛已经结束。总成绩上她已领先沃伦贝尔5公斤，按照规则，如果双方总成绩相同，体重轻者获胜。波兰人别无选择，只能把杠铃加到170公斤。

如果沃伦贝尔试举170公斤成功，她将成为最终的胜者。丁美媛强迫自己不去后场，她要亲眼见证，胜利或是失败。

显然，170公斤超出了沃伦贝尔的能力，杠铃没有过肩她就放弃了。"当时我觉得她提铃、耸肩，那个动作都特别特别慢，但是杠铃刚过膝，她就放弃了。那个时候我才意识到，我拿冠军了。"丁美媛回忆道，"我很高兴，不是高兴她没能举起来，我高兴的是这是这么多年来对我的一种肯定，我没有辜负所有人对我的期望。"

063 占旭刚

第二次挺举，孤注一掷的占旭刚选择了207.5公斤——一个他从来没有挑战过的重量

占旭刚
Zhan Xugang
性别：男 生日：1974.5.15
出生地：浙江开化
项目：举重
1996年亚特兰大奥运会获男子举重70公斤级冠军。2000年悉尼奥运会获男子举重77公斤级冠军。现任浙江体育职业技术学院重竞技系主任。

4 年前的亚特兰大，同样是在奥运会的举重馆里，占旭刚轻松赢得了男子举重 70 公斤级冠军，并以打破 3 项世界纪录的豪迈气势和赛后温情的飞吻征服了世界。

物换星移，4 年后的今天，占旭刚面对的是更改级别之后 77 公斤级的杠铃。而这一次，他已身在悉尼。

奥运会男子举重 77 公斤级抓举比赛刚刚结束。在第一把举起 160 公斤后，占旭刚第二次和第三次试举 165 公斤全部以成功告终。目前他只能暂时排在第四位，相较自己赛前制定的目标还差得很远。160 公斤的成绩意味着占旭刚落后排名第一的希腊选手米特鲁整整 7.5 公斤，这样一个差距，要想在挺举中迎头赶上，他面临的压力可想而知。

他心里明白，不仅教练、领队以及队友们都在一旁看着自己，而且他的父母，还有祖国千千万万的同胞，也正在万里之外的祖国，守着家中的电视机，怀着期待的心情关注着自己的表现。

刚刚过去的挫折委实让中国人为这位前奥运冠军深深地捏了一把汗，毕竟 7.5 公斤的差距不是一个小的数字。在举重项目中，哪怕要超越 2.5 公斤都是很不容易的。

挺举比赛开始。在所有观众的注视下，占旭刚走上了举重台。第一把他要了 202.5 公斤，正常发挥，顺利成功。即使如此，他还落后希腊对手整整 5 公斤。相对于抓举的劣势，挺举第一把赢得的 2.5 公斤优势只是杯水车薪。

久经沙场的老将此番陷入前所未有的困境。十几年的举重生涯，占旭刚一路坚实地走来，虽也有过坎坷，但更多的是成功。1987 年，他入选浙江省举重队。1993 年的亚青赛上，他获得抓举、挺举和总成绩 3 项冠军。来年 1 月，占旭刚入选国家队，并在同年举行的第 12 届亚运会上获得 70 公斤级总成绩冠军，从此在 70 公斤级项目上具备了世界一流水平。1995 年 7 月的亚锦赛，他打破 3 项亚洲纪录获得金牌，4 个月之后的世锦赛，他获得抓举、总成绩冠军，挺举亚军。1996 年亚特兰大奥运会，他的运动生涯达到巅峰，不仅获得了 70 公斤级冠军，还打破了三项世界纪录。1998 年，国际举联重新调整了男子举重级别，原来在 70 公斤级可以轻松称王的占旭刚"升级"为 77 公斤级之后已经不再具有优势。1999 年世锦赛，他仅获得 77 公斤级的第四名。

近两年来，为了备战悉尼奥运会，他的训练量已经远远超出出征亚特兰大之前。奥运会上该级别比赛世界强手如林的局面，对占旭刚无疑将是一个严峻的考验。

第二次试举，他会选择一个什么样的重量，205 公斤？不，他选择了 207.5 公斤——这是一个他从来没有挑战过的重量！

他大步走到未知重量的杠铃前面，眼睛向上望了望，深吸一口气，然后，一把将杠铃提起来。占旭刚亮出了他招牌式的"下蹲挺"，这种方法目前世界上已经鲜有运动员采用。杠铃在他手中稍作停留之后被迅猛地举起，占旭刚站起来了，身体微晃，眼珠紧瞪前方几乎要蹦出眼眶。在这一刻，他坚持住了，以惊人的毅力和力量将重达 207.5 公斤的杠铃稳稳地撑住。3 盏白灯，他成功了！

占旭刚一声大吼，全场沸腾了。和 4 年前一样，占旭刚掩饰不住自己的兴奋，将飞吻抛向所有观众、所有爱他、支持他的人。万里之外，他的父亲也在电视机旁一下蹦了起来，和儿子一样，拳头狠狠地一摁。

最终的总成绩定格在 367.5 公斤，与希腊人米特鲁相同。但占旭刚凭借体重比对手轻的优势，第二次站在了奥运会的最高领奖台上。

相较于其他人而言，领队韦迪对占旭刚的实力最为了解。"他是一个比赛型选手，只要他能在比赛中战胜自己就会有超水平发挥。如果米特鲁往上要，占旭刚还能跟上去。"赛后韦迪如是说。

获胜之后的占旭刚则豪情万丈："对手把我逼到绝境，我当时想，就是死在杠铃下，我也要顶住！"

袁华 064

平静过后,中国姑娘开始了自己犀利的进攻,手技、腰技、舍身技,无不发挥得淋漓尽致

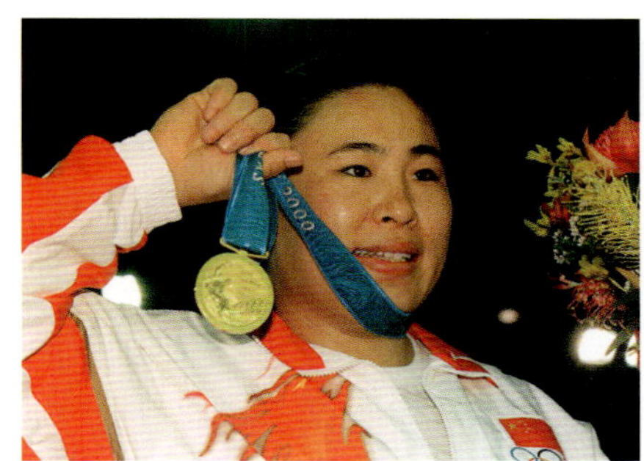

1996年,已经成为世界一流高手的袁华,本已具备参加奥运会的实力。但是在她这个级别上,中国只有一个参赛名额,这个机会顺理成章地属于比自己更强的师姐孙福明。她只能留在国内,默默等待下一届奥运会的到来。2000年,又逢奥运,又是面临孙福明的竞争;但这一次,去的是袁华,只是地点已经从北半球的亚特兰大,转移到了南半球的悉尼。

“柔道没有10年以上的功力,想拿世界冠军,相当不容易。”刘永福,这位曾率领庄晓岩、孙福明分别拿下巴塞罗那、亚特兰大两届奥运会78公斤以上级别冠军的金牌教练如此说道。而1974年出生于辽宁的袁华,此时练习柔道已有11个春秋,自己的竞技生涯开始进入成熟期。

来自关东,自然会有关东女子的豪爽。赛场上的袁华就像关东的秋风一样,迅猛无比。身高只有172厘米的她充分发挥了自己速度快、技术好的特点,以风卷残云之势,平均“每30秒一个的速度放倒对手,见谁摔谁”。4场淘汰赛,3个“一本”,美国人倒下了,比利时人也倒下了,袁华以风一般的速度闯进了决赛。

9月22日,决赛,对手是来自古巴的选手——贝特兰。又是古巴,刘永福在心里暗暗思忖着中国与古巴在柔道场上的恩怨情仇。女子柔道78公斤以上级的奥运赛场,中国与古巴有着不解之缘。1992年巴赛罗那奥运会决赛,庄晓岩碰上了古巴的罗德里格斯;1996年亚特兰大的决赛,孙福明的对手还是这个古巴“肥妞”。历史是如此惊人地相似,2000年的悉尼,中国和古巴,这对3届奥运会决赛的老对手,再一次狭路相逢。

贝特兰绝对是难缠的对手。在过去的两年中,袁华和她在国际大赛中有过数次交锋。古巴人技术上极为全面,作风强悍,力量上相比袁华也不处下风。去年的世锦赛上,袁华只是凭借对方的一次大意才惊险获胜。

4年前,袁华目送师姐孙福明去了亚特兰大,自己在电视前看着师姐拿到一块金牌。当袁华目睹师姐把古巴“黑铁塔”——如今自己对手的师姐罗德里格斯干净利落地斩于马下之时,她多么希望站在榻榻米上欢庆胜利的人就是自己。

等待了4年,机会总算来了。决赛前,袁华和刘永福在那块196平方米的正方形比赛场边聊了许久。没人知道他们聊了什么,但所有人都明白这块金牌对二人的重要性。刘永福期待着这个曾带给他无数荣耀的项目能为中国队再添辉煌;袁华则渴望用这枚金牌捍卫中国女子柔道大级别的霸主地位,并且证明自己和前辈一样,有实力成为中国柔道的领军人物。

背负着深厚历史的两位选手走上了榻榻米。行礼完毕,在接下来的4分钟里,袁华将与四米开外的古巴对手,一战实现4年的梦想。开场,袁华以一记漂亮的左钩腿,把古巴人狠狠地摔在地上。但局势很快趋于缓和,静,成为这场巅峰对决的最大特点。双方都不敢有太大的动作,压力之下,细微的破绽,都可能会导致4年希望的落空。没有“一本”,没有“有技”,也没有“有效”、“效果”,甚至连“压制”都显得那么稀有。风平浪静的表象之下,气氛却是难以想象地紧张。紧绷的神经令人窒息,以至于裁判判罚双方消极比赛的时候,贝特兰竟然长出了一口气。

平静过后,中国姑娘开始了犀利的进攻,手技、腰技、舍身技,无不发挥得淋漓尽致。压制,反压制,再压制,虽然仍没有得到哪怕一个“效果”,但对手此时却已经毫无招架之力,气势完全出于下风。场内裁判叫停终止了比赛,袁华和贝特兰在静静地等待最终的结果。

3面象征袁华获胜的白旗高高举起。历经4年的等待,袁华终于拿到了属于自己的奥运会金牌。她实现了自己的梦想,像前辈一样,登顶世界之巅。

袁华
Yuan Hua
性别:女 生日:1974
出生地:辽宁省辽阳市
项目:柔道
2000年第27届奥运会获女子柔道78公斤以上级冠军。目前正在积极备战2008年北京奥运会。

065 王楠&李菊

悉尼的乒乓女皇从邓亚萍变成了王楠，身边的合作伙伴也从乔红换成了李菊

世上从来都有一类“配角式”人物，他们的存在让主角星光四射。或许个人成就稍显黯淡，但团队的成功给他们带来了同样无上的荣光。正如乔丹身边的皮蓬，邓亚萍身边的乔红，以及王楠身边的李菊。

和前辈一样，李菊颇有生不逢时的感慨。与王楠同处一个时代让李菊像“邓亚萍时代”的乔红一样，大多数时候只能充当队友身边的配角。乔红与邓亚萍合作连夺两届奥运会乒乓球女双金牌，并在单打的晋级之路上横扫争冠对手，协助邓亚萍登顶女单冠军。“一人之下万人之上”难免令人惋惜，但精湛的技艺和团队的荣誉也让乔红的乒乓生涯精彩纷呈，备受尊敬。4年后，乒坛步入“王楠时代”，这几乎是一个“邓亚萍时代”的复刻版，无敌的技艺、无数的荣耀和相同的“绿叶”。悉尼的乒乓女皇从邓亚萍变成了王楠，身边的合作伙伴也从乔红换成了李菊。但似乎除了名字，其他情况一模一样。王楠世界排名第一，李菊第二；王楠世界杯冠军，李菊亚军；王楠世锦赛冠军，李菊未进决赛。

又是一对世界前二的组合，实力自然不容置疑。中国选手再次会师女双决赛，此番的对手杨影/孙晋仍旧没能阻挡这对“最强组合”，0比3迅速败退。相比决赛的轻松，半决赛与韩国组合金茂校/柳智慧一役更显紧张刺激，冠军搭档王楠/李菊在局分1比2落后，第5局19比20落后的绝境中力挽狂澜，最终连扳两局涉险过关，为中国队彻底锁定这枚金牌。两人复制了4年前邓亚萍/乔红的传奇，这对世界大赛决赛的“御用”选手而今通力合作，职业生涯首尝奥运金牌的滋味。

轻易到手的胜利让王楠几乎无心品味夺冠的感受，她迫切期待即将到来的单打半决赛：“拿了冠军当然高兴，但我更希望明天的女单半决赛我和李菊能双双战胜对手，在决赛中再较高下。”

显然，双打金牌对李菊意味着更多意义。她无法保证自己能在单打比赛摆脱宿命，坐上头把交椅；但她至少能保证，冠军不会从中国人手中旁落。如同此刻胸前的女双金牌，已将这位“二号人物”镶上了金色。

王楠 (左)
Wang Nan
性别:女 生日:1978.10.23
出生地:辽宁抚顺
项目:乒乓球
2000年奥运会乒乓球女子单/双打冠军，2004年女子双打冠军。目前，在备战2008年奥运会。

李菊
Li Ju
性别:女 生日:1976.1.22
出生地:江苏南通
运动项目:乒乓球
2000年奥运会与王楠合作夺得乒乓球女子双打金牌，并在女子单打比赛中获得银牌。现经商。

龚智超 066

11:3，她轻松再下一局，从而以2:0的总比分登上奥运会羽毛球女子单打冠军领奖台

经过几轮淘汰，龚智超、叶钊颖、戴韫和丹麦名将马尔廷进入悉尼奥运会羽毛球女子单打四强，从这一刻起，三位中国姑娘“围剿”丹麦“独苗”的战幕正式拉开。

当然，这样的“围剿”是以公平的方式，3人中有一人必然要倒在队友的拍下，这个人是谁，赛程已经为她们作出了选择。龚智超和叶钊颖在中国女子羽坛可以说拥有同样的声名和地位，然而，半决赛中她们要首先相遇。也就是说，中国女单最强的两位选手必定有一位要无缘决赛。

戴韫充当了狙击马尔廷的第一道关卡。然而，5比11，0比11，20分钟后，戴韫令人难以置信地速败于马尔廷的拍下，中国队的第一道防线顷刻崩溃。另一场比赛中，湖南姑娘龚智超也以两个11比8力克队友叶钊颖，顺利进入决赛。中丹之战即将上演最精彩的一幕。

龚智超恐怕是丹麦人最不愿意遇到的对手，在二人以往的对垒中，马尔廷几乎未曾尝胜绩。去年世锦赛之后，马尔廷针对中国队，尤其是龚智超的打法苦练破解之术，她的进步有目共睹。反观龚智超则具有明显的心理优势，而且二人会师决赛的场面早在出征悉尼之前中国队就已有准备。两人都是世界女子羽坛的顶尖高手，近两年中都曾排名世界第一，这是一场配得上奥运会决赛的较量。

龚智超是防守型的选手，相对于进攻，她的防守能力更胜一筹，甚至可以用滴水不漏来形容。丹麦人马尔廷则攻击力强大。二人的相遇，颇有些“用最锋利的矛，攻击最坚固的盾”的味道。

9月22日，羽毛球女单决赛在悉尼上演，这场比赛吸引了丹麦人、中国人，乃至全世界羽毛球迷的眼球。

比赛一开始，双方都打得小心翼翼，不敢轻易出击。经过多拍的周旋，龚智超陷入极大的被动。7比10，马尔廷在不知不觉中拿到了局点。这样的局面对中国的观众心理防线形成了强烈的冲击，他们的加油声如选手的表现一样略微显出了疲态。

龚智超表情平静，脑中似乎一片空白，但她手中的球拍却丝毫没有犹豫。她充分发挥“牛皮糖”的球风，死死地缠住丹麦人。随后的比赛中，顽强的龚智超竟然奇迹般地连得6分。现场中国观众的欢呼声几乎冲出了整个羽毛球馆，龚智超力挽狂澜，以13比10的比分逆转拿下首局。

眼看即将到手的胜利被人夺走，这对马尔廷而言不仅意味着在三局两胜的比赛中先失一局，更意味着极度的沮丧和难以想象的压力。与此同时，首局起死回生的体验则帮助龚智超建立起巨大的心理优势，来之不易的胜利更增强了她乘胜追击的信心。

第二局比赛，作为上一局的胜方，龚智超首先获得发球资格，结果顺利拿下1分。随后，马尔廷夺回发球权，并且连得3分，取得梦幻开局。接下来的比赛，发球权两度易主，激烈争夺中，双方都没有得分。此时，发球权回到了比分暂时落后的龚智超手中。

局势从这一刻起发生了惊人的变化，龚智超不仅顺利追平比分，并且迅速反超对手。赛场之中上演了“利矛刺坚盾”的经典攻防战，只见马尔廷一次次奋力扣杀，龚智超则总能稳健地完成看似无法完成的补救。心态急躁的马尔廷开始失误连连，多次出现扣杀出界的情况。龚智超始终坚持的防守策略此刻威力显露无遗。

丹麦人做了最后的挣扎，她也曾数次拿到了球权，但直到比赛结束，她的比分却着魔一般只肯定格在3分，没有涨分，更没有胜利。龚智超用一招以静制动、“四两拨千斤”成功把丹麦对手“剿杀”于最后一刻。

11比3，她轻松再下一局，从而以2比0的总比分成功登上悉尼奥运会羽毛球女子单打的冠军领奖台。

龚智超
Gong Zhichao
性别:女 生日:1977.12.15
出生地:湖南安化
运动项目:羽毛球
2000年悉尼奥运会获得羽毛球女单冠军，这是中国第一个奥运会女子羽毛球单打冠军。现任湖南省体育彩票管理中心副主任。

067 葛菲/顾俊

很多人都感到奇怪,"无敌组合"葛菲顾俊在赛场上为何几乎没有语言上的交流

葛菲（下左）
Ge Fei
性别:女 生日:1975.10.9
出生地:江苏南京
项目:羽毛球

顾俊
Gu Jun
性别:女 出日:1975.1.3
出生地:江苏无锡
项目:羽毛球
两人合作获得1996年亚特兰大奥运会羽毛球女子双打金牌,2000年奥运会蝉联该项目金牌。葛菲目前任南京市体育局局长助理,顾俊在家相夫教子。

这是一对堪称"举世无双"的无敌拍档,中国羽毛球女双组合葛菲/顾俊,从1996年到2000年期间,她们几乎囊括了所有比赛的女子双打项目的冠军。1996年亚特兰大奥运会金牌,2000年悉尼奥运会卫冕成功,她们联手创造了长达4年、上百场的不败纪录。似乎是从她们获得第一个世界冠军头衔开始,葛菲、顾俊的名字便注定在国际羽坛上被永远连在一起。她们开创了中国羽毛球女子双打的一个"神话"。

然而很多人都感到奇怪,这对"无敌组合"在赛场上为何几乎从来没有语言上的交流,取而代之的只是挥起球拍轻轻敲打示意对方。大多数人必定不会把这看作二人感情淡漠的象征,而只是双方难以言传的默契。事实却往往出人意料,赛场上风光无限的葛菲和顾俊,走下赛场却是形同陌路,交往极少。

"我和顾俊之间的事说来话长,我们两个都是1975年出生;双双在1993年进入国家队;从小一起配对双打,一打就是15年;甚至连血型也相同,都是A型。但是,我们的性格差异很大,这或许是产生一些分歧的主要原因吧。"每当提及这个话题,葛菲都略显尴尬。"或许那个时候大家都还小,都比较固执。在一些配对问题的沟通上,每个人都有自己的想法,都希望对方能够按照自己的意图去做。时间长了,相互之间就不是那么亲密了。"

的确,她们的组合势必成为造物主对"互补之美"的最佳诠释。葛菲性格稳重,平和内敛;顾俊则活泼外向、争强好胜。谈及二人巨大的性格差异却造就了辉煌运动生涯的原因时,葛菲如此解释:"两个女孩子天天在一起,再好也难免有矛盾,而且女孩子没有男孩子那么豁达,容易把生活中的矛盾带到训练和比赛中去。我和顾俊最初有一些观念上的不统一,后来索性生活中根本没有交往,反而不会影响到比赛。我只能这么解释和顾俊之间的故事和运动成绩。"于是,纵横世界羽坛的双打绝配之间始终维持着淡薄如水的私人关系。也许这也是一种艺术。

中国人在乒乓球项目上的垄断现象得以移植,悉尼奥运会羽毛球女双决赛成为一场不折不扣的中国内战。葛菲/顾俊顺理成章地进入决赛,她们此番的对手是近两年来唯一战胜过她们的队友杨维/黄楠雁。

比赛过程波澜不惊。开局阶段,小将杨维/黄楠雁拼劲十足,打法积极主动,大有爆冷夺金的势头。随着比赛的深入,经验上的差距决定了战局的走向。葛菲/顾俊在对方凶猛的攻势面前稳扎稳打,比分很快取得领先。15比5,卫冕冠军轻松拿下首局。

第二局比赛,葛菲/顾俊的优势越发明显,默契的配合帮助她们很快取得领先。球网对面的杨维/黄楠雁继续顽强坚持,充分利用自身体能充沛的优势与葛菲/顾俊周旋。比分战至8比5之后,葛菲/顾俊突然发力,比分迅速拉开到10比5。杨维/黄楠雁曾数次利用比赛间隙商量调整战术,但经验老道的卫冕冠军没有再给她们任何机会。15比5,"无敌组合"一路领先,最终再下一城。葛菲/顾俊以2比0的总比分收获了她们连续两届奥运会上的第二枚女双金牌。

这对彼此淡漠的绝配再度经历熟悉的夺冠时刻,几个月前,她们还在为强劲的争冠对手和每况愈下的身体状态而担忧。岁月不饶人,随着年龄的增大,两人的伤病日趋增加。25岁的葛菲和顾俊眼下的训练水平和比赛能力已经明显下降。

这就是事实,进入国家队后"最亲密的接触"仅仅就是吃过一顿饭的葛菲和顾俊在悉尼成功卫冕。

9月23日,中国3对组合包揽了悉尼奥运会羽毛球女双的金银铜牌,创造了历史。站在最高领奖台上的葛菲和顾俊,成为中国羽毛球女双"黄金时代"的奠基人。

吉新鹏 068

那一刻，他像流星掠过悉尼夜空。于是，男单比赛以最出人意料的方式谢幕了

悉尼于吉新鹏而言始终是一个梦幻。青春滑行的轨迹与现实接触，撞击出最为绚烂的火花。

决赛结束之前，任何人都不会想到吉新鹏会夺冠。进入1/4决赛或是半决赛，对这位不满23岁的年轻人来说，已经走得足够远了。因而赛后，从中国队教练汤仙虎、总教练李永波到体育总局领导李富荣都表现出抑制不住的激动。李永波坦言，这是一块意料之外的金牌。也许，在男单比赛开打之前，将“吉新鹏”这个名字和冠军联系在一起看起来更像是一个梦想、幻想，甚至是妄想。对中国队而言，这至多是第三种可能；而对全世界而言，这可能只是第N种可能，甚至是第N+3种可能。但清点奖牌时，中国人却惊喜地发现最初的梦想却真的照进现实。

在实力不被看好的情况下，吉新鹏用令人信服的表现，连续淘汰了赛会前3号种子，不懈努力终于成就神奇夺冠。

4年前的亚特兰大，同样年轻的董炯背负着中国人巨大希望进入男单决赛，却最终败在30岁的丹麦老将拉尔森拍下，与金牌失之交臂。领奖台上，董炯失声痛哭。拉尔森拥抱安慰他的一幕，至今仍然令人感动。在距金牌仅仅一步之遥的地方倒下，董炯掩饰不住遗憾与悔恨。李永波拍着他的肩膀鼓励说：“打得不错，四年后的奥运会冠军就是你的。”遗憾的是，李永波的预言没有实现。由于伤病，董炯没能获得重新证明自己的机会，并在此后逐渐淡出了人们的视线。

中国第一块奥运会男单金牌将由谁来争取呢？董炯留下的疑问将由孙俊、夏煊泽和吉新鹏来回答。而在其中，吉新鹏可能是最不起眼的。在奥运会之前，他的实力并不为教练组所认可，甚至差一点被排除在奥运会名单之外。直到在上报体育总局参赛名单前的半个小时，教练组又再次进行了分析，他才跌跌撞撞搭上了前往悉尼的末班车。于是，才有了后来那些激动人心的故事。

分组方案出炉后，他与赛会前两号种子陶菲克、皮特·盖德分在同一半区，而两名中国选手孙俊、夏煊泽在另一半区。这意味着最为人所忽视的吉新鹏将独自一人与强敌展开周旋，来争取一张决赛入场券。然而比赛开打后，身无负担的吉新鹏却为中国人制造着惊喜。在连续淘汰了陶菲克与盖德之后，他神勇地闯入决赛。

9月23日晚，决赛。对阵三号种子叶诚万，吉新鹏渐入佳境。

首局，15比4。他以难缠的拉球与突然的劈杀压制对手，抢得先机。

第二局，背负巨大压力的叶诚万振作精神，“尽量完成自己应该完成的任务”。吉新鹏一度落后。不难看出，此时他的体能已经到达一个瓶颈期。

4比9，吉新鹏开始反击。顶过这一最艰难的时间，奇迹没有就此停止。

7比9，叶诚万出现体能危机。

8比9，印尼人体力透支，目送羽球落地。

10比13，三号种子凭借经验将比分再次拉开。

13比13，这个奇迹的圆满似乎呼之欲出了。

15比13，对手回天乏力，梦想照进现实。

毫无疑问，在整个男单比赛的进程当中，吉新鹏身上总是环绕着神奇。丹麦金童皮特·盖德在负于吉新鹏之后，竟然说不出自己究竟输在什么地方，只是颇为无奈地表示：“我在场上完全被吉新鹏压住了，整个决胜局都只能跟着他的节奏走。”而最让人同情的老将叶诚万则说：“我已经28岁了，这可能是我第一次也是最后一次参加奥运会了，我很遗憾，但我并不为表现失望。吉新鹏的确比我打得更好。”

皮特·盖德志在与女友马尔廷重演巴塞罗那魏仁芳与王莲香同获金牌的羽坛佳话，陶菲克是夺冠为己任的最大热门，而叶诚万更是在头号种子出局后独自肩负起整个印尼的最后希望。在一个又一个强大的对手面前，奇迹，最后成为了整个比赛的主题。

吉新鹏说，这块金牌是他的梦想。而他自己又何尝不是一个中国羽毛球的奇迹。在南半球的夜里，两者同时投射到现实，是如此美妙。

吉新鹏
Ji Xinpeng
性别：男 生日：1977.12.30
出生地：福建厦门
运动项目：羽毛球
2000年悉尼奥运会羽毛球男子单打金牌获得者。现任中国羽毛球队教练。

069 王励勤&阎森

此次中国男双"家族"的新科领袖是22岁的王励勤和25岁的阎森

王励勤（下右）
Wang Liqin
性别:男 生日:1978.6.18
出生地:江苏 项目:乒乓球
2000年第27届奥运会,王励勤联袂阎森战胜队友刘国梁/孔令辉夺得乒乓球男子双打金牌。现排名世界第一,正在备战2008年北京奥运会。

阎森
Yan Sen
性别:男 生日:1975.8.16
出生地:江苏 项目:乒乓球
2000年悉尼奥运会与王励勤搭档夺得乒乓球男子双打冠军。现任中国乒乓球女二队教练。

是的，你没有看错，又是奥运会决赛，又是乒乓球男双，又是孔令辉和刘国梁。我们回到了1996年的亚特兰大?不，这是2000年的悉尼，与他们隔台相望的已不再是熟悉的王涛/吕林，而是正在上演奥运处子秀的王励勤和阎森。

正如电影之于方达家族,政治之于乔治·布什父子，男双对于中国乒乓球队来说俨然成为一种情结。自从1988年的汉城开始，中国队在此后的历届奥运会上从未让男乒双打金牌旁落。陈龙灿/韦晴光、王涛/吕林、孔令辉/刘国梁,当小伙子们一次次将金牌紧握手中,五星红旗一次次在赛场上升起，世人不禁感叹，男子双打金牌几乎已经成为中国队的"世袭之物"。

此次中国男双"家族"的新科领袖是22岁的王励勤和25岁的阎森。同样是1996年开始正式配对，当"初出茅庐"的孔令辉/刘国梁组合（当时二人配对双打仅半年时间）在亚特兰大将"老大哥"王涛/吕林挑落马下，收获二人首枚奥运双打金牌时，同样年轻的王励勤和阎森却只能留在国内通过电视屏幕感受奥运的气息。他们或许稍感遗憾，但这一年同样成为他们大展宏图的一年。奥运会后不久，他们夺得了国际乒联职业巡回赛总决赛的男双冠军。在两对金牌组合被相继淘汰的情况下，王励勤/阎森守住了中国队的最后一关。

王励勤右手横握球拍，两面弧圈结合快攻打法，正手杀伤力超强;阎森左手直拍，弧圈结合快攻打法，球路刁钻。从技术上看，这对"左右手"组合似乎臻于完美。但自从1996年一鸣惊人之后，他们再也没有获得任何双打世界冠军头衔，教练对此的解释是，心理素质和技术发挥不够稳定。

2000年在悉尼，当这对赛前并不被看好的组合决赛中战胜卫冕冠军之后，一向沉默寡言的王励勤开心地笑了:"别人都在说我不行的时候，我更需要在比赛当中出色发挥，证明自己有这个能力。"此时的他已是世界头号男单选手，但心理素质不稳的弱点导致他被排除在男单参赛名单之外。或许逆境有利于激发人类的潜能，或许专注于双打让技术水平得以充分发挥，王励勤尽情释放着证明自我的欲望。

与4年之前的亚特兰大一样，这场决赛再次成为中国乒乓球男双新老势力的一次对抗。上届奥运会冠军对阵本次赛会头号种子，现场观看比赛的中国队教练一度认为，这本该是一场卫冕冠军3比0轻松获胜的比赛。当然，考虑到头号种子王励勤/阎森曾经两次在比赛中以16比19落后，教练的说法并不为过。只是这一次，二人没有顺势陷入困境，而是凭借顽强的斗志反败为胜。最终的比分定格在22比20、17比21、21比19和21比18，王励勤/阎森以3比1收获了他们奥运决赛处子秀的胜利，奖品是职业生涯首枚奥运金牌。

谈及此番的胜利，二人不约而同地归功于良好的心态，专注于打好每一个球，不在意胜负。"我们下定决心今天无论在多艰苦的情况下，也要把比分追回来。我们在比赛中始终保持了平静的心态。"王励勤说。

历史是如此惊人地相似。从刚刚诞生的悉尼奥运会乒乓球男双冠军身上，人们依稀看到了4年前闪耀亚特兰大的"双子星"孔令辉/刘国梁的身影。同样因为年轻而产生心理起伏的弱点，同样凭借"初生牛犊不怕虎"的气势在决赛力拼卫冕冠军，最重要的是，他们同样初次参赛便成为了最终的胜利者。

在外人眼中，孔令辉/刘国梁的失利理应归结为二人对单打项目的兼顾。他们在男单半决赛中的对手是"瑞典双雄"瓦尔德内尔和佩尔森，"中瑞对抗"的乒坛盛事显然分散了他们更多的精力。

颁奖仪式似乎是对亚特兰大相同场景的缅怀，老冠军见证新冠军的登顶。只是上一次站在最高领奖台上的孔令辉和刘国梁，如今只能站在王励勤和阎森身旁矮一级的台阶上，正如4年前的王涛和吕林。这也是中国乒乓球男子项目中兴的写照。

王楠070

局分1比2落后时,面对一再的失分,王楠脸上仍带着招牌式的微笑

每次赢得比赛之后，王楠的脸上总会露出迷人的微笑。2000 年在悉尼，她再次用笑容征服了世界。王楠成为了继邓亚萍之后第二个获得乒乓球“大满贯”的女选手，巩固了自己在世界女子乒坛的王者地位。中国女子乒乓球的“王楠时代”到达顶峰。

其实，王楠早在邓亚萍时代就已崭露头角。1994 年瑞典公开赛和 1995 年中国公开赛的女单冠军已经显示出她强劲的实力。1996 年之后，她的进步更是远远超越了同时代的其他对手。在 1998 年夺得亚运会乒乓球项目“大满贯”、世界杯女单冠军，1999 年夺得世乒赛女单、女双双料冠军之后，王楠在世界女子乒坛的地位更是如日中天。

然而悉尼奥运会的比赛，世界排名第一的王楠却打得异常艰苦。

早先进行的女双比赛中，王楠与队友李菊配合，在决赛中以 3 比 0 战胜了另一对中国组合杨影 / 孙晋，摘取了本届奥运会乒乓球女双冠军。但在之前的半决赛中，面对韩国选手柳智慧和金茂校，王楠 / 李菊是在局分 1 比 2 落后的不利形势下，顽强追赶，最终以 3 比 2 的总比分逆转成功，涉险晋级。

女单 1/8 决赛，王楠遭到了世界排名十名开外的新加坡小将李佳薇的顽强阻击。在总比分 1 比 2 落后的情况下，第四局王楠又陷入 16 比 20 的绝境，几乎就要与下一轮比赛无缘。眼看名不见经传的新加坡小将即将一战成名，好在最后关头王楠没有再给对手任何机会，她连追 4 分，以 23 比 21 拿下该局，并最终以 3 比 2 的总比分跻身八强。

进入半决赛，王楠的对手是中国台北名将陈静。陈静曾在上届奥运会中获得女单银牌，只是在决赛中 2 比 3 惜败于邓亚萍。1999 年国际乒联大奖赛总决赛中，她更是以 3 比 0 完胜王楠夺冠，实力非同一般。果然，陈静第一局便以 21 比 11 轻松拿下。之后的比赛，她更是屡出奇招，多次把世界第一逼入险境。但王楠心态平和，顶住压力，连扳 3 局，最终以 3 比 1 击败对手，有惊无险地进入决赛。

决赛中，王楠面对的是世界排名仅次于自己的队友李菊。二人在打法上各有特点，王楠打法多样，李菊速度占优。在过往的国内外大赛中，二人交锋互有胜负。决赛注定将是一场惊心动魄的大战。

这场中国女乒的内战也使在场的中国观众心情轻松，因为女单金牌已被中国队提前锁定。有了这层因素，观众或许能够真正静下心来享受比赛的精彩和乐趣。

第一局，王楠顺风顺水，21 比 12 的比分使比赛早早失去了悬念。第二局比赛变成李菊的表演。同样是 21 比 12，只是这一次胜负的双方发生了变化，李菊还以颜色。

场外的观众，有的在为王楠加油，有的在为李菊喝彩。两个中国女孩，一个来自辽宁抚顺，一个来自江苏无锡，二人在悉尼奥运会的乒乓球馆里，为全世界的观众上演着一场精彩绝伦的艺术盛宴。

第三局，二人争夺激烈，比分一直未能拉开。收官阶段，李菊抓住机会以 20 比 18 取得领先。比分最终定格在 19 比 21，王楠在先胜一局的情况下，被对手连扳两局，反而陷入被动之中。

关键时刻，王楠镇定自若，面对一再的失分，她脸上仍旧没有丧失招牌式的微笑。凭借良好的心态,王楠以 21 比 17 成功拿下第四局，把争冠的悬念留到了最后一局。

决胜局一开始，双方就比分紧咬。9 平，12 平。之后王楠连得 5 分，17 比 12，20 比 15。此时，胜负的悬念似乎即将揭晓。不过李菊在此时表现出一名大赛型选手应有的素质，连追 3 分。现场观众拼命为李菊呐喊助威，他们希望精彩的争夺能持续到最后一刻，王楠的压力骤然增加。

结果世界一号女单没有再让悬念继续。发球,快攻,长拉,王楠将球死死地扣在台面上，顿时全场沸腾。王楠拳头一握，将右臂高高举起，熟悉的笑容再度出现。

或许从技术上说，王楠在许多比赛中都没有绝对优势。但她能一次次走向胜利的秘诀，正是积极平和的心态。

在真正的高手对决中，好的心态——哪怕只是不经意间的一个微笑，都可能成为影响比赛走向的决定性因素。毫无疑问，王楠在这个方面更胜一筹。

王楠
Wang Nan
性别:女 生日:1978.10.23
出生地:辽宁抚顺
项目:乒乓球
2000年悉尼奥运会上夺得乒乓球女子单打冠军，并且与李菊搭档获得乒乓球女子双打冠军。2004年雅典奥运会与张怡宁搭档夺得乒乓球女子双打冠军。目前正备战2008年北京奥运会。

071 刘璇

即将退役的刘璇用一枚奥运金牌为自己的体操生涯画下了完美的句点

运动生涯第一枚奥运金牌，也是最后一枚；中国女子体操队第一枚奥运会平衡木金牌，刘璇的谢幕演出堪称完美。

1996 年在亚特兰大，刘璇一无所获，仅存的记忆只是高低杠上欠佳的发挥。她曾考虑退役，对体操的热爱和教练的帮助让她坚持下来。她在苦苦等待，等待圆梦奥运的机会。

“奥运会对每个人都很重要，悉尼奥运会可能是我最后一次参加大赛，我有信心争取奖牌，给自己画个圆满的句号。”最终收获的一枚金牌，令刘璇在悉尼挥泪而无憾。

4 年后再次走上奥运赛场，刘璇变得成熟自信。

9 月 25 日，奥运会平衡木决赛。率先出场的两位俄罗斯选手先后拿下 9.787 和 9.775 的高分,队友凌洁却因动作失误退出了争冠行列。这是刘璇人生中的最后一次在奥运赛场上亮相，她感受到前所未有的压力。

做准备活动时，教练李晓青说：“璇，我们今天放开做。捏着劲做成功率是 50%，放开了做个优质套路成功率也是 50%。大不了就是失败，就看你怎么把握，豁出去就有。”“豁出去就有，大不了第八。”刘璇对自己说。

这是一场赌博，刘璇的赌注是自己的青春。对于女子体操选手，20 岁似乎是运动生命的极限。体重的增加，体形的改变，同伤病一样困扰着她。4 年前的队友都已退役，21 岁的她被现在的队友称为“大姐”。但刘璇自己说：“21 岁对于一个女子体操运动员来说的确很大，但关键还是要看她想不想干。我深爱这项运动，今天我有了最完美的结局。”

第一个出场的罗马尼亚选手奥拉鲁，个人全能银牌得主，9.70 分。紧接着出场的美国人威埃里斯，发挥一般，9.387 分。第三个出场的是俄罗斯姑娘洛巴斯尼克，她发挥非常出色，落地稳定，得到 9.787 分，暂时排名决赛首位。另一位俄罗斯选手普罗迪洛娃第四个出场，虽然木上动作略有晃动，但她下法稳健，同样得到 9.775 的高分。

接着，中国姑娘凌洁出场了。世界杯和世锦赛的双料冠军动作舒展，落地稳定，除去木上动作稍有晃动，整套动作质量极高，但裁判仅仅打出 9.675 分。

第六位出场的乌克兰选手亚洛什，最后落地小跳一步，得分 9.712。倒数第二位出场的罗马尼亚人普里萨卡，落地时也有一小跳，但木上动作优美飘逸，最终得分 9.750 分。

刘璇肩负重压，最后登场。如同自己的运动生涯，终结的一刻成就最为辉煌的一刻。

10 厘米宽的平衡木上，刘璇如履平地。一串核心动作，后手翻直体后空翻站木，纹丝不动。跳步动作行云流水，动作连接绝对无懈可击。

谢幕之前，电视镜头定格在她明亮的双眸与胸前的国徽。团身后空翻两周，稳稳落地。

中国女子体操队总教练陆善真曾经如此评价爱徒：“刘璇的动作难度、韵律和她在平衡木上的节奏感和动作美，都是中国选手特有的，俄罗斯和罗马尼亚选手无法如此放松自如。刘璇平衡木动作的开度是世界第一，其他任何选手都无法做到她跳跃时的开度。”

刘璇的自信征服了世界。6 名裁判中有 3 人打出 9.85 分，2 人打出 9.80 分，1 人给出 9.75 分，最后得分 9.825 分。刘璇成功登顶。

这枚奥运会平衡木金牌实现了中国女子体操历史性的突破，刘璇的冠军堪称“前无古人”。3 天前，她个人全能第四名的成绩同样创造了中国女子体操选手的新高，赛后罗马尼亚姑娘因药检被取消成绩更使刘璇意外收获一枚铜牌。加之与队友通力合作奋力摘下女团铜牌，2000 年的悉尼注定成为中国姑娘的福地。

美联社对刘璇的 3 枚奥运奖牌作出了如此评价：“刘璇的 3 块奥运会奖牌使她超越马艳红和陆莉，成为中国奥运史上最成功的女子体操运动员。”

刘璇
Liu Xuan
性别:女 生日:1979.3.12
出生地:湖南长沙
项目:体操
2000年悉尼奥运会夺得体操女子平衡木冠军。退役后就读北京大学新闻学院，目前涉足影视圈和广告业。

李小鹏 072

李宁、李敬、李小双……李小鹏成为中国男子体操"李氏王朝"的又一传人

3年前的洛桑体操世锦赛，当萨马兰奇为获得团体冠军的中国男子体操队颁奖时，他径直走到李小鹏面前，轻轻拍拍他的脸，将金牌第一个挂在他的胸前。或许主席先生已有预感，这个长着娃娃脸的16岁男孩未来必将成为世界体操的天皇巨星。

中国男子体操注定与"李"姓有缘。李宁，1984年洛杉矶奥运会3枚金牌得主，中国体操史上最伟大的运动员；李敬，4次世界冠军得主；李小双，巴塞罗那奥运会自由操冠军，亚特兰大奥运会个人全能金牌。一代又一代的"李氏"世界冠军接连在国际舞台上创造辉煌，打造出一个举世闻名的"李氏王朝"。

"李小鹏是中国男子体操今后的灵魂人物。"男子体操队领队钱奎曾说，"他具备领军人物的素质，技术领先，拥有天生的组织才能，头脑清楚、灵活"。

曾经的中国男子体操核心人物，前队长张津京也表示："男队新的领头羊非小鹏莫属!"

对于"领军人物"一说，已经手握多项世界冠军的李小鹏依旧保持低调："和前辈相比，我还有很大差距。"

作为中国男子体操的两位传奇人物，李宁曾经获得两届世界杯个人全能金牌，李小双更加在亚特兰大奥运会上成为中国唯一一位握有世锦赛和奥运会个人全能双料金牌的"王中王"。然而，纵览李小鹏的各单项世界冠军，从未出现需要上肢力量的鞍马和吊环金牌。由于小时右臂曾经骨折，至今无法向外弯曲，他的右手甚至无法触到右肩。先天的伤病导致李小鹏至今未能将个人全能冠军揽入怀中。

好在伤痛并未掩盖这位阳光少年过人的体操天赋，主攻跳马、双杠和自由操3项的中国男孩随后在国际赛场上大放异彩，接连夺得1998年世界杯总决赛自由操和双杠冠军，1999年世锦赛团体和跳马冠军。决战悉尼之前，教练组专门为他重新设计了难度和表现力更上层楼的双杠核心动作。

双杠是本届奥运会上中国男子选手参加的最后一项比赛。收获团体金牌之后，中国队单项争冠的重任就落在李小鹏和黄旭身上。

队长黄旭状态一般，整套动作最后得分9.650分。随后出场的韩国名将李周炯发挥出色，以9.812的高分一举升至榜首。一年前的天津世锦赛上，正是韩国人阻挡了势头正劲的李小鹏夺冠的步伐。

李小鹏倒数第二个出场。他表情镇定，从容上杠。一连串核心动作：向后大回环接屈体后空翻两周挂臂，向后大回环接团身后空翻两周挂臂，希里接前空翻两周挂臂，跳转270°成横杠倒立接横杠分腿前上，行云流水，轻盈飘逸。下法直体后空翻两周，稳稳站定。李小鹏结束了自己的完美演出，他以一套难度和质量俱佳的动作征服了所有观众。

赛后接受采访时，李小鹏说："夺冠这股劲已经憋了很久，虽然李周炯的高分的确令我紧张，但我这次一定要发挥自己的最好水平。"

裁判没有吝惜手中的分数，他们同样折服于中国人的杰出表现，9.825分是对李小鹏的最好奖励。中国男子体操新一代的"灵魂人物"最终不负众望，顺利摘下这枚金牌。

站在最高领奖台上，平时活泼好动的李小鹏不禁眼圈发红。紧握手中的金牌，他直言内心激动万分："前几天的团体金牌是属于大家的，这枚双杠金牌才是真正属于自己的。自己辛苦的训练，今天终于有了收获。"至于成功的秘诀，李小鹏归结为刻苦的训练，"天天流血的训练"。

奥运夺冠之后的李小鹏已经为自己设定了全新的目标：奥运会的个人全能金牌。话中隐隐透露出正式"接任"中国体操男队"领军人物"的决心。重新开始鞍马和吊环训练对他来说意味着更多难以想象的伤痛。

中国男子体操队的"李氏王朝"正式翻开了属于李小鹏的全新一页。

李小鹏
Li Xiaopeng
性别.男 生日.1979.7.27
出生地.湖南长沙
项目.体操
2000年悉尼奥运会获体操男子双杠金牌，并且与黄旭、肖俊峰、杨威、邢傲伟及郑李辉一起夺得男子体操团体冠军。目前正在备战2008年奥运会。

073 孔令辉

男单决赛结束时，人们终于发现孔令辉与瓦尔德内尔、刘国梁完成了各自人生中最重要的三人聚会

孔令辉
Kong Linghui
性别:男 生日:1975.10.18
出生地:黑龙江哈尔滨
项目:乒乓球
1996年亚特兰大奥运会与刘国梁搭档夺得男子乒乓球双打冠军，2000年悉尼奥运会击败老将瓦尔德内尔荣获男子单打冠军。现任中国乒乓球女队教练。

尼采在《瓦格纳在拜洛伊特》一文中指出："一个事件的伟大必须具备两大要素：一是完成此举之人的伟大，二是经历此举之人的伟大。事件本身无所谓伟大，哪怕是天宿消失，种族灭绝，巨邦建立，抑或是战争浩劫，诸如此类的事件经历史轻轻一吹就好像雪片一样消散殆尽了。或者一个强悍之人挥戈一击，碰到坚硬的巨石，引起一声短促而响亮的回响，顷刻间消散了。这样无味的事情在历史上留不下丝毫痕迹。"

用这种思路来衡量悉尼奥运会乒乓球男单比赛再合适不过了。一路走来，孔令辉终于加冕世锦赛、世界杯和奥运会"大满贯"。而领奖台上站在他身边的分别是另两位"大满贯"——瓦尔德内尔与刘国梁。多年以后，当我们追忆2000年悉尼9月的某个不平凡的夜晚时，终究无法忽略亚军与季军在那些时间里战斗过的痕迹。正因为两人的存在，才使得孔令辉的夺冠蕴藉了更多值得铭记的东西。没有人能确定自己是否清楚孔令辉在比赛中挥出的每一板弧线。但可以肯定的是，3人同握奖牌的场景却是长久地留在人们的记忆之中。

赛后，国内媒体追述新科冠军之前4年职业生涯时，最常用的一个词是"低迷"。1995年世锦赛孔令辉横空出世，从众多成名选手中突围，夺得男单冠军。以此为标志，中国乒乓球重新确立起绝对统治秩序。然而此后被寄予厚望的他却在一系列重大比赛中一再以失利告终。多数时候，一次次在刘国梁身边捧起双打冠军的孔令辉多多少少有一些怅然若失的感觉。

悉尼，就这样浮浮沉沉地走过来。孔令辉等来了个人第二届奥运会。这一年他25岁，刘国梁24岁，瓦尔德内尔35岁。

比赛似乎朝着理想的方向一步步进展，3人都在各自的战线上不断挺进。两场半决赛，孔令辉对佩尔森，刘国梁对瓦尔德内尔。最终，状态更胜一筹的孔令辉与老瓦进入决赛，"三人峰会"和"中瑞对抗"的终极悬念还在继续。他们每个人都有太多的理由来获得冠军。全世界都更有理由迫切期待一场巅峰对决的展开。两人都是如此地无可取代，以至于他们的对决显得如此残忍。在将近20年的时间里，瓦尔德内尔曾与几代中国乒乓球运动员展开了旷日持久的对抗，这本身就是一个"现象"。孔令辉当然不是第一次面对儿时的偶像，但这一次却是不同寻常。于他而言，荣誉已经失落得太久。获得大满贯的机会近在咫尺，带着这种对胜利的强烈渴望，他需要再一次冲击早已熟悉的对手。

比赛的进程已不必赘述。1比0，2比0，2比1，2比2……觥筹交错，刀光剑影。惺惺相惜的两人全力以赴，制造了一场经典。

孔令辉说："我小时候一直看着老瓦打球长大，他是一个令每一位运动员都尊敬的运动员，无论是他比赛中的成就，还是打球的天分。能够在这样重大的比赛中战胜他，这是我非常骄傲的一件事。"如他所说，一代新人胜旧人。在顽强地扳回两局之后，瓦尔德内尔终于回球下网，没能挽救这最残忍的一道弧线。

他紧握双拳，仰天怒吼，那一刻孔令辉用坚持换来成熟。孔令辉亲吻球衣上国旗的一幕让国人为之感动，让世界为之感动。酣畅淋漓的宣泄，勾画出的是一个英雄倾吐满腔情怀的畅快。生命在南半球如水的夜晚刻下又一道年轮，仿佛又回到了梦开始的地方，只不过当时他的对手，是如今战胜佩尔森获得铜牌的刘国梁。

蔡振华教练总是坐在场边喜怒不形于色的那一类人。他的面孔似乎是在风雨侵蚀之下剥落了色彩的墙壁：在那里，人们寻找不到任何事件经过的痕迹。但是当孔令辉把握住机会拿下赛点时，沉默的主帅也激动地跳了起来，与弟子紧紧拥抱在一起，脸上满是滂沱的狂喜。我们才明白，那些时间里，弟子全力挥拍的身影才是这面墙壁上投射出来的最好的壁画。弟子的成长，他能够看到；弟子的辉煌，他感同身受。

于是，悉尼奥运会乒乓球男单决赛结束时，人们终于幸福地发现，领奖台上的孔令辉与瓦尔德内尔、刘国梁完成了各自人生中最重要的3人聚会。最好的朋友与最好的对手，从天津到悉尼，孔令辉终于站在这两个男人中间。喜悦、遗憾，终归于从容。曲终人散时，对影成3人。

熊倪 074

熊倪以0.3分的微弱优势险胜，一举冲破了跳水队悉尼无金的噩梦

熊倪从水中走出来，用力挥舞了一下右臂。这最后一跳，让他心里没有任何遗憾。接着熊倪向游泳馆最远端的电子计分牌看去，81.6分！他以0.3分的微弱优势，战胜了异军突起的普拉塔斯。

惊心动魄，刻骨铭心。

熊倪双臂挥舞，突然跪倒在地，身体轻微地战栗着。巨大的压力不能压倒他，但巨大的喜悦和无比的轻松，让他无法站稳脚跟。

中国跳水队领队周继红与熊倪相拥而泣。3天来，梦之队颗粒未收的窘境让她背负所有压力于一身。熊倪的教练刘恒林也再无法抑制，一切情感瞬间迸发出来。他们肆意地宣泄着，全部泪流满面。周继红与熊倪紧紧抱在一起，长时间没有分开。

第四次参加奥运会的熊倪含泪潜进水池，久久不能面对全场沸腾的观众。这枚金牌是一缕阳光，驱散了笼罩着跳水队的阴云。

男子3米板决赛，虽然一直有墨西哥人费尔南多·普拉塔斯在其间制造悬念，但人们始终在聚焦熊倪、萨乌丁的较量。熊倪复出以来尚未在3米板上胜过萨乌丁，但为了这枚难度极大的金牌，中国代表团团长袁伟民亲自出马进行战前动员，明确要求就从这个弱项拼："人家能够超水平发挥，为什么你们就不能？"

熊倪是从落后开始的。他虽排在末位出场，但是带入决赛的分数仅列第四，比萨乌丁少了9.84分。第二轮结束，这个差距一度扩大到30多分。

前有拦敌，后有追兵的萨乌丁，从第三跳开始有些动摇了。他在第二个动作选择了高难度系数，在第三跳又将难度调低，谁知裁判正是在这个动作上略微压了他的分。俄罗斯人感到有些不适了，在跳第四个动作时，熊倪就站在他身后潇洒地伸腿弯腰，而萨乌丁忽然走到看台边，对他的教练轻轻嘀咕几句，似乎在埋怨什么。

第四跳萨乌丁果然没跳好，可熊倪的分也不高，仍排在普拉塔斯后列第三。第五跳萨乌丁依然没跳好，可当熊倪跳完第五轮后，1号古巴裁判的分数却无法传递到总裁判席。比赛中断了3分钟，最后是这名裁判打着手势告诉对方的，而萨乌丁的心情却受到了又一次打击，因为他一直在盯着这个分数。

最激动的场面到来了，普拉塔斯在最后一跳跳出了83.64的高分。这个考验神经的时刻，萨乌丁在重压之下垮掉。他跳砸了自己难度系数最高的5353B，只拿到了可怜的65.10，没能超越普拉塔斯。全场的墨西哥支持者们狂热地呐喊，普拉塔斯已开始和教练庆祝了。

熊倪站上跳板，游泳馆里相当安静。希望如游丝，脆弱到了极点。

跳板一颠一颠地颤动，让所有人心跳急骤加速。熊倪缓缓地平举起双手，然后在万众瞩目之下一跃而起。407C，空中动作飘逸潇洒。

当他完美地潜入水中时，萨乌丁又转过身去和他的教练议论了起来。他已经知道，4年保持不败的他，在最需要赢的时候却输了。

围绕这场戏剧化的比赛还有一场幕后之争。本来，萨乌丁在自选动作的难度系数一直都不及熊倪；为了出奇制胜，教练特意将他的难度由半决赛时的共18.5提高到了19.3，比熊倪的19.2还高出了0.1。恰恰是这两个在决赛中提高了难度的动作，最终将萨乌丁带向了失败的鬼门关。

在中国教练看来，虽然胜得惊险，但熊倪的实力本来就配得上这块金牌。而这最终制胜的0.3分是如此的概念：熊倪全套动作中最简单的一跳的难度为1.6，如果有一个裁判少打0.5分，那么熊倪的总分将减少0.48分。更何况在最后一个难度3.4的动作上出现什么闪失了。

好在最后的一跳，裁判中没有哪位再狠心少给0.5，否则1988年熊倪惜败于洛加尼斯的一幕便要在悉尼上演。前中国队总教练徐益明表示："这一次的裁判对中国选手还是宽松的，要不然熊倪这块金牌又被他们打飞了。"

当熊倪登上领奖台时，悉尼的夜空响起了第一声春雷，仿佛在为他喝彩。

熊倪
Xiong Ni
性别:男 生日:1974.1.11
出生地:湖南长沙
项目:跳水
1996、2000年奥运会男子跳水3米板金牌得主，2000年奥运会男子跳板双人金牌得主。现任湖南省体育局副局长。

075 李娜&桑雪

16岁的李娜和桑雪在经历了炼狱般的失败后，又走向了复活

跳水比赛的第一天，赛前广被看好的夺冠热门李娜、桑雪由于过于紧张，终与冠军擦肩而过，让奥运会女子跳台金牌落入了美国人的口袋。赛后，桑雪情不自禁地当众痛哭；李娜虽然没有哭，但是从她的脸上，我们可以看出她对失去的这枚金牌的向往。

"这么多年女台单人金牌在奥运会上都没有丢过"，李娜之后回忆。从1984年奥运会开始，中国跳水已经连续4届奥运会蝉联女子10米跳台跳水冠军，本来在这个项目上，中国最渴望的是拿到单人冠军，李娜和桑雪堪称夺冠的双保险。可惜天不遂人愿，一次不小的失误，1.74分的微弱差距，最有实力夺冠的李娜最终只获得银牌。

3天后，两名小将再次站在10米跳台上时，从她们的脸上已经找不到3天前痛失金牌的阴霾，取而代之的是淡定的微笑和自信。"双人跳压力小些，大家可以分担压力"。桑雪说。

第一轮，她们的得分是55.8，上来就处在了第一位。最漂亮的是她们的第二跳，在这个难度系数仅仅为2.0的动作上，两个中国小姑娘发挥得异常出色，动作整齐，入水漂亮。两人均以一个向前翻腾一周半屈体入水，无论从技术动作的完成和两人之间的动作协调性都无懈可击，裁判毫不吝啬地给出了4个10分！这个规定动作让她们拿到了58.20的高分。

仅仅一个难度并不是很高的动作，就使得李娜和桑雪超出第二名12分，从此奠定了取胜的基础。在第四个动作结束之后，她们已经确保了自己的金牌，领先优势达30多分。最后一跳是李娜和桑雪在比赛中唯一有点缺憾的动作，水花稍微有些大，但还是得到了72.00分。她们5个动作超出第二名——单人跳决赛上给她们造成巨大麻烦的加拿大选手33分，而获得单人冠军的美国选手的组合最后只名列第五。李娜和桑雪以绝对的优势夺冠，报了在女子单人10米台失利的一箭之仇。

她们的表现获得了全场观众和对手们的钦佩。当最后一个动作完成之后，美国队的教练来到桑雪面前，亲了亲她的面颊。

令许多人意想不到的是，这两个在跳台上走台先用哪只脚，步伐距离，手臂摆幅以及起跳的动作，都如同自己身体和影子一样形影不离的小姑娘，她们配合时间还不到一年。去年1月的新西兰惠灵顿世界杯跳水赛，那是李娜和桑雪组合的首次亮相，她们摘走了金牌。

"国家队就要去新西兰世界杯前几天，桑雪的搭档训练中脑袋磕到池边，受了伤，队里临时让我和桑雪搭档，"李娜说，"结果我们俩第一次搭档就在世界杯上拿到冠军，而且感觉特别好，后来就这么坚持下去了。"

两个小女孩的配合堪称天衣无缝，决赛中的好几跳，同步得分居然高于技术分。她们在队里吃住在一起，平时磕绊的事都少有。两人的"同步"不仅体现在跳台上，有时为一件事能笑上老半天，第二天两人都觉着笑过头了，腹肌酸痛。"我们俩非常默契，有时候即使在平日生活中也会不知不觉地说出同样的话。"

两姐妹共同描述了对奥运会最为深刻的感受——比赛太艰难，也太残酷。两人都说"比想象中的可怕"。桑雪依然有些后怕："像我们在备战奥运会时千辛万苦，每一个动作都跳过成千上万次。可在奥运会上，就给你短短的1个小时，而稍一失误，你的全部心血、全部努力就付之东流了。"

李娜和桑雪都生于1984年，今年已经16岁了；而她们的偶像熊倪在1988年的汉城第一次感受到奥运会残酷的时候才14岁。

这两个性格外向的姑娘比熊倪幸运多了，她们的熊倪师兄在14岁失去的金牌后用了8年时间才夺回来。而正是由于有了这样的一个师兄，替她们卸下肩上的重担，让她们在悉尼少走了好多弯路。失败之后只用了3天，李娜和桑雪便登上了奥运会的冠军领奖台。

李娜 Li Na
性别:女 生日:1984.5.1
出生地:合肥 项目:跳水

桑雪 Sang Xue
性别:女 生日:1984.12.7
出生地:天津 项目:跳水

2000年悉尼奥运会，桑雪/李娜以总分345.12分夺得女子10米跳台双人金牌。李娜2005年十运会后退役，进入中国人民大学学习。桑雪于2003年进入中国人民大学学习，目前涉足娱乐圈。

王丽萍 076

不被看好的王丽萍，为中国田径队获得了本届奥运会唯一的金牌

王丽萍
Wang Liping
性别:女 出生年:1976.7.8
籍贯:辽宁凤城
项目:竞走
2000年第27届奥运会，夺得女子20公里竞走金牌。退役后在北京体育大学攻读教育学硕士，目前进入中国女子竞走队担任管理工作。

中国田径敢摆明了说要拿金牌的项目只有女子20公里竞走。出征前夕，虽然世锦赛银牌得主王妍被裁，但是田管中心再也没有能拿得出手的强项，只能咬牙孤注一掷。刘宏宇成了中国队里唯一的希望。对于第一次参加奥运会的王丽萍，因为实力和刘宏宇有较大差距，田管中心的领导并没有对她抱太大希望。王丽萍想自己争取能挺进前8名，要是能拿到铜牌就很满意了。

28日上午10点45分，奥运会女子20公里竞走鸣枪开赛。比赛的前半段一切进行得都很平稳，唯一出乎意料的是在比赛进行了一半后，3名俄罗斯选手居然无一人跟在第一集团中，而她们赛前被认定是刘宏宇最强劲的对手。其中一名俄罗斯选手在比赛中被罚出场，其余两名始终没有追上来。

这时第一集团中有5个人，其中有中国的刘宏宇和王丽萍，澳大利亚的塞维莉等。中国队赛前预料的情况果然发生了，第一集团的速度一直比较慢，不愿出头的刘宏宇只好冲出来，把速度带上去后再"隐藏"回去，可是她一退后速度马上就降下来，显然对手也早有准备。于是刘宏宇不得不一次次地冲到前面领走。这样较量到16公里，裁判员向刘宏宇亮出了红牌！那一刻刘宏宇的表情无法用言语来准确形容。她感到困惑和无比的委屈，眼泪和汗水如雨般落下。而田管中心官员的心中一颤，唯一可能夺得的田径金牌丢掉了。

但是中国人并不是唯一的不幸者。在比赛进行到了19公里的时候，裁判的"枪"又打在了"出头鸟"身上，领走的意大利名将贝隆尼也被出示了红牌。贝隆尼睁大两只眼睛一个劲地摇头，她不明白自己做错了什么。此刻在最前面昂然领走的便成了澳大利亚选手塞维莉，而她甚至连一次像样的世界大赛都还没有参加过。

塞维莉的动作只有在欢呼雀跃的澳大利亚人眼里才没有问题，她就这么一路小跑着冲得越来越快。这个时候忽然有人从她的背后冲了上来，原来是刚才已经被罚下的贝隆尼。贝隆尼领先塞维莉二三步地走着，从背影看去，谁犯规谁没犯规一目了然。贝隆尼就这样固执地证明着自己，发泄着悲愤，直到再次被裁判员请出了场外。

此时的王丽萍已经追到了第二位，田管中心的官员和教练在大声地告诫她稳住心态，保住银牌就好，因为跟东道主选手较劲的后果已经明显地摆着了。

然而，命运就是这样喜欢搞恶作剧。在东道主选手高高兴兴地走到了奥运会主会场的入口处，露出胜利者微笑的时候，天理终于迟迟降临了——美国裁判向塞维莉出示了红牌，她在离金牌只有咫尺之遥的地方被无情地罚下了。体育场内由澳大利亚观众组成的"海啸"戛然而止。

紧随其后的王丽萍脸上露出了笑容，她的身边已经没有任何对手。她的动作是那样的稳健优美，她轻盈地走过了终点，在最后关头为中国摘下了这枚计划之中却又绝对意料之外的金牌。直到最后300米，奥运会金牌对于王丽萍来说还只是个梦想，然而飘在半空中的梦想就这么被她实现了。

走过了终点的王丽萍没有停下来，她高高地举起双手,向观众挥舞着。她用牙咬着嘴唇，不让自己哭出声，但是泪水已经悄悄地涌出了眼眶。她与教练和队友刘宏宇紧紧拥抱在一起放声痛哭，庆祝这枚来之不易的金牌。

在赛后接受采访时，王丽萍告诉记者，在夺得金牌的那一瞬间,她十分想念自己的父母，因为若不是他们，她今天就不可能出现在奥运会的赛场上。原来在奥运会备战前期，王丽萍意外膝盖受伤，状态很不好，她一度觉得自己没有希望了，想放弃比赛。她回家住了一个月，这一个月里父母每天都跟她谈心，鼓励她执着地对待自己的事业，因为他们不想自己如此热爱竞走的女儿从此和运动场挥别。王丽萍为父母亲殷切的希望所深深打动，她重新回到了训练场上。

王丽萍在女子20里竞走中为中国获得这枚看上去"意外"的金牌，向世人证明了中国人在体能项目上不是天生的弱者。

077 熊倪&肖海亮

这是一场百分百的一边倒比赛。熊倪/肖海亮发挥完美，萨乌丁孤掌难鸣

只能对倒霉的俄罗斯人卢卡辛说声“你功夫太差了，”他实在不能算是合格的搭档。奥运会男子双人3米板跳水，可被归结为卢卡辛的队友萨乌丁和中国双雄熊倪、肖海亮的“三人恩仇”。俄罗斯的跳台二号人物此刻只是个能陪同萨乌丁顺利完赛的角色，真正的较量只在“沙皇”一人和中国队之间展开。

这是一个传奇，也是一种悲凉。1990年代初真正步入鼎盛期的中国男子跳水迎来了“世纪对手”——俄罗斯“沙皇”萨乌丁。传奇之意在于，自1992年始，萨乌丁几乎一次不落地出现在各种国际大赛上，与一代又一代中国男选手展开了跨越世纪的对抗。之所以说它悲凉，是因为在旷日持久的“世纪对抗”中，双方互有胜负。由于年龄增长以及中国跳水人才层出不穷，每每成为夺冠热门的“沙皇”也曾数次被打得毫无脾气。壮志未酬，年华老去，怎不悲凉。

另两位主角中，熊倪自不必说。这位“四朝元老”是中国队的灵魂人物，堪称萨乌丁“一生的对手”。在亚特兰大，熊倪先下一城，力夺中国首枚男子跳板金牌，而萨乌丁则以跳台桂冠还以颜色。4年后，原本已退役的熊倪临危受命复出。先上演的单人赛注定成为“世纪经典”，0.3分的逆转成就了熊倪的卫冕梦想，也再次粉碎了萨乌丁登顶跳板的雄心。熊倪双膝跪地的惊世一吼恐怕让老萨也不得不生瑜亮之叹。

肖海亮资历虽不及师兄熊倪，但同样年少成名的他和萨乌丁也算渊源颇深。跳台出身的他曾在亚特兰大冲击男子10米台的金牌，结果败于开始步入巅峰期的萨乌丁，无奈名列探花。随后他也转攻跳板，并与熊倪组成“双保险”出征悉尼。单人赛中他没能协助队友压制老萨，自己也颗粒无收。

然而双人的情形大不一样，二人合作的性质使搭档的实力成为决胜的一大重要因素。由于一人实力不济，俄罗斯的双人跳板如同主将萨乌丁近年来的奋战历程，尽管能以一己之力维持局面，但总体上寡不敌众，与中国队的交锋负多胜少。此战面对“双剑合璧”的熊倪/肖海亮，老萨徒呼无奈。

决赛再做过多纠缠已无意义，一场百分百的一边倒比赛。中国组合发挥完美，从第一轮开始便一路领先。俄罗斯人无力反击，第四跳时，这对“略有残疾”的组合甚至因失误被身后的澳大利亚和英国人超过，仅凭末轮86.14分的出色表现才勉强保住第二。而熊倪/肖海亮最后一跳的成绩为89.10分。

萨乌丁无力回天，当他孤掌难鸣之时，结局早已注定。君临天下的荣光已退却，他只能仰视中国“大将”熊倪加冕个人第三枚奥运金牌“勋章”，以及曾经的手下败将肖海亮高昂的头颅。

萨乌丁的时代就此结束了。

熊倪(右)
Xiong Ni
性别:男 生日:1974.1.11
出生地:湖南长沙
项目:跳水
1996、2000年奥运会男子跳水3米板金牌得主、2000年奥运会男子跳板双人金牌得主。现任湖南省体育局副局长。

肖海亮
Xiao Hailiang
性别:男 生日:1977年
出生地:湖北武汉
运动项目:跳水
1996年亚特兰大奥运会获男子10米跳台铜牌。2000年悉尼奥运会与熊倪搭档获得男子双人3米跳板金牌。现为某报记者。

伏明霞078

从巴塞罗那到亚特兰大，再到悉尼，这是伏明霞三届奥运会生涯中的第四枚金牌

伏明霞哭了。她刚刚和全场观众一起平静地接受了她的第四枚奥运金牌，有一点激动，有一点泪水。再次登上领奖台最高处对她来说意味着什么？延续她对女子单人跳水的某种垄断？今天，她以一个几乎无可挑剔的5335D结束了她的演出，结束了全场比赛，并以609.42分的高分获得女子3米板的冠军。她一度落于下风，但她最终笑到了最后，为一个传奇画上句号。

"刚开始跳的时候我有两个动作没跳好，我没想到自己能够在后面几个动作中追上来。"伏明霞说，"我哭的原因是因为我觉得自己终于实现了3届奥运会能够拿到金牌的目标，我非常高兴。"1996年她从巅峰引退，进入清华大学过着一个普通年轻人的生活。在离开水池近两年后，伏明霞突然发现：跳水可以不是任务、义务或者使命，而是一种纯粹的快乐。她开始想念跳水池，想念那种在空中穿行的感觉，想念跃入池中后碧波不兴的喜悦。选择回来不是为了国家，不是为了教练，也不是为了支持者，她仅仅为了她自己。

人们很快就发现，长大了的伏明霞突然有点儿叛逆：她会出现在电视访谈节目中，身边没有过去惯常会有的表情严肃的教练和领队；在规定熄灯的晚上9点半后，她还在享受冰咖啡的妙味；过去的童花头被由发胶定型的长发取代，而服装也变成了性感的运动装：紧身T恤衫、宽松的休闲长裤和不系鞋带的时尚的耐克运动鞋。

作为曾经的年龄最小的奥运金牌得主，踏上悉尼征途的伏明霞再度引发世界关注。9月11日美国《时代》周刊亚洲版把中国姑娘放上了封面。该刊在内文中描述了一个"享受跳水乐趣的"的微笑女孩。

正是这种乐趣让她坚持，助她走出困境，完成逆转摘得金牌。"过去的我已经不去想了，我能实现今天这个梦想，我觉得过去所承受的一些酸甜苦辣，都是值得的。"

对伏明霞来说，决赛就是和队友郭晶晶的较量，而她在这个师妹面前并没有任何优势。半决赛中郭晶晶就领先9分，不过好在还没有把大姐甩下太多：第三轮跳完伏明霞把差距拉近到5.88分。她难度系数3.0的205B点燃了看台上的一片掌声。然而，观众的掌声很快就变成了嘘声：有一名裁判居然打出了5.5的最低分！这与其他同行的8分、8.5分、9分形成了鲜明对比。尽管根据规则，这一最低分和另一最高分并不会被计算为有效分，伏明霞的最终得分不会受影响。但这位裁判的给分还是引来观众和媒体的极大关注。从某种意义上讲这位裁判成为影响比赛的另一个因素。

这一跳后，伏明霞霸气尽显，身上3枚奥运金牌的光环开始闪闪发光。尽管她仍然落后，但冠军悬念似乎已经破解。

第四个动作，伏明霞进入了最佳状态。她走上跳板之前，和两天前熊倪的准备工作一样，将整体动作做一遍；她踏上跳板之时，也和熊倪一样，在板上稍作停留，调整呼吸；而她的表现，也和前两天的熊倪一样。两个9.5分、两个9分，伏明霞以全场最高分81.10一举跃居榜首。

"我首先要感谢熊倪，是他昨天在3米板上的表现激励了我。"伏明霞感受颇深，"熊倪跟我说过，不到最后一个动作，不要轻言放弃，我完全是按照他的话去做的。"

最后一跳的难度系数虽低一些，但有5名裁判给出了9分的高分。伏明霞再次在观众热烈的掌声中，赢得全场第二高分77.43。倒是郭晶晶在关键时刻乱了方寸，以12分败给了自己的大师姐。

从巴塞罗那到亚特兰大，再到澳洲的悉尼，这是伏明霞3届奥运会生涯中的第四枚金牌。奥运历史上，只有洛加尼斯创造过如此的辉煌。再加上伏明霞几天前到手的一块女子双人跳板银牌，便与美国传奇平起平坐。她成为了奥运跳水史上最伟大的女性。

"能够取得今天这样的成就，我觉得是跳水造就了我。"伏明霞说。

《时代》周刊说得再正确不过了："当一个成熟的伏明霞站在悉尼的跳板上时，人们看到的只会是勇气、优雅和时髦，而不是其他。"

伏明霞
Fu Mingxia
性别:女 生日:1978.8.16
出生地:湖北武汉
运动项目:跳水
1992年巴塞罗那奥运会上夺得10米跳台冠军；1996年亚特兰大奥运会上获3米跳板和10米跳台冠军。2000年悉尼奥运会上夺得3米板冠军。现移居香港。

079 陈中

黑马陈中凭借凌厉的腿部攻势和灵活多变的步法,为中国队收获了一枚"意外"的金牌

如果说跆拳道是中国奥运会夺金军团中的一匹黑马的话，那么赛前并不引人注目的陈中无疑是黑马中的黑马。9月30日晚，在女子67公斤以上级的跆拳道决赛中，18岁的河南姑娘陈中，以8比3击败俄罗斯人伊万诺娃，为中国夺得首枚跆拳道奥运会金牌。

此前，被寄予厚望的贺璐敏在第二轮就遭淘汰，极大地刺激了中国跆拳道队。要实现赛前制定的夺金目标，只有看最后一个出场的陈中了。中方教练组认为，贺璐敏被对手反败为胜，关键是领先时战术过于保守，不敢主动出击导致的。在这个级别上,中国除了贺璐敏，还有另一选手有夺金的实力。最后选择贺璐敏参赛，本是看中她善于动脑筋，适应比赛的能力比较强。但是贺璐敏的失利，说明比赛中光有一点小聪明是不够的。陈中和贺璐敏从小一起长大，两人的风格也有些相似。如何让陈中吸取贺璐敏的教训，成了中国队教练组赛前备战的重点。

29日晚，教练把贺璐敏和陈中找来，一起分析了前者失利的原因。开完会已经是晚上11点多，教练组还是有点不放心，干脆把客厅的东西挪了挪，腾出了一个空间，让贺璐敏模仿克罗地亚选手做陈中的陪练。除了模仿对手外，贺璐敏还充当陈中的反面教材，教练先判给贺璐敏领先两分，然后让她重演消极防守的一幕，让陈中主动进攻；接着，再判陈中领先两分,然后让贺璐敏进攻,陈中防守。就这样，二人一直加练到凌晨两点。一切让陈中感受到的就是：积极甚至有效的进攻才是取得胜利的唯一途径，消极防守就等于是自杀。

第二天比赛时，陈中的"假想敌"克罗地亚选手半决赛中意外被俄罗斯的伊万诺娃淘汰，此时距离决赛只有半小时左右。由于决赛对手与赛前估计的出现了变化，中国教练组根据伊万诺娃的情况，立即对陈中决赛战术进行了调整。考虑到半决赛伊万诺娃与克罗地亚选手拼得很凶，体能消耗较大，教练组给陈中设计了一套新的进攻战术组合，要求她比赛中要坚持不断进攻，不给对手喘息机会，彻底拖垮对手。

开场仅20秒的时间，双方就几乎同时发动猛烈的进攻。观众们还来不及看清楚场上的情况，陈中就已经率先得分了。她采用了主动进攻、以攻对攻的战术，气势上首先压倒了对方。

但是伊万诺娃也毫不示弱。她对陈中发起了一次十分猛烈的进攻，左摇右晃，一通乱踢，但是这并没有让她得到任何便宜，计分牌上变成了3比1。而就在伊万诺娃还在为分数感到困惑的时候，陈中抓住战机使出了一招"下劈"。这一脚踢得很高，下落时踢中了伊万诺娃的头顶。4比1，陈中领先。

第二局双方都打得很谨慎，双方各得一分。最后一局的较量异常激烈，落后的伊万诺娃开始了疯狂的进攻，连踢数脚，她挽回了一分。陈中打得十分小心，注意和对手保持一定的距离,进攻速度快,常常使用前横踢、后横踢、下劈、后踹等组合进攻。在最后一分钟，她又主动发起了进攻。陈中大喝一声起脚，一个前横踢扫中对手左肋。8比3，大局已定。伊万诺娃不再吼叫，不再晃动，只是冲上来一味地左右乱踢，但都已无济于事。

我们可以把陈中的夺冠看成偶然，但它也存在着必然。这和她精湛的步法是分不开的。决赛中陈中眼花缭乱的步伐给观众和裁判们留下了深刻的印象，在所有参加本届奥运会的女子跆拳道选手中，陈中的步法恐怕是最好的。

其实，身高1.83米的陈中是从1995年开始改行学跆拳道的，算起来她的跆拳道生涯只有4年而已。起初，之前打篮球的陈中最大的弱点就是步法不太灵活。为了解决这一技术薄弱环节，打乒乓球出身的领队郭仲恭便决定让她练习乒乓球队员的步法。正是得益于郭教练细心的指导,陈中才练出了灵活而独特的步法，这正是她获得金牌的一个秘密武器。

眼前的陈中笑靥如花，她挥舞着国旗，双手将其高举过头顶绕场一周以欢庆胜利。辉煌背后的代价是难以想象的。训练时陈中经常受着超人的捶打和磨练，10个小时不离训练馆一步。脚上的趾甲被踢得全部脱落，上面缠的纱布常被染成红色。今天，这一切终于换来一个圆满的结局。

陈中
Chen Zhong
性别:女 生日:1982.11.22
出生地:河南焦作
运动项目:跆拳道
2000年悉尼奥运会获女子跆拳道67公斤以上级金牌，这是中国第一块跆拳道奥运金牌。2004年雅典奥运会蝉联该项目金牌。目前正备战2008年奥运会。

田亮080

4年前在亚特兰大仅获第四，4年后21岁的田亮再战悉尼，这次他成就了自己的金牌梦

奥运会跳水比赛还剩下最后的男子10米跳台，中国跳水队已4金在手。半决赛后，中国选手胡佳、田亮均领先于俄罗斯对手萨乌丁，排在前两位。已参加了3项比赛的俄罗斯人明显显出疲态，再加上伤病困扰，成绩并不很理想，但他仍是中国队完美收官的最大阻碍。

决赛中萨乌丁倒数第三个出场，他的第一个动作107B得到了81.90的高分。但是他的领先并没有保持多久，随后出场的胡佳动作与萨乌丁一样，但质量明显高出一筹，有一个裁判甚至打出了10分。接下来登场的田亮第一个动作5237D近乎完美，3个裁判打出了10分，另外4个打了9.5分，一下子拿到93.12分。他把与萨乌丁之间的差距拉大到21.75分。

俄罗斯老将不甘心就这样输掉。第二跳他选择了难度系数达到3.2的407C，并且跳出了83.52的高分。胡佳再次用了同样的动作，但是明显要比萨乌丁更出色，有两名裁判亮出了10分。他的得分上长到90.24，又比萨乌丁多了7分多。田亮的第二跳稍有不足。这轮结束以后，萨乌丁的落后差距增加到25.11分。

看来"夹击"萨乌丁的战术是非常有效的。第三跳后萨乌丁已经绷不住了，转眼被甩下了40多分的距离。金牌逃不出中国队手心了，可两名中国选手的内部之争却出现了意外：前三跳后，看到出道不久的胡佳竟然领先了自己38分，田亮当然有点儿着急了。

这么大的差距，第四跳207B几乎成了田亮最后的"救命稻草"。半年前把207C改成现在这个难度系数高达3.6的超高难动作，田亮是想用来对付萨乌丁的。打定主意"要复仇"的田亮，并没想到胡佳会成为自己的头号敌人。

不过胡佳前半程发挥得确实太好了，尤其当大家在关注田亮、萨乌丁两大高手，而没把他当做夺冠热门时，心情轻松的他凭借第二跳和第三跳的惊人发挥，顷刻间把两人都甩在了身后。第三跳"向后翻腾三周半抱膝"更做得无可挑剔，7名裁判给出6个10分，1个9.5分，得分为99分。观众席上的一万多名观众顿时掌声如雷，教练席上的周继红和钟少珍也蹦了起来。偏偏田亮在第二跳和第三跳上都出现了细小失误，第一轮还暂居首位的他被对手反超后差距还在一点点地拉大。

"多亏教练当时给我宽心"，田亮赛后描述着当时的情形。第三轮结束后他的教练张挺把他叫到跟前，提醒他只要207B这个动作跳好了就会有机会，而且还用熊倪的例子告诫田亮："你现在就得向熊倪学习。"

机会很快就降临了。17岁的胡佳就像4年前参加奥运会的田亮，头一次见这么大场面，重压下很难保证始终如一地把动作做到家。第四轮尚未出场就有观众大喊胡佳的名字，结果本身就不是太好完成的倒立626C他大失水准，一位裁判打出了4.5分，51.04分的得分让田亮看到了希望。

起跳前田亮准备的时间显得格外长。像车轮般在空中飞转三周半后，田亮轻盈地展开身体笔直入水。口哨声、掌声、欢呼声充斥着整个跳水馆，教练区内的各国教练也纷纷向张挺表示祝贺。101.52分，田亮凭此重新占据榜首。

最后一跳完成后，当田亮从水里冒出头来时，张挺高声叫喊着奔向徒弟，两人紧紧地拥抱在一起。两人一前一后走向更衣室，没想到张挺突然在身后发动"偷袭"，把田亮推进了水中。"1994年我第一次拿全国冠军时教练把我推到了水里，现在教练肯定比那时还要高兴了。"走下领奖台的田亮眼神里透着点得意："我这枚金牌应该是中国代表团的最后一枚金牌了，能让我来画这个句号，感觉真好。"

田亮
Tian Liang
性别:男 生日:1979.8.27
出生地:重庆 项目:跳水
1996年亚特兰大奥运会男子跳台跳水第四名，2000年悉尼奥运会获男子10米跳台金牌，2004年雅典奥运会与杨景辉搭档夺得男子双人10米跳台金牌，并获得本届奥运会男子10米跳台铜牌。现任陕西跳水管理中心副主任。

第28届奥运会→雅典

时隔108年后，奥运会再次回到故乡雅典，却以东道主选手的禁药丑闻开场，又以男子马拉松比赛中的“伏兵”闹剧结束，所有这一切都证明一个事实，奥运会不仅是一个盛大的体育舞台，也是滋生离奇变故的最佳场合。体育的纯洁性和公平性正受到严重的侵蚀，尽管国际奥委会主席罗格在闭幕式上坚称：“在本届奥运会上依靠欺骗取得胜利越来越困难，正义越来越受到保护。”

参加本届奥运会的国家和地区奥委会共为202个，参赛的运动员总数是11099人，其中男运动员为6575人，女运动员为4524人，女运动员达到了40%以上，创造了女运动员参赛的新纪录。美国人凭着他们强大的综合实力，继续在金牌榜上列第一。

二十多位运动员药检未能过关，比四年前的悉尼奥运会翻了一番，这是一个令人感到悲哀的数字，但同样有一些振奋人心的奇迹。美国天才少年菲尔普斯在泳池中共捞得6金2铜，而让人们印象更深的是，他把400米混合泳接力夺金的机会让给了好友兼对手克罗克，自己则在看台上从心底为队友的表现欢呼喝彩。而当今最伟大的中长跑选手、摩洛哥王子奎罗伊继梦断亚特兰大和悉尼之后，终于赢得了1500米的冠军，然后又挟余威在5000米比赛中称雄，这个成就只有芬兰人努尔米可以与之比肩，他在1924年巴黎奥运会上包揽了这两个项目的冠军。

中国选手刘翔以平世界纪录12秒91的成绩获得了男子110米栏的冠军，成为中国第一位夺得奥运会田径金牌的男运动员。不过，这只是中国获得的众多金牌中的一枚，在奖牌榜上，中国以32金紧随美国的35金之后位居第二。这个世界上人口最多的国家即将在首都北京承办2008年奥运会，他们这次的优异表现也让所有对手心惊胆寒。

应当说不走运的人很多，但最不走运的是美国的“梦六队”，他们在赛前被认为是夺冠最没有悬念的球队，但他们却让人大跌眼镜，最终仅获得铜牌。在半决赛中战胜他们的阿根廷队一鼓作气，夺得了奥运男篮金牌。由于他们的足球队也获得了冠军，在这个为足球而狂的国度里，篮球霸主完全被足球冠军的夺目光芒所掩盖。

TM©
ΑΘΗΝΑ 2004

Αγώνες της 28ης Ολυμπιάδας, Αθήνα 2004
Jeux de la XXVIIIe Olympiade, Athènes 2004
Games of the XXVIII Olympiad, Athens 2004

2004

雅典奥运会开幕式，巨大的五环出现在场地中央，全场激情四射。

108年,从雅典到雅典

1896年,第1届现代奥林匹克运动会在希腊雅典举行;2004年,千禧年后的第1届奥运会回归雅典,使全世界有机会重温古代奥运会的神圣。

作为现代奥运的发源地,雅典有着其他任何城市都无法比拟的优势。本届运动会田径项目中的男、女铅球比赛是在古奥林匹亚体育场进行的,颇能使人重温古代奥运会的神圣和辉煌。而曾举办过1896年首届现代奥运会的帕那西奈科体育场经过重新布置,承办了本届赛会射箭和马拉松终点阶段的比赛;曾经作为1896年首届现代奥运会自行车赛场的卡莱斯卡基体育场经过翻建后,成为本届男、女足球比赛的场地;马拉松赛的路线则完全是传说故事中公元前490年希腊勇士菲里皮迪斯传递消息时所跑的路线。

共有来自国际奥委会202个会员协会的11099名运动员,参加了总共28个大项37个分项301个小项的比赛。与悉尼奥运会相比,减少了拳击项目的1个小项、男子摔跤项目的2个小项和女子花剑团体项目,增加了女子摔跤4个小项和女子佩剑个人项目。参与报道本届赛会的新闻记者共有21500名,共招募到160000名志愿服务者。

奥运会开幕前的圣火传递开创了多项第一。为了纪念奥运会重新回到故乡,组委会对火炬传递路线进行了精心设计。本次奥运会火炬首次传遍了全世界的五大洲,并首次到达了非洲和南美洲,使世界各地的人们都有机会参与并体验这一盛大活动。圣火传遍历史上举办过夏季奥运会的所有城市,使这些城市有机会再次目睹奥运圣火,再次体验奥运会带来的快乐。此外,火炬还到达了一些有特殊意义的城市,如欧盟中心城市布鲁塞尔、国际奥委会总部所在地洛桑以及下届奥运会主办地北京等。整个火炬传递过程历时78天,在全世界传递了78000公里,并传遍希腊所有行政大区和所有州。

本届奥运会的比赛是提前开幕式两天,于8月11日开始的。8月13日的开幕式进行得精彩纷呈,希腊演员以如诗如梦般的表演展示了爱琴海的浪漫和古希腊文明。而独树一帜的圣火点燃仪式更是将开幕式的热烈气氛推向了高潮,点燃圣火的是希腊优秀男子帆板运动员尼科拉奥斯·卡克拉马纳基斯。在希腊总统科斯蒂斯·斯蒂凡诺普洛斯宣布本届奥运会开幕后,游泳运动员多米斯卡齐和篮球裁判员沃里亚迪斯分别代表运动员和裁判员进行了宣誓。

本届奥运会田径赛中未出现以往几届中一人夺取多枚奖牌的超级明星。获金牌最多的选手也只得了两枚,他们是英国的凯莉·霍姆斯(女子800米、1500米)和摩洛哥的希查姆·埃尔·奎罗伊(男子1500米、5000米)。曾在4年前的悉尼奥运会上独得5枚奖牌的美国女子短跑选手马里昂·琼斯本次在个人项目中,只有跳远一项进入了决赛,但也仅获第五名。她还参加了女子4×100米接力的比赛,但美国队由于一次交接棒的低级错误而被取消了比赛资格。直到本届奥运会开幕前夕,她还因涉嫌服用了违禁药物

(上)国际奥委会主席罗格、一名年轻的表演者、希腊总统斯特凡诺普洛斯、希腊奥组委主席安切洛蒂普洛茨夫人出席了开幕式。

(下)男子花剑比赛中,意大利选手瓦尼对阵中国选手叶冲。

(左下)巴特农神殿的日落映衬着奥运会标志。

而在接受调查,以致有些运动员都认为她甚至不应该参赛。

美国和俄罗斯是田径比赛的最大赢家,分别获得了8枚和6枚金牌。美国的金牌主要来自男子项目和短跑项目。在引人注目的男子100米比赛中,3名进入决赛的美国运动员均跑进了前四名,而且成绩都在9秒90以内,其中夺冠的朱斯汀·加特林成绩为9秒85。

与美国相反,俄罗斯获得的田径金牌则大多来自女子项目和田赛项目,由女选手获得的金牌多达5枚。叶莲娜·伊辛巴耶娃和斯维特兰娜·费奥法诺娃包揽了女子撑杆跳高项目的金牌和银牌。塔吉扬娜·列别杰娃不仅获得了自己主项女子跳远的金牌,还获得了三级跳远的铜牌。

波兰36岁的老将罗伯特·科热尼奥夫斯基续写着传奇,连续第三次夺取男子50公里竞走的冠军。而在他之前,奥运会历史上甚至没有一人能连续两届获得这个项目的冠军。多米尼加共和国的菲利克斯·桑切斯在男子400米栏比赛中获胜,为本国夺取了历史上的第一枚奥运会金牌。他的胜利使多米尼加全国为之欢腾。

巴哈马选手托尼克·威廉姆斯-达灵在女子400米比赛中击败墨西哥的埃娜·格瓦拉,夺取了本国在奥运会上的第一个个人项目冠军。同样是在田径比赛中,喀麦隆运动员也实现了突破,弗朗索瓦·埃托内-姆邦戈在女子三级跳远比赛中夺冠,成为第一位夺取奥运会金牌的喀麦隆女选手。

本届奥运会的头号明星无疑是美国游泳选手迈克尔·菲尔普斯,他一人独得6块金牌和2块铜牌。这位19岁的小将假如能在2008年奥运会上再获得4枚奖牌,将成为奥运会历史上夺取游泳项目奖牌最多的运动员。另一位美国游泳选手娜塔莉·考夫林则以5枚奖牌(其中2枚金牌)的成绩成为获奖牌最多的女运动员。

游泳比赛再次呈现出2000年奥运会时美国和澳大利亚两国对峙的格局,两国共夺走了全部32个单项中六成的金牌,双方分别获得了12枚和7枚金牌。

美国连续第4次派遣由NBA球员组成的"梦之队"参加奥运会男子篮球比赛,但仓促组建起来的这支球队缺乏斗志和队员之间的默契,球队的成绩也跌到了"梦之队"参加4届奥运会以来的最低点。他们本届共输掉3场比赛,最终只获得了一枚铜牌。获得男子篮球比赛冠军的是阿根廷队。在男篮决赛前,阿根廷还夺得了男子足球的冠军。在男足比赛中最值得一提的是亚洲区的代表伊拉克队。这支在战火纷飞的环境中组建和训练的球队尽管赛前缺乏良好的训练、比赛条件,但还是从亚洲区预选赛中脱颖而出,并在雅典的决赛阶段比赛中表现优异,一举闯入了半决赛,以出色的战绩慰藉了国内苦难的同胞。

亚洲选手则依然捍卫了自己在乒乓球和羽毛球项目上的世界领先地位。两个项目的9块金牌被亚洲悉数夺走,其中中国独获6金。另外3块金牌分别被韩国(2枚)和印度尼西亚夺走(1枚)。

有多个代表团在本届奥运会上谱写了自身体育运动的新篇章。以色列帆板选手加尔·弗里德曼在男子米氏板比赛中夺冠,使52年前便开始参加奥运会的以色列终于首次获得了奥运会金牌。以色列的中东近邻阿拉伯联合酋长国也在本届奥运会上得到了本国的第一块奥运金牌,已经40岁的神枪手艾哈迈德·阿尔马克图姆在男子双多向飞碟射击比赛中发挥稳健,轻松夺取了冠军。智利的费尔南多·冈萨雷斯和尼科拉斯·马苏配合,在网球男子双打比赛中夺魁,为智利首次夺得了奥运会金牌。随后,马苏又在男子单打比赛中再接再厉,为祖国献上了第二面金牌。

但本届奥运会在竞赛方面也出现了一些问题,诸如运动员服用违禁药物、裁判员执法问题等。其中在裁判员方面出现的最大争议是在体操比赛中,由于裁判员的打分错误,导致本应该属于韩国运动员梁泰荣的男子个人全能金牌被错给了美国的保罗·哈姆。

在赛事保安方面也出现了一些意外。在大会最后一项比赛——男子马拉松赛中,原本一路领先的巴西选手万德雷·德利马在距离终点只剩6公里的路程时突遭袭击,一名久有搅乱体育比赛"前科"的爱尔兰失业牧师突然从观众中冲进赛道,抓住他并将他推到了路边的人群中。尽管这名闹事者很快被制服,而德利马也迅速回到了比赛中,但他的竞技状态已大受影响。最终只获得了铜牌。

金牌榜还是有新气象。美国以35枚金牌、39枚银牌和29枚铜牌,奖牌总数103枚的成绩列总成绩第一位。第二位则是中国,获得32枚金牌、17枚银牌和14枚铜牌。另一世界传统体育强国俄罗斯被挤到了第三位,获得27枚金牌、27枚银牌和38枚铜牌,奖牌总数92枚。

“齐发”

开幕式上，中国代表团将排在第78位出场。在中国人看来,这是一个很有彩头的数字:78是“齐发”的谐音；而78又等于13乘以6，这也意味着虽然开幕式在13日星期五这个不吉利的日子，但中国队在本届奥运会上能够“六六大顺”。

能够挑到这个吉利的数字，还要感谢东道主希腊。奥运会传统上是按主办国语言的国名拼法和字母顺序来排列各代表团进场次序的，在1996年亚特兰大奥运会和2000年悉尼奥运会上，由于两个主办国美国和澳大利亚都采用英语，CHINA在国际奥运会成员中按英文字母顺序在第40名左右，而奥运会发源地希腊通常第一个入场，因此第41名也被中国人误认为是中国代表团在奥运会入场仪式上的固定位置。

但本届奥运会的入场顺序将按照希腊文的拼法和字母顺序来决定：而希腊文中的中国写法是“KINAΣ(最后一个字母对应着英文的S，但并不发音)”，因此中国告别了此前经常陪伴中国代表团入场的“兄弟”国家智利(CHILE)，而成为了肯尼亚(Kenya)和吉尔吉斯斯坦(Kyrgyzstan)的“邻居”。

中国台北的入场顺序排在第181位；有趣的是，中国香港的希腊拼法是以希腊字母X开头，被排在了倒数第二的第201位，刚好在东道主希腊队之前；而中国澳门特区不是国际奥委会成员，所以没有派遣运动员参加奥运会。

希腊队的入场顺序也值得一说：在历届奥运会上，希腊都是作为奥运会的发源地和第1届现代奥运会的主办国而排在第一个进场，而东道主则排在入场式的最后一个。人们本以为这次希腊会把第一的位置让出来，这样以希腊字母A开头的美洲小国圣卢西亚将享受首个入场的荣耀。但希腊人最终采取了既“霸占”第一位置也“霸占”最后一个位置的做法：先让希腊旗手举着国旗入场，随后是圣卢西亚和其余200个国家和地区的国旗和运动员，最后希腊代表团的运动员出场，也就是说希腊的国旗和运动员将分两步参加入场仪式。

1 游泳比赛中，美国名将迈克尔·菲尔普斯摘下了200米金牌的冠军。

2 女子手球比赛的小组赛中，乌克兰和巴西上演了一场大战。乌克兰的玛丽娜·沃格鲁克(Maryna Vergelyuk)和奥莱娜·拉德琴科(Olena Radchenko)正在努力阻挡巴西的阿琳娜·席尔瓦(Aline Silva)。

3 奥运会开幕式上，奥运会主会场一共涌入了7万名观众和1万名运动员，旗帜招展，热闹空前。

4 艰苦到了极点的男子20公里竞走比赛中，意大利选手伊瓦诺·布鲁格内蒂(Ivano Brugnetti)一马当先，夺得冠军。精疲力尽但心情兴奋，他双手高高举起，做出了胜利的手势。

5 盛大的开幕式上，希腊演员装扮成了著名的希腊神话角色斯芬克司。这是一场具有浓重希腊古典风格的经典开幕式。

6 三级跳远比赛中，希腊选手里斯托斯·梅勒托格鲁(Hristos Meletoglou)在飞行之后落入沙坑。

7 乌克兰撑杆跳名将布勃卡也加入了火炬传递队伍。

8 国际奥委会主席罗格和希腊奥组委主席安切洛蒂普洛茨夫人出席了开幕式，并发表讲话。

9 中国飞人刘翔勇夺110米栏冠军，创造了历史。

10 男子帆船决赛中，美国选手保罗·弗尔斯特(Paul Foerster)和凯文·布伦曼(Kevin Brunham)夺冠。其中布伦曼兴奋至极，一个后空翻跃入水中。

11 一名希腊女演员扮演者古希腊女祭司形象，在古老的奥林匹亚山上收取圣火。仪式在古老的神庙前进行，端庄严肃。

第一金和比第一金更重要的

有 3 个国家和地区的运动员，在汉城实现了零的突破，这就是以色列、智利和中国台北。还有一些人，虽然没有赢得金牌，但他们的出现就是胜利。

以色列 1952 年即开始参加奥运会，时隔 52 年，它们的英雄弗里德曼终于在帆板男子米斯特拉级比赛中赢得了金牌。他算得上是传奇人物，作为 1996 年该项目的铜牌得主，悉尼奥运会曾被拒绝参赛而宣布退役，两年后复出。而智利的奥运史则可以追溯到 1896 年，那时候它们是唯一到雅典参赛的拉美国家。一百多年后，奥运会重回雅典，智利人也凭借着冈萨雷斯 / 马苏的网球男双冠军拿到了第一枚奥运金牌。接下来是中国台北，早在 1960 年罗马奥运会上，杨传广就曾为中国台北代表队赢得了银牌，但首枚金牌却迟至 2004 年，才由跆拳道选手陈诗欣获得。

不仅仅只有金牌值得记忆。女子百米预赛第七小组的第 8 跑道，伊拉克姑娘阿拉 · 加西姆在这里她实现了自己的梦想，当宣读到她的名字时，全场观众对这位从战火中走来的姑娘报以热烈掌声。尽管跑步的姿势很不标准，最后的成绩才 12 秒 7，甚至不如一个中学生运动会的冠军成绩。百米赛场的跑道上还出现了一位 18 岁姑娘的身影，她叫罗比娜 · 穆基姆亚尔，是首位代表阿富汗参加奥运会的选手。发令枪响了，她明显愣了一下，然后闷头往前冲去，14.14 秒。20 岁的基里巴斯选手姆维姆韦塔则在雅典穿上了平生的第一双跑鞋进行比赛。基里巴斯是南太平洋上一个由 33 个岛屿组成的国家，3 个月前姆维姆韦塔才开始为参加奥运会做准备。而阿布 · 布克希特则成为代表巴勒斯坦参赛的唯一一名女选手。她生活在加沙地带的一个难民营，训练时她还必须提防随时会从背后打来的冷枪。布克希特就在这样极端恶劣的环境中坚持训练，并代表巴勒斯坦女性走上了奥运赛场。

1 男子帆板飓风级比赛中，以色列选手加尔·弗里德曼(Gal Fridman)夺得冠军，兴奋不已。
2 跆拳道女子49公斤级决赛中，古巴选手亚内里斯·迪亚兹(Yanelis Diaz)躲过了中国台北选手陈诗欣的腿踢。
3 奥运会的最后一项比赛马拉松比赛中，古巴选手范德雷·利马(Vanderlei Lima)被一名爱尔兰观众攻击，而这时比赛已经接近尾声，利马本来有希望夺得冠军，但最终只获得铜牌。
4 网球男子双打决赛中，瑞士组合费尔南多·冈萨雷斯(Fernando Gonzalez)和尼古拉斯·马苏(Nicolas Massu)击败了德国组合尼古拉斯·基弗(Nicolas Kiefer)和雷纳·舒特勒(Rainer Schuettler)夺冠。
5 男子篮球预赛第一轮的比赛中，中国对阵意大利。在姚明和易建联的协力防守下，意大利球员罗贝托·齐亚西格(Roberto Chiacig)失去了对皮球的控制。
6 田径比赛中，白俄罗斯选手尤里亚·那斯特伦科(Yuliya Nesterenko)发挥出色，夺得了女子100米比赛的冠军。
7 男子个人追逐赛中，英国选手布拉德利·维金斯(Bradley Wiggins)夺得冠军，获得亚军的澳大利亚选手布拉德·麦克吉(Brad McGee)过来对他表示祝贺。
8 游泳比赛中，中国选手罗雪娟夺得了女子100米蛙泳冠军。
9 男子花剑团体赛中，美国击败德国。美国选手丹·凯勒那(Dan Kellner)在获胜后兴奋地狂吼。

一场真正的世纪飞人大战

加特林仿佛做梦一般，他含着热泪和师兄克劳福德拥抱，继而跪在跑道上，双手合十，感谢上帝。

8月22日，男子"百米飞人"大战在雅典奥林匹克体育场将准时鸣枪。

坐在体育场的观众满怀热情和信心，期待看到一场扣人心弦的比赛。因为自21日的复赛开始，短跑高手们就相继创造出好成绩：复赛中有5人成绩突破10秒，其中3人来自美国，克劳福德的9秒89是最好成绩，格林和加特林均跑出了9秒93，而在今年两次战胜格林的牙买加小将鲍威尔的成绩则是9秒99。

在决赛前一个半小时进行的半决赛中，鲍威尔、格林和奥比克维鲁又跑出了9秒95和9秒97的好成绩，他们极好的状态、优秀的成绩都表明"世纪之战"绝对跌宕起伏、绝对竞争惨烈。

此时，奥运男子百米的"王者之战"还有5分钟就要上演。

卫冕冠军格林站在第7道，他摇晃着秃头，微抖肩膀，伸出大舌头，像出笼前的狮子，焦躁地走来走去。他是3届世锦赛冠军，上届悉尼奥运会金牌得主，1999年6月，在希腊雅典大奖赛上，格林创造了新的世界纪录9秒79；腿摔伤后，也曾跑出过9秒91，他来雅典立志要夺冠，希冀成为历史上最伟大的短跑巨星。

第三道是加特林，许多人认为他是个"食之无味，弃之可惜"的鸡肋人物。他从没赢过格林，甚至比不上克劳福德，在3个美国人中，他的年龄最小，不到22岁，成绩也最差，个人最好成绩为9秒91；他旁边是克劳福德，站在第四道，"美国新生猛代"的另一代表人物，潜力惊人，在昨天的第二轮复赛中他跑出9秒89，是今年世界第二快成绩。据说他曾先后与斑马和羚羊比赛，结果输给了斑马，但却战胜羚羊，他与加特林在跑道上并肩热身。

第五道，奥比克维鲁，尼日利亚人，移民葡萄牙，两小时前他在半决赛中跑出9秒95，

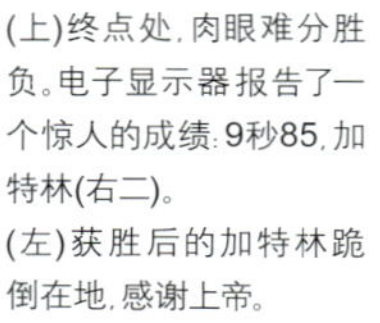

(上)终点处，肉眼难分胜负。电子显示器报告了一个惊人的成绩：9秒85，加特林(右二)。
(左)获胜后的加特林跪倒在地，感谢上帝。

实力高深莫测，他仰望看台，爆满的7万观众的呐喊声震耳欲聋，他的表情略显惊愕。

牙买加新锐鲍威尔排在六道，他一身黑衣，非常放松，把自己摆成了“大”字，仰卧地上，看着湛蓝的天空。他最近两次战胜格林，最快成绩9秒91，本次“飞人大战”被认为是他和格林之间的超级对决。

这是一场谁是世界第一飞人的大决战，没有人能断言谁将会取胜，在奥运会男子百米决赛历史上，从来没有一次出现过这样的场面，五人的实力如此接近、难分伯仲，以致于观看比赛时都只能屏住呼吸。

比赛马上开始了，空气都紧张得像随时都会爆炸，八名选手走向起点。克劳福德第一个蹲下，格林显得很有王者霸气，他最后才弯腰，这恐怕也是心理战。

枪声终于鸣响，红色跑道上袭来一阵狂风。格林起跑反应最快，0.151秒；克劳福德和奥比克维鲁稍慢，0.163秒；大个子加特林反应最慢，0.188秒，一上来就他输给格林百分之三秒。

30米处，看不清谁在最前面；50米过后，加特林追平了奥比克维鲁和格林。

70米处，伴随着看台上7万观众震天的喊声，加特林领先了！

奥比克维鲁和格林拼命地追赶加特林，几乎看不出他们3人谁先谁后，通过慢镜头才能发现，加特林还领先一个鼻子。终点处，3人同时撞线，肉眼难分胜负。

慢镜头显示，加特林以微弱的优势先撞线。终点计时显示一个惊人的成绩：9秒85！这是本年度世界最好成绩，比奥运会纪录仅慢了百分之一秒。

名字在大屏幕上显示：奥比克维鲁、亚军，9秒86；格林、季军，9秒87；克劳福德、第四，9秒89。

加特林仿佛做梦一般，他含着热泪和师兄克劳福德拥抱，继而跪在跑道上，双手合十，感谢上帝。

这场经典的“世纪之战”之所以耐人寻味，是因为参加决赛的8名选手中，前5名的成绩都突破了10秒大关，而前4名的成绩均在9秒90以内。除加特林外，获得第2至第5名的葡萄牙选手奥比克维鲁、美国人格林、克劳福德和牙买加的鲍威尔成绩分别是9秒86、9秒87、9秒89和9秒94，创造了该年100米的前4个世界最好成绩，这在前6届奥运会是罕见的。

在决赛中，不仅没有选手抢跑犯规，且获前5名的选手起跑反应速度都很快，可谓十全十美。其中，格林虽然起跑神速，但毕竟状态大不如。去年世界室内冠军加特林尽管起跑稍落后，但他的前半程和中途速度出奇地快，在10米后便一直领先直至终点夺冠。

这场真正的“世纪之战”的另一个标志是，当今世界上最棒的3位美国飞人全部参加了这场演出，并且都取得了优异的成绩，他们夺回了去年世锦赛被抢走的男子飞人王冠。这么看来，“猎豹”格林依然是伟大和令人尊敬的，尽管他卫冕失利，仅拿到一枚铜牌。

新飞人加特林豪情万丈，他激动地说：“虽然竞争异常激烈，差距很小，但我觉得我领先所有人有100公里！”

倒霉的历史没有重演

这个公认的中长跑之王，终于打破了自己奥运必败的宿命，一口气拿下两块金牌。

(上)终于赢了，这也是国家的荣誉。奎罗伊身披国旗在跑道上跳起舞来。
(下)赢得太轻松了。奎罗伊甚至在离终点30米处就开始庆祝胜利。

4 年前悉尼奥运会的 1500 米决赛后，他坐在跑道上痛哭流涕，将那称为是他“生命中最黑暗的一天”；而雅典的 1500 米决赛后，再一次，他泪流满面，因为他终于成为了奥运冠军。

摩洛哥人奎罗伊从 1997 年开始包揽了 4 次世锦赛 1500 米冠军，历史最好 8 个成绩中有 7 个就归在他的名下。但命运却总在奥运会上和他开玩笑。从 1996 到 2003 年间，奎罗伊只在 1500 米的角逐中输过 3 次，其中两次便是在奥运赛场：1996 年他在亚特兰大的跑道上意外摔倒，最终只获得第 12 名；2000 年，他带着 28 场连胜来到悉尼，却在比赛的最后一刻输给了肯尼亚的恩戈尼，差距是 0.25 秒。

有不少专家都说过，即便奎罗伊最终无法在奥运会上获得金牌，他仍然是历史上最伟大的 1500 米王者。不过，我们还是激动地看到，30 岁的奎罗伊在雅典抓住了青春的尾巴，圆了他在这个项目上的最后一个梦想——当然，过程是如此艰难，直到赛事的最后几十米，数名选手仍在疯狂竞逐！

奎罗伊终于夺得奥运金牌了！

他冲过终点后，双手捂着脸，躺在跑道上，哭了。然后，他接到一个电话——摩洛哥国王打来的祝贺电话！

国王很清楚，这个不到 30 岁的瘦长的摩洛哥人是男子 1500 米世界纪录保持者，统治了这个项目整整达 7 年之久，但他从来没夺得过奥运金牌。

雅典奥运会男子 1500 米决赛在 24 日晚 11 时 40 分开始，800 米处，奎罗伊冲到第一。比赛最后 100 米，肯尼亚名将伯纳德·拉加特显示了强劲的冲刺能力，猛然间赶了上来，与奎罗伊并列狂奔。

满场观众几乎屏着呼吸看着奎罗伊跑的最后一段距离。难道，历史又要重演，肯尼亚人在最后几步提前冲过终点？

赛前，30 岁的拉加特就说：“我和我的同伴将全力阻击奎罗伊。作为个人，我也将向自己的奥运首金冲击！”

奎罗伊爆发了。最后 10 米，他摆脱了拉加特，在全场观众的狂呼声中，大步冲过终点，然后，继续狂奔，而拉加特赶上来，从背后搂住这位值得尊重的对手。

“我今天付出了百分之百的努力，但奎罗伊付出了百分之一百一十的努力！”拉加特说，他跑出了 3 分 34 秒 30，奎罗伊的夺冠成绩是 3 分 34 秒 18。

接下来是奎罗伊激动万分的庆贺，他身披摩洛哥国旗，在跑道上跳起舞来。看台上摩洛哥国旗飞舞，奎罗伊跳进看台，与同胞欢庆。他紧紧抱着自己 3 个月大的女儿，泪水、汗水，还有笑容。

然后当晚，深夜两点，也就是在这场令他如此激动的胜利的两个小时后，奎罗伊又悄悄地回到田径场。因为，他的任务还没完成。他相信自己的运动生涯无多，他要成为继 1924 年的“芬兰飞人”努尔米后第一个奥运会 1500 米和 5000 米的双料冠军，只有这一次机会了。

在 5000 米半决赛中，奎罗伊以小组第三的成绩顺利晋级决赛。他对自己的表现并不满意：一方面是头天晚上夺冠没能休息好，另外他也抱怨鞋子太小影响了他的发挥。为此，摩洛哥方面立刻决定将一双新鞋子空运至雅典，好让奎罗伊心无旁骛地参加 5000 米决赛。

5000 米决赛是一场青春对经验的对决，最终摩洛哥老将奎罗伊战胜了埃塞俄比亚小将贝克勒，成为了奥运历史上继 1924 年的芬兰人努尔米之后、80 年来第一个囊括 1500 和 5000 米两项冠军的选手。冲线的刹那，奎罗伊伸出了两根手指，提醒观众：“我拿到了两块奥运金牌！”

对于奎罗伊和贝克勒来说，5000 米是兵家必争的高地：22 岁的贝克勒此前已经超越了他的师傅格布雷西拉西耶，获取了万米金牌；而 29 岁奎罗伊也终于打破了此前在奥运会上一块金牌未得的宿命，赢得了 1500 米的头名。两人在 5000 米这个项目上会师，谁赢，谁就是双冠王。

贝克勒并非容易战胜的选手：他在今年的状态奇佳，成为了世界上第一个在短距离和长距离越野赛跑中夺得双冠的跑手，还打破了格布雷西拉西耶保持的室内 5000 米，改写了 10000 米世界纪录，夺取了 10000 米世界冠军。很多人也认为，在夺得一块金牌后，临近职业生涯终点的奎罗伊或许失去了在 5000 米项目上再努力的斗志。

但最后 30 米，奎罗伊的领先优势已经很明显，他甚至能够抽空伸出两根手指来庆祝自己的胜利。他的最终成绩是 13 分 14 秒 39，贝克勒和基普霍吉只能屈居二、三。

尼斯特连科，天外来客

在田径资深记者人手一册的《世界田径选手》一书中，白俄罗斯选手的介绍不少，但没有尼斯特连科这个人。

(上)这是田径赛场罕见的一幕，冲刺阶段，白人尼斯特连科充当起了领头羊。
(下)尼斯特连科身披白俄罗斯国旗，无比激动。

女子100米决战在这样一种群雄混战、星光黯淡的氛围中开始。枪声响起，前50米，人们都感觉意外，领先的是保加利亚的拉洛娃；继而令人震撼的，是一种新奇：白色！尼斯特连科从50米后开始发力，一路领跑，第一个撞线！10秒93！！她披着国旗，难以掩饰内心的激动和狂喜。威廉姆斯眼含泪水，她以0.03秒之差获得第二，牙买加的坎贝尔输给美国人百分之一秒拿到铜牌。

女子百米注定会诞生新的女飞人。自1984年第23届洛杉矶奥运会以来，美国队一直稳坐女子100米跑头把交椅，1984年、1988年的乔伊娜，1992年、1996年的德弗斯，2000年的琼斯，干得很漂亮。然而时过境迁，当37岁的美国老将德弗斯都能代表美国出征百米飞人时，当另一位44岁前牙买加"常青树"奥蒂披上斯洛文尼亚的国旗也能参与这激烈的角逐时，人们还是多多少少感到一点美人迟暮的失落。熟悉的面孔常常令人怀旧，然而伴着她们额头的皱纹，昔日女飞人们渐已老去的事实不容争辩。

岁月的无情同时夹带着一个"黑色幽默"：20年来，除了克拉贝在13年前的世锦赛(1991)上赢过"千年老二"奥蒂外，白皮肤的人还从来没有在100米比赛中加冕。黑人称雄100米早已经深入人心，乃至让人们形成了思维定势。黑色旋风固然是奥运赛场不可或缺的风景，但也让人感到了视疲劳。

预赛比完，白俄罗斯选手尼斯特连科以10秒94排在首位，人们都不以为然。本届奥运的女子飞人大战，虽然是其他国家冲击美国垄断地位的最好机会，但美国再不济还有"黑妹"劳伦·威廉姆斯，正是这位后起之秀把卫冕冠军琼斯挤出了百米赛道；即便美国不夺冠，牙买加的3位名将对第一早就虎视眈眈；而"奶奶"级人物奥蒂也被人们认作趁机"劫"金的热门人选。

尼斯特连科不鸣则已，一鸣惊人。在这届奥运会之前，人们恐怕从未听过这个白俄罗斯姑娘的名字。在田径资深记者人手一册的《世界田径选手》一书中，白俄罗斯选手的介绍不少，但没有尼斯特连科这个人。前一年巴黎世锦赛她与队友一起拼得4×100米第七，这是她唯一可查的比赛成绩。来到雅典，她预赛第一轮就以10秒94刷新个人最好成绩，第二轮的成绩是10秒99，半决赛更是跑出惊人的10秒92，然后是决赛的10秒93——要知道，此前她从未跑进过11秒。无怪乎银牌得主威廉姆斯一脸沮丧："我从没听过这个名字"，伴随着讽刺的，更多的是失落。

她的出现像极一部爆发史。几百个记者簇拥着尼斯特连科："你是从什么时候开始练的？你的教练是谁？你是怎么练的？你拿冠军怎么好像不开心？"

"我相信上帝，我相信只要我努力，上帝会使我成功。我很高兴，我真想哭出来，我要把这胜利送给全部白俄罗斯人。决赛前，我想过我可能获胜，我知道我的取胜会令整个世界感到吃惊。"白俄罗斯姑娘自豪地回答道。

雅典的第一个世界纪录

起跑之前，伊辛巴耶娃信心满满，仿佛前方只是一片温柔的海，她要做的，就是投入这片海的怀抱。

雅典奥运田径场上第一个世界纪录就此诞生！缔造者，伊辛巴耶娃。

这是一场长达3个多小时的龙争虎斗。两个俄罗斯姑娘，身着相同的服装，怀揣各自的梦想，在今天举行的女子撑杆跳高决赛中，上演了精彩的“双娃恶战”。

费奥法诺娃，24岁，身高1.63米，最好成绩4.88米。这位长着一脸雀斑的姑娘，6岁开始练体操，18岁改练撑杆跳，至今她已经打破过9次世界纪录。悉尼奥运会，她一无所获，但却是去年世界室内和室外的锦标赛冠军。2002年她共参加比赛19场，取胜17场，也是世界上第一越过16英尺的女选手。

伊辛巴耶娃，22岁，比费娃整整高了10厘米，她上个月刚在伦敦创造4.90米的世界纪录。这位标准的俄罗斯美女，是女子撑杆跳高的后起之秀。

今天的比赛，其他的选手都只能充当配角，因为“双娃”实在太厉害了，尤其是伊辛巴耶娃。当别的选手在4.20米高度上徘徊的时候，她还用运动衣遮住脸躺在场边闭目养神。

真正的较量从双娃起跳开始。两人都从4.40米起跳，4.65米以前都是一次过杆。4.70米，伊娃第一次没过，费娃逮住了良机，一次成功。

伊娃没有继续冲击4.70米，改跳4.75米，自信写在她的脸上，但由于起跳动作有些变形，她还是没过。此时，波兰的安娜却已经跳过了4.70米。

费娃也选择了4.75米，但她第一次也没过。两个人站在一起，谁也不看谁，剑拔弩张的气氛被烘托得引人入胜。费娃咬牙一跃，在第2试跳次成功。她脸上的雀斑兴奋得开始发红，她明白，如果伊娃第三次失败，奥运金牌就会刻上她的名字，她同伊娃的旧仇新恨将一并了结。

背水一战的伊娃没有选择，她决定破釜沉舟，直接冲击4.80米。这绝对是个赌博，输了将获第三，而一旦过去，就压对手一头。全场观众给漂亮的伊娃使劲地助威，沉稳的伊娃抓住最后一次机会，轻松越过4.80米。

伊娃随即把杆高增加了5公分，也成功了。

4.85米把费娃逼得有些着急。她也选择了4.80米，杆落失败；4.85米，又没过去；毕其功于一役的费娃在第三次试跳中也没能跳过4.90米，4.75米随之成为她的最终成绩。

金牌到手。伊辛巴耶娃决定去刷新自己4.90米的世界纪录，保守起见的她要了4.91米的高度，只用了一次便成功了！金牌、世界纪录，两项荣耀揽入怀里，她的脸上漾起幸福。

正是这一跃，伊辛巴耶娃打破了世界纪录。

没有争议，蛙王就是北岛康介

当有人问起他和汉森的关系时，北岛显得很大度，认为汉森目前的2分9秒04是很好的成绩，汉森也是一个伟大的选手。

北岛康介在200米蛙泳中赢得毫无悬念。他的主要竞争对手汉森甚至连银牌也没拿到。

4 年前，悉尼奥运会 100 米蛙泳比赛的泳池里，有很多张失意的脸，其中包括刚刚 17 岁的北岛康介，他第四，与奖牌无缘。

但两年后在釜山亚运会上，他打破尘封 10 年之久的由美国人巴罗曼保持的原 200 米蛙泳世界纪录时，世人震惊了：亚洲“蛙王”出现了！

2003 年的巴塞罗那游泳世锦赛属于菲尔普斯，但人们也注意到了：亚洲“蛙王”接连在 100 米和 200 米蛙泳的新世界纪录的创造者上签下自己的名字。于是世界不得不换一个逻辑：不是亚洲“蛙王”、而是世界“蛙王”浮出于世。

然而仅过了不到一年，2004 年 6 月，一个叫汉森的美国人又打破了北岛康介的 100 米、200 米蛙泳世界纪录。汉森、北岛，谁是“蛙王”？人们开始期待二者的比拼。

8 月 16 日晚，当晚游泳的第 2 项决赛 100 米蛙泳开始。在昨天的预赛中，北岛康介和布拉德·汉森都打破了本项比赛的奥运会纪录，汉森比北岛快了 0.26 秒，因此汉森在四道，北岛就在他的旁边，第五道。

发令枪响起，两位“蛙人”跃入池中，在齐头并进的相持后，汉森稍稍占据领先；50 米转身后，北岛康介已经超过汉森；冲刺阶段，北岛在日本观众震耳欲聋的加油声中，仿佛手指突然变长了，他于汉森之前抢先触壁，1 分 0 秒 08，北岛夺得了金牌，他激动得振臂击水。走上岸时，难抑兴奋的他大喊大叫，朝着一直为他加油的日本观众猛力挥手。这是对谁是“蛙王”的最有力的解释，是对质疑他的人的最大的讽刺。

然而 100 米夺冠后，美国媒体纷纷用“出人意料”、“冷门”等词汇形容北岛的胜利，仿佛只有汉森夺冠才是理所应当，而汉森的队友，仰泳 100 米冠军佩尔索尔甚至跳出来指责北岛出发时打“蝶泳腿”，应该属于犯规。

北岛明白了，即便他赢了一项，也赢不了美国人骄傲的心，封不了他们倔强的嘴。

于是两天之后的 200 米蛙泳决战势必成为又一个证明自己的机会。

50 米，交错领先；100 米，齐头并进；150 米的时候已经没有人能对他构成威胁了。

这次北岛赢得没有任何悬念。快游到终点时，他知道自己赢定了。看着大屏幕，新的奥运会纪录，2 分 09 秒 44，优势不是一点点，亚军匈牙利选手奎亚特才 2 分 10 秒 80，季军、世界纪录保持者美国人汉森仅游出了 2 分 10 秒 87。所以北岛并没像 3 天前那样泪流满面，他只是轻轻地挥舞了一下拳头。

知道得冠以后，北岛游过自己的第三泳道，到第四泳道和匈牙利的奎亚特击了一下掌，又到第五泳道和汉森相拥了一下。上了岸后，北岛有点调皮，甚至对着看台上的日本观众扭了几下。在接受日本电视台采访时，走过身旁的其他选手都在他肚子上拍一下，包括汉森，而北岛根本没有回头。

不再有任何争议，北岛是蛙王。

人们还是忘不了 3 天前，北岛在百米泳池中赢了汉森时，兴奋得大声喊叫，手击池水的场景。到了岸上，在日本记者面前他热泪盈眶，他那天还说，赢了那么多，从来没有为胜利这么流泪，当时他说他太高兴了，佩尔索尔的恶意挑衅引起了北岛的反感，3 天之后他用实力让所有的人都信服了，而他却平静如水。

作为第一个在奥运泳池中夺取两块金牌的日本人，北岛表示，日本游泳已经进入一个新时代，日本游泳已非常强大。

泳坛进入菲尔普斯时代

3年前，菲尔普斯的教练曾跑到索普的教练组，请求看一看索普的训练安排表。

一度，全世界都在嘲笑美国人对迈克尔·菲尔普斯的不切实际的幻想，而事实上最后是菲尔普斯嘲笑了别人。6金2银。

8月20日，马克·施皮茨从包厢内走出来，竖起4个手指，方向对准百米蝶泳的第4道。泳池内，迈克尔·菲尔普斯振臂高呼。

1972年慕尼黑奥运会，施皮茨参加7个项目全部夺金，从此，这个登峰造极的故事便成为江湖传说，一道不可逾越的天堑；要在各种泳姿与各种长度上均达到世界顶尖水平，本身就近于痴人说梦，况且，在竞争日益激烈的世界赛场，冠军的争夺通常只在百分之一乃至千分之一秒间。

离开慕尼黑后，施皮茨很快宣告退役，一届奥运会独揽7金只是偶然发生的奇迹，这一纪录注定被尘封，连他本人也无法突破，乃至接近。

直到30年后，索普与菲尔普斯先后出现。

54岁的施皮茨，19岁的菲尔普斯，泳坛现象的过去时和进行时，正在奥林匹克的故乡进行接力仪式。“我看到施皮茨向我致敬。”菲尔普斯在赛后说道。

为什么是4个手指？百米蝶泳0.04秒的优势已让菲尔普斯夺取第五枚奥运金牌；为什么偏偏是在百米蝶泳夺冠后，菲尔普斯才意识到向施皮茨固定的包厢望去？

“7”是一项纪录，“4”同样也是一项纪录，施皮茨创下的单届个人项目金牌纪录。32年的时光，施皮茨7块金牌的纪录依然屹立着，但4块个人项目金牌的纪录他终于如愿以偿地可以和别人分享了。

200米、400米混合泳，100米、200米蝶泳，菲尔普斯的4枚个人项目金牌。这正是施皮茨伸出4个手指的原因，他无须再等小菲拿到最后一项4×100米混合泳接力金牌，他觉得此时就应该向天才少年致敬了。

由于将4×100米混合泳接力的决赛资格让给队友克罗克，菲尔普斯的雅典时刻提前一天结束。19岁的天才是雅典奥运的现象，他更统领着游泳进入一个全盛时代。

32年的时间，施皮茨目睹了比昂迪在汉城的5金1银1铜；波波夫在巴塞罗那和亚特兰大卫冕50米和100米自由泳；索普和霍根班德在悉尼的200米自由泳巅峰对决。然而，任何一届奥运会游泳竞技都无法制造雅典200米自由泳的经典对决，而这一切几乎都因为菲尔普斯的参与。

速度决定精彩，所以4种泳姿自由泳无疑排在蝶泳、蛙泳和仰泳之前。施皮茨的地位不仅因为7枚金牌，更因为他在慕尼黑包揽了100米和200米自由泳和蝶泳的金牌。和施皮茨一样，菲尔普斯也是个全能泳将。在200米和400米混合泳项目中，他的优势几乎都在3秒以上。

单项中，蝶泳是菲尔普斯最擅长的，其次是仰泳、自由泳，菲尔普斯也知道自己必须提高自由泳的实力。过去3届奥运会，人们记住的只有波波夫、霍根班德和索普的名字，因为他们都是自由泳的王者。所以在雅典，菲尔普斯选择了在200米自由泳和索普、霍根班德直接对话，而放弃冲击夺金希望更大的200米仰泳。

没有菲尔普斯，索普和霍根班德的对决不过只是悉尼奥运的翻版；有了菲尔普斯，200米自由泳就被标上了“世纪大战”的雅号。比赛结果并没有太大悬念，菲尔普斯和赛前预想的一样只获得第三。

美国游泳队生理学家索科洛瓦斯过去20年中指导过5000多名选手。他发现，绝大多数游泳选手在一场比赛结束时，血液中的乳酸浓度约为10－15毫分子/升。只有一位世界纪录创造者的乳酸浓度在10以下，那是2003年菲尔普斯打破200米蝶泳纪录时，他的这一数字只有5.6。

或许这就是菲尔普斯的秘密所在。绝大多数游泳选手一场比赛后需要20－30分钟来恢复，菲尔普斯只需要10分钟。这表明，对菲尔普斯而言，未尽全力的比赛反倒是一种恢复过程。

雅典奥运会，索普与菲尔普斯的金牌PK是2比6，澳洲人的劣势太过明显。索普还记得，3年前的2001年，他在世锦赛上狂揽6金后，一位老人曾跑到他的教练组，想看一下他的训练日程安排。“最好能详细到每天，每小时，每分，每秒。”这个老人就是鲍勃·鲍曼，菲尔普斯的恩师。

3年后，位置颠倒了。索普疲软，世界泳坛进入了迈克尔·菲尔普斯独步的时代。

“梦六”的霓裳被撕成碎片

对阵的双方:美国VS立陶宛。注意,这不是决赛,而是铜牌争夺战。

美国人做梦也没想到,自己的梦之队竟然沦落到不进决赛、不见金牌的地步,当他们组成的“梦六队”费尽力气,好不容易才以104比96战胜立陶宛时,NBA的球星们脸色黯然,巴不得地上冒出一个裂缝,好让他们藏起来,以遮住裹在自己强硕肌体上那早被人撕得粉碎的梦之霓裳。幸而他们没有空手而归,只是奖牌上颜色,一下子从金色褪为黄色。

为了延续“梦队”的光彩,美国国家队向NBA联盟那些呼风唤雨、叱咤风云的巨星们发出了为国参战的召唤,然而那些困斗了一个赛季的大牌球星们多数选择了拒绝,他们的理由现实并且多样:从结婚到伤病,从性丑闻到生孩子,乃至荒诞到担心恐怖袭击。“人心散了,队伍不好带了。”拉里·布朗一定口头挪揄着。好在“石佛”邓肯和“小鬼魂”艾弗森的出面救急,加上安东尼、奥多姆、瓦德、布泽尔和奥卡福这5个新锐球员,以及詹姆斯、杰弗逊、马布里、马里昂和斯塔德迈尔,平均年龄23.6岁,这已经创造了自1992年梦系列组队以来的最年轻纪录。号称“新老结合、实力不减”的第六艘“梦飞船”就在星光黯淡下启航雅典。

瘦死的骆驼比马大,但人们绝对没有想到这支由大牌球星、强力新秀、二流球星混编的“梦六队”会如此地不堪一击:奥运会小组赛首场对阵中北美兄弟波多黎各队,他们就把前3支梦之队在奥运会上的所有荣光一次耗尽。当定格在73比92的时,谁能记起“梦之队”在奥运会赛场上的上一次失利?屈指算来,“梦之队”在奥运会上已是24场连胜,而单场最少得分(73)和单场最大落后分差(27比49)都创下了该国篮球奥运之旅的新纪录。

希腊队和澳大利亚队即便再不经摧残,也掩饰不了梦队光环正逐渐淡去的无奈。当目睹立陶宛人将一个个精准的三分球送入篮筐,先赢后输的美国人明显觉得头上那些璀璨的光环已代之为落寞的阴影。

(上右)替补席上的奥多姆(图左)和马布里一脸绝望。
(下)球队取胜无望,艾弗森只能用个人表演来取悦观众。
(右)梦之队球星邓肯在跟澳大利亚队的比赛中突破上篮。

2胜2负,美国队凭借小组第四的成绩挤进8强,偏又遭遇了实力不俗的西班牙队。还在与美国队比赛之前,加索尔曾经说过:“我们为什么要惧怕美国?我们是小组第一,而美国是小组第四。现在是美国不幸遇上了我们,而不是我们不幸遇上了美国。”加索尔的话透露出一种自信,这种自信是建立在实力基础之上的——显然,没有人比效力于NBA的加索尔更清楚眼前这支“梦六队”的实力了。当时,西班牙国内甚至整个欧洲都对西班牙篮球队充满信心。欧洲的篮球界人士普遍认为,西班牙队完美的欧洲式联防和出众的篮板球控制力将成为击败“梦六”最大的法宝。

美西之战,马布里的31分让西班牙队最终以8分败北,他一只手把美国带进了4强,美国人其实应该清楚,他们得到了裁判的“庇佑”,而好运也即将到头。

如果说“梦六”从这场比赛的胜利找到了些许自信的话,那么决战阿根廷之后,他们的冠军梦就彻底被击碎一空。

这是一场相当精彩的半决赛,是一支成熟球队从各个方面完美钳制对手的攻坚战,在FIBA(国际篮联)规则之下,阿根廷的联防让美国队从始至终找不到任何进攻节奏,不论外围远投还是内线突破都处处掣肘;在NBA规则之下,阿根廷的一对一进攻能力也高人一等,美国队阵中没有谁能看住阿根廷进攻核心吉诺比利,吉诺比利全场13投9中拿下了29分,此外还有3次助攻3个篮板,直接造成美国队犯规8次。在两种不同篮球规则,在联防和人盯人两种防守打法中,和两年前在印第安纳波利斯出人意料地在小组赛输给阿根廷,然后又在1/4决赛中被前南斯拉夫淘汰不同,美国男篮这次的失利绝对是无话可说。

1992年,“飞人”乔丹、“魔术师”约翰逊和“大鸟”伯德率领正版“梦之队”征服了世界,梦二、梦三、梦四还能保持全胜的纪录夺冠,到了梦五,美国人在家门口亲自看见神乎其神的梦队开始走下神坛,12年后的雅典,“梦之时代”在雅典嘎然而止。

世界篮球的飞速发展让美国人看清,如今早已不是随便找几个NBA球星、按照打全明星赛的态度就可以轻松拿走奥运会冠军的时代了。

USA
13

最后夺取冠军的阿根廷队与美国队的1/4决赛扣人心弦。

52年后，又是阿根廷

阿根廷人时隔52年后再次尝到奥运冠军的滋味，他们的男子篮球队以84比69击败意大利，拿到一枚奥运会金牌，和男足一起登上奥运会最高领奖台。

是什么让这个足球强国在篮球领域也能创造出风起云涌的奇迹？从不言败的精神和凝聚起来的强大战斗力让他们笑到了最后。阿根廷队向来以整体篮球著称，队员之间的娴熟配合以及稳定发挥，几乎让对手毫无可乘之机。并且，球队里的许多球员还是在一起配合了多年的老战友，彼此间十分熟悉并拥有着非比寻常的默契度。

因此即便是小组赛负于西班牙，仅以第二名出线时，冠军的希望始终在他们的眼里闪烁着；而战胜希腊人晋级4强后，胜利的渴望便如潮水一般无限地蔓延。

前进的道路上突然有一个庞然大物：那就是被称作"梦之队"的美国，它华丽、权威、几乎无懈可击。

阿根廷人相信这只是它披着的外衣，或是戴着的面具，这支梦队在小组赛期间已经被中北美洲的小国波多黎各玩转过，已经被身高臂长的立陶宛人翻盘过，还险些被斗牛士西班牙人掀下马来。此刻美国球星们的脸上写满了侥幸与余惊未息。

比赛就在这样的期待中开始。

第一节比赛打了不到6分钟，吉诺比利在内线强突拿下2分，并且造成马布里犯规，加罚中的后，阿根廷16比15领先，此后34分钟的比赛阿根廷始终保持着领先，美国队尝试了各种打法，始终无法扭转局面。全能的吉诺比利不论三分球还是快攻突破，抑或是从人丛中强行突破对方的密集防守，总能找到得分途径，他是美国队无法阻挡的一把尖刀。

(上)获得了奥运会篮球金牌，阿根廷队主力斯科拉难以相信这一切。
(下)在阿根廷人费尔南德兹面前，梦之队的奥多姆无计可施。

吉诺比利的NBA队友邓肯也具备着阿根廷人无法抵挡的威力，然而邓肯和上一场对西班牙一样，过早地陷入了犯规过多的困境。他打满了第一节，内线威力巨大，可第二节开始不久，又和对西班牙那样在无球状况下出现进攻犯规被吹第二次犯规。布朗无奈将他替换下场。

第三节邓肯重新上场，可打了不到4分钟又被连吹两次内线防守犯规，其中又有1次是在无球状态下和对手卡位时被裁判认为犯规，布朗又只能把他换下。第四节邓肯再度登场，这时美国队落后11分，然而打了7分钟，在争夺篮板球的时候和对手发生身体接触，又一个前场犯规。于是美国队队长、NBA常规赛季和总决赛的MVP在只打了19分37秒的情况下就因为5次犯规被罚下场，在这短暂的时间内他有10分6个篮板的表现，可邓肯是美国队唯一可以依靠的内线球员，他的上场时间被分割得支离破碎，美国队始终无法确立内线优势，再加上他们的外围投手又一次全面哑火，美国人的进攻陷入了小组赛初期那种无序状态。

上半场阿根廷43比38领先，第三节前半段成了阿根廷的快攻表演，吉诺比利在不到2分钟时间内连投两个三分球，第三节打了不到2分钟，阿根廷的领先优势便扩大到了14分，此后美国队不论如何追赶，都只能将分差追到10分左右。他们的联防封不住阿根廷外围射手，他们尝试全场紧逼盯人，又被吉诺比利和赫尔曼这样的快刀频繁砍伤。

全场比赛阿根廷队投篮命中率高达54%，三分球命中率也有50%，篮板球只以32比36输4个，而助攻有18次，比美国队高出7次，可见其进攻组织的娴熟流畅。美国队投篮命中率只有42%，三分球命中率又回落到了27%，上半场投篮命中率连40%都不到。这次和2002年世锦赛完全不同，阿根廷那次击败"梦五"，还出乎世人的意料之外，今天"梦六"的失败，是彻头彻尾的完败，是一次不留情面的"绞杀"。

这场半决赛的场景回想起来，仿佛高乔人面色严肃地在篮球场上舞起探戈，"梦之队"则看得如痴如醉，俨然一副"做梦的球队"的样子。两度"碎梦"，先夺第二、终获冠军，阿根廷借此奠定了在世界篮坛的地位。

在决赛战胜意大利摘金后，吉诺比利激动地说："这真是难以置信！我们52年没有得过金牌，今天一下就拿了。现在很难形容我的心情。我想哭，又想笑。我迫不及待想回到阿根廷看看人们欢庆的场面。"确实，对于阿根廷人来说，这枚金牌的意义更甚于足球。

巴西，当今世界男排新霸主

如果不是男排的卓越表现，没有什么可以收拾巴西人破碎的心，因为他们自奥运会开始，就遭到了南美另一体育大国阿根廷的嘲讽。

巴西男排再次证明他们是当今世界的第一强队，击败意大利队获得奥运会冠军，是他们自1992年后，第二次夺得奥运会冠军，也是过去4年间，从世界锦标赛冠军，到世界杯冠军，再到2004年世界联赛冠军的一个奥运周期的完美结局。

意大利队也是世界超级强队，但最近两年在重大赛事上逢巴西队必败，在雅典也不例外。在决赛中，他们以15比25、26比24、20比25和22比25不敌世界锦标赛和世界杯的双料冠军巴西队。在本次奥运会的小组赛里，巴西队跟意大利队曾苦战5局，最后1局，双方从14平起，一路经过18次平局，打到33：31，才以巴西队险胜而宣告结束。

巴西队的综合实力是无可比拟的。主力队员中，年龄最小的24岁，最大的29岁，身材最高的攻手古斯塔沃2.03米，最矮的攻手吉尔博托1.92米。主力二传29岁的里卡多身高1.91米，从两年前开始，他就接替了老迈的莫里西奥的班，成功实现了新老交替。无论从年龄结构还是队员身体素质看，巴西男排都达到了最理想的配置。而卫冕冠军塞黑、传统强队意大利虽然仍保持世界一流的水平，但与巴西相比，队伍老化、速度减慢的问题亟待解决；而俄罗斯队虽然大致实现了队伍的年轻化，但磨合的时间明显不足。

世界男排的高速发展，不仅要求球队必须做到技术全面，还要求打出速度，力求快攻。在这方面，巴西队明显高于任何一个对手。进攻速度的保证需要做到一传到位、防守跟上，本次比赛巴西的一传、防守都名列榜首，自由人也是单项统计的第一。除此外，巴西队二传和全体攻手的默契配合，快攻打起来便轻松异常。身高2.01米的主攻丹特四号位、三号位的强攻以及二号位接应的进攻，在全队迅速的攻防转换体系下如鱼得水。2002年世锦赛的核心吉尔博托在进攻中扮演枢纽作用，他的平拉开以及后排快球都让巴西队的速度变得迅猛异常。

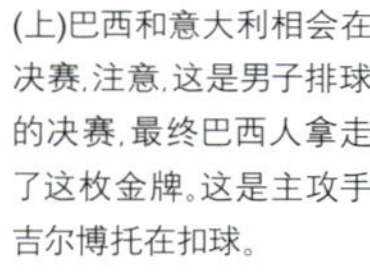
(上)巴西和意大利相会在决赛，注意，这是男子排球的决赛，最终巴西人拿走了这枚金牌，这是主攻手吉尔博托在扣球。

巴西男排的超猛表现，给了这个足球王国最大的慰藉。在此之前，巴西拿到3枚金牌，但都不是有重大影响的项目。第一枚是著名帆板选手谢特获得的帆船帆板激光级金牌。谢特曾在亚特兰大奥运会夺冠，悉尼奥运会失手获得银牌，但他在世界锦标赛中曾6次夺冠，雅典奥运会的金牌算是实至名归。

巴西男子沙滩排球选手里卡多和埃曼努埃尔赛前就是夺金热门，巴西另外一块金块则是在男子双人帆板比赛中取得。还有3枚银牌，头两枚为巴西女足和女子沙滩排球选手获得，在这两个项目上，巴西人都有夺冠实力，但在决赛中都先后输给了美国人。另外一枚银牌，是在个人马术障碍赛上，这对于巴西人来说算是个突破。

如果不是男排的卓越表现，没有什么可以收拾巴西人破碎的心，因为他们自奥运会开始，就遭到了南美另一体育大国阿根廷的嘲讽。首先是阿根廷男足奥运夺冠，其次是阿根廷男篮半决赛击败梦之队。作为举世公认的足球王国，巴西在世界杯上五次夺冠后，最为渴望的便是奥运会男足金牌。但预选赛被阿根廷和巴拉圭淘汰，又看着对手在奥运会上分别夺得冠、亚军，巴西人心情可想而知。

男足无缘奥运的遗憾，巴西人希望借女足夺冠加以弥补。巴西女足确实也发挥不错，10号玛塔被名宿托斯唐誉为“真正的女罗纳尔多”，国际足联主席布拉特也称赞她甚至可以参加男子比赛。但在决赛中，巴西队还是不敌美国，痛失夺冠机会。巴西人心中另外的至痛就是巴西男篮。2002年阿根廷在男篮世锦赛获得亚军，在赛事中成为第一支击败美国“梦之队”的球队，雅典奥运会，阿根廷人又一次击败美国，并且进入了决赛，对阵意大利（最后夺得冠军）。可巴西男篮却没能参加奥运会，这更使巴西人汗颜。

这支女排可以用"伟大"来形容

从洛杉矶到雅典，20年，中国女排再度夺冠，这也是中国大球项目仅有的两枚金牌。

一番缠斗之后，张越红四号位强攻将比分定格在15比12，中国女排拿下了决胜局的比赛，完成了从0比2到3比2的逆转。所有队员冲进场内，紧紧抱在一起，喜泪交加。

往往是最宣泄的狂欢周围，存在着最静谧的悲伤。当中国女排因为来之不易的冠军喜极而泣之时，另一边的俄罗斯姑娘却止不住伤心的泪水。属于中国人的颜色全场翻腾，毫无疑问，8月28日的和平与友谊体育馆重重地刻下了红黄一体的痕迹。

而俄罗斯人此时却显得如此沉默，静静地品尝失败的滋味。在2比0领先的情况下，被对手神奇逆转，痛失好局的加莫娃喃喃自语，悔恨的眼泪流淌。手指上同样缠满了胶布，却在距离冠军仅仅一步之遥的地方倒下，无法抑制的难过可想而知。

无论如何，雅典的加莫娃都像极了8年之前亚特兰大的孙玥。当时的中国女排在郎平的调教下，一度显示出回勇的迹象。然而在决赛中，她们在先胜一局的情况下还是输给了刚刚创造了各项赛事八连冠的古巴队。赛后，一脸稚气的孙玥泪流满面，无法自禁。

时间回到1981年，袁伟民带领的球队默默无闻地出现在人们的视线之中，却为竞技体育匮乏的中国人带来了惊喜。中国队在日本世界杯中七战七捷，首次登上世界冠军领奖台，也就此拉开了一段伟大历史的序幕。五连冠时期的女排作风无疑被视为了时代精神的标志性符号。

(右)中国女排刘亚男在冯坤配合下跳起扣球。
(上)中俄大战进行得激烈且富有戏剧性。
(下)领奖台上兴奋的中国女排姑娘。

"没有人知道历史的老去，就像没有人知道草在风中老去一样。"正如克洛德·西蒙《百年槐树》中所写到的，人们并没有意识到到女排此后从巅峰的迅速滑落。1986年9月，捷克斯洛伐克第十届女排世锦赛，中国女排最后一次站在冠军领奖台上。盈亏之数当然是世事常理，但对几代女排运动员来说，这种阴郁持续得却是如此长久，甚至是远远超过了马贡多的阴雨。

回到2004年的雅典，陈忠和和他的队员们距离金牌有20年的距离。从1979年担任陪打教练起，陈忠和已经与中国女排结下了长达24年的不解之缘。其实2003年，他率领中国女排以11战不败战绩获得世界杯桂冠，多年后重温世界冠军。从日本到捷克斯洛伐克，他已经跨越了17年。现在，他需要将历史拉回到洛杉矶。

事实证明，这支中国女排的表现可以用"伟大"来形容。决赛无疑是一场让人铭记的经典。与俄罗斯的对决峰回路转，从0比2到3比2，陈忠和的这支球队在逆境中显示出了强大的作战能力。

回顾夺冠历程，他说："为什么我今天特别感到激动?因为今年是我感觉我过得最艰难的一年。特别是在赵蕊蕊受伤之后，整个队伍一直在起伏不定，而且大奖赛又不是很好，所以好多媒体都对我们有一些评论，现在我们终于用事实证明了自己!"

赛后，中国人兴奋地惊呼："这是老女排精神的再现。"的确，五连冠时期的老女排呈现给世界的全然是刻苦、不屈不挠的作风。袁伟民的魔鬼训练、郎平让对手望风披靡的重扣所透露出的无疑是强大的精神力量。在物质贫瘠的20世纪80年代，恰恰是这种沛然莫之能御的精神力量成就了中国女排的崛起。

而在眼前这支冠军球队身上，人们更多看到的是顽强作风与乐观团结的异质汇聚。无论是领先还是落后，从陈忠和到每一名队员、工作人员，我们始终读不到一丝沮丧。与古巴、俄罗斯的四场比赛，年轻的中国女排经受住了考验，展现给人们一支极其成熟的球队。

面对曾经赢过或是输过的对手，姑娘们都能处变不惊，从容应对。从比赛开打直至登上领奖台，微笑始终盈溢在脸上。对她们而言，荣誉已经失落得太久，在最终夺冠之前，绝不能停止前进的脚步。那些时间里，她们用自己的努力诠释着归来的王者气质。

这支女排可以用伟大来形容。

阿根廷足球重回荣耀巅峰

当希腊籍主裁判在雅典的正午时分吹响终场哨声时，刚刚在清晨6点钟醒来的整个阿根廷都在远眺爱琴海的方向。

1比0！这个最小的比分却为阿根廷在奥运赛场上带来了最高的荣誉。它不仅帮助阿根廷足球在经历了11年的“冠军真空”后重回荣耀巅峰，同时也让这个探戈的国度时隔52年后再获奥运金牌。当希腊籍主裁判在雅典的正午时分吹响终场哨声时，刚刚在清晨6点钟醒来的整个阿根廷都在远眺爱琴海的方向，因为对他们而言，一个新的英雄已经在阿根廷的黎明时诞生，他的名字就是卡洛斯·特维斯。

这场与巴拉圭的奥运会男足决赛是“小斗牛”今年参加的第4场决赛。在6月底和7月初与卡尔达斯的解放者杯两回合决赛中，特维斯倾尽全力也没能拯救博卡，并最终目睹自己的球队在一场充满了魔幻现实主义色彩的点球大战中落败。7月25日与巴西的美洲杯决赛中，首发登场的“小斗牛”在终场前一脚轰中左门柱，但这无法改变阿根廷点球饮恨的命运。但这一次在雅典的决赛上，博卡少年却用致胜进球将阿根廷送上了最高领奖台。第17分钟，罗萨莱斯右边路准确传中，特维斯脱兔般前插至前门柱，抢在两名巴拉圭后卫出脚破坏前起右脚低射，皮球从近角滚入球门，让出击封堵的巴拉圭门将巴雷托无可奈何。

这个进球让此前一直囤兵于中后场的巴拉圭开始将重心前提，而随着比赛开放程度的增加，博卡少年也开始频频制造杀机。第21分钟，特维斯在反击中将球带至大禁区前左侧，随后右脚劲射，被准备充分的巴雷托侧扑挡出。第29分钟，活动范围宽广的“小斗牛”竟回撤至中场左路一带与对方后防老将加马拉进行拼抢，结果被恼羞成怒的后者一肘击中面门。但这一举动更激起了特维斯的斗志。第52分钟，在背对球门接到路易斯·冈萨雷斯的直塞球后，阿根廷新10号转身右脚低射，球贴远门柱偏出。此后，由于巴拉圭接连有2名队员被红牌罚下，特维斯也迎来了更多的机会。但他在第75、第79和第83分钟的射门要么是打在后卫身上，要么与球门差之毫厘。

尽管特维斯没能再锦上添花，提前为球队锁定胜局，但这丝毫没有影响阿根廷媒体对他大加赞扬。《号角》报在赛后这样表示：“有了小卡洛斯（特维斯昵称）的这1个进球，我们就足够了！”在打入这粒价值连城的进球后，特维斯的国家队进球数已达到了17个，其中有8个是在本届奥运会上的收获。巧合的是，阿根廷队这次在雅典总共打入17球。回顾“小斗牛”的这8粒杰作，既有左右开弓，又有头球俯冲；既有打破僵局，又有锦上添花，他对这支球队的作用不言而喻。

特维斯激动地告诉记者：“我们配得上这项冠军，因为我们是最好的。我现在感到幸福和骄傲，被一种独一无二的感觉所感动。”

(上)阿根廷队的胜利在一定程度上也是特维斯个人的胜利。他在决赛中打入制胜一球。

2003年，他随博卡一道获得南美解放者杯、阿根廷春季联赛冠军以及丰田杯，现在，年仅20岁的他在荣誉栏里又多了一个连众多前辈都不曾获得的奥运会冠军头衔。

谁又能想到，在刚来到雅典时，就连“小斗牛”本人都不知道自己能否在主力阵容中站稳脚跟。可以说，是独具慧眼的贝尔萨给了特维斯横空出世的机会，也造就了博卡少年在美洲杯上两脚惊艳的任意球破门以及他随后在雅典的灿烂绽放。而此番功成名就的特维斯也没有忘记恩师，“我同样为贝尔萨感到高兴。因为他总是饱受批评，所以他也理应获得现在这份荣誉。贝尔萨是一个勤奋和伟大的人。”

刚刚登上奥林匹亚之巅的阿根廷将投入世界杯预选赛。在萨维奥拉已渐渐被人淡忘，克雷斯波又由于俱乐部压力“神秘”退出后，阿根廷人还是一样的自信，因为他们有了新的英雄：年仅20岁的卡洛斯·特维斯。

成功与自由无关，与政治家无关

伊拉克夺得的奥运会第四，只与球员的能力与坚韧不拔有关，这给所有伊拉克人带来了无限的欢乐，哪怕是短暂的。

尽管伊拉克男足没能一黑到底、拿到奥运会奖牌，但作为亚洲足球的代表，他们比亚洲足球的两大强国日本和韩国走得都远，没有人会否认伊拉克足球的成功。

在雅典杀进八强时，整个世界可能都有些吃惊，但在作为亚、非唯一的一支进入四强的男足后，就连伊拉克人自己也感到吃惊——毕竟这是一支来自受战乱煎熬的国度的球队。

"我们要尽力做得最好，以便使那些一直在为我们祈祷的同胞高兴，"伊拉克教练阿德南·哈马德在备战与巴拉圭争夺决赛权的赛前新闻吹风会上开场就说了这么一句话。其实，"使伊拉克同胞高兴、快乐"是这位伊拉克教练在自己球队几场胜利之后不断重复的话。他一再说："我们太需要胜利了，我们的人民太需要我们从足球场给他们带来快乐了。说实话，我们也想不到我们能够杀到这一步，因为我们的处境根本就不允许我们走到这一步。"

3 次新闻发布会，从来就没有见到这位伊拉克人笑过，哪怕他带领的球队一步步晋级、让世界为之惊叹。他说，"自从战争爆发以来，'生活'一字在伊拉克都难得听到，更不要说什么足球了，踢球简直是一种奢望。在伊拉克，交通都成问题，要把来自伊拉克不同地方的球员聚到一起进行训练都是相当困难的事，因为仍在不断爆发的局部战斗经常阻断交通。在我们的国家，踢球不是一个简单的事情，因为人们关心的首先是安全。我们的球员现在是靠新政府的体育部和奥委会找点办法维持生存和训练的。因为安全问题，伊拉克球队很多时候必须在邻国训练。来到希腊的队伍是参加 2000 年在伊朗举行的19岁以下亚锦赛的原班人马，我们的队员相互了解，我们没有压力，有的是球迷的支持，这是我们最大的赌注。"

当有人问，他的球队在希腊的出色表现是不是成了一种和平的象征时，哈马德说："我们现在还不能谈什么象征，因为在伊拉克到处仍然有战斗，到处仍然有军队。"所以在希腊，从战争中杀出来的伊拉克足球队无论到哪个城市比赛，都有大约上千人的球迷跟着他们呐喊，有伊拉克队出场的比赛总是那么狂热，狂热得催人落泪。人们很难想像这些生活在希腊、土耳其、意大利的伊拉克侨民是为了来到球场为自己的队伍助威付出了多少血汗钱，他们乘船、坐车，四处奔波、疲态尽显，但却总能在伊拉克国家队出场时声嘶力竭地一阵一阵地高喊："伊拉克！伊拉克！伊拉克！"

(上)伊拉克队的穆罕默德(左)突破巴拉圭队员的防守。其战斗力让对手始料未及。
(下)半决赛打响前，伊拉克队带着国旗出场。

在巴格达，咖啡店和路边的小摊围满了人，观看这场比赛。当伊拉克人落后之后，场面十分沉闷。但尽管失利，伊拉克人仍然显得十分骄傲。23 岁的计算机系学生阿赫迈德·萨巴赫在露天咖啡屋看完了这场比赛。他说："胜负已无关紧要。伊拉克已经向世界证明了自己，证明我们有一支强大的球队。我们此前从未想过会走这么远。"

回顾伊拉克足球近几年的成功事例，就可以很明确地得出结论：伊拉克足球的崛起来自过去多年来一贯的努力，并非是这个国家在获得所谓的"自由"后的产物。

可能没有人注意到，目前这支伊拉克国奥队的人员大部分来自 4 年前在德黑兰亚青赛击败伊朗夺冠的那支球队，巴斯姆、哈瓦尔、阿克拉姆、库赛、尤尼斯……这些名字撑起了伊拉克足球的一片天。这比萨达姆·侯赛因政权倒台早 3 年。

伊拉克人掀起了一场绿茵战火：葡萄牙被灭、哥斯达黎加告负，尽管输给了摩洛哥，但在 1/4 决赛中还是赢了澳大利亚。

美国“五朵金花”以金牌谢幕

美国人已有5年没能看到世界冠军奖杯的影子，悉尼奥运会，挪威队“横刀夺爱”，2003年世界杯，德国队把她们踢出半决赛并最终捧杯。

2004年8月26日雅典的奥运女足决赛，一般人并不会为这样的比赛所吸引。但在加时赛2比1战胜巴西之后，美国姑娘们还是激动不已，继而泣不成声。因为，这不但是一次争取最高荣誉的终点，也是一个时代的终点。米娅·哈姆、朱丽叶·福迪、乔伊·法塞特、克里斯蒂娜·莉莉、布兰迪·查斯坦，这“五朵金花”，1991年首届女足世界杯冠军队的元老们，在这一天后，将结束自己在国家队的生涯。

这5名球员是美国老女足硕果仅存的骄傲，十多年来她们的拼搏，终于使此前默默无闻的美国女足成为世界霸主。哈姆、福迪、法塞特已确认本届奥运会后将从国家队退役，莉莉态度不甚明朗，查斯坦宣布的日子也不会很远。实际上，半决赛战胜德国的比赛差一点就演变为福迪在国家队的最后一场比赛，因为扭伤了脚踝，很多人都担心她不能参加最后的“战役”。但是她本场比赛还是戴上了队长的袖标。

赛前，美国队中的年轻球员们非常清楚这一点，因此米娅·哈姆和其他几位元老不希望年轻球员们因此背上思想包袱：“我不想让她们感觉到我在向她们施压，要她们为我或我们而战。我们彼此为对方而战。”主教练海因里希则在赛前再次提醒队中的年轻球员，要确保这场告别演出是一场喜剧，“如果我们团结奋战，如果我们为彼此而战，如果我们热爱并乐于为那些即将告别的球员而战，我想结果将如我们所愿。”

美国人已有5年没能看到世界冠军奖杯的影子，悉尼奥运会，挪威队“横刀夺爱”，2003年世界杯，德国队把她们踢出半决赛并最终捧杯。她们把这次奥运会看得比任何时候都要重要，目标只有一个：夺冠！夺冠！！半决赛里，她们碰上宿敌德国，每个人都热血沸腾、不遗余力地拼，最终闯入决赛。

而她们的对手，就是一直想摆脱男足五冠阴影的巴西姑娘。一路上大打攻势足球的巴西队，想从美国人手中抢走冠军。19岁的前锋克里斯蒂阿娜本届奥运会独进5球，在她的家乡，圣保罗郊区的奥萨斯科市的市长专门安排在市内的大街上竖了两个大屏幕电视，以方便成千上万的球迷们看球。

(上)决赛中，巴西姑娘玛塔(黄)左冲右突，但无法突破美国姑娘的防线。
(下)欣喜若狂的美国姑娘们。

尽管曾在小组赛中0比2负于美国，但巴西人在8月14日的那场比赛中，在0比0的上半时将美国人压得喘不过气来，迫使美国人在下半时采用粗暴战术才涉嫌过关。美国人心知肚明：这是一个不可小觑的对手。

比赛开始巴西人后便大举进攻，气势咄咄逼人，把素以攻势凌厉著称的美国队打得根本喘不过气来。直到第八分钟时美国队才有了第一次射门，而巴西队此时已经4次射门并获得了1个角球。巴西姑娘非常细腻的个人技术，凶狠的逼抢，传跑结合相当默契，尤其是3名前锋的穿插跑位，让美国女足的后卫很是狼狈。美国队只好收缩防守，稳住阵脚后，美国队在第39分钟，由塔普雷25米外的远射就洞穿了对手的球门。随后，她们一直掌控着比赛节奏。

然而，要拖延时间保住胜果，美国人未免想得太简单了。当美国队的福塞特看着巴西队的9号普雷蒂尼亚和12号克里斯蒂娜在美国队禁区内如入无人之境的时候，这位已经36岁的老将也许在感慨“廉颇老矣”。巴西队以其独有的足球天赋，在一场关键的对决中让美国人感到了真正的害怕，但幸运女神似乎不青睐巴西队，第76分钟和第87分钟时，她们两次击中球门柱，观众席一片叹息。比赛最终被拖入了加时赛。

大赛经验更为丰富的美国队在加时赛即将结束前抓住了一次机会，第113分钟，瓦姆巴赫让五朵金花的告别变得异常完美——这位强力前锋接莉莉的角球头球重重砸入网窝顶部，攻入她在过去20场比赛中的第18球。

2比1，美国人胜利，美国女足无愧于“常青树”的美名。

从赛后的技术统计看，巴西队共计17次射门，9次打中门框以内，而美国队只是10射4中。巴西队压迫式的打法，让美国队没能得到片刻的喘息，巴西真的崛起了，虽然不像她们的男足一样辉煌，但却让世人听到了她们奋发的最强音。

“五朵金花”就要告别了。“我将怀念与这些队友在一起的时光，”女足运动史上进球最多的射手和最出色的球员米娅·哈姆说，“怀念向她们学习、与她们一起成长、一起体验巅峰时刻和糟糕时刻的日子。”

用金牌告别自己最爱的舞台，让美国女足重返巅峰，“五朵金花”的离开其实已经没有那么悲伤。

被裁判主导的金牌争夺战

越来越多匪夷所思的的打分，让更多人怀疑这项运动的纯洁性。

8月18日的男子个人全能决赛，美国人保罗·哈姆获得了最后的冠军。本来美国人的表现足够精彩，但赛后却发现，有3名裁判在给韩国选手梁泰荣的双杠项目打分时，少算了他0.1的起评分，直接导致他以0.049分之差输给哈姆，仅仅拿到一枚铜牌。这3名裁判所犯的低级错误匪夷所思，也许仅仅是巧合，其中一位裁判来自美国，名叫贝克斯特德，另两位“犯傻”的裁判分别来自哥伦比亚和西班牙。事情发生后，3名裁判受到惩罚，但这并不算完，因为金牌旁落是韩国人不能容忍的。

韩国体育协会立刻向国际体育仲裁院提出上诉，要求美国交出金牌。按照国际体联规定，在全能比赛进行中，选手对起评分有异议时，应该在下一个项目结束前提出。国际体联认为，韩国没有及时提出抗议，因此成绩已无法更改。有人甚至提出了折衷的办法：即两人共享金牌。但美国人不同意。终于，国际体操联合会主席格兰迪8月23日公开向外界表示：本届奥运会男子体操全能比赛的结果不会改变，保罗·哈姆仍是唯一的男子体操全能冠军。

韩国人重获金牌的唯一可能性在于，金牌获得者保罗·哈姆主动放弃冠军。8月24日凌晨，事情似乎迎来了转机，保罗·哈姆说：“如果国际体操联合会要求必须交出全能金牌，那么我会服从决定。”但一天之后，保罗·哈姆态度突然强硬了起来。“我非常理解梁泰荣现在的心情，我希望他也能理解我现在的心情。我没有打算将金牌交回去，我是靠自己的努力拿到这块金牌的，这种情况（错判）不是我的错，也不应该出现。”

世界体操联合会是希望哈姆交出金牌的，8月26日它们向哈姆发出了一封由主席布鲁诺·格兰迪签名的信。信中称，如果哈姆能将金牌让给梁泰荣，将是“公平竞赛精神的终极体现”、“国际奥委会将对哈姆交还这枚金牌表示感谢”。但是美国奥委会随即指责世界体操联合会，称它们向美国男选手保罗·哈姆施加“过分而且不当的压力”，以迫使后者交出金牌。最终这场闹剧以保持原判收尾，但体操裁判们引起的纷争才刚刚开始。

8月23日进行的跳马决赛，加拿大代表团首先发难。它们认为，正是体操裁判的不公正打分，才让加拿大选手谢菲尔特失去了铜牌。在罗马尼亚选手德拉古莱斯库第二跳结束后，他的得分让人大吃一惊，因为不同裁判给的分数差异实在太大。加拿大人认为当天的裁判主席未能履行职责，把裁判打分控制在合理的范围内。巧的是，正是谢菲尔特，在之前的自由体操比赛中超过罗马尼亚的德拉古莱斯库夺得金牌。

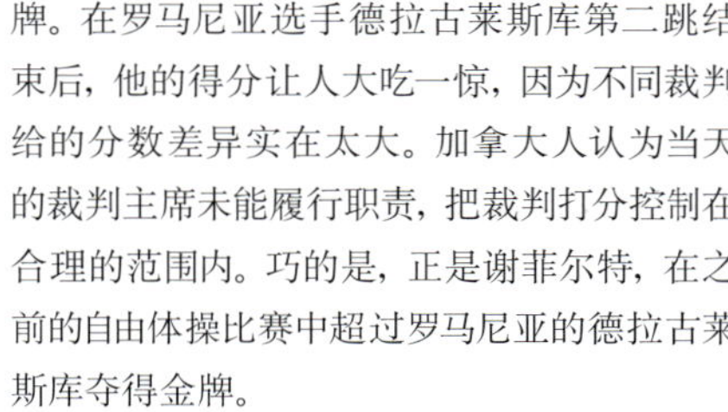

(上)获得全能冠军的美国人哈姆饱受非议。这是他在双杠比赛中。

(下)俄罗斯老将涅莫夫是裁判们混乱打分最大的受害者之一。但他赢得了观众的心。

错判在接下来的男子单杠决赛中达到高潮。俄罗斯28岁的老将涅莫夫第三个出场，在比赛中他出色地完成了团身后空翻两周、直体特卡切夫、分体特卡切夫、京格尔空翻等连续6个空翻和腾越组成的高难成套动作，尽管720°旋下时有一小跳，但表现堪称完美。精彩的表演征服了现场的观众，赢得了全场的掌声与喝彩。然而，出乎所有人意料的是，在现场大屏幕上显示出来的裁判打分为9.80/9.60/9.75/9.65/9.70分，涅莫夫的最后成绩只有9.725分，仅仅排在第三位。看到这个低出了人们承受能力的成绩，全场观众为涅莫夫感到不平，并持续发出嘘声，迫使比赛中断。

10分钟后，迫于现场观众的压力，裁判将涅莫夫的比分更改为9.762分。观众们这才让美国选手保罗·哈姆得以出场亮相，但哈姆却凭借一套并不十分漂亮的动作，得到了9.812的高分，体操馆再次爆发出满场嘘声。“涅莫夫！涅莫夫！”的声音不绝于耳。随后意大利人卡西纳凭借3个超E难度的杠上空翻而且落地很稳，也得到了9.812分，通过计算所有裁判的扣分率，金牌最终颁给了卡西纳。

美丽的传说终有结局

霍尔金娜这个飘逸的天使，被宙斯收回了曾经自由飞舞的翅膀，返回了人间。

8.925 分。25 岁的霍尔金娜用如此悲情的方式与体操告别。身材高挑、气质优雅，或许正是她的美丽让美神阿佛洛狄忒嫉妒不已，才要她用这种方式与体操作别，向喜爱她的观众挥手而去。从亚特兰大到悉尼，再到阿纳海姆，自信的霍尔金娜曾经创造过多少美丽的神话，如今，在雅典，她返回了人间。

1994 年，"冰蝴蝶" 尚在蛹内就光芒耀人，首次亮相世锦赛，她就获得了跳马和高低杠两个第二；两年之后的亚特兰大，她终于"破茧而出"，收获奥运高低杠金牌和团体银牌。"高低杠皇后" 自此在属于自己的天空里尽情飞舞：1995 年到 2003 年的世锦赛，她拿到了包括高低杠的五连冠、3 个全能冠军在内的共计 21 枚奖牌。然而在爱琴海拥抱的雅典，霍尔金娜冥冥中却被古希腊的 "悲剧之父" 埃斯库罗斯选中，在自己告别的舞台上，在从未失过手的高低杠上，随着观众们 "啊" 的一声惊叫，她摔了下来，她的眼神里闪过某种奇异，是之前从未有过的黯然。继而她归于平静，重又投入比赛，完成了最后的演出，然后谢幕。

所有人都很清楚：俄罗斯人霍尔金娜将成为体操史上的一个典范。无论是从她的才华、她漫长的职业生涯还是她所获得的荣誉来说。 翻开她的功勋簿：36 枚金牌赫然入眼，其中的 19 枚来自奥运会、世锦赛和欧锦赛等一流赛事；3 个世界冠军 (1997, 2001 和 2003 年)、3 个欧洲冠军 (1998, 2000 和 2002 年)，霍尔金娜借此成为史无前例的唯一；在她之前，还没有人如此长时间地统治一个项目，从 1994 到 2004 年，她夺得了 5 个欧洲冠军、5 个世界冠军和两个奥运冠军，这 10 年可以说是"霍尔金娜时代"。

她在 2003 年参加了一幕名为《Venus》的话剧演出，在 2006 年获得体育教育学博士学位，并身兼俄罗斯总统普京的体育事务顾问；俄罗斯女子体操队中，她是唯一不时出入剧院、时装会和电视台的运动员；她的照片刊登在俄罗斯版《PLAY BOY》的杂志上；她与男子体操世界冠军伊万科夫拍拖；她远赴美国参加演出……个性突出、以冷闻名的 "体操女皇"。

1997 年洛桑世锦赛，初战成名后的霍尔金娜获得了个人的第一枚全能金牌，那时候她还显得有点歇斯底里；4 年之后的卫冕战压力和责任感伴随着她如愿圆梦，而阿纳海姆的第 3 金则让霍尔金娜自豪不已。

当霍尔金娜到了 25 岁时，她明白，必须要对体操说 "再见"，是 "结束的时候" 了。她把奥林匹克室内运动馆当成自己的最后一站，自然，也是最后一战。

她之于胜利的渴望夹带着某种世故的沧桑："我想赢得高低杠的比赛，我想以一个奥运冠军来结束自己的体操生涯，与金牌一起退役。"

几天前的女子团体赛霍尔金娜就已显出老态：踺子后手翻接直体后空翻两周转体 360° 做得很不成型，整个身体在空中失控，几乎做成了屈体动作；强项高低杠也出现了小失误；平衡木、自由操算是发挥得出色的了。裁判在观众们有节奏的掌声里给足了这位名气极大的明星面子，她率领的俄罗斯队终获铜牌。

随后的个人全能比赛，虽然霍尔金娜拿了高低杠和跳马两项第一，却因平衡木和自由操的失手负于美国新秀帕特森、憾失金牌。颁奖仪式上，当场上响起 "Svetlana Khorkina" 时，"冰蝴蝶" 面带微笑，用一个优雅的芭蕾舞蹈演员的谢幕动作向观众深深的鞠了一躬。那晚，有多少颗心在默默祈祷，盼望她依然用那个为人熟知的动作，走上最高领奖台。

8 月 23 日晚，没有做好充分准备的 "冷美人" 仓促上阵。人们没能再睹她在高低杠上玄妙轻灵的表演，却看到了 "皇后" 在大赛中唯一一次也是最后一次的抓杠失误、掉落场上。

体操新女皇三金加身

当"冰美人"霍尔金娜退役的黯然情绪弥漫开来的时候，人们从罗马尼亚女孩的眼神里找到了新一代"皇后"的气质。

刚满17岁的罗马尼亚体操运动员卡塔琳娜·波诺尔无疑是了本届奥运会体操赛场上的最大赢家。

在女子体操6枚金牌的争夺中，波诺尔包揽了女子团体、平衡木和自由操3枚金牌。罗马尼亚这位新体操女皇就此腾空而出。5岁开始练体操、奥运会之前还没有得过世界冠军的波诺尔，终于在雅典写下了自己的传奇。

23日比赛结束后，体操界的女皇霍尔金娜黯然离场，而在亚特兰大获得第一个世界冠军时，正好也是17岁。这位体操女皇已经在赛场上纵横多年，而今空空而归的她，留下了怅然的背影。

而作为罗马尼亚女队领军人物，波诺尔证明了自己的价值，在8月17日的女子团体决赛中，波诺尔挂帅战胜了俄罗斯、中国等老牌劲旅，击退了美国等新兴的挑战者，帮助本队锁定了这块沉甸甸的金牌。她得到了跳马的全场最高分，并在最后决定冠军归属的自由操中，顶住巨大的压力最后出场，用近乎完美的表演得到9.750的高分，报了世锦赛输给美国队的一箭之仇。

罗马尼亚人兴奋地称波诺尔为"我们的皇后"。波诺尔的教练更是欣喜若狂，并满怀信心地表示波诺尔将迅速在世界体操界确立统帅地位。罗马尼亚女队堪称"以不变应万变"的典范，她们是新规则出炉后唯一没受到影响的队伍，在本届奥运会上依然获得4金1银1铜的骄人战绩。

波诺尔说："这只是我体操事业的开始，我希望我可以很好地坚持下去，我十分期待能在今后的比赛中再现这样的辉煌。得到金牌后我非常兴奋，站在奥运最高领奖台上令人欣喜。"

前一年在美国举行的世界体操锦标赛上，当时年仅16岁的波诺尔就已经崭露头角。她一举夺得女子团体、平衡木和自由操3枚银牌。经过一年的努力，在雅典还是这3个项目，她将胸前的奖牌变为了金牌，圆了自己的梦想，开创了一个新时代。

平衡木是波诺尔的最爱，决赛中她凭借稳定的发挥和优美的表现，以9.787的高分问鼎该项冠军，实现了多年的愿望。谈到平衡木夺金，波诺尔兴奋异常"能获得这块金牌我很高兴，这是我一直的梦想。"

在自由操比赛中，她遥遥领先于其他选手，再次登上最高领奖台。"我太高兴了，赢得3枚金牌的感觉棒极了！"

智利人和中国人开创了新纪元

雅典的奥林匹克网球中心，最终演化为比法网的罗兰加洛斯还能催生冷门的温床。

智利人马苏 (Nicolas Massu) 无疑是雅典奥运会网球比赛的最大赢家。在和队友冈萨雷斯携手成为网球男双冠军的16小时后，他又在男单决赛中以3比2战胜美国的费什，为智利添得第二枚金牌，五盘的比分分别是6比3、3比6、2比6、6比3和6比4。

赛前没什么人相信马苏能赢下比赛，费什更是声称"三盘搞定决赛"。但第一盘美国人费什就没占到任何便宜。眼见马苏获得先机，闯入决赛后视男单金牌为囊中物的费什哪肯善罢甘休，况且好朋友罗迪克就是在第三轮中被智利人冈萨雷斯干掉的。面对马苏，费什不仅加大了发球力度，回球时角度也愈发刁钻。在费什的强攻下，马苏脚步渐渐沉重起来，体力下降导致他频频出现非受迫性失误，连输两盘，被对手以2比1反超。

当所有人都认为这块金牌将落入美国人费什口袋时，马苏却让人大跌眼镜。顽强的智利人在落后的情况下奋起直追，终将美国人即将到手的金牌抢入怀中。

(右)中国选手李婷和孙甜甜夺得了女双金牌。
(下)智利的马苏和冈萨雷斯夺得男双金牌，这是智利历史上的首枚奥运金牌。

在现代奥运会108年的历史上，智利这个南美洲国家在雅典奥运之前还没有获得一枚金牌。对于在两天内接连为智利获得两枚金牌，马苏本人也深感意外，他将这一切归功于上帝的眷顾："我也不知道我是怎么做到的，大概是上帝在帮助智利吧。这两天是我有生以来最高兴的两天。在第二盘和第三盘中，我都跑不动了。幸好后来情况有所改观。在两天内连续获得两枚金牌，对智利来说是个不可思议的奇迹。"连夺两金后的马苏很长时间沉浸在幸福的眩晕中，在接受完赛后采访、药检以及参加过第二天的庆功会之后，昏昏欲睡的马苏为参加ATP巡回赛长岛站的比赛，于是"弃"金而走，匆匆赶往机场。到了机场，他才想起忘记带上了金牌。

"我当时惊慌失措。"马苏心有余悸地说："我赶紧打电话过去，问我的金牌是否还在。好在没有丢，冈萨雷斯已经给我带过来了。"

马苏并不是在一群无名之辈的争夺中称王的。虽然休伊特和阿加西没来雅典，但费德勒、罗迪克的加盟还是让观众觉得星光灿烂。只不过，这些大牌没能坚持到最后。

最后的决赛恰好体现了这次比赛的主题：美国人和智利人的对决。

尽管罗迪克出现在了男单决赛的中亚球场，但这次他是在看台上看球、为同胞费什加油，而不是在球场中发出他那令对手恐怖的快球。结论早已说过了，智利人马苏取得了完全的胜利。

中国的李婷和孙甜甜也在雅典上演了一出现代的网球神话，也验证了她们走上领奖台时所穿品牌运动衣的广告词：一切皆有可能。这是中国网球在奥运会上的第一枚金牌。赛后，国际网联官方网站的网上调查结果显示，李婷/孙甜甜的这块女双金牌最令人吃惊。

德国人的霸权

菲舍尔是德国队的历史性人物，她6次参加奥运会，每一届都没有留下任何遗憾。

皮划艇格局并未打破：德国、匈牙利、挪威和法国等欧洲传统强国几乎包圆所有金牌，16 个项目（包括静水和激流回旋）他们只有两块金牌不慎“失手”，而尤令人惊喜的是，来自中国的孟关良和杨文军发挥出色，勇夺男子双人划艇 500 米的冠军，这是中国奥运代表团在皮划艇和水上项目的第一块金牌，在皮划艇项目上实现了新突破、开创了新的历史。

德国队依旧控制着这个项目的主导权。在悉尼奥运会上，日耳曼人总共获得了 4 块金牌：3 枚来自静水项目，1 枚是激流回旋。在雅典他们继续高奏凯歌、独占鳌头，4 个静水项目的冠军和 3 枚银牌和激流回旋项目的一块银牌证明了他们强大的实力。德国在静水项目所获得的 4 枚金牌中，男选手贡献了 3 块，而他们唯一的一枚女子金牌就是 42 岁的“金牌奶奶”布里吉特·菲舍尔贡献的。

菲舍尔是德国代表团的传奇人物。1980 年在莫斯科，刚刚 18 岁她便取得了单人皮艇的金牌；1988 年汉城，她同队友合作斩获双人和四人皮艇两块金牌；1992 年巴塞罗那，她再度摘得单人皮艇金牌；1996 年亚特兰大，四人皮艇金牌成为她的囊中之物；及至悉尼的双人和四人皮艇金牌、雅典的双人皮艇金牌，6 次参加奥运会，菲舍尔每一届都没有留下任何遗憾。这也让她没能同前苏联著名体操名将拉里莎·拉蒂尼娜一起，并列成为奥运会历史上夺得金牌最多的女子运动员，后者曾在 1956 年到 1964 年连续 3 届奥运会上获得 9 枚金牌。

(上)澳大利亚赛艇队在女子八人单桨有舵手的比赛中。

(下)德国队在静水项目上获得了4枚金牌。其整体实力依旧雄居世界第一。

匈牙利也有 3 金入账。值得一提的是，他们的女选手粉碎了了菲舍尔的 9 金梦想；西班牙的金牌则来自于个人英雄主义：赛艇“斗牛士”戴维·卡尔如有神助，他在男子单人划艇 1000 米决赛中，出人意料地以 3 分 46 秒 201 的击败德国的上届冠军蒂特梅尔以及匈牙利名将瓦杰达，夺得了冠军。28 日，他又在男子单人划艇 500 米的比赛里获得银牌；法国和斯洛伐克在激流回旋上显示了强大的实力，分享了 4 个项目的冠军，英国、德国只能屈居第二；加拿大、挪威和瑞典在静水项目上各自夺得一枚金牌。

长期落后的中国皮划艇在雅典看到了希望，孟关良和杨文军的胜利来之不易。2000 年的悉尼奥运会时，中国还没有人参加比赛，但雅典却有 9 条艇入围。本届奥运会皮划艇比赛，中国划艇队在男子双人 500 米、1000 米和单人划艇 500 米 3 个项目上进入了决赛，女子皮艇的 3 个项目全部晋级决赛。

日耳曼骑士的悲喜剧

即便被取消了2块金牌,他们还是夺取了2枚团体项目金牌和1枚个人项目银牌。

马术团体三日赛金牌的归属一波三折,最后法国人被判夺金。

最先进行的三日赛个人和团体比赛一波三折。伴随着国际奥委会的瘦身计划的实行,迫于有人建议取消花钱多、难度大、遭受动物保护组织抗议的马术三日赛的压力,本次的三日赛没有了之前悉尼的A、B、C三段,仅留下D段。因此工作人员也相应减少了一半,马匹几乎没出现过重场的现象。德国队女选手11号贝蒂纳·霍伊首先在盛装舞步中排名第三,继而在第二项耐力越野赛用时9分39秒46完成,最后三项综合获得三日赛个人金牌,加之另两名德国选手的出色表现,德国马术队顺带获得了团体冠军。

当已经41岁的霍伊坐在凯旋回国的飞机上,行李箱中那两块金光灿灿的奖牌还余温未息时,噩耗不幸传来:体育仲裁法庭经过裁定,认为霍伊在第一轮障碍赛时两次跨越了起跑线,应该被罚掉14分,这样她的个人赛金牌将被取消,而三日赛个人赛前3名顺次是英国的劳、美国的瑟文森、英国的芬奈尔,而霍伊一下落到了第九;更惨的是,由于罚分,德国获得的团体金牌也被取消,法国队最终名列第一,英国、美国分获银牌、铜牌,德国队在改判后积分降到了241.80分,名次也滑落到第4名。

其实在此之前,德国队就已经受到了一次心理打击:法国队一纸诉告,"德国队11号女选手霍依在场地障碍赛出发时已计时,可她认为助跑不理想就又绕回来重新出发,此时裁判员又重新计了时",奥委会随即仲裁:霍依越过起点,已经计时就应以这个时间为准,虽然裁判员重新计时也有失误,但并不能因此而将霍依的行为视为合理,这样霍依加上超时罚分就以总分55.6名列三日赛个人第九名。德国队当即提起申述,国际马术协会又在当晚决定取消这一处罚;此后,美国、法国和英国一拥而上,联合提出了抗议,体育仲裁法庭作出最终判决,推翻了马术协会的决定,令处罚再次生效。

德国人大为愤慨,认为德国被偷走了两枚金牌,德国《图片报》甚至认为"这可能是德国奥运史上最黑暗的一刻",而他们的马术队领队温特对此更加不满:"简直是奇耻大辱。"

在经历如此夸张的闹剧后,8月24日,雅典的马术赛场又决出了场地障碍赛团体金牌。德国队在本次比赛中发挥十分出色,技高一筹的他们除一名队员在第一轮比赛中打了两栏罚8分外,其余队员的表演堪称完美,最终以总分罚8分无可争议地荣获冠军。这也是德国队继1996、2000年奥运会后的三连冠,美国队和瑞典队分获二、三名。

力助德国队夺冠的领军人物贝尔鲍姆在汉城奥运会初出茅庐,那时他就在德国队拿下障碍赛团体金牌中立下赫赫战功,4年后他就在障碍赛个人赛中封王,而且帮助德国在亚特兰大和悉尼拿到2枚团体金牌。团体赛时,他表现奇佳、一分未失,但在27日的个人赛中,意在冲击个人第5块奥运金牌的贝尔鲍姆却壮志未酬,被罚掉了20分,仅名列第16位。

最具观赏性的盛装舞步团体赛,日尔曼军团再洗三日赛之辱,夺得团体赛金牌,一扫被"偷"两金的郁闷,荷兰、美国分获团体赛二、三名。从1992年巴赛罗那奥运会开始,德国队一直占据冠军宝座,巧合的是,荷兰队蝉了3届亚军,而美国队蝉联了4届奥运的第三名。但德国队夺冠的最大功臣、团体赛5项得分均排名第一、46岁的扎尔茨格贝尔却遗憾地与个人赛金牌失之交臂。

韩国人的爆发和老瓦的背影

一个时代的背影，见证了一个未来的起点。

39岁的瓦尔德内尔站在雅典赛场，已然是世界乒坛的“活化石”。1980年代初老瓦跟现在中国队总教练蔡振华争锋时，王皓、柳承敏还未出生。现在，他又目送两位后生到他们人生中一个新的平台——奥运决赛。这曾经是他熟悉的地方，在他5届奥运旅程中，有两次站在这里——1992年3比2胜盖亭，2000年2比3负孔令辉。

悉尼奥运会后乒乓球进入大球时代，老瓦虽然没像刘国梁那样隐退江湖，但状态下滑，伤情困扰，渐渐远离了大家的视野。中国乒乓球队也从此开始，不再把老瓦列为自己的最主要对手。大家都在忘记他，而他没有忘记这个江湖，他来到雅典，他告诉所有人：一个人，对一项事业的最高追求和挚爱，会是什么样子——单打淘汰两个有实力夺冠的种子选手马琳、波尔，双打战胜冲着金牌去的孔令辉/王皓。已近暮年的老瓦，没有辜负自己的一世威名。

送别老瓦，奥运决赛跨越到未来。在此之中，一代代风云人物普里莫拉茨、萨姆索诺夫、马琳、王励勤渐行渐远，留下的就是两位1980年代的对决，如同在女子比赛中王楠将接力棒交给张怡宁一样，男子乒坛的改朝换代也要从雅典开始了。

这次未来之战在两位直拍选手间进行，也是对亚洲直拍多年来坚持创新的回报。直拍在上世纪80年代呈落后态势，中国率先举起了革新大旗。从刘国梁到王皓，直拍横打成型，用蔡振华的话来讲，王皓的打法具有先进性，其在得分手段上要高于对手，王皓在过去大半年的表现，也印证了这一点。韩国则从金择洙到柳承敏，传承其单面弧圈的威力，柳承敏无疑是奥运会前表现最好的，他的世界排名已高升到第三位，比王皓还要高一名。

最终，王皓不敌柳承敏。中国队不仅没有包揽4枚金牌，还让最重要的男子单打冠军的金牌旁落。跟瓦尔德内尔同时代的蔡振华，中国乒乓球队的总教练，忽然像是老了许多岁，连走路也像是一步一步地挪。“这届我们真的非常困难，而心理上的问题是主要的”。

在男子单打决赛中，中国的王皓(红衣)不敌韩国的柳承敏，丢失了乒乓球最重的一块金牌。

加勒比旋风依然强劲

雅典奥运会依然是古巴、俄罗斯两强独领风骚，获得半数以上金牌，哈萨克斯坦、泰国等"第二集团"国家分享"残羹冷炙"，而大多数国家只能为一枚奖牌而拼杀。

古巴拳手们在雅典拳台上的最后一日刮起了一股强劲的"加勒比旋风"，席卷了当天产生的半数金牌，另外3块金牌则被哈萨克斯坦、美国和俄罗斯3家瓜分。

对拳击第一国古巴来说，对比上届悉尼奥运会的4金2铜，他们的成绩进一步得到提高。

在11个级别中，古巴选手共有7名选手闯进最后的决赛，最终他们创造了5胜2负的高胜率，5个冠军2个亚军也使得拳击霸主颇感欣慰。51公斤级的托尔达诺和91公斤级拳手芬特在前一天分别轻松击败白俄罗斯的祖耶夫和法国的托马斯，开局良好；之后的拳击收官之日则成了雪茄国的表演日：在48公斤级比赛中，古巴拳手扬·巴特雷米·瓦雷拉战胜了土耳其17岁小将亚尔辛卡亚，先奏凯歌；不久，他们的54公斤级选手吉列尔莫·里贡多克斯和60公斤级马里奥·金德兰均毫无悬念地击败了各自的对手、卫冕成功。

但古巴人在接下来的69公斤级决赛中遭到了意外阻击。两届世锦赛冠军洛伦佐·阿拉贡·阿门特洛斯以26比36的10点差距败在了哈萨克斯坦小将巴克蒂亚·阿塔耶夫的拳下；此前阿塔耶夫已经在半决赛中淘汰了俄罗斯名将奥列格·赛托夫，破碎了后者成就奥运拳击历史上第四次"三连霸"伟业的梦想。69公斤级决赛结束后不久，国际业余拳击联合会网站就立即宣布阿塔耶夫为"雅典奥运会表现最佳拳击手"。

古巴人的另一次失利是在64公斤级的比赛，他们的选手塞德诺不敌泰国的波句米。

在唯一没有古巴或俄罗斯拳手参加的81公斤级决赛中，美国选手安德烈·沃德击败白俄罗斯的马戈麦德·阿里普加杰夫，为上届奥运会没有任何拳击金牌进账的美国队挽回一点面子；而随后出场的俄罗斯91公斤以上级拳手亚历山大·波伏特金，却因为埃及对手阿里赛前训练中右手意外受伤弃权而不战而胜，轻而易举地摘走最后一金，此外，俄罗斯收取金牌的选手还有75公斤级的盖达贝科夫和57公斤级的蒂切琴科。

"第二集团"豪强们的成绩则明显退步。悉尼拳台上，古巴、俄罗斯瓜分剩下的6块金牌被5个国家抢夺一空，到了雅典赛场时，只有3个国家（哈萨克斯坦、美国和泰国）能够从古巴、俄罗斯那里分到蛋糕（悉尼奥运拳击比赛设了12个级别，雅典减少为11个级别）。分到奥运奖牌的国家也从上届的22个减少到本届的20个。

雅典佩里斯特里奥林匹克拳击中心还见证了一个历史性时刻：在48公斤级颁奖仪式上，中国的邹市明满面笑容地登上领奖台，挂上了中国拳击获得的首枚奥运会奖牌，奥运会拳击赛场上也第一次升起了五星红旗。

(上)尽管古巴人异常凶猛，但是在81公斤级决赛中，并未出现古巴人的身影。最终美国选手安德烈·沃德(右)击败对手夺金。

最后一日的戏剧性一枪

稳健的中国选手贾占波幸运地拿到了金牌。

意大利人贝内利在男子飞碟双向赛场射落最后一枚金牌。17 枚金牌各归其主。来自 106 个国家和地区的 200 多名枪手参与了“神枪手”的角逐，最后有 21 个国家和地区取得了奖牌，而只有 10 个国家拿到了金牌。

这里面有一枚令人匪夷所思的金牌。

美国人埃蒙斯显然被胜利冲昏了头。此前，他在男子 50 米步枪窝射中夺得金牌。射击进行到最后一日，男子步枪 3×40 激战正酣。此时埃蒙斯已经领先中国选手贾占波 3 环多，所有人都把目光投向了这位即将称王的射手。像之前的 9 枪一样，埃蒙斯耐心地端起步枪，慢慢地瞄准 50 米之外的那个黑色的靶心，稳稳地扣动扳机。最后一枪，只要打出 8 环以上的成绩他就可以拿到自己的第二枚金牌。而此前的 9 枪，他的最低环数也有 9.3 环。但是站在第二靶位的埃蒙斯竟然犯了一个业余选手都不会犯的错误，他把子弹射向了三号靶上。脱靶，成绩：0 环。贾占波 10.1 环的最后一枪锁定了意外之喜。

埃蒙斯赛后说：“老实说，当我打出那发子弹后，我觉得一切都很正常。我低头看显示屏，但是没有看到成绩，我以为电子计分器出问题了……有那么半秒钟，我在想‘也许我射错了，不不，我没有’！”非常搞笑的是，他打在 3 号靶上的成绩是 8.1 环。

这枚诡异的金牌，使得中国在射击金牌上超过了俄罗斯一枚。不过俄罗斯却在奖牌上又多出中国一块，他们拿到了 10 块射击奖牌，为 3 金 4 银 3 铜，比之中国的 4 金 2 银 3 铜，俄罗斯队获奖牌的面分布得较广，进入决赛的人数多，没有弱势项目，在中、俄比拼中俄罗斯的整体实力略胜一筹。中、俄瓜分剩下的 10 枚金牌，美、德、意三国从中各取 2 金，澳大利亚、保加利亚、阿联酋、匈牙利和乌克兰也都分到了一杯羹。

德国队的再度崛起成为本届奥运会的一大亮点。在 4 年前的悉尼奥运会上，德国队连一枚奖牌都未获得，雅典无疑成为日耳曼射手们的福地，德国队获得了 2 枚金牌、1 枚银牌，排在了中国和俄罗斯之后的第三位；不过，德国的辉煌仍然只是靠老将舒曼和库泽尔的出色发挥。“射击机器”舒曼在 1992 年巴塞罗那奥运会上夺得了自己的第一个奥运冠军，4 年后他成功卫冕，然而到了悉尼，舒曼因为抗议裁判判罚、被扣去两环，最终排第五，与奖牌无缘；此次来到雅典，舒曼以异乎寻常的稳定拿到了个人的第三枚奥运金牌，他凭此成为第一个在射击比赛中独获 3 金的运动员。

美国人埃蒙斯最后一枪脱靶，他的表情跟现场裁判一样，到底是怎么回事？

中国“梦之队”并非无懈可击

澳大利亚选手的金牌,也部分地归功于中国人,因为香特尔·纽贝里的背后,是中国两位中国教练王同祥和童辉。

没有谁能向中国跳水队全面挑战。自1984年奥运会上周继红夺得中国跳水首金以来,他们在这个项目没有过金牌断档,共为中国代表团奉献14枚金牌,每届平均2.8金。雅典奥运会上,跳水“梦之队”又夺取了总共8枚金牌中的6枚,创下了单届奥运夺金的新纪录。

但是,“梦之队”并非无懈可击。即使不算中国队“送给”东道主希腊的男子双人3米板金牌,单是女子单人10米台的比赛,中国队就已连续两届奥运会没能拿到金牌。悉尼奥运会,美国人劳拉战胜中国的桑雪、李娜阵容笑到最后;而雅典则换成了澳大利人香特尔·纽贝里冲破劳丽诗、李婷的防线。

27岁的香特尔是澳大利亚男队纽贝里的妻子,1998年曾获世锦赛3米板铜牌。虽然已经身为人母,但近来她跳台的水平居然明显提高。雅典奥运会上,从预赛、半决赛、到决赛,她一路领先,让中国选手无可奈何。决赛中,她的几个高难度动作无一失误。自己爆发力好、协调性突出的优势发挥得淋漓尽致。最后以领先中国的劳丽诗超过14分,获得冠军。连劳丽诗自己赛后都承认,对手确实表现得非常出色。她拿到的这块金牌,是1924年第8届奥运会以来,相隔80年后,澳大利亚夺得的首块奥运会跳水金牌;而男队的赫尔姆则硬生生从田亮手里夺得了一枚银牌。

(上)澳大利亚选手香特尔在女子10米台比赛中,其动作颇有中国队的范儿。(下)中国选手劳丽诗没有站在领奖台的中间位置。女子10米台,中国队已连续两届让金牌旁落了。

实际上,澳大利亚选手的金牌,部分也归功于中国人,因为香特尔·纽贝里的背后,是两位中国教练王同祥和童辉。早在1980年代,王同祥就曾担当过中国跳水队总教练徐益明的助手,1990年开始到澳洲执教,是澳洲跳水事业的拓荒者;而中国跳水名将童辉,则是在2001年转战澳洲,继王同祥之后,担起了澳洲体育学院跳水总教练的重任。

香特尔·纽贝里对中国教练给予了很高的评价,相信这是真诚的。“如果不是9年来一直跟着王教练训练,我不可能取得这块金牌。

跳水从来就不是澳大利亚的优势项目,这块金牌的功劳完全属于王先生,是他的到来改变了一切。我对他充满感激,夺冠之后我在感谢上帝,因为是上帝给我们派来了这么优秀的教练。这不是澳大利亚的第一块跳水金牌,在1924年我们得过一块,可距离现在已整整80年了。我认为,中国跳水现在仍然领先,但其他国家也在迎头赶上。从中国跳水那里,我们汲取了很多营养。我们不断观察中国选手在各种比赛的表现,和他们较量,使自己在某些方面也具备了挑战中国统治地位的能力。我们要学习中国,并挑战中国。”

虽然夺走了金牌,但王同祥认为这仍然是中国的荣誉。“其实,澳洲人永远不会把我当成澳洲人,我永远都是个中国教练,代表着中国跳水的形象。我做得好坏不仅是我个人的问题,也代表着中国的荣誉,澳洲的公众也是这样看待这个问题的。因此,尽管澳洲跳水取得了出色成绩,但这块金牌仍然是‘made in China’。从另一个角度说,我带外国选手参加奥运,实际上也是在对中国跳水进行宣传。如果做不好,那只能怪我能力不济,而一旦做好了,就是对中国跳水最好的证明。”

从着个角度来理解金牌的旁落,中国人的心情会好受一些。

澳大利亚，不可思议的6枚金牌

袋鼠王国及其邻国新西兰，用魔法向观众展示了两个轮子如何才能跑得更快。

4 年前，澳大利亚身为东道主，只赢得一枚麦迪逊比赛的金牌。4 年后，先是卡里甘先在公路自行车女子大组赛以 3 小时 24 分 24 秒的成绩夺金，实现了开门红；接着在女子 500 米计时赛决赛中，安娜·米尔斯不仅获得第一，还以 33 秒 952 打破了中国选手江永华保持的 34 秒整的原世界纪录；也许是受了米尔斯破纪录的鼓舞和刺激，3 天过后，澳大利亚男队又在男子团体追逐赛中，以 3 分 56 秒 610 的成绩刷新由自己保持的世界纪录；而男子场地自行车争先赛几乎成为澳大利亚车手邦雷的个人表演，他在凯琳赛中收获了自己的第二枚金牌，而队友布朗/奥格雷迪则成功卫冕了麦迪逊赛的冠军。

对。澳大利亚一口气拿下自行车比赛的 6 枚金牌。

澳大利亚的近邻新西兰虽然只获得 1 枚女子 3 公里个人追逐赛金牌，但这枚金牌却意义重大。28 岁的萨·乌尔默和澳大利亚的凯·马克蒂尔杂耍般破着这个项目的世界纪录。今年 5 月在墨尔本世锦赛上，乌尔默曾以 3 分 30 秒 604 打破了荷兰老将莱·泽拉尔德在悉尼奥运会上创造的世界纪录。雅典奥运会的预赛中，乌尔默的这个纪录被马克蒂尔以 3 分 29 秒 945 打破，但是仅仅过了 5 分钟，乌尔默又以 3 分 26 秒 400 的成绩成为这个项目新的世界纪录创造者。

在澳大利亚和新西兰奇迹般崛起的光芒下，是法国人非常失望的脸。他们的表现几乎可以用一败涂地来形容。

法国自行车项目本可谓一枝独秀，拥有百年历史的环法自行车赛为法国人挣足了面子。仅仅 4 年前，法国人还能笑傲车坛，悉尼奥运 5 块金牌，占到了总金牌数的三分之一。然而在雅典，共派出 47 名自行车选手参加比赛的法国队却栽了大跟头，它们只在比赛最后一天依靠小将于·阿布萨隆的一枚山地车越野赛金牌挽回了一些颜面。一代名将费·巴朗热的退役使法国队失去了女子 500 个人计时赛和女子争先赛金牌；在男子团体争先赛和凯林赛这两各优势项目中，法国队也仅仅获 1 枚铜牌。

除此外，上届自行车金牌榜排第二的德国被悉尼老七俄罗斯取代了位置，而荷兰老三的交椅也拱手让给了英国。值得引起注意的是，英国队的最大功臣布拉德利·威金斯也在本国的奥运历史上添上了浓墨重彩的一笔：他在场地自行车男子个人追逐赛的金牌、男子团体追逐赛的银牌、同队友哈瑞合作取得的男子自行车麦迪逊赛铜牌，让他成为自 1964 年东京奥运会以来，单届奥运会上取得 3 枚奖牌的英国第一人，上一个独揽 3 枚奖牌的英国人，要追溯到东京奥运会的田径运动员玛丽·兰迪，她曾获得过跳远金牌、五项全能银牌和 4×100 米接力铜牌。

亚洲和拉丁美洲选手依然没有实现金牌 0 的突破。非洲更是连参赛资格都没获得。但令人欣慰的是，上届奥运会，中国是亚非拉各国中唯一一个拿得奖牌的国家。到了雅典，情况有所好转。中国、日本和墨西哥各收获 1 枚银牌，哥伦比亚得了 1 枚铜牌。

雅典自行车馆的设施与环境均属国际一流。

2004年雅典第28届奥林匹克运动会

现代奥林匹克运动会在108年后重回雅典,希腊人的热情和组织能力都值得效仿,尤其令人难忘的是激情澎湃充满古典诗意的开幕式。

数据

开幕日:2004 年 8 月 13 日
闭幕日:2004 年 8 月 29 日
主办国:希腊
其他申办城市:希腊雅典、阿根廷布宜诺斯艾利斯、南非开普敦、意大利罗马、瑞典斯德哥尔摩
202 个国家奥委会派队参赛
11099 名参赛运动员:4524 名女运动员,6575 名男运动员
28 个大项的比赛:田径、赛艇、羽毛球、棒球、篮球、拳击、皮划艇、自行车、马术、击剑、足球、体操、举重、手球、曲棍球、柔道、摔跤、游泳、现代五项、垒球、跆拳道、网球、乒乓球、射击、射箭、铁人三项、帆船和排球。
表演项目:无。
301 个小项比赛:(其中 125 个有女运动员参加,包括混合项目)
宣布开幕者:希腊总统斯特凡诺普洛斯
点燃圣火者:希腊帆船运动员卡拉马那基斯
运动员宣誓:希腊游泳运动员迪莫斯卡基
国际奥委会主席:比利时人雅克·罗格(Jacques Rogge)

冬季奥运会

第 19 届冬季奥林匹克运动会于 2002 年 2 月 8 日至 24 日在美国盐湖城举行。

由于 2001 年 9 月 11 日在美国纽约世贸中心发生了惨案,美国政府极为重视本届奥运会的安全问题。2399 名运动员参加了此次奥运会(886 名女运动员,1513 名男运动员)。77 个国家和地区的代表团在 78 个小项,7 个大项中展开角逐。美国总统乔治·布什宣布了冬奥会开幕。吉姆·谢亚(Jim Shea)代表运动员宣誓。

中国此次共派出了 72 名运动员参加了本届冬奥会。在短道速滑女子 500 米决赛中,中国队的杨扬击败了保加利亚的叶夫根尼亚·拉达诺娃和队友王春露,夺取了冠军,为中国获得了第一枚冬奥会金牌。此后,她又与队友一起获得了女子 3000 米接力的银牌,并在女子 1000 米比赛中再次摘得金牌。

第 20 届冬季奥林匹克运动会于 2006 年 2 月 10 至 26 日在意大利都灵举行。

自 1956 年冬奥会在意大利的科尔蒂纳丹佩佐举办后,2006 年第二十届冬奥会再次来到了意大利。来自 80 个国家和地区的 2508 名运动员参加了此次奥运会(其中女选手 960 名、男选手 1548 名)。他们在 15 个大项,共 84 个小项中展开角逐。意大利总统钱皮宣布奥运会开幕,高山滑雪运动员罗卡代表运动员宣誓。

36 名男运动员和 40 名女运动员代表中国参赛。在女子短道速滑 500 米决赛中,中国选手王濛以 4 秒 345 第一个冲过终点摘得金牌,这也是中国选手继大杨扬在盐湖城冬奥会上夺冠之后第二次获得该项目的金牌。中国选手韩晓鹏在自由式滑雪男子空中技巧比赛中,以完美的动作姿态和稳定的落地动作力压各路高手夺冠,这是我国雪上项目所获得的第一枚奥运会金牌。

本届奥运会,中国代表团共获得了 2 枚金牌,4 枚银牌以及 5 枚铜牌的好成绩。

从悉尼到雅典

2001

• 1 月 20 日,布什在美国白宫宣誓就职,成为美国第 54 届(43 任)总统。

• 7 月 3 日,俄罗斯"符拉迪沃斯托克(海参崴)航空公司"所属的一架图 -154 客机在伊尔库茨克市附近坠毁,机上 133 名乘客和 10 名机组成员全部遇难。遇难者中有 12 名中国人。

• 7 月 13 日,在国际奥委会在莫斯科举行的第 112 次全会上,国际奥委会主席萨马兰奇宣布:北京获得 2008 年第 29 届奥运会主办权。

• 9 月 11 日,恐怖分子劫持的飞机撞击美国纽约世贸中心和华盛顿五角大楼,造成了 3000 多人丧生,成为美国历史上遭遇的最为严重的灾难之一。

• 10 月 7 日,美英以塔利班包庇和窝藏 9·11 恐怖袭击的幕后凶手为由,向阿富汗发动了大规模空袭,阿富汗战争爆发。

• 11 月 11 日,中国加入世界贸易组织(WTO)。

2002

• 1 月 1 日,欧元经过 3 年的过渡期正式流通,成为欧元区 12 国的法定货币。它标志着欧洲部分国家致力 30 年的单一货币体系进程最终完成,使美元的霸主地位受到挑战。

• 5 月 24 日,普京与布什在莫斯科签署协议,规定在 2012 年年底前,俄美两国将各自的核弹头数量削减到 1700 至 2200 枚。这是冷战结束近 10 年来两国第一次签署大规模削减核武器的协议

• 5 月 31 日,备受世界瞩目的第 17 届世界杯足球赛在韩国开幕。世界杯首次由两个国家共同举办。最终,巴西队夺得了本次杯赛的冠军。

• 10 月 23 日,莫斯科一文化宫发生一起车臣武装分子劫持人质事件,造成 120 多人死亡。

• 11 月 8 日,中国共产党第十六次全国代表大会在北京召开。会议选举胡锦涛为中国共产党中央委员会总书记。

2003

• 2 月 1 日,载有 7 名宇航员的美国哥伦比亚号航天飞机在结束了为期 16 天的太空任务之后,返回地球,但在着陆前发生意外,航天飞机解体坠毁。

• 3 月 19 日,美国总统布什在白宫椭圆形办公室发表电视讲话,正式对伊拉克宣战。美国策划已久的"倒萨"战争打响。

• 8 月 15 日,世界卫生组织公布最新统计数字,全球累计非典病例共 8422 例,涉及 32 个国家和地区,全球因非典死亡人数 919 人,病死率近 11%。

• 10 月 15 日,神舟五号载人飞船发射成功,将中国第一名航天员杨利伟送上太空。神州五号任务的顺利完成,标志着中国掌握了载人航天的基本技术,实现了中国载人航天工程第一步的计划和目标。

• 12 月 26 日,伊朗东南部克尔曼省巴姆地区发生里氏 6.3 级强烈地震。据伊官方宣布这次地震已造成 2 万多人死亡,3 万人受伤。位于古丝绸之路的巴姆古城有 70% 的住宅被夷为平地。

2004

• 1 月 31 号,由美国宇航局研制的"勇气"号和"机遇"号火星车顺利登陆火星。这次火星探测是人类首次在地球之外的另一颗行星上进行地质勘察,有助于人类早日解开火星上是否存在生命这一科学谜团。

• 3 月 11 日,西班牙首都马德里的 4 列旅客火车接连发生炸弹爆炸,造成 191 人死亡、1824 人受伤。这是该国历史上最严重的恐怖袭击事件。

• 11 月,在美国新一届总统大选中,布什战胜克里就任美国第 55 届总统。

• 11 月 11 日,巴勒斯坦民族权力机构主席阿拉法特在法国巴黎逝世。

• 12 月 26 日,印度尼西亚苏门答腊岛附近海域发生强烈地震,并引发海啸。据统计,这次灾难造成的死亡人数超过 15 万。

你知道吗?

本次奥运会火炬首次传遍了全世界的五大洲,并首次到达了非洲和南美洲,使世界各地的人们都有机会参与并体验这一盛大活动。

全球共有 39 亿人通过电视收看了雅典奥运会。女子摔跤项目首次进入奥运会,游泳名将菲尔普斯共夺得 8 枚奖牌,其中赢得了 6 枚金牌并打破一项个人项目纪录。

由于本届奥运会是"9·11"恐怖事件之后的首届奥运会,为了给奥运会保驾护航,雅典奥组委可谓费尽心机,不惜血本投入了大量资金。根据估算,雅典奥运会期间用于安全保卫的资金高达 7.5 亿美元,是悉尼奥运会的三倍。

巴特农神庙一直吸引着世界各地众多的游客。

雅典 Athens

雅典是希腊首都，也是西方文化的源泉。奥运会让全世界重新认识了这个充满神秘气息的古文明之都。

雅典位于巴尔干半岛南端，三面环山，一面傍海，西南距爱琴海法利龙湾8公里，属亚热带地中海气候。基菲索斯河和伊利索斯河穿城而过。市内多小山。雅典位于地中海气候带和高山气候带的交界点，是典型的地中海气候，从每年10月中旬到次年4月中旬有大量的降水；夏天则降雨量很小，通常为暴雨或雷暴。

在这个曾经建起巴特农神庙，诞生了人类最早的民主制度和无数古典戏剧大师的城市里，2500年的历史和正在蒸蒸日上的现代文明无间地契合在一起。在古与今之间，还有很多和这个城市联系着的名字被人记住：歌剧女神玛利亚卡拉斯，先是打入好莱坞又投身政界的美女梅莲娜麦可，舞蹈大师哈吉达克斯，夺得过奥斯卡的作曲家西奥多拉基斯，大作家瓦西利科斯，推动了希腊民主的著名导演安哲罗普洛斯……

拥有5000多年建城历史的雅典，历史遗迹丰富。古代雅典是西方文化的源泉，雅典人对艺术、哲学、法律、科学作出了杰出的贡献。整个市区的东北部，是政治文化区，西南及港口一带是工商业区。雅典是希腊的古文物中心，至今仍保存很多古代文化遗址，雅典的博物馆世界驰名。山海掩映、阳光璀璨，每年有700多万世界各地的游客前往观瞻。

1986年，顾拜旦男爵让奥林匹克运动重现光明，第一届现代奥林匹克运动会在雅典举行。2004年，经历了108年风雨的奥林匹克再次回到了它的起点，而这座城市同样也发生了翻天覆地的变化。

作为希腊首都，雅典经历了“二战”时期德国法西斯的摧残，之后又是内战和1967年到1974年之间的军政府独裁统治。在混乱的年代里，破坏和乱建让这个历史名城陷入了灾难。然后直到1981年希腊加入欧洲共同体，雅典才渐渐开始向一个欧洲级的都市靠拢。现在雅典是欧洲第八大城市，是希腊经济、财政、工业、政治和文化中心，同样也是欧盟商业中心之一。

在取得2004年奥运主办权后，雅典开始“整顿”城市面貌。虽然“二战”后建起来的那些难看的建筑无法拆除，但是整个城市的环境，在之后的几年里还是彻底地改变了。不堪重负的老机场被现代化的新机场取代，诸多码头修葺一新成为新的旅游点，冒黑烟的公共汽车再也难觅踪影。雅典从10年前一个肮脏、拥挤、冰冷的城市，一跃而成为热情开放、充满文化氛围的大都市。

2004年奥运会的举办，让全世界重新认识了雅典这个充满神秘气息的古文明之都。

关键词·欧洲杯

在2004年雅典奥运会开幕前夕，希腊足球队爆冷夺得当年欧洲杯冠军，这是希腊体育的一个历史性成就。赛前，没有任何人会预料到这样的结果。希腊队在小组赛中与西班牙队踢成平手，败给俄罗斯队，并击败葡萄牙队、法国队和捷克队之后进入最后决赛。决赛中他们再次击败东道主葡萄牙队赢得2004欧洲足球锦标赛冠军。雅典奥组委主席扎斯卡拉基说：“今年夏天是胜利之夏，也是参与之夏，是创造一个又一个胜利的夏天，同时也是向全世界展示希腊光辉形象的夏天。”8月8日，希腊国家队主教练参加了在雅典市内进行的奥运圣火接力。

刘翔挥舞着象征胜利的拳头，五星红旗裹着他凯旋的身躯。他以平世界纪录的成绩将110米栏的金牌收入囊中，全世界为之震惊。历史由此被重新书写。

CHINA 2004

进入体育强国行列

有人说，刘翔的 12 秒 91 是雅典奥运会的一个神话。在刘翔背后，还有一串数字：407 名运动员参加 26 个大项，203 个小项的比赛，取得 32 枚金牌，17 枚银牌，14 枚铜牌，奖牌数共 63 枚；获得 4 至 8 名的运动员和运动队共计 68 人次；共有 3 人 5 次创 6 项世界纪录，13 人 21 次创奥运会纪录，1 人 1 次平 1 项世界纪录。把这串数字连起来，就是中国体育的一段神话。

中国代表团在雅典的收获不仅仅只是比悉尼增加了4 枚金牌和 4 枚奖牌，以及进入前 8 名的人数增加了20人。更让中国体育界人士感到欣喜的是，中国代表团在本届奥运会上所获金牌分布面由悉尼的 9 个大项，28 个小项扩大为 13 个大项，31 个小项；奖牌分布由 12 个大项，47 个小项扩大为 18 个大项，54 个小项；进入前 8 名的项目扩大到 23 个大项，105 个小项。在所获的奖牌中有 15 枚金牌，9 枚银牌，6 枚铜牌是以往从未染指过的。

第一次夺得 32 枚金牌，第一次跻身金牌榜前两名，第一次将获金牌的项目拓展至 13 项，中国代表团在本届奥运会上实现的三大历史性飞跃，标志着中国体育迈上了一个新的台阶，昭示着 21 世纪的世界体坛，中国将扮演越来越重要的角色。

凭借这些数字，中国军团在雅典历史性地超越俄罗斯跻身第一集团；凭借这些数字，排名第一的美国人已经感受到了中国速度的神奇；凭借这些数字，中国人可以堂堂正正地宣布：我们，已经是体育强国！

同时，本届奥运会也暴露了中国体育的一些弱点。在奖牌榜上，尽管中国的金牌数排名第二，但奖牌总数与美俄有明显差距，事实上还未能在整体实力与体育根基上超越俄罗斯。在球类项目中，男足未能出线，女足铩羽而归，足球仍是中国体育的软肋。女子举重 48 公斤级以及体操项目的金牌旁落，更是暴露了体育情报部门的业余。从对俄罗斯代表团夺金实力的评估看，团部的情报甚至不如国内一些媒体准确详尽。

从雅典到北京，中国还有太多的路要走，太多的事要做。把该做的事做好了，借北京 2008 的天时地利人和，今天“保三争二”的中国代表团完全有可能“坐二望一”。

081 杜丽

最后一枪10.6环，奥运会回到雅典之后的首枚金牌诞生，属于中国

杜丽 Du Li

性别:女 生日:1982.3.5

出生地:山东 项目:射击

2004年雅典奥运会上夺得女子10米气步枪金牌，也是本届奥运会以及中国代表团的首枚金牌。目前正在备战2008年北京奥运会。

这是奥运会回到雅典之后的第一项比赛，女子10米气步枪的决赛正在马可·波罗射击馆内上演，各国好手使出浑身解数力图抢下这枚万众瞩目的雅典奥运会首金。比赛进入白热化阶段，关键的第七枪，此前以微弱优势排名首位的俄罗斯名将加尔金娜打出10.8环的惊人成绩，中国选手杜丽和赵颖慧仅打出10.2环，俄罗斯人的领先优势转眼之间扩大到1.4环。还剩最后3枪，加尔金娜隐约感到奥运首金正在向自己招手。

女子10米气步枪一直是中国射击的优势项目，但遗憾的是，由于临场发挥等各种原因，中国队一直与这块奥运金牌无缘。4年前的悉尼，赵颖慧在赛前夺冠呼声极高的情况下发挥失常，预赛即告失手，未能晋级决赛。此番来到雅典，夺金的重任更多地落在了世界纪录保持者、尚未被外界熟知的山东姑娘杜丽身上。

22岁的杜丽是中国队中典型的"实力大于名气"的年轻选手，她平时不善言谈，内心却很有主意，尤其善于在比赛中发挥水平。射击队总教练许海峰对弟子的评价是："在心理稳定等方面做得很好。"釜山亚运会的3枚金牌和去年萨格勒布世界杯上打破世界纪录的夺冠成绩，杜丽已迅速成长为中国女子气步枪的领军人物。

为确保奥运首金，中国队煞费苦心地实施了一套"雪藏"计划。赛前最后一天的训练，赵颖慧照常出现，杜丽却不见踪影，原来一个月前射击队就已定下决赛前一天不给杜丽安排训练的计划。许海峰同样充当起烟雾弹"释放者"的角色，预赛之前他透露："这届奥运会我们射击队有10个夺金点，我保证3天之内一定让你们看到金牌。但我们的计划恐怕不是第一天，而是在第二天。"而当首日赛后金牌在手时，许指导又笑眯眯地承认："我说金牌计划推迟是故意转移记者的视线，并非故意隐瞒或者欺骗，而是为给运动员'减压'。"

预赛发挥正常，杜丽和赵颖慧同以398环的成绩排名并列第二，暂列第一的是俄罗斯选手加尔金娜，她399环的成绩也打破了奥运纪录。

决赛前，杜丽曾因射击服检查完毕之后未做标记而被要求重新检查，好在这并未影响她的情绪。比赛开始，射击馆内鸦雀无声，8位选手一字排开。装弹，倒计时，举枪，瞄准，屏住呼吸，最后扣动扳机。

"第一次参加奥运会真有点紧张，脑子有点晕糊。"谈到决赛的第一枪，杜丽赛后说。紧张的结果就是糟糕的9.4环。俄罗斯人稳稳打出10.2环，杜丽的排名跌至第五。

"我知道我已经没有退路，如果再出现失误将导致整场比赛的失败。这样一想，我反倒彻底清醒起来，原本僵硬的动作也开始舒展。"

之后4枪，调整状态的杜丽连续打出10.6、10.7、10.4、10.4的优异成绩，加尔金娜则表现平平，3个10.1环和1个10.2环使她的领先优势仅剩微不足道的0.1环，杜丽排名第二。

风水轮流转。第6枪，轮到加尔金娜发威，惊人的10.8环再次巩固了原本岌岌可危的领先优势。杜丽打出10.1环，差距扩大到0.8环。

关键性的第7枪，比赛出现了我们在开头描述过的情况。俄罗斯人又是一个10.8，大踏步地向冠军宝座迈去，中国队眼看又将在奥运会上折戟。

瞬息万变是射击比赛的最大魅力，这一次获得幸运女神眷顾的是杜丽。随后两枪，沉着的中国姑娘连续打出10.8环。加尔金娜略有起伏，一个10环，一个10.6环。最后一枪之前，杜丽还落后0.4环。胜负全看最后一枪。

备感压力的俄罗斯人率先击发，出人意料的9.7环引起观众的一片叹息。杜丽延续了前两枪的良好状态，打出10.6环的高分。最终，她以总成绩502环，领先加尔金娜0.5环的优势成功夺魁。

王义夫082

"六朝元老"王义夫在雅典奥运会上续写着他的"不老传奇"

又是王义夫。1984年洛杉矶奥运会上人们第一次认识了他，他与许海峰站在一起，但遗憾地与中国奥运首金擦肩而过；1992年巴塞罗那奥运会，他收获了第一枚早该属于他的男子气手枪金牌；12年后的雅典赛场，当昔日队友许海峰已成为中国射击队总教练，我们再次见到了已入不惑之年的王义夫。

如同早先产生的女子气步枪金牌，男子10米气手枪决赛同样需要依靠最后一枪才能决出胜负。中国老将王义夫和俄罗斯选手内斯特鲁耶夫前9枪不分高下，总成绩同为680.1环。

第十轮，一枪定胜负。两人都举起枪，然后又放下。片刻之后，内斯特鲁耶夫率先击发，或许他想通过改变节奏给对手施加压力，或许他想尽早"解脱"，毫不犹豫抬手便射。9.7环，他似乎预感到失败，无奈地摇了摇头。几秒钟之后，王义夫再次举起手枪。9.9环，王义夫举起双臂轻轻挥舞。在场的中国观众和王义夫一起欢庆胜利。

这是王义夫的第六届奥运会，也是最后一届。20年奥运生涯，他享受了巴塞罗那终尝冠军的辉煌，也品尝了亚特兰大最后时刻的失金之痛。又是一个轮回的等待，44岁的王义夫用他的坚定和执着成就了中国体育史上年龄最大的奥运冠军，2金3银1铜也使他成为迄今为止获得奥运奖牌最多的中国选手。

"预赛我打了590环，平了我的个人最好成绩。要知道这是个很高水平的成绩，在我参加的6届奥运会中，只有3个人在这个项目中打出过590环以上的成绩，分别是上届冠军法国人杜穆林，这届的内斯特鲁耶夫和我。我在上届也打出了590环，4个最好成绩中我占了两个，真的很不容易。"夺冠的兴奋过后，王义夫恢复了往日的平静。

俄罗斯名将内斯特鲁耶夫是以破奥运会纪录的预赛591环，领先王义夫一环的成绩进入决赛。决赛的进程一波三折，二人交替领先。首枪王义夫凭借10.5环的漂亮开局，顷刻之间与排名榜首的俄罗斯对手回到同一起跑线。不过从第二轮至第六轮，内斯特鲁耶夫发挥稳定，连续打出高分环数，总成绩重新领先。王义夫略有起伏，但仍紧追不舍，双方的差距维持在0.5环上下。

第七枪，王义夫正常发挥，10.2环；内斯特鲁耶夫却表现失常，仅打出9.5环。场上形势瞬间逆转，王义夫总成绩反超0.3环。

短暂的振奋过后，随后一轮的比赛再次让中国观众瞠目结舌。刚刚排名升至首位的王义夫却在第八枪的比拼中大失水准，8.9环的成绩让观众几乎认定"老枪"将再度与金牌失之交臂。俄罗斯人10.2环，领先优势重回1环。

关于这个8.9环，王义夫赛后说道："我自己也没想到只打出了这个成绩，必须接受这个现实，然后集中精力争取把后面的比赛打好。"

比赛不会就此结束，雅典娜的城邦注定成为戏剧和奇迹发生的圣地。第九枪，率先击发的王义夫状态回升，打出10.3环。倒霉的内斯特鲁耶夫如中魔咒般再度打出9.3环的低分。在剩最后一枪的情况下，双方再成平手。

惊险夺冠的王义夫在最高领奖台上老泪纵横。亚特兰大奥运会上，最后一枪由于体力不支而昏厥惜败的一幕至今仍历历在目。走下领奖台，王义夫说："我参加这么多届奥运会，今天是第一次流泪，因为第6次代表自己的国家出战，终于圆了自己12年的冠军梦，所以非常激动。"

王义夫
Wang Yifu
性别:男 生日:1960.12.4
出生地:辽宁辽阳
项目:射击
1984年第23届洛杉矶奥运会射击比赛上获得男子自选手枪慢射第三名;1992年巴塞罗那奥运会上获得男子气手枪、自选手枪慢射冠军、亚军;1996年亚特兰大奥运会夺得男子气手枪亚军;2000年悉尼奥运会获得男子气手枪亚军;2004年雅典奥运会夺得男子10米气手枪金牌,成为本届奥运会上年龄最大的金牌选手。现任中国射击队总教练。

083 郭晶晶&吴敏霞

等待了8年的郭晶晶，与首次参赛的吴敏霞一起，成为了女子双人跳板新的霸主

郭晶晶第一次参加奥运会时才15岁。那时，懵懵懂懂的她，没有任何感觉，便结束了自己的奥运之旅，那一年，她只得了个第五。4年后，她成熟了，出征悉尼，又一次站在了跳板上。但是，命运开了一个大大的玩笑，她又一次没能折桂。单人比赛，输给了复出才一年的"跳水皇后"伏明霞；双人比赛，却和昔日的"跳水皇后"一起，意外地输给了俄罗斯组合伊莲娜和帕卡琳娜。

从实力上说，2000年的郭晶晶，已经具备了夺冠的实力，但造化弄人，两个项目的比赛，竟然颗粒无收。于是，她不得不再等4年。对于一个运动员来说，这是一个如此漫长而又如此难耐的过程，郭晶晶甚至想到过退役。不过，她抛开了心魔，坚持了下来。

雅典，奥运会诞生的地方，传承着奥运永不服输的精神。在雅典这片奥运圣土，郭晶晶再次出现在了3米跳台的竞技场上。对手还是俄罗斯组合伊莲娜/帕卡琳娜，身边的搭档却已经换成了1985年出生的上海小将吴敏霞。这次中国跳水队，是戴着"梦之队"的光环来到雅典，而梦开始的地方，正是郭晶晶/吴敏霞所在的女子3米跳板双人项目。是一如继往的魔咒，还是实现自我的突破，一切都将在小小的跳板上揭晓。

北京时间2004年8月15日凌晨，梦之队打响了雅典征程的第一枪。郭晶晶/吴敏霞一路杀到了决赛，和老冤家伊莲娜/帕卡琳娜再度聚首。老对手相见，郭晶晶的心里却没有泛起太大的波澜，两次奥运的失利，8年大小赛事的历练，已经让她有了一份从容和淡定。而超强的心理素质也正是初出江湖的吴敏霞的最大特点。一个等待了8年，一个初出茅庐，可是这对"8+1组合"知道，从容面对，才是王道。

5组动作，将决定跳水项目第一块金牌的归属。两组规定动作后，郭晶晶/吴敏霞领先了俄国组合3.6分，抢得了先机。自选动作开始了。俄罗斯选手在第三跳上却在同步上出现了重大失误，形成了先后入水，这对郭晶晶/吴敏霞是一个不可多得的机会。两位配合了3年的姐妹没有放过这样的机会，她们以一个优雅的向内翻腾两周半屈体，将身后的俄罗斯对手甩开了将近13分。只要不出意外，金牌就是自己的！

然而，事情不总是一帆风顺的。第四跳，伊莲娜/帕卡琳娜选择了难度系数为3.1的107B（向前翻腾三周半屈体）。这对老将展示了自己不俗的实力，有力的起跳，优美的旋转，完美的压水，统一的同步，她们用裁判给出的77.19分向中国组合宣布：比赛还没有结束！

压力交给了处于领先地位的郭晶晶/吴敏霞。但是，中国搭档并不惧怕这样的挑战，她们用更完美的表演，向俄罗斯人再次证明了"梦之队"的强大。这一跳，郭晶晶/吴敏霞得到了77.90的高分。她们的动作比俄罗斯老将更完美，更和谐。

终于到了最后一跳，怀着巨大的领先优势，郭晶晶/吴敏霞本可以高枕无忧了。但顽强的俄罗斯人不会轻易投降，她们渴望在3米跳板上延续自己的辉煌。最后一跳，俄罗斯组合轻盈地完成了向前翻腾一周半转体一周的动作，并得到了全场最高的80.8分，这是几乎完美的一跳，伊莲娜和帕卡琳娜用自己的表现向世人证明自己的竞争力。

压力再度回到中国选手这一边——难道郭晶晶要再次与奥运冠军失之交臂？难道梦开始的地方，又会变成梦破碎的地方？

郭晶晶和吴敏霞沉着地走向了跳板，助跑，起跳，一气呵成，空中翻腾，身轻如燕；展开身体，舒展如云；两人落水，一个声音，跳水池内翻腾起了小小的水花。漂亮的动作！虽然不如俄罗斯老将最后一跳的完美，但已经是一个足够锁定胜局的动作。

裁判最终打出75分，这样，郭晶晶/吴敏霞以6.06分的优势，摘夺了中国跳水"梦之队"本届奥运会上的第一块金牌。这一刻，等待了8年的郭晶晶，与吴敏霞一起，打破了自己的奥运魔咒，成为跳板上新的霸主。

获得铜牌的澳大利亚选手正在欢呼雀跃，而郭晶晶、吴敏霞这对姐妹，却淡定了许多。她们已将目光投向了12天后的单人比赛。

郭晶晶（左）
Guo Jingjing
性别:女 生日:1981.10.15
出生地:保定 项目:跳水
2000年悉尼奥运会3米跳板双人亚军、单人亚军，2004年雅典奥运会双人、单人三米板金牌。目前正在备战2008北京奥运会。

吴敏霞
Wu Minxia
性别:女 生日:1985.11.10
出生地:上海 项目:跳水
2004年雅典奥运会与郭晶晶一起夺得女子跳水双人三米板金牌。目前正在备战北京奥运会。

田亮&杨景辉 084

4年前当田亮/胡佳组合被萨乌丁与搭档击败后，田亮曾放言"雅典见"

决赛之前，田亮在训练馆里看到当年的跳台沙皇萨乌丁，感慨颇多。4年前在悉尼，当萨乌丁与他的搭档完美地将田亮/胡佳击倒在10米跳台上之后，田亮就曾豪言："他已经是夕阳，我比他年轻，肯定能击败他。"果然，一年之后，田亮再也没有输给过俄罗斯沙皇，萨乌丁也放弃了跳台，转向跳板发展。如今，二人同在一个训练馆，彼此的心情，却是迥然不同。

"萨乌丁已经躲起来了，还有谁能阻挡我们?"一代名将熊倪乐观的分析道。于是，在全世界媒体一致看好的情况下，田亮和杨景辉进入了决赛，他们将要面对的最大挑战，是来自澳大利亚选手马修·赫尔姆/罗伯特·纽贝里组合。这对已经搭档了6年的澳大利亚选手以动作难度大而闻名，他们全套动作的难度系数比田亮杨景辉高出了0.6。这就意味着，田亮与合作未满一年的搭档杨景辉，必须以完美的技术、默契的配合才能征服他们。

10米跳台上，田亮与杨景辉，已经开始了他们的表演。第一跳，杨景辉的101B、田亮的401B，二人动作略显生涩。虽然有裁判给出了10分，但第一的位置暂时归属了发挥更加出色的澳洲组合。

第二跳,田亮/杨景辉选择的是103B。助跑,起跳,入水，二人的表现无可挑剔，他们也得到了56.40的高分，总分跃居第一；而澳大利亚选手却因为同步问题失分太多，一下子跌出了前三。

田亮 (右)
Tian Liang
性别:男 生日:1979.8.27
出生地:重庆 项目:跳水
1996年亚特兰大奥运会男子跳台第四名，2000年悉尼奥运会男子跳台金牌，2004年 第28届雅典奥运会与杨景辉搭档夺得男子双人跳台金牌。现任陕西省体育局跳水管理中心副主任。

杨景辉
Yang Jinghui
性别:男 生日:1983.5.1
出生地:广东广州
运动项目:跳水
2004年雅典奥运会与田亮搭档夺得男子双人跳台金牌。由于长期受肩伤困扰，现为中山大学行政管理专业学生。

此后比赛进入了自选动作阶段，真正的战斗正式打响。前两跳，由于难度的限制，分差并不能拉得很大，田亮和杨景辉此时领先第二名也不过1.2分。后面的比赛，任何一点微小的失误，都能够酿成终身的遗憾。

第三跳，澳洲选手依旧是和田杨组合选择相同的5253B(向后翻腾两周半转体一周半)，但是，马修·赫尔姆/罗伯特·纽贝里却因为同步再度出现偏差，只得到了82.62分。而同步同样略有瑕疵的中国组合，却用完美的压水花技术弥补了同步上的不足，最终得到了87.72分。领先后来居上的英国选手沃特菲尔德/泰勒7.2分。

还剩两轮，7.2分的差距绝不是一个保险的分数。但是第四跳，面对澳洲选手3.6的207B(向后翻腾三周半屈体)的难度系数，田亮与杨景辉的407C(向前翻腾三周半抱膝)难度系数却只有3.2。要想保住优势，必须有完美的表现。

两人自信地走上高台，镇定的助跑，从容的起跳，优美的转体三周半，身体舒展地打开，一致的入水角度，漂亮的压水，水池腾起了两道小小的水花。一个教科书般的表演!观众被这一套完美的动作征服了，响起了雷鸣般的掌声。裁判也被征服，亮出了92.16分的高分，其中同步得了三个10分，这个分数对于难度系数只有3.2的动作来说，简直难以想象。完美的技术展现，优美的体态，默契的配合，田亮和杨景辉用一串无可挑剔的动作告诉自己的对手，只靠难度系数，是无法在顶尖高手的对决中取胜的。与此同时澳洲选手，同步和水花的问题使澳洲组合本轮只得到了81分。英国组合拿到的88.74虽然不低，但此时还是落后了田亮/杨景辉近11分。

最后一跳成了中国组合与自己的战斗，动作是难度系数为3.6的207B动作(向后翻腾三周半屈体)，他们顺利完成，得到了91.80分，而英国、澳大利亚组合最终没能创造奇迹。

085 冼东妹

夺冠之后的冼东妹说："我已经29了，没有人看好我，我就自己看好自己"

北京时间8月15日22点44分，身着蓝色运动服的冼东妹站在榻榻米上，开始为她的第一枚，也可能是最后一枚奥运金牌而战。她的对手，是日本名将横泽由贵。

奥运会柔道比赛在雅典西北郊的莱奥西亚奥林匹克中心举行。女子52公斤级比赛从上午10点30分开始，冼东妹第一轮轮空，第二轮碰上阿尔及利亚选手苏拉克里。在5分钟的比赛中，双方一分未得，打成平手，接着进行1分34秒的加时赛，冼东妹以一个"有效"艰难获胜。第三轮，面对德国选手伊姆布里亚尼，她凭借两次"技有"轻松获胜。

半决赛，冼东妹遭遇法国选手阿娜贝尔，在对手先得一个"有效"的情况下，冼东妹沉着应战，先回敬一个"效果"，然后以一个"一本"杀进决赛，全场比赛仅耗时1分38秒。

横泽由贵的出场引爆了柔道馆内数量庞大的日本观众的激情，他们手中挥舞着日本国旗，大喊这位世界冠军的名字。没人关心打入决赛的另一位中国选手，在日本人眼中，无论对手是谁，这枚金牌都注定成为他们的囊中之物。

决赛一开始，冼东妹就奋勇出击。她先是巧妙地避开了横泽友贵的几次发力，接着在横泽准备再次发力的时候，猛然一用力，把她摔倒，用一个漂亮的"寝技"将横泽友贵紧紧压在身下。

"1、2……"裁判开始读秒，经验老道的横泽很清楚此时局面的危险，如此下去25秒过后她就将以"一本"被判负。她开始在地上挪转，试图解放左手之后再翻身。不过冼东妹没有给她翻盘的机会，广东姑娘自始至终都如锁链一般紧紧缠住对手，现场日本观众的欢呼逐渐"偃旗息鼓"。

25秒钟的时间像丝绸滑过杯口般悄无声息地流逝。当裁判做出比赛结束的手势，人们在场地中央看到了那只横泽苦苦追求解脱的左手。或许是比赛中发力太狠而导致短暂的僵硬，亦或是无法接受自己失败的现实，这只左手此刻仍然维持着刚刚过去的比赛时的姿势。几秒钟之后，随着横泽的手缓缓放下，29岁的冼东妹兴奋得像孩子一样从榻榻米上高举双拳一跃而起，庆祝自己的胜利。

1分06秒，比半决赛的耗时还少半分钟，冼东妹为中国女子柔道队创造了一个"闪电式"的神话。

教练付国义在场边激动地流泪："冼东妹在今天的比赛中越打越好，大赛第一场，她有些慢热，不是放得很开。"

"我非常非常激动，今晚肯定睡不着了。"走下赛场的冼东妹显得异常兴奋，"这是我第一次获得奥运会金牌，也可能是我最后一次获得世界大赛的金牌。我感谢我的教练，还有我的丈夫。"

"这是我第一次参加奥运会，此前我的最好成绩也只是今年世界柔道循环赛欧洲站的两次冠军。我已经29了，没有人看好我，我就自己看好自己。我参加这次雅典奥运会比赛，就是为了夺金牌而来！比赛虽然有很多困难，但是如果你没有任何想法，那是绝对不行的。"

五星红旗在莱奥西亚奥林匹克中心升起，冼东妹站在领奖台上，激动的泪水无法抑制，她一再亲吻胸前这块来之不易的金牌。

自1993年入选国家队，17年间，冼冬妹几度因为伤病而险些退役，两腿的伤病一直折磨着她，在八运会后她就有了退役的想法。7年的坚持，终于换来了至高无上的荣耀。

冼东妹说自己还有三桩"遗憾"：一是领了结婚证后没有度蜜月；二是结了婚还没举行仪式；三是搬进新房了，还没来得及享受，"回去不知道能不能认出自家的大门。"

"我什么都不会，只会柔道……"冼冬妹腼腆的低头笑着说，她的眼神里充满了幸福。

冼东妹
Xian Dongmei
性别:女 生日:1975.9.15
出生地:广东四会
项目:柔道
2004年雅典奥运会女子柔道52公斤级冠军，2006年退役后成为国家柔道队教练。

朱启南086

19岁的朱启南不知道自己已拿下金牌。他向身后的教练望了望，随后露出了惊讶的表情，伸出食指指向自己加以确认

赛前，几乎没有人把夺冠的压力放在这个19岁的温州小伙子身上，毕竟，他还太年轻。几乎所有中国媒体都认为：男子10米气步枪，是射击项目里夺冠可能性最小的。

这样的预测并非没有道理。男子10米气步枪一直由欧洲选手统治。2000年悉尼奥运会上，蔡亚林也只是利用了对手的失误而拿到金牌。而此番出征的李杰、朱启南，相较蔡亚林，名气上又逊色了不少。来自浙江温州的朱启南，更加只是顶替胳膊受伤的张付才得以来到雅典。雅典并不是一个福地。4月份的世界杯雅典站上，朱启南竟然打出了585环的低分。重回奥林匹斯山下，媒体又能对他报以怎样的期望值呢？何况，在雅典，世界排名第一的斯洛文尼亚选手贡奇，早已经擦好了枪，虎视眈眈地望着这块金牌。

但是，这对中国选手并没有像媒体预测的那样不堪一击。预赛中，李杰以598环的成绩，刷新了奥运纪录；正当大家为之惊叹时，朱启南又以599环的成绩，再次改写了赛会纪录。而贡奇，以3环的劣势，跟在他们身后。

全世界的目光这才注意到这个身材高挑的浙江小子。我们突然发现，这个刷新奥运纪录的男孩，背后的光环是如此的稀少。2003年底，年仅19岁的朱启南，被召入了国家队。几乎还没怎么经过国际大赛的锤炼，他就来到了雅典，以至于国家射击队总教练许海锋都自称对其不甚了解。然而，就是他，以极为漂亮的方式，进入到了雅典奥运会的决赛。

贡奇肯定不甘心输给这样一个名不见经传的小子。他会在决赛中用尽全力，对这对中国选手发动反击，以捍卫他世界第一的荣誉。

射击场上，决赛的气氛总是紧张得让人窒息。8名选手，都紧握着手中的枪，神情严肃，严阵以待。金牌只有一个，一枪失手，或许就能造成千古遗憾。19岁的朱启南，只有两次国际性赛事经验的朱启南，能顶得住这样的压力吗？

决定比赛心态的第一枪，两位中国选手都在10环以上。最大的竞争对手贡奇，却意外地打出了9.5环，差距进一步拉大了。两名中国选手，仅用一枪，就为这块一致不被看好的金牌，上了一个双保险。

接下来的几枪，朱启南和李杰丝毫没有给对手任何机会，连续的10环以上，让对手望尘莫及。而朱启南，更是连续打出了7个10环以上，彻底将金牌揽入了怀中。世界排名第一的斯洛文尼亚人，此时只能感叹对手状态之好，同时竭尽全力保住自己的铜牌了。

7枪过后，冠军，只会在朱启南和李杰当中产生了。第8枪，朱启南却出现了意外，只打出了9.8环的成绩。这给了李杰极好的机会，可惜他并没有收到幸运女神眷顾，也只打出了9.9环的成绩。随后，朱启南又用一个漂亮的10.7，确定了自己的榜首地位。只剩最后一枪了。

此时，赛场上的朱启南并不知道，自己前9枪的优秀发挥，已经给了自己一个打破世界纪录的机会。2003年的世界杯慕尼黑站，预赛成绩同为599环的美国选手杰森·帕克，以702.5环的总成绩，成为了世界纪录的保持者。而如今，全世界的目光，都集中在了朱启南这最后一枪上。能否10环——这项运动的一个分界线——将决定世界纪录的归属者。

时间一秒一秒地过去。朱启南慢慢地举起了枪，调整了一下，瞄准靶心，手指轻盈地一动。枪响了，全世界的呼吸在此刻暂时停止，凝视着记分牌上即将出来的成绩——10.1环！新的世界纪录诞生了！

而此时的朱启南，甚至还不知道自己已经成为了奥运冠军。他向身后的教练望了望，随后露出了惊讶的表情，伸出食指指向自己以加确认。连他自己都没想到自己夺得了冠军，遑论打破了世界纪录！一年前，帕克打破世界纪录的时候，朱启南甚至还没有任何国际比赛的经验；而如今，即将登上奥运会领奖台最高处的朱启南，已经成为了新世界纪录的保持者！

他起身与李杰拥抱庆祝，教练常静春也是激动不已。2003年朱启南刚刚入选国家队的时候，谁又能想到这个不过20岁的男孩能够在希腊的奥林匹斯山，写下属于自己的奥运神话呢？

朱启南
Zhu Qinan
性别:男 生日:1984.11.15
出生地:浙江温州
项目:射击
2004年雅典奥运会男子10米气步枪金牌，并以702.7环打破世界纪录。目前正备战2008北京奥运会。

087 陈艳青

4年前,陈艳青看着队友夺冠,眼里满是苦涩的泪水;4年后,她终于流下胜利的眼泪

中国举重没能在雅典赛场实现开门红。吴美锦冲金失利,李卓更是被土耳其选手杀得措手不及,预计的四枚金牌已经丢了一块。

乌云盖顶。陈艳青是老队员,又做过教练,一段时间的求学生活更让她懂得如何处理紧张的心态,她仍旧轻松自如地训练。

2000年,女子举重第一次成为奥运会正式项目。中国队的4员女将成功包揽四枚金牌,缔造了中国女举不可战胜的悉尼神话。国人都为这样的大团圆结局而感到振奋,但是这届奥运会给陈艳青留下的,更多是痛苦和遗憾。

中国女举人才济济,队内奥运选拔赛的竞争实际上比奥运会决赛阶段的比赛更加残酷激烈。赛前的情报得知,58公斤级中国队最大的对手朝鲜选手李成姬,比陈艳青的最好成绩高出20公斤。本着"避强击虚"的策略,陈艳青被悉尼无情拒绝。

之后从悉尼赛场传来消息,朝鲜选手并非如传说中那么强大,58公斤级的冠军被一个名不见经传的美洲选手夺取,而她的夺金成绩竟然比陈艳青的最好成绩低了20公斤!

郁闷。心灰意冷。面对杠铃,陈艳青洒下热泪,面对曾经满腔热情的事业,她始终无法重新燃起斗志。不久之后,她选择彻底告别举重,取而代之的是求学之路。

宁静的校园生活持续到2002年。十运会的召开让江苏省想起了陈艳青,省、市体育局领导们都希望她再度出山。由于被奥运伤得太深,她一度婉言谢绝。然而,恩师曹新明成为让她燃起对举重热情之火的人。圆梦、报恩,陈艳青再次举起杠铃。

回到省队的陈艳青,不仅恢复了原有水平,还在总成绩上提高了15公斤。最艰险的国内选拔赛,当陈艳青举起247.5公斤时,她知道,雅典的奥运赛场必将出现她的身影。

8月16日,雅典尼凯亚奥林匹克举重馆成了陈艳青永远的福地。陈艳青最大的对手,正是4年前的李成姬。赛前李成姬和陈艳青就曾见过一面,在奥运村的食堂,朝鲜人看到陈艳青时,先是一愣神,接着马上转过脸,这多半显示了她的胆怯。继而是体重的比拼,陈艳青在赛前体重顺利降到了57.17公斤,而李成姬比她重了0.05公斤,陈艳青又胜一阵。

接下来才是两个人真刀实枪的较量。抽签顺序在后的陈艳青,以静制动。两人的抓举开把重量同为102.5公斤。结果李成姬明显紧张,没有成功。在对手失利的情况下,取得开门红显得格外重要。陈艳青顶住压力,面对杠铃,她显得格外自信,不出所料,第一把顺利成功。

李成姬第二把举起了102.5公斤,而陈艳青则顺势把成绩提高了5公斤。随后,李成姬没能像陈艳青一样举起107.5公斤;而在挑战110公斤的杠铃时,陈艳青也败下阵来。抓举比赛结束,陈艳青只领先对方5公斤。挺举比赛,两人的比拼进入白热化阶段。

陈艳青
Chen Yanqing
性别:女 生日:1979.5.4
出生地:江苏苏州
项目:举重
2004年雅典奥运会女子举重58公斤级金牌,2006年多哈亚运会58公斤级比赛中连获抓举、挺举、总成绩3枚金牌并且打破这3项世界纪录。目前在积极备战2008北京奥运会。

第一把,两人都意外地在130公斤的开把重量上同时失手。不过第二把,两人又同时成功征服了这个重量。双方在后台的休息区同样展开了斗智斗勇的较量。杠铃被加到了135公斤,这个重量已经超过了由中国选手孙彩艳创造的该级别133公斤的挺举世界纪录。

陈艳青率先出场,她感到有些力不从心,结果杠铃遗憾地从手中滑落。李成姬殊死一搏,直接把杠铃重量加至137.5公斤。如果成功,那么金牌将属于朝鲜选手。结果她还没能提起杠铃,自己就先摔倒了。李成姬输了,她终究没能在奥运赛场上战胜陈艳青。

金牌决出了归属。面对这个本该早些到来的奥运冠军,陈艳青哭了。

罗雪娟088

“在奥运会的比赛中,我将自己看成是行将捕获猎物的猛兽。当然,猎物就是金牌”

第一泳道，听上去很美，而游泳圈却有一个“贬义”的形象比喻——“慢行道”。但是，16日的雅典奥林匹亚体育中心游泳馆，一个中国姑娘却在女子100米蛙泳比赛的慢行道上给世界一个惊奇：20岁的罗雪娟在一道一路领先，1分06秒64！破奥运会纪录！8年来，中国泳将首夺奥运冠军。

本届奥运会开赛以来，这是从第一泳道游出来的第一个冠军。“我不知道历史上有没有其他人从一道拿过奥运冠军，但我听说过有八道拿世界冠军的，其他从一道游出来的我还真没有听说过。”罗雪娟赛后说。

如果说雅典是诞生古典悲喜剧的地方，那罗雪娟的夺冠经历就堪称是一出先悲后喜的大团圆戏文：在15日的预赛中，罗雪娟在第5组只游出了1分09秒07的成绩，连小组第一都没有排上；而当晚的半决赛中，她的状态更让人揪心，在第三道的她居然又一次只游了1分09秒07，仅以第7名的成绩进入决赛。这意味着她将只能占据传统上认为对出成绩极其不利的一道。

但决赛日注定属于罗雪娟。今晚是她20年来最美丽的夜晚。

举世瞩目的男子200米自由泳颁奖典礼结束之后，现场广播宣布下一个项目是女子100米蛙泳决赛。按照队伍进场的顺序，第一道的罗雪娟是最后一个进入场地的，因为夜晚天凉而穿了一身厚衣服的罗雪娟也十分低调地低着头。

不过，等到电视镜头对准她时，罗雪娟立即展开了她迷人的笑容，并且蹦跳着向观众挥手，看上去非常轻松。我们从望远镜中清晰地看到：脱下最外面一件外套后，罗雪娟又把手放入了第二件外套的口袋里，从里面掏出了一个什么小东西，放到了入水台下面。

这究竟是什么吉祥物？“没有啊，我可没有什么吉祥物。只不过去摸了一下水，熟悉一下水性而已，以前我也做过这个动作。”新科冠军笑着不肯透露秘密。

触壁后的瞬间，罗雪娟立即一转身，瞟了一眼显示比赛成绩的大屏幕。她高举着双手，满意地笑了。胜利后的罗雪娟举起了一根手指头，“这代表着一块金牌，我已经完成了自己身上肩负的任务。当然，看到成绩那一刻我还是略微有一点失望，因为我原本可以游出更好的成绩。”

罗雪娟亲吻了一下自己的食指，随后忘情地仰倒在水里。她的身旁，是满脸失望和迷茫的澳大利亚人雷塞尔·琼斯(Leisel Jones)。继去年世锦赛后，这位世界纪录保持者再次输在同一个中国人手上。虽然心有不甘，但领奖台上，澳大利亚人还是友好地向罗雪娟表示祝贺。

毕竟中国姑娘赢得让人心悦诚服：虽然身高不占优势，但罗雪娟并没有给对手任何机会。一声哨响，她猛力一蹬跳台，轻盈地跃入水中。一出水面，她就取得领先位置，随后“旁若无人”地甩开对手，在第一个50米转身处罗雪娟几乎领先琼斯小半个身位！这位杭州美女在赛后说：“其实在游的过程中，我就觉得冠军80%是我的了……”

游过75米，世界纪录保持者拼尽了全力，但罗雪娟越游越勇，继续扩大领先优势，并以破奥运会纪录成绩率先触壁！这一刻，心理素质极佳的罗雪娟在百忙之中用余光扫了泳池中的对手们一眼，觉得没有比自己更快的，冠军已经稳拿了。

澳大利亚媒体无奈地称，“排名第7的罗雪娟一路领先，只把银牌和铜牌留给了澳洲人。”出得泳池，罗雪娟像个绅士一样右手抚胸，调皮地向中国代表团所在的看台一再鞠躬。站在最高领奖台上，罗雪娟头戴橄榄枝“后冠”，笑得阳光灿烂。连获得亚军的澳大利亚泳将汉森都成了中国人的追星族，她掏出自带的相机和罗雪娟、琼斯合了一张影。

看着罗雪娟甜美的笑容，很难想象这个来自西子湖畔的女子如此评价自己：“在奥运会的比赛中，我将自己看成是行将捕获猎物的猛兽。当然，猎物就是奥运金牌。”她就是一个为决赛而生的人，一个为金牌而生的人，一个喜欢让自己高兴让对手痛苦的人。

罗雪娟
Luo Xuejuan
性别:女 生日:1984.1.26
出生地:浙江 项目:游泳
2000年悉尼奥运会女子200米蛙泳第八名,2004年雅典奥运会女子100米蛙泳冠军。现就读于北京大学国际关系学院。

089 石智勇

雅典的观众在举重台上看到了精彩的体操表演，石智勇用一个漂亮的后空翻结束了自己的比赛

雅典奥运会男子举重62公斤级的比赛，中国队派出了石智勇和乐茂盛的双保险，如此的安排显示出对这块金牌的志在必得。

乐茂盛是悉尼奥运会的第四名，而石智勇则未能参赛。梦断悉尼奥运，石智勇失去了练下去的勇气。失意伴随着难以抚平的悲伤，消沉的他"罢练"了足足半年。好在陈文斌教练替他解开心结，他苦口婆心的劝说，终于把倔强的石智勇重新带回训练场。石智勇开始明白，只有继续战斗，才能证明自己。

天将降大任于斯人也，必先苦其心志。2002年釜山亚运会,石智勇彻底演砸了"练兵"战。他的抓举开把要了150公斤，也许是对自己要求过高，他最后竟然没有取得成绩。这一次，挫败感没有在石智勇心里蔓延，他坚信，胜利早晚会到来。

由于2003年世锦赛62公斤级冠军土耳其"神童"穆特鲁降为56公斤级，亚军石智勇和第四名乐茂盛成为该级别最具实力的选手，冠军基本就在两位中国选手之间产生。

提前一周来到雅典的石智勇，4天内降了4公斤体重。对冠军的渴望，使他变得清醒而强大。东道主选手萨巴尼斯是中国两位选手的最大竞争对手，尼凯亚举重馆自然也被希腊观众挤得满满当当。

比赛开始，萨巴尼斯第一个走上举重台。全场观众掌声雷动。突然他又走下场去，原来是他搞错了顺序。

乐茂盛率先出场，他开把要了140公斤，结果没能成功。而重新出场的萨巴尼斯，非常轻松地举起了140公斤的杠铃。观众顿时一片沸腾。稳住心态的乐茂盛再举成功，此时希腊选手则在全场观众的呐喊声中把成绩提高了5公斤。

第三把，乐茂盛没能举起145公斤。抓举世界纪录保持者石智勇终于上场。第1把他就要了147.5公斤，并且极为轻松地举起杠铃。萨巴尼斯第三次试举也要了147.5公斤，但他的动作略显僵硬，没能成功。

石智勇还有两次试举机会，抓举比赛已经成为他一个人的战斗。他要了152.5公斤，仅比自己的153公斤的世界纪录低了0.5公斤。虽然他举起杠铃，但没有支撑住，这一举宣告失败。

休息片刻，他马上进行第三次试举。面对杠铃，他大吼一声，杠铃被顺利举过头顶，3盏白灯，他打破了抓举奥运会纪录，并且领先萨巴尼斯7.5公斤，领先乐茂盛12.5公斤，金牌几乎已经到手。

挺举比赛，希腊选手率先出场。162.5公斤成功。石智勇采用下蹲体式举法，轻松地征服了167.5公斤。

萨巴尼斯继续试举，但由于上挺高度不够，他没有能通过167.5公斤。第三次试举异常吃力，希腊人甚至右脚已经后退，但他还是凭借惊人的韧劲顽强地支撑住杠铃。他的总成绩定格在312.5公斤。

之后,几名选手试举170公斤都没有成功。赛场上只剩下两名中国选手，这枚金牌实际上已经收入中国队账下。

挺举是乐茂盛的强项，他开把就要了172.5公斤，并轻松完成。此时，他和希腊选手萨巴尼斯的成绩同为312.5公斤，但他体重较轻，所以银牌已经到手。

石智勇第二把将杠铃重量增加了5公斤，成功。随后，他继续挑战175公斤，可惜再次没能支撑住杠铃。

要想超过石智勇，乐茂盛必须举起185公斤，这是一个从来没有人举起过的重量。第一次，他跌倒了；第二举，他抬了两下就放弃了。乐茂盛微微一笑。看上去，败给队友让他减轻了些许遗憾。

石智勇
Shi Zhiyong
性别:男 生日:1980.2.10
出生地:福建龙岩
项目:举重
2004年雅典奥运会举重男子62公斤级冠军。是继继伏明霞和邓亚萍之后，第三位登上美国《时代》周刊封面的中国运动员。目前正在备战2008北京奥运会。

劳丽诗&李婷 090

劳丽诗和李婷走上跳台,在雅典这个充满神话的地方,续写属于自己的华丽诗篇

20岁之前参加奥运会，在中国跳水女队，并不是什么奇迹。1984年，19岁的周继红在洛杉矶拿下了10米跳台冠军；1988年，17岁的高敏摘下了汉城奥运会的跳板金牌；1992年的巴塞罗那，年仅14岁的伏明霞在10米跳台折桂；2000年，都是16岁的桑雪和李娜，将悉尼奥运会双人跳台的金牌收入怀中……

而现在，年仅17岁的劳丽诗和李婷，又站在了雅典奥运会的10米跳台上。

几天前，郭晶晶和吴敏霞，田亮和杨景辉均已夺金。劳丽诗/李婷要向中国跳水队的第三块金牌发起冲击。第一跳，七对选手选择的都是101B/401B(向外/向内翻腾半周屈体)，难度系数只有2.0。这样的动作，要拉开距离，着实不易。但是，中国姐妹以出色的默契完成了这一套动作，两个较小的身子，几乎是同时从跳板上腾空，打开，坠入水中。跳水池中，腾起两片水花，观众席上一片掌声。这个动作让劳丽诗与李婷发挥得淋漓尽致，得到了53.40的高分。

第二跳，仍旧是难度2.0的动作。前两跳很少能够拉开大的距离，但是跳好了能给裁判留下比较好的印象，这在裁判主宰比赛的跳水运动中，是比较重要的。最具竞争力的澳大利亚选手，在这一跳的103B中，出现了重大失误，在实力强劲的中国组合面前，可以说是已经早早退出了冠军的争夺行列。这样一来，中国队的队手，只剩俄罗斯组合冈查罗娃/科尔图诺娃了。

而劳丽诗与李婷已经站在了跳台上，她们的动作是403B(向内翻腾一周半屈体)。二人一齐念着节奏，助跑，起跳，在空中翻腾一周半之后，舒展开来，落入水中，精彩地压水花！看台上，掌声喝彩声如雷鸣般响起，而观众们的目光都已经投向裁判。10分、10分、10分，又是10分！9个裁判，有4个打出了满分。这一跳，中国组合获得了58.20的高分！如此的分数,对于一个难度系数只有2.0的动作来说，是多么地高不可及。

俄罗斯人的52.80分也不算低，但相比于中国组合，只能是望其项背。劳丽诗与李婷的这一跳，征服了观众，征服了裁判，也征服了对手！两跳过后，她们已经领先第二名加拿大选手12.60分。规定难度的自选动作能拉开如此大的距离，这对年轻姑娘前两个动作完成的质量可见一斑。

第三跳，二人继续延续着良好的状态，进一步把分差拉大，并没有给对手任何的机会。还有两跳，20分的领先优势在手，其他对手都已经不够成威胁，剩下的比赛成了劳丽诗/李婷自己与自己的战争。

自从3月底以来,劳丽诗的状态有所下滑，在一次训练中,还扭伤了胳膊。这次出征雅典，她是带伤上阵的。虽然胳膊的疼痛，对于跳水运动员来说，并不是什么太重要伤病；但是，空中翻腾、转体、展开时，影响却比较大。最后两跳，劳丽诗/李婷为了不使冠军旁落，就必须战胜自我。

难度系数为3.2的407C(向内翻腾三周半抱膝),是二人最不熟悉的动作,在训练过程中,常常不尽人意。果然，这一跳二人的同步没有做好，水花压得也不尽人意。71.04——如此的低分，重新燃起了对手们夺冠的希望！但是幸运女神提喀并没有眷顾她们，加拿大选手同步失误，只高出中国组合5分，俄罗斯选手虽然拿到了80.64分，但也已经回天无力。

带着10分的领先优势进入最后一跳，劳丽诗和李婷的心态已经放得十分轻松。86.70！她们用一个全场最高分，完美的结束了自己的第一场奥运会比赛！

劳丽诗
Lao Lishi
性别:女 生日:1987.12.12
出生地:广东湛江
项目:跳水

李婷
Li Ting
性别:女 生日:1987.4.1
出生地:广西临桂县
项目:跳水
2004年雅典奥运会跳水女子双人10米台冠军。目前二人正在备战2008北京奥运会。

091 张国政

年龄和伤病没能阻止张国政夺冠的步伐，躺倒在地的中国硬汉收获了个人首枚奥运金牌

张国政
Zhang Guozheng
性别:男 生日:1974.9.14
出生地:福建仙游
项目:举重
2000年悉尼奥运会男子举重69公斤级总成绩第四，2004年雅典奥运会男子举重69公斤级金牌。目前正在备战2008北京奥运会。

提起“硬汉形象”，我们很容易想到史泰龙或是施瓦辛格式的人物。在雅典，当张国政强忍剧痛艰难踏上奥运会的最高领奖台时，我们看到了一个现实世界里不折不扣的“硬汉”。

奥运会男子举重69公斤级比赛挺举第三把，排名领先的张国政渴望一举锁定胜局，但此时意外发生了。“在抓第三把的时候，我突然听到‘咔’地一声，原来是我的腰椎脱位了！”张国政赛后说道。他随即被教练背下了赛场。命运掌握在韩国人的手中。

当韩国人李培永最后一把试举195公斤失败，金牌在握的张国政此刻却在休息室里接受队医的紧急治疗。脱位的腰椎得以复位，但忍着剧痛的张国政已经无法用笑容迎接人们的祝贺，疼痛将这个坚强的汉子折磨得满头大汗。

这是年已而立的张国政参加的第二届奥运会，4年前的悉尼，他曾与奖牌擦肩而过，最终排名第四。2003年，他获得了举重世锦赛男子69公斤级的冠军，此次出征奥运，他的报名成绩也列在所有参赛选手之首。国人对于这块金牌期盼已久，张国政本人则更是志在必得。

抓举比赛，张国政气宇轩昂地出现在举重台上。他第一把试举就要了152.5公斤，这个开把重量相当于前面数位选手第二次试举甚至第三次的成绩。在这一重量上，阿塞拜疆、白俄罗斯、伊朗等国选手均告失败，韩国名将李培勇也仅仅是第三把才试举成功。

张国政屏住呼吸，瞬间发力，动作一气呵成，他成功将杠铃高高举起。整个赛场此时已经成为张国政的“个人舞台”，当各路高手纷纷摇头叹息、望杠却步之时，再度出场的张国政第二把竟然一下把杠铃重量增加了5公斤，达到157.5公斤，这个重量已经超过了他在去年世锦赛上的夺冠成绩。伴随一声怒吼，张国政成功将杠铃举起。还剩一次抓举机会，他已经有些“独孤求败”的意味，但他仍不满足，第三把再次为自己加码，160公斤。原本抓举相对较弱的张国政今天把自己的潜力发挥到了极致，160公斤同样成功。

抓举大获全胜几乎已经宣告了最终的金牌归属，因为接下来的挺举比赛正是张国政的强项。由于抓举奠定的巨大优势，挺举张国政力求以稳取胜，开把重量为相对保险的187.5公斤，这一把的成功也进一步巩固了他的领先地位。

志在一搏的外国选手们本轮同样发挥不俗，卫冕冠军克罗地亚老将佩沙洛夫顽强地举起了187公斤，韩国人李培勇更是举起了190公斤。总成绩上张国政的领先优势缩小到了5公斤。

第二把，杠铃的重量上升为192.5公斤，对手施加的压力和动作的细微闪失导致张国政没能成功举起杠铃，这也意味着最后一举将成为整场比赛决定胜负的一举。当张国政提起杠铃正欲发力的时候，他的动作突然停滞，短暂僵持之后，他最终扔下杠铃，向后躺倒在地，此后发生的一幕我们已经知晓。

后两把试举失败使张国政的总成绩定格在了347.5公斤，不过总排名上他仍然暂时领先韩国选手。渴望在最后时刻力挽狂澜的李培勇将杠铃重量增加到195公斤。然而奇迹未能发生，韩国人虽然一鼓作气将杠铃上肩，但这已是他最后的一点力气，他最终没能把杠铃举过头顶。就这样，依旧躺在休息区地上无法起身的张国政以5公斤的优势夺得了这枚来之不易的金牌。

路透社说道，张国政在30岁的高龄，仍然能为中国队添上一枚举重金牌，可谓难能可贵；虽然2000年悉尼奥运会表现一般，然而大器晚成的他此后成绩逐年提高。他的这枚金牌也是中国队近两日的唯一收获。

夺冠之后，人们最为关心的还是张国政的腰伤。当被问及腰伤的严重程度，奥运冠军只是轻轻地一哭带过：“这是我多年的老伤了，一年总要犯两三次。”

场上坚毅刚强的硬汉场下却有不为人知的“柔情一面”。夺冠之后的张国政对爱妻表达了无限的感激：“不知道跟我老婆说什么好，总之非常感谢她，她也很难，这么多年我们两个风风雨雨走过很不容易。”

颁奖仪式结束，张国政甚至几乎无法从领奖台上迈步下来。忍着疼痛，他给人们留下了这样一句话：“有所付出也有所收获，我特别感谢关心和支持我的人。”

张宁 092

"这也许就是上天的安排，让我们在这里化解一切，让我们在10年之后做一个了断"

你可以不相信轮回转世，也可以不相信因果循环，但有一句话你不得不信：不是冤家不聚头。在你的周围，或多或少会出现一些如宿命般对你的人生产生深远影响的人物。

"这也许就是上天的安排，让我们在这里化解一切，让我们在10年之后做一个了断。能在奥运会女单决赛做出这个了结，也许是我们之间最恰当的了结。"女单决赛击败宿敌张海丽夺冠之后，张宁有感而发。显然，张海丽就是那个张宁人生中的"宿命性人物"。

10年前的尤伯杯险些成为张宁一生的噩梦。1994年尤杯决赛，年仅19岁的张宁在决胜盘的比赛中输给了比自己还小4岁的印尼姑娘张海丽，直接导致中国女队丢掉已经手握10年的奖杯。初出茅庐的张海丽一战成名，同样年轻的张宁却陷入无尽的失落。此后10年，张宁一度沉沦，人们很少能在世界顶尖选手的行列中发现她的名字，2000年后她甚至考虑过退役。不过是金子总会发光，2004年的雅典，张宁终于等到了属于自己的"发光"时刻。

"实际上在今年尤伯杯的时候，我就特别想碰张海丽，希望能够在同样的场地同样的球馆，10年之后战胜她。虽然张海丽此时已经代表荷兰队，但是我还是希望这一幕出现，遗憾的是张海丽没有参加比赛。让我没有想到的是短短几个月后，这样的机会就在奥运会上出现，而且是在女单决赛中出现。"

8月19日，雅典奥运会羽毛球女单决赛在古迪奥林匹克综合体育中心正式上演。

首局比赛，张海丽迅速进入状态，利用娴熟的劈吊技术和运气的帮助以6比1率先掌握主动。"慢热"的张宁随后凭借发球抢攻和拉对角球，成功将比分追至8比8平。但关键时刻的两次主动失误和一次接杀出界最终葬送了此前的努力。8比11，张宁先丢一局。

战局的发展有些出乎众人的意料，包括张宁本人。不过现在的张宁拥有10年前尚未具备的制胜法宝，成熟和自信。"张海丽这场比赛打得实在是太出色了，感觉这场比赛不是自己想象的那样，就这样第一局输给了她。但我现在比赛中很少想输赢，我当时告诉自己，只要能够坚持追下去，最后肯定是张海丽倒下。第一局后半段，我也一分一分慢慢追上来，我当时就感觉第二局比赛我会赢。"

果然，第二局比赛，张海丽开始出现体能下降的征兆，张宁则继续坚持敢打多拍、坚持压对手后场的既定战术。双方你来我往，打得难解难分。3比3、4比4，比分战至7比6时，张宁突然发威，一鼓作气连下4分，以11比6将场上局分扳平。

决胜局的比赛波澜不惊。体力透支的张海丽开局阶段尚且能与张宁展开多拍相持。但5比5平双方交换场地之后，精疲力尽的张海丽再也无力抵抗张宁的强大火力。10比5，胜利正在向张宁招手。

不甘失败的张海丽奋力挽回两个赛点，但事实证明，如今与她隔网相对的张宁绝不会像10年前一样给她取胜的机会。第三个赛点，当张宁扑网成功，将羽球直直地打在张海丽身上，一段10年的宿命就此终结。

夺冠时刻，张宁先在网前一愣，确定自己获胜之后，她兴奋地将球拍抛向天空。泪流满面的张宁此刻已经忘记与对手握手的礼节，她径直冲向中国队的教练席，与总教练李永波和主管教练唐学华紧紧地拥抱在一起。

与张宁一样泪流满面的还有对手张海丽，当然，这是伤心的泪水。"我看到她在一旁哭得非常伤心。我能够理解她的心情，这次奥运会可能是她唯一的机会。"面对"一生的对手"，张宁此刻颇有些"英雄相惜"的感觉。

对于国际羽联副主席泰国人差龙来说，张宁的金牌意味着一项运动寿命的记录。

张宁
Zhang Ning
性别：女 生日：1975.5.19
出生地：辽宁沈阳
项目：羽毛球
2004年雅典奥运会羽毛球女子单打冠军。目前在积极备战2008年北京奥运会。

093 刘春红

克鲁茨勒说："我一直在试图追上刘春红的步伐。可惜只过了一小段时间，我就意识到，她实在太强大了"

2004年雅典奥运会举重赛场，三破世界纪录、已经稳获金牌的刘春红放弃了挺举的第三次试举。这位世界女子举重的"托拉斯"像往常一样再次轻松获胜，轻松打破纪录，不过这一次她收获的是自己的第一个奥运会冠军。意义非同寻常。

2000年，当69公斤级的"王牌"林伟宁在全国锦标赛中输给15岁的刘春红时，人们不禁开始慨叹，中国女子举重实在"江山代有人才出"。

悉尼奥运会成就了林伟宁的"完美绝唱"，在接下来的3年里，"超级新人"刘春红开始包揽了该级别各项赛事的冠军，并屡次打破世界纪录。这个初出茅庐的山东姑娘心里明白，只有在强手如林、竞争激烈的中国女举队内争得一席之地，才能实现成为世界女子举重霸主的梦想。

2003年的温哥华，刘春红在举重世锦赛上的表现再次证明了她在69公斤级上强大的实力和无可撼动的地位。抓举比赛中第一个出场的刘春红3次试举全部成功，并以120公斤的成绩刷新了世界纪录。接下来的挺举比赛更成了她的个人表演，142公斤的开把重量令所有竞争对手都感到震惊。当她第三次试举成功举起150公斤的杠铃时，一项全新的世界纪录再度诞生。刘春红似乎注定为举重而生，她的出场几乎成了冠军和破纪录的象征。

法新社在奥运会前曾专门撰文指出，"在中国女子举重选手中，最具有统治力的当数69公斤级选手刘春红，对这位年轻选手而言，破世界纪录似乎易如反掌。在雅典赛场上她将挑战人们的想象力。"刘春红自己同样信心百倍："尽管我知道竞争会异常激烈和残酷，但是我想，只要我能去，就一定能拿金牌！"

举重队出师不利的阴影，让每个即将参加比赛的运动员都备感压力。但刘春红还是每天兴高采烈地训练，按部就班地进行着一切赛前的准备。

19日的比赛眨眼就到。由于遭到匈牙利、土耳其、俄罗斯等众多好手的合围，大家还是为刘春红能否正常发挥捏一把汗。

根据赛前安排，刘春红原定的开把重量是117.5公斤，但为了给最大的竞争对手匈牙利人克鲁茨勒施加压力，临时改为115公斤。这个重量对于刘春红来说易如反掌，只见她轻松发力便成功举起了杠铃。

全场的观众都在为克鲁茨勒欢呼，因为她在第一把就稳稳地抓举起了117.5公斤的杠铃。这位去年世锦赛的亚军开局显示出不俗的状态。

刘春红第二次出场便要了120公斤。面对杠铃，她没有思考太多，杠铃伴随着她干净利落、一气呵成的动作被举起放下，这个成绩已经平了她自己创造的世界纪录。

被迫挑战122.5公斤的匈牙利人此时突然阵脚大乱。重压之下她的动作明显走形，失败在所难免。之后刘春红也要了同样的重量，双手轻抓杠铃，提杠、下蹲、上举，她打破了自己创造的原世界纪录。

不甘失败的克鲁茨勒再次挑战122.5公斤，结果仍然以失败告终。这样刘春红就以5公斤的优势暂时排名抓举第一。

挺举是刘春红的强项，在她出场之前，克鲁茨勒已经试举两次，成绩仅为145公斤。在教练的安排下，原定开把重量150公斤的刘春红第一次试举改为147.5公斤。当中国姑娘把杠铃顺利放下时，场下的几个土耳其运动员连声惊叹："Very good！Very good！"

第二把，刘春红决定一鼓作气不给对手任何机会。她直接要了153公斤，超过原世界纪录0.5公斤。她手握杠铃，大吼一声，杠铃随声而起，成功！这个重量也助她以275.5公斤的总成绩打破了自己去年在温哥华创造的270公斤的世界纪录。郁闷的匈牙利人即便举起153公斤，也只能获得亚军。

这是一场无与伦比的"破纪录大战"，排名前三的选手总共18次打破赛会纪录和世界纪录，其精彩程度即便放在群星云集的奥运赛场，也是可遇不可求的。

"我完全有实力再破世界纪录，本想让其他选手再见到我就害怕，但教练组为了让我保留实力，力阻我上去第三次试举。"获胜后的刘春红还对减少一次表演机会耿耿于怀。

世界再度见证了这位女举"托拉斯"的辉煌，银牌得主克鲁茨勒赛后也坦然表示："我一直在试图追上刘春红的步伐。可惜只过了一小段时间，我就意识到，她实在太强大了。"

刘春红
Liu Chunhong
性别：女 生日：1983.1.29
出生地：山东烟台
项目：举重 级别：69公斤
2004年雅典奥运会女子举重69公斤级冠军，目前正在积极备战2008北京奥运会。

张军&高崚 094

"我希望我们俩不参加2008年北京奥运会，那将证明中国有更多的年轻运动员"

在现场数百名中国拉拉队的助威声中，首局比赛张军和高崚轻松地以15比1拿下。没想到，这竟然成了第二局失利的引信。

第二局开始，罗伯特森的高点重扣每次都杀向张军，张军在场上多次出现回球失误，或者是回球质量不高让对手扑网。第二局中国组合很快以4比10落后。两人此时稳定了一下情绪，利用张军的几次成功劈杀，逐渐将比分追成10比12。但此后罗伯特森的高点进攻势不可挡，最终张军的一个回球下网结束了第二局。15比12，英国人扳回一局。

李永波和混双教练陈兴东在休息时告诉张军和高崚，在场上要改变打法，不要给对手过多的后场球，尽量在场上跟对手进行平打，同时不要急于打死对手，避免出现主动失误。"只要你们自己不失误，对手肯定会出现失误的。"重新回到赛场上，高崚更是将一直戴着的护腰解下，准备和对手最后决战。

决胜局比赛，张军/高崚以3比1占得先机。但此后两人有些急躁，出现了几次回球下网，让对手将比分反超为7比3。

场上的英国球迷几乎进入癫狂状态，两名英国选手也表现得气势逼人。不过卫冕冠军此时显示出良好的自我调节能力，他们一会儿向裁判申诉几句，一会儿又指指地上的水要求擦地，以此来消磨对方的气势。

这一变化果然起了作用，几个来回之后，双方比分呈现胶着状态。11平后，此前扣杀质量不高的张军突然发威，连续几板杀球让对手措手不及，中国队迅速把比分拉开。最终埃姆斯回球下网，张军/高崚以15比12拿下决胜局。

获胜之后，张军倒地仰天狂笑，高崚则兴奋地挥舞双手。一旁的李永波和陈兴东教练也紧紧拥抱在一起。

"在输了第二局后，我们在第三局中又落后于对手，当时我感觉脑袋都有些懵，幸亏陈指导在场边大声提醒，让我们冷静，才没有慌神。在慢慢稳定自己的情绪后，我和张军也慢慢找回比赛的节奏，并最终获得冠军。"激动的高崚透露了他们上演逆转的诀窍，"如果没有陈指导一直在场边大吼，提醒我们要冷静沉住气，我俩绝对不会拿到这块金牌。"

面对刚刚过去的恶战，张军同样心有余悸。"这场比赛的艰苦程度超乎想象。对手今天的发挥实在是太出色，我跟高崚有一段非常被动。"尽管如此，号称"张一拍"的他却从未想过输球，"我知道最终我肯定能够赢。我知道我们是最强的一对"。

赛后路透社认为，英国组合第三局一度以7比3领先时，看台上响起了"英格兰必胜"的鼓噪，不少英国球迷开始拼命挥舞手中的国旗，岂料这反而激发了中国选手反超比分并最终拿下比赛的斗志。

不过英国人对自己的失利似乎并不在意，输给实力超强的中国组合，英国媒体对此早有预料。他们在赛事报道上也显得相对低调，兴奋似乎都在两人进入决赛后宣泄完毕。《星期日镜报》在比赛描述上强调了获胜的第二局，并称赞了英国选手的斗志，其他的报纸则完全成为纯粹的流水账。

4年前的黑马，如今却成为众矢之的。而张军、高崚在决赛中大起大落的表现，让这块金牌的产生充满了心跳的感觉。"卫冕的道路真是太艰难了，因为我们是公认的靶子，所有人都在针对你来比赛，只有付出超人的努力，才能取得好成绩。"

新闻发布会上，当被问及是否参加2008年北京奥运会时，张军的回答博得了满堂喝彩："我希望我们俩不参加2008年北京奥运会，而冠军还是中国人的。那将证明中国有更多的年轻运动员冒了出来。"

张军（右）
Zhang Jun
性别：男 生日：1977.11.26
出生地：江苏苏州
运动项目：羽毛球

高崚
Gao Ling
性别：女 生日：1979.3.14
出生地：湖北省应城市
运动项目：羽毛球
2000年悉尼奥运会羽毛球混合双打冠军，这是中国羽毛球队混合双打的第一块奥运金牌。2004年雅典奥运会蝉联了这个项目的冠军。目前，高崚仍在国家队备战2008北京奥运会，张军现任羽毛球国家队教练。

095 王楠&张怡宁

多名好手在单打比赛中相继出局，女双金牌骤然成为中国队的重点“盯防”的对象

女子双打是雅典奥运会乒乓球项目决出的第一块金牌，王楠和张怡宁是最具夺金实力的一对选手。

“她好像还没睡醒似的，昨天就是这个样子。”看到王楠和张怡宁走上女双决赛场，一位女队教练在看台上忧心忡忡地说。

在昨天的女单1/4决赛中，王楠碰到自己的“宿敌”新加坡选手李佳薇。4年前的悉尼奥运会女单1/8决赛中，她就险些败于李佳薇拍下。当时王楠大比分1比2落后，第4局又以16比20落后，千钧一发之时，王楠成功上演绝地反击，以3比2死里逃生。但是时隔四年，这次笑到最后的却成了新加坡姑娘。

女单的失利让所有人都为今天刚刚走出来的王楠捏一把汗。

加拉西乒乓球馆的比赛气氛略显冷清，观众不到800人。倒是主席台嘉宾如云：李富荣亲自督战，何振梁先生到场观战，乒乓元老徐寅生也来了。悄然坐在一角和朋友低声交谈的，是前中国乒坛一姐、如今成为国际奥委会运动员委员会委员邓亚萍。甚至受邀担任央视体操项目解说嘉宾的刘璇也忙里偷闲地跑到乒乓球馆来插花。

由于赛制及球员心理状态问题，奥运会前被寄予厚望的中国乒乓球队此番的征程并不顺利，肩负男女单打项目夺金任务的几大高手孔令辉、马琳和王楠等人在淘汰赛阶段相继出局，就连一向自信的乒乓球队总教练蔡振华也承认中国队已经到了形势比较严峻的地步。不过中国女双的形势稍稍令人放心，两对选手进入四强，头号组合王楠/张怡宁在战胜队友牛剑锋/郭跃之后顺利晋级决赛。她们决赛的对手，是在半决赛中同样淘汰了自己队友的韩国组合李恩实/石恩美。

奥运会首枚乒乓球金牌的争夺战拉开了序幕。第一局比赛，中国队开局不错，取得了微弱的领先优势，但韩国人的表现相当顽强，一直没有让王楠和张怡宁将比分拉开，双方比分交替上升，5比5。此后李恩实/石恩美忽然发力连续得分，中国组合陷入极为被动的局面。好在王楠已经完全摆脱了此前单打失利的阴影，抢攻屡屡奏效。比分战至7比8后，王楠/张怡宁连得3分。最终她们以11比9稳拿下首局。

第二局中国队开局顺风顺水，面对张怡宁抢拉的打法，韩国人明显准备不足。连续的失误和低质量的回球让中国队连续长分，比分一度拉大到6比1。顽强的作风帮助韩国队缩小了分差，但心理素质稳定的中国组合一直在比分上压制着对手。10比5，王楠/张怡宁拿到局点。尽管韩国人随后执着地扳回两分，但随着李恩实回球出界，中国队11比7再下一城。

中国姑娘在第三局比赛中延续了此前的良好势头，以3比0开局。韩国队似乎尚未走出前两局失利的阴影，主动失误的数量始终居高不下。王楠/张怡宁很快就以10比5再次将比赛带到局末点。伴随张怡宁的一记抽杀得分，中国队以11比6拿下第三局，大比分3比0领先，离奥运冠军仅一步之遥。

士气高涨的中国组合此时已不可阻挡。又是一个11比6，顽强的韩国人再也没有翻盘的机会。王楠和张怡宁紧紧拥抱在了一起，欢笑着庆祝胜利。

赛后的新闻发布会上，几乎所有记者的注意力都集中在了王楠身上。“说实话，昨天输了球，我反而感觉放松了下来，这对打好今天的比赛是有帮助的，”王楠说道，“昨晚回到队里后，蔡振华指导他们都找我谈过话，希望我不受输球影响，今天全力以赴争双打。如果我不受昨天情绪影响，会对整个队、对张怡宁都能产生好的影响，不能由于我的情绪而影响张怡宁，所以今天上来还算非常拼命的。”

回顾与“大姐大”王楠搭档的经历，张怡宁笑称：“我俩的打法不是天仙配，有过很多的磨合。能坚持下来完成奥运梦想，确实是一件不容易的事。她给我一种很强的力量，我下面单打面对的韩国对手也很强，我将做好艰苦作战的准备。”

张怡宁 (右)
Zhang Yining
性别:女 生日:1982.10.5
出生地:北京 项目:乒乓球
2004年雅典奥运会与王楠搭档夺得乒乓球女子双打冠军。2004年雅典奥运会女子单打冠军。如今正在积极备战2008年北京奥运会。

王楠
Wang Nan
性别:女 生日:1978.10.23
出生地:辽宁抚顺
项目:乒乓球
2000年奥运会女子单打冠军，2004年奥运会乒乓球女子双打冠军。

马琳&陈玘 096

蔡振华说："短短一年的时间，陈玘从一个不知名的运动员到世界排名第五，这是近10年甚至15年没有过的现象"

马琳（上图右）
Ma Lin
性别：男 生日：1980.2.19
出生地：沈阳
项目：乒乓球
陈玘
Chen Qi
性别：男 生日：1984.4.15
出生地：江苏南通
项目：乒乓球
2004年雅典奥运会，二人夺得乒乓球男子双打冠军。目前均在备战2008年北京奥运会。

中国人可以继续高呼自己在乒乓球上的天下无敌了，尽管国际乒联特意修改了一系列规则，但在马琳/陈玘4比2干净利落地击败中国香港组合李静/高礼泽之后，中国队继续顺利执行着包揽雅典奥运会全部4块乒乓球金牌的计划。

半决赛中，马琳/陈玘和李静/高礼泽同以总比分4比2分别战胜了丹麦组合梅兹/图格威尔和俄罗斯人马祖诺夫/斯米尔诺夫，双双杀入决赛。这是两对选手在奥运会上的首次相遇，也是自乒乓球成为奥运会正式比赛项目以来，中国和中国香港选手在八强淘汰赛后的首度交锋。

赛前中国队曾遭遇"球拍风波"，马琳险些因为球拍胶皮的厚度问题被取消参赛资格。本次乒乓球比赛的副总裁判长张桦透露，马琳/陈玘与荷兰选手争夺8强席位的比赛之后，马琳曾被大会器材委员会抽查球拍。按照国际乒联的规定，球员使用的球拍胶皮与海绵加起来的厚度不能超过4毫米，而当时马琳的整块胶皮厚度却达到4.3毫米，超过规定厚度0.3毫米，这是不允许的，中国组合面临的最高处罚将是被取消比赛成绩。

"当时马琳球拍的检测结果一出来，我们都急坏了，中国队的一位教练的脸也都吓白了。幸好国际乒联技术委员会主席和赛会的另外3位裁判长，以及当值裁判香港的詹小姐经过反复的研究和检测，结果大家一致认为，可能是雅典气温过高导致了胶皮和海绵过度膨胀的缘故，决定不予追究。"张桦心有余悸地说。

决赛波澜不惊，两对以快著称的双打选手为观众献上了一场精彩的对攻大战。首局比赛仅耗时4分23秒，马琳/陈玘就以11比6先下一城。第二局比赛，中国香港组合在开局不利的形势下一度以8比7反超比分，但此后中国队凭借陈玘的连续冲杀成功，以11比9再添一分，获胜形势渐趋明朗。

第三局比赛如同第二局的翻版，不过此次胜利的天平倾向了中国香港选手。李静/高礼泽以11比7扳回一局。

关键的第四局比赛，双方比分始终处于胶着状态。近五分钟后马琳/陈玘才以10比8拿到局点。经过主教练刘国梁的暂停指导，中国组合回到场上后立刻拿下了决定性的一分。

第五局被对手意外翻盘后，马琳/陈玘在第六局中拼抢更加积极，凭借出色的发球和对手的失误，他们最终以11比5，总比分4比2拿下整场比赛。

当李静最后一球发球下网，马琳和陈玘愣住一般相互看了一眼，随即紧紧拥抱在一起。没有疯狂的摔拍举动，也没有握紧双拳的嘶声大吼，二人看上去都很平静，尤其是首次参加如此重大的国际比赛的陈玘。

四个月前，这对冠军组合还在为争取最后一个奥运会参赛名额而苦苦挣扎，他们当时的竞争对手是卫冕冠军王励勤/阎森。教练组专门找这两对男双谈话，或者由教练拍板决定最后名单，或者打一场生死战。最后，两对选手都选择了打"生死战"。结果马琳/陈玘4比2战胜王励勤/阎森，搭上了奥运末班车。赛后，4名选手，包括主教练刘国梁全都哭了。

陈玘的表现，让刘国梁对这位小将的前途充满信心，"他敢打敢拼，关键时刻作用突出，我觉得他前途无量。"

而蔡振华更是把陈玘的这次夺冠看作"现象级"的胜利："不过短短一年的时间，他从双打到单打，从一个不知名的运动员到世界排名第五。这可是近10年甚至15年世界乒坛没有过的现象。"

陈玘从此一战成名。

097 杨维&张洁雯

这一胜利标志着中国女双的"后葛菲/顾俊"时代开始了

黄穗回到休息室后严重抽筋，勉强参加完颁奖仪式之后，已经很难走进新闻发布厅。

羽毛球女子双打，这是雅典奥运会上第一次在中国选手之间展开的决赛，而到奥运结束，这恐怕也是最后一次。

似乎是4年前悉尼的经典重现，中国队又将包揽羽毛球女双的冠亚军，中国人继续为自己在该项目上的垄断地位而欣喜若狂。但这一次，情况却略有不同。比赛结束后，亚军组合中只有高崚一人参加了新闻发布会，而她的搭档黄穗在回到休息室后，腿部严重抽筋。虽然勉强参加完颁奖仪式，但此时已经很难走进新闻发布厅了。

"已经到这份上，就是把脚打跛，也要赢下这场决赛！"半决赛后，黄穗立下重誓。

决赛中，她和高崚拼尽了全力。第一局比赛，两人凭借积极的跑动和猛烈进攻，以15比7胜出。不过她们面对的是世界排名第一的张洁雯/杨维，虽然从以往的战绩上看，张洁雯/杨维以4胜7负稍处下风，但头号种子在第二局很快以15比4将总比分扳平。这场中国"德比"自始至终不乏精彩场面，20多个回合的对攻时有出现，引起现场观众的阵阵喝彩。

原本是一场毫无悬念的内战，却一直打到抽筋才分出胜负。"我和高崚今天都尽了全力。"黄穗承认，多拍相持让她们的体力消耗很大，"其实高崚更不容易，她刚打完混双，确实非常辛苦。"第三局上来，张洁雯/杨维很快以7比0领先。虽然黄穗/高崚将比分艰难追至4比7，但体力透支却是不争的事实。在一次30多拍的对攻中，高崚已经累得气喘吁吁。

随后，张洁雯/杨维一鼓作气，以15比8赢得决胜局。"我们已经尽力了，也没什么遗憾，"输掉比赛后，高崚仍然表情轻松，"毕竟冠军也是我们中国的。"

唯一让人稍感遗憾的是，三面五星红旗同时在奥运赛场上升起的壮观场面没能再次上演。此前进行的铜牌争夺战中，中国组合魏轶力/赵婷婷在先胜一局的有利情况下，最终以1比2不敌老对手——韩国名将罗景民/李敬元。本场失利也让中国队女双包揽三甲的愿望彻底落空。

当中国两对女子双打选手最终站在冠亚军领奖台上的时候，中国羽毛球队的雅典奥运会之旅也画上了圆满的句号。虽然男选手发挥不佳，但中国队还是凭借女将的稳定表现摘取了3金1银1铜，捍卫了中国在世界羽坛的霸主地位。

骄人的战绩让总教练李永波颇为得意。当被问及中国在世界羽坛的地位时，李永波表现出惯有的自信："当然是最强的！3块金牌就是证明。"当被问及有没有令自己感到眼前一亮的外国选手，李永波的回答更是霸气十足："没有！让我眼前一亮的都是我的队员。"

16年前，当羽毛球还只是奥运会表演项目时，国际奥委会主席萨马兰奇先生观看了比赛，他被中国的李玲蔚灿烂的笑容和出色的球技所深深吸引，于是决定把羽毛球列为奥运会正式比赛项目。此后3届奥运会上，亚洲选手席卷了14枚金牌中的13枚。欧洲人虽几经努力，但时过境迁，羽毛球这项发源于欧洲的体育项目仍旧未能摆脱亚洲荣耀的光环。

谈到今天的比赛，中国组合没有否认获胜一定程度上是借助了对方的体力问题："平时大家都在一起训练，互相之间的球路自然是非常熟悉。谁准备得充分，谁更有耐心，这样才能获得比赛的胜利。第三局的时候，我们知道高崚和黄穗体能上已经透支，所以就拉开来打，最后获得了胜利。"

杨维 (左)
Yang Wei
性别：女 生日：1979.1.13
出生地：广东
项目：羽毛球女子双打

张洁雯
Zhang Jiewen
性别：女 生日：1981.1.4
出生地：广东广州
项目：羽毛球女双

2004年雅典奥运会羽毛球女子双打冠军。目前均在备战北京奥运会。

唐功红 098

韩国姑娘张美兰成功举起172.5公斤,没有退路的唐功红只得把杠铃加至超世界纪录7.5公斤的182.5公斤

8月21日的尼凯亚奥林匹克举重馆俨然成为中国队的福地：即使是当韩国人已经开始为即将到手的金牌而欢呼雀跃，中国人仍能在最后时刻化险为夷。上演“绝地大反击”的是山东姑娘唐功红。

“182.5”，当这个数字出现在举重台后的电子显示屏上时，全场一片惊叹——女子75公斤以上级挺举世界纪录仅仅才是175公斤。走下举重台，外表坚强的唐功红一头埋进了中国女子举重队总教练李顺柱怀中。

75公斤以上级被人们誉为“地球上最强壮的女人”之间的较量。4年前的悉尼奥运会，原本在队内成绩最好的唐功红却因为各种原因未能出征，眼看队友丁美媛技压群芳，问鼎冠军，训练中从未流泪的唐功红大哭了一场。

唐功红等来了机会，伴随而来的还有更为强大的对手。悉尼奥运会银牌得主波兰人弗罗贝尔，奥运史上体重最大的女举选手乌克兰人克罗贝卡，韩国后起之秀张美兰，本届奥运会女子举重75公斤以上级项目的争冠军团强手如云。唐功红报名成绩为290公斤，张美兰和老对手弗罗贝尔则达到295公斤。

这注定是一场一波三折的较量。唐功红在噩梦般的抓举比赛中几乎重蹈几天前男举占旭刚的覆辙。虽然开把重量仅为中规中矩的122.5公斤，但世锦赛冠军却令人大跌眼镜地未能举起杠铃。与占旭刚3次抓举皆告失败不同，尽管第三把127.5公斤再遭挫折，但幸运的唐功红在第二次试举成功举起了122.5公斤，避免了没有抓举成绩的尴尬，也为最后的金牌争夺战保留了一线生机。“我的压力很大，赛前想到比赛很艰苦，但抓举发挥得太差了！”

老对手弗罗贝尔、张美兰和保加利亚人瓦加克同以130公斤的成绩并列抓举第一。巨大的差距让中国体育代表团副团长崔大林在看台上不住摇头：“唐功红的抓举没发挥好，落后人家这么多，体重又大，给自己在挺举时制造了很大压力。”

第一集团中率先掉队的是保加利亚人瓦加克，3把过后仅仅150公斤的成绩注定令她与领奖台无缘。保持了4年前怪异发型的弗罗贝尔虽然在波兰观众的欢呼声中开把成功举起了160公斤，但她此后的两次尝试均以失败告终，总成绩为290公斤，取胜同样无望。

然而两位对手的出局却并未缓解中国队岌岌可危的夺金形势，20岁的张美兰此后带来了前所未有的冲击。开把165公斤成功之后，她在170公斤的重量上宣告失手。但力拼金牌的韩国人在第三把中却令人吃惊地把杠铃重量直接加到破奥运会纪录的172.5公斤，而且一举成功。总成绩此时遥遥领先的她认为自己稳获冠军，甚至激动得掉泪。记者席上的韩国记者此时也兴奋得跳了起来。

不过故事的尾声正是故事的高潮。第二把举起172.5公斤的唐功红此时别无选择，是赢还是回家，胜败全看最后一举。体重上的劣势让她只能拼死冲击182.5公斤，一个看起来几乎不可能完成的重量。上台之前，教练李顺柱对弟子说：“这一把不代表你，你是为国出战！”

唐功红大喝了一声，起来了。

唐功红
Tang Gonghong
性别:女　生日:1979.3.5
出生地:山东烟台
项目:举重
2004年雅典奥运会女子举重75公斤级以上冠军,并破该级别的挺举和总成绩两项世界纪录。目前在备战北京奥运会。

099 贾占波

有人说，是希腊诸神把美国选手的枪指向了错误的靶位，把奥运金牌赐予了贾占波。但诸神为什么垂青中国小伙

当雅典奥运会男子 50 米步枪 3×40 决赛的最后一枪，美国人埃蒙斯把子弹鬼使神差地打到三号靶位上后，贾占波说，这是一出经典的“神话”。希腊众神把埃蒙斯的枪指向了错误的靶位，把奥运金牌赐予了贾占波。

8 月 22 日，马可·波罗射击馆内的中国记者寥寥无几。男子 50 米步枪 3×40 项目并非中国队的夺金重点，以往从未获得过世界大赛冠军的贾占波自然不被舆论看好。

预赛中，贾占波 1171 环排名第一的成绩曾经让中国队喜出望外。不过进入决赛后，这位 30 岁的老将发挥得并不理想。虽然 3 枪过后贾占波领先第二名埃蒙斯的优势一度扩大到 2.8 环，但此后第四、五两枪连续打出 8.4 环和 8.7 环的“远弹”，使美国人在总成绩上迅速追平了自己。倒数第三枪，贾占波又只打出 8.8 环，落后美国对手 0.8 环。接踵而至的倒数第二枪更是只有噩梦般的 7.8 环，最后一枪之前甚至落后身旁的埃蒙斯达 3 环之多。美国人只需 7.2 环便可稳稳夺冠，中国队似乎败局已定。

贾占波此时只能力保银牌，最后一发正常发挥，10.1 环。然而戏剧性的一幕发生了，埃蒙斯冷静地扣动扳机后，电子屏幕上却迟迟没有显示他的成绩。当事人呆站在原地，脸上写满了难以置信的表情。射击场内一片哗然，美国队教练与比赛监督和裁判进行交涉，莫名惊诧的埃蒙斯更是向裁判连连示意，他肯定射中了靶纸。

“狡猾”的埃蒙斯险些“蒙混过关”，几分钟的交涉过后，裁判几乎相信了他天真的眼神，准备让他重新射击。不过此刻，查靶回来的裁判揭示了真相，埃蒙斯在三号靶位的靶纸上发现了两个弹孔，一个 10.6 环，一个 8.1 环。当然，对于这一枪的成绩，三号靶位上的参赛者、最终的铜牌得主克里斯蒂安·普拉纳坚定地说道：“我的那个靶上的两枪中，10.6 环的那一枪是我打的，而 8.1 环的那一枪才是埃蒙斯打的。”

没人知道站在二号靶位的美国人为何会把子弹莫名其妙地射向三号靶位。人们只是知道，当裁判长嘴里无情地吐出一个音节短促的单词“Zero”时，这枚原本已被埃蒙斯揣入口袋的金牌转瞬之间飞进了中国选手的怀中。

对于戏剧性的结局，当值主裁判长德里奥斯解释说：“三号靶位上的选手先打了 10.1 环，而当埃蒙斯开火之后，三号靶上突然多出了一个弹着点，而且成绩是 8.1 环。因此，很明显，埃蒙斯打错了靶。根据规则规定，这并不属于枪械故障而是选手失误，因此埃蒙斯的成绩为 0 环。”

希腊赛场上的“中国神话”就此诞生，这是包括贾占波和埃蒙斯在内的所有人都意想不到的结果。现场观战的许海峰总教练一边使劲揉着自己的眼睛，一边喃喃地说道：“太不可思议了。”主管教练常静春也乐了：“很有戏剧性，在最后一靶之前，贾占波其实很难再追了。但今天的两个美国人都有些犯晕，这样的事还是第一次听说。”

埃蒙斯“惊世骇俗”一枪同样震惊了世界。路透社就以“意外瞬间发生，金牌即刻转移”为题写道：“男子 50 米步枪 3×40 决赛中，美国选手埃蒙斯最后一枪意外脱靶，中国选手贾占波在几乎已经绝望的情况下，‘意外’地夺金成功，闹出了射击场上一大戏剧。原本排名第四的奥地利选手克里斯蒂安喜出望外，他莫名其妙地收获了一枚铜牌。银牌仍然归属美国队，只不过选手换了一位，麦克尔·安迪。”

心灰意冷的埃蒙斯没有参加赛后的新闻发布会，更加没有向任何媒体开口解释那“越俎代庖”的最后一枪。“低级错误”“0 环!”“靶子在哪里?”，美国媒体一股脑将批评与讽刺送给了这位倒霉的射手。

“天上掉下的馅饼”“捡到的一块金牌”？不，最后时刻的那一枪 10.1 环才是贾占波赢得幸运女神青睐的最大筹码。

“对于这个结果，我感到有一点意外，但也并不意外。奥运赛场上什么事情都有可能发生，作为运动员必须要做好所有思想准备，坚持到最后一枪，永不放弃。”赛后接受采访时，贾占波说，“我确实很幸运，但机会在于自己把握。如果自己预赛发挥不好，没进决赛，或者预赛排名靠后，即便对手失误，冠军也不会是我。我觉得首先是我自己把握好了每一枪，虽然决赛成绩不是很好，但我一直在努力打好每一枪。”

贾占波
Jia Zhanbo
性别：男 生日：1974.3.15
出生地：河南信阳
项目：射击
2004年雅典奥运会上男子50米33x40气步枪冠军。目前正在备战北京奥运会。

张怡宁100

当人们第一时间告知张怡宁收获百金的消息时，她却意外地问道："是吗？我不知道"

张怡宁
Zhang Yining
性别：女 生日：1982.10.5
出生地：北京
项目：乒乓球
2004年雅典奥运会与老将王楠搭档夺得乒乓球女子双打冠军，并且夺得女子单打金牌。目前正在备战北京奥运会。

在法新社看来，由张怡宁所代表的中国乒乓球队获得中国奥运史上的第100枚金牌绝对是"天意"——自1988年乒乓球项目正式进入奥运会以来，中国队已经赢得了决出的19枚金牌中的16枚。

历史的车轮总是缓慢前行，这枚奥运百金的到来对于中国体育和张怡宁本人来说都显得分外艰辛。1984年重返奥运大家庭后，中国奥运代表团花了整整20年的时间在夏季奥运会上跨越百金的门槛。

而这枚金牌之于张怡宁个人的意义，听听她的教练李隼赛后的感慨就可见一斑："10年了，终于拿到奥运单打冠军。多少次了，张怡宁终于冲顶成功。今后张怡宁就是在另一个境界里打球了。"

相比金牌的意义，获取金牌的过程似乎过于轻松。张怡宁决赛的对手是令人头疼的朝鲜"怪球手"金香美。朝鲜人不光手持长胶、打法凶悍，而且釜山亚运会上正是她一举击败了"大姐大"王楠，直接导致中国女队丢掉志在必夺的团体冠军。就在之前进行的淘汰赛里，她还淘汰了另一名中国好手牛剑锋。

"我们做好了最艰苦的准备，但我们相信张怡宁的实力，只要她心理上保持清醒，打好开局，就一定能取得最后胜利。"这是中国队乒乓球队总教练蔡振华赛前的说法。不过事实证明，新科世界头号女单绝非浪得虚名，面对世界排名仅40位的金香美，张怡宁超强的实力和完美的发挥使这场奥运会决赛早早就陷入了"一边倒"的局面。

如蔡指导所说，张怡宁开局不错，上来就以4比0取得领先。比分顺利过渡到7比4，此时张怡宁的失误忽然增多，连丢4分之后反让对手以8比7赶超。关键时刻张怡宁利用多变的发球和机敏的抢攻连得4分，以11比8拿下首局。总比分1比0领先。

第二局比赛，场上形势似乎发生逆转。又是一个4比0，不过领先的一方变成了状态回勇的金香美。张怡宁及时调整战术，坚持与对手形成相持，比分追至5比5。此后双方比分交替上升，7比7平之后，张怡宁的发球再显威力，对手低质量的回球帮助她连得4分。11比7，张怡宁局分2比0领先。

向来打球不动声色的张怡宁此时却一反常态地喊了一声，拳头也紧攥起来。"老张兴奋了。我们赢定了。"看台上为队友加油的王楠这样说。"肯定4比0，我们的第三块金牌到手了。"身旁的乔红同样信心百倍。

随后的两局比赛，张怡宁连续打出高潮，发球和精准的接发球控制令对手极为不适。重压之下，金香美阵脚大乱。两个11比2，头号种子秋风扫落叶般地连下两城，最终以总比分4比0横扫对手，整场比赛仅耗时30分钟。

赛场中央上演了令人难忘的一幕：胜利出现的时刻，球拍从张怡宁手上瞬间滑落。一向表情"冷酷"的她兴奋地向观众挥手致意。她拾起心爱的球拍亲了一口，紧接着扑向教练陆元盛的怀中，"奋不顾身"地劲头甚至把场边的挡板也撞翻了。

赛后各国媒体的评论无不透露两条信息，这枚金牌不仅捍卫了中国队在世界乒坛的霸主地位，而且正式宣告中国女乒新时代的到来。用蔡振华总教练的话说，"这届奥运会上，张怡宁在比赛中出色的发挥，已经让她在心理上有了非常大的进步。我相信，本届奥运会之后，张怡宁能承担起中国女队领军人物的重任，她将是中国女队领军人物的最佳选择。"

走出赛场的时候，人们第一时间通知了张怡宁获得"百金"的消息。此刻还沉浸在比赛过程中的她却略显意外地问道："是吗？我不知道。"

"开赛前我与朝鲜选手握手，发现她的手是冰凉的。"兴奋的她随即又开始回顾比赛细节，"她有多紧张，我当时就有底了。"

颁奖礼上的张怡宁身披国旗，头戴橄榄枝，甜蜜的笑容少见地始终挂在脸上。"今天非常高兴能圆梦。非常激动，能为祖国拿下金牌，可以说这几年的心血没有白费吧！"

"我爱北京，我爱我的家。"走下赛场的张怡宁动情地说。2008奥运在家门口卫冕是中国乒坛新"一姐"的下一个目标。

101 李婷&孙甜甜

国际网联评价道:"李婷和孙甜甜的夺冠为中国网球描绘了美好的前景,这是一场令世人震惊的胜利"

过去的一周对于中国网球女双选手李婷和孙甜甜来说绝对无与伦比。虽然只是赛会的8号种子,但中国组合一路过关斩将,最终夺取了雅典奥运会该项目的金牌。过去20年间,中国人从未在奥运会网球比赛中赢得任何一块奖牌,但这一次,到手的是一块成色十足的女双金牌。用中国代表团团长袁伟民的话说,这是"一块最没有想到的金牌,李婷孙甜甜谱写了一出中国神话"。

当然,运气绝非成功的全部要素。作为中国网球女双的头号选手,李婷/孙甜甜在2003和2004赛季呈现出迅猛的上升势头。奥运会前,她们一共获得了3项WTA巡回赛的女双桂冠,1月澳网进入女双16强,5月份在罗兰加洛斯更是创纪录地打入半决赛。外国媒体不禁惊呼:"原本落后的中国网球运动已经取得了长足的进步!"3个月之后的雅典奥运赛场,李婷孙甜甜用一枚金牌让世界的目光再度聚焦中国网球。

中国组合的决赛对手是赛会2号种子西班牙名将马丁内斯/帕斯夸尔。马丁内斯是前温网女单冠军,并曾获得两块奥运会女双银牌;帕斯夸尔则是现役WTA女子双打世界排名第一。有趣的是,她俩的双打"原配搭档"正是半决赛中输给中国选手的阿根廷人特拉比尼和苏亚雷斯。

西班牙组合的实力明显高出一筹,但李婷/孙甜甜从比赛一开始就显示出良好的竞技状态。第一盘比赛,两人凭借一个LOVE GAME率先拿下发球局,并且利用马丁内斯的两次失误成功破发。

但西班牙选手很快调整状态,利用第五局中李婷的两次网前截击失误同样破发成功。此后比赛陷入艰苦的拉锯战。第八局,李婷/孙甜甜打出高潮,经过3次平分的争夺,她们再度破发成功,并且再接再厉以6比3拿下首盘。

"通过总结郑洁/晏紫第一场输球的经验,加上自己的了解,赛前我们专门进行了针对性训练。"赛后谈及取胜的原因,李婷孙甜甜说,"比赛中我们把自己放在冲击对手的位置,心态放得很好,场上配合很成功。"

第二盘比赛,这队中国姐妹延续了良好的势头,一上来就破发成功。随后的比赛一波三折,决赛的压力导致李婷在发球局中连续出现双发失误,被马丁内斯/帕斯夸尔抓住机会将比分追至2比2平。正当西班牙人看到翻盘的希望,关键时刻中国组合凭借出色的底线技术再度破发,并在15比40落后的不利形势下顽强守住了自己的发球局,将第二盘的领先优势扩大为5比2。西班牙组合做了最后的努力,扳回一局,但体能下降的她们没能挡住中国姑娘的凌厉攻势。最终,李婷的一个网前截击彻底宣判了西班牙队的死刑,又是一个6比3,李婷/孙甜甜以总比分2比0获胜。

这是一出以弱胜强的好戏,它已在雅典奥运会中多次上演。首轮比赛,中国组合就曾因为淘汰了悉尼奥运会女双冠军大威廉姆斯和鲁宾而令人刮目相看。半决赛中,她们更是以2比1击败了赛前夺冠呼声最高的阿根廷组合特拉比尼和苏亚雷斯。今天的决赛,旺盛的斗志和如虹的气势帮助她们又以两个6比3轻松战胜了2号种子马丁内斯/帕斯夸尔,将"虎口拔牙"的奇迹进行到底。

失利之后的马丁内斯表情沮丧,这是她三届奥运会以来收获的第三枚银牌。西班牙老将万万没有想到,这一次打破她夺冠梦想的竟然是初出茅庐的中国选手。西班牙代表团再度冲金失败也使西班牙媒体十分无奈,《马卡》报的文章以"银牌,最终只是银牌"为题坦然承认,年轻的中国选手发挥出色,没有给帕斯奎尔和马丁内斯任何机会,轻松夺走了西班牙人唯一的夺金希望。倒霉的马丁内斯更是成为媒体眼中西班牙队的"阿喀琉斯之踵"。

当西班牙人还在为失去最后的夺金机会而懊恼不已,李婷和孙甜甜却已经开始为意外的夺冠而欢呼雀跃。两个皮肤晒得黝黑的姑娘尽情地拥抱着,她们高举国旗绕场一周的情景把现场气氛推向了最高潮。

李婷(右)
Li Ting
性别:女 生日:1980.1.5
籍贯:湖北 项目:网球

孙甜甜
Sun Tiantian
性别:女 生日:1981.10.12
籍贯:河南 项目:网球

2004年雅典奥运会女子双打冠军,这是中国第一枚网球奥运金牌。目前李婷已宣布退役,孙甜甜仍在备战北京奥运会。

滕海滨 102

如同拨云见日,这枚鞍马金牌不仅一扫他自身的负罪感,也帮助中国队摆脱了连战连败的尴尬局面

滕海滨
Teng Haibin
性别:男 生日:1985.1.2
出生地:北京 项目:体操
2004年雅典奥运会体操男子鞍马冠军,目前在备战北京奥运会。

自由体操失误，8.662 分；双杠失误，8.737 分；单杠掉杠，9.125 分：这是 19 岁的滕海滨在雅典奥运会男子团体体操决赛中交出的答卷。他一共参加 4 项比赛，和队友杨威一样是任务最重的队员，以上 3 项的重大失误直接导致中国男团与金牌无缘。赛后，身形瘦弱的北京小伙无疑成为媒体口诛笔伐的对象。

6 天之后，当滕海滨从鞍马上稳稳落地，他振臂向天，大喊一声，似乎是要将 6 天来的郁闷和沮丧一吐为快。计分牌上显示全场最高的 9.837 分，滕海滨脱口而出的第一句话就是:“感谢所有支持我的人，父母、教练和朋友。”

小将稚气的脸上并未表现出过多兴奋，男团决赛的失误仍难以释怀：“这枚金牌仍不能弥补我在男团决赛中犯下的错误。特别是对于老队员,我的失误让他们4年努力都白费了。”

滕海滨的鞍马金牌不仅一扫自己的负罪感，也帮助中国体操队摆脱了多日来连战连败的尴尬局面。体操中心主任高健甚至为此流下了激动的泪水：“滕海滨这个小将很不容易。在男子团体失利之后，教练员三番五次找他谈话，就是希望他能积极地从阴影中走出来。今天他确实争了一口气。”

6 天之前还几乎被各方批评的声音淹没头

顶的滕海滨，此时却成为媒体眼中的英雄。“重压之下必有勇夫”“滕海滨一举两得”“一骑绝尘破阴霾”，人们毫不吝惜赞美之词。

回顾鞍马决赛的过程，人们能够轻易理解这枚金牌对于滕海滨以及中国男队的珍贵。这是一场好手云集的比赛，美国名将哈姆、日本好手富田洋之,其后更有世界冠军罗马尼亚“鞍马王”乌兹卡压阵。中国虽有两人进入决赛，但“无冕之王”肖钦预赛意外失手未能晋级，队长黄旭的强项并非鞍马，刚刚遭受致命打击的滕海滨更是无法令人想起他还曾是去年世锦赛的鞍马冠军。

决赛第一个上场的是西班牙选手卡诺，他凭借优美的马上姿态和高质量的难度动作得到了 9.762 分，这也为本场比赛定下了基调。除了日本选手富田洋之，其余出场的 6 位选手最后得分都在 9.725 分之上。第三个上场比赛的罗马尼亚老将乌兹卡更是凭借自身超强的实力获得 9.825 的高分，与此同时，黄旭则正常发挥拿下 9.773 分。千斤的重压完全系于最后登场的滕海滨一人身上。

中国人此次终于得到雅典娜的垂青。滕海滨以一套堪称无懈可击的高难度动作征服了全场的观众和裁判。9.835 分，原本阴云密布的年轻面庞上总算露出了一丝微笑，这恐怕是 6 天以来中国小伙的唯一笑容。

转过身去，滕海滨和黄玉斌教练紧紧拥抱，随后在场的队友和教练也都加入了庆祝的队伍。激动的黄玉斌几乎有些语无伦次，不禁喃喃自语：“拿到了……”

接过同伴手中的国旗，滕海滨把它披在身上直至颁奖仪式结束。记者问他是不是早就准备好了国旗，滕海滨说:“我们时刻准备着。”

“我很高兴，这枚金牌对我们非常重要，真是出了一口气。短短几天，从失败的低潮到夺金的高峰，大起大落，我现在是悲喜交加。”

年轻的奥运冠军赛前并没有十足的夺金把握，即使是金牌已挂在胸前，他对成功仍然连呼意外。难怪老将乌斯卡赛后始终不依不饶，坚称自己的动作难度系数更大，理应获得冠军。无论如何，滕海滨完成了一次从地狱到天堂的救赎历程，这才是金牌的真正价值。

103 王旭

当半决赛中王旭将日本的滨口京子掀翻在地时，教练就说：冠军非她莫属！这是中国摔跤奥运第一金

王旭
Wang Xu
性别：女 生日：1985.9.27
出生地：北京
项目：摔跤
2004年雅典奥运会女子摔跤72公斤级冠军。目前在备战北京奥运会。

雅典奥莱希亚奥林匹克中心又一次奏起雄劲的中国国歌，19岁的中国小将王旭在自由式摔跤72公斤级决赛中得到了冠军。站在最高领奖台上的王旭笑得非常灿烂，一直抚摸着胸前的金牌。这是女子摔跤首次被列入奥运正式比赛项目，也是中国在奥运会上的第一枚摔跤金牌。

王旭在半决赛中力克世界头号选手滨口京子，所以中国姑娘当仁不让地成为决赛里更被看好的一方。

"在她这个级别上，肯定是日本的滨口最强。她既然能够通过这一关，应该说冠军已经非她莫属。"赛前，现场观战的男队教练潘教利认为王旭夺金的希望很大。他是带着手下弟子和女队员孟丽丽来助威的。

比赛开始后，男队教练和运动员都坐不住了。"拽手，蹬腿，变向！"一个个专业术语从这几位加油者嘴中呼啸而出。潘教利干脆冲到了看台前沿，冲着场上鏖战的王旭大喊大叫，其神情更好像他是指点比赛的教练员。而实际上指挥的教练徐奎元并不是这次中国代表团正式名单中的成员，但正是这位教练所带的19岁弟子，为中国摔跤队夺得第一面金牌。

决赛对手俄罗斯人曼洛娃身高臂长，这让王旭在比赛开始稍微有些吃亏，第一节的1分40秒，对手先得1分。2分15秒时，王旭在被动中抱摔对手成功，利用连续几个得分动作，一下子将比分反超为3比1。

"王旭，压住她，再来一个！"在看台上几名专业"摔跤迷"的指点和欢呼之下，王旭越战越勇，接连利用两次漂亮的抱腿扑地，将优势扩大到5比1。

第二节开战后15秒，继续进攻的王旭再得一分，6比1。

随后王旭的一次消极进攻让对手扳回一分，裁判甚至还判给她一张黄牌并让她趴在地上，但最后的1分48秒中国姑娘没有再给对手反攻的机会，通过一次有效的反击，再次占据主动并死死地压住对手。

"7、6、5、4……"看台上的中国运动员和记者们大声地为王旭倒计时，在最后一秒钟计时结束后，比分定格在7比2。中国摔跤史上的第一块奥运金牌到手了！

"我知道像我这批队员，很多人出成绩都可能是在2008年的北京奥运会上，赛前教练也是鼓励我们拼出自己的实力就好了。我的小组赛对手、加拿大的诺根哈德是这个项目的冠军争夺者，我拼下她之后又遇上了世界冠军、日本人滨口京子，这是我非常尊敬和一直效仿的一个队员，很幸运我在半决赛中击败了她。"实际上在击败本届奥运会的头号夺金大热门之后，王旭已经站在了世界之巅。因为她的俄罗斯对手能够冲进决赛，和其所遇的对手相对较弱有关；而王旭则是一路遭遇强敌，在真正的强手对话中脱颖而出。

生长于北京的王旭，14岁进入北京月坛体校练柔道，一年后被北京体育大学竞技体校的徐奎元教练相中改练摔跤，仅仅两年后她就获得了亚洲锦标赛的冠军。2001年她入选国家队，同年，女子摔跤被列入奥运会正式比赛项目。

在这个历史性的时刻，唯一有些遗憾的是，现场观战的中国人只有寥寥的不到10人。但这10个人却是这个时刻最幸福的中国人。

"中国，了不起！下次见！"一位俄罗斯记者由衷地说，然后有些失意地离去。

现场督战的奥运会代表团副团长崔大林满面春风，这位中国摔跤协会的会长径直走到王旭面前，对她的成就表示由衷的祝贺。"今天晚上我非常高兴，因为女子摔跤不是我们的优势项目，而且王旭的这个级别也不是最强的，但比赛中这个丫头发挥得非常好，技战术、作风还有临场的应变，她都做得非常出色，而且比得很聪明，这块金牌中国拿得当之无愧！"

王旭将目光投向了4年后的北京，并向自己的对手滨口发出了邀请："滨口是世界冠军，也是最好的女子摔跤运动员之一。我希望在2008年的北京再次遇到她。"

彭勃104

从零分到零失误，彭勃终于经受住了暴风雨的洗礼

雅典奥运男子跳板跳水决赛后，彭勃这样评价自己的表现："在逆境中，更能体现实力，也更能体现性格。"尽管在几天前的3米板双人跳上出现0分的失误，尽管在昨天的3米板决战中高手云集，但是中国选手彭勃还是勇夺冠军，而且是以30分以上的优势。在不被所有人看好的情况下，来自江西的彭勃为中国又添一金。

赛前，很多人都对这枚金牌不抱太大希望。4年前的悉尼，男子3米板决赛是中国跳水队翻盘的开始，当时熊倪在最后一跳中以绝大的勇气战胜了来势凶猛的墨西哥人普拉塔斯，惊险夺冠，从而开始了中国队连摘4金的历程。4年之后，熊倪、伏明霞这批笑傲江湖多年的名将纷纷归隐，中国完全由年轻选手担纲，能否延续4年前的辉煌是个疑问。

彭勃每次比赛都会带上全家福照片在身边，这次也不例外。爸妈给了他勇气和运气，而他相信勇气和运气结合就是成功。

第一组动作，彭勃选择了难度系数3.0的405B。他的这套动作非常完美，入水节奏也掌握得很好，最后得到了84.60分。首轮之后，彭勃以340.77分列首位。

第二轮是决胜的第一个关键点，4位夺冠选手同样选择407B的技术动作，而在这个动作上，4人显露出了发挥上的差距。彭勃得到92.07的第一高分，萨乌丁82.77，德斯帕蒂85.56发挥也都不差。但正是在这个动作上，难度系数之和最高的俄罗斯人世界冠军多布罗斯科克发挥失常掉了队，他只拿了66.96的超低分，这让他整场比赛都没有追上来。

接下来是德斯帕蒂在第三轮的掉队。本轮其他人都在90分上下，但是德斯帕蒂却发挥失常，只得到64.05分，让这个本次比赛最被看好的加拿大人一蹶不振，于是此后的比赛就成为彭勃和萨乌丁两人的单挑。

可以说第三跳是真正的转折点，因为此后，彭勃只需要跟难度较低的俄罗斯老将萨乌丁比稳定性，而对中国队员威胁最大的两个以难度取胜的选手都早早失去竞争力。

第四组动作，难度3.0的205B为彭勃赢得了77.40分。他的队友王峰跳了难度3.4的407C，入水效果非常不错，得到了88.74分。而彭勃以598.98分继续排在第一。

彭勃在第五跳向难度系数为3.5的307C发起挑战。他整套动作完成质量非常高，入水的节奏非常优美，水花也压得非常好，最后得到了全场最高分96.60。695.58的总分助其牢牢占据着第一的位置。

终于到了最后一跳，现场观众给萨乌丁使劲加油，期望他能创造奇迹。萨乌丁也不负众望，亮出了难度第二高的一跳，发挥了水平。其后出场的彭勃，没有再犯双人跳板一直领先，最后一跳跳砸的错误，冷静出色地拿到了91分多的成绩，多出第二名31.41分。彭勃在这一时刻将自己在奥运跳水史上定格为永恒，摆脱了8天前在双人3米板与金牌擦肩而过的阴影，终于长吁了一口气。

比赛结束后，彭勃显得异常平静。有人问他几天前的0分失误对他有没有产生压力和阴影，没想到，彭勃说自己"一点阴影也没有"。"我并不认为那是一次失误，那仅仅是一次意外。"对于夺金，彭勃说"又兴奋又平静。因为赛前根本没有想到自己会夺冠。"不过他又透露，实际上在潜意识里，他还是有一种预感："在很多天以前，我预感到我有这个状态了，我感觉我能跳出这个水平，但是没敢去想这个结果，没想到能拿这个金牌。"

彭勃自己也承认，几个对手给他的压力很大。"德斯帕蒂是世界冠军，他的技术难度很高，"彭勃说道，"多布罗斯科克这场发挥一般，但谁都知道他的实力究竟怎样。萨乌丁就更不用说了，无论心理、水平还是他的成就，他永远都是跳水界的奇才。"

而自己高水平的发挥呢？他解释道："从很小的时候，我就喜欢在逆境中做事。我觉得，体育比赛就像种庄稼，你耕耘了，却不一定有收获，但是幸运的是，我最终收获了果实。"

彭勃
Peng Bo
性别:男 生日:1981.2.18
出生地:江西 项目:跳水
2004年雅典奥运会男子跳水3米板金牌，目前正在备战北京奥运会。

105 郭晶晶

面对北京奥运会能否卫冕的问题，郭晶晶祭出了自己的口头禅："再说吧"

站在3米跳板的郭晶晶就像女神一样。

633.15分。她在雅典奥运会跳水3米跳板比赛中为中国代表团再夺一枚金牌。对中国队来说，这是一枚甚为关键的金牌，它在一定程度上巩固了中国金牌总数第二的位置。郭晶晶和吴敏霞两人一个披金，一个戴银，再次捍卫了中国跳水"梦之队"的称号。

决赛当天，郭晶晶和吴敏霞提前2个小时抵达赛场。在随后长达一个多小时的试跳中，郭晶晶没有出现任何失误。人们从她脸上看到的是冷静和从容，世界冠军俨然进入了一个忘我的境界。而队友吴敏霞却有几次明显的失误，出水后的表情说明她对自己的动作也相当不满。当其他选手都结束试跳回到休息室准备比赛时，只有吴敏霞还在继续试跳，直到比赛开始前半小时。

几乎所有中国跳水队的队员都出现在了观众席上，彭勃、劳丽诗和李婷们纷纷手拿国旗为即将出战的同门师姐妹加油。

第一跳过后，郭晶晶仅以微弱的优势领先，吴敏霞则排在第4。第二跳，郭晶晶凭借一个近乎完美的305B获得84.60的全场最高分，领先优势瞬间扩大为20分，现场的外国记者也不禁发出一阵惊叹。

由于争冠对手之一俄罗斯人伊莲娜在头两跳里连续失误，因此第二跳之后金牌就注定将在郭晶晶、吴敏霞和另一位俄罗斯名将帕卡琳娜之间产生。不过金牌归属的悬念似乎在第三轮动作结束后就被郭晶晶再度的完美发挥所破解。当她漂亮地入水之后，全场掌声雷动，继第二跳得到日本裁判打出的10分，荷兰裁判本轮再次为郭晶晶打出满分，总得分81.84分。

看台上，一个希腊姑娘甚至抢过中国观众手中的五星红旗拼命挥舞，俄罗斯教练同样心悦诚服地鼓起掌来。

第四跳，郭晶晶再得83.70的高分，这就意味着除非在最后一轮出现重大失误，否则这块金牌非她莫属。俄罗斯人本轮同样发挥出色，总排名上帕卡琳娜以一分之差力压吴敏霞排名第二。最后一跳对郭晶晶来说只是"例行公事"，尽管动作略有瑕疵，但65.25分的成绩足以令她笑傲群芳，4年前的银牌此刻终于铸成金色。

比赛结束后，郭晶晶的脸上露出了自己"招牌式"的微笑，直至升国旗仪式之前，她的笑容从未间断。无尽的喜悦是因为成功的艰辛和意义，"等得太久了，终于没有遗憾了"。

吴敏霞依靠最后一轮82.80的高分成功摘得银牌，于是颁奖仪式时站立在领奖台最高的两级台阶上的都是中国选手，当然，跳水馆也早已成为一片红色海洋。

谈到弟子的夺冠，跳水队领队周继红感叹万千："郭晶晶和吴敏霞真不容易。昨天她俩在预赛中表现得不是特别理想，我们晚上开会对她俩提出了批评，要她俩振作起来。今天她俩真是太出色了，特别是郭晶晶，她在第三跳后基本上就确定了冠军。最后一跳虽然在转身时有点没有放开，所以分数不高，但这并不是失误。拿到这枚金牌后，我们现在的目标就是田亮拿到最后一枚跳水金牌。"

谈到夺冠秘诀，郭晶晶言语中透露着她的率直可爱。"这次真是奇了怪了，我来了雅典之后睡得特别好，从来都没有睡得这么好过！赛前根本就没有什么因为兴奋、紧张、激动睡不着觉的时候，特平静！"

郭晶晶戏言自己是没有目标的人，口头禅就是："再说吧！"记者们问她今晚如何庆祝，她回答"再说吧！"问她能否超越伏明霞，她回答"再说吧！"问她是否开创"后郭晶晶时代"，她还是回答"再说吧！"

她嘴里的"再说吧"，别有风味。

郭晶晶
Guo Jingjing
性别:女 生日:1981.10.15
出生地:保定 项目:跳水
2000年悉尼奥运会3米跳板亚军；2004年雅典奥运会双人、单人3米板冠军，目前正在备战2008北京奥运会。

刘翔 106

刘翔还有一个本事，就是记得住所有田径项目的世界纪录，而现在，有一项世界纪录他永远不会忘记
——男子110米栏，12秒91，刘翔，雅典

一位中国记者指着刘翔，忘情地说："今夜，我可以幸福地死去！"雅典奥运田径场，而刘翔正在完成他那历史性的环场庆贺，五星红旗裹着他的身躯，他的双手在拼命挥舞。

大家做梦也没有想到，甚至刘翔自己也被这个极限数字所惊倒：12 秒 91。这是人类有史以来，最快的110米跨栏成绩。8月27日之夜，红色的刘翔、红色的闪电，在雅典奥运会田径场 7 万名观众和数十亿电视观众眼前，一路怒吼，一路狂飙，如同挟裹着上万吨黄色炸药，将欧美人百年来坚不可摧的"黑色碉堡"炸得土崩瓦解！

距离比赛开始 10 分钟，刘翔静静地坐在起跑线前，目光投射在眼前 10 道高高的栏架上。110 米外，是那道醒目的终点线；身旁，是七个如狼似虎的强悍对手。

今天的决赛必将十分惨烈。减少了美国老将阿兰·约翰逊"一只虎"，但也窜出了法国人杜库里"一条狼"。刘翔的竞争对手瞬间突变，意外连着意外，悬念接着悬念。这场高栏上的巅峰对决，不但牵动着 13 亿中国人的神经，也引起数十亿全球电视观众的关注。

瘦高的杜库里，站在刘翔身旁。昨晚，他跑出 13 秒 06 的今年世界第二好成绩；今晚，13 秒 06 怕也挡不住"黑马"的狂奔。

第六道上是野心勃勃的美国奥运亚军特拉梅尔，最好成绩 13 秒 08。在去年世界锦标赛上，他战胜刘翔，夺得银牌。半决赛中，他从蛰伏状态突显峥嵘，扬言要染指金牌。

第七道上是古巴的奥运冠军加西亚，他袒露胸毛，镇定自若。一直"阴"到决赛的这位经验最丰富的老将，今天会不会晴天霹雳般炸响，施展一剑穿喉的绝杀？

第二道上是拉脱维亚名将奥里加斯。奥运会前，他和刘翔 6 次对决，5 胜 1 负，占据心理优势。此人过栏动作快如镰刀割麦，长长的双腿跨栏如趟平地。

以上 4 人是刘翔决赛中的对手。前三轮中，谁把实力保留了多少，只有他们自己清楚。决赛前，有的赌博公司开出赔率，押刘翔夺魁，有的则猛赌杜库里获胜，加西亚和奥里加斯也是不少人看好的争金人选。

巅峰对决，天下超一流"剑手"血拼雅典，是"中国闪电"炸碎欧美堡垒，还是欧美豪强封阻"黄色闪电"？一场恶战将拉直这天大的问号。

9 点 34 分（北京时间 28 日 2 点 34 分），男子 110 米栏决战，刘翔从起跑时就把所有对手甩在身后，一个栏，两个栏……九个栏，十个栏，一飞到底。冲了线后，刘翔知道赢了，顿时张开双臂狂喊着往前奔去，所有观众都在惊讶地看着这个中国人。

突然，他停住脚步，走向看台，向一位观众要了一面五星红旗，然后又继续往前奔去。这时，大屏幕上打出一行字，不停地跳动：世界纪录。世界纪录？在一片惊呼声中，大屏幕显示了冠军成绩 12 秒 91。这一成绩不但打破了 8 年前美国人阿兰·约翰逊创下的 12 秒 95 的奥运会纪录，也追平了 11 年前柯林·杰克森创下的世界纪录。

也许刘翔还没意识到他完成了什么样的不朽历史，但他知道，他是奥运冠军了。

从没有一个夜晚仅仅用了不到 13 秒就让中国人如此陶醉，而刘翔也许要用一生来消化这个夜晚。"这是一个奇迹之夜，我没想到会拿冠军，更没想到平了世界纪录。我只想发挥最好水平，争取进前三名，谁知道能夺取冠军，真是不可思议。"

中国人期待这样的英雄很久了：短道直跑，中国人从来没有进入过奥运会前八名，而奥运会 108 年历史上，也从没有一个亚洲人能进前三名，更别说拿冠军，更别说以平世界纪录的成绩拿冠军。

直至 8 月 27 日晚。

"我的梦想实现了。我这次胜利证明黄种人能在短跑直道上赢出。"刘翔赛后说，"这是一个奇迹，我还年轻，我要和教练配合，把这个奇迹继续下去。"

刘翔的胜利证明了他是目前男子 110 米栏的世界最强者。有人问起美国老将阿兰·约翰逊，刘翔说得很有新霸主风度："阿兰很不容易，是我的好朋友，但他毕竟年龄大了，发挥不太稳定。这同时也说明，奥运比赛，要比 4 轮，前面比得再好也无济于事，关键是最后一枪要发挥出水平。"

刘翔
Liu Xiang
性别 男 生日 1983.7.13
出生地 上海
项目 田径110米栏
2004年雅典奥运会上男子110米栏的冠军，并以12秒91的成绩平了男子110米栏世界纪录，成为中国110栏奥运冠军第一人。2006年在瑞士洛桑田径超级大奖赛上以12秒88打破男子110米栏世界纪录，如今正在备战北京奥运会。

107 邢慧娜

当各国的记者都在追逐刘翔的时候，邢慧娜却悄悄地把女子10000米的金牌装进了口袋

邢慧娜
Xing Huina
性别:女 生日:1984.2.25
出生地:山东
项目:田径中长跑
2004年雅典奥运会女子10000米冠军，目前正在备战北京奥运会。

几乎所有对田径略知一二的人都知道，想要在长跑项目上动摇非洲军团的霸主地位有多么困难，更何况是单枪匹马突出重围。

当雅典奥运会女子10000米比赛还剩最后3圈时，挡在邢慧娜前面的正是3位身着绿衫的埃塞俄比亚选手，基达尼、卫冕冠军图鲁和此时领跑的迪巴巴。

此次奥运会比赛，邢慧娜报名参加了5000米和10000米两项比赛。她原本渴望在主项5000米上冲击奖牌，但紧张的心态和沉重的压力导致她在比赛中技术动作变形，奔跑节奏混乱。排名第九的成绩给这个“奥运菜鸟”上了生动的一课。当她出现在10000米比赛的跑道上时，脸上更多的是淡定的微笑。

拥有迪巴巴、图鲁、基达尼和拉德克里夫等明星的女子10000米比赛中，邢慧娜绝对算得上“不起眼”的一类。还沉浸在刘翔夺冠的激情之中的中国人还来不及给与女子万米足够的关注，况且和队友相比，初次参赛的邢慧娜只是中国队的“二号人物”，4年前曾摘得该项目铜牌的孙英杰才是众人眼中的冲金热门。

枪响之后，孙英杰和邢慧娜占据了比较靠前的位置。英国人拉德克里夫曾一度处于第一，但1000米后就被埃塞俄比亚人超越。前3000米，中国两名选手采取了跟随战术，让出领跑的位置。

4000米后，第一集团渐趋明朗，孙英杰虽然一直处于第三到第五名之间，但埃塞俄比亚军团的默契配合使她很难占据内道的位置。而邢慧娜此时也被前面的选手阻挡，无法前超，只能跟在较后的位置。半程过后，第一集团的人数继续减少，拉德克里夫已经退出前十，这名跑出了今年世界最好成绩的英国人不久后就退出了比赛。

比赛还剩下5圈，拼尽全力却始终无法突破埃塞俄比亚“防线”孙英杰开始出现体力不知的状况，无奈地退出了第一集团。度过极限的邢慧娜却越战越勇，排名升至第五。争冠军团只剩下邢慧娜和埃塞俄比亚“三英”。又过一圈，选手的排名没有发生任何变化，几乎所有人都一致认定埃塞俄比亚军团将最终包揽金、银、铜牌。

当然，除了邢慧娜。剩下两圈，她首先超越了基达尼。赛末圈的铃声响起之时，她又将老将图鲁甩在身后。

即便如此，最后的冲刺之前，仍然没人怀疑埃塞俄比亚人会让这枚金牌旁落。然而邢慧娜却在冲刺阶段上演了一出“最后的疯狂”，惊人的冲刺能力帮助她在最后100米的直道上成功超越最后一个竞争对手迪巴巴。美联社形象地说，“邢慧娜如龙卷风一般忽然爆发，在最后时刻把冠军‘席卷’到手”。30分24秒36，邢慧娜以个人最好成绩为中国田径再夺一枚金牌。

戏剧性的场面随后发生，第二个冲过终点的迪巴巴竟然高举双手庆祝胜利。相当一段时间内，埃塞俄比亚人始终没有意识到自己已经“沦为“亚军。

赛后在混合区接受采访时，她甚至声称自己对这块“金牌”很满意。原来自视甚高的迪巴巴并未把中国选手放在眼里，比赛大半段时间都处于第一集团末尾位置的邢慧娜在她眼中只是一名被套圈的选手。

当记者问及她是否想到最后时刻会被中国选手反超时，她才恍然大悟，身披五星红旗的邢慧娜是绕场一周接受全场观众的欢呼，而不是什么被自己套圈的“业余选手”。此时的迪巴巴只能哑口无言，她无疑正在为自己的错误判断而懊悔不已。

冲过终点的邢慧娜仍然表情低调，或许这一点更加坚定了埃塞俄比亚人对错觉的肯定。“在冲过终点的那一瞬间，我好像有点没有意识到我的比赛已经结束了，我是冠军了。”

“没有多少人知道我有夺金牌的能力。只有我们队少数人知道，当然，还有我知道。我知道我会赢。”她的语调略带悲壮。

新闻发布会上，向来不善言辞的邢慧娜却是妙语连珠，一句开场白“我想说，中国人是最棒的！”立即引起发布会现场一阵热烈的掌声。“最后5圈的时候，我想着，前三名没问题了；最后一圈的时候，我知道冠军是我的了。”场下又是一片兴奋的欢呼。

今天的雅典田径场给了中国人无数欢呼的理由。相比刘翔的风光无限，邢慧娜“低调的华丽”似乎同样值得细细品味。

孟关良&杨文军 108

一枚男子双人划艇500米项目的金牌，却预示着中国水上运动新纪元的开始

8月28日，雅典奥运会男子双人划艇500米决赛在斯基尼亚斯奥林匹克赛艇皮划艇中心进行。位于爱琴海边的斯基尼亚斯奥林匹克水上中心一早就刮起了五六级的强劲大风，这对于左手持桨的杨文军来说十分不利。他位于后座，负责掌握方向，而侧风正好从右边刮来。中国水上首度夺金在此一搏，人们都为他们捏着一把汗。

枪声一响，杨文军和孟关良开桨出发。前100米，二人配合略有瑕疵，很快落后于其他选手。场边的教练不禁心里一紧，启航出发阶段原本是孟关良/杨文军的优势，但此刻弟子却在场上陷入落后的局面。

不过赛场上的孟关良和杨文军似乎并未意识到自己的落后，他们埋头划桨，奋起直追，动作的节奏丝毫没有被打乱。250米时，他们拉近了与前面几条艇的距离。关键时刻，大风再度"袭击"赛场，右侧风给负责掌舵的杨文军带来了极大的压力。250米过后，他们依旧没有突出重围，仅仅处在第4名的位置。

最后10米，位于6道的古巴选手稍稍领先，俄罗斯队紧随其后，德国选手此时也在杨文军和孟关良前面，比赛似乎将以中国人的失望而告终。杨文军和孟关良还在做最后一搏，两人的船桨已经抡成一道白线，水花肆虐地飞溅在他们脸上。俯首，用力，呐喊，他们的小皮艇向前挺进了一大截。

最后的瞬间，几条赛艇几乎同时冲线。冠军最终属于谁？肉眼根本无法辨别。戏剧性的一幕出现了，没有人挥手庆祝，全场顿时鸦雀无声。所有选手、教练、观众和记者们都目不转睛地紧盯大屏幕，每个人都在焦急地等待最后的结果。

之前进行的男子双人划艇1000米的决赛中，以预赛第三跻身决赛的杨文军和孟关良最终却以倒数第一的成绩惨淡收场。显然，他们是在故意"放水"，水上中心主任韦迪也说："当然！否则半决赛第三，今天怎么可能倒数第一呢？"前一天保存实力的孟杨组合对这枚500米比赛的金牌志在必得。突然，观众席上的中国人爆发了，他们笑到了最后。0.072秒，这个现实生活中几乎可以忽略不计的数字最终成就了孟关良和杨文军的夺金梦想。

慢镜头回放的电视画面显示，中国组合第一个撞线，成绩为1分40秒278。古巴选手落后0.072秒排名第二，俄罗斯队以0.164秒之差获得铜牌。

又是一枚无价的金牌。继去年世界杯总决赛夺得中国皮划艇男选手的首个世界冠军之后，孟关良/杨文军再次为中国拿下奥运史上首枚水上项目的金牌。

这是一次戏剧性的胜利，也是一次神话般的胜利。最后一秒反败为胜足见本场比赛的惊心动魄。以往只能"仰人鼻息"的中国皮划艇队此番终于打破了欧洲选手在该项目上长期"一统天下"的局面，扭转了中国皮划艇只有付出没有回报的窘境。

有趣的是，孟关良和杨文军凭借默契的配合获得冠军，但二人之间的感情却略显"复杂"。

原来两人搭档之前是单人划艇的竞争对手，实力稍逊的杨文军曾在比赛中多次败于孟关良手下。江西小伙一度把年长5岁的孟关良当做自己最大的"敌人"，超越孟关良也成为他最大的梦想。当两人合作摘下奥运金牌之后，曾经把无法战胜孟关良的原因归咎于自己是左撇子的杨文军，如今却动情地说："我突然感到，左撇子是多么的幸运。"

上岸后才得知成绩的中国组合振臂欢呼。"我们今天取得的成绩绝不是偶然得来的。"孟关良激动异常，这个外人眼中坚强的铁汉眼中含着泪花，"我们一直在默默无闻地努力工作，今天的比赛只是发挥了自己应有的水平。"

孟关良
Meng Guanliang
性别:男 生日:1977.01.24
出生地:浙江
项目:皮划艇静水

杨文军
Yang Wenjun
性别:男 生日:1983.12.25
出生地:江西
项目:皮划艇静水

2004年雅典奥运会男子双人划艇冠军，这是中国运动员在皮划艇项目上的第一块奥运金牌，目前正在备战北京奥运会。

109 罗微

赛前抽签让罗微倒吸凉气,"如果要一路到底,基本上要把所有世界顶尖高手全都打遍"

当我们还在为那个冲破欧美短跑森严"壁垒"的东方飞人刘翔欢呼鼓舞时,罗微为中国人带来了另一种"跨栏制造"的惊喜。

1999 年,在参加一次田径比赛时,原本练习跨栏的罗微被跆拳道教练姚强看中。在征求了家人的意见后,满怀理想的她开始改练跆拳道。生性勇猛的罗微在跆拳道场上很快就显示出傲人的天赋。首堂训练课,尚未掌握动作套路的她硬是凭着猛劲把男陪练踹出场地。两周后,在一次全国比赛上,原本只是被教练派去"体验比赛氛围,积累比赛经验"的她,竟然一路过关斩将,闯进八强。

良好的开端是成功的一半,收获自信之后,罗微渐渐爱上这项运动。在她心里一直反对一个悖论:城里人吃不了苦,不适合练跆拳道。罗微要用自己的表现证明,面对困难,城里人也能咬牙坚持,也能收获成功。她说:"农村的孩子不好好练还可以回去种地,我要是不好好练的话,连种地的机会都没有。再说城里的孩子为什么不能拿冠军,我就是要当一个拿冠军的城里人。"坚定信念的罗微 10 天就过了一级,进入国家队半年就成为了主力。

2000 年,罗微改练跆拳道后一年,在全国跆拳道冠军赛 67 公斤级比赛中,她获得了亚军。两年后的釜山亚运会,由于发挥不够稳定,她收获了一枚铜牌。从那之后,罗微训练更加刻苦,终于在 2003 年的跆拳道世锦赛 72 公斤级获得了自己跆拳道生涯的第一个世界冠军。出征雅典前,罗微就说:"只要我能去比赛,我就要去拿金牌,银牌,对我就意味着失败。"

上天注定成功之路绝非一帆风顺。赛前的抽签让所有人都倒吸一口凉气,罗微面对的几乎都是世界冠军级的对手,用她自己的话说就是"如果要一路到底,基本要把世界上的顶尖高手都打一遍"。这是一次名副其实的危险之旅,罗微心里暗自忖度:"一个一个来吧。"

第一场的对手是韩国名将黄敬善,一番殊死的争夺过后,罗微以 10 比 8 惊险过关。第二轮罗微碰到了挪威人索尔海姆,她凭借着顽强的斗志,再次以 5 比 4 的微弱优势拿下比赛。

半决赛中,势不可挡的罗微又把世锦赛冠军迪亚茨踢出了局,但更大的考验还在等待着她。

奥运会跆拳道馆,人数众多的希腊观众热情高涨,不仅由于这个古老民族对体育运动的一贯热衷,更因为东道主选手米斯塔基多闯进了即将开始的女子跆拳道决赛,他们渴望见证英雄的诞生。

罗微并不在意这种喧嚣的氛围,她早已习惯把任何一座赛场都当成自己的主场,想象观众都在为她呐喊助威。但很少人知道,她脚上的水疱一直困扰着她。为了不让对手看出来,她一直怒目圆睁,斗志昂扬。

在此之前,中国选手在与东道主选手的直接对决中全部告负,包括中国人引以为豪的跳水男子双人 3 米板。罗微期待能在神话诞生的国度"虎口拔牙"。

第一回合,双方表现得很稳健,都在静观对手,寻找战机。忽然,罗微在对手出击时抓住破绽,出脚踢中对方有效部位。但是占据"天时地利人和"的米斯塔基多也不示弱,利用防守踢得到 1 分,双方战成 1 比 1 平。之后罗微同样利用防守踢得到一分,以 2 比 1 暂时领先。

希腊人在第二回合疯狂反击。她依靠一串"连环腿"连下 3 城,将罗微逼入绝境。尽管罗微也拿下 1 分,但总比分上还是以 2 比 3 落后。全场的希腊观众此时兴奋不已,他们一边跺脚一边叫喊,仿佛自己的选手已经夺冠。

乐观的罗微将压力化成了动力。第三回合开始后,她先是主动进攻得到 1 分,将比分追平。此后两人又同时踢中对手,比分打成 5 比 5 平。当比赛还剩下 50 多秒时,罗微再次依靠主动进攻反超比分。无路可退的米斯塔基多只得放手一搏,又是一次互中,场上比分 7 比 6。最后关头,罗微因为消极被裁判警告,不过她没有受此影响,抓住机会在防守中再度踢中对手,锁定胜局。

8 比 6,中国姑娘罗微获得了奥运会女子跆拳道 67 公斤以下级的金牌。挥舞国旗的她频频向刚才还在嘘她的观众挥手致意。她的笑容征服了希腊观众。

罗微 Luo Wei

性别:女 生日:1983.5.23

出生地:北京 项目:跆拳道

2004年雅典奥运会女子跆拳道67公斤冠军。目前正在备战北京奥运会。

胡佳 110

他本来只是中国跳水队男子跳台双保险中的"第二把手"

胡佳从10米跳台上的大台柱后偷偷探出头来，看了好几眼排在他前面的澳大利亚选手纽贝里，很有些迫不及待跃跃欲试的味道。纽贝里在12名选手中是预备动作最长的，每次上台都要凝神闭气好一会儿才做动作。

纽贝里终于跳下去了，胡佳立即从柱子后面走出来，拿起那块比赛专用的黑色垫布，细致地叠了两下，铺在跳台边沿，然后气定神闲地站上去，完成了他最完美的一跳。5253B，难度系数3.4，最后得分100.98分。7个裁判中有5个给了他满分10分,剩下两个是9.5分。

奋力划水，迅速上岸，随后高举双臂。4年的等待和磨砺，所有的辛酸与失落，在这一跳之后画上了完美的句号。748.08分，6轮跳罢，纵然身后还有田亮、加拿大人德斯帕蒂和澳大利亚名将马休·赫尔姆尚未出场，但金牌此时已经牢牢掌握在胡佳的手中。

他从前一直被认为是个脾气急躁的鲁莽小子。4年前在悉尼，胡佳和田亮搭档参加双人10米台，结果这块被认为是中国队最稳的金牌却最终花落他家。随后上演的单人10米台，前3轮领先30多分的胡佳，却在第五跳因为急于求成而出现重大失误，间接地造就了队友田亮"跳水王子"头衔。甚至奥运会后跳水队在香港举行的表演赛上，他因为没掌握好轮次的节奏，一头砸在新任搭档熊倪身上，让老大哥"享受"了两个月的颈套生活。

"教练现在还经常批评我，"金牌到手不过半个小时，一脸憨憨笑容的胡佳转眼又成了那个"不谙世事"少年，"我老惹教练生气，还是挺毛的。"

不过如今站在跳台上的他，已经完全成熟起来了,他凭借4年之中磨练出来的平和心态，完成了一次不可思议的超越。

男子10米台是跳水比赛中动作难度最大、竞争最激烈，同时观赏性也最高的一个项目，因此往往被安排在最后一项。预赛胡佳和田亮都有些小失误，排名没有优势。半决赛比拼的是规定动作，田亮和胡佳分列二三位，不过前4名之间的差距微乎其微。决赛的竞争格局异常明朗，金牌实际上成为田亮、胡佳、德斯帕蒂和赫尔姆4人之争。

决赛6轮为自选动作，胡佳素来以动作难度大而著称，田亮赛前就曾透露，胡佳会在决赛中尝试目前跳水界的最高难度动作：难度系数达到3.8的5255B。不过最后时刻胡佳还是放弃了这个国际大赛中很少有人能成功完成的动作，主动降低了整套动作的难度系数，力图以稳取胜。

前两轮过后，头号热门田亮的表现和他的个性一样潇洒跳脱，两个动作的得分都超过了90分，总分领先25分多。胡佳发挥稳定，分别获得83.70分和79.50分，可是在大多数人眼中，他仍然只是中国男子跳台"双保险"里的那个"第二保险"。

第三轮风云突变，在自称"过去训练和比赛都做好了一切准备"的626B上，田亮出现了失误，73.50的得分使他与获得84.15分的胡佳之间的差距迅速缩小，而赫尔姆和德斯帕蒂得分更是达到90分以上，冠军之争重回4人角逐的轨道。

第三跳的失误显然对田亮产生了持续的影响，他第四轮的入水动作仍然不够完美，82.08分。而胡佳在自己全套动作中难度系数最高的407B中出色发挥，93.45分。加拿大人和澳大利亚人先后在本轮出现失误，田胡之间的分差只剩下1分。

胡佳后4跳的难度系数分别为3.3、3.5、3.4和3.4，他的发挥一轮比一轮出色。第五跳98.94分，最后一跳更是完美的100.98。跳完全套动作,胡佳心里明白金牌已经非他莫属了。

"这4年我学会的就是如何保持心理平静，"胡佳说，"4年前的头4个动作心情也很平静，可第五跳有些慌张，还在想去拼，结果拼过头了。现在的确成熟很多，想的事情虽然更多，但还是能稳住自己。第五跳后，我看到自己领先还是有些激动，不过我马上回想训练中是怎么做的，还是控制住了自己。"

凭借"第二保险"胡佳的完美表演，中国跳水队再次捍卫了"梦之队"的头衔，而胡佳也是"梦之队"里第一个发出要在北京捍卫荣誉的选手。"参加每项比赛我都想夺冠，2008年奥运会，我肯定会去努力。"

胡佳
Hu Jia
性别:男 生日:1983.1.10
出生地:湖北武汉
项目:跳水
2004年雅典奥运会男子10米跳台冠军。目前正在备战北京奥运会。

111 中国女排

8月28日，雅典时间20:30。失落了20年的奥运金牌重回中国

中国女排
China Women's Volleyball
队员：张萍、冯坤、杨昊、张越红、刘亚男、李姗、周苏红、赵蕊蕊、陈静、宋妮娜、王丽娜、张娜
主教练：陈忠和

奥运冠军似乎都应该流眼泪的，但女排的不同，因为是女排。因为是失落了20年的奥运女排桂冠重回中国。

队长冯坤哽咽着，有人问她是否想到了20年前的女排辉煌，她很坦白地说，在得冠那一瞬间我没想到其他。当年我只有6岁，从事排球后我才慢慢地理解女排的意义。

但历史很欣慰地看着这位队长在延续着女排的辉煌。决赛后，这位中国队队长被采访女排的各国记者评为本次奥运女排赛的最佳选手，她得知后也很谦虚地表示是队友们的合力之功，但从战局看，正是冯坤决定了中国的胜局。

因为在第五局，正是这位中国队长决定了这场比赛的胜负。

当时中俄两队比分一直次第上升，接发球者得分，而当时中国队对俄国主攻手，11号加莫娃的高点强攻依然没有特别的办法，在以4比3领先时，加莫娃的进攻被中国队勉强救起，冯坤在网口打调整球，只见她毫不犹豫狠狠扣过去，球撞击对方两个队员的手臂出界。中国队不但以5比3领先两球，而且用这两球的优势一直压着对手。

那一球确实改变了场上的走势，以后加莫娃的威风再也不像前四局那么锐不可挡，当中国队在以13比11领先时，加莫娃又一次重扣被拦，到此，俄罗斯大势已去。

赛后冯坤没有多谈那个球，只是说全队打得很完美，前面两局关键球没抓住，她一直坚信中国队的胜利，这4年来从没有放弃过。

永不放弃最好的例子是第四局，中国队以21比23落后的时候，这时中国队全场最危急的时候。当时中国队在领先时被对方反超，陈忠和暂停后没能马上起效，反被俄罗斯队连得两分。

但在冠军就在面前时，俄国队未能守住，接发球乱了，球传过网，被周苏红打了个快攻，之后又是张萍得分，刘亚男拦网，到最后杨昊扣球，中国队一口气得4分，俄罗斯居然输掉这一局。

难怪俄罗斯队忿忿不已，此局结束后，加莫娃走到场边时，狠狠地把毛巾往旁边一挥。

这种比赛，往往成也主攻手，败也主攻手。俄罗斯的11号28日全场共扣杀63次，击中28分，每次加莫娃扣球得手，女排场馆的大屏幕上就闪现出希腊和英文的“扣杀!”

但到最后，终于未能扣得冠军。

其实俄罗斯人对冠军的渴望也很强烈，尤其是主教练卡尔波利，因为这是他的收山之作。卡尔波利曾经率俄罗斯队4次打入奥运会决赛，胜负各半，他早已明确雅典奥运会后就告老还乡。本来，如果他能赢下来，就可以以冠军姿态离开为之奋斗一生的球场，可惜只差一点点，说到底，就差第四局的那两分。不过，卡尔波利仍不失优雅地向陈忠和表示祝贺。

这支队伍唯一和洛杉矶奥运会相关的就是陈忠和，但当年他并没有现场目击中国队夺冠。尽管他在1979年已是国家队陪打，但洛杉矶奥运会时，因为名额有限，只能在家里看电视。

陈忠和赛后表示，“我想赢，我不怕输，特别是落后时，看到队员愈打愈勇，愈不手软，我们球员能打这个程度，就是输了，也应该算发挥了中国女排精神。”

陈忠和在记者会上特别提到一个人：张萍。“张萍第一次打主力，打出这个水平，我真高兴，就是中国队输了，我也觉得打出了中国女排的水平。”

张萍在三号位上打得很活跃，击球38次，命中21次。不过和队友不同，这位天津女孩，最后是笑着离场的。

“我们赢了。”满口天津音。

陈中 112

雅典卫冕成功后，重竞技管理中心副主任周进强心酸地说："陈中终于可以做手术了"

8月29日，人们在雅典奥运会的跆拳道赛场上再次看到了陈中的身影。她拖着一条伤腿开始了自己的卫冕之旅。

十字韧带断裂、半月板受损，这是令所有运动员闻之色变的伤病。2002年亚运会之前，陈中不幸遭遇了这沉重的打击。

1995年初练跆拳道，一年之后就夺得全国冠军，第二年国家队，陈中在跆拳道上的天赋显露无遗。1999年，她夺得跆拳道世锦赛67公斤以上级季军；2000年，她征服所有亚洲高手夺得该级别亚锦赛冠军。悉尼奥运会，陈中更是以黑马姿态夺得了中国奥运史上首枚跆拳道金牌。

命运女神从不刻意垂青某个人，相反，她喜欢考验人的意志。受伤之后，陈中面临着两难的选择。是进行手术，还是继续坚持，争取在雅典卫冕奥运金牌？经过短暂的犹豫，在征取了教练和家人的意见后，陈中决定带伤备战雅典奥运。从那之后，陈中开始重点练习左腿。训练时她只能躺在地上，用没有受伤的腿在空中来回踢打，练习击打效果和击打速度。

带着伤腿，陈中还是拿到了1枚釜山亚运会银牌、2个全国锦标赛冠军和1个世锦赛第三。俗话说，吃得苦中苦，方为人上人。4年前获得奥运首金虽然也经历了很多困苦，但那种苦是训练的艰苦，当时陈中年轻气盛，一心训练也并不在意。现在的苦则让陈中慢慢总结出了一些东西，练不到位她就会觉得心里没底，马上更主动地投入训练。因为腿伤，她往往付出得比其他人更多。

陈中的实力毋庸置疑，无论技术、力量、身体素质，她都堪称一流，唯一让人担心的就是她的伤病。四年之前，她是力拼金牌；如今她则是要"守卫金牌"，她要实现卫冕。

首轮比赛，陈中遭遇了悉尼奥运会67公斤级铜牌得主，日本的岗本依子。比赛中陈中表现积极，凭借第二回合的出色发挥，她以7比5涉险晋级。

第二场比赛，去年世锦赛72公斤以上级第5名委内瑞拉选手卡尔莫娜给陈中带来了不少麻烦。但经验老道的卫冕冠军还是凭借出色的进攻和稳健的防守以7比5的相同比分顺利闯进半决赛。

半决赛中，陈中迎战名不见经传的巴西选手席尔瓦。这名选手并没能阻挡陈中前进的步伐。陈中最终8比5淘汰对手，奥运卫冕之路只剩最后一步。

尽管没有希腊选手进入决赛，但法里罗跆拳道馆内还是座无虚席。

去年世锦赛72公斤级亚军法国选手巴维莱尔是陈中夺冠的最后一个拦路虎。比赛开局阶段，两位选手都比较保守。1分钟之后，巴维莱尔抢先进攻，二人互相踢中对方，比分1比1，随后陈中凭借一个防守踢又得一分。首回合结束，陈中以2比1暂时领先。

第二回合开始后，陈中一记侧踢踢中对方有效部位，但是由于退防稍迟，她也被巴维莱尔偷袭得手，场上比分3比2。实力占优的陈中再接再厉，连续两次踢中对手，5比2。本回合结束前，两位选手又各得一分，前两局比赛陈中大比分6比3领先。

决定胜负的最后一局，没有退路的巴维莱尔上来就是一阵狂风暴雨般的急攻，陈中轻巧地侧身避开对手凌厉的攻势。防守中，她冷静起脚反击，简练实用的战术帮助中国姑娘将比分扩大到9比5，陈中的优势渐趋明朗。

急于扳平比分的法国人采取了凶猛的连环踢法。比赛还剩36秒，巴维莱尔一脚踢在了陈中受伤的右腿上，陈中当即倒地，场上形势顿时严峻起来。陈中倒在地上半天没起来，教练陈立人迅速上前替她紧急处理伤处，并向她大喊："即使腿断了，也要把这枚金牌拿下。"

激励之下，陈中站了起来，大喊一声为自己打气。随后她主动出击，接连踢中巴特维尔的有效部位。最后10秒，陈中突然高高起脚，踢中了对手面部，不仅直接得到2分，而且还将对手踢蒙，彻底丧失了回击能力。

终场，陈中以12比5的悬殊比分取胜。这是一场拥有绝对优势的无可争议的胜利。

卫冕成功后的陈中显得格外平静，她再次挥舞国旗绕场一周，熟悉的一幕勾起了4年前的首夺金牌的美好记忆。

重竞技管理中心副主任周进强心酸地说："陈中终于可以做手术了……"

陈中
Chen Zhong
性别:女 生日:1982.11.22
出生地:河南焦作
项目:跆拳道
2000年奥运会女子跆拳道67公斤以上级冠军，为中国队夺得了第一块跆拳道奥运金牌。2004年在雅典奥运会上再次夺得该项目冠军。目前正在备战北京奥运会。

书 房
ART AT THE TURN OF THE MILLENNIUM
inside
apartment
apartment
JAMIE OLIVER Jamie's Kitchen
white heat

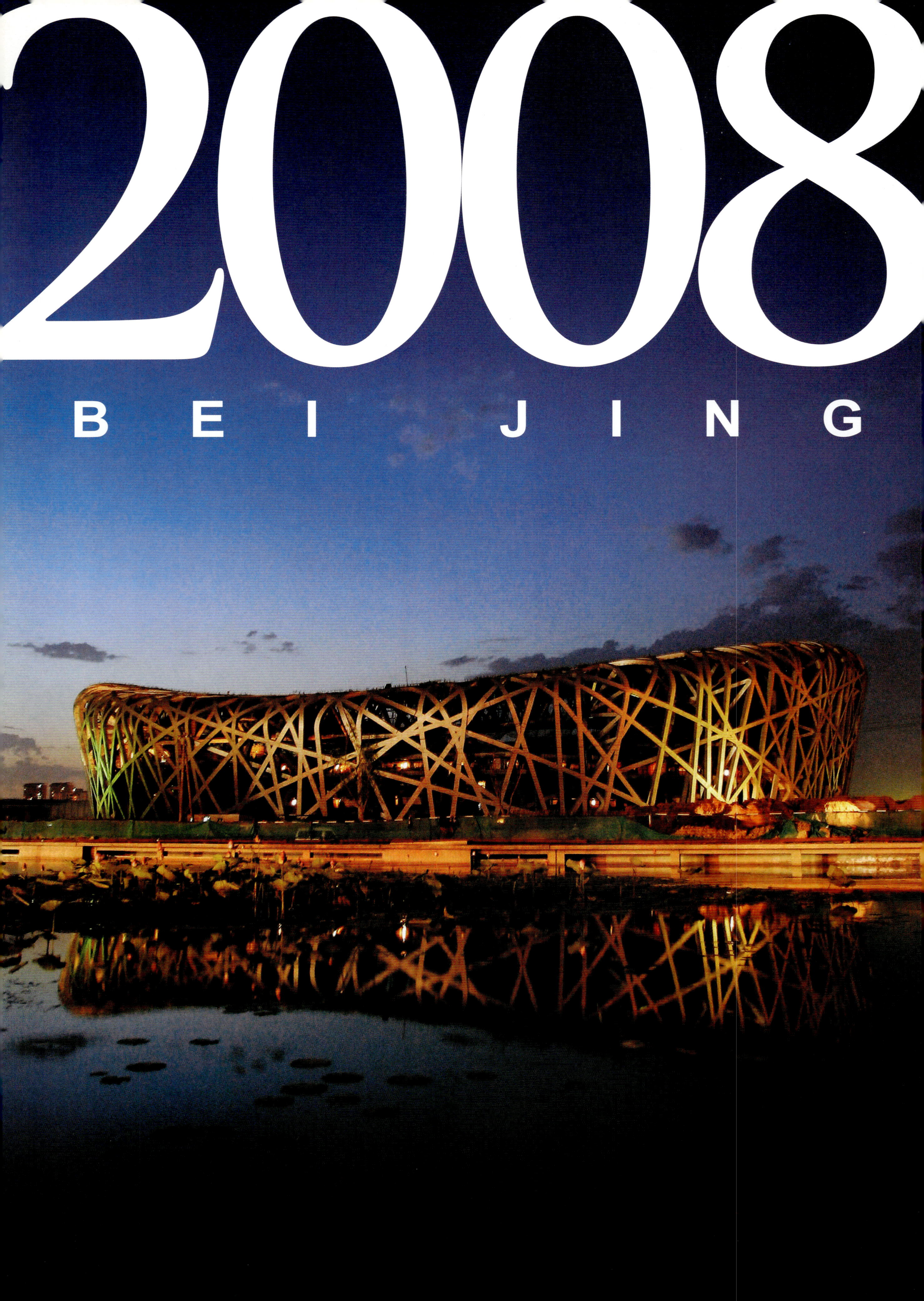
2008
BEIJING

(左)建设中的"鸟巢"——北京奥运会主体育场。①2001年7月13日,中国代表团在莫斯科,北京赢了。②雅典奥运会闭幕式上王岐山从罗格手里接过了五环大旗。③雅典奥运会闭幕式上,中国小姑娘用稚嫩的声音说:欢迎到北京。

同一个世界,同一个梦想

2001年7月13日,国际奥委会将2008年奥运会的主办权授予了热门候选——中国首都北京。北京是在第二轮的投票中以获得105名国际奥委会委员当中56票的绝对多数而赢得主办权的。

北京的优势无可置疑。多伦多排在第二位获22票,巴黎和伊斯坦布尔分别以18票和9票分列第三,第四。日本的大阪则在第一轮投票中就被淘汰。这一天也是国际奥委会在莫斯科召开的第112次会议的第一天。

1993年夏天,北京在申办2000年奥运会时仅以两票之差输给了悉尼,这次终于在7年之后如愿以偿。2008年中国将首次举办奥运会,作为全球人口最多的国家,拥有13亿民众的中国将成为第三个举办奥运会的亚洲国家,日本的东京和韩国的汉城曾分别于1964年和1988年举办过奥运会。

当国际奥委会委员今晚把他们神圣的一票投向北京时,也标志着世界把信任投给了北京,把希望寄予了中国。

北京获得2008年奥运会主办权,是中国在提高国际地位方面所矗立起的又一座里程碑,是中华民族伟大复兴历程中又一大盛事。奥林匹克理想超越政治制度、意识形态、文化传统、种族肤色的差异,具有极强的兼容性和宽泛性,为全世界所接受和推崇。申办奥运会的竞争,实际上是一场综合国力、经济潜力、科技实力、文化魅力的竞争,是一场国家形象和民族地位的竞争。赢得了奥运会主办权,就意味着进一步赢得了国际社会的普遍尊重、信任和青睐。

北京得到了这样的信任。这是北京的胜利,中国的胜利,也是奥林匹克精神的胜利!

中国有近13亿人口,有让任何投资者怦然心动的市场潜力;北京有一张激动人心的申办蓝图,更有一份民众对举办奥运会的渴望和热情。在所有申办城市中得到最高支持率的背后,仅华夏儿女用来签名支持申办的长幅,连起来也许能覆盖长城,铺至洛桑,伸及雅典。

北京的实力打动了世界,北京的真诚感动了世界。在人类进入新世纪后,人们逐渐达成一个共识:是该让北京举办奥运会了,是该让圣火照长城了,是该让近13亿人民有一个狂欢之夜了。

奥运圣火照亮中国,是对奥林匹克运动全球化的一次最好推动。在经济发展速度最快的中国举办奥运会,商机巨大,对国际奥委会增强经济实力,对世界经济的增长,都是一次机遇。全球人士欢聚北京,中西方文化水乳交融,是世界文明史上的一件盛事。奥运会与北京拥抱,奥林匹克与中国握手,彼此都是胜利者,双方都是获益者。

中国人将向世界证明:国际奥委会在世纪初所作出的重大抉择是一次明智之举。北京一定奉献给世界一届历史上最出色的奥运会。

"我向全世界人们发出邀请,4年之后,我们在北京相聚。"2004年8月30日,雅典奥运会落幕之时,国际奥委会主席罗格将世人的目光引向了东方。

雅典交棒,北京接旗,这是雅典奥运会的最后一项内容。当《义勇军进行曲》响彻全场时,舞台中央身穿各民族服装的中国人齐声高唱,五星红旗也在这时升上了顶端。

罗格双手紧握旗杆,庄严地将这面象征奥林匹克精神的旗帜交到了当时的北京市市长王岐山手中。手持会旗的王岐山兴奋地开始挥舞,全场立即响起了雷鸣般的掌声,这无疑是一个信号:北京2008,我们上路了!

随后场内奏响了中国传统的《茉莉花》的音乐,场内大屏幕上,由张艺谋导演的北京奥运宣传片在短短几十秒内充分展现了北京的历史与现代、传统与活力。一位手持灯笼的中国小女孩站在巨型灯笼上出场,唱完了最后一段"茉莉花",并用稚嫩的声音说:"Welcome to Beijing"(欢迎到北京)。

2005年6月26日晚,2008年奥运会主题口号"同一个世界,同一个梦想(One World, One Dream)"引起世界的共鸣:我们属于同一个世界,我们拥有同一个梦想。2005年11月11日,五个可爱的"福娃"在北京奥运会进入倒计时一千天之际向世界发出邀请:北京欢迎您!奥运会吉祥物采用奥林匹克五环的颜色,以鱼、熊猫、火焰、藏羚羊和京燕为原型,寓意大海、森林、圣火、大地和天空和谐共处。

与此同时,一个个凭借中国人的智慧自主创新的成果,应用在北京的奥运工地上,"鸟巢"、"水立方"等奥运工程顺利度过重大工程节点。至2007年底,大部分奥运场馆及相关设施接近完工,北京将用这些建筑史上的杰作增添人们举办一届有特色、高水平奥运会的信心。

北京准备好了!北京欢迎你!

奖牌榜 All The Medals 1972-2004

男子田径(ATHLETICS-men)

100米

年份	名次	运动员	国家/地区	成绩
1972	1.	博尔佐夫(Valeriy Borzov)	苏联	10"14
	2.	泰勒(Robert Taylor)	美国	10"24
	3.	米勒(Lennox Miller)	牙买加	10"33
1976	1.	克劳福德(Hasely Crawford)	特立尼达和多巴哥	10"06
	2.	夸里(Don Quarrie)	牙买加	10"07
	3.	博尔佐夫(Valeriy Borzov)	苏联	10"14
1980	1.	韦尔斯(Allan Wells)	英国	10"25
	2.	莱昂纳德(Silvio Leonard)	古巴	10"25
	3.	彼得罗夫(Peter Petrov)	保加利亚	10"39
1984	1.	刘易斯(Carl Lewis)	美国	9"99
	2.	格雷迪(Sam Graddy)	美国	10"19
	3.	约翰逊(Ben Johnson)	加拿大	10"22
1988	1.	刘易斯(Carl Lewis)	美国	9"92
	2.	克里斯蒂(Linford Christie)	英国	9"97
	3.	史密斯(Calvin Smith)	美国	9"99
1992	1.	克里斯蒂(Linford Christie)	英国	9"96
	2.	弗雷德里克斯(Frankie Fredericks)	纳米比亚	10"02
	3.	米切尔(Dennis Mitchell)	美国	10"04
1996	1.	贝利(Donovan Bailey)	加拿大	9"84
	2.	弗雷德里克斯(Frankie Fredericks)	纳米比亚	9"89
	3.	博尔顿(Ato Boldon)	特立尼达和多巴哥	9"90
2000	1.	莫里斯·格林(Maurice Green)	美国	9"87
	2.	阿托·博尔顿(Ato Boldon)	特立尼达和多巴哥	9"99
	3.	奥巴德里·汤普森(Obadele Thompson)	巴巴多斯	10"04
2004	1.	贾斯汀·加特林(Justin Gatlin)	美国	9"85
	2.	弗朗西斯·奥比克维鲁(Francis Obikwelu)	葡萄牙	9"86
	3.	莫里斯·格林(Maurice Green)	美国	9"87

200米

年份	名次	运动员	国家/地区	成绩
1972	1.	博尔佐夫(Valeriy Borzov)	苏联	20"00
	2.	布莱克(Larry Black)	美国	20"19
	3.	门内亚(Pietro Mennea)	意大利尼	20"30
1976	1.	夸里(Don Quarrie)	牙买加	20"23
	2.	汉普顿(Millard Hampton)	美国	20"29
	3.	埃文斯(Dwayne Evans)	美国	20"43
1980	1.	门内亚(Pietro Mennea)	意大利	20"19
	2.	韦尔斯(Allan Wells)	英国	20"21
	3.	夸里(Don Quarrie)	牙买加	20"29
1984	1.	刘易斯(Carl Lewis)	美国	19"80
	2.	巴普蒂斯特(Kirk Baptiste)	美国	19"96
	3.	杰斐逊(Thomas Jefferson)	美国	20"26
1988	1.	德洛奇(Joe DeLoach)	美国	19"75
	2.	刘易斯(Carl Lewis)	美国	19"79
	3.	达席尔瓦(Robson da Silva)	巴西	20"04
1992	1.	马什(Mike Marsh)	美国	20"01
	2.	弗雷德里克斯(Frankie Fredericks)	纳米比亚	20"13
	3.	贝茨(Michael Bates)	美国	20"38
1996	1.	约翰逊(Michael Johnson)	美国	19"32
	2.	弗雷德里克斯(Frankie Fredericks)	纳米比亚	19"68
	3.	博尔顿(Aro Boldon)	特立尼达和多巴哥	19"80
2000	1.	康斯坦丁诺斯·肯特里斯(Konstantinos Kenteris)	希腊	20"09
	2.	达伦·坎贝尔(Darren Campbell)	英国	20"14
	3.	阿托·博尔顿(Ato Boldon)	特立尼达和多巴哥	20"20
2004	1.	肖恩·克劳福德(Shawn Crawford)	美国	19"79
	2.	贝尔纳德·威廉姆斯(Bernard Williams)	美国	20"01
	3.	贾斯汀·加特林(Justin Gatlin)	美国	20"03

400米

年份	名次	运动员	国家/地区	成绩
1972	1.	马修斯(Vince Matthews)	美国	44"66
	2.	科利特(Wayne Collett)	美国	44"80
	3.	桑格(Julius Sang)	肯尼亚	44"92
1976	1.	胡安托雷纳(Alberto Juantorena)	古巴	44"26
	2.	纽豪斯(Fred Newhouse)	美国	44"40
	3.	弗雷泽(Herman Frazier)	美国	44"95
1980	1.	马尔金(Viktor Markin)	苏联	44"60
	2.	米切尔(Rick Mitchell)	澳大利亚	44"84
	3.	沙费尔(Frank Schaffer)	民主德国	44"87
1984	1.	巴伯斯(Alonzo Babers)	美国	44"27
	2.	蒂亚科(Gabriel Tiacoh)	科特迪瓦	44"54
	3.	麦凯(Antonio McKay)	美国	44"71
1988	1.	刘易斯(Steve Lewis)	美国	43"87
	2.	雷诺兹(Butch Reynolds)	美国	43"93
	3.	埃弗雷特(Danny Everett)	美国	44"09
1992	1.	沃茨(Quincy Watts)	美国	43"50
	2.	刘易斯(Steve Lewis)	美国	44"21
	3.	基图尔(Samson Kitur)	肯尼亚	44"24
1996	1.	约翰逊(Michael Johnson)	美国	43"49
	2.	布莱克(Roger Black)	英国	44"41
	3.	卡莫加(Davis Kamoga)	乌干达	44"53
2000	1.	迈克尔·约翰逊(Michael Johnson)	美国	43"84
	2.	阿尔文·哈里森(Alvin Harrison)	美国	44"40
	3.	格雷戈里·豪顿(Gregory Haughton)	牙买加	44"07
2004	1.	杰雷米·沃里纳(Jeremy Wariner)	美国	44"00
	2.	奥蒂斯·哈里斯(Otis Harris)	美国	44"16
	3.	德里克·布鲁(Derrick Brew)	美国	44"42

800米

年份	名次	运动员	国家/地区	成绩
1972	1.	沃尔特(Dave Wottle)	美国	1'45"86
	2.	阿尔扎诺夫(Yevgeniy Arzhanov)	苏联	1'45"89
	3.	博伊特(Mike Boit)	肯尼亚	1'46"01
1976	1.	胡安托雷纳(Alberto Juantorena)	古巴	1'43"50
	2.	范达姆(Ivo van Damme)	比利时	1'43"86
	3.	沃尔哈特(Rick Wohlhuter)	美国	1'44"12
1980	1.	奥维特(Steve Ovett)	英国	1'45"40
	2.	科(Sebastian Coe)	英国	1'45"85
	3.	基罗夫(Nikolay Kirov)	苏联	1'45"94
1984	1.	克鲁斯(Joaquim Cruz)	巴西	1'43"00
	2.	科(Sebastian Coe)	英国	1'43"64
	3.	琼斯(Earl Jones)	美国	1'43"83
1988	1.	埃伦(Paul Ereng)	肯尼亚	1'43"45
	2.	克鲁斯(Joaquim Cruz)	巴西	1'43"90
	3.	奥伊塔(Said Aouita)	摩洛哥	1'44"06
1992	1.	塔努伊(William Tanui)	肯尼亚	1'43"66
	2.	基普罗蒂奇(Nixon Kiprotich)	肯尼亚	1'43"70
	3.	格雷(Johnny Gray)	美国	1'43"97
1996	1.	罗达尔(Vebjoern Rodal)	挪威	1'42"58
	2.	塞潘(Hezekiel Sepeng)	南非	1'42"74
	3.	翁扬查(Fred Onyancha)	肯尼亚	1'42"79
2000	1.	尼尔斯·舒曼(Nils Schumann)	德国	1'45"08
	2.	威尔逊·基普凯特(Wilson Kipketer)	丹麦	1'45"14
	3.	埃萨·贾比尔·赛义德-盖尔尼(Aissa Djabir Said-Guern)	阿尔及利亚	1'45"16
2004	1.	尤里·博尔扎科夫斯基(Yuriy Borzakovskiy)	俄罗斯	1'44"45
	2.	姆布莱尼·姆拉乌德济(Mbulaeni Mulaudzi)	南非	1'44"61
	3.	威尔逊·基普凯特(Wilson Kipketer)	丹麦	1'44"65

1500米

年份	名次	运动员	国家/地区	成绩
1972	1.	瓦萨拉(Pekka Vasala)	芬兰	3'36"33
	2.	凯诺(Kip Keino)	肯尼亚	3'36"81
	3.	狄克逊(Rod Dixon)	新西兰	3'37"46
1976	1.	沃克(John Walker)	新西兰	3'39"17
	2.	范达姆(Ivo van Damme)	比利时	3'39"27
	3.	韦尔曼(Paul-Heinz Wellmann)	联邦德国	3'39"33
1980	1.	科(Sebastian Coe)	英国	3'38"40
	2.	施特劳布(Jurgen Straub)	民主德国	3'38"80
	3.	奥维特(Steve Ovett)	英国	3'38"99
1984	1.	科(Sebastian Coe)	英国	3'32"53
	2.	克拉姆(Steve Cram)	英国	3'33"40
	3.	阿瓦斯卡尔(Jose Manuel Abascal)	西班牙	3'34"30
1988	1.	罗诺(Peter Rono)	肯尼亚	3'35"96
	2.	埃利奥特(Peter Elliott)	英国	3'36"15
	3.	黑罗尔德(Jens-Peter Herold)	民主德国	3'36"21
1992	1.	鲁伊斯(Fermin Cacho Ruiz)	西班牙	3'40"12
	2.	埃尔-巴西尔(Rachid El Basir)	摩洛哥	3'40"62
	3.	苏莱曼(Mohammed Ahmed Suleiman)	卡塔尔	3'40"69
1996	1.	莫塞利(Noureddine Morceli)	阿尔及利亚	3'35"78
	2.	卡乔(Fermin Cacho)	西班牙	3'36"40
	3.	基普科里尔(Stephen Kipkorir)	肯尼亚	3'36"72
2000	1.	诺阿·恩盖尼(Noah Ngeny)	肯尼亚	3'32"07
	2.	希查姆·埃尔·奎罗伊(Hicham El Guerrouj)	摩洛哥	3'32"32
	3.	伯纳德·拉加特(Bernard Lagat)	肯尼亚	3'32"44
2004	1.	希查姆·埃尔·奎罗伊(Hicham El Guerrouj)	摩洛哥	3'34"18
	2.	伯纳德·拉加特(Bernard Lagat)	肯尼亚	3'34"30
	3.	鲁伊·席尔瓦(Rui Silva)	葡萄牙	3'34"68

5000米

年份	名次	运动员	国家/地区	成绩
1972	1.	维伦(Lasse Viren)	芬兰	13'26"42
	2.	加穆迪(Mohamed Gammoudi)	突尼斯	13'27"33
	3.	斯图尔特(Ian Stewart)	英国	13'27"61
1976	1.	维伦(Lasse Viren)	芬兰	13'24"76
	2.	夸克斯(Dick Quax)	新西兰	13'25"16
	3.	希尔登布兰德(Klaus-Peter Hildenbrand)	联邦德国	13'25"38
1980	1.	伊夫特(Miruts Yifter)	埃塞俄比亚	13'20"91
	2.	尼安布伊(Suleiman Nyambui)	坦桑尼亚	13'21.60
	3.	马宁卡(Kaarlo Maaninka)	芬兰	13'22"00
1984	1.	奥伊塔(Said Aouita)	摩洛哥	13'05"59
	2.	里弗尔(Markus Ryffel)	瑞士	13'07"54
	3.	莱唐(Antonio Leitao)	葡萄牙	13'09"20
1988	1.	努古基(John Ngugi)	肯尼亚	13'11"70
	2.	鲍曼(Dieter Baumann)	联邦德国	13'15"52
	3.	孔策(Hansjorg Kunze)	民主德国	13'15"73
1992	1.	鲍曼(Dieter Baumann)	德国	13'12"52
	2.	比托克(Paul Bitok)	肯尼亚	13'12"71
	3.	巴耶萨(Fita Bayissa)	埃塞俄比亚	13'13"03
1996	1.	尼永加博(Venuste Niyongabo)	布隆迪	13'07"96
	2.	比托克(Paul Bitok)	肯尼亚	13'08"16
	3.	布拉米(Khalid Boulami)	摩洛哥	13'08"37
2000	1.	米隆·沃尔德(Millon Wolde)	埃塞俄比亚	13'35"49
	2.	阿里·塞迪-西弗(Ali Saidi-Sief)	阿尔及利亚	13'36"20
	3.	布拉西姆·拉赫拉菲(Brahim Lahlafi)	摩洛哥	13'36"47
2004	1.	希查姆·埃尔·奎罗伊(Hicham El Guerrouj)	摩洛哥	13'14"39
	2.	科内尼萨·贝克勒(Kenenisa Bekele)	埃塞俄比亚	13'14"59
	3.	埃柳德·基普乔格(Eliud Kipchoge)	肯尼亚	13'15"10

10000米

年份	名次	运动员	国家/地区	成绩
1972	1.	维伦(Lasse Viren)	芬兰	27'38"35
	2.	普特曼斯(Emiel Puttemans)	比利时	27'39"58
	3.	伊夫特(Miruts Yifter)	埃塞俄比亚	27'40"96
1976	1.	维伦(Lasse Viren)	芬兰	27'40"38
	2.	洛佩斯(Carlos Lopes)	葡萄牙	27'45"17
	3.	福斯特(Brendan Foster)	英国	27'54"92
1980	1.	伊夫特(Miruts Yifter)	埃塞俄比亚	27'42"69
	2.	马宁卡(Kaarlo Maaninka)	芬兰	27'44"28
	3.	凯迪尔(Mohamed Kedir)	埃塞俄比亚	27'44"64
1984	1.	科瓦(Alberto Cova)	意大利	27'47"54
	2.	麦克劳德(Mike McLeod)	英国	28'06"22
	3.	穆西约基(Mike Musyoki)	肯尼亚	28'06"46
1988	1.	伯泰布(Brahim Boutayeb)	摩洛哥	27'21"46
	2.	安蒂博(Salvatore Antibo)	意大利	27'23"55
	3.	基梅利(Kipkemboi Kimeli)	肯尼亚	27'25"16
1992	1.	斯卡赫(Khalid Skah)	摩洛哥	27'46"70
	2.	切利莫(Richard Chelimo)	肯尼亚	27'47"72
	3.	阿贝贝(Addis Abebe)	埃塞俄比亚	28'00"07
1996	1.	格布雷西拉西耶(Haile Gebrselassie)	埃塞俄比亚	27'07"34
	2.	特加特(Paul Tergat)	肯尼亚	27'08"17
	3.	希索(Salah Hissou)	摩洛哥	27'24"67
2000	1.	海尔·格布雷西拉西耶(Haile Gebrselassie)	埃塞俄比亚	27'18"20
	2.	保罗·特尔加特(Paul Tergat)	肯尼亚	27'18"29
	3.	阿塞法·梅兹格布(Assefa Mezgebu)	埃塞俄比亚	27'19"75
2004	1.	科内尼萨·贝克勒(Kenenisa Bekele)	埃塞俄比亚	27'05"10
	2.	斯莱希·希海因(Sileshi Sihine)	埃塞俄比亚	27'09"39
	3.	泽尔塞内·塔德塞(Zersenay Tadesse)	厄立特里亚	27'22"57

马拉松

年份	名次	运动员	国家/地区	成绩
1972	1.	肖特(Frank Shorter)	美国	2h12'19"80
	2.	利斯蒙(Karel Lismont)	比利时	2h14'31"80
	3.	沃尔德(Mamo Wolde)	埃塞俄比亚	2h15'08"40
1976	1.	西尔平斯基(Waldemar Cierpinski)	民主德国	2h09'55"00
	2.	肖特(FraME Shorter)	美国	2h10'46"80
	3.	利斯蒙(Karel Lismont)	比利时	2h11'12"60
1980	1.	西尔平斯基(Waldemar Cierpinski)	民主德国	2h11'03
	2.	内伊尔(Gerard Nijboer)	荷兰	2h11'20
	3.	朱马纳扎罗夫(Satymkul Dzhumanazarov)	苏联	2h11'35
1984	1.	洛佩斯(Carlos Lopes)	葡萄牙	2h09'21
	2.	特里西(John Treacy)	爱尔兰	2h09'56
	3.	斯佩丁(Charlie Spedding)	英国	2h09'58
1988	1.	博尔丁(Gelindo Bordin)	意大利	2h10'32
	2.	瓦基胡里(Douglas Wakiihuri)	肯尼亚	2h10'47
	3.	萨莱赫(Ahmed Salah)	吉布提	2h10'59
1992	1.	黄永祚(Hwang Young-cho)	韩国	2h13'23
	2.	森下广一(Morishita Koichi)	日本	2h13'45
	3.	弗赖冈(Stephan Freigang)	德国	2h14'00
1996	1.	图格瓦内(Josiah Thugwane)	南非	2h12'36
	2.	李奉柱(Lee Bong-ju)	韩国	2h12'39
	3.	瓦奈纳(Eric Wainaina)	肯尼亚	2h12'44
2000	1.	格萨加·阿贝拉(Gezahgne Aberra)	埃塞俄比亚	2h10'11
	2.	埃里克·瓦纳纳(Eric Wainaina)	肯尼亚	2h10'31
	3.	泰斯法耶·托拉(Tesfaye Tola)	埃塞俄比亚	2h11'10
2004	1.	斯蒂法诺·巴尔迪尼(Stefano Baldini)	意大利	2h10'55
	2.	梅布·凯夫齐吉(Meb Keflezighi)	美国	2h11'29
	3.	万德雷·德利马(Vanderlei de Lima)	巴西	2h12'11

110米栏

年份	名次	运动员	国家/地区	成绩
1972	1.	米尔本(Rod Milburn)	美国	13"24
	2.	德律(Guy Drut)	法国	13"34
	3.	希尔(Tom Hill)	美国	13"48
1976	1.	德律(Guy Drut)	法国	13"30
	2.	卡萨尼亚斯(Alejandro Casanas)	古巴	13"33
	3.	达文波特(Willie Davenport)	美国	13"38
1980	1.	蒙克尔特(Thomas Munkelt)	民主德国	13"39
	2.	卡萨尼亚斯(Alejandro Casanas)	古巴	13"40
	3.	普奇科夫(Aleksandr Puchkov)	苏联	13"44
1984	1.	金多姆(Roger Kingdom)	美国	13"20
	2.	福斯特(Greg Foster)	美国	13"23
	3.	布吕加雷(Arto Bryggare)	芬兰	13"40
1988	1.	金多姆(Roger Kingdom)	美国	12"98
	2.	杰克逊(Colin Jackson)	英国	13"28
	3.	坎贝尔(Tonie Campbell)	美国	13"38
1992	1.	麦科伊(Mark McKoy)	加拿大	13"12
	2.	迪斯(Tony Dees)	美国	13"24
	3.	皮尔斯(Jack Pierce)	美国	13"26
1996	1.	约翰逊(Allen Johnson)	美国	12"95
	2.	克里尔(Mark Crear)	美国	13"09
	3.	施瓦特霍夫(Florian Schwarthoff)	德国	13"17
2000	1.	阿尼尔·加西亚(Anier Garcia)	古巴	13"00
	2.	特伦斯·特拉梅尔(Terrence Trammell)	美国	13"16
	3.	马克·克里尔(Mark Crear)	美国	13"22
2004	1.	刘翔	中国	12"91
	2.	特伦斯·特拉梅尔(Terrence Trammell)	美国	13"18

	3.	阿尼尔·加西亚(Anier Garcia)	古巴	13"20

400米栏

1972	**1.**	**阿基-布阿(John Akii-Bua)**	**乌拉圭**	**47"82**
	2.	曼(Ralph Mann)	美国	48"51
	3.	赫默里(David Hemery)	英国	48"52
1976	**1.**	**摩西(Edwin Moses)**	**美国**	**47"64**
	2.	夏因(Mike Shine)	美国	48"69
	3.	加夫里连科(Yevgeniy Gavrilenko)	苏联	49"45
1980	**1.**	**贝克(Volker Beck)**	**民主德国**	**48"70**
	2.	阿尔希蓬科(Vasiliy Arkhipenko)	苏联	48"86
	3.	奥克斯(Gary Oakes)	英国	49"11
1984	**1.**	**摩西(Ed Moses)**	**美国**	**47"75**
	2.	哈里斯(Danny Harris)	美国	48"13
	3.	施米德(Harald Schmid)	联邦德国	48"19
1988	**1.**	**菲利普斯(Andre Phillips)**	**美国**	**47"19**
	2.	迪亚巴(Amadou Dia Ba)	塞内加尔	47"23
	3.	摩西(Ed Moses)	美国	47"56
1992	**1.**	**扬(Kevin Young)**	**美国**	**46"78**
	2.	格雷厄姆(Winthrop Graham)	牙买加	47"66
	3.	阿卡布西(Kriss Akabusi)	英国	47"82
1996	**1.**	**阿德金斯(Derrick Adkins)**	**美国**	**47"54**
	2.	马特特(Samuel Matete)	赞比亚	47"78
	3.	戴维斯(Calvin Davis)	美国	47"96
2000	**1.**	**安吉洛·泰勒(Angelo Taylor)**	**美国**	**47"50**
	2.	哈迪·苏安·苏迈利(Hadi Souan Somayli)	沙特阿拉伯	47"53
	3.	卢维林·赫伯特(Llewellyn Herbert)	南非	47"81
2004	**1.**	**菲利克斯·桑切斯(Felix Sanchez)**	**多米尼加共和国**	**47"63**
	2.	丹尼·麦克法伦(Danny McFarlane)	牙买加	48"11
	3.	纳曼·凯塔(Naman Keita)	法国	48"26

3000米障碍

1972	**1.**	**凯诺(Kip Keino)**	**肯尼亚**	**8'23"64**
	2.	吉普乔(Ben Jipcho)	肯尼亚	8'24"62
	3.	坎塔宁(Tapio Kantanen)	芬兰	8'24"66
1976	**1.**	**格尔德鲁德(Anders Garderud)**	**瑞典**	**8'08"02**
	2.	马利诺夫斯基(Bronislaw Malinowski)	波兰	8'09"11
	3.	鲍姆加特(Frank Baumgartl)	民主德国	8'10"36
1980	**1.**	**马利诺夫斯基(Bronislaw Malinowski)**	**波兰**	**8'09"70**
	2.	巴伊(Filbert Bayi)	坦桑尼亚	8'12"48
	3.	图拉(Eshetu Tura)	埃塞俄比亚	8'13"57
1984	**1.**	**科里尔(Julius Korir)**	**肯尼亚**	**8'11"80**
	2.	马穆德(Joseph Mahmoud)	法国	8'13"31
	3.	迪默(Brian Diemer)	美国	8'14"06
1988	**1.**	**卡里乌基(Julius Kariuki)**	**肯尼亚**	**8'05"51**
	2.	凯奇(Peter Koech)	肯尼亚	8'06"79
	3.	罗兰(Mark Rowland)	英国	8'07"96
1992	**1.**	**比里尔(Matthew Birir)**	**肯尼亚**	**8'08"94**
	2.	桑(Patrick Sang)	肯尼亚	8'09"55
	3.	穆特沃尔(William Mutwol)	肯尼亚	8'10"74
1996	**1.**	**凯特尔(Joseph Keter)**	**肯尼亚**	**8'07"12**
	2.	基普塔努伊(Moses Kiptanui)	肯尼亚	8'08"33
	3.	兰布鲁斯尼(Alessandro Lambruschini)	意大利	8'11"28
2000	**1.**	**罗本·科斯吉(Reuben Kosgei)**	**肯尼亚**	**8'21"43**
	2.	威尔逊·博伊特·基普凯特(Wilson Boit Kipketer)	肯尼亚	8'21"43
	3.	阿里·埃金(Ali Ezzine)	摩洛哥	8'22"15
2004	**1.**	**埃兹齐尔·肯姆博伊(Ezekiel Kemboi)**	**肯尼亚**	**8'05"81**
	2.	布里明·基普鲁托(Brimin Kipruto)	肯尼亚	8'06"11
	3.	保罗·基普西勒·科伊奇(Paul Kipsiele Koech)	肯尼亚	8'06"64

跳高

1972	**1.**	**塔尔马克(Juri Tarmak)**	**苏联**	**2.23米**
	2.	容格(Stefan Junge)	民主德国	2.21米
	3.	斯通斯(Dwight Stones)	美国	2.21米
1976	**1.**	**弗绍瓦(Jacek Wszola)**	**波兰**	**2.25米**
	2.	乔伊(Greg Joy)	加拿大	2.23米
	3.	斯通斯(Dwight Stones)	美国	2.21米
1980	**1.**	**韦西格(Gerd Wessig)**	**民主德国**	**2.36米**
	2.	弗绍瓦(Jacek Wszola)	波兰	2.31米
	3.	弗赖穆特(Jorg Freimuth)	民主德国	2.31米
1984	**1.**	**默根堡(Dietmar Mogenburg)**	**联邦德国**	**2.35米**
	2.	舍贝里(Patrik Sjoberg)	瑞典	2.33米
	3.	朱建华	中国	2.31米
1988	**1.**	**阿夫杰延科(Gennadiy Avdyeyenko)**	**苏联**	**2.38米**
	2.	康韦(Hollis Conway)	美国	2.36米
	3.	波瓦尔尼岑(Rudolf Povarnitsyn)	苏联	2.36米
	3.	舍贝里(Patrik Sjoberg)	瑞典	2.36米
1992	**1.**	**索托马约尔(Javier Sotomayor)**	**古巴**	**2.34米**
	2.	舍贝里(Patrik Sjoberg)	瑞典	2.34米
	3.	帕尔蒂卡(Artur Partyka)	波兰	2.34米
	3.	福赛思(Tim Forsyth)	澳大利亚	2.34米
	3.	康韦(Hollis Conway)	美国	2.34米
1996	**1.**	**奥斯汀(Charles Austin)**	**美国**	**2.39米**
	2.	帕蒂卡(Artur Partyka)	波兰	2.37米
	3.	史密斯(Steve Smith)	英国	2.35米
2000	**1.**	**谢尔盖·克留金(Sergey Kliugin)**	**俄罗斯**	**2.35米**
	2.	哈维尔·索托马约尔(Javier Sotomayor)	古巴	2.32米
	3.	阿布德拉赫马内·哈马德(Abderrahmane Hammad)	阿尔及利亚	2.32米
2004	**1.**	**斯蒂芬·霍尔姆(Stefan Holm)**	**瑞典**	**2.36米**
	2.	马特·海明威(Matt Hemingway)	美国	2.34米
	3.	亚罗斯拉夫·巴巴(Jaroslav Baba)	捷克共和国	2.34米

1984年洛杉矶奥运会男子3000米障碍赛。

撑竿跳高

1972	**1.**	**诺德维格(Wolfgang Nordwig)**	**民主德国**	**5.50米**
	2.	西格伦(Bob Seagren)	美国	5.40米
	3.	约翰逊(Jan Johnson)	美国	5.35米
1976	**1.**	**斯卢萨尔斯基(Tadeusz Slusarski)**	**波兰**	**5.50米**
	2.	卡廖马基(Antti Kalliomaki)	芬兰	5.50米
	3.	罗伯茨(Dave Roberts)	美国	5.50米
1980	**1.**	**科扎基耶维奇(Wladyslaw Kozakiewicz)**	**波兰**	**5.78米**
	2.	沃尔科夫(Konstantin Volkov)	苏联	5.65米
	3.	斯卢萨尔斯基(Tadeusz Slusarski)	波兰	5.65米
1984	**1.**	**基农(Pierre Quinon)**	**法国**	**5.75米**
	2.	塔利(Mike Tully)	美国	5.65米
	3.	贝尔(Earl Bell)	美国	5.60米
	3.	维涅隆(Thierry Vigneron)	法国	5.60米
1988	**1.**	**布勃卡(Sergey Bubka)**	**苏联**	**5.90米**
	2.	加托林(Rodion Gataullin)	苏联	5.85米
	3.	叶戈罗夫(Grigoriy Yegorov)	苏联	5.80米
1992	**1.**	**塔拉索夫(Maksim Tarasov)**	**独联体**	**5.80米**
	2.	特兰登科夫(Igor Trandenkov)	独联体	5.80米
	3.	加西亚(Javier Garcia)	西班牙	5.75米
1996	**1.**	**加尔菲翁(Jean Galfione)**	**法国**	**5.92米**
	2.	特兰登科夫(Igor Trandenkov)	俄罗斯	5.92米
	3.	蒂旺齐科(Andrei Tivontchik)	德国	5.92米
2000	**1.**	**尼克·海松(Nick Hysong)**	**美国**	**5.90米**
	2.	劳伦斯·约翰逊(Lawrence Johnson)	美国	5.90米
	3.	马克西姆·塔拉索夫(Maxim Tarasov)	俄罗斯	5.90米
2004	**1.**	**蒂莫西·马克(Timothy Mack)**	**美国**	**5.95米**
	2.	托比·斯蒂文森(Toby Stevenson)	美国	5.90米
	3.	朱塞佩·吉比利斯科(Giuseppe Gibilisco)	意大利	5.85米

跳远

1972	**1.**	**威廉姆斯(Randy Williams)**	**美国**	**8.24米**
	2.	包姆加特纳(Hans Baumgartner)	联邦德国	8.18米
	3.	鲁宾逊(Arnie Robinson)	美国	8.03米
1976	**1.**	**鲁宾逊(Arnie Robinson)**	**美国**	**8.35米**
	2.	威廉姆斯(Randy Williams)	美国	8.11米
	3.	瓦滕堡(Frank Wartenberg)	民主德国	8.02米
1980	**1.**	**东布罗夫斯基(Lutz Dombrowski)**	**民主德国**	**8.54米**
	2.	帕舍克(Frank Paschek)	民主德国	8.21米
	3.	波德卢日内(Valeriy Podluzhny)	苏联	8.18米
1984	**1.**	**刘易斯(Carl Lewis)**	**美国**	**8.54米**
	2.	霍尼(Gary Honey)	澳大利亚	8.24米
	3.	埃万杰利斯蒂(Giovanni Evangelisti)	意大利	8.24米
1988	**1.**	**刘易斯(Carl Lewis)**	**美国**	**8.72米**
	2.	鲍威尔(Mike Powell)	美国	8.49米
	3.	迈里克斯(Larry Myricks)	美国	8.27米
1992	**1.**	**刘易斯(Carl Lewis)**	**美国**	**8.67米**
	2.	鲍威尔(Mike Powell)	美国	8.64米
	3.	格林(Joe Greene)	美国	8.34米
1996	**1.**	**刘易斯(Carl Lewis)**	**美国**	**8.50米**
	2.	贝克福德(James Beckford)	牙买加	8.29米
	3.	格林(Joe Greene)	美国	8.24米
2000	**1.**	**伊万·佩德罗索(Ivan Pedroso)**	**古巴**	**8.55米**
	2.	杰·托利马(Jai Taurima)	澳大利亚	8.49米
	3.	罗曼·舒伦科(Roman Schurenko)	乌克兰	8.31米
2004	**1.**	**德怀特·菲利普斯(Dwight Phillips)**	**美国**	**8.59米**
	2.	约翰·莫菲特(John Moffitt)	美国	8.47米
	3.	琼·里诺·马丁内斯(Joan Lino Martinez)	西班牙	8.32米

三级跳远

1972	**1.**	**萨涅耶夫(Viktor Sanyeyev)**	**苏联**	**17.35米**
	2.	德雷梅尔(Jorg Drehmel)	民主德国	17.31米
	3.	普鲁登西奥(Nelson Prudencio)	巴西	17.05米
1976	**1.**	**萨涅耶夫(Viktor Sanyeyev)**	**苏联**	**17.29米**
	2.	巴茨(James Butts)	美国	17.18米
	3.	奥利维拉(Joao Carlos de Oliveira)	巴西	16.90米
1980	**1.**	**乌德米亚埃(Jaak Uudmae)**	**苏联**	**17.35米**
	2.	萨涅耶夫(Viktor Sanyeyev)	苏联	17.24米
	3.	奥利维拉(Joao Carlos de Oliveira)	巴西	17.22米
1984	**1.**	**乔伊纳(Al Joyner)**	**美国**	**17.26米**
	2.	康利(Mike Conley)	美国	17.18米
	3.	康纳(Keith Connor)	英国	16.87米
1988	**1.**	**马尔科夫(Khristo Markov)**	**保加利亚**	**17.61米**
	2.	拉普申(Igor Lapshin)	苏联	17.52米
	3.	科瓦连科(Aleksandr Kovalenko)	苏联	17.42米
1992	**1.**	**康利(Mike Conley)**	**美国**	**18.17米**
	2.	辛普金斯(Charlie Simpkins)	美国	17.60米
	3.	拉瑟福德(Frank Rutherford)	巴哈马	17.36米
1996	**1.**	**哈里森(Kenny Harrison)**	**美国**	**18.09米**
	2.	爱德华兹(Jonathan Edwards)	英国	17.88米
	3.	克萨达(Yoelbi Quesada)	古巴	17.44米
2000	**1.**	**乔纳森·爱德华兹(Jonathan Edwards)**	**英国**	**17.71米**
	2.	约尔·加西亚(Yoel Garcia)	古巴	17.47米
	3.	丹尼斯·卡普斯汀(Denis Kapustin)	俄罗斯	17.46米
2004	**1.**	**克里斯蒂安·奥尔松(Christian Olsson)**	**瑞典**	**17.79米**
	2.	马里安·奥普雷亚(Marian Oprea)	罗马尼亚	17.55米
	3.	丹尼拉·布尔科尼亚(Danila Burkenya)	俄罗斯	17.47米

铅球

1972	**1.**	**科马尔(Wladyslaw Komar)**	**波兰**	**21.18米**
	2.	伍兹(George Woods)	美国	21.17米
	3.	布里泽尼克(Hartmut Briesenick)	民主德国	21.14米
1976	**1.**	**拜尔(Udo Beyer)**	**民主德国**	**21.05米**
	2.	米罗诺夫(Yevgeniy Mironov)	苏联	21.03米
	3.	巴雷什尼科夫(Aleksandr Baryshnikov)	苏联	21.00米
1980	**1.**	**基谢廖夫(Vladimir Kiselyov)**	**苏联**	**21.35米**
	2.	巴雷什尼科夫(Aleksandr Baryshnikov)	苏联	21.08米
	3.	拜尔(Udo Beyer)	民主德国	21.06米
1984	**1.**	**安德烈(Alessandro Andrei)**	**意大利**	**21.26米**
	2.	卡特(Mike Carter)	美国	21.09米
	3.	劳特(Dave Laut)	美国	20.97米
1988	**1.**	**蒂默曼(Ulf Timmermann)**	**民主德国**	**22.47米**
	2.	巴恩斯(Randy Barnes)	美国	22.39米
	3.	冈瑟(Werner Gunthor)	瑞士	21.99米
1992	**1.**	**斯塔尔斯(Mike Stulce)**	**美国**	**21.70米**
	2.	多赫林(Jim Doehring)	美国	20.96米
	3.	卢霍(Vyacheslav Lykho)	独联体	20.94米
1996	**1.**	**巴恩斯(Randy Barnes)**	**美国**	**21.62米**
	2.	戈迪纳(John Godina)	美国	20.79米
	3.	巴加奇(Aleksandr Bagach)	乌克兰	20.75米
2000	**1.**	**阿西·哈尔尤(Arsi Harju)**	**芬兰**	**21.29米**
	2.	亚当·尼尔森(Adam Nelson)	美国	21.21米
	3.	约翰·戈迪纳(John Godina)	美国	21.20米
2004	**1.**	**尤里·比洛诺格(Yuriy Bilonog)**	**乌克兰**	**21.16米**
	2.	亚当·尼尔森(Adam Nelson)	美国	21.16米
	3.	约阿齐姆·奥尔森(Joachim Olsen)	丹麦	21.07米

铁饼

1972	**1.**	**达内克(Ludvik Danek)**	**捷克斯洛伐克**	**64.40米**
	2.	西尔维斯特(Jay Silvester)	美国	63.50米
	3.	布鲁克(Ricky Bruch)	瑞典	63.40米
1976	**1.**	**威尔金斯(Mac Wilkins)**	**美国**	**67.50米**
	2.	施密特(Wolfgang Schmidt)	民主德国	66.22米
	3.	鲍威尔(John Powell)	美国	65.70米
1980	**1.**	**拉休普金(Viktor Rashchupkin)**	**苏联**	**66.64米**
	2.	布加尔(Imrich Bugar)	捷克斯洛伐克	66.38米
	3.	德利斯(Luis Delis)	古巴	66.32米
1984	**1.**	**丹内贝格(Rolf Danneberg)**	**联邦德国**	**66.60米**
	2.	威尔金斯(Mac Wilkins)	美国	66.30米
	3.	鲍威尔(John Powell)	美国	65.46米
1988	**1.**	**舒尔特(Jurgen Schult)**	**民主德国**	**68.82米**
	2.	奥巴尔塔斯(Romas Ubartas)	苏联	67.48米
	3.	丹内贝格(Rolf Danneberg)	联邦德国	67.38米
1992	**1.**	**尤巴塔斯(Romas Ubartas)**	**立陶宛**	**65.12米**
	2.	舒尔特(Jurgen Schult)	德国	64.94米
	3.	莫亚(Roberta Moya)	古巴	64.12米
1996	**1.**	**里德尔(Lars Ridel)**	**德国**	**69.40米**
	2.	杜布罗夫什契克(Vladimir Dubrovshchik)	白俄罗斯	66.80米
	3.	卡普丘科(Vasiliy Kaptyukh)	白俄罗斯	65.80米
2000	**1.**	**维尔吉里尤斯·阿列克纳(Virgilijus Alekna)**	**立陶宛**	**69.30米**
	2.	拉尔斯·里德尔(Lars Riedel)	德国	68.50米
	3.	弗兰茨·克鲁格(Frantz Kruger)	南非	68.19米
2004	**1.**	**维尔吉里尤斯·阿列克纳(Virgilijus Alekna)**	**立陶宛**	**69.89米**
	2.	佐尔坦·科瓦格(Zoltan Kovago)	匈牙利	67.04米
	3.	亚历山大·坦莫特(Aleksander Tammert)	爱沙尼亚	66.66米

链球

1972	**1.**	**邦达尔丘克(Anatoliy Bondarchuk)**	**苏联**	**75.50米**
	2.	萨克泽(Jochen Sachse)	民主德国	74.96米
	3.	赫梅列夫斯基(Vasiliy Khmelevskiy)	苏联	74.04米
1976	**1.**	**谢迪赫(Yuriy Sedykh)**	**苏联**	**77.52米**
	2.	斯皮里多诺夫(Aleksey Spiridonov)	苏联	76.08米
	3.	邦达尔丘克(Anatoliy Bondarchuk)	苏联	75.48米
1980	**1.**	**谢迪赫(Yuriy Sedykh)**	**苏联**	**81.80米**
	2.	利特维诺夫(Sergey Litvinov)	苏联	80.64米
	3.	塔姆(Juri Tamm)	苏联	78.96米
1984	**1.**	**蒂艾宁(Juha Tiainen)**	**芬兰**	**78.08米**
	2.	里姆(Karl-Hans Riehm)	联邦德国	77.98米
	3.	普洛豪斯(Klaus Ploghaus)	联邦德国	76.68米
1988	**1.**	**利特维诺夫(Sergey Litvinov)**	**苏联**	**84.80米**
	2.	谢迪赫(Yuriy Sedykh)	苏联	83.76米
	3.	塔姆(Juri Tamm)	苏联	81.16米
1992	**1.**	**阿布杜瓦利耶夫(Andrey Abduvaliyev)**	**独联体**	**82.54米**
	2.	阿斯塔普科维奇(Igor Astapkovich)	独联体	81.96米
	3.	尼库林(Igor Nikulin)	独联体	81.38米
1996	**1.**	**基什(Balazs Kiss)**	**匈牙利**	**81.24米**
	2.	迪尔(Lance Deal)	美国	81.12米
	3.	克里孔(Aleksey Krykun)	乌克兰	80.02米
2000	**1.**	**西蒙·齐奥尔科夫斯基(Szymon Ziolkowski)**	**波兰**	**80.02米**

	2.	尼科拉·维佐尼(Nicola Vizzoni)	意大利	79.64米
	3.	伊戈尔·阿斯塔普科维奇(Igor Astapkovich)	白俄罗斯	79.17米
2004	**1.**	**室伏广治(Koji Murofushi)**	**日本**	**82.91米**
	2.	伊万·蒂霍恩(Ivan Tikhon)	白俄罗斯	79.81米
	3.	埃斯雷夫·阿帕克(Esref Apak)	土耳其	79.51米

标枪

1972	**1.**	**沃尔夫曼(Klaus Wolfermann)**	**联邦德国**	**90.48米**
	2.	卢西斯(Janis Lusis)	苏联	90.46米
	3.	施米特(Bill Schmidt)	美国	84.42米
1976	**1.**	**内迈特(Miklos Nemeth)**	**匈牙利**	**94.58米**
	2.	西托宁(Hannu Siitonen)	芬兰	87.92米
	3.	梅格列亚(Gheorghe Megelea)	罗马尼亚	87.16米
1980	**1.**	**库拉(Dainis Kula)**	**苏联**	**91.20米**
	2.	马卡罗夫(Aleksandr Makarov)	苏联	89.64米
	3.	哈尼施(Wolfgang Hanisch)	民主德国	86.72米
1984	**1.**	**海尔克宁(Arto Harkonen)**	**芬兰**	**86.76米**
	2.	奥特利(Dave Ottley)	英国	85.74米
	3.	埃尔德布林克(Kenth Eldebrink)	瑞典	83.72米
1988	**1.**	**科尔尤斯(Tapio Korjus)**	**芬兰**	**84.28米**
	2.	泽莱兹尼(Jan Zelezny)	捷克斯洛伐克	84.12米
	3.	赖蒂(Seppo Raty)	芬兰	83.26米
1992	**1.**	**泽莱兹尼(Jan Zelezny)**	**捷克斯洛伐克**	**89.66米**
	2.	赖蒂(Seppo Raty)	芬兰	86.60米
	3.	巴克利(Steve Backley)	英国	83.38米
1996	**1.**	**泽莱兹尼(Jan Zelezny)**	**捷克共和国**	**88.16米**
	2.	巴克利(Steve Backley)	英国	87.44米
	3.	拉蒂(Seppo Raty)	芬兰	86.98米
2000	**1.**	**泽莱兹尼(Jan Zelezny)**	**捷克共和国**	**90.17米**
	2.	巴克利(Steve Backley)	英国	89.85米
	3.	马卡罗夫(Sergei Makarov)	俄罗斯	88.67米
2004	**1.**	**索吉尔德森(Andreas Thorkildsen)**	**挪威**	**86.50米**
	2.	瓦西廖夫斯基(Vadims Vasilevskis)	拉脱维亚	84.95米
	3.	马卡罗夫(Sergei Makarov)	俄罗斯	84.84米

十项全能

1972	**1.**	**阿维洛夫(Nikolay Avilov)**	**苏联**	**8454分**
	2.	利特维涅科(Leonid Litvinenko)	苏联	8035分
	3.	卡图斯(Ryszard Katus)	波兰	7984分
1976	**1.**	**詹纳(Bruce Jenner)**	**美国**	**8618分**
	2.	克拉奇梅尔(Guido Kratschmer)	联邦德国	8411分
	3.	阿维洛夫(Nikolay Avilov)	苏联	8369分
1980	**1.**	**汤普森(Daley Thompson)**	**英国**	**8495分**
	2.	库岑科(Yuriy Kutsenko)	苏联	8331分
	3.	热拉诺夫(Sergey Zhelanov)	苏联	8315分
1984	**1.**	**汤普森(Daley Thompson)**	**英国**	**8798分**
	2.	辛格森(Jurgen Hingsen)	联邦德国	8673分
	3.	文茨(Siegfried Wentz)	联邦德国	8412分
1988	**1.**	**申克(Christian Schenk)**	**民主德国**	**8488分**
	2.	福斯(Torsten Voss)	民主德国	8399分
	3.	斯蒂恩(Dave Steen)	加拿大	8328分
1992	**1.**	**兹梅利克(Robert Zmelik)**	**捷克斯洛伐克**	**8611分**
	2.	佩尼亚尔韦尔(Antonio Penalver)	西班牙	8412分
	3.	约翰逊(Dave Johnson)	美国	8309分
1996	**1.**	**奥布莱恩(Dan O'Brien)**	**美国**	**8824分**
	2.	布斯曼(Frank Busemann)	德国	8706分
	3.	德沃拉克(Tomas Dvorak)	捷克共和国	8664分
2000	**1.**	**埃尔齐·努尔(Erki Nool)**	**爱沙尼亚**	**8641分**
	2.	罗曼·塞布尔勒(Roman Sebrle)	捷克共和国	8606分
	3.	克里斯·哈芬斯(Chris Huffins)	美国	8595分
2004	**1.**	**罗曼·塞布尔勒(Roman Sebrle)**	**捷克共和国**	**8893分**
	2.	布莱恩·克雷(Bryan Clay)	美国	8820分
	3.	季米特里·卡尔波夫(Dmitriy Karpov)	哈萨克斯坦	8725分

4×100米接力

1972	**1.**	**美国队**	**38"19**
	2.	苏联队	38"50
	3.	联邦德国队	38"79
1976	**1.**	**美国队**	**38"33**
	2.	民主德国队	38"66
	3.	苏联队	38"78
1980	**1.**	**苏联队**	**38"26**
	2.	波兰队	38"33
	3.	法国队	38"53
1984	**1.**	**美国队**	**37"83**
	2.	牙买加队	38"62
	3.	加拿大队	38"70
1988	**1.**	**苏联队**	**38"19**
	2.	英国队	38"28
	3.	法国队	38"40
1992	**1.**	**美国队**	**37"40**
	2.	尼日利亚队	37"98
	3.	古巴队	38"00
1996	**1.**	**加拿大队**	**37"69**
	2.	美国队	38"05
	3.	巴西队	38"41
2000	**1.**	**美国队**	**37"61**
	2.	巴西队	37"90
	3.	古巴队	38"04
2004	**1.**	**英国队**	**38"07**
	2.	美国队	38"08
	3.	尼日利亚队	38"23

4×400米接力

1972	**1.**	**肯尼亚队**	**2'59"83**
	2.	英国队	3'00"46
	3.	法国队	3'00"65
1976	**1.**	**美国队**	**2'58"65**
	2.	波兰队	3'01"43
	3.	联邦德国队	3'01"98
1980	**1.**	**苏联队**	**3'01"08**
	2.	民主德国队	3'01"26
	3.	意大利队	3'04"30
1984	**1.**	**美国队**	**2'57"91**
	2.	英国队	2'59"13
	3.	尼日利亚队	2'59"32
1988	**1.**	**美国队**	**2'56"16**
	2.	牙买加队	3'00"30
	3.	联邦德国队	3'00"56
1992	**1.**	**美国队**	**2'55"74**
	2.	古巴队	2'59"51
	3.	英国队	2'59"73
1996	**1.**	**美国队**	**2'55"99**
	2.	英国队	2'56"60
	3.	牙买加队	2'59"42
2000	**1.**	**美国队**	**2'56"35**
	2.	尼日利亚队	2'58"68
	3.	牙买加队	2'58"78
2004	**1.**	**美国队**	**2'55"91**
	2.	澳大利亚队	3'00"60
	3.	尼日利亚队	3'00"90

20公里竞走

1972	**1.**	**弗伦克尔(Peter Frenkel)**	**民主德国**	**1h26'42"4**
	2.	戈鲁布尼奇(Vladimir Golubnichiy)	苏联	1h26'55"2
	3.	雷曼(Hans-Georg Reimann)	民主德国	1h27'16"6
1976	**1.**	**包蒂斯塔(Daniel Bautista)**	**墨西哥**	**1h24'40"6**
	2.	雷曼(Hans-Georg Reimann)	民主德国	1h25'13"8
	3.	弗伦克尔(Peter Frenkel)	民主德国	1h25'29"4
1980	**1.**	**达米拉诺(Maurizio Damilano)**	**意大利**	**1h23'35"5**
	2.	波钦丘克(Pyotr Pochenchuk)	苏联	1h24'45"4
	3.	维泽尔(Roland Wieser)	民主德国	1h25'58"2
1984	**1.**	**坎托(Ernesto Canto)**	**墨西哥**	**1h23'13**
	2.	冈萨雷斯(Raul Gonzalez)	墨西哥	1h23'20
	3.	达米拉诺(Maurizio Damilano)	意大利	1h23'26
1988	**1.**	**普里比林涅茨(Jozef Pribilinec)**	**捷克斯洛伐克**	**1h19'57**
	2.	魏格尔(Ronald Weigel)	民主德国	1h20'00
	3.	达米拉诺(Maurizio Damilano)	意大利	1h20'14
1992	**1.**	**普拉萨(Daniel Plaza)**	**西班牙**	**1h21'45**
	2.	勒布朗(Guillaume Leblanc)	加拿大	1h22'25
	3.	德贝内迪克蒂斯(Giovanni De Benedictis)	意大利	1h23'11
1996	**1.**	**佩雷斯(Jefferson Perez)**	**厄瓜多尔**	**1h20'07**
	2.	马尔科夫(Ilya Markov)	俄罗斯	1h20'16
	3.	塞古拉(Bernardo Segura)	墨西哥	1h20'23
2000	**1.**	**罗伯特·科尔泽尼奥夫斯基(Robert Korzeniowski)**	**波兰**	**1h18'59**
	2.	诺埃·埃尔南德斯(Noe Hernandez)	墨西哥	1h19'03
	3.	弗·安德列耶夫(Vladimir Andreyev)	俄罗斯	1h19'27
2004	**1.**	**伊瓦诺·布鲁涅蒂(Ivano Brugnetti)**	**意大利**	**1h19'40**
	2.	弗兰西斯科·哈维尔·费尔南德斯(Francisco Javier Fernandez)	西班牙	1h19'45
	3.	纳赞·迪克斯(Nathan Deakes)	澳大利亚	1h20'01

50公里竞走

1972	**1.**	**坎宁贝格(Bernd Kannenberg)**	**联邦德国**	**3h56'11"6**
	2.	索尔达坚科(Veniamin Soldatenko)	苏联	3h58'24"0
	3.	扬(Larry Young)	美国	4h00'46"0
1980	**1.**	**高德尔(Hartwig Gauder)**	**民主德国**	**3h49'24**
	2.	洛帕尔特(Jorge Llopart)	西班牙	3h51'25
	3.	伊夫琴科(Yevgeniy Ivchenko)	苏联	3h56'32
1984	**1.**	**冈萨雷斯(Raúl Gonzalez)**	**墨西哥**	**3h47'26**
	2.	古斯塔夫松(Bo Gustafsson)	瑞典	3h53'19
	3.	贝卢奇(Sandro Bellucci)	意大利	3h53'45
1988	**1.**	**伊万年科(Vyacheslav Ivanenko)**	**苏联**	**3h38'29**
	2.	魏格尔(Ronald Weigel)	民主德国	3h38'56
	3.	高德尔(Hartwig Gauder)	民主德国	3h39'45
1992	**1.**	**佩尔洛夫(Andrey Perlov)**	**独联体**	**3h50'13**
	2.	卡瓦哈尔(Carlos Mercenario Carbajal)	墨西哥	3h52'09
	3.	魏格尔(Ronald Weigel)	德国	3h53'45
1996	**1.**	**科热尼奥夫斯基(Robert Korzeniowski)**	**波兰**	**3h43'30**
	2.	谢尼科夫(Mikhail Shchennikov)	俄罗斯	3h43'46
	3.	马萨纳(Valentin Massana)	西班牙	3h44'19
2000	**1.**	**罗伯特·科热尼奥夫斯基(Robert Korzeniowski)**	**波兰**	**3h42'22**
	2.	艾加尔斯·法德杰夫斯(Aigars Fadejevs)	拉脱维亚	3h43'40
	3.	霍埃尔·桑切斯(Joel Sanchez)	墨西哥	3h44'36
2004	**1.**	**罗伯特·科热尼奥夫斯基(Robert Korzeniowski)**	**波兰**	**3h38'46**
	2.	丹尼斯·尼热戈罗多夫(Denis Nizhegorodov)	俄罗斯	3h42'50
	3.	阿列克谢·沃耶沃丁(Aleksey Voyevodin)	俄罗斯	3h43'34

1968年墨西哥奥运会男子20公里竞走。

女子田径(ATHLETICS-women)

100米

1972	**1.**	**施特歇尔(Renate Stecher)**	**民主德国**	**11"07**
	2.	博伊尔(Raelene Boyle)	澳大利亚	11"23
	3.	奇巴斯(Silvia Chivas)	古巴	11"24
1976	**1.**	**里希特(Annegret Richter)**	**联邦德国**	**11"08**
	2.	施特歇尔(Renate Stecher)	民主德国	11"13
	3.	黑尔滕(Inge Helten)	联邦德国	11"17
1980	**1.**	**孔德拉季耶娃(Lyudmila Kondratyeva)**	**苏联**	**11"06**
	2.	格尔(Marlies Gohr)	民主德国	11"07
	3.	奥尔斯瓦尔德(Ingrid Auerswald)	民主德国	11"14
1984	**1.**	**阿什福德(Evelyn Ashford)**	**美国**	**10"97**
	2.	布朗(Alice Brown)	美国	11"13
	3.	奥蒂(Merlene Ottey)	牙买加	11"16
1988	**1.**	**格里菲斯·乔伊纳(Florence Griffith Joyner)**	**美国**	**10"54**
	2.	阿什福德(Evelyn Ashford)	美国	10"83
	3.	德雷克斯勒(Heike Drechsler)	民主德国	10"85
1992	**1.**	**德弗斯(Gail Devers)**	**美国**	**10"82**
	2.	卡思伯特(Juliet Cuthbert)	牙买加	10"83
	3.	普里瓦洛娃(Irina Privalova)	独联体	10"84
1996	**1.**	**德弗斯(Gail Devers)**	**美国**	**10"94**
	2.	奥蒂(Merlene Ottey)	牙买加	10"94
	3.	托伦斯(Gwen Torrence)	美国	10"96
2000	**1.**	**马里昂·琼斯(Marion Jones)**	**美国**	**10"75**
	2.	埃卡特里尼·塔努(Ekaterini Thanou)	希腊	11"12
	3.	坦尼娅·劳伦斯(Tanya Lawrence)	牙买加	11"18
2004	**1.**	**尤里娅·尼斯特连科(Yuliya Nesterenko)**	**白俄罗斯**	**10"93**
	2.	劳琳·威廉姆斯(Lauryn Williams)	美国	10"96
	3.	维罗尼卡·坎贝尔(Veronica Campbell)	牙买加	10"97

200米

1972	**1.**	**施特歇尔(Renate Stecher)**	**民主德国**	**22"40**
	2.	博伊尔(Raelene Boyle)	澳大利亚	22"45
	3.	谢文斯卡(Irena Szewinska)	波兰	22"74
1976	**1.**	**埃克特(Barbel Eckert)**	**民主德国**	**22"37**
	2.	里希特(Annegret Richter)	联邦德国	22"39
	3.	施特歇尔(Renate Stecher)	民主德国	22"47
1980	**1.**	**埃克特-沃克尔(Barbel Eckert-Wockel)**	**民主德国**	**22"03**
	2.	博奇娜(Natalya Bochina)	苏联	22"19
	3.	奥蒂(Merlene Ottey)	牙买加	22"20
1984	**1.**	**布里斯科-胡克斯(Valerie Brisco-Hooks)**	**美国**	**21"81**
	2.	格里菲斯(Florence Griffith)	美国	22"04
	3.	奥蒂(Merlene Ottey)	牙买加	22"09
1988	**1.**	**格里菲斯·乔伊纳(Florence Griffith Joyner)**	**美国**	**21"34**
	2.	杰克逊(Grace Jackson)	牙买加	21"72
	3.	德雷克斯勒(Heike Drechsler)	民主德国	21"95
1992	**1.**	**托伦斯(Gwen Torrence)**	**美国**	**21"81**
	2.	卡思伯特(Juliet Cuthbert)	牙买加	22"02
	3.	奥蒂(Merlene Ottey)	牙买加	22"09
1996	**1.**	**佩雷克(Marie-Jose Perec)**	**法国**	**22"12**
	2.	奥蒂(Merlene Ottey)	牙买加	22"24
	3.	昂亚利(Mary Onyali)	尼日利亚	22"38
2000	**1.**	**马里昂·琼斯(Marion Jones)**	**美国**	**21"84**
	2.	保琳·戴维斯-汤普森(Pauline Davis-Thompson)	巴哈马	22"27
	3.	苏桑希卡·贾娅辛格(Susanthika Jayasinghe)	斯里兰卡	22"28
2004	**1.**	**维罗尼卡·坎贝尔(Veronica Campbell)**	**牙买加**	**22"05**
	2.	埃里森·菲利克斯(Allyson Felix)	美国	22"18
	3.	德比·弗格森(Debbie Ferguson)	巴哈马	22"30

400米

1972	**1.**	**策尔特(Monika Zehrt)**	**民主德国**	**51"08**
	2.	维尔登(Rita Wilden)	联邦德国	51"21
	3.	哈蒙德(Kathy Hammond)	美国	51"64
1976	**1.**	**谢文斯卡(Irena Szewinska)**	**波兰**	**49"28**
	2.	布雷梅尔(Christina Brehmer)	民主德国	50"51
	3.	施特莱特(Ellen Streidt)	民主德国	50"55
1980	**1.**	**科赫(Marita Koch)**	**民主德国**	**48"88**
	2.	克拉托赫维洛娃(Jarmila Kratochvilova)	捷克斯洛伐克	49"46
	3.	布雷梅尔-拉坦(Christina Brehmer-Lathan)	民主德国	49"66
1984	**1.**	**布里斯科-胡克斯(Valerie Brisco-Hooks)**	**美国**	**48"83**
	2.	奇斯伯勒(Chandra Cheeseborough)	美国	49"05
	3.	库克(Kathy Cook)	英国	49"43
1988	**1.**	**布里兹金娜(Olga Bryzgina)**	**苏联**	**48"65**
	2.	穆勒(Petra Muller)	民主德国	49"45
	3.	纳扎罗娃(Olga Nazarova)	苏联	49"90
1992	**1.**	**佩雷克(Marie-Jose Perec)**	**法国**	**48"83**
	2.	布里金娜(Olga Bryzgina)	独联体	49"05
	3.	雷斯特雷波(Ximena Restrepo)	哥伦比亚	49"64
1996	**1.**	**佩雷克(Marie-Jose Perec)**	**法国**	**48"25**
	2.	弗里曼(Cathy Freeman)	澳大利亚	48"63
	3.	奥贡科亚(Falilat Ogunkoya)	尼日利亚	49"10
2000	**1.**	**卡茜·弗里曼(Cathy Freeman)**	**澳大利亚**	**49"11**
	2.	洛兰·格雷厄姆(Lorraine Graham)	牙买加	49"58

	3. 凯瑟琳·梅里(Katharine Merry)	英国	49"72
2004	**1. 托尼克·威廉斯-达灵(Tonique Williams-Darling)**	**巴哈马**	**49"41**
	2. 安娜·格瓦拉(Ana Guevara)	墨西哥	49"56
	3. 娜塔丽娅·安丘克(Natalya Antyukh)	俄罗斯	49"89

800米

1972	**1. 法尔克(Hildegard Falck)**	**联邦德国**	**1'58"55**
	2. 萨巴伊捷(Niole Sabaite)	苏联	1'58"65
	3. 霍夫迈斯特(Gunhild Hoffmeister)	民主德国	1'59"19
1976	**1. 卡赞金娜(Tatyana Kazankina)**	**苏联**	**1'54"94**
	2. 斯捷雷娃(Nikolina Shtereva)	保加利亚	1'55"42
	3. 齐恩(Elfi Zinn)	民主德国	1'55"60
1980	**1. 奥莉扎连科(Nadezhda Olizarenko)**	**苏联**	**1'53"43**
	2. 米涅耶娃(Olga Mineyeva)	苏联	1'54"81
	3. 普罗维多赫娜(Tatyana Providokhina)	苏联	1'55"46
1984	**1. 梅林特(Doina Melinte)**	**罗马尼亚**	**1'57"60**
	2. 加拉格尔(Kim Gallagher)	美国	1'58"63
	3. 洛温(Fita Lovin)	罗马尼亚	1'58"83
1988	**1. 沃达尔斯(Sigrun Wodars)**	**民主德国**	**1'56"10**
	2. 瓦赫泰尔(Christine Wachtel)	民主德国	1'56"64
	3. 加拉格尔(Kim Gallagher)	美国	1'56"91
1992	**1. 范兰根(Ellen van Langen)**	**荷兰**	**1'55"54**
	2. 努鲁季诺娃(Liliya Nurutdinova)	独联体	1'55"99
	3. 基罗特(Ana Fidelia Quirot)	古巴	1'56"80
1996	**1. 马斯特科娃(Svetlana Masterkova)**	**俄罗斯**	**1'57"73**
	2. 基罗特(Ana Fidelia Quirot)	古巴	1'58"11
	3. 穆托拉(Maria Lurdes Mutola)	莫桑比克	1'58"71
2000	**1. 玛利亚·穆托拉(Maria Mutola)**	**莫桑比克**	**1'56"15**
	2. 斯蒂法妮·格拉夫(Stephanie Graf)	奥地利	1'56"64
	3. 凯丽·霍姆斯(Kelly Holmes)	英国	1'56"80
2004	**1. 凯丽·霍姆斯(Kelly Holmes)**	**英国**	**1'56"38**
	2. 哈斯纳·本哈斯(Hasna Benhassi)	摩洛哥	1'56"43
	3. 约兰达·塞普拉克(Jolanda Ceplak)	斯洛文尼亚	1'56"43

1500米

1972	**1. 布拉金娜(Lyudmila Bragina)**	**苏联**	**4'01"38**
	2. 霍夫迈斯特(Gunhild Hoffmeister)	民主德国	4'02"83
	3. 卡基(Paola Cacchi)	意大利	4'02"85
1976	**1. 卡赞金娜(Tatyana Kazankina)**	**苏联**	**4'05"48**
	2. 霍夫迈斯特(Gunhild Hoffmeister)	民主德国	4'06"02
	3. 克拉佩茨斯基(Ulrike Klapezynski)	民主德国	4'06"09
1980	**1. 卡赞金娜(Tatyana Kazankina)**	**苏联**	**3'56"56**
	2. 瓦滕堡(Christiane Wartenberg)	民主德国	3'57"71
	3. 奥莉扎连科(Nadezhda Olizarenko)	苏联	3'59"52
1984	**1. 多里奥(Gabriella Dorio)**	**意大利**	**4'03"25**
	2. 梅林特(Doina Melinte)	罗马尼亚	4'03"76
	3. 普伊卡(Maricica Puica)	罗马尼亚	4'04"15
1988	**1. 伊万(Paula Ivan)**	**罗马尼亚**	**3'53"96**
	2. 拜科斯凯特(Laimute Baikauskaite)	苏联	4'00"24
	3. 萨莫连科(Tatyana Samolenko)	苏联	4'00"30
1992	**1. 布梅尔卡(Hassiba Boulmerka)**	**阿尔及利亚**	**3'55"30**
	2. 罗加乔娃(Lyudmila Rogachova)	独联体	3'56"91
	3. 曲云霞	中国	3'57"08
1996	**1. 马斯特科娃(Svetlana Masterkova)**	**俄罗斯**	**4'00"83**
	2. 萨博(Gabriela Szabo)	罗马尼亚	4'01"54
	3. 基斯尔(Theresia Kiesl)	奥地利	4'03"02
2000	**1. 努里娅·梅拉赫-贝尼达(Nouria Merah-Benida)**	**阿尔及利亚**	**4'05"10**
	2. 薇奥列塔·瑟孜丽(Violeta Szekely)	罗马尼亚	4'05"15
	3. 加布列拉·萨博(Gabriela Szabo)	罗马尼亚	4'05"27
2004	**1. 凯丽·霍姆斯(Kelly Holmes)**	**英国**	**3'57"90**
	2. 塔吉扬娜·托马肖娃(Tatyana Tomashova)	俄罗斯	3'58"12
	3. 玛利亚·希昂坎(Maria Cioncan)	罗马尼亚	3'58"39

3000米

1984	**1. 普伊卡(Maricica Puica)**	**罗马尼亚**	**8'35"96**
	2. 斯莱(Wendy Sly)	英国	8'39"47
	3. 威廉姆斯(Lynn Williams)	加拿大	8'42"14
1988	**1. 萨莫连科(Tatyana Samolenko)**	**苏联**	**8'26"53**
	2. 伊万(Paula Ivan)	罗马尼亚	8'27"15
	3. 默里(Yvonne Murray)	英国	8'29"02
1992	**1. 罗曼诺娃(Yelena Romanova)**	**独联体**	**8'46"04**
	2. 多罗夫斯基赫(Tatyana Dorovskikh)	独联体	8'46"85
	3. 查默斯(Angela Chalmers)	加拿大	8'47"22

5000米

1996	**1. 王军霞**	**中国**	**14'59"88**
	2. 孔加(Pauline Konga)	肯尼亚	15'03"49
	3. 布鲁内特(Roberta Brunet)	意大利	15'07"52
2000	**1. 加布列拉·萨博(Gabriela Szabo)**	**罗马尼亚**	**14'40"79**
	2. 索妮娅·奥沙利文(Sonia O'Sullivan)	爱尔兰	14'41"02
	3. 吉特·瓦米(Gete Wami)	埃塞俄比亚	14'42"23
2004	**1. 梅塞雷特·德法尔(Meseret Defar)**	**埃塞俄比亚**	**14'45"65**
	2. 伊萨贝拉·奥齐齐(Isabella Ochichi)	肯尼亚	14'48"19
	3. 蒂鲁涅什·迪巴巴(Tirunesh Dibaba)	埃塞俄比亚	14'51"83

10000米

1988	**1. 邦达连科(Olga Bondarenko)**	**苏联**	**31'05"21**
	2. 麦科根(Liz McColgan)	英国	31'08"44
	3. 茹皮耶娃(Yelena Zhupiyova)	苏联	31'19"82
1992	**1. 图卢(Derartu Tulu)**	**埃塞俄比亚**	**31'06"02**
	2. 迈耶(Elana Meyer)	南非	31'11"75
	3. 詹宁斯(Lynn Jennings)	美国	31'19"89
1996	**1. 里贝罗(Fernanda Ribeiro)**	**葡萄牙**	**31'01"63**
	2. 王军霞	中国	31'02"58
	3. 瓦米(Gete Wami)	埃塞俄比亚	31'06"65
2000	**1. 德拉尔图·图卢(Derartu Tulu)**	**埃塞俄比亚**	**30'17"49**
	2. 吉特·瓦米(Gete Wami)	埃塞俄比亚	30'22"48
	3. 费尔南达·里贝罗Fernanda Ribeiro)	葡萄牙	30'22"88
2004	**1. 邢慧娜**	**中国**	**30'24"36**
	2. 埃耶加耶胡·迪巴巴(Ejegayehu Dibaba)	埃塞俄比亚	30'24"98
	3. 德拉尔图·图卢(Derartu Tulu)	埃塞俄比亚	30'26"41

马拉松

1984	**1. 贝努瓦(Joan Benoit)**	**美国**	**2h24'52**
	2. 瓦伊茨(Grete Waitz)	挪威	2h26'18
	3. 莫塔(Rosa Mota)	葡萄牙	2h26'57
1988	**1. 莫塔(Rosa Mota)**	**葡萄牙**	**2h25'40**
	2. 马丁(Lisa Martin)	澳大利亚	2h25'53
	3. 德雷(Katrin Dorre)	民主德国	2h26'21
1992	**1. 叶戈罗娃(Valentina Yegorova)**	**独联体**	**2h32'41**
	2. 有森裕子(Arimori Yuko)	日本	2h32'49
	3. 莫勒(Lorraine Moller)	新西兰	2h33'59
1996	**1. 罗巴(Fatuma Roba)**	**埃塞俄比亚**	**2h26'05**
	2. 叶戈罗娃(Valentina Yegorova)	俄罗斯	2h28'05
	3. 有森裕子(Arimori Yuko)	日本	2h28'39
2000	**1. 高桥尚子(Takahashi Naoko)**	**日本**	**2h23'14**
	2. 丽迪娅·埃莲娜·西蒙(Lidia Elena Simon)	罗马尼亚	2h23'22
	3. 乔伊斯·切普琼巴(Joyce Chepchumba)	肯尼亚	2h24'45
2004	**1. 野口水木(Mizuki Noguchi)**	**日本**	**2h26'20**
	2. 凯瑟琳·恩德雷巴(Catherine Ndereba)	肯尼亚	2h26'32
	3. 迪娜·卡斯托尔(Deena Kastor)	美国	2h27'20

100米栏

1972	**1. 埃尔哈特(Anneliese Ehrhardt)**	**民主德国**	**12"59**
	2. 布法努(Valeria Bufanu)	罗马尼亚	12"84
	3. 巴尔策(Karin Balzer)	民主德国	12"90
1976	**1. 沙勒(Johanna Schaller)**	**民主德国**	**12"77**
	2. 阿尼西莫娃(Tatyana Anisimova)	苏联	12"78
	3. 列别杰娃(Natalya Lebedeva)	苏联	12"80
1980	**1. 科米索娃(Vera Komisova)**	**苏联**	**12"56**
	2. 克利尔(Johanna Klier)	民主德国	12"63
	3. 兰格尔(Lucyna Langer)	波兰	12"65
1984	**1. 菲茨杰拉德-布朗(Benita Fitzgerald-Brown)**	**美国**	**12"84**
	2. 斯特朗(Shirley Strong)	英国	12"88
	3. 特纳(Kim Turner)	美国	13"06
	3. 查多内特(Michele Chardonnet)	法国	13"06
1988	**1. 东科娃(Yordanka Donkova)**	**保加利亚**	**12"38**
	2. 西贝特(Gloria Siebert)	民主德国	12"61
	3. 察基维茨(Claudia Zackiewicz)	联邦德国	12"75
1992	**1. 帕图利杜(Paraskevi "Voula" Patoulidou)**	**希腊**	**12"64**
	2. 马丁(LaVonna Martin)	美国	12"69
	3. 东科娃(Yordanka Donkova)	保加利亚	12"70
1996	**1. 恩奎斯特(Ludmila Engquist)**	**瑞典**	**12"58**
	2. 布科维奇(Brigita Bukovec)	斯洛文尼亚	12"59
	3. 基拉尔-莱诺(Patricia Girard-Leno)	法国	12"65
2000	**1. 奥尔加·希希金娜(Olga Shishigina)**	**哈萨克斯坦**	**12"65**
	2. 格罗里娅·阿洛齐(Glory Alozie)	尼日利亚	12"68
	3. 梅里萨·莫里森(Melissa Morrison)	美国	12"76
2004	**1. 琼娜·哈耶斯(Joanna Hayes)**	**美国**	**12"37**
	2. 奥莲娜·克拉索夫斯卡(Olena Krasovska)	乌克兰	12"45
	3. 梅里萨·莫里森(Melissa Morrison)	美国	12"56

400米栏

1984	**1. 穆塔瓦基尔(Nawal El Moutawakil)**	**摩洛哥**	**54"61**
	2. 布朗(Judi Brown)	美国	55"20
	3. 科若卡鲁(Cristeana Cojocaru)	罗马尼亚	55"41
1988	**1. 弗林托夫-金(Debbie Flintoff-King)**	**澳大利亚**	**53"17**
	2. 列多夫斯卡娅(Tatyana Ledovskaya)	苏联	53"18
	3. 菲德勒(Ellen Fiedler)	民主德国	53"63
1992	**1. 冈纳尔(Sally Gunnell)**	**英国**	**53"23**
	2. 法默尔-帕特里克(Sandra Farmer-Patrick)	美国	53"69
	3. 维克斯(Janeene Vickers)	美国	54"31
1996	**1. 亨明斯(Deon Hemmings)**	**牙买加**	**52"82**
	2. 巴顿(Kim Batten)	美国	53"08
	3. 比福德-拜利(Tonja Buford-Bailey)	美国	53"22
2000	**1. 伊琳娜·普里瓦洛娃(Irina Privalova)**	**俄罗斯**	**53"02**
	2. 德昂·亨明斯(Deon Hemmings)	牙买加	53"45
	3. 努扎·比杜安(Nouzha Bidouane)	摩洛哥	53"57
2004	**1. 法妮·哈尔基亚(Fani Halkia)**	**希腊**	**52"82**
	2. 约奥内拉·蒂尔莱亚-马诺拉切(Ionela Tirlea-Manolache)	罗马尼亚	53"38
	3. 特吉扬娜·泰雷斯丘克-安蒂波娃(Tetiana Tereshchuk-Antipova)	乌克兰	53"44

跳高

1972	**1. 迈法特(Ulrike Meyfarth)**	**联邦德国**	**1.92米**
	2. 布拉戈耶娃(Yordanka Blagoeva)	保加利亚	1.88米
	3. 古森鲍尔(Ilona Gusenbauer)	奥地利	1.88米
1976	**1. 阿克曼(Rosemarie Ackermann)**	**民主德国**	**1.93米**
	2. 西梅奥尼(Sara Simeoni)	意大利	1.91米
	3. 布拉戈耶娃(Yordanka Blagoeva)	保加利亚	1.91米
1980	**1. 西梅奥尼(Sara Simeoni)**	**意大利**	**1.97米**
	2. 基尔兰(Urszula Kielan)	波兰	1.94米
	3. 基斯特(Jutta Kirst)	民主德国	1.94米
1984	**1. 迈法特(Ulrike Meyfarth)**	**联邦德国**	**2.02米**
	2. 西梅奥尼(Sara Simeoni)	意大利	2.00米
	3. 亨特利(Joni Huntley)	美国	1.97米
1988	**1. 里特(Louise Ritter)**	**美国**	**2.03米**
	2. 科斯塔迪诺娃(Stefka Kostadinova)	保加利亚	2.01米
	3. 贝科娃(Tamara Bykova)	苏联	1.99米
1992	**1. 亨克尔(Heike Henkel)**	**德国**	**2.02米**
	2. 阿斯塔菲(Alina Astafei)	罗马尼亚	2.00米
	3. 金特罗(Ioamnet Quintero)	古巴	1.97米
1996	**1. 科斯塔迪诺娃(Stefka Kostadinova)**	**保加利亚**	**2.05米**
	2. 巴科基阿尼(Niki Bakogianni)	希腊	2.03米
	3. 巴巴科娃(Inga Babakova)	乌克兰	2.01米
2000	**1. 叶莲娜·叶列西娜(Yelena Yelesina)**	**俄罗斯**	**2.01米**
	2. 海斯特里·克罗特(Hestrie Cloete)	南非	2.01米
	3. 卡伊萨·贝格奎斯特(Kajsa Bergqvist)	瑞典	1.99米
	3. 奥娜·玛努埃拉·潘特里蒙(Oana Manuela Pantelimon)	罗马尼亚	1.99米
2004	**1. 叶莲娜·斯列萨连科(Yelena Slesarenko)**	**俄罗斯**	**2.06米**
	2. 海斯特里·克罗特(Hestrie Cloete)	南非	2.02米
	3. 维多利亚·斯蒂约皮娜(Viktoriya Styopina)	罗马尼亚	2.02米

撑竿跳高

2000	**1. 斯塔西·德拉吉拉(Stacy Dragila)**	**美国**	**4.60米**
	2. 塔吉亚娜·格里戈里耶娃(Tatiana Grigorieva)	澳大利亚	4.55米
	3. 瓦拉·弗洛萨多蒂尔(Vala Flosadottir)	冰岛	4.50米
2004	**1. 叶莲娜·伊辛巴耶娃(Yelena Isinbayeva)**	**俄罗斯**	**4.91米**
	2. 斯维特兰娜·费奥法诺娃(Svetlana Feofanova)	俄罗斯	4.75米
	3. 安娜·罗格维斯卡(Anna Rogowska)	波兰	4.70米

跳远

1972	**1. 罗森达尔(Heide Rosendahl)**	**联邦德国**	**6.78米**
	2. 约尔戈娃(Diana Yorgova)	保加利亚	6.77米
	3. 苏兰诺娃(Eva Suranova)	捷克斯洛伐克	6.67米
1976	**1. 福格特(Angela Voigt)**	**民主德国**	**6.72米**
	2. 麦克米伦(Kathy McMillan)	美国	6.66米
	3. 阿尔费耶娃(Lidiya Alfeyeva)	苏联	6.60米
1980	**1. 科尔帕科娃(Tatyana Kolpakova)**	**苏联**	**7.06米**
	2. 维亚克(Brigitte Wujak)	民主德国	7.04米
	3. 斯卡奇科(Tatyana Skatchko)	苏联	7.01米
1984	**1. 库什米尔-斯坦丘(Anisoara Cusmir-Stanciu)**	**罗马尼亚**	**6.96米**
	2. 约内斯库(Valy Ionescu)	罗马尼亚	6.81米
	3. 赫恩肖(Sue Hearnshaw)	英国	6.80米
1988	**1. 乔伊纳-克西(Jackie Joyner-Kersee)**	**美国**	**7.40米**
	2. 德雷克斯勒(Heike Drechsler)	民主德国	7.22米
	3. 奇斯佳科娃(Galina Chistyakova)	苏联	7.11米
1992	**1. 德雷克斯勒(Heike Drechsler)**	**德国**	**7.14米**
	2. 克拉维茨(Inessa Kravets)	独联体	7.12米
	3. 乔伊纳-克西(Jackie Joyner-Kersee)	美国	7.07米
1996	**1. 阿朱尼瓦(Chioma Ajunwa)**	**尼日利亚**	**7.12米**
	2. 马伊(Fiona May)	意大利	7.02米
	3. 乔伊纳-克西(Jackie Joyner-Kersee)	美国	7.00米
2000	**1. 海克·德雷克斯勒(Heike Drechsler)**	**德国**	**6.99米**
	2. 菲奥娜·梅(Fiona May)	意大利	6.92米
	3. 马里昂·琼斯(Marion Jones)	美国	6.92米
2004	**1. 塔吉扬娜·列别杰娃(Tatyana Lebedeva)**	**俄罗斯**	**7.07米**
	2. 伊琳娜·西玛吉娜(Irina Simagina)	俄罗斯	7.05米
	3. 塔吉扬娜·科托娃(Tatyana Kotova)	俄罗斯	7.05米

三级跳远

1996	**1. 克拉维茨(Inessa Kravets)**	**乌克兰**	**15.33米**
	2. 拉索夫斯卡娅(Inna Lasovskaya)	俄罗斯	14.98米
	3. 卡斯帕科娃(Sarka Kasparkova)	捷克共和国	14.98米
2000	**1. 特雷萨·马里诺娃(Tereza Marinova)**	**保加利亚**	**15.20米**
	2. 塔吉亚娜·勒贝杰娃(Tatiana Lebedeva)	俄罗斯	15.00米
	3. 奥列娜·霍沃罗娃(Olena Hovdrova)	乌克兰	14.96米
2004	**1. 弗朗索瓦·姆邦戈·埃托内(Francoise Mbango Etone)**	**喀麦隆**	**15.30米**
	2. 赫里索皮伊·德维茨(Hrysopiyi Devetzi)	希腊	15.25米
	3. 塔吉扬娜·列别杰娃(Tatiana Lebedeva)	俄罗斯	15.14米

铅球

1972	**1. 奇若娃(Nadezhda Chizhova)**	**苏联**	**21.03米**
	2. 古默尔(Margitta Gummel)	民主德国	20.22米
	3. 克里斯托娃(Ivanka Khristova)	保加利亚	19.35米
1976	**1. 克里斯托娃(Ivanka Khristova)**	**保加利亚**	**21.16米**
	2. 奇诺娃(Nadezhda Chizhova)	苏联	20.96米
	3. 菲宾盖罗娃(Helena Fibingerova)	捷克斯洛伐克	20.67米
1980	**1. 斯卢皮亚内克(Ilona Slupianek)**	**民主德国**	**22.41米**
	2. 克拉切夫斯卡娅(Svetlana Krachevskaya)	苏联	21.42米
	3. 普费(Margitta Pufe)	民主德国	21.20米
1984	**1. 洛施(Claudia Losch)**	**联邦德国**	**20.48米**
	2. 洛金(Mihaela Loghin)	罗马尼亚	20.47米
	3. 马丁(Gael Martin)	澳大利亚	19.19米
1988	**1. 利索夫斯卡娅(Natalya Lisovskaya)**	**苏联**	**22.24米**
	2. 奈姆克(Kathrin Neimke)	民主德国	21.07米
	3. 李梅素	中国	21.06米
1992	**1. 克里维廖娃(Svetlana Krivelyova)**	**独联体**	**21.06米**
	2. 黄志红	中国	20.47米
	3. 奈姆克(Kathrin Neimke)	德国	19.78米
1996	**1. 孔贝尔努斯(Astrid Kumbernuss)**	**德国**	**20.56米**
	2. 隋新梅	中国	19.88米
	3. 胡多罗日基娜(Irina Khudorozhkina)	俄罗斯	19.35米
2000	**1. 雅妮娜·科洛尔奇克(Yanina Korolchik)**	**白俄罗斯**	**20.56米**
	2. 拉里萨·佩里申科(Larisa Peleshenko)	俄罗斯	19.92米
	3. 阿斯特里德·孔贝尔努斯(Astrid Kumbernuss)	德国	19.62米

2004	1.	**尤米雷迪·坎巴(Yumileidi Cumba)**	**古巴**	**19.59米**
	2.	纳迪恩·克莱因纳特(Nadine Kleinert)	德国	19.55米
	3.	斯维特兰娜·克里维廖娃(Svetlana Krivelyova)	俄罗斯	19.49米

铁饼

1972	1.	**梅尔尼克(Faina Melnik)**	**苏联**	**66.62米**
	2.	麦尼斯(Argentina Menis)	罗马尼亚	65.06米
	3.	斯托耶娃(Vasilka Stoeva)	保加利亚	64.34米
1976	1.	**施拉克(Evelin Schlaak)**	**民主德国**	**69.00米**
	2.	韦戈娃(Maria Vergova)	保加利亚	67.30米
	3.	辛茨曼(Gabriele Hinzmann)	民主德国	66.84米
1980	1.	**施拉克-雅尔(Evelin Schlaak-Jahl)**	**民主德国**	**69.96米**
	2.	佩特科娃(Maria Petkova)	保加利亚	67.90米
	3.	列索瓦娅(Tatyana Lesovaya)	苏联	67.40米
1984	1.	**斯塔尔曼(Ria Stalman)**	**荷兰**	**65.36米**
	2.	德尼兹(Leslie Deniz)	美国	64.86米
	3.	克拉丘内斯库(Florenta Craciunescu)	罗马尼亚	63.64米
1988	1.	**黑尔曼(Martina Hellmann)**	**民主德国**	**72.30米**
	2.	甘斯基(Diana Gansky)	民主德国	71.88米
	3.	赫里斯托娃(Tsvetanka Khristova)	保加利亚	69.74米
1992	1.	**马尔腾(Maritza Marten)**	**古巴**	**70.06米**
	2.	赫里斯托娃(Tsvetanka Khristova)	保加利亚	67.78米
	3.	科斯蒂安(Daniela Costian)	澳大利亚	66.24米
1996	1.	**乌卢达(Ilke Wyludda)**	**德国**	**69.66米**
	2.	萨多娃(Natalya Sadova)	俄罗斯	66.48米
	3.	兹韦列娃(Ellina Zvereva)	白俄罗斯	65.64米
2000	1.	**埃琳娜·兹维列娃(Ellina Zvereva)**	**白俄罗斯**	**68.40米**
	2.	安娜斯塔西娅·科利西多(Anastasia Kelesidou)	希腊	65.71米
	3.	伊琳娜·亚申科(Irina Yatchenko)	白俄罗斯	65.20米
2004	1.	**娜塔丽娅·萨多娃(Natalya Sadova)**	**俄罗斯**	**67.02米**
	2.	安娜斯塔西娅·科利西多(Anastasia Kelesidou)	希腊	66.68米
	3.	伊琳娜·亚申科(Irina Yatchenko)	白俄罗斯	66.17米

链球

2000	1.	**卡米拉·斯科利莫夫斯卡(Kamila Skolimowska)**	**波兰**	**71.16米**
	2.	奥尔加·库岑科娃(Olga Kuzenkova)	俄罗斯	69.77米
	3.	基尔斯滕·穆恩乔(Kirsten Muenchow)	德国	69.28米
2004	1.	**奥尔加·库岑科娃(Olga Kuzenkova)**	**俄罗斯**	**75.02米**
	2.	伊普西·莫雷诺(Yipsi Moreno)	古巴	73.36米
	3.	尤奈卡·克劳福德(Yunaika Crawford)	古巴	73.16米

标枪

1972	1.	**富克斯(Ruth Fuchs)**	**民主德国**	**63.88米**
	2.	托滕(Jacqueline Todten)	民主德国	62.54米
	3.	施米特(Kate Schmidt)	美国	59.94米
1976	1.	**富克斯(Ruth Fuchs)**	**民主德国**	**65.94米**
	2.	贝克尔(Marion Becker)	联邦德国	64.70米
	3.	施米特(Kate Schmidt)	美国	63.96米
1980	1.	**鲁埃涅斯(Maria Caridad Colon-Ruenes)**	**古巴**	**68.40米**
	2.	贡芭(Saida Gunba)	苏联	67.76米
	3.	霍莫拉(Ute Hommola)	民主德国	66.56米
1984	1.	**桑德森(Tessa Sanderson)**	**英国**	**69.56米**
	2.	莉拉克(Tiina Lillak)	芬兰	69.00米
	3.	惠特布雷德(Fatima Whitbread)	英国	67.14米
1988	1.	**费尔克(Petra Felke)**	**民主德国**	**74.68米**
	2.	惠特布雷德(Fatima Whitbread)	英国	70.32米
	3.	科赫(Beate Koch)	民主德国	67.30米
1992	1.	**伦克(Silke Renk)**	**德国**	**68.34米**
	2.	希科连科(Natalya Shikolenko)	独联体	68.26米
	3.	福克尔(Karen Forkel)	德国	66.86米
1996	1.	**兰塔宁(Heli Rantanen)**	**芬兰**	**67.94米**
	2.	迈克保(Louise McPaul)	澳大利亚	65.54米
	3.	哈特斯塔德(Trine Hattestad)	挪威	64.98米
2000	1.	**特琳·哈特斯塔德(Trine Hattestad)**	**挪威**	**68.91米**
	2.	米雷拉·玛尼亚尼-泽里里(Mirella Maniani-Tzelili)	希腊	67.51米
	3.	奥斯雷迪娅·梅南德斯(Osleidys Menedez)	古巴	66.18米
2004	1.	**奥斯雷迪斯·梅南德斯(Osleidys Menedez)**	**古巴**	**71.53米**
	2.	斯泰菲·奈柳斯(Steffi Nerius)	德国	65.82米
	3.	米雷拉·玛尼亚尼-泽里里(Mirella Maniani-Tzelili)	希腊	64.29米

五项全能

1972	1.	**彼得斯(Mary Peters)**	**英国**	**4801分**
	2.	罗森达尔(Heide Rosendahl)	联邦德国	4791分
	3.	波拉克(Burglinde Pollak)	民主德国	4768分
1976	1.	**西格尔(Siegrun Siegl)**	**民主德国**	**4745分**
	2.	拉泽尔(Christine Laser)	民主德国	4745分
	3.	波拉克(Burglinde Pollak)	民主德国	4740分
1980	1.	**特卡琴科(Nadezhda Tkachenko)**	**苏联**	**5083分**
	2.	鲁卡维什尼科娃(Olga Rukavishnikova)	苏联	4937分
	3.	库拉金娜(Olga Kuragina)	苏联	4875分

七项全能

1984	1.	**纳恩(Glynis Nunn)**	**澳大利亚**	**6390分**
	2.	乔伊纳(Jackie Joyner)	美国	6385分
	3.	埃弗茨(Sabine Everts)	联邦德国	6363分
1988	1.	**乔伊纳-克西(Jackie Joyner-Kersee)**	**美国**	**7291分**
	2.	约翰(Sabine John)	民主德国	6897分
	3.	贝梅尔(Anke Behmer)	民主德国	6858分
1992	1.	**乔伊纳-克西(Jackie Joyner-Kersee)**	**美国**	**7044分**
	2.	别洛娃(Irina Belova)	独联体	6845分
	3.	布劳恩(Sabine Braun)	德国	6649分

1996	1.	**舒娅(Ghada Shouaa)**	**叙利亚**	**6780分**
	2.	萨扎诺维奇(Natalya Sazanovich)	白俄罗斯	6563分
	3.	刘易斯(Denise Lewis)	英国	6489分
2000	1.	**丹尼斯·刘易斯(Denise Lewis)**	**英国**	**6584分**
	2.	叶莲娜·普罗霍罗娃(Yelena Prokhorova)	俄罗斯	6531分
	3.	娜塔丽娅·萨扎诺维奇(Natalya Sazanovich)	白俄罗斯	6527分
2004	1.	**卡罗丽娜·克鲁弗特(Carolina Kluft)**	**瑞典**	**6592分**
	2.	奥斯特拉·斯库吉特(Austra Skujyte)	立陶宛	6435分
	3.	凯丽·索瑟顿(Kelly Sotherton)	英国	6424分

4×100米接力

1972	1.	**联邦德国队**	**42"81**
	2.	民主德国队	42"95
	3.	古巴队	43"36
1976	1.	**民主德国队**	**42"55**
	2.	联邦德国队	42"59
	3.	苏联队	43"09
1980	1.	**民主德国队**	**41"60**
	2.	苏联队	42"10
	3.	英国队	42"43
1984	1.	**美国队**	**41"65**
	2.	加拿大队	42"77
	3.	英国队	43"11
1988	1.	**美国队**	**41"98**
	2.	民主德国队	42"09
	3.	苏联队	42"75
1992	1.	**美国队**	**42"11**
	2.	独联体队	42"16
	3.	尼日利亚队	42"81
1996	1.	**美国队**	**41"95**
	2.	巴哈马队	42"14
	3.	牙买加队	42"24
2000	1.	**巴哈马队**	**41"95**
	2.	牙买加队	42"13
	3.	美国队	42"20
2004	1.	**牙买加队**	**41"73**
	2.	俄罗斯队	42"27
	3.	法国队	42"54

4×400米接力

1972	1.	**民主德国队**	**3'22"95**
	2.	美国队	3'25"15
	3.	联邦德国队	3'26"51
1976	1.	**民主德国队**	**3'19"23**
	2.	美国队	3'22"81
	3.	苏联队	3'24"24
1980	1.	**苏联队**	**3'20"12**
	2.	民主德国队	3'20"35
	3.	英国队	3'27"5
1984	1.	**美国队**	**3'18"29**
	2.	加拿大队	3'21"21
	3.	联邦德国队	3'22"98
1988	1.	**苏联队**	**3'15"18**
	2.	美国队	3'15"51
	3.	民主德国队	3'18"29
1992	1.	**独联体队**	**3'20"20**
	2.	美国队	3'20"92
	3.	英国队	3'24"23
1996	1.	**美国队**	**3'20"91**
	2.	尼日利亚队	3'21"04
	3.	德国队	3'21"14
2000	1.	**美国队**	**3'22"62**
	2.	牙买加队	3'23"25
	3.	俄罗斯队	3'23"46
2004	1.	**美国队**	**3'19"01**
	2.	俄罗斯队	3'20"16
	3.	牙买加队	3'22"00

10公里竞走

1992	1.	**陈跃玲**	**中国**	**44'32**
	2.	尼古拉耶娃(Yelena Nikolayeva)	独联体	44'33
	3.	李春秀	中国	44'41
1996	1.	**尼古拉耶娃(Yelena Nikolayeva)**	**俄罗斯**	**41'49**
	2.	佩罗内(Elisabetta Perrone)	意大利	42'12
	3.	王妍	中国	42'19

20公里竞走

2000	1.	**王丽萍**	**中国**	**1h29'05**
	2.	克耶尔斯蒂·普莱策(Kjersti Tysse Platzer)	挪威	1h29'33
	3.	玛利亚·瓦斯科(Maria Vasco)	西班牙	1h30'23
2004	1.	**阿塔娜西娅·特索梅利卡(Athanasia Tsoumeleka)**	**希腊**	**1h29'12**
	2.	奥林匹亚达·伊万诺娃(Olimpiada Ivanova)	俄罗斯	1h29'16
	3.	珍·萨维尔(Jane Saville)	澳大利亚	1h29'25

男子赛艇(ROWING-men)

单人双桨

1972	1.	**马利舍夫(Yuriy Malishev)**	**苏联**	**7'10"12**
	2.	德米迪(Alberto Demiddi)	阿根廷	7'11"53
	3.	居尔登菲尼希(Wolfgang Guldenpfennig)	民主德国	7'14"45
1976	1.	**卡皮南(Pertti Karppinen)**	**芬兰**	**7'29"03**

	2.	科尔贝(Peter-Michael Kolbe)	联邦德国	7'31"67
	3.	德莱夫克(Joachim Dreifke)	民主德国	7'38"03
1980	1.	**卡皮南(Pertti Karppinen)**	**芬兰**	**7'09"61**
	2.	亚库沙(Vasiliy Yakusha)	苏联	7'11"66
	3.	克尔斯滕(Peter Kersten)	民主德国	7'14"88
1984	1.	**卡皮南(Pertti Karppinen)**	**芬兰**	**7'00"24**
	2.	科尔贝(Peter Michael Kolbe)	联邦德国	7'02"19
	3.	米尔斯(Robert Mills)	加拿大	7'10"38
1988	1.	**朗格(Thomas Lange)**	**民主德国**	**6'49"86**
	2.	科尔贝(Peter Michael Kolbe)	联邦德国	6'54"77
	3.	弗登克(Eric Verdonk)	新西兰	6'58"66
1992	1.	**朗格(Thomas Lange)**	**德国**	**6'51"40**
	2.	查卢帕(Vaclav Chalupa)	捷克斯洛伐克	6'52"93
	3.	布罗涅夫斯基(Kajetan Broniewski)	波兰	6'56"82
1996	1.	**穆勒(Xeno Muller)**	**瑞士**	**6'44"85**
	2.	波特(Derek Porter)	加拿大	6'47"45
	3.	朗格(Thomas Lange)	德国	6'47"72
2000	1.	**罗布·瓦戴尔(Rob Waddell)**	**新西兰**	**6'48"90**
	2.	塞诺·穆勒(Xeno Mueller)	瑞士	6'50"55
	3.	马塞尔·哈克尔(Marcel Hacker)	德国	6'50"83
2004	1.	**奥拉夫·图弗特(Olaf Tufte)**	**挪威**	**6'49"30**
	2.	朱埃里·詹森(Jueri Jaanson)	爱沙尼亚	6'51"42
	3.	伊沃·亚纳奇耶夫(Ivo Yanakiev)	保加利亚	6'52"80

双人单桨无舵手

1972	1.	**布里茨克(Siegfried Brietzke)-马格尔(Wolfgang Mager)**	**民主德国**	6'53"16
	2.	菲舍尔(Heinrich Fischer)-巴赫曼(Alfred Bachmann)	瑞士	6'57"06
	3.	勒伊宁伯格(Roelof Luynenburg)-斯托克菲斯(Ruud Stokvis)	荷兰	6'58"70
1976	1.	**约·兰德福格特(Jorg Landvoigt)-贝·兰德福格特(Bernd Landvoigt)**	**民主德国**	**7'23"31**
	2.	科菲(Calvin Coffey)-斯坦斯(Michael Staines)	美国	7'26"73
	3.	范罗伊(Peter van Roye)-施特劳斯(Thomas Strauss)	联邦德国	7'30"03
1980	1.	**约·兰德福格特(Jorg Landvoigt)-贝·兰德福格特(Bernd Landvoigt)**	**民主德国**	6'48"01
	2.	尤·皮缅诺夫(Yuriy Pimenov)-尼·皮缅诺夫(Nikolay Pimenov)	苏联	6'50"50
	3.	威金(Charles Wiggin)-卡迈克尔(Malcolm Carmichael)	英国	6'51"47
1984	1.	**约苏比(Petru Iosub)-托玛(ValerToma)**	**罗马尼亚**	**6'45"39**
	2.	克里蒙特(Fernando Climent)-拉叙尔特居(Luis Maria Lasurtegui)	西班牙	6'48"47
	3.	格雷普佩鲁(Hans Magnus Grepperud)-勒肯(Sverre Loken)	挪威	6'51"81
1988	1.	**霍尔姆斯(Andy Holmes)-雷德格拉夫(Steve Redgrave)**	**英国**	**6'36"84**
	2.	内阿古(Dragos Neagu)-杜布雷(Danut Dobre)	罗马尼亚	6'38"06
	3.	普雷塞恩(Bojan Preseren)-穆伊基奇(Sadik Mujkic)	南斯拉夫	6'41"01
1992	1.	**雷德格拉夫(Steve Redgrave)-平森特(Matthew Pinsent)**	**英国**	**6'27"72**
	2.	冯埃廷豪森(Colin von Ettingshausen)-赫尔岑拜因(Peter Holtzenbein)	德国	6'32"68
	3.	兹韦格利(Denis Zvegelj)-科普(Iztok Cop)	斯洛文尼亚	6'33"43
1996	1.	**平森特(Matthew Pinsent)-雷德格拉夫(Steve Redgrave)**	**英国**	**6'20"09**
	2.	斯科特(Robert Scott)-维特曼(David Weightman)	澳大利亚	6'21"02
	3.	安德里厄(Michel Andrieux)-罗朗(Jean-Christophe Rolland)	法国	6'22"15
2000	1.	**米切尔·安德里厄(Michel Andrieux)-让·克里斯托弗·罗朗(Jean-Christophe Rolland)**	**法国**	**6'32"97**
	2.	泰德·默菲(Ted Murphy)-塞巴斯蒂安·比亚(Sebastian Bea)	美国	6'33"80
	3.	马修·隆(Matthew Long)-詹姆斯·托姆肯斯(James Tomkins)	澳大利亚	6'34"26
2004	1.	**德鲁·金(Drew Ginn)-詹姆斯·托姆肯斯(James Tomkins)**	**澳大利亚**	**6'30"76**
	2.	西尼萨·斯凯林(Sinisa Skelin)-尼克萨·斯凯林(Niksa Skelin)	克罗地亚	6'32"64
	3.	多诺万·塞赫(Donovan Cech)-拉蒙·迪克莱门特(Ramon di Clemente)	南非	6'33"40

轻量级双人双桨

1996	1.	**马·吉尔(Markus Gier)-米·吉尔(Michael Gier)**	**瑞士**	**6'23"47**
	2.	阿尔德维因(Pepijn Aardewijn)-范德尔林登(Maarten van der Linden)	荷兰	6'26"48
	3.	爱德华兹(Anthony Edwards)-希科(Bruce Hick)	澳大利亚	6'26"69
2000	1.	**罗伯特·希茨(Robert Sycz)-托马斯·库哈尔斯基(Tomasz Kucharski)**	**波兰**	**6'21"75**
	2.	埃里亚·路易尼(Elia Luini)-莱昂纳多·佩蒂纳里(Leonardo Pettinari)	意大利	6'23"47
	3.	帕斯卡尔·图隆(Pascal Touron)-蒂博·沙佩耶(Thibaud Chapelle)	法国	6'24"85
2004	1.	**塞巴斯蒂安·维耶丹(Sebastien Vieilledent)-阿德里安·阿尔迪(Adrien Hardy)**	**法国**	**6'29"00**
	2.	卢卡·斯皮克(Luka Spik)-伊兹托克·考普(Iztok Cop)	斯洛文尼亚	6'31"27
	3.	罗萨诺·加尔塔罗萨(Rossano Galtarossa)-阿莱西奥·萨托里(Alessio Sartori)	意大利	6'32"93

双人双桨

1972	1.	**季莫申宁(Aleksandr Timoshinin)-科尔希科夫(Gennadiy Korshikov)**	**苏联**	7'01"77
	2.	汉森(Frank Hansen)-托格森(Svein Thogersen)	挪威	7'02"58
	3.	伯默尔(Joachim Bohmer)-施米德(Hans-Ulrich Schmied)	民主德国	7'05"55
1976	1.	**弗·汉森(Frank Hansene)-阿·汉森(Alf Hansen)**	**挪威**	**7'13"20**
	2.	贝利厄(Chris Baillieu)-哈特(Michael Hart)	英国	7'15"26
	3.	施米德(Hans-Ulrich Schmied)-贝尔托(Jurgen Bertow)	民主德国	7'17"45
1980	1.	**德赖弗克(Joachim Dreifke)-克罗佩利恩(Klaus Kroppelien)**	**民主德国**	**6'24"33**
	2.	潘西奇(Zoran Pancic)-斯坦努洛夫(Milorad Stanulov)	南斯拉夫	6'26"34
	3.	佩卡(Zdenek Pecka)-沃霍斯卡(Vaclav Vochoska)	捷克斯洛伐克	6'29"07
1984	1.	**刘易斯(Bradley Lewis)-恩奎斯特(Paul Enquist)**	**美国**	**6'36"87**
	2.	德洛夫(Pierre-Marie Deloof)-克鲁斯(Dirk Crois)	比利时	6'38"19
	3.	潘契奇(Zoran Pancic)-斯塔努洛夫(Milorad Stanulov)	南斯拉夫	6'39"59
1988	1.	**弗洛雷恩(Ronald Florijn)-林克斯(Nicolaas Rienks)**	**荷兰**	**6'21"13**
	2.	施韦茨曼(Beat Schwerzmann)-博登曼(Ueli Bodenmann)	瑞士	6'22"59
	3.	马尔琴科(Aleksandr Marchenko)-亚库沙(Vasiliy Yakusha)	苏联	6'22"87
1992	1.	**霍金斯(Stephen Hawkins)-安托尼(Peter Antonie)**	**澳大利亚**	**6'17"32**
	2.	泽布斯特(Christoph Zerbst)-永克(Arnold Jonke)	奥地利	6'18"42
	3.	兹沃尔(Henk-Jan Zwolle)-林克斯(Nicolaas Rienks)	荷兰	6'22"82
1996	1.	**阿巴尼亚莱(Agostino Abbagnale)-蒂扎诺(Davide Tizzano)**	**意大利**	6'16"98
	2.	斯托塞特(Steffen Skar Stoerseth)-温德塞特(Kjetil Undset)	挪威	6'18"42
	3.	巴拉泰(Samuel Barathay)-科瓦尔(Frederic Kowal)	法国	6'19"85
2000	1.	**卢卡·斯皮克(Luka Spik)-伊兹托克·考普(Iztok Cop)**	**斯洛文尼亚**	**6'16"63**
	2.	奥拉夫·图弗特(Olaf Tufte)-弗雷德里克·贝肯(Fredrik Bekken)	挪威	6'17"98
	3.	乔瓦尼·加拉布雷西(Giovanni Calabrese)-尼科拉·萨托里(Nicola Sartori)	意大利	6'20"49
2004	1.	**罗伯特·希茨(Robert Sycz)-托马斯·库哈尔斯基(Tomasz Kucharski)**	**波兰**	**6'20"93**
	2.	帕斯卡尔·图隆(Pascal Touron)-(弗雷德里克·迪福尔(Frederic Dufour)	法国	6'21"46
	3.	瓦西雷奥斯·波利梅罗斯(Vasileios Polymeros)-尼科拉奥斯·斯齐亚西迪斯(Nikolaos Skiathitis)	希腊	6'23"23

四人单桨无舵手 (轻量级)

1996	1.	**丹麦队**	**6'09"58**
	2.	加拿大队	6'10"13
	3.	美国队	6'12"29
2000	1.	**法国队**	**6'01"68**
	2.	澳大利亚队	6'02"09
	3.	丹麦队	6'03"51
2004	1.	**丹麦队**	**6'01"39**
	2.	澳大利亚队	6'02"79
	3.	意大利队	6'03"74

四人单桨无舵手

1972	1.	**民主德国队**	**6'24"27**
	2.	新西兰队	6'25"64
	3.	联邦德国队	6'28"41
1976	1.	**民主德国队**	**6'37"42**
	2.	挪威队	6'41"22
	3.	苏联队	6'42"52
1980	1.	**民主德国队**	**6'08"17**
	2.	苏联队	6'11"81
	3.	英国队	6'16"58
1984	1.	**新西兰队**	**6'03"48**
	2.	美国队	6'06"10
	3.	丹麦队	6'07"72
1988	1.	**民主德国队**	**6'03"11**
	2.	美国队	6'05"53
	3.	联邦德国队	6'06"22
1992	1.	**澳大利亚队**	**5'55"04**
	2.	美国队	5'56"68
	3.	斯洛文尼亚队	5'58"24
1996	1.	**澳大利亚队**	**6'06"37**
	2.	法国队	6'07"03
	3.	英国队	6'07"28
2000	1.	**英国队**	**5'56"24**
	2.	意大利队	5'56"62
	3.	澳大利亚队	5'57"61
2004	1.	**英国队**	**6'06"98**
	2.	加拿大队	6'07"06
	3.	意大利队	6'10"41

四人双桨

1976	1.	**民主德国队**	**6'18"65**
	2.	苏联队	6'19"89
	3.	捷克斯洛伐克队	6'21"77
1980	1.	**民主德国队**	**5'49"81**
	2.	苏联队	5'51"47
	3.	保加利亚队	5'52"38
1984	1.	**联邦德国队**	**5'57"55**
	2.	澳大利亚队	5'57"98
	3.	加拿大队	5'59"07
1988	1.	**意大利队**	**5'53"37**
	2.	挪威队	5'55"08
	3.	民主德国队	5'56"13
1992	1.	**德国队**	**5'45"17**
	2.	挪威队	5'47"09
	3.	意大利队	5'47"33
1996	1.	**德国队**	**5'56"93**
	2.	美国队	5'59"10
	3.	澳大利亚队	6'01"65
2000	1.	**意大利队**	**5'45"56**
	2.	荷兰队	5'47"91
	3.	德国队	5'48"64
2004	1.	**俄罗斯队**	**5'56"85**
	2.	捷克共和国队	5'57"43
	3.	乌克兰队	5'58"87

八人单桨有舵手

1972	1.	**新西兰队**	**6'08"94**
	2.	美国队	6'11"61
	3.	民主德国队	6'11"67
1976	1.	**民主德国队**	**5'58"29**
	2.	英国队	6'00"82
	3.	新西兰队	6'03"51
1980	1.	**民主德国队**	**5'49"05**
	2.	英国队	5'51"92
	3.	苏联队	5'52"66
1984	1.	**加拿大队**	**5'41"32**
	2.	美国队	5'41"74
	3.	澳大利亚队	5'43"40
1988	1.	**联邦德国队**	**5'46"05**
	2.	苏联队	5'48"01
	3.	美国队	5'48"26
1992	1.	**加拿大队**	**5'29"53**
	2.	罗马尼亚队	5'29"67
	3.	德国队	5'31"00
1996	1.	**荷兰队**	**5'42"74**
	2.	德国队	5'44"58
	3.	俄罗斯队	5'45"77
2000	1.	**英国队**	**5'33"08**
	2.	澳大利亚队	5'33"88
	3.	克罗地亚队	5'34"85
2004	1.	**美国队**	**5'42"48**
	2.	荷兰队	5'43"75
	3.	澳大利亚队	5'45"38

双人单桨有舵手

1972	1.	**民主德国**	**6'53"16**
	2.	瑞士	6'57"06
	3.	荷兰	6'58"70
1976	1.	**民主德国队**	**7'58"99**
	2.	苏联队	8'01"82
	3.	捷克斯洛伐克队	8'03"28
1980	1.	**民主德国队**	**7'02"54**
	2.	苏联队	7'03"35
	3.	南斯拉夫队	7'04"92
1984	1.	**意大利队**	**7'05"99**
	2.	罗马尼亚队	7'11"21
	3.	美国队	7'12"81
1988	1.	**意大利队**	**6'58"79**
	2.	民主德国队	7'00"63
	3.	英国队	7'01"95
1992	1.	**英国队**	**6'49"83**
	2.	意大利队	6'50"98
	3.	罗马尼亚队	6'51"58

四人单桨有舵手

1972	1.	**联邦德国队**	**6'31"85**
	2.	民主德国队	6'33"30
	3.	捷克斯洛伐克队	6'35"64
1976	1.	**苏联队**	**6'40"22**
	2.	民主德国队	6'42"70
	3.	联邦德国队	6'46"96
1980	1.	**民主德国队**	**6'14"51**
	2.	苏联队	6'19"05
	3.	波兰队	6'22"52
1984	1.	**英国队**	**6'18"64**
	2.	美国队	6'20"28
	3.	新西兰队	6'23"68
1988	1.	**民主德国队**	**6'10"74**
	2.	罗马尼亚队	6'13"58
	3.	新西兰队	6'15"78
1992	1.	**罗马尼亚队**	**5'59"37**
	2.	德国队	6'00"34
	3.	波兰队	6'03"27

女子赛艇(ROWING-women)

单人双桨

1976	1.	**沙伊布利希(Christine Scheiblich)**	**民主德国**	**4'05"56**
	2.	林德(Joan Lind)	美国	4'06"21
	3.	安东诺娃(Yelena Antonova)	苏联	4'10"24
1980	1.	**托马(Sanda Toma)**	**罗马尼亚**	**3'40"69**
	2.	玛希娜(Antonina Makhina)	苏联	3'41"65
	3.	施勒特尔(Martina Schroter)	民主德国	3'43"54
1984	1.	**拉奇勒(Valeria Racila)**	**罗马尼亚**	**3'40"68**
	2.	吉尔(Charlotte Geer)	美国	3'43"89
	3.	阿塞布鲁克(Ann Haesebrouck)	比利时	3'45"72
1988	1.	**贝伦特(Jutta Behrendt)**	**民主德国**	**7'47"19**
	2.	马登(Anne Marden)	美国	7'50"28
	3.	格奥尔基耶娃(Magdalena Georgieva)	保加利亚	7'53"65
1992	1.	**利帕(Elisabeta Lipa)**	**罗马尼亚**	**7'25"54**
	2.	布雷德尔(Annelies Bredael)	比利时	7'26"64
	3.	劳曼(Silken Laumann)	加拿大	7'28"85
1996	1.	**霍多托维奇(Yekaterina Khodotovich)**	**白俄罗斯**	**7'32"21**
	2.	劳曼(Silken Laumann)	加拿大	7'35"15
	3.	汉森(Trine Hansen)	丹麦	7'37"20
2000	1.	**叶卡杰琳娜·卡尔斯滕(Yekaterina Karsten)**	**白俄罗斯**	**7'28"14**
	2.	鲁米亚娜·内科娃(Rumyana Neykova)	保加利亚	7'28"15
	3.	卡特琳·鲁茨乔(Katrin Rutschow-Stomporowski)	德国	7'28"29
2004	1.	**卡特琳·鲁茨乔(Katrin Rutschow-Stomporowski)**	**德国**	**7'18"12**
	2.	叶卡杰琳娜·卡尔斯滕(Yekaterina Karsten)	白俄罗斯	7'22"04
	3.	鲁米亚娜·内科娃(Rumyana Neykova)	保加利亚	7'23"10

双人单桨无舵手

1976	1.	**克尔贝切娃(Siika Kelbecheva)-格罗伊切娃(Stoyanka Gruicheva)**	**保加利亚**	**4'01"22**
	2.	诺亚克(Angelika Noack)-德内(Sabine Dahne)	民主德国	4'01"64
	3.	埃克鲍尔(Edith Eckbauer)-埃因尼德(Thea Einoder)	联邦德国	4'02"35
1980	1.	**施泰因多夫(Ute Steindorf)-克利尔(Cornelia Klier)**	**民主德国**	**3'30"49**
	2.	德卢泽夫斯卡(Malgorzata Dluzewska)-科斯齐安斯卡(Czeslawa Kocianska)	波兰	3'30"95
	3.	巴尔布洛娃(Siika Barbulova)-库尔巴托娃(Stoyanka Kurbatova)	保加利亚	3'32"39
1984	1.	**阿尔巴(Rodica Arba)-霍瓦特(Elena Horvat)**	**罗马尼亚**	**3'32"60**
	2.	克雷格(Elizabeth Craig)-史密斯(Tricia Smith)	加拿大	3'36"06
	3.	贝克尔(Ellen Becker)-沃尔克内(Iris Volkner)	联邦德国	3'40"50
1988	1.	**阿尔巴(Rodica Arba)-霍梅吉(Olga Homeghi)**	**罗马尼亚**	**7'28"13**
	2.	贝贝罗娃(Lalka Berberova)-斯托亚诺娃(Radka Stoyanova)	保加利亚	7'31"95
	3.	汉南(Lynley Hannen)-佩恩(Nicola Payne)	新西兰	7'35"68
1992	1.	**麦克贝恩(Marnie McBean)-赫德莱(Kathleen Heddle)**	**加拿大**	**7'06"22**
	2.	施韦尔茨曼(Ingeburg Schwerzmann)-韦雷迈耶尔(Stefani Werremeier)	德国	7'07"96
	3.	皮尔逊(Stephanie Pierson)-西顿(Anna Seaton)	美国	7'08"11
1996	1.	**斯蒂尔(Megan Still)-斯拉特(Kate Slatter)**	**澳大利亚**	**7'01"39**
	2.	什文(Missy Schwen)-克拉夫特(Karen Kraft)	美国	7'01"78
	3.	戈塞(Christine Gosse)-科尔丹(Helene Cortin)	法国	7'03"82
2000	1.	**乔吉塔·达米安(Georgeta Damian)-多伊娜·伊格纳特(Doina Ignat)**	**罗马尼亚**	**7'11"00**
	2.	拉凯尔·泰勒(Rachael Taylor)-凯特·斯拉特(Kate Slatter)	澳大利亚	7'12"56
	3.	米西·里安(Missy Ryan (Schwen)-卡伦·克拉夫特(Karen Kraft)	美国	7'13"00
2004	1.	**乔吉塔·安德鲁纳切-达米安(Georgeta Andrunache-Damian)-维奥里卡·苏萨努(Viorica Susanu)**	**罗马尼亚**	**7'06"55**
	2.	凯瑟琳·格兰格(Katherine Grainger)-卡斯·比肖普(Cath Bishop)	英国	7'08"66
	3.	尤里娅·比齐克(Yuliya Bichyk)-娜塔丽娅·赫拉克(Natallia Helakh)	白俄罗斯	7'09"86

轻量级双人双桨

1996	1.	**布尔希卡(Constanta Burcica)-马科维丘克(Camelia Macoviciuc)**	**罗马尼亚**	**7'12"78**
	2.	贝尔(Teresa Bell)-伯恩斯(Lindsay Burns)	美国	7'14"65
	3.	乔伊斯(Rebecca Joyce)-李(Virginia Lee)	澳大利亚	7'16"56
2000	1.	**康斯坦塔·布尔齐卡(Constanta Burcica)-安吉拉·阿卢佩(Angela Alupei)**	**罗马尼亚**	**7'02"64**
	2.	瓦莱莉·维埃霍夫(Valerie Viehoff)-克劳迪娅·布拉斯博格(Claudia Blasberg)	德国	7'02"95
	3.	克里斯汀·科林斯(Christine Collins)-萨拉·加内尔(Sarah Garner)	美国	7'06"37
2004	1.	**康斯坦塔·布尔齐卡(Constanta Burcica)-安吉拉·阿卢佩(Angela Alupei)**	**罗马尼亚**	**6'56"05**
	2.	丹妮埃拉·雷默(Daniela Reimer)-克劳迪娅·布拉斯博格(Claudia Blasberg)	德国	6'57"33
	3.	基尔斯滕·范德科尔克(Kirsten van der Kolk)-马里特·范欧本(Marit van Eupen)	荷兰	6'58"54

双人双桨

1976	1.	**奥泽托娃(Svetla Otsetova)-约尔丹诺娃(Zdravka Yordanova)**	**保加利亚**	**3'44"36**
	2.	雅恩(Sabine Jahn)-伯斯勒(Petra Boesler)	民主德国	3'47"86
	3.	卡明斯凯捷(Leonora Kaminskaite)-拉莫什肯涅(Genovaite Ramoskiene)	苏联	3'49"93
1980	1.	**赫洛普采娃(Yelena Khloptseva)-波波娃(Larissa Popova)**	**苏联**	**3'16"27**
	2.	林泽(Cornelia Linse)-韦斯特法尔(Heidi Westphal)	民主德国	3'17"63
	3.	霍梅吉(Olga Homeghi)-拉奇拉-罗斯卡(Valeria Racila-Rosca)	罗马尼亚	3'18"91
1984	1.	**波佩斯库(Marioara Popescu)-奥莱纽克(Elisabeta Oleniuc)**	**罗马尼亚**	**3'26"75**
	2.	格·赫莱曼斯(Greet Hellemans)-尼·赫莱曼斯(Nicolette Hellemans)	荷兰	3'29"13
	3.	丹·劳曼(Daniele Laumann)-西·劳曼(Silken Laumann)	加拿大	3'29"82
1988	1.	**施勒特尔(Martina Schroter)-彼得(Birgit Peter)**	**民主德国**	**7'00"48**
	2.	利帕(Elisabeta Lipa (Oleniuc)-科杰努(Veronica Cogeanu)	罗马尼亚	7'04"36
	3.	马迪娜(Stefka Madina)-米诺娃(Violeta Ninova)	保加利亚	7'06"03
1992	1.	**克彭(Kerstin Koppen)-博龙(Kathrin Boron)**	**德国**	**6'49"00**
	2.	科凯莱亚(Veronica Cochlea)-利帕(Elisabeta Lipa)	罗马尼亚	6'51"47
	3.	顾晓黎-路华丽	中国	6'55"16
1996	1.	**赫德尔(Kathleen Heddle)-麦克比恩(Marnie McBean)**	**加拿大**	**6'56"84**
	2.	曹棉英-张秀云	中国	6'58"35
	3.	埃伊斯(Irene Eijs)-范内斯(Eeke van Nes)	荷兰	6'58"72
2000	1.	**雅娜·西埃姆(Jana Thieme)-卡斯琳·博伦(Kathrin Boron)**	**德国**	**6'55"44**
	2.	皮耶塔·范迪舒克(Pieta van Dishoeck)-埃科·范内斯(Eeke van Nes)	荷兰	7'00"36
	3.	比鲁特·萨奇奇安(Birute Sakickiene)-克里斯蒂娜·波普拉夫斯卡娅(Kristina Poplavskaja)	立陶宛	7'01"71
2004	1.	**乔吉娜·埃弗斯-斯文德尔(Georgina Evers-Swindell)-卡罗琳·埃弗斯-斯文德尔(Caroline Evers-Swindell)**	**荷兰**	**7'01"79**
	2.	佩吉·瓦雷斯卡(Peggy Waleska)-布里塔·奥佩尔特(Britta Oppelt)	德国	7'02"78
	3.	萨拉·温克里斯(Sarah Winckless)-埃里斯·拉维里克(Elise Laverick)	立陶宛	7'07"58

四人单桨无舵手

1992	1.	**加拿大队**	**6'30"85**
	2.	美国队	6'31"86
	3.	德国队	6'32"34

四人双桨

1976	1.	**民主德国队**	**3'29"99**
	2.	苏联队	3'32"49
	3.	罗马尼亚队	3'32"76
1980	1.	**民主德国队**	**3'15"32**
	2.	苏联队	3'15"73
	3.	保加利亚队	3'16"10
1984	1.	**罗马尼亚队**	**3'14"11**
	2.	美国队	3'15"57
	3.	丹麦队	3'16"02
1988	1.	**民主德国队**	**6'21"06**
	2.	苏联队	6'23"47
	3.	罗马尼亚队	6'23"81
1992	1.	**德国队**	**6'20"18**
	2.	罗马尼亚队	6'24"34
	3.	独联体队	6'25"07
1996	1.	**德国队**	**6'27"44**
	2.	乌克兰队	6'30"36
	3.	加拿大队	6'30"38
2000	1.	**德国队**	**6'19"58**
	2.	英国队	6'21"64
	3.	俄罗斯队	6'21"65
2004	1.	**德国队**	**6'29"29**
	2.	英国队	6'31"26
	3.	乌克兰队	6'34"31

八人单桨有舵手

1976	1.	**民主德国队**	**3'33"32**
	2.	苏联队	3'36"17
	3.	美国队	3'38"68
1980	1.	**民主德国队**	**3'03"32**
	2.	苏联队	3'04"29
	3.	罗马尼亚队	3'05"63
1984	1.	**美国队**	**2'59"80**
	2.	罗马尼亚队	3'00"87
	3.	荷兰队	3'02"92
1988	1.	**民主德国队**	**6'15"17**
	2.	罗马尼亚队	6'17"44
	3.	中国队	6'21"83
1992	1.	**加拿大队**	**6'02"62**
	2.	罗马尼亚队	6'06"26
	3.	德国队	6'07"80
1996	1.	**罗马尼亚队**	**6'19"73**
	2.	加拿大队	6'24"05

	3.	白俄罗斯队	6'24"44
2000	1.	**罗马尼亚队**	**6'06"44**
	2.	荷兰队	6'09"39
	3.	加拿大队	6'11"58
2004	1.	**罗马尼亚队**	**6'17"70**
	2.	美国队	6'19"56
	3.	荷兰队	6'19"85

四人单桨有舵手

1976	1.	**民主德国队**	**3'45"08**
	2.	保加利亚队	3'48"24
	3.	苏联队	3'49"38
1980	1.	**民主德国队**	**3'19"27**
	2.	保加利亚队	3'20"75
	3.	苏联队	3'20"92
1984	1.	**罗马尼亚队**	**3'19"30**
	2.	加拿大队	3'21"55
	3.	澳大利亚队	3'23"29
1988	1.	**民主德国队**	**6'56"00**
	2.	中国队	6'58"78
	3.	罗马尼亚队	7'01"13

男子羽毛球(BADMINTON-men)

单打

1992	1.	**魏仁芳(Allan Budi Kusuma)**	**印度尼西亚**
	2.	阿迪(Ardy Wiranata)	印度尼西亚
	3.	劳里森(Thomas Stuer-Lauridsen)	丹麦
	3.	蔡祥林(Hermawan Susanto)	印度尼西亚
1996	1.	**霍耶尔·拉尔森(Poul-Erik Hoeyer-Larsen)**	**丹麦**
	2	董炯	中国
	3.	西德克(Rashid Sidek)	马来西亚
2000	1.	**吉新鹏**	**中国**
	2.	叶诚万(Hendrawan)	印度尼西亚
	3.	夏煊泽	中国
2004	1.	**陶菲克·西达亚特(Taufik Hidayat)**	**印度尼西亚**
	2.	孙升模(Shon Seung-mo)	韩国
	3.	索尼·迪维·坎科罗(Soni Diwi Kuncoro)	印度尼西亚

双打

1992	1.	**朴柱奉(Park Joo-bong)-金文秀(Kim Moon-soo)**	**韩国**
	2.	洪忠中(Eddy Efartom)-郭宏源(Rudy Gunawa)	印度尼西亚
	3.	李永波-田秉毅	中国
	3.	拉·西德克(Razif Sidek)-贾·西德克(Jalani Sidek)	马来西亚
1996	1.	**迈纳基(Rexy Mainaky)-苏巴吉亚(Ricky Subagja)**	**印度尼西亚**
	2.	谢顺吉(Cheah Soon Kit)-叶锦福(Yap Yim Hock)	马来西亚
	3.	安东纽斯(Antonius Irianto)-康托诺(Danny Kantono)	印度尼西亚
2000	1.	**吴俊明(Tony Gunawan)-陈甲亮(Candra Wijaya)**	**印度尼西亚**
	2.	李东秀(Lee Dong-soo)-柳镛成(Yoo Yong-sung)	韩国
	3.	河泰权(Ha Tae-kwon)-金东文(Kim Dong-moon)	韩国
2004	1.	**河泰权(Ha Tae-kwon)-金东文(Kim Dong-moon)**	**韩国**
	2.	李东秀(Lee Dong-soo)-柳镛成(Yoo Yong-sung)	韩国
	3.	徐永贤(Eng Hian)-林培富(Flandy Limpele)	印度尼西亚

女子羽毛球(BADMINTON-women)

单打

1992	1.	**王莲香(Susi Susanti)**	**印度尼西亚**
	2.	方铢贤(Bang Soo-hyun)	韩国
	3.	黄华	中国
	3.	唐九红	中国
1996	1.	**方铢贤(Bang Soo-hyun)**	**韩国**
	2.	张海丽(Mia Audina)	印度尼西亚
	3.	王莲香(Susi Susanti)	印度尼西亚
2000	1.	**龚智超**	**中国**
	2.	卡米拉·马丁(Camilla Martin)	丹麦
	3.	叶钊颖	中国
2004	1.	**张宁**	**中国**
	2.	张海丽(Mia Audina)	荷兰
	3.	周蜜	中国

双打

1992	1.	**黄惠英(Hwang Hye-young)-郑素英(Chung So-young)**	**韩国**
	2.	关渭贞-农群华	中国
	3.	姚芬-林燕芬	中国
	3.	吉永雅(Gil Young-ah)-沈恩婷(Shim Eun-jung)	韩国
1996	1.	**葛菲-顾俊**	**中国**
	2.	吉永雅(Gil Young-ah)-张惠玉(Jang Hye-ock)	韩国
	3.	秦艺源-唐永淑	中国
2000	1.	**葛菲-顾俊**	**中国**
	2.	黄楠雁-杨维	中国
	3.	高崚-秦艺源	中国
2004	1.	**张洁雯-杨维**	**中国**
	2.	黄穗-高崚	中国
	3.	罗景民(Ra Kyung-min)-李敬元(Lee Kyung-won)	韩国

混合双打

1996	1.	**金东文(Kim Dong-Moon)-吉永雅(Gil Young-ah)**	**韩国**
	2.	朴柱奉(Park Joo-bong)-罗景民(Ra Kyung-Min)	韩国
	3.	刘坚军-孙曼	中国
2000	1.	**张军-高崚**	**中国**
	2.	特里库斯(Tri Kusharyanto)-许一敏(Minarti Timur)	印度尼西亚
	3.	西蒙·阿彻(Simon Archer)-琼妮·古德(Joanne Goode)	英国
2004	1.	**张军-高崚**	**中国**
	2.	纳赞·罗伯特森(Nathan Robertson)-盖尔·埃姆斯(Gail Emms)	英国
	3.	梅特·施约尔达格(Mette Schjoldager)-扬斯·埃里克森(Jens Eriksen)	丹麦

棒球(BASEBALL)

1992	1.	**古巴队**
	2.	中国台北队
	3.	日本队
1996	1.	**古巴队**
	2.	日本队
	3.	美国队
2000	1.	**美国队**
	2.	古巴队
	3.	韩国队
2004	1.	**古巴队**
	2.	澳大利亚队
	3.	日本队

男子篮球(BASKETBALL-men)

1972	1.	**苏联队**
	2.	美国队
	3.	古巴队
1976	1.	**美国队**
	2.	南斯拉夫队
	3.	苏联队
1980	1.	**南斯拉夫队**
	2.	意大利队
	3.	苏联队
1984	1.	**美国队**
	2.	西班牙队
	3.	南斯拉夫队
1988	1.	**苏联队**
	2.	南斯拉夫队
	3.	美国队
1992	1.	**美国队**
	2.	克罗地亚队
	3.	立陶宛队
1996	1.	**美国队**
	2.	南斯拉夫队
	3.	立陶宛队
2000	1.	**美国队**
	2.	法国队
	3.	立陶宛队
2004	1.	**阿根廷队**
	2.	意大利队
	3.	美国队

女子篮球(BASKETBALL-women)

1976	1.	**苏联队**
	2.	美国队
	3.	保加利亚队
1980	1.	**苏联队**
	2.	保加利亚队
	3.	南斯拉夫队
1984	1.	**美国队**
	2.	韩国队
	3.	中国队
1988	1.	**美国队**
	2.	南斯拉夫队
	3.	苏联队
1992	1.	**独联体队**
	2.	中国队
	3.	美国队
1996	1.	**美国队**
	2.	巴西队
	3.	澳大利亚队
2000	1.	**美国队**
	2.	澳大利亚队
	3.	巴西队
2004	1.	**美国队**
	2.	澳大利亚队
	3.	俄罗斯队

男子沙滩排球(BEACH VOLLEYBALL-men)

1996	1.	**凯拉里(Charles "Karch" Kiraly)-斯特弗斯(Kent Steffes)**	**美国**
	2.	多德(Michael Dodd)-维特马什(Michael Whitmarsh)	美国
	3.	恰尔德(John Child)-希斯(Mark Heese)	加拿大
2000	1.	**戴因·布兰顿(Dain Blanton)-埃里克·福诺伊莫纳(Eric Fonoimoana)**	**美国**
	2.	何塞·马尔科·德梅洛(Jose Marco de Melo)-里卡多·桑托斯(Ricardo Santos)	巴西
	3.	约尔格·阿曼(Jorg Ahmann)-阿克塞尔·哈格(Axel Hager)	德国
2004	1.	**埃曼纽尔·雷戈(Emanuel Rego)-里卡多·阿列克斯·桑托斯(Ricardo Alex Santos)**	**巴西**
	2.	哈维尔·博斯马(Javier Bosma)-帕布罗·埃雷拉(Pablo Herrera)	西班牙
	3.	朱里安·普罗瑟(Julien Prosser)-马克·威廉斯(Mark Williams)	澳大利亚

女子沙滩排球(BEACH VOLLEYBALL-women)

1996	1.	**皮雷斯·塔瓦雷斯(Sandra Pires Tavares)-席尔瓦·克鲁斯(Jackie Silva Cruz)**	**巴西**
	2.	罗德里格斯(Monica Rodrigues)-萨缪尔·拉莫斯(Adriana Samuel Ramos)	巴西
	3.	库克(Natalie Cook)-波特哈斯特(Kerri-Ann Pottharst)	澳大利亚
2000	1.	**娜塔莉·库克(Natalie Cook)-凯莉·安·波特哈斯特(Kerri Ann Pottharst)**	**澳大利亚**
	2.	阿德里亚娜·比哈尔(Adriana Behar)-谢尔达·贝德(Shelda Bede)	巴西
	3.	桑德拉·皮雷斯(Sandra Pires)-阿德里亚娜·萨缪尔·拉莫斯(Adriana Samuel Ramos)	巴西
2004	1.	**凯莉·沃尔什(Kerri Walsh)-米斯蒂·梅(Misty May)**	**美国**
	2.	阿德里亚娜·比哈尔(Adriana Behar)-谢尔达·贝德(Shelda Bede)	巴西
	3.	霍莉·麦克皮克(Holly McPeak)-挨莱因·扬斯(Elaine Youngs)	美国

拳击(BOXING)

48公斤级

1972	1.	**盖多(Gyorgy Gedo)**	**匈牙利**
	2.	金雨吉(Jee Yong-Ju)	朝鲜
	3.	埃文斯(Ralph Evans)	英国
	3.	罗德里格斯(Enrique Rodriguez)	西班牙
1976	1.	**埃尔南德斯(Jorge Hernandez)**	**古巴**
	2.	李炳煜(Li Byong-Uk)	朝鲜
	3.	布尔拉特(Payao Pooltarat)	泰国
	3.	马尔多纳多(Orlando Maldonado)	波多黎各
1980	1.	**萨比罗夫(Shamil Sabyrov)**	**苏联**
	2.	拉莫斯(Hipolito Ramos)	古巴
	3.	休塞伊诺夫(Ismail Hjuseinov)	保加利亚
	3.	李炳旭(Li Byong-uk)	朝鲜
1984	1.	**冈萨雷斯(Paul Gonzales)**	**美国**
	2.	托迪斯科(Salvatore Todisco)	意大利
	3.	博利瓦尔(Jose Marcelino Bolivar)	委内瑞拉
	3.	姆维拉(Keith Mwila)	赞比亚
1988	1.	**赫里斯托夫(Ivailo Khristov)**	**保加利亚**
	2.	卡巴贾尔(Michael Carbajal)	美国
	3.	伊萨塞吉(Robert Isaszegi)	匈牙利
	3.	塞兰特斯(Leopoldo Serrantes)	菲律宾
1992	1.	**马塞洛·加西亚(Rogelio Marcelo Garcia)**	**古巴**
	2.	博季诺夫(Daniel Petrov Bojilov)	保加利亚
	3.	维拉斯科(Roel Velasco)	菲律宾
	3.	克比斯(Jan Quast)	德国
1996	1.	**博伊洛夫(Daniel Petrov Bojilov)**	**保加利亚**
	2.	维拉斯科(Mansueto Velasco)	菲律宾
	3.	吉尔尤欣(Oleg Kiryukhin)	乌克兰
	3.	罗萨诺(Rafael Lozano)	西班牙
2000	1.	**布拉西姆·阿斯鲁姆(Brahim Asloum)**	**法国**
	2.	拉菲尔·罗萨诺·穆尼奥兹(Rafael Lozano Munoz)	西班牙
	3.	金云哲(Kim Un Chol)	朝鲜
	3.	迈克罗·罗梅罗·埃斯奎洛尔(Maikro Romero Esquirol)	古巴
2004	1.	**扬·巴尔特列米(Yan Bartelemy)**	**古巴**
	2.	拉塔根·亚尔辛卡亚(Atagun Yalcinkaya)	土耳其
	3.	邹市明	中国
	3.	谢尔盖·卡扎科夫(Sergei Kazakov)	俄罗斯

51公斤级

1972	1.	**盖多(Gyorgy Gedo)**	**匈牙利**
	2.	金雨吉(Jee Yong-Ju)	朝鲜
	3.	埃文斯(Ralph Evans)	英国
	3.	罗德里格斯(Enrique Rodriguez)	西班牙
1976	1.	**伦道夫(Leo Randolph)**	**美国**
	2.	杜瓦隆(Ramon Duvalon)	古巴
	3.	布拉任斯基(Leszek Blazynski)	波兰
	3.	托罗相(David Torosyan)	苏联
1980	1.	**列索夫(Petar Lessov)**	**保加利亚**
	2.	米罗什尼钦科(Viktor Miroshnichenko)	苏联
	3.	瓦拉迪(Janos Varadi)	匈牙利
	3.	拉塞尔(Hugh Russell)	爱尔兰
1984	1.	**麦克罗里(Steve McCrory)**	**美国**
	2.	雷杰波夫斯基(Redzep Redzepovski)	南斯拉夫
	3.	比拉利(Ibrahim Bilali)	肯尼亚
	3.	詹(Eyup Can)	土耳其
1988	1.	**金光善(Kim Kwang-sun)**	**韩国**
	2.	泰夫斯(Andreas Tews)	民主德国
	3.	冈萨雷斯(Mario Gonzalez)	墨西哥
	3.	斯克里亚宾(Timofey Skriabin)	苏联
1992	1.	**崔吉洙(Choi Choi-su)**	**朝鲜**
	2.	冈萨雷斯·桑切斯(Raul Gonzalez Sanchez)	古巴
	3.	奥斯汀(Tim Austin)	美国
	3.	科瓦茨(Istvan Kovacs)	匈牙利
1996	1.	**罗梅罗(Maikro Romero)**	**古巴**
	2.	祖马季洛夫(Bolat Dzhumadilov)	哈萨克斯坦
	3.	帕克耶夫(Albert Pakeyev)	俄罗斯
	3.	伦卡(Zoltan Lunka)	德国
2000	1.	**维扬·邦里德(Wijan Ponlid)**	**泰国**
	2.	布拉特·祖马季洛夫(Bolat Dzhumadilov)	哈萨克斯坦
	3.	热罗姆·托马(Jerome Thomas)	法国
	3.	弗拉基米尔·西多连科(Vladimir Sidorenko)	乌克兰
2004	1.	**尤里奥尔齐斯·加姆伯阿·托莱达诺(Yuriorkis Gamboa Toledano)**	**古巴**
	2.	热罗姆·托马(Jerome Thomas)	法国
	3.	弗阿德·阿斯拉诺夫(Fuad Aslanov)	阿塞拜疆
	3.	拉斯塔姆霍扎·拉希莫夫(Rustamhodza Rahimov)	德国

54公斤级

1972	1.	**马丁内斯(Orlando Martinez)**	**古巴**
	2.	萨莫拉(Alfonso Zamora)	墨西哥
	3.	特平(George Turpin)	英国
	3.	卡雷拉斯(Ricardo Carreras)	美国
1976	1.	**具勇柱(Gu Yong-Ju)**	**朝鲜**
	2.	穆尼(Charles Mooney)	美国
	3.	雷巴科夫(Viktor Rybakov)	苏联

3. 考德尔(Pat Cowdell) 英国
1980 1. 埃尔南德斯(Juan Hernandez) 古巴
2. 皮南戈(Bernardo Jose Pinango) 委内瑞拉
3. 安东尼(Michael Anthony) 圭亚那
3. 奇佩雷(Dumitru Cipere) 罗马尼亚
1984 1. 斯泰卡(Maurizio Stecca) 意大利
2. 洛佩斯(Hector Lopez) 墨西哥
3. 沃尔特尔(Dale Walters) 加拿大
3. 诺拉斯科(Pedro Nolasco) 多米尼加
1988 1. 麦金尼(Kennedy McKinney) 美国
2. 赫里斯托夫(Alexander Hristov) 保加利亚
3. 罗查(Jorge Julio Rocha) 哥伦比亚
3. 穆尔桑(Phajol Moolsan) 泰国
1992 1. 卡萨马约尔·约翰逊(Joel Casamayor Johnson) 古巴
2. 麦卡洛(Wayne McCullough) 爱尔兰
3. 李光植(Li Gwang-sik) 朝鲜
3. 阿希克(Mohamed Achik) 摩洛哥
1996 1. 科瓦茨(Istvan Kovacs) 匈牙利
2. 梅萨(Amaldo Mesa) 古巴
3. 马拉赫别科夫(Raimkul Malakhbekov) 俄罗斯
3. 维猜(Vichai Rachanond Khadpo) 泰国
2000 1. 吉列尔莫·里贡多·奥尔蒂斯(Guillermo Rigondeaux) 古巴
2. 莱姆科尔·马拉赫别科夫(Raimkoul Malakhbekov) 俄罗斯
3. 谢尔盖·丹尼尔申科(Sergiy Danylchenko) 乌克兰
3. 克莱伦斯·文森(Clarence Vinson) 美国
2004 1. 吉列尔莫·里贡多·奥尔蒂斯(Guillermo Rigondeaux) 古巴
2. 沃拉普·帕库姆(Worapoj Petchkoom) 泰国
3. 阿加西·马迈多夫(Aghasi Mammadov) 阿塞拜疆
3. 巴霍迪尔扬·苏尔特诺夫(Bahodirjon Sooltonov) 乌兹别克斯坦

57公斤级

1972 1. 马丁内斯(Orlando Martinez) 古巴
2. 萨莫拉(Alfonso Zamora) 墨西哥
3. 特平(George Turpin) 英国
3. 卡雷拉斯(Ricardo Carreras) 美国
1976 1. 埃雷拉(Angel Herrera) 古巴
2. 诺瓦科夫斯基(Richard Nowakowski) 民主德国
3. 帕雷德斯(Juan Paredes) 墨西哥
3. 科塞多夫斯基(Leszek Kosedowski) 波兰
1980 1. 芬克(Rudi Fink) 民主德国
2. 奥尔塔(Adolfo Horta) 古巴
3. 雷巴科夫(Viktor Rybakov) 苏联
3. 科塞多夫斯基(Krzysztof Kosedowski) 波兰
1984 1. 泰勒(Meldrick Taylor) 美国
2. 孔耶格瓦奇(Peter Konyegwachie) 尼日利亚
3. 阿伊卡吉(Turgut Aykac) 土耳其
3. 佩拉萨(Omar Catari Peraza) 委内瑞拉
1988 1. 帕里西(Giovanni Parisi) 意大利
2. 杜米特雷斯库(Daniel Dumitrescu) 罗马尼亚
3. 李在赫(Lee Jae-Hyuk) 韩国
3. 阿希克(Abdelhak Achik) 摩洛哥
1992 1. 特夫斯(Andreas Tews) 德国
2. 雷耶斯·洛佩斯(Faustino Reyes Lopez) 西班牙
3. 索尔塔尼(Hocine Soltani) 阿尔及利亚
3. 帕利安尼(Ramazi Paliani) 独联体
1996 1. 卡姆辛格(Somluck Kamsing) 泰国
2. 托多罗夫(Serafim Todorov) 保加利亚
3. 梅威瑟(Floyd Mayweather) 美国
3. 查孔(Pablo Chacon) 阿根廷
2000 1. 贝克萨特·萨塔尔卡诺夫(Bekzat Sattarkhanov) 哈萨克斯坦
2. 里卡多·华莱斯(Ricardo Juarez) 美国
3. 塔哈尔·塔姆萨马尼(Tahar Tamsamani) 摩洛哥
3. 卡米尔·扎马迪诺夫(Kamil Djamaloudinov) 俄罗斯
2004 1. 阿列克谢·蒂希申科(Alexei Tichtchenko) 俄罗斯
2. 金松许(Kim Song Guk) 朝鲜
3. 维塔利·塔伊伯特(Vitaly Tajbert) 德国
3. 金旭宽(Jo Seok Hwan) 韩国

60公斤级

1972 1. 什切潘斯基(Jan Szczepanski) 波兰
2. 奥尔班(Laszlo Orban) 匈牙利
3. 姆布瓜(Samuel Mbugua) 肯尼亚
3. 佩雷斯(Alfonso Perez) 哥伦比亚
1976 1. 戴维斯(Howard Davis) 美国
2. 库托夫(Simion Cutov) 罗马尼亚
3. 鲁塞夫斯基(Ace Rusevski) 南斯拉夫
3. 索洛明(Vasiliy Solomin) 苏联
1980 1. 埃雷拉(Angel Herrera) 古巴
2. 杰米亚年科(Viktor Demyanenko) 苏联
3. 诺瓦科夫斯基(Richard Nowakowski) 民主德国
3. 阿达赫(Kazimierz Adach) 波兰
1984 1. 怀塔克(Pernell Whitaker) 美国
2. 奥尔蒂斯(Luis Ortiz) 波多黎各
3. 埃班加(Martin Ndongo Ebanga) 喀麦隆
3. 全七星(Chun Chil-sung) 韩国
1988 1. 齐洛夫(Andreas Zulow) 民主德国
2. 克拉姆纳(George Cramne) 瑞典
3. 恩赫巴特(Nerguy Enkhbat) 蒙古
3. 埃利斯(Romallis Ellis) 美国
1992 1. 德拉霍亚(Oscar De La Hoya) 美国
2. 鲁道夫(Marco Rudolph) 德国
3. 巴亚尔赛汗(Namjil Bayarsaikhan) 蒙古
3. 洪成植(Hong Sung-sik) 韩国
1996 1. 索尔塔尼(Hocine Soltani) 阿尔及利亚

2. 托尼切夫(Tontcho Tontchev) 保加利亚
3. 考滕(Terrance Cauthen) 美国
3. 多罗夫泰(Leonard Doroftei) 罗马尼亚
2000 1. 马里奥·钦德兰(Mario Kindelan) 古巴
2. 安德里·科泰尔尼克(Andriy Kotelnyk) 乌克兰
3. 亚历山大·马列丁(Alexander Maletin) 俄罗斯
3. 克里斯蒂安·贝加拉诺·贝尼特斯(Cristian Bejarano Benitez) 墨西哥
2004 1. 马里奥·钦德兰(Mario Kindelan) 古巴
2. 阿米尔汗(Amir Khan) 英国
3. 塞里克·叶列沃夫(Serik Yeleuov) 哈萨克斯坦
3. 姆拉特·赫拉切夫(Murat Khrachev) 俄罗斯

63.5公斤级

1972 1. 西尔斯("Sugar" Ray Seales) 美国
2. 安格洛夫(Angel Angelov) 保加利亚
3. 武因(Zvonimir Vujin) 南斯拉夫
3. 达博格(Issaka Daborg) 尼日尔
1976 1. 伦纳德("Sugar" Ray Leonard) 美国
2. 阿尔达马(Andres Aldama) 古巴
3. 什切尔巴(Kazimierz Szczerba) 波兰
3. 科列夫(Vladimir Kolev) 保加利亚
1980 1. 奥利瓦(Patrizio Oliva) 意大利
2. 科纳克巴耶夫(Serik Konakbayev) 苏联
3. 威利斯(Tony Willis) 英国
3. 阿吉拉尔(Jose Aguilar) 古巴
1984 1. 佩奇(Jerry Page) 美国
2. 温蓬马哈(Dhawee Umponmaha) 泰国
3. 富尔杰(Mircea Fulger) 罗马尼亚
3. 普佐维奇(Mirko Puzovic) 南斯拉夫
1988 1. 亚诺夫斯基(Vyacheslav Yanovsky) 苏联
2. 切尼(Grahame Cheney) 澳大利亚
3. 吉斯(Reiner Gies) 联邦德国
3. 米尔贝里(Lars Myrberg) 瑞典
1992 1. 维南特·查龙(Hector Vinent Charon) 古巴
2. 勒迪克(Mark Leduc) 加拿大
3. 克耶尔(Jyri Kjall) 芬兰
3. 多罗夫泰(Leonard Doroftei) 罗马尼亚
1996 1. 维伦特(Hector Vinent) 古巴
2. 乌尔卡尔(Oktay Urkal) 德国
3. 尼亚齐姆贝托夫(Bolat Niyazymbetov) 哈萨克斯坦
3. 米萨维(Fethi Missaoui) 突尼斯
2000 1. 马哈麦德卡迪斯·阿卜杜拉耶夫(Mahamadkadyz Abdullaev) 乌兹别克斯坦
2. 里卡多·威廉姆斯(Ricardo Williams) 美国
3. 迪奥戈尼斯·卢纳·马丁内斯(Diogenes Luna Martinez) 古巴
3. 穆罕默德·阿拉鲁(Mohamed Allalou) 阿尔及利亚
2004 1. 马努斯·布恩朱姆农(Manus Boonjumnong) 泰国
2. 约德尔·约翰逊·塞迪尼奥(Yudel Johnson Cedeno) 古巴
3. 鲍里斯·格奥尔吉耶夫(Boris Georgiev) 保加利亚
3. 伊奥努特·格奥尔格(Ionut Gheorghe) 罗马尼亚

67公斤级

1972 1. 科雷亚(Emilio Correa) 古巴
2. 凯迪(Janos Kajdi) 匈牙利
3. 穆伦加(Dick "Tiger" Murunga) 肯尼亚
3. 瓦尔德斯(Jesse Valdez) 美国
1976 1. 巴赫菲尔德(Jochen Bachfeld) 民主德国
2. 加马罗(Pedro Gamarro) 委内瑞拉
3. 齐贝尔曼(Victor Zilberman) 罗马尼亚
3. 斯克里策克(Reinhard Skricek) 联邦德国
1980 1. 阿尔达马(Andres Aldama) 古巴
2. 穆加比(John Mugabi) 乌干达
3. 克吕格尔(Karl-Heinz Kruger) 民主德国
3. 谢尔巴(Kazimierz Szczerba) 波兰
1984 1. 布里兰(Mark Breland) 美国
2. 安永水(An Young-su) 韩国
3. 尼曼(Joni Nyman) 芬兰
3. 布鲁诺(Luciano Bruno) 意大利
1988 1. 万吉拉(Robert Wangila) 肯尼亚
2. 布杜阿尼(Laurent Boudouani) 法国
3. 德达克(Jan Dydak) 波兰
3. 古尔德(Kenneth Gould) 美国
1992 1. 卡鲁斯(Michael Carruth) 爱尔兰
2. 埃尔南德斯·谢拉(Juan Hernandez Sierra) 古巴
3. 称莱(Arkhom Chenglai) 泰国
3. 圣地亚哥(Anibal Acevedo Santiago) 波多黎各
1996 1. 赛托夫(Oleg Saitov) 俄罗斯
2. 埃尔南德斯·谢拉(Juan Hernandez Sierra) 古巴
3. 西米翁(Marian Simion) 罗马尼亚
3. 桑托斯(Daniel Santos) 葡萄牙
2000 1. 奥列格·塞托夫(Oleg Saitov) 俄罗斯
2. 谢尔盖·多岑科(Sergey Dotsenko) 乌克兰
3. 多雷尔·西米恩(Dorel Simion) 罗马尼亚
3. 维塔利·格鲁萨克(Vitalii Grusac) 摩尔多瓦
2004 (69公斤级)
1. 巴克蒂亚尔·阿尔塔耶夫(Bakhtiyar Artayev) 哈萨克斯坦
2. 洛伦佐·阿拉贡·阿门特洛斯(Lorenzo Aragon Armenteros) 古巴
3. 奥列格·塞托夫(Oleg Saitov) 俄罗斯
3. 金贞柱(Kim Jung-joo) 韩国

71公斤级

1972 1. 科蒂施(Dieter Kottysch) 联邦德国
2. 鲁德科夫斯基(Wieslaw Rudkowski) 波兰
3. 明特(Alan Minter) 英国

3. 蒂博尔德(Peter Tiepold) 民主德国
1976 1. 雷比斯基(Jerzy Rybicki) 波兰
2. 卡察尔(Tadija Kacar) 南斯拉夫
3. 加尔贝(Rolando Garbey) 古巴
3. 萨夫钦科(Viktor Savchenko) 苏联
1980 1. 马丁内斯(Armando Martinez) 古巴
2. 科什金(Aleksandr Koshkin) 苏联
3. 克斯特纳(Detlef Kastner) 民主德国
3. 弗拉内克(Jan Franek) 捷克斯洛伐克
1984 1. 塔特(Frank Tate) 美国
2. 奥沙利文(Shawn O'Sullivan) 加拿大
3. 齐隆卡(Manfred Zielonka) 联邦德国
3. 蒂奥佐(Christophe Tiozzo) 法国
1988 1. 朴时宪(Park Si-hun) 韩国
2. 琼斯(Roy Jones) 美国
3. 多夫尼(Raymond Downey) 加拿大
3. 伍德豪尔(Richie Woodhall) 英国
1992 1. 莱穆斯·加西亚(Juan Carlos Lemus Garcia) 古巴
2. 德利巴斯(Orhan Delibas) 荷兰
3. 里德(Robin Reid) 英国
3. 米塞伊(Gyorgy Mizsei) 匈牙利
1996 1. 里德(David Reid) 美国
2. 杜维基尔(Alfredo Duvergal) 古巴
3. 图拉加诺夫(Karim Tulaganov) 乌兹别克斯坦
3. 伊布扎伊莫夫(Ezmouhan Ibzaimov) 哈萨克斯坦
2000 1. 耶尔马汗·伊布莱莫夫(Yermakhan Ibraimov) 哈萨克斯坦
2. 马林·西米翁(Marin Simion) 罗马尼亚
3. 波恩查·颂布兰(Pornchai Thongburan) 泰国
3. 杰尔梅因·泰勒(Jermain Taylor) 美国

75公斤级

1972 1. 列梅舍夫(Vyacheslav Lemeshev) 苏联
2. 维塔宁(ReinuViltamz) 芬兰
3. 阿马蒂(Prince Amartey) 加纳
3. 约翰逊(Marvin Johnson) 美国
1976 1. 斯平克斯(Michael Spinks) 美国
2. 里斯基耶夫(Rufat Riskiyev) 苏联
3. 马丁内斯(Luis Martinez) 古巴
3. 纳斯塔克(Alec Nastac) 罗马尼亚
1980 1. 戈麦斯(Jose Gomez) 古巴
2. 萨夫琴科(Viktor Savchenko) 苏联
3. 西拉吉(Valentin Silaghi) 罗马尼亚
3. 雷比茨基(Jerzy Rybicki) 波兰
1984 1. 申俊燮(Shin Joon-sup) 韩国
2. 希尔(Virgil Hill) 美国
3. 扎乌伊(Mohamed Zaoui) 阿尔及利亚
3. 冈萨雷斯(Aristides Gonzalez) 波多黎各
1988 1. 马斯克(Henry Maske) 民主德国
2. 马库斯(Egerton Marcus) 加拿大
3. 桑德(Chris Sande) 肯尼亚
3. 赛义德(Hussain Shah Syed) 巴基斯坦
1992 1. 埃尔南德斯·阿斯奎(Ariel Hernandez Ascuy) 古巴
2. 伯德(Chris Byrd) 美国
3. 约翰逊(Chris Johnson) 加拿大
3. 李承培(Lee Seung-bae) 韩国
1996 1. 埃尔南德斯·阿斯奎(Ariel Hernandez Ascuy) 古巴
2. 贝列罗格吕(Malik Beyleroglu) 土耳其
3. 巴哈里(Mohamed Bahari) 阿尔及利亚
3. 维尔斯(Rhoshii Wells) 美国
2000 1. 豪尔赫·古铁雷斯(Jorge Gutierrez) 古巴
2. 盖达尔贝克·盖达尔贝科夫(Gaidarbek Gaidarbekov) 俄罗斯
3. 佐尔特·艾尔代(Zsolt Erdei) 匈牙利
3. 伏加尔·阿列克佩洛夫(Vugar Alekparov) 阿塞拜疆
2004 1. 盖达尔贝克·盖达尔贝科夫(Gaidarbek Gaidarbekov) 俄罗斯
2. 根纳迪·戈罗夫金(Gennadiy Golovkin) 哈萨克斯坦
3. 苏里亚·普拉萨丁菲迈(Suriya Prasathinphimai) 泰国
3. 安德烈·迪雷尔(Andre Dirrell) 美国

81公斤级

1972 1. 帕尔洛夫(Mate Parlov) 南斯拉夫
2. 卡里洛(Gilberto Carrillo) 古巴
3. 伊库里亚(Isaac Ikhouria) 尼日利亚
3. 戈尔塔特(Janusz Gortat) 波兰
1976 1. 斯平克斯(Leon Spinks) 美国
2. 索里亚(Sixto Soria) 古巴
3. 戈尔塔特(Janusz Gortat) 波兰
3. 达菲尼奥尤(Costica Dafinoiu) 罗马尼亚
1980 1. 卡查尔(Slobodan Kacar) 南斯拉夫
2. 斯克热奇(Pawel Skrzecz) 波兰
3. 鲍赫(Herbert Bauch) 民主德国
3. 罗哈斯(Ricardo Rojas) 古巴
1984 1. 约西波维奇(Anton Josipovic) 南斯拉夫
2. 巴里(Kevin Barry) 新西兰
3. 霍利菲尔德(Evander Holyfield) 美国
3. 穆萨(Mustapha Moussa) 阿尔及利亚
1988 1. 梅纳德(Andrew Maynard) 美国
2. 沙纳瓦佐夫(Nuramgomed Shanavazov) 苏联
3. 佩特里奇(Henryk Petrich) 波兰
3. 什卡洛(Damir Skaro) 南斯拉夫
1992 1. 迈(Torsten May) 德国
2. 扎马利契尼(Rostislav Zulichnyi) 独联体
3. 贝雷斯(Zoltan Beres) 匈牙利
3. 巴尔特尼克(Wojciech Bartnik) 波兰
1996 1. 吉罗夫(Vasiliy Zhirov) 哈萨克斯坦

2. 李承培(Lee Seung-bae) 韩国
3. 乌尔里希(Thomas Ulrich) 德国
3. 塔弗尔(Antonio Tarver) 美国
2000 **1. 亚历山大·莱布吉亚克(Alexander Lebziak) 俄罗斯**
2. 鲁道夫·克拉伊(Rudolf Kraj) 捷克共和国
3. 安德里·费德楚克(Andri Fedtchouk) 乌克兰
3. 谢尔盖·米哈依洛夫(Sergei Mikhailov) 乌兹别克斯坦
2004 **1. 安德列·沃尔德(Andre Ward) 美国**
2. 马戈梅德·阿里普加杰夫(Magomed Aripgadjiev) 白俄罗斯
3. 艾哈迈德·伊斯梅尔(Ahamed Ismael) 埃及
3. 乌特基尔贝克·海达罗夫(Utkirbek Haydarov) 乌兹别克斯坦

91公斤级

1984 **1. 蒂尔曼(Henry Tillman) 美国**
2. 德威特(Willie De Wit) 加拿大
3. 穆索内(Angelo Musone) 意大利
3. 范德利德(Arnold Vanderlijde) 荷兰
1988 **1. 默塞尔(Ray Mercer) 美国**
2. 白贤万(Balk Hyan-man) 韩国
3. 戈洛塔(Andrzej Golota) 波兰
3. 范德莱德(Arnold Vanderlijde) 荷兰
1992 **1. 萨万·法布雷(Felix Savon Fabre) 古巴**
2. 伊宗里泰(David Izonritei) 尼日利亚
3. 图阿(David Tua) 新西兰
3. 范德利德(Arnold Vanderlijde) 荷兰
1996 **1. 萨万·法布雷(Felix Savon Fabre) 古巴**
2. 德费亚本(David Defiagbon) 加拿大
3. 琼斯(Nate Jones) 美国
3. 克拉斯尼奇(Luan Krasniqi) 德国
2000 **1. 菲利克斯·萨万·法布雷(Felix Savon Fabre) 古巴**
2. 苏丹艾哈麦德·伊布萨吉莫夫(Sultanahmed Ibzagimov) 俄罗斯
3. 塞巴斯蒂安·科贝尔(Sebastian Kober) 德国
3. 弗拉基米尔·查恩托里亚(Vladimir Tchantouria) 格鲁吉亚
2004 **1. 奥德拉涅·索里斯·冯蒂(Odlanier Solis Fonte) 古巴**
2. 维克塔尔·祖耶夫(Viktar Zuyev) 白俄罗斯
3. 穆罕默德·艾尔赛义德(Mohamed Elsayed) 埃及
3. 纳赛尔·阿尔·沙米(Naser Al Shami) 叙利亚

91公斤以上级

1972 **1. 史蒂文森(Teofilo Stevenson) 古巴**
2. 阿列克塞(Ion Alexe) 罗马尼亚
3. 胡辛(Peter Hussing) 联邦德国
3. 汤姆森(Hasse Thomsen) 瑞典
1976 **1. 史蒂文森(Teofilo Stevenson) 古巴**
2. 西蒙(Mircea Simon) 罗马尼亚
3. 希尔(Clarence Hill) 百慕大
3. 塔特(Johnny Tate) 美国
1980 **1. 史蒂文森(Teofilo Stevenson) 古巴**
2. 扎耶夫(Pyotr Zayev) 苏联
3. 莱瓦伊(Istvan Levai) 匈牙利
3. 范格黑内尔(Jurgen Fanghanel) 民主德国
1984 **1. 比格斯(Tyrell Biggs) 美国**
2. 达米亚尼(Francesco Damiani) 意大利
3. 韦尔斯(Robert Wells) 英国
3. 阿济斯(Salihu Aziz) 南斯拉夫
1988 **1. 刘易斯(Lennox Lewis) 加拿大**
2. 博韦(Riddick Bowe) 美国
3. 扎伦凯维奇(Janusz Zarenkiewicz) 波兰
3. 米罗什尼钦科(Alek. Miroshnichenko) 苏联
1992 **1. 瓦拉多·门德斯(Roberto Balado Mendez) 古巴**
2. 伊格宾内古(Igbeneghu Richard) 尼日利亚
3. 罗西诺夫(Svilen Russinov) 保加利亚
3. 尼尔森(Brian Nielsen) 丹麦
1996 **1. 克利奇科(Vladimir Klichko) 乌克兰**
2. 沃尔夫格兰姆(Paea Wolfgramm) 汤加
3. 列津(Aleksey Lezin) 俄罗斯
3. 多基瓦里(Duncan Dokiwari) 尼日利亚
2000 **1. 奥德利·哈里森(Audley Harrison) 英国**
2. 穆赫塔尔汗·迪尔达贝科夫(Mukhtarkhan Dildabekov) 哈萨克斯坦
3. 卢斯塔姆·萨伊多夫(Rustam Saidov) 乌兹别克斯坦
2004 **1. 亚历山大·波伏特金(Aleksandr Povetkin) 俄罗斯**
2. 穆罕默德·阿里(Mohamed Aly) 埃及
3. 米歇尔·洛佩斯·努内斯(Michel Lopez Nunez) 古巴
3. 罗伯托·坎马雷拉(Roberto Cammarelle) 意大利

男子皮划艇(KAYAK-men)

500米单人划艇

1976 **1. 罗戈夫(Aleksandr Rogov) 苏联 1'59"23**
2. 伍德(John Wood) 加拿大 1'59"58
3. 留别克(Matija Ljubek) 南斯拉夫 1'59"60
1980 **1. 波斯特列辛(Sergey Postrekhin) 苏联 1'53"37**
2. 柳贝诺夫(Lyubomir Lyubenov) 保加利亚 1'53"49
3. 霍伊克罗特(Olaf Heukrodt) 民主德国 1'54"38
1984 **1. 凯恩(Larry Cain) 加拿大 1'57"01**
2. 亚科布森(Henning Jakobsen) 丹麦 1'58"45
3. 奥拉鲁(Costica Olaru) 罗马尼亚 1'59"86
1988 **1. 霍伊克罗特(Olaf Heukrodt) 民主德国 1'56"42**
2. 斯利温斯基(Mikhail Slivinsky) 苏联 1'57"26
3. 马林诺夫(Martin Marinov) 保加利亚 1'57"27
1992 **1. 布恰洛夫(Nikolai Bukhalov) 保加利亚 1'51"15**
2. 斯利温斯基(Mikhail Slivinsky) 独联体 1'51"40
3. 霍伊克罗特(Olaf Heukrodt) 德国 1'53"00

1996 **1. 多克托(Martin Doktor) 捷克共和国 1'49"934**
2. 克纳佐维茨基(Slavomir Knazovicky) 斯洛伐克 1'50"510
3. 普拉伊(Imre Pulai) 匈牙利 1'50"758
2000 **1. 吉奥尔吉·科洛尼克斯(Gyorgy Kolonics) 匈牙利 2'24"813**
2. 马克西姆·奥帕廖夫(Maxim Opalev) 俄罗斯 2'25"809
3. 安德列亚斯·迪特默尔(Andreas Dittmer) 德国 2'27"591
2004 **1. 安德列亚斯·迪特默尔(Andreas Dittmer) 德国 1'46"383**
2. 戴维·卡尔(David Cal) 西班牙 1'46"723
3. 马克西姆·奥帕廖夫(Maxim Opalev) 俄罗斯 1'47"767

1000米单人划艇

1972 **1. 帕扎伊钦(Ivan Patzaichin) 罗马尼亚 4'08"94**
2. 维奇曼(Tamas Wichmann) 匈牙利 4'12"42
3. 莱维(Detlef Lewe) 联邦德国 4'13"63
1976 **1. 柳别克(Matija Ljubek) 南斯拉夫 4'09"51**
2. 尤尔琴科(Vasiliy Yurchenko) 苏联 4'12"57
3. 维奇曼(Tamas Wichmann) 匈牙利 4'14"11
1980 **1. 柳贝诺夫(Lyubomir Lyubenov) 保加利亚 4'12"38**
2. 波斯特列辛(Sergey Postrekhin) 苏联 4'13"53
3. 洛伊斯(Eckhard Leue) 民主德国 4'15"02
1984 **1. 艾克(Ulrich Eicke) 联邦德国 4'06"32**
2. 凯恩(Larry Cain) 加拿大 4'08"67
3. 亚科布森(Henning Jakobsen) 丹麦 4'09"51
1988 **1. 克列缅季耶夫(Ivans Klementjevs) 苏联 4'12"78**
2. 施密特(Jorg Schmidt) 民主德国 4'15"83
3. 布卡洛夫(Nikolai Bukhalov) 保加利亚 4'18"94
1992 **1. 布恰洛夫(Nikolai Bukhalov) 保加利亚 4'05"92**
2. 克列门蒂耶夫斯(Ivans Klementjevs) 拉脱维亚 4'06"60
3. 扎拉(Gyorgy Zala) 匈牙利 4'07"35
1996 **1. 多克托(Martin Doktor) 捷克共和国 3'54"418**
2. 克莱门蒂耶夫斯(Ivans Klementjevs) 拉脱维亚 3'54"954
3. 扎拉(Gyorgy Zala) 匈牙利 3'56"366
2000 **1. 安德列亚斯·迪特默尔(Andreas Dittmer) 德国 3'54"379**
2. 莱迪斯·弗兰克·巴尔塞罗(Ledys Frank Balceiro) 古巴 3'56"071
3. 斯蒂夫·吉尔斯(Steve Giles) 加拿大 3'56"437
2004 **1. 戴维·卡尔(David Cal) 西班牙 3'46"201**
2. 安德列亚斯·迪特默尔(Andreas Dittmer) 德国 3'46"721
3. 阿蒂拉·瓦伊达(Attila Vajda) 匈牙利 3'49"025

500米双人划艇

1976 **1. 彼得连科(Sergey Petrenko)-维诺格拉多夫(Aleksandr Vinogradov) 苏联 1'45"81**
2. 奥帕拉(Jerzy Opara)-戈罗诺维奇(Andrzej Gronowicz) 波兰 1'47"77
3. 布达伊(Tamas Budai)-弗雷伊(Oszkar Frey) 匈牙利 1'48"35
1980 **1. 福尔坦(Laszlo Foltan)-瓦斯库蒂(Istvan Vaskuti) 匈牙利 1'43"39**
2. 帕扎伊钦(Ivan Patzaichin)-卡普斯塔(Petre Capusta) 罗马尼亚 1'44"12
3. 阿纳尼耶夫(Borislav Ananiev)-伊尔科夫(Nikolai Ilkov) 保加利亚 1'44"63
1984 **1. 柳贝克(Matija Ljubek)-尼索维奇(Mirko Nisovic) 南斯拉夫 1'43"67**
2. 帕察金(Ivan Patzaichin)-西面诺夫(Toma Simionov) 罗马尼亚 1'45"68
3. 米罗伊(Enrique Miguez Gomez)-阿马多尔(Narciso Suarez) 西班牙 1'47"71
1988 **1. 列内斯基(Viktor Reneisky)-茹拉夫斯基(Nikolay Zhuravsky) 苏联 1'41"77**
2. 多皮耶拉拉(Marek Dopierala)-勒比克(Marek Lbik) 波兰 1'43"61
3. 雷诺(Philippe Renaud)-贝坦(Joel Bettin) 法国 1'43"81
1992 **1. 马塞利科夫(Aleksandr Maseikov)-多夫加列诺克(Dmitriy Dovgalenok) 独联体 1'41"54**
2. 帕普克(Ulrich Papke)-施佩利(Ingo Spelly) 德国 1'41"68
3. 马林诺夫(Martin Marinov)-斯托扬诺夫(Blagovest Stoyanov) 保加利亚 1'41"94
1996 **1. 霍瓦特(Csaba Horvath)-科洛尼奇(Gyorgy Kolonics) 匈牙利 1'40"420**
2. 尤拉夫斯奇(Nikolay Zhuravsky)-雷内斯基(Viktor Reneisky) 摩尔多瓦 1'40"456
3. 安德烈夫(Gheorghe Andriev)-奥布雷亚(Grigore Obreja) 罗马尼亚 1'41"336
2000 **1. 费伦克·诺瓦克(Ferenc Novak)-伊姆雷·普莱(Imre Pulai) 匈牙利 1'51"284**
2. 丹尼尔·耶德拉斯科(Daniel Jedraszko)-帕维尔·巴拉斯兹凯维茨(Pawel Baraszkiewicz) 波兰 1'51"536
3. 米蒂卡·普里科普(Mitica Pricop)-弗洛林·波佩斯库(Florin Popescu) 罗马尼亚 1'54"260
2004 **1. 孟关良-杨文军 中国 1'40"728**
2. 易卜拉欣·罗哈斯·布兰科(Ibrahim Rojas Blanco)-莱迪斯·弗兰克·巴尔塞罗·帕霍(Ledis Frank Balceiro Pajon) 古巴 1'40"350
3. 亚历山大·科斯托格洛德(Alexander Kostoglod)-亚历山大·科瓦列夫(Alexander Kovalev) 俄罗斯 1'40"442

1000米双人划艇

1972 **1. 切休纳斯(Vladislav Cesiunas)-洛巴诺夫(Yuriy Lobanov) 苏联 3'52"60**
2. 帕扎伊钦(Ivan Patzaichin)-科瓦利奥夫(Serghei Covaliov) 罗马尼亚 3'52"63
3. 达米安诺夫(Fedia Damianov)-布尔钦(Ivan Burchin) 保加利亚 3'58"10
1976 **1. 彼得连科(Sergey Petrenko)-维诺格拉多夫(Aleksandr Vinogradov) 苏联 3'52"76**
2. 达尼埃洛夫(Gheorghe Danielov)-希米奥诺夫(Gheorghe Simionov) 罗马尼亚 3'54"28
3. 布达伊(Tamas Budai)-弗雷伊(Oszkar Frey) 匈牙利 3'55"66
1980 **1. 帕扎伊钦(Ivan Patzaichin)-西米奥诺夫(Toma Simionov) 罗马尼亚 3'47"65**
2. 霍伊克罗特(Olaf Heukrodt)-马德亚(Uwe Madeja) 民主德国 3'49"93
3. 尤尔琴科(Vasiliy Yurchenko)-洛巴诺夫(Yuriy Lobanov) 苏联 3'51"28
1984 **1. 帕扎伊钦(Ivan Patzaichin)-西米奥诺夫(Toma Simionov) 罗马尼亚 3'40"60**
2. 柳贝克(Matija Ljubek)-尼索维奇(Mirko Nisovic) 南斯拉夫 3'41"56
3. 霍耶(Didier Hoyer)-雷诺(Eric Renaud) 法国 3'48"01
1988 **1. 列内斯基(Viktor Reneisky)-茹拉夫斯基(Nikolay Zhuravsky) 苏联 3'48"36**
2. 霍伊克罗特(Olaf Heukrodt)-施佩利(Ingo Spelly) 民主德国 3'51"44
3. 多皮耶拉拉(Marek Dopierala)-勒比克(Marek Lbik) 波兰 3'54"33
1992 **1. 帕普克(Ulrich Papke)-施佩利(Ingo Spelly) 德国 3'37"42**
2. 弗雷德里克森(Christian Frederiksen)-尼尔松(Arne Nielsson) 丹麦 3'39"26
3. 奥耶尔(Didier Hoyer)-布瓦万(Olivier Boivin) 法国 3'39"51
1996 **1. 迪特梅尔(Andreas Dittmer)-基希巴赫(Gunar Kirchbach) 德国 3'31"870**
2. 博尔尚(Antonel Borsan)-格勒万(Marcel Glavan) 罗马尼亚 3'32"294
3. 霍瓦特(Csaba Horvath)-科洛尼奇(Gyorgy Kolonics) 匈牙利 3'32"514
2000 **1. 米蒂卡·普里科普(Mitica Pricop)-弗洛林·波佩斯库(Florin Popescu) 罗马尼亚 3'37"355**
2. 伊布拉辛·罗哈斯(Ibrahim Rojas)-莱奥巴尔多·佩雷拉(Leobaldo Pereira) 古巴 3'38"753
3. 斯蒂芬·乌泰斯(Stefan Utess)-拉尔斯·科贝尔(Lars Kober) 德国 3'41"129
2004 **1. 克里斯蒂安·吉勒(Christian Gille)-托马斯·维伦泽克(Tomasz Wylenzek) 德国 3'41"802**
2. 亚历山大·科斯托格洛德(Alexander Kostoglod)-亚历山大·科瓦列夫(Alexander Kovalev) 俄罗斯 3'42"990
3. 吉奥尔吉·科兹曼(Gyorgy Kozmann)-吉奥尔吉·科洛尼克斯(Gyorgy Kolonics) 匈牙利 3'43"016

500米单人皮艇

1976 **1. 迪巴(Vasile Diba) 罗马尼亚 1'46"41**
2. 斯塔尼吉(Zoltan Sztanity) 匈牙利 1'46"95
3. 黑尔姆(Rudiger Helm) 民主德国 1'48"30
1980 **1. 帕尔费诺维奇(Vladimir Parfenovich) 苏联 1'43"43**
2. 萨默吉(John Sumegi) 澳大利亚 1'44"12
3. 迪巴(Vasile Diba) 罗马尼亚 1'44"90
1984 **1. 弗格森(Ian Ferguson) 新西兰 1'47"84**
2. 莫贝里(Lars-Erik Moberg) 瑞典 1'48"18
3. 布雷热翁(Bernard Bregeon) 法国 1'48"41
1988 **1. 久拉伊(Zsolt Gyulay) 匈牙利 1'44"82**
2. 施特勒(Andreas Stahle) 民主德国 1'46"38
3. 麦克唐纳(Paul MacDonald) 新西兰 1'46"46
1992 **1. 科莱赫迈宁(Mikko Kolehmainen) 芬兰 1'40"43**
2. 久拉伊(Zsolt Gyulay) 匈牙利 1'40"64
3. 霍尔曼(Knut Holmann) 挪威 1'40"71
1996 **1. 罗西(Antonio Rossi) 意大利 1'37"423**
2. 霍尔曼(Knut Holmann) 挪威 1'38"339
3. 马尔凯维奇(PiotMarldemed) 波兰 1'38"615
2000 **1. 克努特·霍尔曼(Knut Holmann) 挪威 1'57"847**
2. 佩塔尔·梅尔科夫(Petar Merkov) 保加利亚 1'58"393
3. 迈克尔·科尔加诺夫(Michael Kolganov) 以色列 1'59"563
2004 **1. 亚当·范克沃登(Adam van Koeverden) 加拿大 1'37"919**
2. 纳赞·巴加雷(Nathan Baggaley) 澳大利亚 1'38"467
3. 伊安·维恩(Ian Wynne) 英国 1'38"547

1000米单人皮艇

1972 **1. 沙帕连科(Aleksandr Shaparenko) 苏联 3'48"06**
2. 彼得松(Rolf Peterson) 瑞典 3'49"35
3. 乔波(Geza Csapo) 匈牙利 3'49"38
1976 **1. 黑尔姆(Rudiger Helm) 民主德国 3'48"20**
2. 乔波(Geza Csapo) 匈牙利 3'48"84
3. 迪巴(Vasile Diba) 罗马尼亚 3'49"65
1980 **1. 黑尔姆(Rudiger Helm) 民主德国 3'48"77**
2. 勒巴(Alain Lebas) 法国 3'50"20
3. 比尔拉迪亚努(Ion Birladeanu) 罗马尼亚 3'50"49
1984 **1. 汤普森(Alan Thompson) 新西兰 3'45"73**
2. 亚尼茨(Milan Janic) 南斯拉夫 3'46"88
3. 巴顿(Gregory Barton) 美国 3'47"38
1988 **1. 巴顿(Gregory Barton) 美国 3'55"27**
2. 戴维斯(Grant Davies) 澳大利亚 3'55"28
3. 沃勒贝(Andre Wohllebe) 民主德国 3'55"55
1992 **1. 罗宾逊(Clint Robinson) 澳大利亚 3'37"26**
2. 霍尔曼(Knut Holmann) 挪威 3'37"50
3. 巴顿(Gregory Barton) 美国 3'37"93
1996 **1. 霍尔曼(Knut Holmann) 挪威 3'25"785**
2. 博诺米(Beniamino Bonomi) 意大利 3'27"073
3. 鲁宾逊(Clint Robinson) 澳大利亚 3'29"713
2000 **1. 克努特·霍尔曼(Knut Holmann) 挪威 3'33"269**
2. 佩塔尔·梅尔科夫(Petar Merkov) 保加利亚 3'34"649
3. 蒂姆·布拉班茨(Tim Brabants) 英国 3'35"057
2004 **1. 埃里克·维拉斯·拉尔森(Eirik Veraas Larsen) 挪威 3'25"817**
2. 本·弗希(Ben Fouhy) 保加利亚 3'27"413
3. 亚当·范克沃登(Adam Van Koeverden) 加拿大 3'28"218

500米双人皮艇

1976 **1. 马特恩(Joachim Mattern)-奥尔布里希特(Bernd Olbricht) 民主德国 1'35"87**
2. 纳戈尔内(Sergey Nagorny)-罗曼诺夫斯基(Vladimir Romanovskiy) 苏联 1'36"81
3. 谢尔盖(Larion Serghei)-马利钦(Policarp Malihin) 罗马尼亚 1'37"43
1980 **1. 帕尔费诺维奇(Vladimir Parfenovich)-丘赫莱伊(Sergey Chukhray) 苏联 1'32"38**
2. 梅嫩德斯(Herminio Menendez)-雷戈(Guillermo del Riego) 西班牙 1'33"65
3. 奥尔布里希特(Bernd Olbricht)-黑尔姆(Rudiger Helm) 民主德国 1'34"00
1984 **1. 弗格森(Ian Ferguson)-麦克唐纳(Paul MacDonald) 新西兰 1'34"21**
2. 本特松(Per-Inge Bengtsson)-莫贝里(Lars-Erik Moberg) 瑞典 1'35"26
3. 费希尔(Hugh Fisher)-莫里斯(Alwyn Morris) 加拿大 1'35"41
1988 **1. 弗格森(Ian Ferguson)-麦克唐纳(Paul MacDonald) 新西兰 1'33"98**
2. 纳加耶夫(Igor Nagayev)-杰尼索夫(Viktor Denisov) 苏联 1'34"15
3. 阿布拉哈姆(Attila Abraham)-西佩斯(Ferenc Csipes) 匈牙利 1'34"32
1992 **1. 布卢姆(Kay Bluhm)-古切(Torsten Gutsche) 德国 1'28"27**
2. 弗列穆特(Maciej Freimut)-库尔皮耶夫斯基(Wojciech Kurpiweski) 波兰 1'29"84
3. 罗西(Antonio Rossi)-德雷奥西(Bruno Dreossi) 意大利 1'30"00
1996 **1. 布卢姆(Kay Bluhm)-古切(Torsten Gutsche) 德国 1'28"697**
2. 博诺米(Beniamino Bonomi)-斯卡尔帕(Daniele Scarpa) 意大利 1'28"729
3. 科林斯(Daniel Collins)-特林(Andrew Trim) 澳大利亚 1'29"409
2000 **1. 佐尔丹·卡梅勒尔(Zoltan Kammerer)-波滕德·斯托尔茨(Botond Storcz) 匈牙利 1'47"055**

1984年洛杉矶奥运会男子双人划艇。

	2.	安德鲁·特里姆(Andrew Trim)-丹尼尔·科林斯(Daniel Collins)	澳大利亚	1'47"895
	3.	罗纳德·拉乌赫(Ronald Rauhe)-蒂姆·维斯科特(Tim Wieskotter)	德国	1'48"771
2004	1.	罗纳德·拉乌赫(Ronald Rauhe)-蒂姆·维斯科特(Tim Wieskotter)	德国	1'27"040
	2.	克林特·罗宾逊(Clint Robinson)-纳赞·巴加雷(Nathan Baggaley)	澳大利亚	1'27"920
	3.	拉曼·皮亚特鲁申卡(Raman Piatrushenka)-瓦吉姆·马赫纽(Vadzim Makhneu)	白俄罗斯	1'27"996

1000米双人皮艇

1972	1.	戈尔巴乔夫(Nikolay Gorbachev)-克拉塔修克(Viktor Kratasyuk)	苏联	3'31"23
	2.	代梅(Jozsef Deme)-拉特凯(Janos Ratkai)	匈牙利	3'32"00
	3.	舒斯凯维奇(Wladyslaw Szuszkiewicz)-皮谢兹(Rafal Piszcz)	波兰	3'33"83
1976	1.	罗曼诺夫斯基(Vladimir Romanovskiy)-纳戈尔内(Sergey Nagorny)	苏联	3'29"01
	2.	马特恩(Joachim Mattern)-奥尔布里希特(Bernd Olbricht)	民主德国	3'29"33
	3.	巴科(Zoltan Bako)-萨博(Istvan Szabo)	匈牙利	3'30"36
1980	1.	帕尔费诺维奇(Vladimir Parfenovich)-丘赫莱伊(Sergey Chukhray)	苏联	3'26"72
	2.	萨博(Istvan Szabo)-约斯(Istvan Joos)	匈牙利	3'28"49
	3.	拉莫斯-米西昂内(Luis Ramos Misione)-梅嫩德斯(Herminio Menendez)	西班牙	3'28"66
1984	1.	费希尔(Hugh Fisher)-莫里斯(Alwyn Morris)	加拿大	3'24"22
	2.	布雷热(Bernard Bregeon)-勒富隆(Patrick Lefoulon)	法国	3'25"97
	3.	凯利(Barry Kelly)-肯尼(Grant Kenny)	澳大利亚	3'26"80
1988	1.	巴顿(Gregory Barton)-贝林厄姆(Norman Bellingham)	美国	3'32"42
	2.	弗格森(Ian Ferguson)-麦克唐纳(Paul MacDonald)	新西兰	3'32"71
	3.	福斯特(Peter Foster)-格雷厄姆(Kelvin Graham)	澳大利亚	3'33"76
1992	1.	布卢姆(Kay Bluhm)-古切(Torsten Gutsche)	德国	3'16"10
	2.	奥尔松(Gunnar Olsson)-森德克维斯特(Karl Sundqvist)	瑞典	3'17"70
	3.	科托维奇(Grzegorz Kotowicz)-比亚尔科夫斯基(Dariusz Bialkowski)	波兰	3'18"86
1996	1.	罗西(Antonio Rossi)-斯卡尔帕(Daniele Scarpa)	意大利	3'09"190
	2.	布卢姆(Kay Bluhm)-古切(Torsten Gutsche)	德国	3'10"518
	3.	杜舍夫(Andrian Dushev)-卡扎诺夫(Milko Kazanov)	保加利亚	3'11"206
2000	1.	安东尼奥·罗西(Antonio Rossi)-贝尼亚米诺·波诺米(Beniamino Bonomi)	意大利	3'14"461
	2.	马尔库斯·奥斯卡尔松(Markus Oscarsson)-亨里克·尼尔森(Henrik Nilsson)	瑞典	3'16"075
	3.	克里斯蒂安·巴尔特菲(Krisztian Bartfai)-克里斯蒂安·韦雷伯(Krisztian Vereb)	匈牙利	3'16"357
2004	1.	马尔库斯·奥斯卡尔松(Markus Oscarsson)-亨里克·尼尔森(Henrik Nilsson)	瑞典	3'18"420
	2.	安东尼奥·罗西(Antonio Rossi)-贝尼亚米诺·波诺米(Beniamino Bonomi)	意大利	3'19"484
	3.	埃里克·维拉斯·拉尔森(Eirik Veraas Larsen)-尼尔斯·奥拉夫·菲尔德海姆(Nils Olav Fjeldheim)	挪威	3'19"528

1000米四人皮艇

1972	1.	苏联队	3'14"02
	2.	罗马尼亚队	3'15"07
	3.	挪威队	3'15"27
1976	1.	苏联队	3'08"69
	2.	西班牙队	3'08"95
	3.	民主德国队	3'10"76
1980	1.	民主德国队	3'13"76
	2.	罗马尼亚队	3'15"35
	3.	保加利亚队	3'15"46
1984	1.	新西兰队	3'02"28
	2.	瑞典队	3'02"81
	3.	法国队	3'03"94
1988	1.	匈牙利队	3'00"20
	2.	苏联队	3'01"40
	3.	民主德国队	3'02"37
1992	1.	德国队	2'54"18
	2.	匈牙利队	2'54"82
	3.	澳大利亚队	2'56"97
1996	1.	德国队	2'51"528
	2.	匈牙利队	2'53"184
	3.	俄罗斯队	2'53"996
2000	1.	匈牙利队	2'55"188
	2.	德国队	2'55"704
	3.	波兰队	2'57"192

单人划艇障碍回旋

1972	1.	艾本(Reinhard Eiben)	民主德国	315.84分
	2.	考德尔(Reinhold Kauder)	联邦德国	327.89分
	3.	麦克尤恩(Jamie McEwan)	美国	335.95分
1992	1.	波莱尔特(Lukas Pollert)	捷克斯洛伐克	113.69分
	2.	马里奥特(Gareth Marriott)	英国	116.48分
	3.	阿弗里尔(Jacky Avril)	法国	117.18分
1996	1.	马蒂坎(Michal Martikan)	斯洛伐克	151.03分
	2.	波勒特(Lukas Pollert)	捷克共和国	151.17分
	3.	埃斯坦盖(Patrice Estanguet)	法国	152.84
2000	1.	托尼·埃斯坦盖(Tony Estanguet)	法国	231.87分
	2.	米查尔·马尔蒂坎(Michal Martikan)	斯洛伐克	233.76分
	3.	尤莱·明齐克(Juraj Mincik)	斯洛伐克	234.22分
2004	1.	托尼·埃斯坦盖(Tony Estanguet)	法国	189.16分
	2.	米查尔·马尔蒂坎(Michal Martikan)	斯洛伐克	189.28分
	3.	斯蒂芬·普凡默勒(Stefan Pfannmoeller)	德国	191.56分

双人划艇障碍回旋

1972	1.	霍夫曼(Walter Hofmann)-阿门德(Rolf-Dieter Amend)	民主德国	310.68分
	2.	许马克(Hans-Otto Schumacher)-鲍斯(Wilhelm Baues)	联邦德国	311.90分
	3.	让-路易斯·奥尔里(Jean-Louis Olry)-让-克劳德·奥尔里(Jean-Claude Olry)	法国	315.10分
1992	1.	雅各比(Joe Jacobi)-斯特劳斯鲍(Scott Strausburgh)	美国	122.41分
	2.	罗汉(Jiri Rohan)-西梅克(Miroslav Simek)	捷克斯洛伐克	124.25分
	3.	阿迪松(Franck Adisson)-福尔格(Wilfrid Forgues)	法国	124.38分
1996	1.	阿迪松(Franck Adisson)-福尔格(Wilfrid Forgues)	法国	158.82分
	2.	罗汉(Jiri Rohan)-希梅克(Miroslav Simek)	捷克共和国	160.16分
	3.	埃伦贝格(Andre Ehrenberg)-森夫特(Michael Senft)	德国	163.72分
2000	1.	帕维尔·霍奇舒纳尔(Pavel Hochschorner)-彼得·霍奇舒纳尔(Peter Hochschorner)	斯洛伐克	237.74分
	2.	克尔吉斯托夫·科洛曼斯奇(Krzysztof Kolomanski)-米卡尔·斯坦尼泽夫斯奇(Michal Staniszewski)	波兰	243.81分
	3.	马雷克·伊拉斯(Marek Jiras)-托马斯·马德尔(Tomas Mader)	捷克共和国	249.45分
2004	1.	帕维尔·霍奇舒纳尔(Pavel Hochschorner)-彼得·霍奇舒纳尔(Peter Hochschorner)	斯洛伐克	207.16分
	2.	马尔库斯·贝克尔(Marcus Becker)-斯蒂芬·亨策(Stefan Henze)	德国	210.98分
	3.	亚罗斯拉夫·沃尔夫(Jaroslav Volf)-奥德里·斯蒂帕内克(Ondrej Stepanek)	捷克共和国	212.86分

单人皮艇障碍回旋

1972	1.	霍恩(Siegbert Horn)	民主德国	268.56分
	2.	扎特勒(Norbert Sattler)	奥地利	270.76分
	3.	吉姆佩尔(Harald Gimpel)	民主德国	277.95分
1992	1.	费拉齐(Pierpaolo Ferrazzi)	意大利	106.89分
	2.	库里尼埃尔(Sylvain Curinier)	法国	107.06分
	3.	莱特曼(Jochen Lettmann)	德国	108.52分
1996	1.	菲克斯(Oliver Fix)	德国	141.22分
	2.	韦霍瓦尔(Andraz Vehovar)	斯洛文尼亚	141.65分
	3.	贝克尔(Thomas Becker)	德国	142.79分
2000	1.	托马斯·施密特(Thomas Schmidt)	德国	217.25分
	2.	保罗·拉特克里夫(Paul Ratcliffe)	英国	223.71分
	3.	皮尔保罗·费拉齐(Pierpaolo Ferrazzi)	意大利	225.03分
2004	1.	贝诺瓦·佩西耶(Benoit Peschier)	法国	187.96分
	2.	坎贝尔·沃尔什(Campbell Walsh)	英国	190.17分
	3.	法比安·勒费弗尔(Fabien Lefevre)	法国	190.99分

女子皮划艇(KAYAK-women)

500米单人皮艇

1972	1.	里亚布钦斯卡娅(Yuliya Ryabchinskaya)	苏联	2'03"17
	2.	亚皮斯(Mieke Jaapies)	荷兰	2'04"03
	3.	普费菲尔(Anna Pfeffer)	匈牙利	2'05"50
1976	1.	齐尔佐夫(Carola Zirzow)	民主德国	2'01"05
	2.	科尔舒诺娃(Tatyana Korshunova)	苏联	2'03"07
	3.	劳伊瑙伊(Klara Rajnai)	匈牙利	2'05"01
1980	1.	菲舍尔(Birgit Fischer)	民主德国	1'57"96
	2.	格切娃(Vania Gesheva)	保加利亚	1'59"48
	3.	梅利尼科娃(Antonina Melnikova)	苏联	1'59"66
1984	1.	安德松(Agneta Andersson)	瑞典	1'58"72
	2.	舒特佩尔茨(Barbara Schuttpelz)	联邦德国	1'59"93
	3.	德克斯(Annemiek Derckx)	荷兰	2'00"11
1988	1.	格舍娃(Vania Gesheva)	保加利亚	1'55"19
	2.	菲舍尔(Birgit Fischer)	民主德国	1'55"31
	3.	德莱夫斯卡(Izabella Dylewska)	波兰	1'57"38
1992	1.	菲舍尔(Birgit Fischer)	德国	1'51"60
	2.	科班(Rita Koban)	匈牙利	1'51"96
	3.	迪莱夫斯卡(Izabella Dylewska)	波兰	1'52"36
1996	1.	科班(Rita Koban)	匈牙利	1'47"655
	2.	布鲁内(Caroline Brunet)	加拿大	1'47"891
	3.	伊登(Josefa Idem)	意大利	1'48"731
2000	1.	约塞法·伊德姆·盖里尼(Josefa Idem Guerrini)	意大利	2'13"848
	2.	卡罗琳·布鲁内特(Caroline Brunet)	加拿大	2'14"646
	3.	卡特琳·博尔切特(Katrin Borchert)	澳大利亚	2'15"138
2004	1.	娜塔莎·亚尼茨(Natasa Janics)	匈牙利	1'47"741
	2.	约塞法·伊德姆·盖里尼(Josefa Idem Guerrini)	意大利	1'49"729
	3.	卡罗琳·布鲁内特(Caroline Brunet)	加拿大	1'50"601

500米双人皮艇

1972	1.	皮纳耶娃(Lyudmila Pinayeva)-库里什科(Yekaterina Kuryshko)	苏联	1'53"50
	2.	卡舒贝(Ilse Kaschube)-格拉博夫斯基(Petra Grabowski)	民主德国	1'54"30
	3.	尼基福罗夫(Maria Nichiforov)-杜米特鲁(Viorica Dumitru)	罗马尼亚	1'55"01
1976	1.	戈波娃(Nina Gopova)-克雷夫特(Galina Kreft)	苏联	1'51"15
	2.	普费弗(Anna Pfeffer)-劳伊瑙伊(Klara Rajnai)	匈牙利	1'51"69
	3.	科斯特尔(Barbel Koster)-齐尔措夫(Carola Zirzow)	民主德国	1'51"81
1980	1.	格瑙斯(Carsta Genauss)-比绍夫(Martina Bischof)	民主德国	1'43"88
	2.	阿列克谢耶娃(Galina Alexeyeva (Kreft))-特罗菲莫娃(Nina Trofimova (Gopova))	苏联	1'46"91
	3.	扎库斯(Eva kusz)-扎卡里阿斯(Maria Zakarias)	匈牙利	1'47"95
1984	1.	安德松(Agneta Andersson)-奥尔松(Anna Olsson)	瑞典	1'45"25
	2.	巴雷(Alexandra Barre)-霍洛韦(Susan Holloway)	加拿大	1'47"13
	3.	舒特佩尔茨(Barbara Schuttpelz)-伊德姆(Josefa Idem)	联邦德国	1'47"32
1988	1.	菲舍尔(Birgit Fischer)-诺特纳格尔(Anke Nothnagel)	民主德国	1'43"46
	2.	格舍娃(Vania Gesheva)-帕利斯卡(Diana Paliiska)	保加利亚	1'44"06
	3.	代克斯(Annemiek Derckx)-科克斯(Annemarie Cox)	荷兰	1'46"00
1992	1.	波特维格(Ramona Portwich)-冯泽克(Anke von Seck (Nothnagel))	德国	1'40"29
	2.	贡纳尔松(Susanne Gunnarsson)-安德松(Agneta Andersson)	瑞典	1'40"41
	3.	科班(Rita Koban)-多努斯(Eva Donusz)	匈牙利	1'40"81
1996	1.	安德松(Agneta Andersson)-贡纳松(Susanne Gunnarsson)	瑞典	1'39"329
	2.	菲舍尔(Birgit Fischer)-波特维奇(Ramona Portwich)	德国	1'39"689
	3.	博彻特(Katrin Bochert)-伍德(Anna Wood)	澳大利亚	1'40"641
2000	1.	比尔吉特·费舍尔(Birgit Fischer)-卡特琳·瓦格纳(Katrin Wagner)	德国	1'56"996
	2.	卡塔琳·科瓦奇(Katalin Kovacs)-西尔维娅·萨博(Szilvia Szabo)	匈牙利	1'58"580
	3.	比塔·索科洛夫斯卡(Beata Sokolowska)-阿内塔·帕斯图斯卡(Aneta Pastuszka)	波兰	1'58"784
2004	1.	卡塔琳·科瓦奇(Katalin Kovacs)-娜塔莎·亚尼茨(Natasa Janics)	匈牙利	1'38"101
	2.	比尔吉特·费舍尔(Birgit Fischer)-卡罗琳·莱昂哈特(Carolin Leonhardt)	德国	1'39"533
	3.	比塔·索科洛夫斯卡·库莱扎(Beata Sokolowska Kulesza)-阿内塔·帕斯图斯卡(Aneta Pastuszka)	波兰	1'40"077

500米四人皮艇

1984	1.	罗马尼亚队	1'38"34
	2.	瑞典队	1'38"87
	3.	加拿大队	1'39"40
1988	1.	民主德国队	1'40"78
	2.	匈牙利队	1'41"88
	3.	保加利亚队	1'42"63
1992	1.	匈牙利队	1'38"32
	2.	德国队	1'38"47
	3.	瑞典队	1'39"79
1996	1.	德国队	1'31"077
	2.	瑞士队	1'32"701
	3.	瑞典队	1'32"917
2000	1.	德国队	1'34"532
	2.	匈牙利队	1'34"946
	3.	罗马尼亚队	1'37"010
2004	1.	德国队	1'34"430
	2.	匈牙利队	1'34"536
	3.	乌克兰队	1'36"192

单人皮艇障碍回旋

1972	1.	巴曼(Angelika Bahmann)	民主德国	364.50分
	2.	格罗特豪斯(Gisela Grothaus)	联邦德国	398.15分
	3.	温德利希(Magdalena Wunderlich)	联邦德国	400.50分
1992	1.	米歇勒(Elisabeth Micheler)	德国	126.41分
	2.	伍德沃德(Danielle Woodward)	澳大利亚	128.27分
	3.	克拉德克(Dana Chladek)	美国	131.75分
1996	1.	希尔格托娃(Stepanka Hilgertova)	捷克共和国	169.49分
	2.	克拉德克(Dana Chladek)	美国	169.49分
	3.	福克斯-热吕萨米(Myriam Fox-Jerusalmi)	法国	171.00分
2000	1.	斯蒂潘卡·希尔盖托娃(Stepanka Hilgertova)	捷克共和国	247.04分
	2.	布里吉特·吉尔巴尔(Brigitte Guibal)	法国	251.88分
	3.	安-利斯·巴尔代(Anne-Lise Bardet)	法国	254.77分
2004	1.	埃莲娜·卡里斯卡(Elena Kaliska)	斯洛伐克	210.03分
	2.	里贝卡·吉丹斯(Rebecca Giddens)	美国	214.62分
	3.	海伦·里弗斯(Helen Reeves)	英国	218.77分

男子举重(WEIGHTLIFTING-men)

54公斤级（1992年以前为52公斤级）

1972	1.	斯马尔策日(Zygmunt Smalcerz)	波兰	337.5公斤
	2.	苏奇(Lajos Szucs)	匈牙利	330.0公斤
	3.	霍尔茨雷特(Sandor Holczreiter)	匈牙利	327.5公斤
1976	1.	沃罗宁(Aleksandr Voronin)	苏联	242.5公斤
	2.	科塞吉(Gyorgy Koszegi)	匈牙利	237.5公斤
	3.	纳西里(Mohammad Nasiri)	伊朗	235.0公斤
1980	1.	奥斯马诺利夫瓜(Anybelt Osmanoliev)	苏联	245.0公斤
	2.	胡奉哲(Mo BongdEoi)	朝鲜	245.0公斤
	3.	韩京时(Man Gyong-si)	朝鲜	245.0公斤
1984	1.	曾国强	中国	235.0公斤
	2.	周培顺	中国	235.0公斤
	3.	真锅和人(Manabe Kazushito)	日本	232.5公斤
1988	1.	马林诺夫(Sevdalin Marinov)	保加利亚	270.0公斤
	2.	全炳宽(Chun Byung-kwan)	韩国	260.0公斤
	3.	何灼强	中国	257.5公斤
1992	1.	伊万诺夫(Ivan Ivanov)	保加利亚	265.0公斤
	2.	林启升	中国	262.5公斤
	3.	奇哈伦(Traian Ciharean)	罗马尼亚	252.5公斤
1996	1.	穆特鲁(Halil Mutlu)	土耳其	287.5公斤
	2.	张祥森	中国	280.0公斤
	3.	明切夫(Sevdalin Minchev)	保加利亚	277.5公斤

56公斤级（1996年为59公斤级）

1972	1.	福尔迪(Imre Foldi)	匈牙利	377.5公斤
	2.	纳西里(Mohammad Nasiri)	伊朗	370.0公斤
	3.	切丁(Gennadiy Chetin)	苏联	367.5公斤
1976	1.	努里金(Norair Nurikian)	保加利亚	262.5公斤
	2.	丘拉(Grzegorz Cziura)	波兰	252.5公斤
	3.	安藤谦吉(Ando Kenkichi)	日本	250.0公斤
1980	1.	努涅斯(Daniel NdfieyJ)	古巴	75.0公斤
	2.	萨尔基相(Yurik saridsimv)	苏联	270.0公斤
	3.	德姆邦奇克(Tadeusz DemboilczylE)	波兰尼	265.0公斤
1984	1.	吴数德	中国	267.5公斤
	2.	赖润明	中国	265.0公斤
	3.	小高正宏(Kotaka Masahiro)	日本	252.5公斤
1988	1.	米尔佐扬(Oksen Mirzoyan)	苏联	292.5公斤
	2.	何英强	中国	287.5公斤
	3.	刘寿斌	中国	267.5公斤
1992	1.	全炳宽(Chun Byung-kwan)	韩国	287.5公斤
	2.	刘寿斌	中国	277.5公斤
	3.	罗建明	中国	277.5公斤
1996	1.	唐灵生	中国	307.5公斤
	2.	萨巴尼斯(Leonidas Sabanis)	希腊	305.0公斤
	3.	佩沙洛夫(Nikolai Peshalov)	保加利亚	302.5公斤
2000	1.	哈里尔·穆特鲁(Halil Mutlu)	土耳其	305.0公斤
	2.	吴文雄	中国	287.5公斤
	3.	张湘祥	中国	287.5公斤
2004	1.	哈里尔·穆特鲁(Halil Mutlu)	土耳其	295.0公斤
	2.	吴美锦	中国	287.5公斤
	3.	塞达特·阿尔图克(Sedat Artuc)	土耳其	280.0公斤

62公斤级（1992年以前为60公斤级，1996年为64公斤级）

1972	1.	努利金(Norair Nurikian)	保加利亚	402.5公斤
	2.	沙尼泽(Dito Shanidze)	苏联	400.0公斤
	3.	贝内戴克(Janos Benedek)	匈牙利	390.0公斤
1976	1.	科列斯尼科夫(Nikolay Kolesnikov)	苏联	285.0公斤
	2.	托多罗夫(Georgi Todorov)	保加利亚	280.0公斤
	3.	平井一正(Hirai Kazumasa)	日本	275.0公斤
1980	1.	马津(Viktor Mazin)	苏联	290.0公斤
	2.	迪米特罗夫(Stefan Dimitrow)	保加利亚	287.5公斤
	3.	塞韦伦(MareltSewelyn)	波兰	282.5公斤
1984	1.	陈伟强	中国	282.5公斤
	2.	拉杜(Gelu Radu)	罗马尼亚	280.0公斤
	3.	蔡温义(Tsai Wen-Yee)	中国台北	272.5公斤

1988	1.	**苏莱曼诺尔古(Naim Suleymanoglu)**	**土耳其**	**342.5公斤**
	2.	托普洛夫(Stefan Topurov)	保加利亚	312.5公斤
	3.	叶焕明	中国	287.5公斤
1992	1.	**苏莱曼诺尔古(Naim Suleymanoglu)**	**土耳其**	**320.0公斤**
	2.	佩沙洛夫(Nikolai Peshalov)	保加利亚	305.0公斤
	3.	何英强	中国	295.0公斤
1996	1.	**苏莱曼诺尔古(Naim Suleymanoglu)**	**土耳其**	**335.0公斤**
	2.	列奥尼迪斯(Valerios Leonidis)	希腊	332.5公斤
	3.	肖建刚	中国	322.5公斤
2000	1.	**尼古拉·佩沙洛夫(Nikolai Peshalov)**	**克罗地亚**	**325.0公斤**
	2.	莱昂尼达斯·萨巴尼斯(Leonidas Sabanis)	希腊	317.5公斤
	3.	根纳迪·奥列什丘克(Gennady Oleshchuk)	白俄罗斯	317.5公斤
2004	1.	**石智勇**	**中国**	**325.0公斤**
	2.	乐茂盛	中国	312.5公斤
	3.	伊斯雷尔·何塞·鲁比奥(Israel Jose Rubio)	委内瑞拉	295.0公斤

69公斤级（1992年以前为67.5公斤级，1996年为70公斤级）

1972	1.	**基尔日诺夫(Mukharby Kirzhinov)**	**苏联**	**460.0公斤**
	2.	库切夫(Mladen Kuchev)	保加利亚	450.0公斤
	3.	卡奇马雷克(Zbigniew Kaczmarek)	波兰	437.5公斤
1976	1.	**科罗利(Pyotr Korol)**	**苏联**	**305.0公斤**
	2.	塞内(Daniel Senet)	法国	300.0公斤
	3.	恰尔内茨基(Kazimierz Czarnecki)	波兰	295.0公斤
1980	1.	**鲁谢夫(Roussev)**	**保加利亚**	**425公斤**
	2.	孔茨(Joachim lUnd)	民主德国	335.0公斤
	3.	帕乔夫(Mincho pachow)	保加利亚	325.0公斤
1984	1.	**姚景远**	**中国**	**320.0公斤**
	2.	索卡奇(Andrei Socaci)	罗马尼亚	312.5公斤
	3.	格龙曼(Jouni Gronman)	芬兰	312.5公斤
1988	1.	**孔茨(Joachim Kunz)**	**民主德国**	**340.0公斤**
	2.	米利托相(Israil Militosyan)	苏联	337.5公斤
	3.	李金河	中国	325.0公斤
1992	1.	**米利托相(Israil Militosyan)**	**独联体**	**337.5公斤**
	2.	约托夫(Yoto Yotov)	保加利亚	327.5公斤
	3.	贝姆(Andreas Behm)	德国	320.0公斤
1996	1.	**占旭刚**	**中国**	**357.5公斤**
	2.	金明男(Kim Myong-nan)	朝鲜	345.0公斤
	3.	费里(Attila Feri)	匈牙利	340.0公斤
2000	1.	**加拉宾·波耶夫斯基(Galabin Boevski)**	**保加利亚**	**357.5公斤**
	2.	格奥尔吉·马尔科夫(Georgi Markov)	保加利亚	352.5公斤
	3.	谢尔盖·拉夫雷诺夫(Sergey Lavrenov)	白俄罗斯	340.0公斤
2004	1.	**张国政**	**中国**	**347.5公斤**
	2.	李培永(Lee Bae-young)	韩国	342.5公斤
	3.	尼古拉·佩查洛夫(Nikolay Pechalov)	克罗地亚	337.5公斤

77公斤级（1992年以前为75公斤级，1996年为76公斤级）

1972	1.	**比科夫(Yordan Bikov)**	**保加利亚**	**485.0公斤**
	2.	特拉布尔西(Mohamed Trabulsi)	黎巴嫩	472.5公斤
	3.	西尔维诺(Anselmo Silvino)	意大利	470.0公斤
1976	1.	**米特科夫(Yordan Mitkov)**	**保加利亚**	**335.0公斤**
	2.	米利托相(Vartan Militosyan)	苏联	330.0公斤
	3.	文策尔(Peter Wenzel)	民主德国	327.5公斤
1980	1.	**兹拉特夫(Asse112atev)**	**保加利亚**	**360.0公斤**
	2.	佩尔维(Aleksandr pewy)	苏联	357.5公斤
	3.	科列夫肘(Edeleho kolev)	保加利亚	345.0公斤
1984	1.	**拉德申斯基(Karl-Heinz Radschinsky)**	**联邦德国**	**340.0公斤**
	2.	德默斯(Jacques Demers)	加拿大	335.0公斤
	3.	乔罗斯兰(Dragomir Cioroslan)	罗马尼亚	332.5公斤
1988	1.	**吉迪科夫(Borislav Gidikov)**	**保加利亚**	**375.0公斤**
	2.	施泰因赫费尔(Ingo Steinhofel)	民主德国	360.0公斤
	3.	瓦尔巴诺夫(Aleksandr Varbanov)	保加利亚	357.5公斤
1992	1.	**卡萨普(Fedor Kassapu)**	**独联体**	**357.5公斤**
	2.	拉拉罗德里格斯(Pablo Lara Rodriguez)	古巴	357.5公斤
	3.	金明南(Kim Myong-nam)	朝鲜	352.5公斤
1996	1.	**拉拉·罗德里格斯(Pablo Lara Rodriguez)**	**古巴**	**367.5公斤**
	2.	约托夫(Yoto Yotov)	保加利亚	360.0公斤
	3.	全铁浩(Jon Chol-ho)	朝鲜	357.5公斤
2000	1.	**占旭刚**	**中国**	**367.5公斤**
	2.	维·米特鲁(Viktor Mitrou)	希腊	367.5公斤
	3.	阿·梅里克扬(Arsen Melikyan)	亚美尼亚	365.0公斤
2004	1.	**塔内尔·萨吉尔(Taner Sagir)**	**土耳其**	**375.0公斤**
	2.	谢尔盖·费利莫诺夫(Sergey Filimonov)	哈萨克斯坦	372.5公斤
	3.	奥列格·佩格佩切诺夫(Oleg Perepetchenov)	俄罗斯	365.0公斤

85公斤级（1992年以前为82.5公斤级，1996年为83公斤级）

1988年汉城奥运会男子举重56公斤级比赛。

1972	1.	**延森(Leif Jenssen)**	**挪威**	**507.5公斤**
	2.	奥季梅克(Norbert Ozimek)	波兰	497.5公斤
	3.	霍瓦特(Gyorgy Horvath)	匈牙利	495.0公斤
1976	1.	**沙里(Valeriy Shary)**	**苏联**	**365.0公斤**
	2.	斯托伊切夫(Trendafil Stoichev)	保加利亚	360.0公斤
	3.	巴查科(Peter Baczako)	匈牙利	345.0公斤
1980	1.	**瓦尔达尼扬(Yui Valdanyad)**	**苏联**	**400.0公斤**
	2.	勃拉戈耶夫(Blagoi Blagoev)	保加利亚	372.5公斤
	3.	波利亚齐克(Poliathu)	捷克斯洛伐克	367.5公斤
1984	1.	**贝克鲁(Petre Becheru)**	**罗马尼亚**	**355.0公斤**
	2.	卡巴斯(Robert Kabbas)	澳大利亚	342.5公斤
	3.	砂冈良治(Isaoka Ryoji)	日本	340.0公斤
1988	1.	**阿尔萨马科夫(Israil Arsamakov)**	**苏联**	**377.5公斤**
	2.	梅西(Istvan Messzi)	匈牙利	370.0公斤
	3.	李亨根(Lee Hyung-kun)	韩国	367.5公斤
1992	1.	**迪马斯(Pyrros Dimas)**	**希腊**	**370.0公斤**
	2.	谢米昂(Krzysztof Siemion)	波兰	370.0公斤
	3.	萨马多夫(Ibragim Samadov)	独联体	370.0公斤
1996	1.	**迪马斯(Pyrros Dimas)**	**希腊**	**392.5公斤**
	2.	胡斯特(Marc Huster)	德国	382.5公斤
	3.	科法利克(Andrzej Cofalik)	波兰	372.5公斤
2000	1.	**皮罗斯·迪马斯(Pyrros Dimas)**	**希腊**	**390.0公斤**
	2.	马克·胡斯特(Marc Huster)	德国	390.0公斤
	3.	乔治·阿萨尼泽(George Asanidze)	格鲁吉亚	390.0公斤
2004	1.	**乔治·阿萨尼泽(George Asanidze)**	**格鲁吉亚**	**382.5公斤**
	2.	安德雷·莱巴科夫(Andrey Rybakov)	白俄罗斯	380.0公斤
	3.	皮罗斯·迪马斯(Pyrros Dimas)	希腊	377.5公斤

94公斤级（1992年以前为90公斤级，1996年为91公斤级）

1972	1.	**尼科洛夫(Andon Nikolov)**	**保加利亚**	**525.0公斤**
	2.	绍波夫(Atanas Shopov)	保加利亚	517.5公斤
	3.	贝登堡(Hans Bettembourg)	瑞典	512.5公斤
1976	1.	**里格尔特(David Rigert)**	**苏联**	**382.5公斤**
	2.	詹姆斯(Lee James)	美国	362.5公斤
	3.	绍波夫(Atanas Shopov)	保加利亚	360.0公斤
1980	1.	**巴查科(PtterBacalE6)**	**匈牙利**	**377.5公斤**
	2.	亚历桑德罗夫(Rumen Aleksandrov)	保加利亚	375.0公斤
	3.	曼特克(Fral汰Mantelt)	民主德国	370.0公斤
1984	1.	**弗拉德(Nicu Vlad)**	**罗马尼亚**	**392.5公斤**
	2.	彼得(Dumitru Petre)	罗马尼亚	360.0公斤
	3.	默塞尔(David Mercer)	英国	352.5公斤
1988	1.	**赫拉帕特(Anatoliy Khrapaty)**	**苏联**	**412.5公斤**
	2.	穆罕默迪亚罗夫(Nail Mukhamedyarov)	苏联	400.0公斤
	3.	扎瓦达(Slawomir Zawada)	波兰	400.0公斤
1992	1.	**卡希亚什维利(Kakhi Kakhiachvili)**	**独联体**	**412.5公斤**
	2.	瑟尔佐夫(Sergey Syrtsov)	独联体	412.5公斤
	3.	沃尔恰涅茨基(Sergiusz Wolczaniecki)	波兰	392.5公斤
1996	1.	**彼得罗夫(Aleksey Petrov)**	**俄罗斯**	**402.5公斤**
	2.	科卡斯(Leonidas Kokas)	希腊	390.0公斤
	3.	卡鲁索(Oliver Caruso)	德国	390.0公斤
2000	1.	**卡西·卡奇亚斯维里斯(Kakhi Kakiasvilis)**	**希腊**	**405.0公斤**
	2.	西蒙·科列奇(Szymon Kolecki)	波兰	405.0公斤
	3.	阿列克谢·彼得洛夫(Alexei Petrov)	俄罗斯	402.5公斤
2004	1.	**米伦·多布雷夫(Milen Dobrev)**	**保加利亚**	**407.5公斤**
	2.	哈吉姆拉德·阿卡耶夫(Khadjimourad Akkaev)	俄罗斯	405.0公斤
	3.	埃杜阿尔德·特尤金(Eduard Tjukin)	俄罗斯	397.5公斤

100公斤级（1996年为99公斤级）

1980	1.	**扎伦巴(Ota ZarembaJ)**	**捷克斯洛伐克**	**395.0公斤**
	2.	尼基汀(Igor NKitin)	苏联	392.5公斤
	3.	布兰科(Alberto Blanco)	古巴	385.0公斤
1984	1.	**米尔塞(Rolf Milser)**	**联邦德国**	**385.0公斤**
	2.	格罗帕(Vasile Groapa)	罗马尼亚	382.5公斤
	3.	涅米(Pekka Niemi)	芬兰	367.5公斤
1988	1.	**库兹涅佐夫(Pavel Kuznetsov)**	**苏联**	**425.0公斤**
	2.	弗拉德(Nicu Vlad)	罗马尼亚	402.5公斤
	3.	伊梅斯伯格(Immesberger)	联邦德国	395.0公斤
1992	1.	**特雷古博夫(Viktor Tregubov)**	**独联体**	**410.0公斤**
	2.	泰马佐夫(Timur Taimazov)	独联体	402.5公斤
	3.	马拉克(Waldemar Malak)	波兰	400.0公斤
1996	1.	**卡基亚斯维利斯(Akakide Kakhiashvilis)**	**希腊**	**420.0公斤**
	2.	赫拉帕蒂(Anatoliy Khrapaty)	哈萨克斯坦	410.0公斤
	3.	戈特弗里德(Denis Gotfrid)	乌克兰	402.5公斤

105公斤级（1992年以前为110公斤级，1996年为108公斤级）

1972	1.	**塔尔茨(Jaan Talts)**	**苏联**	**580.0公斤**
	2.	克莱切夫(Aleksandr Kraichev)	保加利亚	562.5公斤
	3.	格吕茨纳(Stefan Grutzner)	民主德国	555.0公斤
1976	1.	**扎伊采夫(Yuriy Zaitsev)**	**苏联**	**385.0公斤**
	2.	谢麦尔吉耶夫(Krustiu Semerdzhiev)	保加利亚	385.0公斤
	3.	鲁特科夫斯基(Tadeusz Rutkowski)	波兰	377.5公斤
1980	1.	**塔拉年科(BomdTamenkoJ)**	**苏联**	**422.5公斤**
	2.	克里斯托夫(Valentin Etistov)	保加利亚	405.0公斤
	3.	萨拉伊(Gyorgy szalai)	匈牙利	396.0公斤
1984	1.	**奥贝尔布格尔(Norberto Oberburger)**	**意大利**	**390.0公斤**
	2.	塔斯纳迪(Stefan Tasnadi)	罗马尼亚	380.0公斤
	3.	卡尔顿(Guy Carlton)	美国	377.5公斤
1988	1.	**扎哈列维奇(Yuriy Zakharevich)**	**苏联**	**455.0公斤**
	2.	亚克索(Jozsef Jacso)	匈牙利	427.5公斤
	3.	韦勒(Ronny Weller)	民主德国	425.0公斤
1992	1.	**韦勒(Ronny Weller)**	**德国**	**432.5公斤**
	2.	阿科耶夫(Artur Akoyev)	独联体	430.0公斤
	3.	博特夫(Stefan Botev Khristov)	保加利亚	417.5公斤

1996	1.	**泰马佐夫(Timur Taimazov)**	**乌克兰**	**430.0公斤**
	2.	瑟尔索夫(Sergey Syrtsov)	俄罗斯	420.0公斤
	3.	弗拉德(Nicu Vlad)	罗马尼亚	420.0公斤
2000	1.	**侯塞因·塔瓦库利(Hossein Tavakoli)**	**伊朗**	**425.0公斤**
	2.	阿兰·察加耶夫(Alan Tsagaev)	保加利亚	422.5公斤
	3.	赛义德·阿萨德(Said Asaad)	卡塔尔	420.0公斤
2004	1.	**季米特里·别列斯托夫(Dmitry Berestov)**	**俄罗斯**	**425.0公斤**
	2.	伊戈尔·拉佐罗诺夫(Igor Razoronov)	乌克兰	420.0公斤
	3.	赫莱布·皮萨廖夫斯基(Gleb Pisarevskiy)	俄罗斯	415.0公斤

无差别级
（1972年和1992年为110公斤级，1996年为108公斤级2000年为105公斤级）

1972	1.	**阿列克谢耶夫(Vasiliy Alekseyev)**	**苏联**	**640.0公斤**
	2.	曼格(Rudolf Mang)	联邦德国	610.0公斤
	3.	邦克(Gerd Bonk)	民主德国	572.5公斤
1976	1.	**阿列克谢耶夫(Vasiliy Alekseyev)**	**苏联**	**440.0公斤**
	2.	邦克(Gerd Bonk)	民主德国	405.0公斤
	3.	洛施(Helmut Losch)	民主德国	387.5公斤
1980	1.	**拉赫曼诺夫(Sultan Ihldmanov)**	**苏联**	**440.0公斤**
	2.	霍伊泽尔(Jilrgen Heuser)	民主德国	410.0公斤
	3.	鲁特科夫斯基斤(adeusz Rutkowski)	波兰	407.5公斤
1984	1.	**卢金(Dean Lukin)**	**澳大利亚**	**412.5公斤**
	2.	马丁内斯(Mario Martinez)	美国	410.0公斤
	3.	内林格尔(Manfred Nerlinger)	联邦德国	397.5公斤
1988	1.	**库尔洛维奇(Aleksandr Kurlovich)**	**苏联**	**462.5公斤**
	2.	内林格尔(Manfred Nerlinger)	联邦德国	430.0公斤
	3.	扎维亚(Martin Zawieja)	联邦德国	415.0公斤
1992	1.	**库尔洛维奇(Aleksandr Kurlovich)**	**独联体**	**450.0公斤**
	2.	塔拉年科(Leonid Taranenko)	独联体	425.0公斤
	3.	内林格尔(Manfred Nerlinger)	德国	412.5公斤
1996	1.	**切梅尔金(Andrey Chemerkin)**	**俄罗斯**	**457.5公斤**
	2.	韦勒(Ronny Weller)	德国	455.0公斤
	3.	博特夫(Stefan Botev)	澳大利亚	450.0公斤
2000	1.	**侯塞因·拉扎扎德(Hossein Rezazadeh)**	**伊朗**	**472.5公斤**
	2.	罗尼·韦勒(Ronny Weller)	德国	467.5公斤
	3.	阿德雷·丹涅良(Andrei Chemerkin)	亚美尼亚	465.0公斤
2004	1.	**侯塞因·拉扎扎德(Hossein Rezazadeh)**	**伊朗**	**472.5公斤**
	2.	维克托斯·塞尔巴蒂斯(Viktors Scerbatihs)	拉脱维亚	455.0公斤
	3.	维利齐科·乔拉科夫(Velichko Cholakov)	保加利亚	447.5公斤

女子举重(WEIGHTLIFTING-women)

48公斤级

2000	1.	**塔拉·诺特(Tara Nott)**	**美国**	**185.0公斤**
	2.	雷玛·利萨·伦贝瓦斯(Raema Lisa Rumbewas)	印度尼西亚	185.0公斤
	3.	斯里·因德里亚尼(Sri Indriyani)	印度尼西亚	182.5公斤
2004	1.	**努尔坎·塔伊兰(Nurcan Taylan)**	**土耳其**	**210.0公斤**
	2.	李卓	中国	205.0公斤
	3.	阿里·维拉塔沃恩(Aree Wiratthaworn)	泰国	200.0公斤

53公斤级

2000	1.	**杨霞**	**中国**	**225.0公斤**
	2.	黎锋英(Li Feng-Ying)	中国台北	212.5公斤
	3.	维纳尔妮·宾蒂·斯拉梅特(Winarni Binti Slamet)	印度尼西亚	202.5公斤
2004	1.	**乌多穆姆波恩·波尔萨克(Udomporn Polsak)**	**泰国**	**222.5公斤**
	2.	雷玛·利萨·伦贝瓦斯(Raema Lisa Rumbewas)	印度尼西亚	210.0公斤
	3.	马贝尔·莫斯凯拉(Mabel Mosquera)	哥伦比亚	197.5公斤

58公斤级

2000	1.	**索拉娅·希梅内斯·门迪维尔(Soraya Jimenez Mendivil)**	**墨西哥**	**222.5公斤**
	2.	李善姬(Ri Song Hui)	朝鲜	220.0公斤
	3.	卡萨拉波恩·素达(Khassaraporn Suta)	泰国	210.0公斤
2004	1.	**陈艳青**	**中国**	**237.5公斤**
	2.	李善姬(Ri Song Hui)	朝鲜	232.5公斤
	3.	万迪·卡米安(Vandee Kameaim)	泰国	230.0公斤

63公斤级

2000	1.	**陈晓敏**	**中国**	**242.5公斤**
	2.	瓦伦蒂娜·波波娃(Valentina Popova)	俄罗斯	235.0公斤
	3.	约安娜·哈齐约安努(Ioanna Chatziioannou)	希腊	222.5公斤
2004	1.	**娜塔丽娅·斯卡坎(Natalya Skakun)**	**乌克兰**	**242.5公斤**
	2.	汉娜·巴休什卡(Hanna Batsiushka)	白俄罗斯	242.5公斤
	3.	塔吉扬娜·斯图卡拉娃(Tatsiana Stukalava)	白俄罗斯	222.5公斤

69公斤级

2000	1.	**林伟宁**	**中国**	**242.5公斤**
	2.	伊尔塞贝特·马库斯(Erzsebet Markus)	匈牙利	242.5公斤
	3.	卡尔纳姆·马勒斯瓦里(Karnam Malleswari)	印度	240.0公斤
2004	1.	**刘春红**	**中国**	**275.0公斤**
	2.	埃斯特尔·克鲁茨勒(Eszter Krutzler)	匈牙利	262.5公斤
	3.	扎列玛·卡萨耶娃(Zarema Kasaeva)	俄罗斯	262.5公斤

75公斤级

2000	1.	**玛利亚·伊萨贝尔·乌鲁迪亚(Maria Isabel Urrutia)**	**哥伦比亚**	**245.0公斤**
	2.	鲁斯·奥格贝弗(Ruth Ogbeifo)	尼日利亚	245.0公斤
	3.	郭羿含(Kuo Yi-hang)	中国台北	245.0公斤
2004	1.	**帕维纳·乌鲁迪亚(Pawina Thongsuk)**	**泰国**	**272.5公斤**
	2.	娜塔丽娅·萨伯罗特娜娅(Natalia Zabolotnaia)	俄罗斯	272.5公斤

3. 瓦伦蒂娜·波波娃(Valentina Popova) 俄罗斯 265.0公斤

75公斤以上级

2000 1. 丁美媛 中国 300.0公斤
2. 阿加塔·沃罗贝尔(Agata Wrobel) 波兰 295.0公斤
3. 切里尔哈沃斯(Cheryl Haworth) 美国 270.0公斤
2004 1. 唐功红 中国 305.0公斤
2. 张美兰(Jang Mi-ran) 韩国 302.5公斤
3. 阿加塔·沃罗贝尔(Agata Wrobel) 波兰 290.0公斤

男子手球(HANDBALL-men)

1972 1. 南斯拉夫队
2. 捷克斯洛伐克队
3. 罗马尼亚队
1976 1. 苏联队
2. 罗马尼亚队
3. 波兰队
1980 1. 民主德国队
2. 苏联队
3. 罗马尼亚队
1984 1. 南斯拉夫队
2. 联邦德国队
3. 罗马尼亚队
1988 1. 苏联队
2. 韩国队
3. 南斯拉夫队
1992 1. 独联体队
2. 瑞典队
3. 法国队
1996 1. 克罗地亚队
2. 瑞典队
3. 西班牙队
2000 1. 俄罗斯队
2. 瑞典队
3. 西班牙队
2004 1. 克罗地亚队
2. 德国队
3. 俄罗斯队

女子手球(HANDBALL-women)

1976 1. 苏联队
2. 民主德国队
3. 匈牙利队
1980 1. 苏联队
2. 南斯拉夫队
3. 民主德国队
1984 1. 南斯拉夫队
2. 韩国队
3. 中国队
1988 1. 韩国队
2. 挪威队
3. 苏联队
1992 1. 韩国队
2. 挪威队
3. 独联体队
1996 1. 丹麦队
2. 韩国队
3. 匈牙利队
2000 1. 丹麦队
2. 匈牙利队
3. 挪威队
2004 1. 丹麦队
2. 韩国队
3. 乌克兰队

男子曲棍球(HOCKEY-men)

1972 1. 联邦德国队
2. 巴基斯坦队
3. 印度队
1976 1. 新西兰队
2. 澳大利亚队
3. 巴基斯坦队
1980 1. 印度队
2. 西班牙队
3. 苏联队
1984 1. 巴基斯坦队
2. 联邦德国队
3. 英国队
1988 1. 英国队
2. 联邦德国队
3. 荷兰队
1992 1. 德国队
2. 澳大利亚队
3. 巴基斯坦队
1996 1. 荷兰队
2. 西班牙队
3. 澳大利亚队
2000 1. 荷兰队
2. 韩国队
3. 澳大利亚队
2004 1. 澳大利亚队
2. 荷兰队
3. 德国队

女子曲棍球(HOCKEY-women)

1980 1. 津巴布韦队
2. 捷克斯洛伐克队
3. 苏联队
1984 1. 荷兰队
2. 联邦德国队
3. 美国队
1988 1. 澳大利亚队
2. 韩国队
3. 荷兰队
1992 1. 西班牙队
2. 德国队
3. 英国队
1996 1. 澳大利亚队
2. 韩国队
3. 荷兰队
2000 1. 澳大利亚队
2. 阿根廷队
3. 荷兰队
2004 1. 德国队
2. 荷兰队
3. 阿根廷队

男子柔道(JUDO-men)

60公斤级

1980 1. 雷伊(Thierry Rey) 法国
2. 罗德里格斯(Rafael Rodriguez) 古巴
3. 金切斯(Tibor Kincses) 匈牙利
3. 叶米日(Aramby Yemizh) 苏联
1984 1. 细川伸二(Hosokawa Shinji) 日本
2. 金载烨(Kim Jae-yup) 韩国
3. 埃克斯利(Neil Eckersley) 英国
3. 利迪(Edward Liddie) 美国
1988 1. 金载烨(Kim Jae-yup) 韩国
2. 阿萨诺(Kevin Asano) 美国
3. 细川伸二(Hosokowa Shinji) 日本
3. 托季卡什维利(Amiran Totikashvili) 苏联
1992 1. 古塞诺夫(Nazim Guseynov) 独联体
2. 尹铉(Yoon Hyun) 韩国
3. 越野忠泽(Koshino Tadanori) 日本
3. 特劳特曼(Richard Trautmann) 德国
1996 1. 野村忠宏(Nomura Tadahiro) 日本
2. 焦维纳佐(Girolamo Giovinazzo) 意大利
3. 特劳特曼(Richard Trautmann) 德国
3. 纳曼达赫(Dorjpalan Narmandakh) 蒙古
2000 1. 野村忠宏(Tadahiro Nomura) 日本
2. 郑富竞(Jung Bu-kyung) 韩国
3. 马诺罗·普洛特(Manolo Poulot) 古巴
3. 埃丁·斯马古洛夫(Aidyn Smagulov) 吉尔吉斯斯坦
2004 1. 野村忠宏(Tadahiro Nomura) 日本
2. 内斯托·赫尔吉亚尼(Nestor Khergiani) 格鲁吉亚
3. 喀什巴塔尔·沙甘巴塔尔(Khashbaatar Tsagaanbaatar) 蒙古
3. 崔敏浩(Choi Min-ho) 韩国

66公斤级

1980 1. 索洛杜辛(Nikolay Solodukhin) 苏联
2. 达姆丁(Tsendying Damdin) 蒙古
3. 帕夫洛夫斯基(Janusz Pawlowski) 波兰
3. 内德科夫(Ilian Nedkov) 保加利亚
1984 1. 松冈义之(Matsuoka Yoshiyuki) 日本
2. 黄正五(Hwang Jung-oh) 韩国
3. 亚历山大(Marc Alexandre) 法国
3. 赖特尔(Josef Reiter) 奥地利
1988 1. 李·根(Lee Kyung-keun) 韩国
2. 帕夫洛夫斯基(Janusz Pawlowski) 波兰
3. 卡拉贝塔(Bruno Carabetta) 法国
3. 山本洋佑(Yamamoto Yosuke) 日本
1992 1. 桑帕约·卡多佐(Rogerio Sampaio Cardoso) 巴西
2. 恰克(Jozsef Csak) 匈牙利
3. 奎利马兹(Udo Quellmalz) 德国
3. 埃尔南德斯·普拉纳斯(Israel Hernandez Planas) 古巴
1996 1. 奎利马兹(Udo Quellmalz) 德国
2. 中村行成(Nakamura Yukimasa) 日本
3. 埃尔南德斯·普拉纳斯(Israel Hernandez Planas) 古巴
3. 吉马良斯(Carlos Henrique Guimares) 巴西
2000 1. 侯塞因·厄兹坎(Huseyin Ozkan) 土耳其
2. 拉尔比本布达乌德(Larbi Benboudaoud) 法国
3. 吉罗拉莫·焦维纳佐(Girolamo Giovinazzo) 意大利
3. 乔尔吉·瓦扎加什维利(Giorgi Vazagashvili) 格鲁吉亚
2004 1. 内柴正人(Masato Uchishiba) 日本
2. 约瑟夫·科尔纳齐(Jozef Krnac) 斯洛伐克
3. 吉奥尔吉·吉奥尔吉耶夫(Georgi Georgiev) 保加利亚
3. 约尔达尼斯·阿伦西比亚·德斯帕涅(Yordanis Arencibia Despaigne) 古巴

73公斤级

1972 1. 川口孝夫(Kawaguchi Takao) 日本
2. (空缺)
3. 金英义(Kim Yong-Ik) 朝鲜
3. 穆尼埃(Jean-Jacques Mounier) 法国

原来排名第二的蒙古选手布伊达(Bakhaavaa Buidaa)因药检不合格,被取消银牌
1976 1. 罗德里格斯(Hector Rodriguez) 古巴
2. 张银景(Chang Eun-Kyung) 韩国
3. 顿奇克(Jozsef Tuncsik) 匈牙利
3. 马里亚尼(Felice Mariani) 意大利
1980 1. 加姆巴(Ezio Gamba) 意大利
2. 亚当斯(Neil Adams) 英国
3. 达瓦达莱(Ravdan Davaadalai) 蒙古
3. 勒曼(Karl-Heinz Lehmann) 民主德国
1984 1. 安炳根(Ahn Byeong-keun) 韩国
2. 甘巴(Ezio Gamba) 意大利
3. 翁穆拉(Luis Onmura) 巴西
3. 布朗(Kerrith Brown) 英国
1988 1. 亚历山大(Marc Alexandre) 法国
2. 洛尔(Sven Loll) 民主德国
3. 斯温(Michael Swain) 美国
3. 捷纳泽(Georgiy Tenadze) 苏联
1992 1. 古贺稔彦(Koga Toshihiko) 日本
2. 哈约托什(Bertalan Hajtos) 匈牙利
3. 斯马德加(Shay Oren Smadga) 以色列
3. 郑勋(Chung Hoon) 韩国
1996 1. 中村寅浩(Nakamura Kenzo) 日本
2. 郭大成(Kwak Dae-sung) 韩国
3. 佩德罗(James Pedro) 美国
3. 加利亚诺(Christophe Gagliano) 法国
2000 1. 朱塞佩·马达罗尼(Giuseppe Maddaloni) 意大利
2. 蒂亚戈·卡米洛(Tiago Camilo) 巴西
3. 弗塞沃罗兹·泽洛尼斯(Vsevolods Zelonijs) 拉脱维亚
3. 阿纳托利·拉留科夫(Anatoly Laryukov) 白俄罗斯
2004 1. 李元熹(Lee Won-hee) 韩国
2. 维塔利·马卡罗夫(Vitaly Makarov) 俄罗斯
3. 莱昂德罗·吉雷罗(Leandro Guilheiro) 巴西
3. 吉米·佩德罗(Jimmy Pedro) 美国

81公斤级

1972 1. 野村丰和(Nomura Toyokazu) 日本
2. 扎伊科夫斯基(Antoni Zajkowski) 波兰
3. 诺维科夫(Anatoliy Novikov) 苏联
3. 赫特格尔(Dietmar Hotger) 民主德国
1976 1. 涅夫佐罗夫(Vladimir Nevzorov) 苏联
2. 藏本孝三(Kuramoto Koji) 日本
3. 维亚尔(Patrick Vial) 法国
3. 塔拉伊(Marian Talaj) 波兰
1980 1. 哈巴列利(Shota Khabareli) 苏联
2. 拉埃拉(Juan Ferrer La Hera) 古巴
3. 丘卢扬(Bernard Tchoullouyan) 法国
3. 亨克(Harald Heinke) 民主德国
1984 1. 维内克(Frank Wieneke) 联邦德国
2. 亚当斯(Neil Adams) 英国
3. 弗拉蒂舍(Mircea Fratica) 罗马尼亚
3. 诺瓦克(Michel Nowak) 法国
1988 1. 莱京(Waldemar Legien) 波兰
2. 维内克(Frank Wieneke) 联邦德国
3. 布雷肖特(Torsten Brechot) 民主德国
3. 瓦拉耶夫(Bashir Varayev) 苏联
1992 1. 吉田秀彦(Yoshida Hidehiko) 日本
2. 莫里斯(Jason Morris) 美国
3. 达迈桑(Bertrand Damaisin) 法国
3. 金炳周(Kim Byung-joo) 韩国
1996 1. 布拉(Djamel Bouras) 法国
2. 古贺稔彦(Koga Toshihiko) 日本
3. 利帕特利亚尼(Soso Liparteliani) 格鲁吉亚
3. 赵容澈(Cho In-chul) 韩国
2000 1. 泷本诚(Takimoto Makoto) 日本
2. 赵麟初(Cho In-chul) 韩国
3. 阿列克谢·布多林(Aleksei Budolin) 爱沙尼亚
3. 努诺·德尔加多(Nuno Delgado) 葡萄牙
2004 1. 伊里亚斯·伊里亚迪斯(Ilias Iliadis) 希腊
2. 罗曼·冈丘克(Roman Gontyuk) 乌克兰
3. 季米特里·诺索夫(Dmitri Nossov) 俄罗斯
3. 弗拉维奥·坎托(Flavio Canto) 巴西

90公斤级

1972 1. 关根忍(Sekine Shinobu) 日本
2. 吴胜立(Oh Seung-lip) 韩国
3. 科谢(Jean-Paul Coche) 法国
3. 杰克斯(Brian Jacks) 英国
1976 1. 园田勇(Sonoda Isamu) 日本
2. 德沃伊尼科夫(Valeriy Dvoinikov) 苏联
3. 奥巴多夫(Slavko Obadov) 南斯拉夫
3. 朴英哲(Park Young-Chul) 韩国
1980 1. 勒特利斯贝格尔(Jurg Rothlisberger) 瑞士
2. 奥利瓦(Isaac Azcuy Oliva) 古巴
3. 乌尔奇(Detlef Ultsch) 民主德国
3. 亚茨克维奇(Aleksandrs Jackevics) 苏联
1984 1. 赛森巴赫尔(Peter Seisenbacher) 奥地利
2. 伯兰(Robert Berland) 美国
3. 野濑清喜(Nose Seiki) 日本
3. 卡尔莫纳(Walter Carmona) 巴西
1988 1. 赛森巴赫尔(Peter Seisenbacher) 奥地利
2. 切斯塔科夫(Vladimir Shestakov) 苏联
3. 斯普克尔斯(Ben Spijkers) 荷兰
3. 大迫明伸(Osako Akinobu) 日本
1992 1. 莱金(Waldemar Legien) 波兰

2. 塔约(Pascal Tayot) 法国
3. 吉尔(Nicolas Gill) 加拿大
3. 冈田弘隆(Okada Hirotaka) 日本
1996 1. **全己盈(Jeon Ki-young) 韩国**
2. 巴达萨罗夫(Armen Bagdasarov) 乌兹别克斯坦
3. 施皮特卡(Marko Spittka) 德国
3. 赫伊津哈(Mark Huizinga) 荷兰
2000 1. **马克·胡伊津加(Mark Huizinga) 荷兰**
2. 卡洛斯·奥诺拉托(Carlos Honorato) 巴西
3. 弗雷德里克·德蒙弗冈(Frederic Demontfaucon) 法国
3. 卢斯兰·马舒连科(Ruslan Mashurenko) 乌克兰
2004 1. **祖拉布·兹维亚达乌里(Zurab Zviadauri) 格鲁吉亚**
2. 泉浩(Hiroshi Izumi) 日本
3. 马克·胡伊津加(Mark Huizinga) 荷兰
3. 哈桑比·塔奥夫(Khasanbi Taov) 俄罗斯

100公斤级

1972 1. **乔乔什维利(Shota Chochoshvili) 苏联**
2. 斯塔布鲁克(David Starbrook) 英国
3. 巴尔特(Paul Barth) 联邦德国
3. 伊西(Chiaki Ishii) 巴西
1976 1. **二宫和宏(Ninomiya Kazuhiro) 日本**
2. 哈尔希拉泽(Ramaz Kharshiladze) 苏联
3. 斯塔布鲁克(David Starbrook) 英国
3. 罗特利斯伯格(Jurg Rothlisberger) 瑞士
1980 1. **范德瓦尔(Robert Van de Walle) 比利时**
2. 胡布卢里(Tengiz Khubuluri) 苏联
3. 洛伦茨(Dietmar Lorenz) 民主德国
3. 尼曼尼(Henk Numan) 荷兰
1984 1. **河亨柱(Ha Hyoung-zoo) 韩国**
2. 维埃拉(Douglas Vieira) 巴西
3. 弗里德里逊(Bjarni Fridriksson) 冰岛
3. 诺伊罗伊特(Gunther Neureuther) 联邦德国
1988 1. **米戈尔(Aurelio Miguel) 巴西**
2. 迈林(Marc Melling) 联邦德国
3. 范德瓦勒(Robert Van de Walle) 比利时
3. 斯图尔特(Dennis Stewart) 英国
1992 1. **科瓦奇(Antal Kovacs) 匈牙利**
2. 史蒂文斯(Ray Stevens) 英国
3. 迈耶尔(Theo Meijer) 荷兰
3. 谢尔盖耶夫(Dmitriy Sergeyev) 独联体
1996 1. **纳斯图拉(Pawel Nastula) 波兰**
2. 金岷秀(Kim Min-soo) 韩国
3. 特雷诺(Stephane Traineau) 法国
3. 米格尔·费尔南斯德(Aurelio Miguel Fernandes) 巴西
2000 1. **井上广成(Inoue Kosei) 日本**
2. 尼科拉斯·吉尔(Nicolas Gill) 加拿大
3. 尤里·斯蒂普金(Iouri Stepkine) 俄罗斯
3. 斯蒂凡·特兰诺(Stephane Traineau) 法国
2004 1. **伊哈尔·马卡罗(Ihar Makarau) 白俄罗斯**
2. 张盛皓(Jang Sung-ho) 韩国
3. 迈克尔·朱拉克(Michael Jurack) 德国
3. 阿列尔·泽维(Ariel Zeevi) 以色列

100公斤以上级

1972 1. **吕斯卡(Willem Ruska) 荷兰**
2. 格兰(Klaus Glahn) 联邦德国
3. 奥纳什维利(Givi Onashvili) 苏联
3. 西村昌树(Nishimura Motoki) 日本
1976 1. **诺维科夫(Sergey Novikov) 苏联**
2. 诺伊罗泰尔(Gunther Neureuther) 联邦德国
3. 远藤纯男(Endo Sumio) 日本
3. 科奇(Allen Coage) 美国
1980 1. **帕里西(Angelo Parisi) 法国**
2. 扎普里亚诺夫(Dimitar Zaprianov) 保加利亚
3. 科瓦采维奇(Radomir Kovacevic) 南斯拉夫
3. 科茨曼(Vladimir Kocman) 捷克斯洛伐克
1984 1. **斋藤仁(Saito Hitoshi) 日本**
2. 帕里西(Angelo Parisi) 法国
3. 赵容彻(Cho Yong-chul) 韩国
3. 伯杰(Mark Berger) 加拿大
1988 1. **斋藤仁(Saito Hitoshi) 日本**
2. 施特尔(Henry Stohr) 民主德国
3. 赵容彻(Cho Yong-chul) 韩国
3. 维里切夫(Grigoriy Verichev) 苏联
1992 1. **哈哈莱什维利(David Khakhaleishvili) 独联体**
2. 小川直也(Ogawa Naoya) 日本
3. 杜耶(David Douillet) 法国
3. 乔日(Imre Csosz) 匈牙利
1996 1. **杜耶(David Douillet) 法国**
2. 佩雷斯(Ernesto Perez) 西班牙
3. 范巴内费尔特(Harry van Barneveld) 比利时
3. 穆勒(Frank Moller) 德国
2000 1. **大卫·杜耶(David Douillet) 法国**
2. 筱原信一(Shinohara Shinichi) 日本
3. 塔梅尔兰·特梅诺夫(Tamerlan Tmenov) 俄罗斯
3. 因德雷克·伯特尔森(Indrek Pertelson) 爱沙尼亚
2004 1. **铃木桂治(Keiji Suzuki) 日本**
2. 塔梅尔兰·特梅诺夫(Tamerlan Tmenov) 俄罗斯
3. 因德雷克·伯特尔森(Indrek Pertelson) 爱沙尼亚
3. 丹尼斯·范德海斯特(Dennis van der Geest) 荷兰

无差别级

1972 1. **吕斯卡(Willem Ruska) 荷兰**
2. 库兹涅佐夫(Vitaliy Kuznetsov) 苏联
3. 布隆达尼(Jean-Claude Brondani) 法国
3. 帕里西(Angelo Parisi) 英国
1976 1. **上村春树(Uemura Haruki) 日本**
2. 伦弗里(Keith Remfry) 英国
3. 乔乔什维利(Shota Chochoshvili) 苏联
3. 赵在基(Cho Jea-Ki) 韩国
1980 1. **洛伦茨(Dietmar Lorenz) 民主德国**
2. 帕里西(Angelo Parisi) 法国
3. 马普(Arthur Mapp) 英国
3. 欧日瓦尔(Andras Ozsvar) 匈牙利
1984 1. **山下泰裕(Yamashita Yasuhiro) 日本**
2. 拉什万(Mohamed Ali Rashwan) 埃及
3. 乔克(Mihai Cloc) 罗马尼亚
3. 施纳贝尔(Arthur Schnabel) 联邦德国

女子柔道(JUDO-women)

48公斤级

1992 1. **诺瓦克(Cecile Nowak) 法国**
2. 田村亮子(Tamura Ryoko) 日本
3. 萨万·卡尔梅纳蒂(Amarilys Savon Carmenaty) 古巴
3. 塞尼乌尔特(Hulya Senyurt) 土耳其
1996 1. **桂顺姬(Kye Sun-hi) 朝鲜**
2. 田村亮子(Tamura Ryoko) 日本
3. 索莱尔(Yolanda Soler) 西班牙
3. 萨万·卡尔梅纳蒂(Amarilys Savon Carmenaty) 古巴
2000 1. **田村亮子(Tamura Ryoko) 日本**
2. 柳博夫·布鲁列托娃(Lioubov Brouletova) 俄罗斯
3. 安·西蒙斯(Ann Simons) 比利时
3. 安-玛利亚·格拉丹特(Anna-Maria Gradante) 德国
2004 1. **谷亮子(Ryoko Tani) 日本**
2. 弗雷德里克·若西内(Frederique Jossinet) 法国
3. 朱莉娅·马蒂亚斯(Julia Matijass) 德国
3. 高峰 中国

52公斤级

1992 1. **穆尼奥斯·马丁内斯(Almudena Munoz Martinez) 西班牙**
2. 沟口纪子(Mizoguchi Noriko) 日本
3. 李忠云 中国
3. 伦德尔(Sharon Rendle) 英国
1996 1. **雷斯图(Marie-Clarie Restoux) 法国**
2. 玄淑姬(Hyun Sook-hee) 韩国
3. 贝尔德西亚(Legna Verdecia) 古巴
3. 菅原教子(Sugawara Noriko) 日本
2000 1. **莱·贝尔德西亚(Legna Verdecia) 古巴**
2. 酋崎教子(Narazaki Noriko) 日本
3. 桂顺姬(Kye Sun Hui) 朝鲜
3. 刘玉香 中国
2004 1. **冼东妹 中国**
2. 横泽由贵(Yuki Yokosawa) 日本
3. 伊尔斯·海伦(Ilse Heylen) 比利时
3. 阿马里尔斯·萨文(Amarilys Savon) 古巴

57公斤级

1992 1. **布拉斯科·索托(Miriam Blasco Soto) 西班牙**
2. 费尔布拉泽(Nicola Fairbrother) 英国
3. 立野千代理(Tateno Chiyori) 日本
3. 冈萨雷斯·莫拉莱斯(Driulys Gonzalez Morales) 古巴
1996 1. **冈萨雷斯·莫拉莱斯(Driulys Gonzalez Morales) 古巴**
2. 郑善蓉(Jung Sun-yong) 韩国
3. 隆巴(Marisabe Lomba) 比利时
3. 费尔南德斯(Isabel Fernandez) 西班牙
2000 1. **伊萨贝尔·费尔南德斯(Isabel Fernandez) 西班牙**
2. 德柳里斯·冈萨雷斯(Driulys Gonzalez) 古巴
3. 日下部基容(Kusakabe Kie) 日本
3. 玛利亚·佩克利(Maria Pekli) 澳大利亚
2004 1. **伊沃恩·波伊尼希(Yvonne Boenisch) 德国**
2. 桂顺姬(Kye Sun-hui) 朝鲜
3. 尤里斯莱迪·卢佩蒂(Yurisleidy Lupetey) 古巴
3. 德博拉·格雷温斯汀(Deborah Gravenstijn) 荷兰

63公斤级

1992 1. **弗勒丽(Catherine Fleury) 法国**
2. 阿拉德(Yael Arad) 以色列
3. 张迪 中国
3. 彼得洛娃(Yelena Petrova) 独联体
1996 1. **江本阳子(Emoto Yuko) 日本**
2. 范德卡维耶(Gella Vandecaveye) 比利时
3. 盖尔(Jenny Gal) 荷兰
3. 郑成淑(Jung sung-sook) 韩国
2000 1. **塞维琳·万德恩德(Severine Vandenhende) 法国**
2. 李淑芳 中国
3. 郑成淑(Jung Sung-sook) 韩国
3. 盖拉·范德卡维耶(Gella Vandecaveye) 比利时
2004 1. **谷本步实(Ayumi Tanimoto) 日本**
2. 克劳迪娅·海勒(Claudia Heill) 奥地利
3. 德柳里斯·冈萨雷斯(Driulys Gonzalez) 古巴
3. 乌尔斯卡·佐尼尔(Urska Zolnir) 斯洛文尼亚

70公斤级

1992 1. **莱维·希门尼斯(Odalys Reve Jimenez) 古巴**
2. 皮耶兰托齐(Emanuela Pierantozzi) 意大利
3. 豪伊(Kate Howey) 英国
3. 拉克尔斯(Heidi Rakels) 比利时
1996 1. **曹敏仙(Cho Min-sun) 韩国**
2. 什切潘斯卡(Aneta Szczepanska) 波兰
3. 王显波 中国
3. 茨维尔斯(Claudia Zwiers) 荷兰
2000 1. **西贝里斯·维拉尼斯(Sibelis Veranes) 古巴**
2. 凯特·霍维(Kate Howey) 英国
3. 曹敏仙(Cho Min-sun) 韩国
3. 叶莲娜·斯卡平(Ylenia Scapin) 意大利
2004 1. **上野雅惠(Masae Ueno) 日本**
2. 埃迪斯·波什(Edith Bosch) 荷兰
3. 秦东亚 中国
3. 波姆·安内特(Annett Boehm) 德国

78公斤级

1992 1. **金美廷(Kim Mi-jung) 韩国**
2. 田边阳子(Tanabe Yoko) 日本
3. 德科克(Irene de Kok) 荷兰
3. 梅南(Laetitia Meignan) 法国
1996 1. **韦伯鲁克(Ulla Werbrouck) 比利时**
2. 田边阳子(Tanabe Yoko) 日本
3. 斯卡平(Ylenia Scapin) 意大利
3. 卢纳·卡斯特拉诺(Diadenys Luna Castellano) 古巴
2000 1. **唐琳 中国**
2. 塞琳·勒布兰(Celine Lebrun) 法国
3. 西莫娜·马塞拉·里奇特(Simona Marcela Richter) 罗马尼亚
3. 埃曼努埃拉·皮兰托齐(Emanuela Pierantozzi) 意大利
2004 1. **阿武教子(Noriko Anno) 日本**
2. 刘霞 中国
3. 尤里塞尔·拉波德(Yurisel Laborde) 古巴
3. 卢西娅·莫里科(Lucia Morico) 意大利

78以上公斤级

1992 1. **庄晓岩 中国**
2. 罗德里格斯·比利亚努埃瓦(Estela Rodriguez Villanueva) 古巴
3. 坂上洋子(Sakaue Yoko) 日本
3. 吕皮诺(Natalina Lupino) 法国
1996 1. **孙福明 中国**
2. 罗德里格斯·比利亚努埃瓦(Estela Rodriguez Villanueva) 古巴
3. 哈根(Johanna Hagn) 德国
3. 西考(Christine Cicot) 法国
2000 1. **袁华 中国**
2. 达伊玛·马耶里斯·贝特兰(Daima Mayelis Beltran) 古巴
3. 山下真由美(Yamashita Mayumi) 日本
3. 金相英(Kim Seon-young) 韩国
2004 1. **田真希(Maki Tsukada) 日本**
2. 达伊玛·马耶里斯·贝特兰(Daima Mayelis Beltran) 古巴
3. 孙福明 中国
3. 蒂娅·东古扎什维利(Tea Donguzashvili) 俄罗斯

古典式摔跤 (GREECE-ROMAN WRESTLING-men)

48公斤级

1972 1. **乔治·贝尔齐亚努(Gheorghe Berceanu) 罗马尼亚**
2. 拉希姆·阿里亚巴迪(Rahim Aliabadi) 伊朗
3. 斯蒂芬·安杰洛夫(Stefan Angelov) 保加利亚
1976 1. **阿莱谢·楚马科夫(Alexei Chumakov) 苏联**
2. 乔治·贝尔齐亚努(Gheorghe Berceanu) 罗马尼亚
3. 斯蒂芬·安杰洛夫(Stefan Angelov) 保加利亚
1980 1. **萨克斯里克·乌齐肯皮罗夫(Saksylik Uchkempirov) 苏联**
2. 康斯坦丁·亚里山德鲁(Constantin Alexandru) 罗马尼亚
3. 费伦克·塞雷斯(Ferenc Seres) 匈牙利
1984 1. **维琴佐·马恩扎(Vicenzo Maenza) 意大利**
2. 马库斯·席勒(Markus Scherer) 联邦德国
3. 斋藤育造(Ikuzu Saito) 日本
1988 1. **维琴佐·马恩扎(Vicenzo Maenza) 意大利**
2. 安德雷·格拉布(Andrzej Glab) 波兰
3. 布拉当·切诺夫(Bratan Tsenov) 保加利亚
1992 1. **奥莱格·库切伦科(Oleg Kutcherenko) 独联体**
2. 维琴佐·马恩扎(Vicenzo Maenza) 意大利
3. 维尔伯·桑切斯(Wilber Sanchez) 古巴
1996 1. **申全浩(Sim Kwon-ho) 韩国**
2. 亚历山大·帕弗罗夫(Alexandr Pavlov) 保加利亚
3. 扎法尔·古里耶夫(Zafar Guliev) 俄罗斯

54公斤级

1972 1. **基罗夫(Petar Kirov) 保加利亚**
2. 平山弘一郎(Hirayama Koichiro) 日本
3. 博尼安尼(Giuseppe Bognanni) 意大利
1976 1. **康斯坦丁诺夫(Vitaliy Konstantinov) 苏联**
2. 金加(Nicu Ginga) 罗马尼亚
3. 平山弘一郎(Hirayama Koichiro) 日本
1980 1. **布拉基泽(Vakhtang Blagidze) 苏联**
2. 拉茨(Lajos Racz) 匈牙利
3. 姆拉德诺夫(Mladen Mladenov) 保加利亚
1984 1. **宫原厚次(Miyahara Atsuji) 日本**
2. 阿塞维斯(Daniel Aceves) 墨西哥
3. 方大斗(Bang Dae-du) 韩国
1988 1. **罗宁根(Jon Ronningen) 挪威**

2. 宫原厚次(Miyahara Atsuji) 日本
3. 李在石(Lee Jae-suk) 韩国
1992 1. **罗宁根(Jon Ronningen) 挪威**
2. 穆克尔奇安(Alfred Ter-Mkrtychyan) 独联体
3. 闵庚甲Min Kyung-kap) 韩国
1996 1. **纳扎里安(Armen Nazaryan) 亚美尼亚**
2. 保尔森(Brandon Paulson) 美国
3. 卡拉什尼科夫(Andrey Kalashnikov) 乌克兰
2000 1. **沈权虎(Sim Kwon-ho) 韩国**
2. 拉萨罗·里瓦斯(Lazaro Rivas) 古巴
3. 姜永均(Kang Yong Gyun) 朝鲜
2004 1. **伊斯特万·马约罗斯(Istvan Majoros) 匈牙利**
2. 盖达尔·马梅达利耶夫(Gueidar Mamedaliev) 俄罗斯
3. 阿尔蒂奥姆·齐欧莱格吉安(Artiom Kiouregkian) 希腊

57公斤级

1972 1. **卡扎科夫(Rustem Kazakov) 苏联**
2. 法伊尔(Hans-Jurgen Veil) 联邦德国
3. 布约尔林(Risto Bjorlin) 芬兰
1976 1. **于科拉(Pertti Ukkola) 芬兰**
2. 弗尔吉奇(Ivan Frgic) 南斯拉夫
3. 穆斯塔芬(Farhat Mustafin) 苏联
1980 1. **谢里科夫(Shamil Serikov) 苏联**
2. 利平(Jozef Lipien) 波兰
3. 耶恩贝克(Benni Ljungbeck) 瑞典
1984 1. **帕萨雷利(Pasquale Passarelli) 联邦德国**
2. 江藤正基(Eto Masaki) 日本
3. 霍利季斯(Charalambos Cholidis) 希腊
1988 1. **西凯(Andras Sike) 匈牙利**
2. 巴洛夫(Stoyan Balov) 保加利亚
3. 霍利季斯(Charalambos Cholidis) 希腊
1992 1. **安汉奉(An Han-bong) 韩国**
2. 伊尔迪茨(Rifat Yildiz) 德国
3. 盛泽田 中国
1996 1. **米尔尼琴科(Yuriy Meinichenko) 哈萨克斯坦**
2. 霍尔(Dennis Hall) 美国
3. 盛泽田 中国
2000 1. **阿尔门·纳扎良(Armen Nazarian) 保加利亚**
2. 金仁燮(Kim In-sub) 韩国
3. 盛泽田 中国
2004 1. **郑智铉(Jung Ji-hyun) 韩国**
2. 罗伯托·蒙松(Roberto Monzon) 古巴
3. 阿尔门·纳扎良(Armen Nazarian) 保加利亚

63公斤级

1972 1. **马尔科夫(Georgi Markov) 保加利亚**
2. 维林(Heinz-Helmut Wehling) 民主德国
3. 利平(Kazimierz Lipien) 波兰
1976 1. **利平(Kazimierz Lipien) 波兰**
2. 达维季扬(Nelson Davidyan) 苏联
3. 雷奇(Laszlo Reczi) 匈牙利
1980 1. **米贾基斯(Stylianos Mygiakis) 希腊**
2. 托特(Istvan Toth) 匈牙利
3. 克拉莫连科(Boris Kramorenko) 苏联
1984 1. **金原基(Kim Weon-kee) 韩国**
2. 约翰松(Kent-Olle Johansson) 瑞典
3. 迪切(Hugo Dietsche) 瑞士
1988 1. **马吉多夫(Kamandar Madzhidov) 苏联**
2. 万格洛夫(Zhivko Vangelov) 保加利亚
3. 安大玄(An Dae-hyun) 韩国
1992 1. **皮里姆(Akif Pirim) 土耳其**
2. 马尔蒂诺夫(Sergey Martynov) 独联体
3. 德利斯(Juan Luis Maren) 古巴
1996 1. **扎瓦季基(Wlodzimierz Zawadzki) 波兰**
2. 马伦·德里斯(Juan Luis Maren Delis) 古巴
3. 皮里姆(Akif Pirim) 土耳其
2000 1. **瓦尔特雷斯·萨姆尔加乔夫(Varteres Samourgachev) 俄罗斯**
2. 胡安·路易斯·马伦(Juan Luis Maren) 古巴
3. 阿卡基·查楚阿(Akaki Chachua) 格鲁吉亚
2004 (66公斤)
1. **法里德·曼苏罗夫(Farid Mansurov) 阿塞拜疆**
2. 塞里夫·伊罗格鲁(Seref Eroglu) 土耳其
3. 姆希塔尔·马努吉安(Mkkhitar Manukyan) 哈萨克斯坦

68公斤级

1972 1. **布萨穆季诺夫(Chamil Kisamutdinov) 苏联**
2. 阿波斯托洛夫(Stoyan Apostolov) 保加利亚
3. 兰齐(Gian-Matteo Ranzi) 意大利
1976 1. **纳尔班吉扬(Suren Nalbandyan) 苏联**
2. 鲁苏(Stefan Rusu) 罗马尼亚
3. 韦林(Heinz-Helmut Wehling) 民主德国
1980 1. **鲁苏(Stefan Rusu) 罗马尼亚**
2. 苏普龙(Andrzej Supron) 波兰
3. 斯基奥尔德(Lars-Erik Skiold) 瑞典
1984 1. **利斯亚克(Vlado Lisjak) 南斯拉夫**
2. 希皮莱(Tapio Sipila) 芬兰
3. 马丁内斯(James Martinez) 美国
1988 1. **朱尔法拉基扬(Levon Dzhulfalakyan) 苏联**
2. 金成文(Kim Sung-moon) 韩国
3. 希皮莱(Tapio Sipila) 芬兰
1992 1. **雷普卡(Attila Repka) 匈牙利**
2. 杜古奇耶夫(Islam Duguchiyev) 独联体
3. 史密斯(Rodney Smith) 美国

1996 1. **沃尔尼(Ryszard Wolny) 波兰**
2. 亚卢兹(Ghani Yalouz) 法国
3. 特列季亚科夫(Aleksandr Tretyakov) 俄罗斯
2000 (69公斤)
1. **菲里伯托·阿斯库伊(Filiberto Azcuy) 古巴**
2. 永田克彦(Nagata Katsuhiko) 日本
3. 阿列克谢·格鲁什科夫(Alexei Glouchkov) 俄罗斯

74公斤级

1972 1. **马哈(Vitezslav Macha) 捷克斯洛伐克**
2. 加拉克托普洛斯(Petros Galaktopoulos) 希腊
3. 卡尔松(Jan Karlsson) 瑞典
1976 1. **贝科夫(Anatoliy Bykov) 苏联**
2. 马哈(Vitezslav Macha) 捷克斯洛伐克
3. 黑尔宾(Karl-Heinz Helbing) 联邦德国
1980 1. **科奇什(Ferenc Kocsis) 匈牙利**
2. 贝科夫(Anatoliy Bykov) 苏联
3. 胡赫塔拉(Mikko Huhtala) 芬兰
1984 1. **萨洛迈基(Jouko Salomaki) 芬兰**
2. 塔尔罗特(Roger Tallroth) 瑞典
3. 鲁苏(Stefan Rusu) 罗马尼亚
1988 1. **金永南(Kim Young-nam) 韩国**
2. 图尔雷哈诺夫(Daulet Turlykhanov) 苏联
3. 特拉奇(Jozef Tracz) 波兰
1992 1. **伊斯坎达良(Mnatsakan Iskandaryan) 独联体**
2. 特拉奇(Jozef Tracz) 波兰
3. 科恩巴克(Torbjorn Kornbakk) 瑞典
1996 (76公斤)
1. **阿斯库伊·阿吉雷拉(Filiberto Azcuy Aguilera) 古巴**
2. 阿塞尔(Marko Asell) 芬兰
3. 特拉奇(Jozef Tracz) 波兰
2000 1. **姆拉特·卡尔达诺夫(Mourat Kardanov) 俄罗斯**
2. 马特·詹姆斯·林德兰德(Matt James Lindland) 美国
3. 马尔科·伊利-汉努克塞拉(Marko Yli-Hannuksela) 芬兰
2004 1. **亚历山大·多克图里什维利(Alexandr Dokturishivili) 乌兹别克斯坦**
2. 马尔科·伊利-汉努克塞拉(Marko Yli-Hannuksela) 芬兰
3. 瓦尔特雷斯·萨姆尔加乔夫(Varteres Samourgachev) 俄罗斯

82公斤级

1972 1. **海格迪什(Csaba Hegedus) 匈牙利**
2. 纳扎连科(Anatoli Nazarenko) 苏联
3. 尼纳迪奇(Milan Nenadic) 南斯拉夫
1976 1. **佩特科维奇(Momir Petkovic) 南斯拉夫**
2. 切博克萨罗夫(Vladimir Cheboksarov) 苏联
3. 科列夫(Ivan Kolev) 保加利亚
1980 1. **科尔班(Gennadiy Korban) 苏联**
2. 多尔戈维奇(Jan Dolgowicz) 波兰
3. 帕夫洛夫(Pavel Pavlov) 保加利亚
1984 1. **德拉伊卡(Ion Draica) 罗马尼亚**
2. 萨诺普洛斯(Dimitrios Thanopoulos) 希腊
3. 克莱松(Soren Claesson) 瑞典
1988 1. **马米阿什维利(Mikhail Mamiashvili) 苏联**
2. 科马罗米(Tibor Komaromi) 匈牙利
3. 金相圭(Kim Sang-kyu) 韩国
1992 1. **法尔卡斯(Peter Farkas) 匈牙利**
2. 斯泰平(Piotr Stepien) 波兰
3. 图尔雷哈诺夫(Daulet Turlykhanov) 独联体
1996 1. **耶利卡亚(Hamza Yerlikaya) 土耳其**
2. 赞德尔(Thomas Zander) 德国
3. 齐连特(Valeriy Tsilent) 白俄罗斯
2000 (85公斤)
1. **哈姆扎·耶尔利卡亚(Hamza Yerlikaya) 土耳其**
2. 桑多尔·伊斯特万·巴尔多希(Sandor Istvan Bardosi) 匈牙利
3. 穆赫兰·瓦赫坦加泽(Mukhran Vakhtangadze) 格鲁吉亚
2004 (84公斤)
1. **阿列克谢·米申(Alexei Michine) 俄罗斯**
2. 阿拉·亚伯拉罕安(Ara Abrahamian) 瑞典
3. 维亚切斯拉夫·马卡连卡(Viachaslau Makaranka) 白俄罗斯

90公斤级

1972 1. **列赞瑟夫(Valeriy Rezantsev) 苏联**
2. 乔拉克(Josip Corak) 南斯拉夫
3. 克维辛斯基(Czeslaw Kwiecinski) 波兰
1976 1. **列赞瑟夫(Valeriy Rezantsev) 苏联**
2. 伊万诺夫(Stoyan Ivanov) 保加利亚
3. 克维辛斯基(Czeslaw Kwiecinski) 波兰
1980 1. **讷文伊(Norbert Novenyi) 匈牙利**
2. 卡内金(Igor Kanygin) 苏联
3. 迪库(Petre Dicu) 罗马尼亚
1984 1. **弗雷泽(Steven Fraser) 美国**
2. 马太(Ilie Matei) 罗马尼亚
3. 安德松(Frank Andersson) 瑞典
1988 1. **科姆切夫(Atanas Komchev) 保加利亚**
2. 科斯凯拉(Harri Koskela) 芬兰
3. 波波夫(Vladimir Popov) 苏联
1992 1. **布尔曼(Maik Bullmann) 德国**
2. 巴萨尔(Hakki Basar) 土耳其
3. 科戈什维利(Gogi Koguashvili) 独联体
1996 1. **奥列尼克(Vyacheslav Oliynik) 乌克兰**
2. 法芬斯基(Jacek Fafinski) 波兰
3. 布尔曼(Maik Bullmann) 德国
2000 (97公斤)
1. **迈克尔·永贝里(Mikael Ljungberg) 瑞典**

2. 达维德·萨勒达泽(Davyd Saldadze) 乌克兰
3. 加雷特·罗尼(Garrett Lowney) 美国
2004 (96公斤)
1. **卡拉姆·伊布拉辛(Karam Ibrahim) 埃及**
2. 拉马兹·诺扎泽(Ramaz Nozadze) 格鲁吉亚
3. 梅赫莫特·奥扎尔(Mehmet Ozal) 土耳其

100公斤级

1972 1. **马丁内斯库(Nicolae Martinescu) 罗马尼亚**
2. 雅科文科(Nikolay Yakovenko) 苏联
3. 基什(Ferenc Kiss) 匈牙利
1976 1. **巴尔波辛(Nikolay Balboshin) 苏联**
2. 戈拉诺夫(Kamen Goranov) 保加利亚
3. 斯克日莱夫斯基(Andrzej Skrzydlewski) 波兰
1980 1. **莱科夫(Georgi Raikov) 保加利亚**
2. 别尔拉(Roman Bierla) 波兰
3. 安德列(Vasile Andrei) 罗马尼亚
1984 1. **安德烈(Vasile Andrei) 罗马尼亚**
2. 吉布森(Greg Gibson) 美国
3. 特尔特列(Jozef Tertelje) 南斯拉夫
1988 1. **弗龙斯基(Andrzej Wronski) 波兰**
2. 希默尔(Gerhard Himmel) 联邦德国
3. 科斯洛夫斯基(Dennis Koslowski) 美国
1992 1. **米利安(Hector Milian) 古巴**
2. 科斯洛夫斯基(Dennis Koslowski) 美国
3. 杰米亚什克维奇(Sergey Demyashkevich) 独联体
1996 1. **弗隆斯基(Andrzej Wronski) 波兰**
2. 利施万(Sergey Lishtvan) 白俄罗斯
3. 永贝里(Mikael Ljungberg) 瑞典

100公斤以上级

1972 1. **罗辛(Anatoliy Roshin) 苏联**
2. 托莫夫(Alexander Tomov) 保加利亚
3. 多利普希(Victor Dolipschi) 罗马尼亚
1976 1. **科尔钦斯基(Aleksandr Kolchinskiy) 苏联**
2. 托莫夫(Alexander Tomov) 保加利亚
3. 科德亚努(Roman Codreanu) 罗马尼亚
1980 1. **科尔钦斯基(Aleksandr Kolchinskiy) 苏联**
2. 托莫夫(Alexander Tomov) 保加利亚
3. 布沙拉(Hassan Bchara) 黎巴嫩
1984 1. **布拉特尼克(Jeff Blatnick) 美国**
2. 梅尼塞维奇(Refik Memsevic) 南斯拉夫
3. 多利普斯基(Victor Dolipschi) 罗马尼亚

130公斤级

1988 1. **卡列林(Aleksandr Karelin) 苏联**
2. 格罗夫斯基(Rangel Gerovski) 保加利亚
3. 约翰松(Tomas Johansson) 瑞典
1992 1. **卡列林(Aleksandr Karelin) 独联体**
2. 约翰松(Tomas Johansson) 瑞典
3. 格里戈拉斯(Ioan Grigoras) 罗马尼亚
1996 1. **卡列林(Aleksandr Karelin) 俄罗斯**
2. 加法里(Siamak "Matt" Ghaffari) 美国
3. 穆雷科(Sergey Mureiko) 摩尔多瓦
2000 1. **鲁伦·加德纳(Rulon Gardner) 美国**
2. 亚历山大·卡列林(Alexander Karelin) 俄罗斯
3. 迪米特里·杰别尔卡(Dmitry Debelka) 白俄罗斯
2004 (120公斤)
1. **哈桑·巴罗耶夫(Khasan Baroev) 俄罗斯**
2. 格奥尔吉·苏尔苏米亚(Georgiy Tsurtsumia) 哈萨克斯坦
3. 鲁伦·加德纳(Rulon Gardner) 美国

男子自由式摔跤 (FREESTYLE WRESTLING-men)

48公斤级

1972 1. **德米特里耶夫(Roman Dmitriyev) 苏联**
2. 尼科洛夫(Ognyan Nikolov) 保加利亚
3. 贾瓦迪(Ebrahim Javadi) 伊朗
1976 1. **伊萨耶夫(Hasan Isaev) 保加利亚**
2. 德米特里耶夫(Roman Dmitriyev) 苏联
3. 工藤章(Kudo Akira) 日本
1980 1. **波利奥(Claudio Pollio) 意大利**
2. 张世洪(Jang Se-hong) 朝鲜
3. 科尼拉耶夫(Sergey Kornilayev) 苏联
1984 1. **韦弗(Bobby Weaver) 美国**
2. 入江隆(Irie Takashi) 日本
3. 孙甲道(Son Gab-do) 韩国
1988 1. **小林孝至(Kobayashi Takashi) 日本**
2. 佐诺夫(Ivan Tzonov) 保加利亚
3. 卡拉姆恰科夫(Sergey Karamchakov) 苏联
1992 1. **金一(Kim Il) 朝鲜**
2. 金钟信(Kim Jong-shin) 韩国
3. 奥鲁杰夫(Vugar Orudzhev) 独联体
1996 1. **金一(Kim Il) 朝鲜**
2. 姆克尔齐扬(Armen Mkrchyan) 亚美尼亚
3. 维拉(Alexis Vila) 古巴

52公斤级

1972 1. **加藤喜代美(Kato Kiyomi) 日本**
2. 尼科洛夫(Ognyan Nikolov) 保加利亚
3. 贾瓦迪(Ebrahim Javadi) 伊朗

1976 1. **高田裕司(Takada Yuji)** **日本**
2. 伊万诺夫(Aleksandr Ivanov) 苏联
3. 全海燮(Jeon Hae-sup) 韩国
1980 1. **别洛拉佐夫(Anatoliy Beloglazov)** **苏联**
2. 斯泰齐克(Wladyslaw Stecyk) 波兰
3. 谢利莫夫(Nermedin Selimov) 保加利亚
1984 1. **特尔斯特纳(Saban Trstena)** **南斯拉夫**
2. 金钟奎(Kim Jong-kyu) 韩国
3. 高田裕司(Takada Yuji) 日本
1988 1. **佐藤满(Sato Mitsuru)** **日本**
2. 特尔斯特纳(Saban Trstena) 南斯拉夫
3. 托戈佐夫(Vladimir Toguzov) 苏联
1992 1. **李鹤顺(Li Hak-son)** **朝鲜**
2. 琼斯(Larry "Zeke" Jones) 美国
3. 约尔达诺夫(Valentin Yordanov) 保加利亚
1996 1. **约尔达诺夫(Valentin Yordanov)** **保加利亚**
2. 阿卡杜拉耶夫(Namik Abdullayev) 阿塞拜疆
3. 马米罗夫(Maulen Mamyrov) 哈萨克斯坦
2000 (54公斤)
1. **纳米格·阿卜杜拉耶夫(Namig Abdullayev)** **阿塞拜疆**
2. 萨米·汉森(Sammie Henson) 美国
3. 阿米兰·坎塔诺夫(Amiran Karntanov) 希腊
2004 (55公斤)
1. **马弗莱特·巴季罗夫(Mavlet Batirov)** **俄罗斯**
2. 斯蒂芬·阿巴斯(Stephen Abas) 美国
3. 田南部力(Chikara Tanabe) 日本

57公斤级

1972 1. **柳田英明(Yanagida Hideaki)** **日本**
2. 桑德斯(Rick Sanders) 美国
3. 克林加(Laszlo Klinga) 匈牙利
1976 1. **尤明(Vladimir Yumin)** **苏联**
2. 布吕歇特(Hans-Dieter Bruchert) 民主德国
3. 荒井政雄(Arai Masao) 日本
1980 1. **别洛拉佐夫(Sergey Beloglazov)** **苏联**
2. 李浩平(Li Ho-pyong) 朝鲜
3. 奥乌音包尔德(Dugarsuren Ouinbold) 蒙古
1984 1. **富山英明(Tomiyama Hideaki)** **日本**
2. 戴维斯(Barry Davis) 美国
3. 金义坤(Kim Eui-kon) 韩国
1988 1. **别洛拉佐夫(Sergey Beloglazov)** **苏联**
2. 莫哈马迪安(Asgari Mohammadian) 伊朗
3. 鲁灵宣(Noh Kyung-sun) 韩国
1992 1. **普尔托·迪亚斯(Alejandro Puerto Diaz)** **古巴**
2. 斯马尔(Sergey Smal) 独联体
3. 金容植(Kim Yong-sik) 朝鲜
1996 1. **克罗斯(Kendall Cross)** **美国**
2. 西萨奥里(Giuvi Sissaouri) 加拿大
3. 李泳三(Ri Yong-sam) 朝鲜
2000 (58公斤)
1. **阿里雷萨·达比尔(Alireza Dabir)** **伊朗**
2. 叶夫根尼·布斯洛维奇(Yevgeniy Buslovych) 乌克兰
3. 特里·布兰兹(Terry Brands) 美国
2004 (60公斤)
1. **亚恩德罗·米格尔·坎塔纳(Yandro Miguel Quintana)** **古巴**
2. 马索德·约卡尔(Masoud Jokar) 伊朗
3. 井上谦二(Kenji Inoue) 日本

62公斤级

1972 1. **阿布杜尔贝科夫(Zagalav Abdulbekov)** **苏联**
2. 阿克达格(Vehbi Akdag) 土耳其
3. 克拉斯捷夫(Ivan Krustev) 保加利亚
1976 1. **梁正模(Yang Jung-mo)** **韩国**
2. 维道夫(Zevegin Oidov) 蒙古
3. 戴维斯(Gene Davis) 美国
1980 1. **阿布舍夫(Magomedgasan Abushev)** **苏联**
2. 杜科夫(Miho Dukov) 保加利亚
3. 哈济奥安尼迪斯(Georgios Chatzioannidis) 希腊
1984 1. **刘易斯(Randy Lewis)** **美国**
2. 赤石光生(Akaishi Kosei) 日本
3. 李正根(Lee Jung-keun) 韩国
1988 1. **史密斯(John Smith)** **美国**
2. 萨尔基相(Stepan Sarkisyan) 苏联
3. 奇特雷夫(Simeon Shterev) 保加利亚
1992 1. **史密斯(John Smith)** **美国**
2. 穆罕马迪安(Asgari Mohammadian) 伊朗
3. 雷诺索·马丁内斯(Lazaro Reinoso Martinez) 古巴
1996 1. **布兰兹(Tom Brands)** **美国**
2. 张泰成(Jang Jae-sung) 韩国
3. 特德耶夫(Elbrus Tedeyev) 乌克兰
2000 (63公斤)
1. **姆拉德·乌马哈诺夫(Mourad Oumakhanov)** **俄罗斯**
2. 塞拉菲姆·巴尔扎科夫(Serafim Barzakov) 保加利亚
3. 姜宰升(Jang Jae-sung) 韩国

68公斤级

1972 1. **加布尔(Dan Gable)** **美国**
2. 和田喜久夫(Wada Kikuo) 日本
3. 阿舒拉利耶夫(Ruslan Ashuraliyev) 苏联
1976 1. **皮尼金(Pavel Pinigin)** **苏联**
2. 凯塞尔(Lloyd "Butch" Keaser) 美国
3. 菅原弥三郎(Sugawara Yasaburo) 日本
1980 1. **阿布萨伊多夫(Saipulla Absaidov)** **苏联**
2. 扬科夫(Ivan Yankov) 保加利亚
3. 塞伊迪(Saban Sejdi) 南斯拉夫
1984 1. **柳寅卓(You In-tak)** **韩国**
2. 赖因(Andrew Rein) 美国
3. 劳哈拉(Jukka Rauhala) 芬兰
1988 1. **法捷耶夫(Arsen Fadzayev)** **苏联**
2. 朴章洵(Park Jang-soon) 韩国
3. 卡尔(Nate Carr) 美国
1992 1. **法捷耶夫(Arsen Fadzayev)** **独联体**
2. 格佐夫(Valentin Getzov) 保加利亚
3. 赤石光生(Akaishi Kosei) 日本
1996 1. **博吉耶夫(Vadim Bogiyev)** **俄罗斯**
2. 桑德斯(Townsend Saunders) 美国
3. 扎兹诺夫(Zaza Zazirov) 乌克兰
2000 (69公斤)
1. **丹尼尔·伊加里(Daniel Igali)** **加拿大**
2. 阿尔森·吉迪诺夫(Arsen Gitinov) 俄罗斯
3. 林肯·麦奇尔拉维(Lincoln McIlravy) 美国
2004 (66公斤)
1. **埃尔布鲁斯·泰杰耶夫(Elbrus Tedeyev)** **乌克兰**
2. 贾米尔·凯利(Jamill Kelly) 美国
3. 马哈齐·穆尔塔扎利耶夫(Makhach Murtazaliev) 俄罗斯

74公斤级

1972 1. **韦尔斯(Wayne Wells)** **美国**
2. 卡尔松(Jan Karlsson) 瑞典
3. 泽格(Adolf Seger) 联邦德国
1976 1. **伊达治一郎(Date Jiichiro)** **日本**
2. 巴尔泽加(Mansour Barzegar) 伊朗
3. 杰齐茨(Stanley Dziedzic) 美国
1980 1. **安吉洛夫(Valentin Angelov)** **保加利亚**
2. 达瓦扎夫(Jamtsyin Davajav) 蒙古
3. 卡拉宾(Dan Karabin) 捷克斯洛伐克
1984 1. **舒尔茨(Dave Schultz)** **美国**
2. 克诺斯普(Matin Knosp) 联邦德国
3. 塞伊迪(Saban Sejdi) 南斯拉夫
1988 1. **蒙代(Kenny Monday)** **美国**
2. 瓦拉耶夫(Adlan Varayev) 苏联
3. 索非亚迪(Rakhmad Sukra Sofilyadi) 保加利亚
1992 1. **朴章洵(Park Jang-soon)** **韩国**
2. 蒙代(Kenny Monday) 美国
3. 哈迪姆(Amir-Reza Khadem) 伊朗
1996 1. **萨伊特耶夫(Buvaysa Saytyev)** **俄罗斯**
2. 朴章洵(Park Jang-soon) 韩国
3. 大田琢弥(Ota Takuya) 日本
2000 1. **亚历山大·莱因波尔德(Alexander Leinpold)** **德国**
2. 布兰登·斯莱(Brandon Slay) 美国
3. 文毅载(Moon Eui-jae) 韩国
2004 1. **布瓦伊萨·塞吉奥夫(Buvaysa Saytiev)** **俄罗斯**
2. 根纳迪·拉利耶夫(Gennadiy Laliyev) 哈萨克斯坦
3. 伊万·冯多拉(Ivan Fundora) 古巴

82公斤级

1972 1. **捷迪阿什维里(Levan Tediashvili)** **苏联**
2. 彼得森(John Peterson) 美国
3. 约尔加(Vasile Iorga) 罗马尼亚
1976 1. **彼得森(John Peterson)** **美国**
2. 诺沃日洛夫(Viktor Novozhilov) 苏联
3. 泽格尔(Adolf Seger) 联邦德国
1980 1. **阿比洛夫(Ismail Abilov)** **保加利亚**
2. 阿拉苏洛夫(Magomedhan Aratsilov) 苏联
3. 科瓦奇(Istvan Kovacs) 匈牙利
1984 1. **舒尔茨(Mark Schultz)** **美国**
2. 长岛伟之(Nagashima Hideyuki) 日本
3. 林克(Chris Rinke) 加拿大
1988 1. **韩明愚(Han Myung-woo)** **韩国**
2. 根卡尔普(Necmi Gencalp) 土耳其
3. 洛希尼亚(Josef Lohyna) 捷克斯洛伐克
1992 1. **杰克逊(Kevin Jackson)** **美国**
2. 贾布赖伊洛夫(Elmadi Jabrailov) 独联体
3. 哈迪姆·阿兹加迪(Rasoul Khadem Azghadi) 伊朗
1996 1. **马戈梅多夫(Khadzhimurad Magomedov)** **俄罗斯**
2. 梁贤模(Yang Hyun-mo) 韩国
3. 哈迪姆(Amir-Reza Khadem) 伊朗
2000 (85公斤)
1. **亚当·塞迪耶夫(Adam Saitiev)** **俄罗斯**

1964年东京奥运会男子自由式摔跤52公斤级比赛。

2. 约尔·罗梅罗(Yoel Romero) 古巴
3. 莫加米德·伊布拉吉莫夫(Mogamed Ibragimov) 马其顿
2004 (84公斤)
1. **凯尔·桑德森(Cael Sanderson)** **美国**
2. 文义济(Moon Eui-jae) 韩国
3. 萨吉德·萨吉多夫(Sazhid Sazhidov) 俄罗斯

90公斤级

1972 1. **彼得森(Ben Peterson)** **美国**
2. 斯特拉霍夫(Gennadiy Strakhov) 苏联
3. 巴伊科(Karoly Bajko) 匈牙利
1976 1. **捷迪阿什维里(Levan Tediashvili)** **苏联**
2. 彼得森(Ben Peterson) 美国
3. 莫尔科夫(Stelica Morcov) 罗马尼亚
1980 1. **奥加涅相(Sanasar Oganisyan)** **苏联**
2. 诺伊佩尔特(Uwe Neupert) 民主德国
3. 齐洪(Aleksander Cichon) 波兰
1984 1. **巴纳赫(Ed Banach)** **美国**
2. 太田章(Ota Akira) 日本
3. 洛班(Noel Loban) 英国
1988 1. **哈达尔瑟夫(Makharbek Khadartsev)** **苏联**
2. 太田章(Ota Akira) 日本
3. 金泰雨(Kim Tae-woo) 韩国
1992 1. **哈达尔瑟夫(Makharbek Khadartsev)** **独联体**
2. 西姆塞克(Kennan Simsek) 土耳其
3. 坎贝尔(Chris Campbell) 美国
1996 1. **哈迪姆·阿兹加迪(Rasoul Khadem Azghadi)** **伊朗**
2. 哈达尔瑟夫(Makharbek Khadartsev) 俄罗斯
3. 库塔尼泽(Eldar Kurtanidze) 格鲁吉亚
2000 (97公斤)
1. **萨吉德·穆尔塔萨利耶夫(Saghid Mourtasaliyev)** **俄罗斯**
2. 伊斯拉姆·拜拉姆科夫(Islam Bairamukov) 哈萨克斯坦
3. 埃尔达·库尔塔尼泽(Eldar Kurtanidze) 格鲁吉亚
2004 (96公斤)
1. **哈吉姆拉特·加查罗夫(Khadjimourat Gatsalov)** **俄罗斯**
2. 马戈麦德·伊布拉吉莫夫(Magomed Ibragimov) 乌兹别克斯坦
3. 阿里·雷萨·海达里(Ali Reza Heidari) 伊朗

100公斤级

1972 1. **亚雷金(Ivan Yarygin)** **苏联**
2. 巴扬蒙赫(Khorloo Baianmunkh) 蒙古
3. 乔塔里(Jozsef Csatari) 匈牙利
1976 1. **亚雷金(Ivan Yarygin)** **苏联**
2. 赫利克森(Russ Hellickson) 美国
3. 科斯托夫(Dimo Kostov) 保加利亚
1980 1. **马特(Ilya Mate)** **苏联**
2. 切尔文科夫(Slavcho Chervenkov) 保加利亚
3. 斯特尔尼斯科(Julius Strnisko) 捷克斯洛伐克
1984 1. **巴纳赫(Louis Banach)** **美国**
2. 阿提耶赫(Joseph Atiyeh) 叙利亚
3. 普斯卡索(Vasile Puscasu) 罗马尼亚
1988 1. **普斯卡索(Vasile Puscasu)** **罗马尼亚**
2. 哈别洛夫(Leri Khabelov) 苏联
3. 谢尔(William Scherr) 美国
1992 1. **哈别洛夫(Leri Khabelov)** **独联体**
2. 巴尔茨(Heiko Balz) 德国
3. 卡亚利(Ali Kayali) 土耳其
1996 1. **安格尔(Kurt Angle)** **美国**
2. 贾迪迪(Abbas Jadidi) 伊朗
3. 萨别耶夫(Arawat Sabejew) 德国

100公斤以上级

1972 1. **梅德韦德(Alelksandr Medved)** **苏联**
2. 杜拉利耶夫(Osman Duraliev) 保加利亚
3. 泰勒(Chris Taylor) 美国
1976 1. **安季耶夫(Soslan Andiyev)** **苏联**
2. 巴拉(Jozsef Balla) 匈牙利
3. 西蒙(Ladislau Simon) 罗马尼亚
1980 1. **安季耶夫(Soslan Andiyev)** **苏联**
2. 巴拉(Jozsef Balla) 匈牙利
3. 桑杜尔斯基(Adam Sandurski) 波兰
1984 1. **鲍姆加特纳(Bruce Baumgartner)** **美国**
2. 莫勒(Robert Molle) 加拿大
3. 塔斯金(Ayhan Taskin) 土耳其
1988 1. **戈别日什维利(David Gobezhishvili)** **苏联**
2. 鲍姆加特纳(Bruce Baumgartner) 美国
3. 施罗德(Andreas Schroder) 民主德国

130公斤级

1992 1. **鲍姆加特纳(Bruce Baumgartner)** **美国**
2. 瑟(Jeffrey Thue) 加拿大
3. 戈别季什维利(David Gobezhishvili) 独联体
1996 1. **德米尔(Mahmut Demir)** **土耳其**
2. 梅德韦杰夫(Aleksey Medvedev) 白俄罗斯
3. 鲍姆加特纳(Bruce Baumgartner) 美国
2000 1. **大卫·穆苏尔贝斯(David Moussoulbes)** **俄罗斯**
2. 阿图尔·泰马佐夫(Artur Taymazov) 乌兹别克斯坦
3. 阿列克西斯·罗德里格斯(Alexis Rodriguez) 古巴
2004 (120公斤)
1. **阿图尔·泰马佐夫(Artur Taymazov)** **乌兹别克斯坦**
2. 阿里雷萨·雷扎伊(Alireza Rezaei) 伊朗
3. 艾丁·波拉茨(Aydin Polatci) 土耳其

女子自由式摔跤 (FREESTYLE WRESTLING-women)

48公斤级

年份	名次	运动员	国家
2004	1.	伊琳妮·梅兰妮(Irini Merleni)	乌克兰
	2.	伊调千春(Chiharu Icho)	日本
	3.	帕特里西娅·米兰达(Patricia Miranda)	美国

55公斤级

年份	名次	运动员	国家
2004	1.	吉田沙保里(Saori Yoshida)	日本
	2.	托妮娅·维尔比克(Tonya Verbeek)	加拿大
	3.	安娜·高米丝(Anna Gomis)	法国

63公斤级

年份	名次	运动员	国家
2004	1.	伊调馨(Kaori Icho)	日本
	2.	萨拉·麦克曼(Sara McMann)	美国
	3.	里斯·莱格朗(Lise Legrand)	法国

72公斤级

年份	名次	运动员	国家
2004	1.	王旭	中国
	2.	古泽尔·马妮奥洛娃(Gouzel Maniourova)	俄罗斯
	3.	滨口京子(Kyoko Hamaguchi)	日本

花样游泳 (WATER BALLET)

双人

年份	名次	运动员	国家	成绩
1984	1.	科斯蒂(Candy Costie)-鲁伊斯(Tracie Ruiz)	美国	195.584分
	2.	哈姆布鲁克(Sharon Hambrook)-克里茨卡(Kelly Kryczka)	加拿大	194.234分
	3.	元好三和子(Simura Saeko)-元村子(Motoyoshi Miwako)	日本	187.992分
1988	1.	卡梅伦(Michelle Cameron)-沃尔多(Carolyn Waldo)	加拿大	197.317分
	2.	萨约瑟夫森(Sarah Josephson)-卡约瑟夫森(Karen Josephson)	美国	197.284分
	3.	田中京(Tanaka Miyako)-小谷富可子(Kotani Mikako)	日本	190.159分
1992	1.	萨约瑟夫森(Sarah Josephson)-卡约瑟夫森(Karen Josephson)	美国	192.175分
	2.	维拉戈斯(Penny Vilagos)-维拉戈斯(Vicky Vilagos)	加拿大	189.394分
	3.	奥野史子(Okuno Fumiko)-高山亚树(Takayama Aki)	日本	186.868分
2000	1.	奥尔加·布鲁斯尼基娜(Olga Brusnikina)-玛利亚·基塞列娃(Maria Kisseleva)	俄罗斯	99.580分
	2.	武田美保(Takeda Miho)-立花美哉(Tachibana Miya)	日本	98.650分
	3.	维吉妮·德迪厄(Virginie Dedieu)-米里厄姆·利贡(Myriam Lignot)	法国	97.437分
2004	1.	阿娜斯塔西娅·达维多娃(Anastasia Davydova)-阿娜斯塔西娅·叶尔马科娃(Anastasia Ermakova)	俄罗斯	99.334分
	2.	武田美保(Miho Takeda)-立花美哉(Miya Tachibana)	日本	98.417分
	3.	埃里森·巴尔托西克(Alison Bartosik)-安娜·科兹洛娃(Anna Kozlova)	美国	96.918分

团体

年份	名次	队伍	成绩
1996	1.	美国队	99.720分
	2.	加拿大队	99.367分
	3.	日本队	97.753分
2000	1.	俄罗斯队	99.146分
	2.	日本队	98.860分
	3.	加拿大队	97.357分
2004	1.	俄罗斯队	99.501分
	2.	日本队	98.501分
	3.	美国队	97.418分

单人

年份	名次	运动员	国家	成绩
1984	1.	鲁伊斯(Tracie Ruiz)	美国	198.467分
	2.	沃尔多(Carolyn Waldo)	加拿大	195.300分
	3.	元村子(Motoyoshi Miwako)	日本	187.050分
1988	1.	沃尔多(Carolyn Waldo)	加拿大	200.150分
	2.	鲁伊斯(Tracie Ruiz-Conforto)	美国	197.633分
	3.	小谷富可子(Kotani Mikako)	日本	191.850分
1992	1.	巴布-斯普拉格(Kristen Babb-Sprague)	美国	191.848分
	1.	弗雷歇特(Sylvie Frechette)	加拿大	191.717分
	3.	奥野史子(Okuno Fumiko)	日本	187.056分

(因在打分上存在分歧，经重新审查，1993年10月判定巴布-斯普拉格与弗雷歇特并列冠军)

男子游泳 (SWIMMING-men)

50米自由泳

年份	名次	运动员	国家	成绩
1988	1.	比昂迪(Matt Biondi)	美国	22"14
	2.	贾格尔(Thomas Jager)	美国	22"36
	3.	普里戈达(Gennadiy Prigoda)	苏联	22"71
1992	1.	波波夫(Aleksandr Popov)	独联体	21"91
	2.	比昂迪(Matt Biondi)	美国	22"09
	3.	贾格尔(Thomas Jager)	美国	22"30
1996	1.	波波夫(Aleksandr Popov)	俄罗斯	22"13
	2.	霍尔(Gary Hall Jr.)	美国	22"26
	3.	谢雷尔(Fernando SCherer)	巴西	22"29
2000	1.	小加里·哈尔(Gary Hall Jr.)	美国	21"98
	1.	安东尼·埃尔文(Anthony Ervin)	美国	21"98
	3.	彼得·范登霍根班德(Pieter van den Hoogenband)	荷兰	22"03
2004	1.	小加里·哈尔(Gary Hall Jr.)	美国	21"93
	2.	杜耶·德拉加尼亚(Duje Draganja)	克罗地亚	21"94
	3.	罗兰德·马克·舒曼(Roland Mark Schoeman)	南非	22"02

1996年亚特兰大奥运会花样游泳团体赛。

100米自由泳

年份	名次	运动员	国家	成绩
1972	1.	施皮茨(Mark Spitz)	美国	51"22
	2.	海登赖克(Jerry Heidenreich)	美国	51"65
	3.	布列(Vladimir Bure)	苏联	51"77
1976	1.	蒙哥马利(Jim Montgomery)	美国	49"99
	2.	巴巴肖夫(Jack Babashoff)	美国	50"81
	3.	诺克(Peter Nocke)	联邦德国	51"31
1980	1.	沃伊特(Jorg Woithe)	民主德国	50"40
	2.	霍尔梅茨(Per Holmertz)	瑞典	50"91
	3.	约翰松(Per Johansson)	瑞典	51"29
1984	1.	盖恩斯(Rowdy Gaines)	美国	49"80
	2.	斯托克韦尔(Mark Stockwell)	澳大利亚	50"24
	3.	约翰松(Per Johansson)	瑞典	50"31
1988	1.	比昂迪(Matt Biondi)	美国	48"63
	2.	雅各布斯(Chris Jacobs)	美国	49"08
	3.	卡隆(Stephan Caron)	法国	49"62
1992	1.	波波夫(Aleksandr Popov)	独联体	49"02
	2.	博尔赫斯(Gustavo Borges)	巴西	49"43
	3.	卡隆(Stephan Caron)	法国	49"50
1996	1.	波波夫(Alexander Popov)	俄罗斯	48"74
	2.	霍尔(Gary Hall Jr.)	美国	48"81
	3.	博尔赫斯(Gustavo Borges)	巴西	49"02
2000	1.	彼得·霍根班德(Pieter Hoogenband)	荷兰	48"30
	2.	亚历山大·波波夫(Alexander Popov)	俄罗斯	48"69
	3.	小加里·哈尔(Gary Hall Jr.)	美国	48"73
2004	1.	彼得·霍根班德(Pieter Hoogenband)	荷兰	48"17
	2.	罗兰德·马克·舒曼(Roland Mark Schoeman)	南非	48"23
	3.	伊恩·索普(Ian Thorpe)	澳大利亚	48"26

200米自由泳

年份	名次	运动员	国家	成绩
1972	1.	施皮茨(Mark Spitz)	美国	1'52"78
	2.	金特尔(Steven Genter)	美国	1'53"73
	3.	兰珀(Werner Lampe)	联邦德国	1'53"99
1976	1.	弗尼斯(Bruce Furniss)	美国	1'50"29
	2.	内伯(John Naber)	美国	1'50"50
	3.	蒙哥马利(Jim Montgomery)	美国	1'50"58
1980	1.	科普利亚科夫(Sergey Kopliakov)	苏联	1'49"81
	2.	克雷洛夫(Andrey Krylov)	苏联	1'50"76
	3.	布鲁尔(Graeme Brewer)	澳大利亚	1'51"60
1984	1.	格罗斯(Michael Gross)	联邦德国	1'47"44
	2.	希思(Michael Heath)	美国	1'49"10
	3.	法尔纳尔(Thomas Fahrner)	联邦德国	1'49"69
1988	1.	阿姆斯特朗(Duncan Armstrong)	澳大利亚	1'47"25
	2.	霍尔默茨(Anders Holmertz)	瑞典	1'47"89
	3.	比昂迪(Matt Biondi)	美国	1'47"99
1992	1.	萨多维(Yevgeniy Sadovyi)	独联体	1'46"70
	2.	霍尔梅茨(Anders Holmertz)	瑞典	1'46"86
	3.	卡斯维奥(Antti Kasvio)	芬兰	1'47"63
1996	1.	洛德(Danyon Loader)	新西兰	1'47"63
	2.	博尔赫斯(Gustavo Borges)	巴西	1'48"08
	3.	科瓦尔斯基(Dan Kowalski)	澳大利亚	1'48"25
2000	1.	彼得·霍根班德(Pieter Hoogenband)	荷兰	1'45"35
	2.	伊恩·索普(Ian Thorpe)	澳大利亚	1'45"83
	3.	马西米里亚诺·罗索里诺(Massimiliano Rosolino)	意大利	1'46"65
2004	1.	伊恩·索普(Ian Thorpe)	澳大利亚	1'44"71
	2.	彼得·霍根班德(Pieter Hoogenband)	荷兰	1'45"23
	3.	迈克尔·菲尔普斯(Michael Phelps)	美国	1'45"32

400米自由泳

年份	名次	运动员	国家	成绩
1972	1.	库珀(Brad Cooper)	澳大利亚	4'00"27
	2.	金特尔(Steven Genter)	美国	4'01"94
	3.	麦克布林(Tom McBreen)	美国	4'02"64
1976	1.	古德尔(Brian Goodell)	美国	3'51"93
	2.	肖(Tim Shaw)	美国	3'52"54
	3.	拉斯卡托夫(Vladimir Raskatov)	苏联	3'55"76
1980	1.	萨尔尼科夫(Vladimir Salnikov)	苏联	3'51"31
	2.	克雷洛夫(Andrey Krylov)	苏联	3'53"24
	3.	斯图科尔金(Ivar Stukolkin)	苏联	3'53"95
1984	1.	迪卡洛(George DiCarlo)	美国	3'51"23
	2.	米卡南(John Mykkanen)	美国	3'51"49
	3.	伦伯格(Justin Lemberg)	澳大利亚	3'51"79
1988	1.	达斯勒(Uwe Dassler)	民主德国	3'46"95
	2.	阿姆斯特朗(Duncan Armstrong)	澳大利亚	3'47"15
	3.	沃伊达特(Artur Wojdat)	波兰	3'47"34
1992	1.	萨多维(Yevgeniy Sadovyi)	独联体	3'45"00
	2.	帕金斯(Kieren Perkins)	澳大利亚	3'45"16
	3.	霍尔梅茨(Anders Holmertz)	瑞典	3'46"77
1996	1.	洛德(Danyon Loader)	新西兰	3'47"97
	2.	帕尔默(Paul Palmer)	英国	3'49"00
	3.	科瓦尔斯基(Dan Kowalski)	澳大利亚	3'49"39
2000	1.	伊恩·索普(Ian Thorpe)	澳大利亚	3'40"59
	2.	马西米里亚诺·罗索里诺(Massimiliano Rosolino)	意大利	3'43"40
	3.	克里特·凯勒(Klete Keller)	美国	3'47"00
2004	1.	伊恩·索普(Ian Thorpe)	澳大利亚	3'43"10
	2.	格兰特·哈克特(Grant Hackett)	澳大利亚	3'43"36
	3.	克里特·凯勒(Klete Keller)	美国	3'44"11

1500米自由泳

年份	名次	运动员	国家	成绩
1972	1.	伯顿(Mike Burton)	美国	15'52"58
	2.	温迪特(Graham Windeatt)	澳大利亚	15'58"48
	3.	诺思韦(Douglas Northway)	美国	16'09"25
1976	1.	古德尔(Brian Goodell)	美国	15'02"40
	2.	哈克特(Bobby Hackett)	美国	15'03"91
	3.	霍兰(Steve Holland)	澳大利亚	15'04"66
1980	1.	萨尔尼科夫(Vladimir Salnikov)	苏联	14'58"27
	2.	恰耶夫(Aleksandr Chayev)	苏联	15'14"30
	3.	梅茨克(Max Metzker)	澳大利亚	15'14"49
1984	1.	奥布莱恩(Mike O'Brien)	美国	15'05"20
	2.	迪卡洛(George DiCarlo)	美国	15'10"59
	3.	普费弗尔(Stefan Pfeiffer)	联邦德国	15'12"11
1988	1.	萨尔尼科夫(Vladimir Salnikov)	苏联	15'00"40
	2.	普费弗尔(Stefan Pfeiffer)	联邦德国	15'02"69
	3.	达斯勒(Uwe Dassler)	民主德国	15'06"15
1992	1.	帕金斯(Kieren Perkins)	澳大利亚	14'43"48
	2.	豪斯曼(Glen Housman)	澳大利亚	14'55"29
	3.	霍夫曼(Jorg Hoffmann)	德国	15'02"29
1996	1.	帕金斯(Kieren Perkins)	澳大利亚	14'56"40
	2.	科瓦尔斯基(Dan Kowalski)	澳大利亚	15'02"43
	3.	史密斯(Graeme Smith)	英国	15'02"48
2000	1.	格兰特·哈克特(Grant Hackett)	澳大利亚	14'48"33
	2.	齐伦·帕金斯(Kieren Perkins)	澳大利亚	14'53"59
	3.	克里斯·汤普森(Chris Thompson)	美国	14'56"81
2004	1.	格兰特·哈克特(Grant Hackett)	澳大利亚	14'43"40
	2.	拉尔森·詹森(Larsen Jensen)	美国	14'45"29
	3.	大卫·戴维斯(David Davies)	英国	14'45"95

100米仰泳

年份	名次	运动员	国家	成绩
1972	1.	马特斯(Roland Matthes)	民主德国	56"58
	2.	斯塔姆(Mike Stamm)	美国	57"70
	3.	墨菲(John Murphy)	美国	58"35
1976	1.	内伯(John Naber)	美国	55"49
	2.	罗卡(Peter Rocca)	美国	56"34
	3.	马特斯(Roland Matthes)	民主德国	57"22
1980	1.	巴龙(Bengt Baron)	瑞典	56"33
	2.	库兹涅佐夫(Viktor Kuznetsov)	苏联	56"99
	3.	多尔戈夫(Vladimir Dolgov)	苏联	57"63
1984	1.	凯里(Rick Carey)	美国	55"79
	2.	威尔逊(David Wilson)	美国	56"35
	3.	韦斯特(Mike West)	加拿大	56"49
1988	1.	铃木大地(Suzuki Daichi)	日本	55"05
	2.	伯科夫(David Berkoff)	美国	55"18
	3.	波利扬斯基(Igor Polyansky)	苏联	55"20
1992	1.	图克斯伯里(Mark Tewksbury)	加拿大	53"98
	2.	劳斯(Jeff Rouse)	美国	54"04
	3.	伯科夫(David Berkoff)	美国	54"78
1996	1.	劳斯(Jeff Rouse)	美国	54"10
	2.	法尔孔(Rodolfo Falcon)	古巴	54"98
	3.	本特(Neisser Bent)	古巴	55"02
2000	1.	伦尼·克雷泽尔伯格(Lenny Krayzelburg)	美国	53"72
	2.	马修·韦尔什(Matthew Welsh)	澳大利亚	54"07
	3.	施蒂夫·特洛克(Stev Theloke)	德国	54"82
2004	1.	阿隆·佩尔索尔(Aaron Peirsol)	美国	54"06
	2.	马尔库斯·罗根(Markus Rogan)	奥地利	54"35
	3.	森田智己(Tomomi Morita)	日本	54"36

200米仰泳

年份	名次	运动员	国家	成绩
1972	1.	马特斯(Roland Matthes)	民主德国	2'02"82
	2.	斯塔姆(Mike Stamm)	美国	2'04"09
	3.	艾维(Mitch Ivey)	美国	2'04"33
1976	1.	内伯(John Naber)	美国	1'59"19
	2.	罗卡(Peter Rocca)	美国	2'00"55
	3.	哈里根(Dan Harrigan)	美国	2'01"35
1980	1.	弗拉道尔(Sandor Wladar)	匈牙利	2'01"93
	2.	韦拉斯托(Zoltan Verraszto)	匈牙利	2'02"40
	3.	克里(Mark Kerry)	澳大利亚	2'03"14
1984	1.	凯里(Rick Carey)	美国	2'00"23
	2.	德古尔(Frederic Delcourt)	法国	2'01"75
	3.	亨宁(Cameron Henning)	加拿大	2'02"37
1988	1.	波利扬斯基(Igor Polyansky)	苏联	1'59"37
	2.	巴尔特鲁施(Frank Baltrusch)	民主德国	1'59"60
	3.	金斯曼(Paul Kingsman)	新西兰	2'00"48
1992	1.	洛佩斯·苏贝罗(Martin Lopez-Zubero)	西班牙	1'58"47
	2.	谢尔科夫(Vladimir Selkov)	独联体	1'58"87
	3.	巴蒂斯泰利(Stefano Battistelli)	意大利	1'59"40
1996	1.	布里奇沃特(Brad Bridgewater)	美国	1'58"54
	2.	施文克(William "Tripp" Schwenk)	美国	1'58"99
	3.	梅里西(Emanuele Merisi)	意大利	1'59"18
2000	1.	伦尼·克雷泽尔伯格(Lenny Krayzelburg)	美国	1'56"76
	2.	阿隆·佩尔索尔(Aaron Peirsol)	美国	1'57"35
	3.	马修·韦尔什(Matthew Welsh)	澳大利亚	1'57"59
2004	1.	阿隆·佩尔索尔(Aaron Peirsol)	美国	1'54"95
	2.	马尔库斯·罗根(Markus Rogan)	奥地利	1'57"35
	3.	拉兹万·弗罗雷亚(Razvan Florea)	罗马尼亚	1'57"56

100米蛙泳

1972	1.	**田口信教(Taguchi Nobutaka)**	**日本**	**1'04"94**
	2.	布鲁斯(Tom Bruce)	美国	1'05"43
	3.	亨肯(John Hencken)	美国	1'05"61
1976	1.	**亨肯(John Hencken)**	**美国**	**1'03"11**
	2.	威尔基(David Wilkie)	英国	1'03"43
	3.	尤奥采蒂斯(Arvydas Juozaitis)	苏联	1'04"23
1980	1.	**古德休(Duncan Goodhew)**	**英国**	**1'03"44**
	2.	米斯卡罗夫(Arsens Miskarovs)	苏联	1'03"82
	3.	埃文斯(Peter Evans)	澳大利亚	1'03"96
1984	1.	**伦德奎斯特(Steve Lundquist)**	**美国**	**1'01"65**
	2.	戴维斯(Victor Davis)	加拿大	1'01"99
	3.	埃文斯Peter Evans)	澳大利亚	1'02"97
1988	1.	**穆尔豪斯(Adrian Moorhouse)**	**英国**	**1'02"04**
	2.	居特莱尔(Karoly Guttler)	匈牙利	1'02"05
	3.	沃尔科夫(Dmitriy Volkov)	苏联	1'02"20
1992	1.	**迪贝尔(Nelson Diebel)**	**美国**	**1'01"50**
	2.	罗萨(Norbert Rozsa)	匈牙利	1'01"68
	3.	罗杰斯(Phil Rogers)	澳大利亚	1'01"76
1996	1.	**德伯格拉夫(Frederic Deburghgraeve)**	**比利时**	**1'00"65**
	2.	林(Jeremy Linn)	美国	1'00"77
	3.	瓦内克(Mark Warnecke)	德国	1'01"33
2000	1.	**多梅尼科·菲奥拉万蒂(Domenico Fioravanti)**	**意大利**	**1'00"46**
	2.	埃德·摩西(Ed Moses)	美国	1'00"73
	3.	罗曼·斯卢德诺夫(Roman Sloudnov)	俄罗斯	1'00"91
2004	1.	**北岛康介(Kosuke Kitajima)**	**日本**	**1'00"08**
	2.	布伦丹·汉森(Brendan Hansen)	美国	1'00"25
	3.	乌戈·杜博斯科(Hugues Duboscq)	法国	1'00"88

200米蛙泳

1972	1.	**亨肯(John Hencken)**	**美国**	**2'21"55**
	2.	威尔基(David Wilkie)	英国	2'23"67
	3.	田口信教(Taguchi Nobutaka)	日本	2'23"88
1976	1.	**威尔基(David Wilkie)**	**英国**	**2'15"11**
	2.	亨肯(John Hencken)	美国	2'17"26
	3.	科尔拉(Rick Colella)	美国	2'19"20
1980	1.	**茹尔帕(Robertas Zhulpa)**	**苏联**	**2'15"85**
	2.	韦尔梅斯(Alban Vermes)	匈牙利	2'16"93
	3.	米斯卡罗夫(Arsens Miskarovs)	苏联	2'17"28
1984	2.	**贝林根(Glenn Beringen)**	**澳大利亚**	**2'15"79**
	3.	达贡(Etienne Dagon)	瑞士	2'17"41
1988	1.	**萨博(Jozsef Szabo)**	**匈牙利**	**2'13"52**
	2.	吉林厄姆(Nick Gillingham)	英国	2'14"12
	3.	洛佩斯(Sergio Lopez)	西班牙	2'15"21
1992	1.	**巴罗曼(Mike Barrowman)**	**美国**	**2'10"16**
	2.	罗萨(Norbert Rozsa)	匈牙利	2'11"23
	3.	吉林厄姆(Nick Gillingham)	英国	2'11"29
1996	1.	**罗萨(Norbert Rozsa)**	**匈牙利**	**2'12"57**
	2.	古特勒(Karoly Guttler)	匈牙利	2'13"03
	3.	科尔涅耶夫(Andrey Korneyev)	俄罗斯	2'13"17
2000	1.	**多梅尼科·菲奥拉万蒂(Domenico Fioravanti)**	**意大利**	**2'10"87**
	2.	泰伦斯·帕金(Terence Parkin)	南非	2'12"50
	3.	戴维德·卢莫洛(Davide Rummolo)	意大利	2'12"73
2004	1.	**北岛康介(Kosuke Kitajima)**	**日本**	**2'09"44**
	2.	丹尼尔·吉尤尔塔(Daniel Gyurta)	匈牙利	2'10"80
	3.	布伦丹·汉森(Brendan Hansen)	美国	2'10"87

100米蝶泳

1972	1.	**施皮茨(Mark Spitz)**	**美国**	**54"27**
	2.	罗伯逊(Bruce Robertson)	加拿大	55"56
	3.	海登赖克(Jerry Heidenreich)	美国	55"74
1976	1.	**沃格尔(Matt Vogel)**	**美国**	**54"35**
	2.	博顿(Joe Bottom)	美国	54"50
	3.	霍尔(Gary Hall)	美国	54"65
1980	1.	**阿尔维德松(Par Arvidsson)**	**瑞典**	**54"92**
	2.	皮特尔(Roger Pyttel)	民主德国	54"94
	3.	洛佩斯(David Lopez-Zubero)	西班牙	55"13
1984	1.	**格罗斯(Michael Gross)**	**联邦德国**	**53"08**
	2.	莫拉莱斯(Pablo Morales)	美国	53"23
	3.	布坎南(Glenn Buchanan)	澳大利亚	53"85
1988	1.	**内斯蒂(Anthony Nesty)**	**苏里南**	**53"00**
	2.	比昂迪(Matt Biondi)	美国	53"01
	3.	詹姆森(Andy Jameson)	英国	53"30
1992	1.	**莫拉莱斯(Pablo Morales)**	**美国**	**53"32**
	2.	舒卡拉(Rafal Szukala)	波兰	53"35
	3.	内斯蒂(Anthony Nesty)	苏里南	53"41
1996	1.	**潘克拉托夫(Denis Pankratov)**	**俄罗斯**	**52"27**
	2.	米勒(Scott Miller)	澳大利亚	52"53
	3.	库利科夫(Vladislav Kulikov)	俄罗斯	53"13
2000	1.	**拉斯·弗洛兰德(Lars Froelander)**	**瑞典**	**52"00**
	2.	迈克尔·克里姆(Michael Klim)	澳大利亚	52"18
	3.	吉奥夫·休吉尔(Geoff Huegill)	澳大利亚	52"22
2004	1.	**迈克尔·菲尔普斯(Michael Phelps)**	**美国**	**51"25**
	2.	伊安·克罗克(Ian Crocker)	美国	51"29
	3.	安德里·塞尔迪诺夫(Andriy Serdinov)	乌克兰	51"36

200米蝶泳

1972	1.	**施皮茨(Mark Spitz)**	**美国**	**2'00"70**
	2.	霍尔(Gary Hall)	美国	2'02"86
	3.	巴克豪斯(Robin Backhaus)	美国	2'03"23
1976	1.	**布鲁纳(Mike Bruner)**	**美国**	**1'59"23**
	2.	格雷格(Steve Gregg)	美国	1'59"54
	3.	福雷斯特(Bill Forrester)	美国	1'59"96
1980	1.	**费先科(Sergey Fesenko)**	**苏联**	**1'59"76**
	2.	哈布尔(Phil Hubble)	英国	2'01"20
	3.	皮特尔(Roger Pyttel)	民主德国	2'01"39
1984	1.	**西本(Jon Sieben)**	**澳大利亚**	**1'57"04**
	2.	格罗斯(Michael Gross)	联邦德国	1'57"40
	3.	维达尔·卡斯特罗(Rafael Vidal Castro)	委内瑞拉	1'57"51
1988	1.	**格罗斯(Michael Gross)**	**联邦德国**	**1'56"94**
	2.	尼尔森(Benny Nielsen)	丹麦	1'58"24
	3.	摩西(Anthony Mosse)	新西兰	1'58"28
1992	1.	**斯图尔特(Melvin Stewart)**	**美国**	**1'56"26**
	2.	洛德(Danyon Loader)	新西兰	1'57"93
	3.	埃斯波西托(Franck Esposito)	法国	1'58"51
1996	1.	**潘克拉托夫(Denis Pankratov)**	**俄罗斯**	**1'56"51**
	2.	马尔乔(Tom Malchow)	美国	1'57"44
	3.	古德曼(Scott Goodman)	澳大利亚	1'57"48
2000	1.	**汤姆·马尔乔(Tom Malchow)**	**美国**	**1'55"35**
	2.	丹尼斯·希兰季耶夫(Denys Sylantyev)	乌克兰	1'55"76
	3.	贾斯汀·诺里斯(Justin Norris)	澳大利亚	1'56"17
2004	1.	**迈克尔·菲尔普斯(Michael Phelps)**	**美国**	**1'54"04**
	2.	山本贵司(Takashi Yamamoto)	日本	1'54"56
	3.	斯蒂芬·帕里(Stephen Parry)	英国	1'55"52

200米混合泳

1972	1.	**拉尔松(Gunnar Larsson)**	**瑞典**	**2'07"17**
	2.	麦基(Alexander "Tim" McKee)	美国	2'08"37
	3.	弗尼斯(Steven Furniss)	美国	2'08"45
1984	1.	**鲍曼(Alex Baumann)**	**加拿大**	**2'01"42**
	2.	莫拉莱斯(Pablo Morales)	美国	2'03"05
	3.	科克伦(Neil Cochran)	英国	2'04"38
1988	1.	**达尔尼(Tamas Darnyi)**	**匈牙利**	**2'00"17**
	2.	屈尔(Patrick Kuhl)	民主德国	2'01"61
	3.	亚罗修克(Vadim Yaroshchuk)	苏联	2'02"40
1992	1.	**达尔尼(Tamas Darnyi)**	**匈牙利**	**2'00"76**
	2.	伯吉斯(Gregory Burgess)	美国	2'00"97
	3.	采内(Attila Czene)	匈牙利	2'01"00
1996	1.	**切纳(Attila Czene)**	**匈牙利**	**1'59"91**
	2.	谢维宁(Jani Sievinen)	芬兰	2'00"13
	3.	迈登(Curtis Myden)	加拿大	2'01"13
2000	1.	**马西米里亚诺·罗索里诺(Massimiliano Rosolino)**	**意大利**	**1'58"98**
	2.	汤姆·多兰(Tom Dolan)	美国	1'59"77
	3.	汤姆·威尔金斯(Tom Wilkens)	美国	2'00"87
2004	1.	**迈克尔·菲尔普斯(Michael Phelps)**	**美国**	**1'57"14**
	2.	里安·罗希特(Ryan Lochte)	美国	1'58"78
	3.	乔治·鲍威尔(George Bovell)	特立尼达和多巴哥	1'58"80

400米混合泳

1972	1.	**拉尔松(Gunnar Larsson)**	**瑞典**	**4'31"981**
	2.	麦基(Alexander "Tim" McKee)	美国	4'31"983
	3.	哈尔吉塔伊(Andras Hargitay)	匈牙利	4'32"70
1976	1.	**斯特罗恩(Rod Strachan)**	**美国**	**4'23"68**
	2.	麦基(Alexander "Tim" McKee)	美国	4'24"62
	3.	斯米尔诺夫(Andrey Smirnov)	苏联	4'26"90
1980	1.	**西多连科(Aleksandr Sidorenko)**	**苏联**	**4'22"89**
	2.	费先科(Sergey Fesenko)	苏联	4'23"43
	3.	韦拉斯托(Zoltan Verraszto)	匈牙利	4'24"24
1984	1.	**鲍曼(Alex Baumann)**	**加拿大**	**4'17"41**
	2.	普拉多(Ricardo Prado)	巴西	4'18"45
	3.	伍德豪斯(Robert Woodhouse)	澳大利亚	4'20"50
1988	1.	**达尔尼(Tamas Darnyi)**	**匈牙利**	**4'14"75**
	2.	沃顿(David Wharton)	美国	4'17"36
	3.	巴蒂斯泰利(Stefano Battistelli)	意大利	4'18"01
1992	1.	**达尔尼(Tamas Darnyi)**	**匈牙利**	**4'14"23**
	2.	纳梅斯尼克(Eric Namesnik)	美国	4'15"57
	3.	萨基(Luca Sacchi)	意大利	4'16"34
1996	1.	**多兰(from Dolan)**	**美国**	**4'14"90**
	2.	纳梅斯尼克(Edk Namesnik)	美国	4'15"25
	3.	迈登(Curtis Myden)	加拿大	4'16"28
2000	1.	**汤姆·多兰(Tom Dolan)**	**美国**	**4'11"76**
	2.	埃里克·芬特(Erik Vendt)	美国	4'14"23
	3.	柯尔蒂斯·迈登(Curtis Myden)	加拿大	4'15"33
2004	1.	**迈克尔·菲尔普斯(Michael Phelps)**	**美国**	**4'08"26**
	2.	埃里克·芬特(Erik Vendt)	美国	4'11"81
	3.	拉斯洛·切赫(Laszlo Cseh)	匈牙利	4'12"15

4×100米自由泳接力

1972	1.	**美国队**	**3'26"42**
	2.	苏联队	3'29"72
	3.	民主德国队	3'32"42
1984	1.	**美国队**	**3'19"03**
	2.	澳大利亚队	3'19"68
	3.	瑞典队	3'22"69
1988	1.	**美国队**	**3'16"53**
	2.	苏联队	3'18"33
	3.	民主德国队	3'19"82
1992	1.	**美国队**	**3'16"74**
	2.	独联体队	3'17"56
	3.	德国队	3'17"90
1996	1.	**美国队**	**3'15"41**
	2.	俄罗斯队	3'17"06
	3.	德国队	3'17"20
2000	1.	**澳大利亚队**	**3'13"67**
	2.	美国队	3'13"86
	3.	巴西队	3'17"40
2004	1.	**南非队**	**3'13"17**
	2.	荷兰队	3'14"36
	3.	美国队	3'14"62

4×200米自由泳接力

1972	1.	**美国队**	**7'35"78**
	2.	联邦德国队	7'41"69
	3.	苏联队	7'45"76
1976	1.	**美国队**	**7'23"22**
	2.	苏联队	7'27"97
	3.	英国队	7'32"11
1980	1.	**苏联队**	**7'23"50**
	2.	民主德国队	7'28"60
	3.	巴西队	7'29"30
1984	1.	**美国队**	**7'15"69**
	2.	联邦德国队	7'15"73
	3.	英国队	7'24"78
1988	1.	**美国队**	**7'12"51**
	2.	民主德国队	7'13"68
	3.	联邦德国队	7'14"35
1992	1.	**独联体队**	**7'11"95**
	2.	瑞典队	7'15"51
	3.	美国队	7'16"23
1996	1.	**美国队**	**7'14"84**
	2.	瑞典队	7'17"56
	3.	德国队	7'17"71
2000	1.	**澳大利亚队**	**7'07"05**
	2.	美国队	7'12"64
	3.	荷兰队	7'12"70
2004	1.	**美国队**	**7'07"33**
	2.	澳大利亚队	7'07"46
	3.	意大利队	7'11"83

4×100米混合泳接力

1972	1.	**美国队**	**3'48"16**
	2.	民主德国队	3'52"12
	3.	加拿大队	3'52"26
1976	1.	**美国队**	**3'42"22**
	2.	加拿大队	3'45"94
	3.	联邦德国队	3'47"29
1980	1.	**澳大利亚队**	**3'45"70**
	2.	苏联队	3'45"92
	3.	英国队	3'47"71
1984	1.	**美国队**	**3'39"30**
	2.	加拿大队	3'43"23
	3.	澳大利亚队	3'43"25
1988	1.	**美国队**	**3'36"93**
	2.	加拿大队	3'39"28
	3.	苏联队	3'39"96
1992	1.	**美国队**	**3'36"93**
	2.	独联体队	3'38"56
	3.	加拿大队	3'39"66
1996	1.	**美国队**	**3'34"84**
	2.	俄罗斯队	3'37"55
	3.	澳大利亚队	3'39"56
2000	1.	**美国队**	**3'33"73**
	2.	澳大利亚队	3'35"27
	3.	德国队	3'35"88
2004	1.	**美国队**	**3'30"68**
	2.	德国队	3'33"62
	3.	日本队	3'35"22

女子游泳（SWIMMING-women）

50米自由泳

1988	1.	**奥托(Kristin Otto)**	**民主德国**	**25"49**
	2.	杨文意	中国	25"64
	3.	斯特克尔(Jill Sterkel)	美国	25"71
	3.	迈斯纳(Katrin Meissner)	民主德国	25"71
1992	1.	**杨文意**	**中国**	**24"79**
	2.	庄泳	中国	25"08
	3.	玛蒂诺(Angelino Martino)	美国	25"23
1996	1.	**范戴肯(Amy Van Dyken)**	**美国**	**24"87**
	2.	乐婧宜	中国	24"90
	3.	弗尔克(Sandra Volker)	德国	25"14
2000	1.	**因格·德布鲁因(Inge de Bruijn)**	**荷兰**	**24"32**
	2.	特拉萨·阿尔沙马尔(Therese Alshammar)	瑞典	24"51
	3.	达拉·托雷斯(Dara Torres)	美国	24"63
2004	1.	**因格·德布鲁因(Inge de Bruijn)**	**荷兰**	**24"58**
	2.	玛利亚·马特拉(Malia Metella)	法国	24"89
	3.	里斯贝丝·兰顿(Lisbeth Lenton)	澳大利亚	24"91

100米自由泳

1972	1.	**尼尔森(Sandra Neilson)**	**美国**	**58"59**
	2.	巴巴肖夫(Shirley Babashoff)	美国	59"02
	3.	古尔德(Shane Gould)	澳大利亚	59"06
1976	1.	**恩德(Kornelia Ender)**	**民主德国**	**55"65**
	2.	普里默(Petra Priemer)	民主德国	56"49
	3.	布里吉培(Enith Brigitha)	荷兰	56"65
1980	1.	**克劳泽(Barbara Krause)**	**民主德国**	**54"79**
	2.	梅丘克(Caren Metschuck)	民主德国	55"16

	3.	迪尔斯(Ines Diers)	民主德国	55"65
1984	**1.**	**霍格斯黑德(Nancy Hogshead)**	**美国**	**55"92**
	1.	斯坦塞菲尔(Carrie Steinseifer)	美国	55"92
	3.	韦尔斯塔彭(Annemarie Verstappen)	荷兰	56"08
1988	**1.**	**奥托(Kristin Otto)**	**民主德国**	**54"93**
	2.	庄泳	中国	55"47
	3.	普莱文斯基(Catherine Plewinski)	法国	55"49
1992	**1.**	**庄泳**	**中国**	**54"64**
	2.	汤普森(Jenny Thompson)	美国	54"84
	3.	范阿尔姆西克(Franziska van Almsick)	德国	54"94
1996	**1.**	**乐靖宜**	**中国**	**54"50**
	2.	弗尔克(Sandra Volker)	德国	54"88
	3.	玛蒂诺(Angelino Martino)	美国	54"93
2000	**1.**	**因格·德布鲁因(Inge de Bruijn)**	**荷兰**	**53"83**
	2.	特拉萨·阿尔沙马尔(Therese Alshammar)	瑞典	54"33
	3.	珍妮·汤普森(Jenny Thompson)	美国	54"43
	3.	达拉·托雷斯(Dara Torres)	美国	54"43
2004	**1.**	**朱迪·亨利(Jodie Henry)**	**澳大利亚**	**53"84**
	2.	因格·德布鲁因(Inge de Bruijn)	荷兰	54"16
	3.	娜塔莉·考夫林(Natalie Coughlin)	美国	54"40

200米自由泳

1972	**1.**	**古尔德(Shane Gould)**	**澳大利亚**	**2'03"56**
	2.	巴巴肖夫(Shirley Babashoff)	美国	2'04"33
	3.	罗瑟默(Keena Rothhammer)	美国	2'04"92
1976	**1.**	**恩德(Kornelia Ender)**	**民主德国**	**1'59"26**
	2.	巴巴肖夫(Shirley Babashoff)	美国	2'01"22
	3.	布里吉培(Enith Brigitha)	荷兰	2'01"40
1980	**1.**	**克劳泽(Barbara Krause)**	**民主德国**	**1'58"33**
	2.	迪尔斯(Ines Diers)	民主德国	1'59"64
	3.	施米特(Carmela Schmidt)	民主德国	2'01"44
1984	**1.**	**韦特(Mary Wayte)**	**美国**	**1'59"23**
	2.	伍德黑德(Cynthia Woodhead)	美国	1'59"50
	3.	韦尔斯塔彭(Annemarie Verstappen)	荷兰	1'59"69
1988	**1.**	**弗里德里希(Heike Friedrich)**	**民主德国**	**1'57"65**
	2.	波尔(Silvia Poll)	哥斯达黎加	1'58"67
	3.	施特尔玛赫(Manuela Stellmach)	民主德国	1'59"01
1992	**1.**	**海斯莱特(Nicole Haislett)**	**美国**	**1'57"90**
	2.	范阿尔姆西克(Franziska van Almsick)	德国	1'58"00
	3.	基尔加斯(Kerstin Kielgass)	德国	1'59"67
1996	**1.**	**波尔(Claudia Poll)**	**哥斯达黎加**	**1'58"16**
	2.	范阿尔姆西克(Franziska van Almsick)	德国	1'58"57
	3.	哈泽(Dagmar Hase)	德国	1'59"56
2000	**1.**	**苏茜·奥尼尔(Susie O'Neill)**	**澳大利亚**	**1'58"24**
	2.	马蒂娜·莫拉夫科娃(Martina Moravcova)	斯洛伐克	1'58"32
	3.	克劳迪娅·波尔(Claudia Poll)	哥斯达黎加	1'58"81
2004	**1.**	**卡梅里亚·波泰克(Camelia Potec)**	**罗马尼亚**	**1'58"03**
	2.	费德里卡·佩莱格里尼(Federica Pellegrini)	意大利	1'58"22
	3.	索兰妮·菲格(Solenne Figues)	法国	1'58"45

400米自由泳

1972	**1.**	**古尔德(Shane Gould)**	**澳大利亚**	**4'19"04**
	2.	卡利加里斯(Novella Calligaris)	意大利	4'22"44
	3.	瓦格纳(Gudrun Wegner)	民主德国	4'23"11
1976	**1.**	**蒂默尔(Petra Thumer)**	**民主德国**	**4'09"89**
	2.	巴巴肖夫(Shirley Babashoff)	美国	4'10"46
	3.	史密斯(Shannon Smith)	加拿大	4'14"60
1980	**1.**	**迪尔斯(Ines Diers)**	**民主德国**	**4'08"76**
	2.	施奈德(Petra Schneider)	民主德国	4'09"16
	3.	施米特(Carmela Schmidt)	民主德国	4'10"86
1984	**1.**	**科恩(Tiffany Cohen)**	**美国**	**4'07"10**
	2.	哈德卡斯特(Sarah Hardcastle)	英国	4'10"27
	3.	克罗夫特(June Croft)	英国	4'11"49
1988	**1.**	**埃文斯(Janet Evans)**	**美国**	**4'03"85**
	2.	弗里德里希(Heike Friedrich)	民主德国	4'05"94
	3.	默林(Anke Mohring)	民主德国	4'06"62
1992	**1.**	**哈泽(Dagmar Hase)**	**德国**	**4'07"18**
	2.	埃文斯(Janet Evans)	美国	4'07"37
	3.	刘易斯(Hayley Lewis)	澳大利亚	4'11"22
1996	**1.**	**史密斯(Michelle Smith)**	**爱尔兰**	**4'07"25**
	2.	哈泽(Dagmar Hase)	德国	4'08"30
	3.	弗利赫伊斯(Kirsten Vlieghuis)	荷兰	4'08"70
2000	**1.**	**布鲁克·贝内特(Brooke Bennett)**	**美国**	**4'05"80**
	2.	黛安娜·芒兹(Diana Munz)	美国	4'07"07
	3.	克劳迪娅·波尔(Claudia Poll)	哥斯达黎加	4'07"83
2004	**1.**	**罗尔·马纳多(Laure Manadou)**	**法国**	**4'05"34**
	2.	奥蒂里娅·杰热伊扎克(Otylia Jedrzejczak)	波兰	4'05"84
	3.	凯特琳·桑蒂诺(Kaitlin Sandeno)	美国	4'06"19

800米自由泳

1972	**1.**	**罗瑟默(Keena Rothhammer)**	**美国**	**8'53"68**
	2.	古尔德(Shane Gould)	澳大利亚	8'56"39
	3.	卡利加里斯(Novella Calligaris)	意大利	8'57"46
1976	**1.**	**蒂默尔(Petra Thumer)**	**民主德国**	**8'37"14**
	2.	巴巴肖夫(Shirley Babashoff)	美国	8'37"59
	3.	温伯格(Wendy Weinberg)	美国	8'42"60
1980	**1.**	**福特(Michelle Ford)**	**澳大利亚**	**8'28"90**
	2.	迪尔斯(Ines Diers)	民主德国	8'32"55
	3.	德内(Heike Dahne)	民主德国	8'33"48
1984	**1.**	**科恩(Tiffany Cohen)**	**美国**	**8'24"95**
	2.	理查德森(Michele Richardson)	美国	8'30"73
	3.	哈德卡斯特(Sarah Hardcastle)	英国	8'32"60
1988	**1.**	**埃文斯(Janet Evans)**	**美国**	**8'20"20**

	2.	施特劳斯(Astrid Strauss)	民主德国	8'22"09
	3.	麦克唐纳(Julie McDonald)	澳大利亚	8'22"93
1992	**1.**	**埃文斯(Janet Evans)**	**美国**	**8'25"52**
	2.	刘易斯(Hayley Lewis)	澳大利亚	8'30"34
	3.	亨克(Jana Henke)	德国	8'30"99
1996	**1.**	**贝内特(Brooke Bennett)**	**美国**	**8'27"89**
	2.	哈泽(Dagmar Hase)	德国	8'29"91
	3.	弗利赫伊斯(Kirsten Vlieghuis)	荷兰	8'30"84
2000	**1.**	**布鲁克·贝内特(Brooke Bennett)**	**美国**	**8'19"67**
	2.	雅娜·克罗奇科娃(Yana Klochkova)	乌克兰	8'22"66
	3.	凯特琳·桑蒂诺(Kaitlin Sandeno)	美国	8'24"29
2004	**1.**	**柴田亚衣(Ai Shibata)**	**日本**	**8'24"54**
	2.	罗尔·马纳多(Laure Manadou)	法国	8'24"96
	3.	黛安娜·芒兹(Diana Munz)	美国	8'26"61

100米仰泳

1972	**1.**	**贝洛特(Melissa Belote)**	**美国**	**1'05"78**
	2.	乔尔玛蒂(Andrea Gyarmati)	匈牙利	1'06"26
	3.	阿特伍德(Susie Atwood)	美国	1'06"34
1976	**1.**	**里希特(Ulrike Richter)**	**民主德国**	**1'01"83**
	2.	特赖贝尔(Birgit Treiber)	民主德国	1'03"41
	3.	加拉皮克(Nancy Garapick)	加拿大	1'03"71
1980	**1.**	**赖尼施(Rica Reinisch)**	**民主德国**	**1'00"86**
	2.	克勒贝尔(Ina Kleber)	民主德国	1'02"07
	3.	里德尔(Petra Riedel)	民主德国	1'02"64
1984	**1.**	**安德鲁斯(Theresa Andrews)**	**美国**	**1'02"55**
	2.	米切尔(Betsy Mitchell)	美国	1'02"63
	3.	德罗维尔(Jolanda de Rover)	荷兰	1'02"91
1988	**1.**	**奥托(Kristin Otto)**	**民主德国**	**1'00"89**
	2.	艾盖尔塞吉(Krisztina Egerszegi)	匈牙利	1'01"56
	3.	西尔希(Cornelia Sirch)	民主德国	1'01"57
1992	**1.**	**艾盖尔塞吉(Krisztina Egerszegi)**	**匈牙利**	**1'00"68**
	2.	萨博(Tunde Szabo)	匈牙利	1'01"14
	3.	洛夫莱斯(Lea Loveless)	美国	1'01"43
1996	**1.**	**博茨福德(Beth Botsford)**	**美国**	**1'01"19**
	2.	赫奇佩思(Whitney Hedgepeth)	美国	1'01"47
	3.	克里尔(Marianne Kriel)	南非	1'02"12
2000	**1.**	**黛安娜·莫卡努(Diana Mocanu)**	**罗马尼亚**	**1'00"21**
	2.	中村真衣(Nakamura Mai)	日本	1'00"55
	3.	尼娜·日瓦涅夫斯卡娅(Nina Zhivanevskaya)	西班牙	1'00"89
2004	**1.**	**娜塔莉·考夫林(Natalie Coughlin)**	**美国**	**1'00"37**
	2.	克尔斯蒂·考文特里(Kirsty Coventry)	津巴布韦	1'00"50
	3.	罗尔·马纳多(Laure Manadou)	法国	1'00"88

200米仰泳

1972	**1.**	**贝洛特(Melissa Belote)**	**美国**	**2'19"19**
	2.	阿特伍德(Susie Atwood)	美国	2'20"38
	3.	格尔(Donna-Marie Gurr)	加拿大	2'23"22
1976	**1.**	**里希特(Ulrike Richter)**	**民主德国**	**2'13"43**
	2.	特赖贝尔(Birgit Treiber)	民主德国	2'14"97
	3.	加拉皮克(Nancy Garapick)	加拿大	2'15"60
1980	**1.**	**赖尼施(Rica Reinisch)**	**民主德国**	**2'11"77**
	2.	波利特(Cornelia Polit)	民主德国	2'13"75
	3.	特赖贝尔(Birgit Treiber)	民主德国	2'14"14
1984	**1.**	**德罗维尔(Jolanda de Rover)**	**荷兰**	**2'12"38**
	2.	怀特(Amy White)	美国	2'13"04
	3.	帕特斯库(Aneta Patrascoiu)	罗马尼亚	2'13"29
1988	**1.**	**艾盖尔塞吉(Krisztina Egerszegi)**	**匈牙利**	**2'09"29**
	2.	齐默尔曼(Kathrin Zimmerman)	民主德国	2'10"61
	3.	西尔希(Cornelia Sirch)	民主德国	2'11"45
1992	**1.**	**艾盖尔塞吉(Krisztina Egerszegi)**	**匈牙利**	**2'07"06**
	2.	哈泽(Dagmar Hase)	德国	2'09"46
	3.	史蒂文森(Nicole Stevenson)	澳大利亚	2'10"20
1996	**1.**	**艾盖尔塞吉(Krisztina Egerszegi)**	**匈牙利**	**2'07"83**
	2.	赫奇佩思(Whitney Hedgepeth)	美国	2'11"98
	3.	伦德(Cathleen Rund)	德国	2'12"06
2000	**1.**	**黛安娜·莫卡努(Diana Mocanu)**	**罗马尼亚**	**2'08"16**
	2.	罗萨娜·马拉奇尼亚努(Roxana Maracineanu)	法国	2'10"25
	3.	中尾美喜(Nakao Miki)	日本	2'11"05
2004	**1.**	**克尔斯蒂·考文特里(Kirsty Coventry)**	**津巴布韦**	**2'09"19**
	2.	斯坦尼斯拉娃·科马罗娃(Stanislava Komarova)	俄罗斯	2'09"72
	3.	安蒂耶·比希舒尔特(Antje Buschschulte)	德国	2'09"88
	3.	中村礼子(Reiko Nakamura)	日本	2'09"88

100米蛙泳

1972	**1.**	**卡尔(Catherine Carr)**	**美国**	**1'13"58**
	2.	斯捷潘诺娃(普罗祖明希科娃)(Galina Stepanova)	苏联	1'14"99
	3.	怀特菲尔德(Beverly Whitfield)	澳大利亚	1'15"73
1976	**1.**	**安克(Hannelore Anke)**	**民主德国**	**1'11"16**
	2.	鲁萨诺娃(Lyubov Rusanova)	苏联	1'13"04
	3.	科舍瓦娅(Marina Koshevaya)	苏联	1'13"30
1980	**1.**	**格韦尼格尔(Ute Geweniger)**	**民主德国**	**1'10"22**
	2.	瓦西里科娃(Elvira Vasilkova)	苏联	1'10"41
	3.	尼尔松(Susanne Nielsson)	丹麦	1'11"16
1984	**1.**	**范斯塔维伦(Petra van Staveren)**	**荷兰**	**1'09"88**
	2.	奥顿布赖特(Anne Ottenbrite)	加拿大	1'10"69
	3.	普瓦罗(Catherine Poirot)	法国	1'10"70
1988	**1.**	**丹加拉科娃(Tanya Dangalakova)**	**保加利亚**	**1'07"95**
	2.	弗伦凯娃(Antoaneta Frenkeva)	保加利亚	1'08"74
	3.	赫尔纳(Silke Horner)	民主德国	1'08"83
1992	**1.**	**鲁德科夫斯卡娅(Yelena Rudkovskaya)**	**独联体**	**1'08"00**
	2.	诺尔(Anita Nall)	美国	1'08"17
	3.	赖利(Samantha Riley)	澳大利亚	1'09"25

1996	**1.**	**海因斯(Penny Heyns)**	**南非**	**1'07"73**
	2.	比尔德(Amanda Beard)	美国	1'08"09
	3.	赖莉(Samantha Riley)	澳大利亚	1'09"18
2000	**1.**	**梅根·库恩(Megan Quann)**	**美国**	**1'07"05**
	2.	雷塞尔·琼斯(Leisel Jones)	澳大利亚	1'07"49
	3.	佩妮·海因斯(Penny Heyns)	南非	1'07"55
2004	**1.**	**罗雪娟**	**中国**	**1'06"64**
	2.	布鲁克·汉森(Brooke Hanson)	澳大利亚	1'07"15
	3.	雷塞尔·琼斯(Leisel Jones)	澳大利亚	1'07"16

200米蛙泳

1972	**1.**	**怀特菲尔德(Beverly Whitfield)**	**澳大利亚**	**2'41"71**
	2.	舍恩菲尔德(Dana Schoenfield)	美国	2'42"05
	3.	斯捷潘诺娃(普罗祖明希科娃)(Galina Stepanova)	苏联	2'42"36
1976	**1.**	**科舍瓦娅(Marina Koshevaya)**	**苏联**	**2'33"35**
	2.	尤尔切尼娅(Marina Yurchenya)	苏联	2'36"08
	3.	鲁萨诺娃(Lyubov Rusanova)	苏联	2'36"22
1980	**1.**	**卡丘希捷(Lina Kaciusyte)**	**苏联**	**2'29"54**
	2.	瓦尔甘诺娃(Svetlana Varganova)	苏联	2'29"61
	3.	鲍格丹诺娃(Yuliya Bogdanova)	苏联	2'32"39
1984	**1.**	**奥顿布赖特(Anne Ottenbrite)**	**加拿大**	**2'30"38**
	2.	拉普(Susan Rapp)	美国	2'31"15
	3.	朗佩勒(Ingrid Lempereur)	比利时	2'31"40
1988	**1.**	**赫尔纳(Silke Horner)**	**民主德国**	**2'26"71**
	2.	黄晓敏	中国	2'27"49
	3.	弗伦凯娃(Antoaneta Frenkeva)	保加利亚	2'28"34
1992	**1.**	**岩崎恭子(Iwasaki Kyoko)**	**日本**	**2'26"65**
	2.	林莉	中国	2'26"85
	3.	诺尔(Anita Nall)	美国	2'26"88
1996	**1.**	**海因斯(Penny Heyns)**	**南非**	**2'25"41**
	2.	比尔德(Amanda Beard)	美国	2'25"75
	3.	科瓦奇(Agnes Kovacs)	匈牙利	2'26"57
2000	**1.**	**阿格内斯·科瓦奇(Agnes Kovacs)**	**匈牙利**	**2'24"35**
	2.	克里斯蒂·科沃尔(Kristy Kowal)	美国	2'24"56
	3.	阿曼达·比尔德(Amanda Beard)	美国	2'25"35
2004	**1.**	**阿曼达·比尔德(Amanda Beard)**	**美国**	**2'23"37**
	2.	雷塞尔·琼斯(Leisel Jones)	澳大利亚	2'23"60
	3.	安妮·波莱斯卡(Anne Poleska)	德国	2'25"82

100米蝶泳

1972	**1.**	**青木真弓(Aoki Mayumi)**	**日本**	**1'03"34**
	2.	拜埃尔(Roswitha Beier)	民主德国	1'03"61
	3.	乔尔玛蒂(Andrea Gyarmati)	匈牙利	1'03"73
1976	**1.**	**恩德(Kornelia Ender)**	**民主德国**	**1'00"13**
	2.	波拉克(Andrea Pollack)	民主德国	1'00"98
	3.	博格利奥利(Wendy Boglioli)	美国	1'01"17
1980	**1.**	**梅丘克(Caren Metschuck)**	**民主德国**	**1'00"42**
	2.	波拉克(Andrea Pollack)	民主德国	1'00"90
	3.	克纳克(Christiane Knacke)	民主德国	1'01"44
1984	**1.**	**马尔(Mary T" Meagher)**	**美国**	**59"26**
	2.	约翰逊(Jenna Johnson)	美国	1'00"19
	3.	塞克(Karin Seick)	联邦德国	1'01"36
1988	**1.**	**奥托(Kristin Otto)**	**民主德国**	**59"00**
	2.	魏冈(Birte Weigang)	民主德国	59"45
	3.	钱红	中国	59"52
1992	**1.**	**钱红**	**中国**	**58"62**
	2.	阿曼-莱顿(Christine Ahmann-Leighton)	美国	58"74
	3.	普莱文斯基(Catherine Plewinski)	法国	59"01
1996	**1.**	**范戴肯(Amy van Dyken)**	**美国**	**59"13**
	2.	刘黎敏	中国	59"14
	3.	玛蒂诺(Angelino Martino)	美国	59"23
2000	**1.**	**因格·德布鲁因(Inge de Bruijn)**	**荷兰**	**56"61**
	2.	马蒂娜·莫拉夫科娃(Martina Moravcova)	斯洛伐克	57"79
	3.	达拉·托雷斯(Dara Torres)	美国	58"20
2004	**1.**	**佩特里娅·托马斯(Petria Thomas)**	**澳大利亚**	**57"72**
	2.	奥蒂里娅·杰热伊扎克(Otylia Jedrzejczak)	波兰	57"84
	3.	因格·德布鲁因(Inge de Bruijn)	荷兰	57"99

200米蝶泳

1972	**1.**	**莫(Karen Moe)**	**美国**	**2'15"57**
	2.	科列拉(Lynn Colella)	美国	2'16"34
	3.	丹尼尔(Ellie Daniel)	美国	2'16"74
1976	**1.**	**波拉克(Andrea Pollack)**	**民主德国**	**2'11"41**
	2.	陶伯(Ulrike Tauber)	民主德国	2'12"50
	3.	加布里埃尔(Rosemarie Gabriel)	民主德国	2'12"86
1980	**1.**	**盖斯勒(Ines Geissler)**	**民主德国**	**2'10"44**
	2.	舍恩罗克(Sybille Schonrock)	民主德国	2'10"45
	3.	福特(Michelle Ford)	澳大利亚	2'11"66
1984	**1.**	**马尔(Mary T. Meagher)**	**美国**	**2'06"90**
	2.	菲利普斯(Karen Phillips)	澳大利亚	2'10"56
	3.	拜尔曼(Ina Beyermann)	联邦德国	2'11"91
1988	**1.**	**诺德(Kathleen Nord)**	**民主德国**	**2'09"51**
	2.	魏冈(Birte Weigang)	民主德国	2'09"91
	3.	马尔(Mary T. Meagher)	美国	2'10"80
1992	**1.**	**桑德斯(Summer Sanders)**	**美国**	**2'08"67**
	2.	王晓红	中国	2'09"01
	3.	奥尼尔(Susie O'Neill)	澳大利亚	2'09"03
1996	**1.**	**奥尼尔(Susie O'Neill)**	**澳大利亚**	**2'07"76**
	2.	托马斯(Petria Thomas)	澳大利亚	2'09"82
	3.	史密斯(Michelle Smith)	爱尔兰	2'09"91
2000	**1.**	**米斯蒂·海曼(Misty Hyman)**	**美国**	**2'05"88**
	2.	苏茜·奥尼尔(Susie O'Neill)	澳大利亚	2'06"58
	3.	佩特里娅·托马斯(Petria Thomas)	澳大利亚	2'07"12

2004	1.	**奥蒂里娅·杰热伊扎克(Otylia Jedrzejczak)**	**波兰**	**2'06"05**
	2.	佩特里娅·托马斯(Petria Thomas)	澳大利亚	2'06"36
	3.	中西悠子(Yuko Nakanishi)	日本	2'08"04

200米混合泳

1972	1.	**古尔德(Shane Gould)**	**澳大利亚**	**2'23"07**
	2.	恩德(Kornelia Ender)	民主德国	2'23"59
	3.	维达利(Lynn Vidali)	美国	2'24"06
1984	1.	**考尔金斯(Tracy Caulkins)**	**美国**	**2'12"64**
	2.	霍格斯黑德(Nancy Hogshead)	美国	2'15"17
	3.	皮尔逊(Michele Pearson)	澳大利亚	2'15"92
1988	1.	**洪格尔(Daniela Hunger)**	**民主德国**	**2'12"59**
	2.	坚杰别罗娃(Yelena Dendeberova)	苏联	2'13"31
	3.	伦格(Noemi Lung)	罗马尼亚	2'14"85
1992	1.	**林莉**	**中国**	**2'11"65**
	2.	桑德斯(Summer Sanders)	美国	2'11"91
	3.	洪格尔(Daniela Hunger)	德国	2'13"92
1996	1.	**史密斯(Michelle Smith)**	**爱尔兰**	**2'13"93**
	2.	利姆帕特(Marianne Limpert)	加拿大	2'14"35
	3.	林莉	中国	2'14"74
2000	1.	**雅娜·克罗奇科娃(Yana Klochkova)**	**乌克兰**	**2'10"68**
	2.	贝特里斯·尼科莱塔·卡斯拉鲁(Beatrice Nicoleta Caslaru)	罗马尼亚	2'12"57
	3.	克里斯蒂娜·托伊舍(Cristina Teuscher)	美国	2'13"32
2004	1.	**雅娜·克罗奇科娃(Yana Klochkova)**	**乌克兰**	**2'11"14**
	2.	阿曼达·比尔德(Amanda Beard)	美国	2'11"70
	3.	克尔斯蒂·考文特里(Kirsty Coventry)	津巴布韦	2'12"72

400米混合泳

1972	1.	**尼尔(Gail Neall)**	**澳大利亚**	**5'02"97**
	2.	克利夫(Leslie Cliff)	加拿大	5'03"57
	3.	卡利加里斯(Novella Calligaris)	意大利	5'03"99
1976	1.	**陶伯(Ulrike Tauber)**	**民主德国**	**4'42"77**
	2.	吉布森(Cheryl Gibson)	加拿大	4'48"10
	3.	史密斯(Becky Smith)	加拿大	4'50"48
1980	1.	**施奈德(Petra Schneider)**	**民主德国**	**4'36"29**
	2.	戴维斯(Sharron Davies)	英国	4'46"83
	3.	乔佩克(Agnieszka Czopek)	波兰	4'48"17
1984	1.	**考尔金斯(Tracy Caulkins)**	**美国**	**4'39"24**
	2.	兰戴尔斯(Suzanne Landells)	澳大利亚	4'48"30
	3.	钦德勒(Petra Zindler)	联邦德国	4'48"57
1988	1.	**埃文斯(Janet Evans)**	**美国**	**4'37"76**
	2.	伦格(Noemi Lung)	罗马尼亚	4'39"46
	3.	洪格尔(Daniela Hunger)	民主德国	4'39"76
1992	1.	**艾盖尔塞吉(Krisztina Egerszegi)**	**匈牙利**	**4'36"54**
	2.	林莉	中国	4'36"73
	3.	桑德斯(Summer Sanders)	美国	4'37"58
1996	1.	**史密斯(Michelle Smith)**	**爱尔兰**	**4'39"18**
	2.	瓦格纳(Allison Wagner)	美国	4'42"03
	3.	艾盖尔塞吉(Krisztina Egerszegi)	匈牙利	4'42"53
2000	1.	**雅娜·克罗奇科娃(Yana Klochkova)**	**乌克兰**	**4'33"59**
	2.	田岛宁子(Tajima Yasuko)	日本	4'35"96
	3.	贝特里斯·尼科莱塔·卡斯拉鲁(Beatrice Nicoleta Caslaru)	罗马尼亚	4'37"18
2004	1.	**雅娜·克罗奇科娃(Yana Klochkova)**	**乌克兰**	**4'34"83**
	2.	凯特琳·桑蒂诺(Kaitlin Sandeno)	美国	4'34"95
	3.	乔吉娜·巴尔达奇(Georgina Bardach)	阿根廷	4'37"51

4×100米自由泳接力

1972	1.	**美国队**	**3'55"19**
	2.	民主德国队	3'55"55
	3.	联邦德国队	3'57"93
1976	1.	**美国队**	**3'44"82**
	2.	民主德国队	3'45"50
	3.	加拿大队	3'48"81
1980	1.	**民主德国队**	**3'42"71**
	2.	瑞典队	3'48"93
	3.	荷兰队	3'49"51
1984	1.	**美国队**	**3'43"43**
	2.	荷兰队	3'44"40
	3.	联邦德国队	3'45"56
1988	1.	**民主德国队**	**3'40"63**
	2.	荷兰队	3'43"39
	3.	美国队	3'44"25
1992	1.	**美国队**	**3'39"46**
	2.	中国队	3'40"12
	3.	德国队	3'41"60
1996	1.	**美国队**	**3'39"29**
	2.	中国队	3'40"48
	3.	德国队	3'41"48
2000	1.	**美国队**	**3'36"61**
	2.	荷兰队	3'39"83
	3.	瑞典队	3'40"30
2004	1.	**澳大利亚队**	**3'35"94**
	2.	美国队	3'36"39
	3.	荷兰队	3'37"59

4×200米自由泳接力

1996	1.	**美国队**	**7'59"87**
	2.	德国队	8'01"55
	3.	澳大利亚队	8'05"47
2000	1.	**美国队**	**7'57"80**
	2.	澳大利亚队	7'58"52
	3.	德国队	7'58"64
2004	1.	**美国队**	**7'53"42**
	2.	中国队	7'55"97
	3.	德国队	7'57"35

4×100米混合泳接力

1972	1.	**美国队**	**4'20"75**
	2.	民主德国队	4'24"91
	3.	联邦德国队	4'26"46
1976	1.	**民主德国队**	**4'07"95**
	2.	美国队	4'14"55
	3.	加拿大队	4'15"22
1980	1.	**民主德国队**	**4'06"67**
	2.	英国队	4'12"24
	3.	苏联队	4'13"61
1984	1.	**美国队**	**4:08"34**
	2.	联邦德国队	4'11"97
	3.	加拿大队	4'12"98
1988	1.	**民主德国队**	**4'03"74**
	2.	美国队	4'07"90
	3.	加拿大队	4'10"49
1992	1.	**美国队**	**4'02"54**
	2.	德国队	4'05"19
	3.	独联体队	4'06"44
1996	1.	**美国队**	**4'02"88**
	2.	澳大利亚队	4'05"08
	3.	中国队	4'07"34
2000	1.	**美国队**	**3'58"30**
	2.	澳大利亚队	4'01"59
	3.	日本队	4'04"16
2004	1.	**澳大利亚队**	**3'57"32**
	2.	美国队	3'59"12
	3.	德国队	4'00"72

男子现代五项（MODERN PENTATHLON-men）

个人赛

1972	1.	**巴尔佐(Andras Balczo)**	**匈牙利**	**5412分**
	2.	奥尼申科(Boris Onischenko)	苏联	5335分
	3.	列德涅夫(Pavel Lednev)	苏联	5328分
1976	1.	**彼恰克-佩恰克(Janusz Pyciak-Peciak)**	**波兰**	**5520分**
	2.	列德涅夫(Pavel Lednev)	苏联	5485分
	3.	巴尔图(Jan Bartu/)	捷克斯洛伐克	5466分
1980	1.	**斯塔罗斯京(Anatoliy Starostin)**	**苏联**	**5568分**
	2.	索姆巴泰伊(Tamas Szombathelyi)	匈牙利	5502分
	3.	列德涅夫(Pavel Lednev)	苏联	5382分
1984	1.	**马萨拉(Daniele Masala)**	**意大利**	**5469分**
	2.	拉斯穆松(Svante Rasmuson)	瑞典	5456分
	3.	马苏洛(Carlo Massullo)	意大利	5406分
1988	1.	**马尔蒂内克(Janos Martinek)**	**匈牙利**	**5404分**
	2.	马苏洛(Carlo Massullo)	意大利	5379分
	3.	亚戈拉什维利(Vakhtang Yagorashvili)	苏联	5367分
1992	1.	**斯克肖帕谢克(Arkadiusz Skrzypaszek)**	**波兰**	**5559分**
	2.	米热尔(Attila Mizser)	匈牙利	5446分
	3.	泽诺夫卡(Eduard Zenovka)	独联体	5361分
1996	1.	**帕里金(Aleksandr Parygin)**	**哈萨克斯坦**	**5551分**
	2.	泽诺夫卡(Eduard Zenovka)	俄罗斯	5530分
	3.	马尔蒂内克(Janos Martinek)	匈牙利	5501分
2000	1.	**迪米特里·斯瓦特科夫斯基(Dmitry Svatkovsky)**	**俄罗斯**	**5376分**
	2.	加博尔·巴洛格(Gabor Balogh)	匈牙利	5353分
	3.	帕维尔·多弗加尔(Pavel Dogval)	白俄罗斯	5338分
2004	1.	**安德雷·莫伊谢耶夫(Andrei Moiseyev)**	**俄罗斯**	**5480分**
	2.	安德柳斯·扎德内普罗夫斯基(Andrejus Zadneprovskis)	立陶宛	5428分
	3.	里波尔·卡帕里尼(Libor Capalini)	捷克共和国	5392分

团体赛

1972	1.	**苏联队**	**15968分**
	2.	匈牙利队	15348分
	3.	芬兰队	14812分
1976	1.	**英国队**	**15559分**
	2.	捷克斯洛伐克队	15451分
	3.	匈牙利队	15395分
1980	1.	**苏联队**	**16126分**
	2.	匈牙利队	15912分
	3.	瑞典队	15845分
1984	1.	**意大利队**	**16066分**
	2.	美国队	15568分
	3.	法国队	15565分
1988	1.	**匈牙利队**	**15886分**
	2.	意大利队	15571分
	3.	英国队	15276分
1992	1.	**波兰队**	**16018分**
	2.	独联体队	15924分
	3.	意大利队	15760分

女子现代五项（MODERN PENTATHLON-women）

个人赛

2000	1.	**斯蒂法妮·库克(Stephanie Cook)**	**英国**	**5318分**
	2.	埃米莉·德里尔(Emily de Riel)	美国	5310分
	3.	凯特·阿兰比(Kate Allenby)	英国	5273分
2004	1.	**苏珊娜·沃洛斯(Zsuzsanna Voros)**	**匈牙利**	**5448分**
	2.	叶莲娜·鲁布列夫斯卡(Elena Rublevska)	拉脱维亚	5380分
	3.	吉奥尔吉娜·哈兰德(Georgina Harland)	英国	5344分

男子跳水（DIVING-men）

3米跳板

1972	1.	**瓦辛(Vladimir Vasin)**	**苏联**	**594.09分**
	2.	卡尼奥托(Giorgio "Franco" Cagnotto)	意大利	591.63分
	3.	林肯(Craig Lincoln)	美国	577.29分
1976	1.	**博格斯(Phil Boggs)**	**美国**	**619.05分**
	2.	卡尼奥托(Giorgio "Franco" Cagnotto)	意大利	570.48分
	3.	科森科夫(Aleksandr Kosenkov)	苏联	567.24分
1980	1.	**波尔特诺夫(Aleksandr Portnov)**	**苏联**	**905.025分**
	2.	希龙(Carlos Giron)	墨西哥	892.140分
	3.	卡尼奥托(Giorgio "Franco" Cagnotto)	意大利	871.500分
1984	1.	**洛加尼斯(Greg Louganis)**	**美国**	**754.41分**
	2.	谭良德	中国	662.31分
	3.	梅里奥特(Ronald Merriott)	美国	661.32分
1988	1.	**洛加尼斯(Greg Louganis)**	**美国**	**730.80分**
	2.	谭良德	中国	704.88分
	3.	李德亮	中国	665.28分
1992	1.	**伦奇(Mark Lenzi)**	**美国**	**676.53分**
	2.	谭良德	中国	645.57分
	3.	萨乌丁(Dmitriy Sautin)	独联体	627.78分
1996	1.	**熊倪**	**中国**	**701.46分**
	2.	余卓成	中国	690.93分
	3.	伦奇(Mark Lenzi)	美国	686.49分
2000	1.	**熊倪**	**中国**	**708.72分**
	2.	费尔南多·普拉塔斯(Fernando Platas)	墨西哥	708.42分
	3.	迪米特里·萨乌丁(Dmitry Sautin)	俄罗斯	703.20分
2004	1.	**彭勃**	**中国**	**787.38分**
	2.	亚历山大·德斯帕蒂(Alexandre Despatie)	加拿大	755.97分
	3.	迪米特里·萨乌丁(Dmitry Sautin)	俄罗斯	753.27分

10米跳台

1972	1.	**迪比亚西(Klaus Dibiasi)**	**意大利**	**504.12分**
	2.	赖兹(Richard Rydze)	美国	480.75分
	3.	卡尼奥托(Giorgio "Franco" Cagnotto)	意大利	475.83分
1976	1.	**迪比亚西(Klaus Dibiasi)**	**意大利**	**600.51分**
	2.	洛加尼斯(Greg Louganis)	美国	576.99分
	3.	阿列伊尼克(Vladimir Aleynik)	苏联	548.61分
1980	1.	**霍夫曼(Falk Hoffmann)**	**民主德国**	**835.650分**
	2.	阿莱尼克(Vladimir Aleynik)	苏联	819.705分
	3.	安巴尔楚米扬(David Ambartsumyan)	苏联	817.440分
1984	1.	**洛加尼斯(Greg Louganis)**	**美国**	**710.91分**
	2.	金保(Bruce Kimball)	美国	643.50分
	3.	李孔政	中国	638.28分
1988	1.	**洛加尼斯(Greg Louganis)**	**美国**	**638.61分**
	2.	熊倪	中国	637.47分
	3.	梅纳(Jesus Mena)	墨西哥	594.39分
1992	1.	**孙淑伟**	**中国**	**677.31分**
	2.	多尼(Scott Donie)	美国	633.63分
	3.	熊倪	中国	600.15分
1996	1.	**萨乌丁(Dmitriy Sautin)**	**俄罗斯**	**692.34分**
	2.	亨佩尔(Jan Hempel)	德国	663.27分
	3.	肖海亮	中国	658.20分
2000	1.	**田亮**	**中国**	**724.53分**
	2.	胡佳	中国	713.55分
	3.	迪米特里·萨乌丁(Dmitry Sautin)	俄罗斯	679.26分
2004	1.	**胡佳**	**中国**	**748.08分**
	2.	马修·赫尔姆(Mathew Helm)	澳大利亚	730.56分
	3.	田亮	中国	729.66分

跳板双人

2000	1.	**中国队**
	2.	俄罗斯队
	3.	澳大利亚队
2004	1.	**希腊队**
	2.	德国队
	3.	澳大利亚队

跳台双人

2000	1.	俄罗斯队
	2.	中国队
	3.	德国队
2004	1.	**中国队**
	2.	英国队
	3.	澳大利亚队

女子跳水（DIVING-women）

3米跳板

1972	1.	**金(Maxine "Micki" King)**	**美国**	**450.03分**
	2.	克纳普(Ulrika Knape)	瑞典	434.19分
	3.	雅尼克(Marina Janicke)	民主德国	430.92分
1976	1.	**钱德勒(Jennifer-Chandler)**	**美国**	**506.19分**
	2.	科勒(Christa Kohler)	民主德国	469.41分
	3.	波特(Cynthia Potter)	美国	466.83分
1980	1.	**卡利尼娜(Irina Kalinina)**	**苏联**	**725.910分**
	2.	普勒贝尔(Martina Proeber)	民主德国	698.895分
	3.	古特克(Karin Guthke)	民主德国	685.245分
1984	1.	**伯尼埃(Sylvie Bernier)**	**加拿大**	**530.70分**
	2.	麦考密克(Kelly McCormick)	美国	527.46分
	3.	索伊弗特(Christina Seufert)	美国	517.62分

年份	名次	姓名	国家	成绩
1988	1.	**高敏**	**中国**	**580.23分**
	2.	李青	中国	534.33分
	3.	麦考密克(Kelly McCormick)	美国	533.19分
1992	1.	**高敏**	**中国**	**572.40分**
	2.	拉什科(Irina Lashko)	独联体	514.14分
	3.	巴尔杜斯(Brita Baldus)	德国	503.07分
1996	1.	**伏明霞**	**中国**	**547.68分**
	2.	拉什科(Irina Lashko)	俄罗斯	512.19分
	3.	佩利特尔(Annie Pelletier)	加拿大	509.64分
2000	1.	**伏明霞**	**中国**	**609.42分**
	2.	郭晶晶	中国	597.81分
	3.	多尔特·林德内尔(Doerte Lindner)	德国	574.35分
2004	1.	**郭晶晶**	**中国**	**633.15分**
	2.	吴敏霞	中国	612.00分
	3.	尤里娅·帕卡琳娜(Yulia Pakhalina)	俄罗斯	610.62分

10米跳台

年份	名次	姓名	国家	成绩
1972	1.	**克纳普(Ulrika Knape)**	**瑞典**	**390.00分**
	2.	杜赫科娃(Milena Duchkova)	捷克斯洛伐克	370.92分
	3.	雅尼克(Marina Janicke)	民主德国	360.54分
1976	1.	**瓦伊采霍夫斯卡娅(Yelena Vaytsekhovskaya)**	**苏联**	**406.59分**
	2.	克纳普(Ulrika Knape)	瑞典	402.60分
	3.	威尔逊(Deborah Wilson)	美国	401.07分
1980	1.	**耶施克(Martina Jaschke)**	**民主德国**	**596.250分**
	2.	埃米尔吉扬(Servard Emirzyan)	苏联	576.465分
	3.	佐塔泽(Liana Tsotadze)	苏联	575.925分
1984	1.	**周继红**	**中国**	**435.51分**
	2.	米切尔(Michele Mitchell)	美国	431.19分
	3.	怀兰(Wendy Wyland)	美国	422.07分
1988	1.	**许艳梅**	**中国**	**445.20分**
	2.	米切尔(Michele Mitchell)	美国	438.95分
	3.	威廉姆斯(Wendy Lian Williams)	美国	400.44分
1992	1.	**伏明霞**	**中国**	**461.43分**
	2.	米罗申娜(Yelena Miroshina)	独联体	411.63分
	3.	克拉克(Mary Ellen Clark)	美国	401.91分
1996	1.	**伏明霞**	**中国**	**521.58分**
	2.	瓦尔特(Annika Walter)	德国	479.22分
	3.	克拉克(Mary Ellen Clark)	美国	472.95分
2000	1.	**劳拉·威尔金森(Laura Wilkinson)**	**美国**	**543.75分**
	2.	李娜	中国	542.01分
	3.	安妮·蒙特米妮(Anne Montminy)	加拿大	540.15分
2004	1.	**尚泰尔·纽贝里(Chantelle Newbery)**	**澳大利亚**	**590.31分**
	2.	劳丽诗	中国	576.31分
	3.	劳迪·图尔基(Loudy Tourky)	澳大利亚	561.66分

跳板双人

年份	名次	队伍
2000	1.	**俄罗斯队**
	2.	中国队
	3.	乌克兰队
2004	1.	**中国队**
	2.	俄罗斯队
	3.	澳大利亚队

跳台双人

年份	名次	队伍
2000	1.	**中国队**
	2.	加拿大队
	3.	澳大利亚队
2004	1.	**中国队**
	2.	俄罗斯队
	3.	加拿大队

男子足球（FOOTBALL-men）

年份	名次	队伍
1972	1.	**波兰队**
	2.	匈牙利队
	3.	民主德国队
	3.	苏联队
1976	1.	**民主德国队**
	2.	波兰队
	3.	苏联队
1980	1.	**捷克斯洛伐克队**
	2.	民主德国队
	3.	苏联队
1984	1.	**法国队**
	2.	巴西队
	3.	南斯拉夫队
1988	1.	**苏联队**
	2.	巴西队
	3.	联邦德国队
1992	1.	**西班牙队**
	2.	波兰队
	3.	加纳队
1996	1.	**尼日利亚队**
	2.	阿根廷队
	3.	巴西队
2000	1.	**喀麦隆队**
	2.	西班牙队
	3.	智利队
2004	1.	**阿根廷队**
	2.	巴拉圭队
	3.	意大利队

女子足球（FOOTBALL-women）

年份	名次	队伍
1996	1.	**美国队**
	2.	中国队
	3.	挪威队
2000	1.	**挪威队**
	2.	美国队
	3.	德国队
2004	1.	**美国队**
	2.	巴西队
	3.	德国队

艺术体操(EURYTHMIS)

个人

年份	名次	姓名	国家
1984	1.	**洛里·方(Lori Fung)**	**加拿大**
	2.	多娜·塔伊库莱斯库(Doina Staiculescu)	罗马尼亚
	3.	雷吉娜·韦伯(Regina Weber)	联邦德国
1988	1.	**玛丽娜·洛巴赫(Marina Lobach)**	**苏联**
	2.	阿德里亚娜·杜纳弗斯卡(Adriana Dunavska)	保加利亚
	3.	亚历山德拉·提莫申科(Alexandra Timochenko)	苏联
1992	1.	**亚历山德拉·提莫申科(Alexandra Timochenko)**	**苏联**
	2.	卡罗琳娜·帕斯卡尔(Carolina Pascual)	西班牙
	3.	奥克萨娜·斯卡尔蒂娜(Oksana Skaldina)	独联体
1996	1.	**叶卡捷琳娜·塞雷布里安斯卡娅(Ekaterina Serebrianskaia)**	**乌克兰**
	2.	雅娜·巴蒂尔奇娜(Yana Batirchina)	俄罗斯
	3.	埃琳娜·维特里琴科(Elena Vitrichenko)	乌克兰
2000	1.	**尤里亚·巴苏克娃(Yulia Barsukova)**	**俄罗斯**
	2.	尤里亚·拉斯基纳(Yulia Raskina)	保加利亚
	3.	阿琳娜·卡芭埃娃(Alina Kabaeva)	俄罗斯
2004	1.	**艾琳娜·卡芭耶娃(Alina Kabaeva)**	**俄罗斯**
	2.	伊琳娜·查金娜(Irina Tchachina)	俄罗斯
	3.	安娜·别索诺娃(Anna Bessonova)	乌克兰

团体

年份	名次	队伍
1996	1.	**西班牙**
	2.	保加利亚
	3.	俄罗斯
2000	1.	**俄罗斯**
	2.	白俄罗斯
	3.	希腊
2004	1.	**俄罗斯队**
	2.	意大利队
	3.	保加利亚队

男子体操(GYMNASTICS-men)

个人全能

年份	名次	姓名	国家	成绩
1972	1.	**加藤泽男(Kato Sawao)**	**日本**	**114.650分**
	2.	监物永三(Kenmotsu Eizo)	日本	114.575分
	3.	中山彰规(Nakayama Akinori)	日本	114.325分
1976	1.	**安德里亚诺夫(Nikolay Andrianov)**	**苏联**	**116.650分**
	2.	加藤泽男(Kato Sawao)	日本	115.650分
	3.	冢原光男(Tsukahara Mitsuo)	日本	115.575分
1980	1.	**季佳京(Aleksandr Dityatin)**	**苏联**	**118.650分**
	2.	安德里亚诺夫(Nikolay Andrianov)	苏联	118.225分
	3.	德尔切夫(Stoyan Deltchev)	保加利亚	118.000分
1984	1.	**具志坚幸司(Gushiken Koji)**	**日本**	**118.700分**
	2.	维德马尔(Peter Vidmar)	美国	118.675分
	3.	李宁	中国	118.575分
1988	1.	**阿尔捷莫夫(Vladimir Artemov)**	**苏联**	**119.125分**
	2.	柳金(Valeriy Lyukin)	苏联	119.025分
	3.	比洛泽尔切夫(Dmitriy Bilozerchev)	苏联	118.975分
1992	1.	**谢尔博(Vitaliy Scherbo)**	**独联体**	**59.025分**
	2.	米休金(Grigoriy Misyutin)	独联体	58.925分
	3.	贝伦基(Valeriy Belenki)	独联体	58.625分
1996	1.	**李小双**	**中国**	**58.423分**
	2.	涅莫夫(Aleksey Nemov)	俄罗斯	58.374分
	3.	谢尔博(Vitaliy Scherbo)	白俄罗斯	58.197分
2000	1.	**阿列克谢·涅莫夫(Aleksey Nemov)**	**俄罗斯**	**58.474分**
	2.	杨威	中国	58.361分
	3.	亚历山大·贝雷什(Aleksandr Beresh)	乌克兰	58.212分
2004	1.	**保罗·哈姆(Paul Hamm)**	**美国**	**57.823分**
	2.	金大恩(Kim Dae-eun)	韩国	57.811分
	3.	梁泰荣(Yang Tae-young)	韩国	57.774分

单杠

年份	名次	姓名	国家	成绩
1972	1.	**冢原光男(Tsukahara Mitsuo)**	**日本**	**19.725分**
	2.	加藤泽男(Kato Sawao)	日本	19.525分
	3.	笠松茂(Kasamatsu Shigeru)	日本	19.450分
1976	1.	**冢原光男(Tsukahara Mitsuo)**	**日本**	**19.675分**
	2.	监物永三(Kenmotsu Eizo)	日本	19.500分
	3.	京格尔(Eberhard Gienger)	联邦德国	19.475分
	3.	博埃里奥(Henry Boerio)	法国	19.475分
1980	1.	**德尔切夫(Stoyan Deltchev)**	**保加利亚**	**19.825分**
	2.	季佳京(Aleksandr Dityatin)	苏联	19.750分
	3.	安德里亚诺夫(Nikolay Andrianov)	苏联	19.675分
1984	1.	**森末慎二(Morisue Shinji)**	**日本**	**20.000分**
	2.	童非	中国	19.975分
	3.	具志坚幸司(Gushiken Koji)	日本	19.950分
1988	1.	**阿尔捷莫夫(Vladimir Artemov)**	**苏联**	**19.900分**
	1.	柳金(Valeriy Lyukin)	苏联	19.900分
	3.	贝伦特(Holger Behrendt)	民主德国	19.800分
	3.	盖尔曼(Marius Gherman)	罗马尼亚	19.800分

年份	名次	姓名	国家	成绩
1992	1.	**迪马斯(Trent Dimas)**	**美国**	**9.875分**
	2.	韦克尔(Andreas Wecker)	德国	9.837分
	2.	米休金(Grigoriy Misyutin)	独联体	9.837分
1996	1.	**韦克尔(Andreas Wecker)**	**德国**	**9.850分**
	2.	杜涅夫(Krasimir Dunev)	保加利亚	9.825分
	3.	谢尔博(Vitaliy Scherbo)	白俄罗斯	9.800分
2000	1.	**阿列克谢·涅莫夫(Aleksey Nemov)**	**俄罗斯**	**9.787分**
	2.	邦亚曼·瓦罗尼昂(Benjamin Varonian)	法国	9.787分
	3.	李周炯(Lee Joo-hyung)	韩国	9.775分
2004	1.	**伊戈尔·卡西纳(Igor Cassina)**	**意大利**	**9.812分**
	2.	保罗·哈姆(Paul Hamm)	美国	9.812分
	3.	米田功(Isao Yoneda)	日本	9.787分

自由操

年份	名次	姓名	国家	成绩
1972	1.	**安德里亚诺夫(Nikolay Andrianov)**	**苏联**	**19.175分**
	2.	中山彰规(Nakayama Akinori)	日本	19.125分
	3.	笠松茂(Kasamatsu Shigeru)	日本	19.025分
1976	1.	**安德里亚诺夫(Nikolay Andrianov)**	**苏联**	**19.450分**
	2.	马尔琴科(Vladimir Marchenko)	苏联	19.425分
	3.	科曼(Peter Kormann)	美国	19.300分
1980	1.	**布吕克纳(Roland Bruckner)**	**民主德国**	**19.750分**
	2.	安德里亚诺夫(Nikolay Andrianov)	苏联	19.725分
	3.	季佳京(Aleksandr Dityatin)	苏联	19.700分
1984	1.	**李宁**	**中国**	**19.925分**
	2.	楼云	中国	19.775分
	3.	外村康二(Sotomura Koji)	日本	19.700分
	3.	瓦托内(Philippe Vatuone)	法国	19.700分
1988	1.	**哈尔科夫(Sergey Kharkov)**	**苏联**	**19.925分**
	2.	阿尔捷莫夫(Vladimir Artemov)	苏联	19.900分
	3.	池谷幸雄(Iketani Yukio)	日本	19.850分
	3.	楼云	中国	19.850分
1992	1.	**李小双**	**中国**	**9.925分**
	2.	米休金(Grigoriy Misyutin)	独联体	9.787分
	2.	池谷幸雄(Iketani Yukio)	日本	9.787分
1996	1.	**梅利桑尼迪斯(Ioannis Melissanidis)**	**希腊**	**9.850分**
	2.	李小双	中国	9.837分
	3.	涅莫夫(Aleksey Nemov)	俄罗斯	9.800分
2000	1.	**伊戈尔·维赫罗夫斯斯(Igors Vihrovs)**	**拉脱维亚**	**9.812分**
	2.	阿列克谢·涅莫夫(Aleksey Nemov)	俄罗斯	9.800分
	3.	约尔丹·约夫切夫(Jordan Jovtchev)	保加利亚	9.787分
2004	1.	**凯尔·休菲尔特(Kyle Shewfelt)**	**加拿大**	**9.787分**
	2.	马里安·德拉古列斯库(Marian Dragulescu)	罗马尼亚	9.787分
	3.	约尔丹·约夫切夫(Jordan Jovtchev)	保加利亚	9.775分

双杠

年份	名次	姓名	国家	成绩
1972	1.	**加藤泽男(Kato Sawao)**	**日本**	**19.475分**
	2.	笠松茂(Kasamatsu Shigeru)	日本	19.375分
	3.	监物永三(Kenmotsu Eizo)	日本	19.250分
1976	1.	**加藤泽男(Kato Sawao)**	**日本**	**19.675分**
	2.	安德里亚诺夫(Nikolay Andrianov)	苏联	19.500分
	3.	冢原光男(Tsukahara Mitsuo)	日本	19.475分
1980	1.	**特卡切夫(Aleksandr Tkachev)**	**苏联**	**19.775分**
	2.	季佳京(Aleksandr Dityatin)	苏联	19.750分
	3.	布吕克纳(Roland Bruckner)	民主德国	19.650分
1984	1.	**康纳尔(Bart Conner)**	**美国**	**19.950分**
	2.	谷信之(Kajitani Nobuyoki)	日本	19.925分
	3.	盖洛德(Mitch Gaylord)	美国	19.850分
1988	1.	**阿尔捷莫夫(Vladimir Artemov)**	**苏联**	**19.925分**
	2.	柳金(Valeriy Lyukin)	苏联	19.900分
	3.	蒂佩尔特(Sven Tippelt)	民主德国	19.750分
1992	1.	**谢尔博(Vitaliy Scherbo)**	**独联体**	**9.900分**
	2.	李敬	中国	9.812分
	3.	科罗布钦斯基(Igor Korobchinsky)	独联体	9.800分
	3.	国林耀	中国	9.800分
	3.	松永政行(Matsunaga Masayuki)	日本	9.800分
1996	1.	**沙里波夫(Rustam Sharipov)**	**乌克兰**	**9.837分**
	2.	林奇(Jair Lynch)	美国	9.825分
	3.	谢尔博(Vitaliy Scherbo)	白俄罗斯	9.800分
2000	1.	**李小鹏**	**中国**	**9.825分**
	2.	李周炯(Lee Joo-hyung)	韩国	9.812分
	3.	阿列克谢·涅莫夫(Aleksey Nemov)	俄罗斯	9.812分
2004	1.	**瓦列里·冈查洛夫(Valeri Goncharov)**	**乌克兰**	**9.787分**
	2.	富田洋之(Hiroyuki Tomita)	日本	9.775分
	3.	李小鹏	中国	9.762分

鞍马

年份	名次	姓名	国家	成绩
1972	1.	**克利缅科(Viktor Klimenko)**	**苏联**	**19.125分**
	2.	加藤泽男(Kato Sawao)	日本	19.000分
	3.	监物永三(Kenmotsu Eizo)	日本	18.950分
1976	1.	**马乔尔(Zoltan Magyar)**	**匈牙利**	**19.700分**
	2.	监物永三(Kenmotsu Eizo)	日本	19.575分
	3.	安德里亚诺夫(Nikolay Andrianov)	苏联	19.525分
	3.	尼古拉(Michael Nikolay)	民主德国	19.525分
1980	1.	**马乔尔(Zoltan Magyar)**	**匈牙利**	**19.925分**
	2.	季佳京(Aleksandr Dityatin)	苏联	19.800分
	3.	尼古拉(Michael Nikolay)	民主德国	19.775分
1984	1.	**李宁**	**中国**	**19.950分**
	1.	维德马尔(Peter Vidmar)	美国	19.950分
	3.	达格特(Tim Daggett)	美国	19.825分
1988	1.	**比洛泽尔采夫(Dmitriy Bilozerchev)**	**苏联**	**19.950分**
	1.	格拉斯科夫(Lyubomir Geraskov)	保加利亚	19.950分
	1.	博凯(Zsolt Borkai)	匈牙利	19.950分
1992	1.	**裴吉珠(Pae Gil-su)**	**朝鲜**	**9.925分**

	1.	谢尔博(Vitaliy Scherbo)	独联体	9.925分
	3.	韦克尔(Andreas Wecker)	德国	9.887分
1996	1.	**李东华**	**瑞士**	**9.875分**
	2.	乌尔齐卡(Marius Urzica)	罗马尼亚	9.825分
	3.	涅莫夫(Aleksey Nemov)	俄罗斯	9.787分
2000	1.	**马里乌斯·乌尔齐卡(Marius Urzica)**	**罗马尼亚**	**9.862分**
	2.	埃里克·波加德(Eric Poujade)	法国	9.825分
	3.	阿列克谢·涅莫夫(Aleksey Nemov)	俄罗斯	9.800分
2004	1.	**滕海滨**	**中国**	**9. 837分**
	2.	马里乌斯·丹尼尔·乌尔齐卡(Marius Daniel Urzica)	罗马尼亚	9.825分
	3.	鹿岛丈博(Takehiro Kashima)	日本	9.787分

吊环

1972	1.	**中山彰规(Nakayama Akinori)**	**日本**	**19.350分**
	2.	沃罗宁(Mikhail Voronin)	苏联	19.275分
	3.	冢原光男(Tsukahara Mitsuo)	日本	19.225分
1976	1.	安德里亚诺夫(Nikolay Andrianov)	苏联	19.650分
	2.	季佳京(Aleksandr Dityatin)	苏联	19.550分
	3.	格雷库(Danut Grecu)	罗马尼亚	19.500分
1980	1.	**季佳京(Aleksandr Dityatin)**	**苏联**	**19.875分**
	2.	特卡切夫(Aleksandr Tkachev)	苏联	19.725分
	3.	塔巴克(Jiri Tabak)	捷克斯洛伐克	19.600分
1984	1.	**具志坚幸司(Gushiken Koji)**	**日本**	**19.850分**
	1.	李宁	中国	19.850分
	3.	盖洛德(Mitch Gaylord)	美国	19.825分
1988	1.	**贝伦特(Holger Behrendt)**	**民主德国**	**19.925分**
	1.	比洛泽尔切夫(Dmitriy Bilozerchev)	苏联	19.925分
	3.	蒂佩尔特(Sven Tippelt)	民主德国	19.875分
1992	1.	**谢尔博(Vitaliy Scherbo)**	**独联体**	**9.937分**
	2.	李敬	中国	9.875分
	3.	李小双	中国	9.862分
	3.	韦克尔(Andreas Wecker)	德国	9.862分
1996	1.	**凯基(Jury Chechi)**	**意大利**	**9.887分**
	2.	索拉尼(Szilveszter Csollany)	匈牙利	9.812分
	2.	布林卡(Dan Burinca)	罗马尼亚	9.812分
2000	1.	**吉尔维斯特·索拉尼(Szilveszter Csollany)**	**匈牙利**	**9.850分**
	2.	迪莫塞尼斯·坦帕科斯(Dimosthenis Tampakos)	希腊	9.762分
	3.	约尔丹·约夫切夫(Jordan Jovtchev)	保加利亚	9.737分
2004	1.	**迪莫塞尼斯·坦帕科斯(Dimosthenis Tampakos)**	**希腊**	**9.862分**
	2.	约尔丹·约夫切夫(Jordan Jovtchev)	保加利亚	9.850分
	3.	尤里·切齐(Yuri Chechi)	意大利	9.812分

跳马

1972	1.	**克斯特(Klaus Koste)**	**民主德国**	**18.850分**
	2.	克利缅科(Viktor Klimenko)	苏联	18.825分
	3.	安德里亚诺夫(Nikolay Andrianov)	苏联	18.800分
1976	1.	**安德里亚诺夫(Nikolay Andrianov)**	**苏联**	**19.450分**
	2.	冢原光男(Tsukahara Mitsuo)	日本	19.375分
	3.	山广司(Kajiyama Hiroshi)	日本	19.275分
1980	1.	**安德里亚诺夫(Nikolay Andrianov)**	**苏联**	**19.825分**
	2.	季佳京(Aleksandr Dityatin)	苏联	19.800分
	3.	布吕克纳(Roland Bruckner)	民主德国	19.775分
1984	1.	**楼云**	**中国**	**19.950分**
	2.	李宁	中国	19.825分
	2.	森末慎二(Morisue Shinji)	日本	19.825分
	2.	盖洛德(Mitch Gaylord)	美国	19.825分
	2.	具志坚幸司(Gushiken Koji)	日本	19.825分
1988	1.	**楼云**	**中国**	**19.875分**
	2.	克罗尔(Sylvio Kroll)	民主德国	19.862分
	3.	朴钟勋(Park Jong-hoon)	韩国	19.775分
1992	1.	**谢尔博(Vitaliy Scherbo)**	**独联体**	**9.856分**
	2.	米休金(Grigoriy Misyutin)	独联体	9.781分
	3.	柳玉烈(Yoo Ok-ryul)	韩国	9.762分
1996	1.	**涅莫夫(Aleksey Nemov)**	**俄罗斯**	**9.787分**
	2.	吕洪哲(Yeo Hong-chul)	韩国	9.756分
	3.	谢尔博(Vitaliy Scherbo)	白俄罗斯	9.724分
2000	1.	**赫尔瓦西奥·德费尔(Gervasio Deferr)**	**西班牙**	**9.712分**
	2.	阿列克谢·邦达连科(Aleksey Bondarenko)	俄罗斯	9.587分
	3.	莱塞克·布拉尼克(Leszek Blanik)	波兰	9.475分
2004	1.	**赫尔瓦西奥·德费尔(Gervasio Deferr)**	**西班牙**	**9.737分**
	2.	叶夫根尼·萨普罗年科(Evgeni Sapronenko)	拉脱维亚	9.706分
	3.	马里安·德拉古列斯库(Marian Dragulescu)	罗马尼亚	9.612分

团体赛

1972	1.	**日本队**	**571.250分**
	2.	苏联队	564.050分
	3.	民主德国队	559.700分
1976	1.	**日本队**	**576.850分**
	2.	苏联队	576.450分
	3.	民主德国队	564.650分
1980	1.	**苏联队**	**598.600分**
	2.	民主德国队	581.150分
	3.	匈牙利队	575.000分
1984	1.	**美国队**	**591.40分**
	2.	中国队	590.80分
	3.	日本队	586.70分
1988	1.	**苏联队**	**593.350分**
	2.	民主德国队	588.450分
	3.	日本队	585.600分
1992	1.	**独联体队**	**585.450分**
	2.	中国队	580.375分
	3.	日本队	578.250分
1996	1.	**俄罗斯队**	**576.778分**
	2.	中国队	575.539分
	3.	乌克兰队	571.541分
2000	1.	**中国队**	**231.919分**
	2.	乌克兰队	230.306分
	3.	俄罗斯队	230.019分
2004	1.	**日本队**	**173.821分**
	2.	美国队	172.933分
	3.	罗马尼亚队	172.384分

1976年蒙特利尔奥运会男子体操鞍马比赛。

女子体操 (GYMNASTICS-women)

个人全能

1972	1.	**图里谢娃(Lyudmila Turischeva)**	**苏联**	**77.025分**
	2.	扬茨(Karin Janz)	民主德国	76.875分
	3.	拉扎科维奇(Tamara Lazakovich)	苏联	76.850分
1976	1.	**科马内奇(Nadia Comaneci)**	**罗马尼亚**	**79.275分**
	2.	基姆(Nelli Kim)	苏联	78.675分
	3.	图里谢娃(Lyudmila Turischeva)	苏联	78.625分
1980	1.	**达维多娃(Yelena Davydova)**	**苏联**	**79.150分**
	2.	格瑙克(Maxi Gnauck)	民主德国	79.075分
	2.	科马内奇(Nadia Comaneci)	罗马尼亚	79.075分
1984	1.	**雷顿(Mary Lou Retton)**	**美国**	**79.175分**
	2.	萨博(Ekaterina Szabo)	罗马尼亚	79.125分
	3.	保卡(Simona Pauca)	罗马尼亚	78.675分
1988	1.	**舒舒诺娃(Yelena Shushunova)**	**苏联**	**79.662分**
	2.	希利瓦斯(Daniela Silivas)	罗马尼亚	79.637分
	3.	博金斯卡娅(Svetlana Boginskaya)	苏联	79.400分
1992	1.	**古楚(Tatyana Gutsu)**	**独联体**	**39.737分**
	2.	米勒(Shannon Miller)	美国	39.725分
	3.	米洛索维奇(Lavinia Milosovici)	罗马尼亚	39.687分
1996	1.	**波德科帕耶娃(Liliya Podkopayeva)**	**乌克兰**	**39.255分**
	2.	高吉安(Gina Gogean)	罗马尼亚	39.075分
	3.	阿玛纳尔(Simona Amanar)	罗马尼亚	39.067分
	3.	米洛索维奇(Lavinia Milosovici)	罗马尼亚	39.067分
2000	1.	**西蒙娜·阿马纳尔(Simona Amanar)**	**罗马尼亚**	**38.642分**
	2.	玛利亚·奥拉鲁(Maria Olaru)	罗马尼亚	38.581分
	3.	刘璇	中国	38.418分
2004	1.	**西蒙娜·阿马纳尔(Carly Patterson)**	**美国**	**38.387分**
	2.	斯维特兰娜·霍尔金娜(Svetlana Khorkina)	俄罗斯	38.211分
	3.	张楠	中国	38.049分

自由操

1972	1.	**科尔布特(Olga Korbut)**	**苏联**	**19.575分**
	2.	图里谢娃(Lyudmila Turischeva)	苏联	19.550分
	3.	拉扎科维奇(Tamara Lazakovich)	苏联	19.450分
1976	1.	**基姆(Nelli Kim)**	**苏联**	**19.850分**
	2.	图里谢娃(Lyudmila Turischeva)	苏联	19.825分
	3.	科马内奇(Nadia Comaneci)	罗马尼亚	19.750分
1980	1.	**科马内奇(Nadia Comaneci)**	**罗马尼亚**	**19.875分**
	1.	基姆(Nelli Kim)	苏联	19.875分
	3.	沙波什尼科娃(Natalya Shaposhnikova)	苏联	19.825分
	3.	格瑙克(Maxi Gnauck)	民主德国	19.825分
1984	1.	**萨博(Ekaterina Szabo)**	**罗马尼亚**	**19.975分**
	2.	麦克纳马拉(Julianne McNamara)	美国	19.950分
	3.	雷顿(Mary Lou Retton)	美国	19.775分
1988	1.	**希利瓦斯(Daniela Silivas)**	**罗马尼亚**	**19.937分**
	2.	博金斯卡娅(Svetlana Boginskaya)	苏联	19.887分
	3.	杜德娃(Diana Dudeva)	保加利亚	19.850分
1992	1.	**米洛索维奇(Lavinia Milosovici)**	**罗马尼亚**	**10.000分**
	2.	奥诺迪(Henrietta Onodi)	匈牙利	9.950分
	3.	古楚(Tatyana Gutsu)	独联体	9.912分
	3.	邦塔什(Christina Bontas)	罗马尼亚	9.912分
	3.	米勒(Shannon Miller)	美国	9.912分
1996	1.	**波德科帕耶娃(Liliya Podkopayeva)**	**乌克兰**	**9.887分**
	2.	阿玛纳尔(Simona Amanar)	罗马尼亚	9.850分
	3.	道斯(Dominique Dawes)	美国	9.837分
2000	1.	**叶莲娜·萨莫罗德奇科娃(Yelena Zamolodchikova)**	**俄罗斯**	**9.850分**
	2.	斯维特兰娜·霍尔金娜(Svetlana Khorkina)	俄罗斯	9.812分
	3.	西蒙娜·阿玛纳尔(Simona Amanar)	罗马尼亚	9.712分
2004	1.	**卡塔琳娜·波诺尔(Catalina Ponor)**	**罗马尼亚**	**9.750分**
	2.	尼科莱塔·丹尼埃拉·索夫罗尼(Nicoleta Daniela Sofronie)	罗马尼亚	9.562分
	3.	帕特里西娅·莫雷诺(Patricia Moreno)	西班牙	9.487分

高低杠

1972	1.	**扬茨(Karin Janz)**	**民主德国**	**19.675分**
	2.	科尔布特(Olga Korbut)	苏联	19.450分
	2.	楚肖尔德(Erika Zuchold)	民主德国	19.450分
1976	1.	**科马内奇(Nadia Comaneci)**	**罗马尼亚**	**20.000分**
	2.	温古雷亚努(Teodora Ungureanu)	罗马尼亚	19.800分
	3.	埃盖尔瓦丽(Marta Egervari)	匈牙利	19.775分
1980	1.	**格瑙克(Maxi Gnauck)**	**民主德国**	**19.875分**
	2.	埃贝尔列(Emilia Eberle)	罗马尼亚	19.850分
	3.	克雷克尔(Steffi Kraker)	民主德国	19.775分
	3.	鲁恩(Melita Ruhn)	罗马尼亚	19.775分
	3.	菲拉托娃(Mariya Filatova)	苏联	19.775分
1984	1.	**马燕红**	**中国**	**19.950分**
	1.	麦克纳马拉(Julianne McNamara)	美国	19.950分
	3.	雷顿(Mary Lou Retton)	美国	19.800分
1988	1.	**希利瓦斯(Daniela Silivas)**	**罗马尼亚**	**20.000分**
	2.	克尔斯滕(Dagmar Kersten)	民主德国	19.987分
	3.	舒舒诺娃(Yelena Shushunova)	苏联	19.962分
1992	1.	**陆莉**	**中国**	**10.000分**
	2.	古楚(Tatyana Gutsu)	独联体	9.975分
	3.	米勒(Shannon Miller)	美国	9.962分
1996	1.	**霍尔金娜(Svetlana Khorkina)**	**俄罗斯**	**9.850分**
	2.	毕文静	中国	9.837分
	2.	乔(Amy Chow)	美国	9.837分
2000	1.	**斯维特兰娜·霍尔金娜(Svetlana Khorkina)**	**俄罗斯**	**9.862分**
	2.	凌洁	中国	9.837分
	3.	杨云	中国	9.787分
2004	1.	**埃米莉·勒潘内(Emilie Lepennec)**	**法国**	**9.687分**
	2.	特琳·汉弗雷(Terin Humphrey)	美国	9.662分
	3.	科特妮·库佩茨(Courtney Kupets)	美国	9.637分

平衡木

1972	1.	**科尔布特(Olga Korbut)**	**苏联**	**19.400分**
	2.	拉扎科维奇(Tamara Lazakovich)	苏联	19.375分
	3.	扬茨(Karin Janz)	民主德国	18.975分
1976	1.	**科马内奇(Nadia Comaneci)**	**罗马尼亚**	**19.950分**
	2.	科尔布特(Olga Korbut)	苏联	19.725分
	3.	温古雷亚努(Teodora Ungureanu)	罗马尼亚	19.700分
1980	1.	**科马内奇(Nadia Comaneci)**	**罗马尼亚**	**19.800分**
	2.	达维多娃(Yelena Davydova)	苏联	19.750分
	3.	沙波什尼科娃(Natalya Shaposhnikova)	苏联	19.725分
1984	1.	**保卡(Simona Pauca)**	**罗马尼亚**	**19.800分**
	1.	萨博(Ekaterina Szabo)	罗马尼亚	19.800分
	3.	约翰逊(Kathy Johnson)	美国	19.650分
1988	1.	**希利瓦斯(Daniela Silivas)**	**罗马尼亚**	**19.924分**
	2.	舒舒诺娃(Yelena Shushunova)	苏联	19.875分
	3.	波托拉克(Gabriela Potorac)	罗马尼亚	19.837分
	3.	米尔斯(Phoebe Mills)	美国	19.837分
1992	1.	**李森科(Tatyana Lysenko)**	**独联体**	**9.975分**
	2.	陆莉	中国	9.912分
	2.	米勒(Shannon Miller)	美国	9.912分
1996	1.	**米勒(Shannon Miller)**	**美国**	**9.862分**
	2.	波德科帕耶娃(Liliya Podkopayeva)	乌克兰	9.825分
	3.	高吉安(Gina Gogean)	罗马尼亚	9.787分
2000	1.	**刘璇**	**中国**	**9.825分**
	2.	叶卡杰琳娜·洛巴兹纽克(Yekaterina Lobaznlouk)	俄罗斯	9.787分
	3.	叶莲娜·普罗杜诺娃(Yelena Prodounova)	俄罗斯	9.775分
2004	1.	**卡塔琳娜·波诺尔(Catalina Ponor)**	**罗马尼亚**	**9.787分**
	2.	卡尔丽·帕特森(Carly Patterson)	美国	9.775分
	3.	亚历山德拉·吉奥尔佳娜·埃雷米亚(Alexandra Georgiana Eremia)	罗马尼亚	9.700分

跳马

1972	1.	**扬茨(Karin Janz)**	**民主德国**	**19.525分**
	2.	楚肖尔德(Erika Zuchold)	民主德国	19.275分
	3.	图里谢娃(Lyudmila Turischeva)	苏联	19.250分
1976	1.	**基姆(Nelli Kim)**	**苏联**	**19.800分**
	2.	图里谢娃(Lyudmila Turischeva)	苏联	19.650分
	2.	多姆贝克(Carola Dombeck)	民主德国	19.650分
1980	1.	**沙波什尼科娃(Natalya Shaposhnikova)**	**苏联**	**19.725分**
	2.	克雷克尔(Steffi Kraker)	民主德国	19.675分
	3.	鲁恩(Melita Ruhn)	罗马尼亚	19.650分
1984	1.	**萨博(Ekaterina Szabo)**	**罗马尼亚**	**19.875分**
	2.	雷顿(Mary Lou Retton)	美国	19.850分
	3.	阿加凯(Lavinia Agache)	罗马尼亚	19.750分
1988	1.	**博金斯卡娅(Svetlana Boginskaya)**	**苏联**	**19.905分**
	2.	波托拉克(Gabriela Potorac)	罗马尼亚	19.830分
	3.	希利瓦斯(Daniela Silivas)	罗马尼亚	19.818分
1992	1.	**奥诺迪(Henrietta Onodi)**	**匈牙利**	**9.925分**
	1.	米洛索维奇(Lavinia Milosovici)	罗马尼亚	9.925分
	3.	李森科(Tatyana Lysenko)	独联体	9.912分
1996	1.	**阿玛纳尔(Simona Amanar)**	**罗马尼亚**	**9.825分**
	2.	莫慧兰	中国	9.768分
	3.	高吉安(Gina Gogean)	罗马尼亚	9.750分
2000	1.	**叶莲娜·萨莫罗德奇科娃(Yelena Zamolodtchikova)**	**俄罗斯**	**9.731分**
	2.	安德列娅·拉杜坎(Andreea Raducan)	罗马尼亚	9.693分
	3.	叶卡杰琳娜·洛巴兹纽克(Yekaterina Lobaznlouk)	俄罗斯	9.674分
2004	1.	**莫妮卡·罗苏(Monica Rosu)**	**罗马尼亚**	**9.656分**
	2.	安妮娅·哈齐(Annia Hatch)	美国	9.481分
	3.	安娜·帕夫洛娃(Anna Pavlova)	俄罗斯	9.475分

团体赛

1972	1.	**苏联队**	**380.500分**
	2.	民主德国队	376.550分
	3.	匈牙利队	368.250分
1976	1.	**苏联队**	**466.000分**

	2. 罗马尼亚队		462.350分
	3. 民主德国队		459.300分
1980	1. **苏联队**		**394.900分**
	2. 罗马尼亚队		393.500分
	3. 民主德国队		392.550分
1984	1. **罗马尼亚队**		**392.020分**
	2. 美国队		391.200分
	3. 中国队		388.600分
1988	1. **苏联队**		**395.475分**
	2. 罗马尼亚队		394.125分
	3. 民主德国队		390.875分
1992	1. **独联体队**		**395.666分**
	2. 罗马尼亚队		395.079分
	3. 美国队		394.704分
1996	1. **美国队**		**389.225分**
	2. 俄罗斯队		388.404分
	3. 罗马尼亚队		388.246分
2000	1. **罗马尼亚队**		**154.608分**
	2. 俄罗斯队		154.403分
	3. 中国队		154.008分
2004	1. **罗马尼亚队**		**114.283分**
	2. 美国队		113.584分
	3. 俄罗斯队		113.235分

男子场地自行车 (CYCLING-men)

争先赛

1972	1. **莫雷隆(Daniel Morelon)**	**法国**	
	2. 尼科尔森(John Nicholson)	澳大利亚	
	3. 普哈卡泽(Omar Pkhakadze)	苏联	
1976	1. **特卡奇(Anton Tkac)**	**捷克斯洛伐克**	
	2. 莫雷隆(Daniel Morelon)	法国	
	3. 格舍克(Hans-Jurgen Geschke)	民主德国	
1980	1. **海斯里希(Lutz Hesslich)**	**民主德国**	
	2. 卡阿尔(Yave Cahard)	法国	
	3. 科佩洛夫(Sergey Kopylov)	苏联	
1984	1. **戈尔斯基(Mark Gorski)**	**美国**	
	2. 维尔斯(Nelson Vails)	美国	
	3. 坂本勉(Sakamoto Tsutomu)	日本	
1988	1. **海斯里希(Lutz Hesslich)**	**民主德国**	
	2. 科夫什(Nikolay Kovsh)	苏联	
	3. 内万德(Gary Neiwand)	澳大利亚	
1992	1. **菲德勒(Jens Fiedler)**	**德国**	
	2. 尼万德(Gary Neiwand)	澳大利亚	
	3. 哈尼特(Curtis Harnett)	加拿大	
1996	1. **菲德勒(Jens Fiedler)**	**德国**	
	2. 诺斯坦(Marty Nothstein)	美国	
	3. 哈尼特(Curtis Harnett)	加拿大	
2000	1. **马蒂·诺斯泰因(Marty Nothstein)**	**美国**	
	2. 弗洛里安·鲁索(Florian Rousseau)	法国	
	3. 扬斯·菲德勒(Jens Fiedler)	德国	
2004	1. **里安·贝利(Ryan Bayley)**	**澳大利亚**	
	2. 塞奥·博斯(Theo Bos)	荷兰	
	3. 雷内·沃尔夫(Rene Wolff)	德国	

团体争先赛

2000	1. **法国队**		**44"233**
	2. 英国队		44"680
	3. 澳大利亚队		45"161
2004	1. **德国队**		**43"890**
	2. 日本队		44"246
	3. 法国队		44"359

计时赛

1972	1. **弗雷德伯格(Niels Fredborg)**	**丹麦**	**1'06"44**
	2. 克拉克(Daniel Clark)	澳大利亚	1'06"87
	3. 许茨(Jurgen Schutze)	民主德国	1'07"02
1976	1. **格龙克(Klaus-Jurgen Grunke)**	**民主德国**	**1'05"927**
	2. 瓦尔滕(Michel Vaarten)	比利时	1'07"516
	3. 弗雷德伯格(Niels Fredborg)	丹麦	1'07"617
1980	1. **托姆斯(Lothar Thoms)**	**民主德国**	**1'02"955**
	2. 潘菲洛夫(Aleksandr Panfilov)	苏联	1'04"845
	3. 韦勒(David Weller)	牙买加	1'05"241
1984	1. **施米特克(Fredy Schmidtke)**	**联邦德国**	**1'06"104**
	2. 哈尼特(Curt Harnett)	加拿大	1'06"436
	3. 科拉(Fabrice Colas)	法国	1'06"649
1988	1. **基里钦科(Aleksandr Kirichenko)**	**苏联**	**1'04"499**
	2. 温尼科贝(Martin Vinnicombe)	澳大利亚	1'04"784
	3. 勒希纳(Robert Lechner)	联邦德国	1'05"114
1992	1. **莫雷诺(Jose Manuel Moreno)**	**西班牙**	**1'03"342**
	2. 凯利(Shane Kelly)	澳大利亚	1'04"288
	3. 哈特韦尔(Erin Hartwell)	美国	1'04"753
1996	1. **卢梭(Florian Rousseau)**	**法国**	**1'02"712**
	2. 哈特维尔(Erin Hartwell)	美国	1'02"940
	3. 十文字贵信(Jumonji Takanobu)	日本	1'03"261
2000	1. **杰森·奎利(Jason Queally)**	**英国**	**1'01"609**
	2. 斯蒂凡·尼姆克(Stefan Nimke)	德国	1'02"487
	3. 沙恩·凯利(Shane Kelly)	澳大利亚	1'02"818
2004	1. **克里斯·霍伊(Chris Hoy)**	**英国**	**1'00"711**
	2. 阿尔诺·图尔南(Arnaud Tournant)	法国	1'00"896
	3. 斯蒂芬·尼姆克(Stefan Nimke)	德国	1'01"186

个人追逐赛

1972	1. **克努德森(Knut Knudsen)**	**挪威**	**4'45"74**
	2. 库尔曼(Xaver Kurmann)	瑞士	4'51"96
	3. 卢茨(Hans Lutz)	联邦德国	4'50"80
1976	1. **布劳恩(Gregor Braun)**	**联邦德国**	**4'47"61**
	2. 蓬斯滕(Herman Ponsteen)	荷兰	4'49"72
	3. 胡施克(Thomas Huschke)	民主德国	4'52"71
1980	1. **迪尔-邦迪(Robert Dill-Bundi)**	**瑞士**	**4'35"66**
	2. 邦迪埃(Alain Bondue)	法国	4'42"96
	3. 厄尔斯泰德(Hans-Henrik Orsted)	丹麦	4'36"54
1984	1. **黑格(Steve Hegg)**	**美国**	**4'39"35**
	2. 戈尔茨(Rolf Golz)	联邦德国	4'43"82
	3. 尼茨(Leonard Harvey Nitz)	美国	4'44"03
1988	1. **乌马拉斯(Gintautas Umaras)**	**苏联**	**4'32"00**
	2. 伍兹(Dean Woods)	澳大利亚	4'35"00
	3. 迪特尔特(Bernd Dittert)	民主德国	4'34"17
1992	1. **博德曼(Chris Boardman)**	**英国**	
	2. 莱曼(Jens Lehmann)	德国	
	3. 安德森(Gary Anderson)	新西兰	
1996	1. **科利内利(Andrea Collinelli)**	**意大利**	**4'20"893**
	2. 埃尔梅诺尔特(Philippe Ermenault)	法国	4'22"794
	3. 麦吉(Brad McGee)	澳大利亚	4'26"121
2000	1. **罗伯特·巴特科(Robert Bartko)**	**德国**	**4'18"515**
	2. 扬斯·莱曼(Jens Lehmann)	德国	4'23"824
	3. 布莱德·麦克吉(Brad McGee)	澳大利亚	4'19"250
2004	1. **布莱德利·维金斯(Bradley Wiggins)**	**英国**	**4'16"304**
	2. 布莱德·麦克吉(Brad McGee)	澳大利亚	4'20"436
	3. 塞尔吉·埃斯科瓦尔(Sergi Escobar)	西班牙	4'17"947

团体追逐赛

1972	1. **联邦德国队**		**4'22"14**
	2. 民主德国队		4'25"25
	3. 英国队		4'23"78
1976	1. **联邦德国队**		**4'21"06**
	2. 苏联队		4'27"15
	3. 英国队		4'22"41
1980	1. **苏联队**		**4'15"70**
	2. 民主德国队		4'19"67
	3. 捷克斯洛伐克队		
1984	1. **澳大利亚队**		**4'25"99**
	2. 美国队		4'29"85
	3. 联邦德国队		4'25"60
1988	1. **苏联队**		**4'13"31**
	2. 民主德国队		4'14"09
	3. 澳大利亚队		4'16"02
1992	1. **德国队**		**4'08"791**
	2. 澳大利亚队		4'10"218
	3. 丹麦队		4'15"860
1996	1. **法国队**		**4'05"930**
	2. 俄罗斯队		4'07"730
	3. 澳大利亚队		4'07"570
2000	1. **德国队**		**3'59"710**
	2. 乌克兰队		4'04"520
	3. 英国队		4'01.979
2004	1. **澳大利亚队**		**3'58"233**
	2. 英国队		4'01"760
	3. 西班牙队		4'05"523

男子积分赛

2000	1. **胡安·里亚内拉斯(Juan Llaneras)**	**西班牙**	**14分**
	2. 米尔顿·维南茨(Milton Wynants)	乌拉圭	1+18分
	3. 阿列克谢·马尔科夫(Alexei Markov)	俄罗斯	1+16分
2004	1. **米哈伊尔·伊格纳季耶夫(Mikhail Ignatyev)**	**俄罗斯**	**93分**
	2. 胡安·里亚内拉斯(Juan Llaneras)	西班牙	82分
	3. 吉多·福尔斯特(Guido Fulst)	德国	79分

美国赛

2000	1. **澳大利亚**		
	2. 比利时		
	3. 意大利		
2004	1. **澳大利亚**		
	2. 瑞士		
	3. 英国		

凯林赛

2000	1. **弗洛里安·鲁索(Florian Rousseau)**	**法国**	
	2. 加里·内万德(Gary Neiwand)	澳大利亚	
	3. 扬斯·菲德勒(Jens Fiedler)	德国	
2004	1. **里安·贝利(Ryan Bayley)**	**澳大利亚**	
	2. 何塞·埃斯库雷多(Jose Escuredo)	西班牙	
	3. 沙恩·凯利(Shane Kelly)	澳大利亚	

双人自行车赛

1972	1. **谢梅涅茨(Vladimir Semenets)-采洛瓦利尼科夫(Igor Tselovalnikov)**	**苏联**	
	2. 奥托(Werner Otto)-格施克(Jurgen Geschke)	民主德国	
	3. 贝克(Andrzej Bek)-科楚特(Benedykt Kocot)	波兰	

50公里积分赛

1984	1. **伊莱热姆(Roger Ilegems)**	**比利时**	**37分**
	2. 梅塞尔施密特(Uwe Messerschmidt)	联邦德国	15分
	3. 约希马茨(Jose Manuel Youshimatz)	墨西哥	1+29分
1988	1. **弗罗斯特(Dan Frost)**	**丹麦**	**38分**
	2. 佩伦(Leo Peelen)	荷兰	26分
	3. 加涅耶夫(Marat Ganeyev)	苏联	1+46分
1992	1. **隆巴迪(Giovanni Lombardi)**	**意大利**	**44分**
	2. 范冯(Leon van Bon)	荷兰	43分
	3. 马蒂(Cedric Mathy)	比利时	41分
1996	1. **马蒂内洛(Silvio Martinello)**	**意大利**	**37分**
	2. 沃尔顿(Brian Walton)	加拿大	29分
	3. 奥格拉迪(Stuart O'Grady)	澳大利亚	27分

女子场地自行车 (CYCLING-women)

500米计时赛

2000	1. **菲里西娅·巴朗热(Felicia Ballanger)**	**法国**	**34"140**
	2. 米歇尔·费里斯(Michelle Ferris)	澳大利亚	34"696
	3. 姜翠华	中国	34"768
2004	1. **安娜·米雷斯(Anna Meares)**	**澳大利亚**	**33"592**
	2. 江永华	中国	34"112
	3. 纳塔利娅·齐林斯卡娅(Natallia Tsylinskaya)	白俄罗斯	34"167

争先赛

1988	1. **萨卢梅(Erika Salumae)**	**苏联**	
	2. 卢丁(Christa Luding-Rothenburger)	民主德国	
	3. 扬(Connie Young)	美国	
1992	1. **萨卢梅(Erika Salumae)**	**爱沙尼亚**	
	2. 诺伊曼(Annett Neumann)	德国	
	3. 哈林加(Ingrid Haringa)	荷兰	
1996	1. **巴朗热(Felicia Ballanger)**	**法国**	
	2. 费里斯(Michelle Ferris)	澳大利亚	
	3. 哈林加(Ingrid Haringa)	荷兰	
2000	1. **菲里西娅·巴朗热(Felicia Ballanger)**	**法国**	
	2. 奥克萨娜·格里奇纳(Oxana Grichina)	俄罗斯	
	3. 伊琳娜·雅诺维奇(Irina Yanovych)	乌克兰	
2004	1. **罗里-安·穆恩泽尔(Lori-Ann Muenzer)**	**加拿大**	
	2. 塔米拉·阿巴索娃(Tamilla Abassova)	俄罗斯	
	3. 安娜·米雷斯(Anna Meares)	澳大利亚	

追逐赛

1992	1. **罗斯纳(Petra Rossner)**	**德国**	**3'41"753**
	2. 瓦特(Kathy Watt)	澳大利亚	3'43"438
	3. 特威格(Rebecca Twigg)	美国	3'52"429
1996	1. **贝卢蒂(Antonella Belluti)**	**意大利**	
	2. 克利涅(Marion Clignet)	法国	
	3. 阿尔恩特(Judith Arndt)	德国	
2000	1. **莱昂蒂安·吉拉尔德(Leontien Zijlaard)**	**荷兰**	**3'33"360**
	2. 马里昂·克利涅(Marion Clignet)	法国	3'38"751
	3. 伊沃恩·麦格雷戈(Yvonne McGregor)	英国	3'38"850
2004	1. **萨拉·乌尔默(Sarah Ulmer)**	**新西兰**	**3'24"537**
	2. 凯蒂·麦克蒂尔(Katie Mactier)	澳大利亚	3'27"650
	3. 莱昂蒂安·吉拉尔德-莫塞尔(Leontien Zijlaard-van Moorsel)	荷兰	

积分赛

1996	1. **朗西安(Nathalie Even-Lancien)**	**法国**	**24分**
	2. 哈林加(Ingrid Haringa)	荷兰	23分
	3. 泰勒(Lucy Tyler-Sharman)	澳大利亚	17分
2000	1. **安托内拉·贝鲁蒂(Antonella Bellutti)**	**意大利**	**19分**
	2. 莱昂蒂安·吉拉德(Leontien Ziglaard)	荷兰	16分
	3. 奥尔加·斯里乌萨列娃(Olga Slyussareva)	俄罗斯	15分
2004	1. **奥尔加·斯里乌萨列娃(Olga Slyussareva)**	**俄罗斯**	**20分**
	2. 贝莱姆·格雷罗-门德斯(Belem Guerrero Mendez)	墨西哥	14分
	3. 埃琳·米拉贝拉(Erin Mirabella)	美国	9分

男子公路自行车 (ROAD CYCLING-men)

公路个人赛

1972	1. **克伊佩尔(Hennie Kuiper)**	**荷兰**	**4h14'37**
	2. 塞夫顿(Keven "Clyde" Sefton)	澳大利亚	4h15'04
	3. (空缺)		

注：原来排名第三的西班牙选手维拉莫(Jaime Huelamo，4h15'04)因药检不合格，被取消铜牌，原来列第四位的新西兰选手比德勒(Bruce Biddle，4h15'04)因未参加药检而未被授予铜牌。

1976	1. **约翰松(Bernt Johansson)**	**瑞典**	**4h46'52**
	2. 马蒂奈利(Giuseppe Martinelli)	意大利	4h47'23
	3. 诺维茨基(Mieczyslaw Nowicki)	波兰	4h47'23
1980	1. **苏霍鲁钦科夫(Sergey Sukhoruchenkov)**	**苏联**	**4h48'28"9**
	2. 兰格(Czeslaw Lang)	波兰	4h51'26"9
	3. 巴里诺夫(Yuriy Barinov)	苏联	4h51'29"9
1984	1. **格瓦雷尔(Alexi Grewal)**	**美国**	**4h59'57**
	2. 鲍尔(Steve Bauer)	加拿大	4h59'57
	3. 劳里森(Dag Otto Lauritzen)	挪威	5h00'18
1988	1. **路德维希(Olaf Ludwig)**	**民主德国**	**4h32'22**
	2. 格勒内(Bernd Grone)	联邦德国	4h32'25
	3. 亨恩(Christian Henn)	联邦德国	4h32'46
1992	1. **卡萨尔泰利(Fabio Casartelli)**	**意大利**	**4h35'21**
	2. 德凯尔(Hendrik Dekker)	荷兰	4h35'22
	3. 奥佐尔斯(Dainis Ozols)	拉脱维亚	4h35'24
1996	1. **理查德(Pascal Richard)**	**瑞士**	**4h53'56**
	2. 索埃伦森(Rolf Soerensen)	丹麦	4h53'56
	3. 西安德里(Max Sciandri)	英国	4h53'58

2000 1. **扬·乌尔里希(Jan Ullrich) 德国 5h29'08**
2. 亚历山大·维诺库罗夫(Alexander Vinokourov) 哈萨克斯坦 5h29'17
2004 1. **保罗·贝蒂尼(Paolo Bettini) 意大利 5h41'44**
2. 塞尔吉奥·保利尼奥(Sergio Paulinho) 葡萄牙 5h41'45
3. 阿克塞尔·梅尔克斯(Axel Merckx) 比利时 5h41'52

公路计时赛

1996 1. **安杜兰(Miguel Indurain) 西班牙 1h04'05**
2. 奥拉诺(Abraham Olano) 西班牙 1h04'17
3. 博德曼(Chris Boardman) 英国 1h04'36
2000 1. **维亚切斯拉夫·耶基莫夫(Viacheslav Ekimov) 俄罗斯 57'40**
2. 扬·乌尔里希(Jan Ullrich) 德国 57'48
3. 兰斯·阿姆斯特朗(Lance Armstrong) 美国 58'14
2004 1. **泰勒·汉密尔顿(Tyler Hamilton) 美国 57'31"74**
2. 维亚切斯拉夫·耶基莫夫(Viacheslav Ekimov) 俄罗斯 57'50"58
3. 博比·朱里奇(Bobby Julich) 美国 57'58"19

100公里公路团体赛

1972 1. **苏联队 2h11'17"8**
2. 波兰队 2h11'47"5
3. (空缺)

注：原来排名第三的荷兰队(2h12'27.1)因有一名队员药检不合格，被取消铜牌，原来列第四位的比利时队(2h12'36.7)因未参加药检而未被授予铜牌。

1976 1. **苏联队 2h08'53**
2. 波兰队 2h09'13
3. 丹麦队 2h12'20
1980 1. **苏联队 2h01'21"7**
2. 民主德国队 2h02'53"2
3. 捷克斯洛伐克队 2h02'53"9
1984 1. **意大利队 1h58'28**
2. 瑞士队 2h02'38
3. 美国队 2h02'46
1988 1. **民主德国队 1h57'47"7**
2. 波兰队 1h57'54"2
3. 瑞典队 1h59'47"3
1992 1. **德国队 2h01'39**
2. 意大利队 2h02'39
3. 法国队 2h05'25

女子公路自行车 (ROAD CYCLING-women)

公路个人赛

1984 1. **卡彭特-菲尼(Connie Carpenter-Phinney) 美国 2h11'14**
2. 特威格(Rebecca Twigg) 美国 2h11'14
3. 舒马赫(Sandra Schumacher) 联邦德国 2h11'14
1988 1. **克诺尔(Monique Knol) 荷兰 2h00'52**
2. 尼豪斯(Jutta Niehaus) 联邦德国 2h00'52
3. 日尔波里蒂(Laima Zilporite) 苏联 2h00'52
1992 1. **瓦特(Kathy Watt) 澳大利亚 2h04'42**
2. 隆戈(Jeannie Longo-Ciprelli) 法国 2h05'02
3. 克诺尔(Monique Knol) 荷兰 2h05'03
1996 1. **隆戈(Jeannie Longo-Ciprelli) 法国 2h36'13**
2. 奇亚帕(Imelda Chiappa) 意大利 2h36'38
3. 休斯(Clara Hughes) 加拿大 2h36'44
2000 1. **莱昂蒂安·吉拉尔德(Leontien Zijlaard) 荷兰 3h06'31**
2. 汉卡·库普弗纳盖尔(Hanka Kupfernagel) 德国 3h06'31
3. 戴安娜·吉柳特(Diana Ziliute) 立陶宛 3h06'31
2004 1. **萨拉·卡里根(Sara Carrigan) 澳大利亚 3h24'24**
2. 朱迪斯·阿恩特(Judith Arndt) 德国 3h24'31
3. 奥尔加·斯里乌萨列娃(Olga Slyussareva) 俄罗斯 3h25'03

公路计时赛

1996 1. **扎比罗娃(Zulflya zabirovaj) 俄罗斯 36'40**
2. 隆戈(Jeannie Longo-Ciprelli) 法国 37'00
3. 休斯(Clara Hughes) 加拿大 37'13
2000 1. **莱昂蒂安·吉拉尔德(Leontien Zijlaard) 荷兰 42'00**
2. 马丽·霍尔登(Mari Holden) 美国 42'37
3. 让妮·隆戈-西普莱里(Jeannie Longo-Ciprelli) 法国 42'52
2004 1. **莱昂蒂安·吉拉尔德-莫塞尔(Leontien Zijlaard-van Moorsel) 荷兰 31'11"53**
2. 戴尔德雷·迪米特-巴里(Deirdre Demet-Barry) 美国 31'35"62
3. 卡琳·图里克(Karin Thuerig) 瑞士 31'54"89

马术 (EQUESTRIAN)

1980年莫斯科奥运会男子公路自行车赛。

个人障碍赛

1972 1. **曼奇内利(Graziano Mancinelli) 意大利 8+0分**
2. 莫尔(Ann Moore) 英国 8+3分
3. 夏皮罗(Neal Shapiro) 美国 8+8分
1976 1. **绍克默勒(Alwin Schockemohle) 联邦德国 0分**
2. 瓦扬库特(Michel Vaillancourt) 加拿大 12+4分
3. 马蒂(Francois Mathy) 比利时 12+8分
1980 1. **科瓦尔奇克(Jan Kowalczyk) 波兰 8分**
2. 科罗尔科夫(Nikolay Korolkov) 苏联 9.5分
3. 埃拉斯(Joaquin Perez Heras) 墨西哥 12+4/43.23分
1984 1. **法吉斯(Joe Fargis) 美国 4+0分**
2. 霍姆菲尔德(Conrad Homfeld) 美国 4+8分
3. 罗比亚尼(Heidi Robbiani) 瑞士 8+0分
1988 1. **迪朗(Pierre Durand) 法国 1.25分**
2. 贝斯特(Greg Bestj) 美国 4+4/45.70分
3. 胡克(karsten Efuck) 联邦德国 4+4/54.75分
1992 1. **贝尔鲍姆(Ludger Beerbaum) 德国 0分**
2. 赖马克斯(Piet Raymakers) 荷兰 0.25分
3. 德洛·乔伊奥(Norman Dello Joio) 美国 4.75分
1996 1. **基尔希霍夫(Ulrich Kirchhoff) 德国 1分**
2. 迈利热尔(Willi Melliger) 瑞士 4+0/38.07分
3. 莱德曼(Alexandra kdemand) 法国 4+0/41.46分
2000 1. **杰罗恩·杜贝尔丹(Jeroen Dubbeldam) 荷兰 4+0分**
2. 阿尔伯特·沃恩(Albert Voorn) 荷兰 4+4/44.72分
3. 哈利德·阿尔·艾德(Khaled Al Eid) 沙特阿拉伯 4+4/44.86分
2004 1. **希恩·奥康纳(Cian O'Connor) 爱尔兰 4分**
2. 罗德里戈·佩索阿(Rodrigo Pessoa) 巴西 8+4分
3. 克里斯·卡普勒(Chris Kappler) 美国 8分(放弃比赛)

团体障碍赛

1972 1. **联邦德国队 32.00分**
2. 美国队 32.25分
3. 意大利队 48.00分
1976 1. **法国队 40.00分**
2. 联邦德国队 44.00分
3. 比利时队 63.00分
1980 1. **苏联队 20.25分**
2. 波兰队 56.00分
3. 墨西哥队 59.75分
1984 1. **美国队 12.00分**
2. 英国队 36.75分
3. 联邦德国队 39.25分
1988 1. **联邦德国队 17.25分**
2. 美国队 20.50分
3. 法国队 27.50分
1992 1. **荷兰队 12.00分**
2. 奥地利队 16.75分
3. 法国队 24.75分
1996 1. **德国队 1.75分**
2. 美国队 12.00分
3. 巴西队 17.25分
2000 1. **德国队 15.00分**
2. 瑞士队 16.00分
3. 巴西队 24.00分
2004 1. **德国队 8分**
2. 美国队 20+0/131.09分
3. 瑞典队 20+0/138.48分

个人三日赛

1972 1. **米德(Richard Meade) 英国 57.73分**
2. 阿根顿(Alessandro Argenton) 意大利 43.33分
3. 延松(Jan Jonsson) 瑞典 39.67分
1976 1. **科芬(Edmund "Tad" Coffin) 美国 114.99分**
2. 普卢姆(John Michael Plumb) 美国 125.85分
3. 舒尔茨(Karl Schultz) 联邦德国 129.45分
1980 1. **罗曼(Euro Federico Roman) 意大利 108.60分**
2. 布利诺夫(Aleksandr Blinov) 苏联 120.80分
3. 萨尔尼科夫(Yuriy Salnikov) 苏联 151.60分
1984 1. **托德(Mark Todd) 新西兰 51.60分**
2. 斯蒂维斯(Karen Stives) 美国 54.20分
3. 霍尔盖特(Virginia Holgate) 英国 56.80分
1988 1. **托德(Mark Todd) 新西兰 42.60分**
2. 斯塔克(Ian Stark) 英国 52.80分
3. 伦格(Virginia Leng (Holgate)) 英国 62.00分
1992 1. **瑞安(Matthew Ryan) 澳大利亚 70.00分**
2. 布洛克尔(Herbert Blocker) 德国 81.30分
3. 泰特(Blyth Tait) 新西兰 87.60分
1996 1. **泰特(Blyth Tait) 新西兰 56.80分**
2. 克拉克(Sally Clark) 新西兰 60.40分
3. 米利金(Kerry Millikin) 美国 73.70分
2000 1. **大卫·奥康纳(David O'Connor) 美国 34.00分**
2. 安德鲁·霍伊(Andrew Hoy) 澳大利亚 39.80分
3. 马克·托德(Mark Todd) 新西兰 42.00分
2004 1. **莱斯利·劳(Leslie Law) 英国 44.40分**
2. 金·西弗森(Kim Severson) 美国 45.20分
3. 菲利帕·凡内尔(Philippa Funnell) 英国 46.60分

团体三日赛

1972 1. **英国队 +95.53分**
2. 美国队 +10.81分
3. 联邦德国队 18.00分
1976 1. **美国队 441.00分**
2. 联邦德国队 584.60分
3. 澳大利亚队 599.54分
1980 1. **苏联队 457.00分**
2. 意大利队 656.20分
3. 墨西哥队 1172.85分
1984 1. **美国队 186.00分**
2. 英国队 189.20分
3. 联邦德国队 234.00分
1988 1. **联邦德国队 225.95分**
2. 英国队 256.80分
3. 新西兰队 271.20分
1992 1. **澳大利亚队 288.60分**
2. 新西兰队 290.80分
3. 德国队 300.30分
1996 1. **澳大利亚队 203.85分**
2. 美国队 261.10分
3. 新西兰队 268.55分
2000 1. **澳大利亚队 146.80分**
2. 英国队 161.00分
3. 美国队 175.80分
2004 1. **法国队 140.40分**
2. 英国队 143.00分
3. 美国队 145.60分

盛装舞步个人赛

1972 1. **林森霍夫(Liselott Linsenhoff) 联邦德国 1229分**
2. 佩图什科娃(Yelena Petushkova) 苏联 1185分
3. 内克曼(Josef Neckermann) 联邦德国 1177分
1976 1. **斯图克尔伯格(Christine Stuckelberger) 瑞士 1486分**
2. 博尔德(Harry Boldt) 联邦德国 1435分
3. 克林克(Reiner Klimke) 联邦德国 1395分
1980 1. **托伊雷尔(Elisabeth Theurer) 奥地利 1370分**
2. 科夫绍夫(Yuriy Kovshov) 苏联 1300分
3. 乌格留莫夫(Viktor Ugryumov) 苏联 1234分
1984 1. **克利姆克(Reiner Klimke) 联邦德国 1504分**
2. 延森(Anne Grethe Jensen) 丹麦 1442分
3. 霍费尔(Otto Hofer) 瑞士 1364分
1988 1. **乌普霍夫(Nicole Uphoff) 联邦德国 1521分**
2. 奥托-克雷潘(Margit Otto-Crepin) 法国 1462分
3. 斯蒂克尔伯格(Christine Stuckelberger) 瑞士 1417分
1992 1. **乌普霍夫(Nicole Uphoff) 德国 1626分**
2. 韦特(Isabell Werth) 德国 1551分
3. 巴尔肯霍尔(Klaus Balkenhol) 德国 1515分
1996 1. **韦尔特(Isabell Werth) 德国 235.09分**
2. 范格龙斯文(Anky van Grunsven) 荷兰 233.02分
3. 罗滕贝格尔(Sven Rothenberger) 荷兰 224.94分
2000 1. **安齐·范格伦斯文(Anky van Grunsven) 荷兰 239.18分**
2. 伊萨贝尔·韦尔特(Isabell Werth) 德国 234.19分
3. 乌拉·萨尔茨格贝尔(Ulla Salzgeber) 德国 230.57分
2004 1. **安齐·范格伦斯文(Anky van Grunsven) 荷兰 79.278分**
2. 乌拉·萨尔茨格贝尔(Ulla Salzgeber) 德国 78.833分
3. 比特里斯·费雷尔-萨拉特(Beatriz Ferrer-Salat) 西班牙 76.667分

盛装舞步团体赛

1972 1. **苏联队 5095分**
2. 联邦德国队 5083分
3. 瑞典队 4849分
1976 1. **联邦德国队 5155分**
2. 瑞士队 4684分
3. 美国队 4647分
1980 1. **苏联队 4383分**
2. 保加利亚队 3580分
3. 罗马尼亚队 3346分
1984 1. **联邦德国队 4955分**
2. 瑞士队 4673分
3. 瑞典队 4630分
1988 1. **联邦德国队 4302分**
2. 瑞士队 4164分
3. 加拿大队 3969分
1992 1. **德国队 5224分**
2. 荷兰队 4742分
3. 美国队 4643分
1996 1. **德国队 5553分**
2. 荷兰队 5437分
3. 美国队 5309分
2000 1. **德国队 3765分**
2. 荷兰队 3661分
3. 美国队 3403分
2004 1. **德国队 74.653分**
2. 西班牙队 72.917分
3. 美国队 71.500分

男子击剑 (FENCING-men)

花剑个人赛

1972 1. **沃伊达(Witold Woyda) 波兰**
2. 卡穆蒂(Jeno Kamuti) 匈牙利
3. 诺埃尔(Christian Noel) 法国
1976 1. **达尔佐托(Fabio Dal Zotto) 意大利**
2. 罗曼科夫(Aleksandr Romankov) 苏联
3. 塔尔瓦(Bernard Talvard) 法国
1980 1. **斯米尔诺夫(Vladimir Smirnov) 苏联**
2. 约里奥(Pascal Jolyot) 法国

3. 罗曼科夫(Aleksandr Romankov) 苏联
1984 **1. 努马(Mauro Numa) 意大利**
2. 贝尔(Matthias Behr) 联邦德国
3. 切里奥尼(Stefano Cerioni) 意大利
1988 **1. 切里奥尼(Stefano Cerioni) 意大利**
2. 瓦格纳(Udo Wagner) 民主德国
3. 罗曼科夫(Aleksandr Romankov) 苏联
1992 **1. 翁内(Philippe Omnes) 法国**
2. 戈卢比茨基(Sergey Golubitsky) 独联体
3. 格雷戈里(Elvis Gregory) 古巴
1996 **1. 普希尼(Alessandro Puccini) 意大利**
2. 普吕梅纳尔(Lionel Plumenail) 法国
3. 布瓦丹(Franck Boidin) 法国
2000 **1. 金永浩(Kim Young-ho) 韩国**
2. 拉尔夫·比斯多夫(Ralf Bissdorf) 德国
2004 **1. 布里斯·吉亚尔(Brice Guyart) 法国**
2. 萨尔瓦托雷·桑佐(Salvatore Sanzo) 意大利
3. 安德列亚·卡萨拉(Andrea Cassara) 意大利

花剑团体赛

1972 **1. 波兰队**
2. 苏联队
3. 法国队
1976 **1. 联邦德国队**
2. 意大利队
3. 法国队
1980 **1. 法国队**
2. 苏联队
3. 波兰队
1984 **1. 意大利队**
2. 联邦德国队
3. 法国队
1988 **1. 苏联队**
2. 联邦德国队
3. 匈牙利队
1992 **1. 德国队**
2. 古巴队
3. 波兰队
1996 **1. 俄罗斯队**
2. 波兰队
3. 古巴队
2000 **1. 法国队**
2. 中国队
3. 意大利队
2004 **1. 意大利队**
2. 中国队
3. 俄罗斯队

重剑个人赛

1972 **1. 费尼韦希(Csaba Fenyvesi) 匈牙利**
2. 拉德盖勒里埃(Jacques Ladegaillerie) 法国
3. 库恰尔(Gyozo Kulcsar) 匈牙利
1976 **1. 普施(Alexander Pusch) 联邦德国**
2. 黑恩(Jurgen Hehn) 联邦德国
3. 库尔乔(Gyozo Kulcsar) 匈牙利
1980 **1. 哈门贝里(Johan Harmenberg) 瑞典**
2. 科尔佐内(Erno Kolczonay) 匈牙利
3. 里布(Philippe Riboud) 法国
1984 **1. 布瓦塞(Philippe Boisse) 法国**
2. 瓦戈(Bjorne Vaggo) 瑞典
3. 里布(Philippe Riboud) 法国
1988 **1. 施米特(Arnd Schmidt) 联邦德国**
2. 里布(Philippe Riboud) 法国
3. 舒瓦洛夫(Andrey Shuvalov) 苏联
1992 **1. 斯雷克基(Eric Srecki) 法国**
2. 科洛布科夫(Pavel Kolobkov) 独联体
3. 亨利(Jean-Michel Henry) 法国
1996 **1. 别克托夫(Aleksandr Beketov) 俄罗斯**
2. 特雷维霍(Perez Ivan Trevejo) 古巴
3. 伊姆雷(Geza Imre) 匈牙利
2000 **1. 帕维尔·科罗布科夫(Pavel Kolobkov) 俄罗斯**
2. 欧盖·奥布里(Hugues Obry) 法国
3. 李相箕(Lee Sang-ki) 韩国
2004 **1. 马塞尔·菲舍尔(Marcel Fischer) 瑞士**
2. 王磊 中国
3. 帕维尔·科罗布科夫(Pavel Kolobkov) 俄罗斯

重剑团体赛

1972 **1. 匈牙利队**
2. 瑞士队
3. 苏联队
1976 **1. 瑞典队**
2. 联邦德国队
3. 瑞士队
1980 **1. 法国队**
2. 波兰队
3. 苏联队
1984 **1. 联邦德国队**
2. 法国队
3. 意大利队
1988 **1. 法国队**
2. 联邦德国队
3. 苏联队

1992 **1. 德国队**
2. 匈牙利队
3. 独联体队
1996 **1. 意大利队**
2. 俄罗斯队
3. 法国队
2000 **1. 意大利队**
2. 法国队
3. 古巴队
2004 **1. 法国队**
2. 匈牙利队
3. 德国队

佩剑个人赛

1972 **1. 西贾克(Viktor Sidyak) 苏联**
2. 马罗特(Peter Marot) 匈牙利
3. 纳兹雷莫夫(Vladimir Nazlymov) 苏联
1976 **1. 克罗沃普斯科夫(Viktor Krovopuskov) 苏联**
2. 纳兹利莫夫(Vladimir Nazlymov) 苏联
3. 西佳克(Viktor Sidyak) 苏联
1980 **1. 克罗沃普斯科夫(Viktor Krovopuskov) 苏联**
2. 布尔瑟夫(Mikhail Burtsev) 苏联
3. 盖多瓦里(Imre Gedovari) 匈牙利
1984 **1. 拉穆尔(Jean-Francois Lamour) 法国**
2. 马林(Marco Marin) 意大利
3. 韦斯特布鲁克(Peter Westbrook) 美国
1988 **1. 拉穆尔(Jean-Francois Lamour) 法国**
2. 奥莱赫(Janusz Olech) 波兰
3. 斯卡尔佐(Giovanni Scalzo) 意大利
1992 **1. 萨博(Bence Szabo) 匈牙利**
2. 马林(Marco Marin) 意大利
3. 拉穆尔(Jean-Francois Lamour) 法国
1996 **1. 波兹尼亚科夫(Stanislav Pozdnyakov) 俄罗斯**
2. 沙里科夫(Sergey Sharikov) 俄罗斯
3. 图亚(Damien Touya) 法国
2000 **1. 米哈伊·克劳迪乌·科瓦留(Mihai Claudiu Covaliu) 罗马尼亚**
2. 马蒂厄·古尔丹(Mathieu Gourdain) 法国
3. 维拉德克·科特尼(Wiradech Kothny) 德国
2004 **1. 阿尔多·蒙塔诺(Aldo Montano) 意大利**
2. 索尔特·内姆齐克(Zsolt Nemcsik) 匈牙利
3. 弗拉迪斯拉夫·特列加克(Vladislav Tretiak) 乌克兰

佩剑团体赛

1972 **1. 意大利队**
2. 苏联队
3. 匈牙利队
1976 **1. 苏联队**
2. 意大利队
3. 罗马尼亚队
1980 **1. 苏联队**
2. 意大利队
3. 匈牙利队
1984 **1. 意大利队**
2. 法国队
3. 罗马尼亚队
1988 **1. 匈牙利队**
2. 苏联队
3. 意大利队
1992 **1. 独联体队**
2. 匈牙利队
3. 法国队
1996 **1. 俄罗斯队**
2. 匈牙利队
3. 意大利队
2000 **1. 俄罗斯队**
2. 法国队
3. 德国队
2004 **1. 法国队**
2. 意大利队
3. 俄罗斯队

女子击剑 (FENCING-women)

花剑个人赛

1972 **1. 拉尼奥-隆齐(Antonella Ragno-Lonzi) 意大利**
2. 博比斯(Ildiko Bobis) 匈牙利
3. 戈罗霍娃(Galina Gorokhova) 苏联
1976 **1. 什瓦岑伯格(Ildiko Schwarczenberger) 匈牙利**
2. 科利诺(Maria Consolata Collino) 意大利
3. 别洛娃(Yelena Belova) 苏联
1980 **1. 特兰凯(Pascale Trinquet) 法国**
2. 马罗什(Magda Maros) 匈牙利
3. 韦索钱斯卡(Barbara Wysoczanska) 波兰
1984 **1. 栾菊杰 中国**
2. 哈尼施(Cornelia Hanisch) 联邦德国
3. 瓦卡罗尼(Dorina Vaccaroni) 意大利
1988 **1. 菲希泰尔(Anja Fichtel) 联邦德国**
2. 鲍(Sabine Bau) 联邦德国
3. 冯肯豪泽尔(Zita-Eva Funkenhauser) 联邦德国
1992 **1. 特里利尼(Giovanna Trillini) 意大利**
2. 王会凤 中国
3. 萨多夫斯卡娅(Tatyana Sadovskaya) 独联体
1996 **1. 巴德(Laura Badea) 罗马尼亚**

2. 维扎利(Valentina Vezzali) 意大利
3. 特里利尼(Giovanna Trillini) 意大利
2000 **1. 瓦伦蒂娜·维扎利(Valentina Vezzali) 意大利**
2. 里塔·科内格(Rita Koenig) 德国
3. 乔万娜·特里利妮(Giovanna Trillini) 意大利
2004 **1. 瓦伦蒂娜·维扎利(Valentina Vezzali) 意大利**
2. 乔万娜·特里利妮(Giovanna Trillini) 意大利
3. 西尔维娅·格鲁查拉(Sylwia Gruchala) 波兰

花剑团体赛

1972 **1. 苏联队**
2. 匈牙利队
3. 罗马尼亚队
1976 **1. 苏联队**
2. 法国队
3. 匈牙利队
1980 **1. 法国队**
2. 苏联队
3. 匈牙利队
1984 **1. 联邦德国队**
2. 罗马尼亚队
3. 法国队
1988 **1. 联邦德国队**
2. 意大利队
3. 匈牙利队
1992 **1. 意大利队**
2. 德国队
3. 罗马尼亚队
1996 **1. 意大利队**
2. 罗马尼亚队
3. 德国队
2000 **1. 意大利队**
2. 波兰队
3. 德国队

佩剑个人赛

2004 **1. 玛丽尔·萨格尼斯(Mariel Zagunis) 美国**
2. 谭雪 中国
3. 萨达·雅各布森(Sada Jacobson) 美国

重剑个人赛

1996 **1. 弗莱瑟尔(Laura Flessel) 法国**
2. 巴卢瓦(Valerie Barlois) 法国
3. 萨拉伊(Gyongyi Szalay Horvathne) 匈牙利
2000 **1. 蒂梅亚·纳吉(Timea Nagy) 匈牙利**
2. 简娜·哈布吕策尔－比尔基(Gianna Hablutzel-Buerki) 瑞士
3. 劳拉·弗莱塞尔－科洛维奇(Laura Flessel-Colovic) 法国
2004 **1. 蒂梅亚·纳吉(Timea Nagy) 匈牙利**
2. 劳拉·弗莱塞尔-科洛维奇(Laura Flessel-Colovic) 法国
3. 莫琳·尼西玛(Maureen Nisima) 法国

重剑团体赛

1996 **1. 法国队**
2. 意大利队
3. 俄罗斯队
2000 **1. 俄罗斯队**
2. 瑞士队
3. 中国队
2004 **1. 俄罗斯队**
2. 德国队
3. 法国队

垒球

2000 **1. 美国队**
2. 日本队
3. 澳大利亚队
2004 **1. 美国队**
2. 澳大利亚队
3. 日本队

男子跆拳道 (TAEKONDO-men)

58公斤级

2000 **1. 米哈伊尔·穆鲁索斯(Michail Mouroutsos) 希腊**
2. 加布里尔·埃斯帕萨(Gabriel Esparza) 西班牙
3. 黄志雄(Chih-hsiung Huang) 中国台北
2004 **1. 朱木炎(Chu Mu Yen) 中国台北**
2. 奥斯卡·弗兰西斯科·萨拉扎尔·布兰科(Oscar Francisco Salazar Blanco) 墨西哥
3. 塔梅尔·巴尤米(Tamer Bayoumi) 埃及

68公斤级

2000 **1. 斯蒂文·洛佩斯(Steven Lopez) 美国**
2. 申准植(Sin Joon-sik) 韩国
3. 哈迪·赛博内赫科哈勒(Hadi Saeibonehkohal) 伊朗
2004 **1. 哈迪·赛博内赫科哈勒(Hadi Saeibonehkohal) 伊朗**
2. 黄志雄(Huang Chih Hsiung) 中国台北
3. 宋明燮(Song Myeong-seob) 韩国

80公斤级

2000 1. **安吉尔·巴罗迪亚·马托斯·弗恩特斯(Angel Valodia Matos Fuentes)** **古巴**
2. 费萨尔·埃布努塔利布(Faissal Ebnoutalib) 德国
3. 维克托·曼努埃尔·埃斯特拉达·加里贝(Victor Manuel Estrada Garibay) 墨西哥
2004 1. **斯蒂文·洛佩斯(Steven Lopez)** **美国**
2. 巴赫里·坦里库卢(Bahri Tanrikulu) 土耳其
3. 尤素福·卡利米(Yossef Karami) 伊朗

80公斤以上级

2000 1. **金景勋(Kim Kyong-hun)** **韩国**
2. 丹尼尔·特兰顿(Daniel Trenton) 澳大利亚
3. 巴斯卡尔·让蒂尔(Pascal Gentil) 法国
2004 1. **文大成(Moon Dae-sung)** **韩国**
2. 阿莱克桑德罗斯·尼科莱迪斯(Alexandros Nikolaidis) 希腊
3. 巴斯卡尔·让蒂尔(Pascal Gentil) 法国

女子跆拳道 (TAEKONDO-women)

49公斤级

2000 1. **劳伦·伯恩斯(Lauren Burns)** **澳大利亚**
2. 乌尔比亚·梅伦德斯·罗德里格斯(Urbia Melendez Rodriguez) 古巴
3. 纪淑如(Shu-ju Chi) 中国台北
2004 1. **陈诗欣(Chen Shih Hsin)** **中国台北**
2. 亚内里斯·尤里耶特·拉布拉达·迪亚斯(Yanelis Yuliet Labrada Diaz) 古巴
3. 亚奥瓦帕·布拉波猜(Yaowapa Boorapolchai) 泰国

57公斤级

2000 1. **郑在恩(Jung Jae-eun)** **韩国**
2. 陈孝银(Tran Hieu Ngan) 越南
3. 哈米德·比克钦(Hamide Bikcin) 土耳其
2004 1. **张智媛(Jang Ji-won)** **韩国**
2. 尼娅·阿布达拉赫(Nia Abdallah) 美国
3. 伊里迪娅·萨拉扎尔·布兰科(Iridia Salazar Blanco) 墨西哥

67公斤级

2000 1. **李仙熙(Lee Sun-hee)** **韩国**
2. 特鲁德·贡德森(Trude Gundersen) 挪威
3. 冈本依子(Okamoto Yorika) 日本
2004 1. **罗微** **中国**
2. 埃里萨维特·米斯塔基杜(Elisavet Mystakidou) 希腊
3. 黄敬善(Hwang Kyung-sun) 韩国

67公斤以上级

2000 1. **陈中** **中国**
2. 娜塔丽娅·伊瓦诺娃(Natalia Ivanova) 俄罗斯
3. 多米尼克·博斯哈特(Dominque Bosshart) 加拿大
2004 1. **陈中** **中国**
2. 米里安·巴维雷尔(Myriam Baverel) 法国
3. 阿德里亚娜·卡莫纳(Adriana Carmona) 委内瑞拉

男子乒乓球 (TABLE TENNIS-men)

单打

1988 1. **刘南奎(Yoo Nam-kyu)** **韩国**
2. 金琦泽(Kim Ki-kaik) 韩国
3. 林德(Erik Lindh) 瑞典
1992 1. **瓦尔德内尔(Jan-Ove Waldner)** **瑞典**
2. 加蒂安(Jean-Philippe Gatien) 法国
3. 金泽洙(Kim Taek-soo) 韩国
3. 马文革 中国
1996 1. **刘国梁** **中国**
2. 王涛 中国
3. 罗斯科普夫(Jorg Rosskopf) 德国
2000 1. **孔令辉** **中国**
2. 扬-奥弗·瓦尔德内尔(Jan-Ove Waldner) 瑞典
3. 刘国梁 中国
2004 1. **柳承敏(Ryu Seung-min)** **韩国**
2. 王皓 中国
3. 王励勤 中国

双打

1988 1. **陈龙灿-韦晴光** **中国**

1996年亚特兰大奥运会女子花剑比赛。

2. 卢普莱斯库(Ilija Lupulesku)-普里莫拉茨(Zoran Primorac) 南斯拉夫
3. 安宰亨(Ahn Jae-hyung)-刘南奎(Yoo Nam-kyu) 韩国
1992 1. **吕林-王涛** **中国**
2. 费茨纳(Steffen Fetzner)-罗斯科普夫(Jorg Rosskopf) 德国
3. 刘南奎(Yoo Nam-kyu)-金泽洙(Kim Taek-soo) 韩国
3. 姜熙灿(Kang Hee-chan)-李哲承(Lee Chul-seung) 韩国
1996 1. **孔令辉-刘国梁** **中国**
2. 吕林-王祷 中国
3. 刘南奎(Yoo Nam-kyu-李哲承(Lee Chul-seung) 韩国
2000 1. **王励勤-阎森** **中国**
2. 刘国梁-孔令辉 中国
3. 帕特里克·希拉(Patrick Chila)-让-菲利普·加蒂安(Jean-Philippe Gatien) 法国
2004 1. **马琳-陈杞** **中国**
2. 李静(Li Ching)-高礼泽(Ko Lai Chak) 香港
3. 迈克尔·梅兹(Michael Maze)-芬·图格威尔(Finn Tugwell) 丹麦

女子乒乓球 (TABLE TENNIS-women)

单打

1988 1. **陈静** **中国**
2. 李惠芬 中国
3. 焦志敏 中国
1992 1. **邓亚萍** **中国**
2. 乔红 中国
3. 李粉姬(Li Bun-hui) 朝鲜
3. 玄静和(Hyun Jung-hwa) 韩国
1996 1. **邓亚萍** **中国**
2. 陈静 中国台北
3. 乔红 中国
2000 1. **王楠** **中国**
2. 李菊 中国
3. 陈静(Chen Jing) 中国台北
2004 1. **张怡宁** **中国**
2. 金香美(Kim Hyang-mi) 朝鲜
3. 金景娥(Kim Kyung-ah) 韩国

双打

1988 1. **玄静和(Hyun Jung-hwa)-梁英子(Yang Young-ja)** **韩国**
2. 陈静-焦志敏 中国
3. 法兹利奇(Jasna Fazlic)-佩尔库辛(Gordana Perkucin) 南斯拉夫
1992 1. **邓亚萍-乔红** **中国**
2. 陈子荷-高军 中国
3. 玄静和(Hyun Jung-hwa)-洪次玉(Hong Cha-ok) 韩国
3. 李粉姬(Li Bun-hui)-俞顺福(Yu Sun-bok) 朝鲜
1996 1. **邓亚萍-乔红** **中国**
2. 刘伟-乔云萍 中国
3. 朴海晶(Park Hae-jung)-柳智惠(Ryu Hi-jae) 韩国
2000 1. **王楠-李菊** **中国**
2. 孙晋-杨影 中国
3. 金茂校(Kim Moo-Kyo)-柳智惠(Ryu Ji-Hye) 韩国
2004 1. **王楠-张怡宁** **中国**
2. 李恩实(Lee Eun-sil)-石恩美(Seok Eun-mi) 韩国
3. 郭跃-牛剑锋 中国

男子网球 (TENNIS-men)

单打

1988 1. **麦齐日(Miroslav Mecir)** **捷克斯洛伐克**
2. 梅奥特(Tim Mayotte) 美国
3. 埃德伯格(Stefan Edberg) 瑞典
3. 吉尔伯特(Brad Gilbert) 美国
1992 1. **罗塞特(Marc Rosset)** **瑞士**
2. 阿雷斯(Jordi Arresse) 西班牙
3. 伊万尼塞维奇(Goran Ivanisevic) 克罗地亚
3. 切尔卡索夫(Andrey Cherkasov) 独联体
1996 1. **阿加西(Andre Agassi)** **美国**
2. 布鲁格拉(Sergi Bruguera) 西班牙
3. 帕埃斯(Leander Paes) 印度
2000 1. **叶夫根尼·卡费尔尼科夫(Yevgeny Kafelnikov)** **俄罗斯**
2. 托米·哈斯(Tommy Haas) 德国
3. 阿尔诺·迪帕斯卡尔(Arnaud Di Pasquale) 法国
2004 1. **尼科拉斯·马苏(Nicolas Massu)** **智利**
2. 马尔迪·菲什(Mardy Fish) 美国
3. 费尔南多·冈萨雷斯(Fernando Gonzalez) 智利

双打

1988 1. **美国队**
2. 西班牙队
3. 捷克斯洛伐克队
3. 瑞典队
1992 1. **德国队**
2. 南非队
3. 克罗地亚队
3. 阿根廷队
1996 1. **澳大利亚队**
2. 英国队
3. 德国队
2000 1. **加拿大队**
2. 澳大利亚队
3. 西班牙队
2004 1. **智利队**
2. 德国队

3. 克罗地亚队

女子网球 (TENNIS-women)

单打

1988 1. **格拉夫(Steffi Graf)** **联邦德国**
2. 萨巴蒂尼(Gabriela Sabatini) 阿根廷
3. 加里森(Zina Garrison) 美国
3. 马列耶娃(Manuela Maleeva) 保加利亚
1992 1. **卡普里亚蒂(Jennifer Capriati)** **美国**
2. 格拉夫(Steffi Graf) 德国
3. 玛·费尔南德斯(Mary Joe Fernandez) 美国
3. 桑切斯·维卡里奥(Arantxa Sanchez Vicario) 西班牙
1996 1. **达文波特(Lindsay Davenport)** **美国**
2. 桑切斯·维卡里奥(Arantxa Sanchez Vicario) 西班牙
3. 诺沃特娜(Jana Novotna) 捷克共和国
2000 1. **维纳斯·威廉姆斯(Venus Williams)** **美国**
2. 埃莲娜·德门切娃(Elena Dementieva) 俄罗斯
2004 1. **朱斯汀·埃南-哈尔丹(Justine Henin-Hardenne)** **比利时**
2. 阿梅丽·莫雷斯莫(Amelie Mauresmo) 法国
3. 阿里西娅·莫里克(Alicia Molik) 澳大利亚

双打

1988 1. **美国队**
2. 捷克斯洛伐克队
3. 澳大利亚队
3. 联邦德国队
1992 1. **美国队**
2. 西班牙队
3. 澳大利亚队
3. 独联体队
1996 1. **美国队**
2. 捷克共和国队
3. 西班牙队
2000 1. **美国队**
2. 荷兰队
3. 比利时乒乓球队
2004 1. **中国队**
2. 西班牙队
3. 阿根廷队

男子射箭 (TOXOPHILY-men)

个人赛

1972 1. **威廉姆斯(John Williams)** **美国**
2. 雅维尔(Gunnar Jarvil) 瑞典
3. 拉索宁(Kyosti Laasonen) 芬兰
1976 1. **佩斯(Darrell Pace)** **美国**
2. 道永宏(Hiroshi Michinaga) 日本
3. 费拉里(Giancarlo Ferrari) 意大利
1980 1. **波伊科莱宁(Tomi Poikolainen)** **芬兰**
2. 伊萨钦科(Boris Isachenko) 苏联
3. 费拉里(Giancarlo Ferrari) 意大利
1984 1. **佩斯(Darrell Pace)** **美国**
2. 麦金(Richard McKinney) 美国
3. 山本博(Yamamoto Hiroshi) 日本
1988 1. **巴尔斯(Jay Barrs)** **美国**
2. 朴成洙(Park Sung-soo) 韩国
3. 叶谢耶夫(Vladimir Yesheyev) 苏联
1992 1. **弗吕特(Sebastien Flute)** **法国**
2. 郑载宪(Chung Jae-hun) 韩国
3. 特里(Simon Terry) 英国
1996 1. **休伊什(Justin Huish)** **美国**
2. 彼得松(Magnus Petersson) 瑞典
3. 吴教文(Oh Kyo-moon) 韩国
2000 1. **西蒙·费尔维瑟(Simon Fairweather)** **澳大利亚**
2. 维克托·旺德利(Victor Wunderle) 美国
3. 维斯特·范阿尔顿(Wietse van Alten) 荷兰
2004 1. **马尔科·加里亚佐(Marco Galiazzo)** **意大利**
2. 山本博(Hiroshi Yamamoto) 日本
3. 蒂姆·卡迪西(Tim Cuddihy) 澳大利亚

团体赛

1988 1. **韩国队**
2. 美国队
3. 英国队
1992 1. **西班牙队**
2. 芬兰队
3. 英国队
1996 1. **美国队**
2. 韩国队
3. 意大利队
2000 1. **韩国队**
2. 意大利队
3. 美国队
2004 1. **韩国队**
2. 中国台北队
3. 乌克兰队

女子射箭 (TOXOPHILY-women)

个人赛

1972	1. **威尔伯(Doreen Wilber)**	**美国**	
	2. 希德洛夫斯卡(Irena Szydlowska)	波兰	
	3. 加普钦科(Emma Gapchenko)	波兰	
1976	1. **赖恩(Luann Ryon)**	**美国**	
	2. 科夫潘(Valentina Kovpan)	苏联	
	3. 鲁斯塔莫娃(Zebeniso Rustamova)	苏联	
1980	1. **洛萨别里泽(Keto Losaberidze)**	**苏联**	
	2. 布图佐娃(Natalya Butuzova)	苏联	
	3. 梅里卢奥托(Paivi Meriluoto)	芬兰	
1984	1. **徐香顺(Seo Hyang-soon)**	**韩国**	
	2. 李玲娟	中国	
	3. 金珍浩(Kim Jin-ho)	韩国	
1988	1. **金水宁(Kim Soo-nyung)**	**韩国**	
	2. 王喜敬(Wang Hee-kyung)	韩国	
	3. 尹映淑(Yun Young-Sook)	韩国	
1992	1. **赵允顶(Cho Youn-jeon)**	**韩国**	
	2. 金水宁(Kim Soo-nyung)	韩国	
	3. 瓦利耶娃(Natalya Valeyeva)	摩尔多瓦	
1996	1. **金京郁(Kim Kyung-wook)**	**韩国**	
	2. 何影	中国	
	3. 萨多夫尼查(Yelena Sadovnycha)	乌克兰	
2000	1. **尹美珍(Yun Mi-jin)**	**韩国**	
	2. 金南顺(Kim Nam-soon)	韩国	
	3. 金水宁(Kim Soo-nyung)	韩国	
2004	1. **朴成贤(Park Sung-hyun)**	**韩国**	
	2. 李成震(Lee Sung-jin)	韩国	
	3. 埃里森·威廉姆森(Alison Williamson)	英国	

团体赛

1988	1. **韩国队**		
	2. 印度尼西亚队		
	3. 美国队		
1992	1. **韩国队**		
	2. 中国队		
	3. 独联体队		
1996	1. **韩国队**		
	2. 德国队		
	3. 波兰队		
2000	1. **韩国队**		
	2. 乌克兰队		
	3. 德国队		
2004	1. **韩国队**		
	2. 中国队		
	3. 中国台北队		

男子射击 (SHOOTING-men)

气步枪

1984	1. **埃贝尔(Philippe Heberle)**	**法国**	**589环**
	2. 克龙塔勒(Andreas Kronthaher)	奥地利	587环
	3. 达格(Barry Dagger)	英国	587环
1988	1. **马克西莫维奇(Goran Maksimovic)**	**南斯拉夫**	**695.6环**
	2. 贝尔特洛(Nicolas Berthelot)	法国	694.2环
	3. 里德雷尔(Johann Riederer)	联邦德国	694.0环
1992	1. **费德金(Yuri Fedkin)**	**独联体**	**695.3环**
	2. 巴迪乌(Franck Badiou)	法国	691.9环
	3. 里德雷尔(Johann Riederer)	德国	691.7环
1996	1. **哈吉别科夫(Artem Khadzhibekov)**	**俄罗斯**	**695.7环**
	2. 魏贝尔(Wolfram Waibel)	奥地利	695.2环
	3. 阿马特(Jean-Pierm Amat)	法国	693.1环
2000	1. **蔡亚林**	**中国**	**696.4环**
	2. 阿尔特姆·哈吉比科夫(Artem Khadjibekov)	俄罗斯	695.1环
	3. 叶夫根尼·阿伦尼科夫(Yevgeny Aleinikov)	俄罗斯	693.8环
2004	1. **朱启南**	**中国**	**702.7环**
	2. 李杰	中国	701.3环
	3. 叶夫根尼·阿伦尼科夫(Yevgeny Aleinikov)	俄罗斯	693.8环

小口径步枪3×40

1972	1. **赖特(John Writer)**	**美国**	**1166环**
	2. 巴沙姆(Lanny Bassham)	美国	1157环
	3. 利波尔特(Werner Lippoldt)	民主德国	1153环
1976	1. **巴沙姆(Lanny Bassham)**	**美国**	**1162环**
	2. 默多克(Margaret Murdock)	美国	1162环
	3. 塞博尔德(Werner Seibold)	联邦德国	1160环
1980	1. **弗拉索夫(Viktor Vlasov)**	**苏联**	**1173环**
	2. 哈茨泰因(Bernd Hartstein)	民主德国	1166环
	3. 约翰松(Sven Johansson)	瑞典	1165环
1984	1. **库珀(Malcolm Cooper)**	**英国**	**1173环**
	2. 尼普科夫(Daniel Nipkow)	瑞士	1163环
	3. 阿兰(Alister Allan)	英国	1162环
1988	1. **库帕(Malcolm Cooper)**	**英国**	**1279.3环**
	2. 阿兰(Alister Allan)	英国	1275.6环
	3. 伊万诺夫(Kirill Ivanov)	苏联	1275.0环
1992	1. **佩蒂基扬(Hrachya Petikyan)**	**独联体**	**1267.4环**
	2. 福思(Robert Foth)	美国	1266.6环
	3. 木场良平(Koba Ryohei)	日本	1265.9环
1996	1. **阿马特(Jean-Pierre Amat)**	**法国**	**1273.9环**
	2. 别利亚耶夫(Sergey Belyayev)	哈萨克斯坦	1272.3环
	3. 魏贝尔(Wolfram Waibel)	奥地利	1269.6环
2000	1. **莱蒙德·德贝维奇(Rajmond Debevec)**	**斯洛文尼亚**	**1275.1环**
	2. 尤哈·赫尔维(Juha Hirvi)	芬兰	1270.5环
	3. 哈拉尔德·斯登瓦格(Harald Stenvaag)	挪威	1268.6环
2004	1. **贾占波**	**中国**	**1264.5环**
	2. 迈克尔·安蒂(Michael Anti)	芬兰	1263.1环
	3. 克里斯蒂安·普拉纳(Christian Planer)	挪威	1262.8环

气手枪

1988	1. **基里亚科夫(Taniu Kiryakov)**	**保加利亚**	**687.9/102.9环**
	2. 巴尔扬(Erich Buljung)	美国	687.9/97.9环
	3. 许海峰	中国	684.5环
1992	1. **王义夫**	**中国**	**684.8环**
	2. 佩日亚诺夫(SSergey Pyzhyanov)	独联体	684.1/100.1环
	3. 巴比(Sorin Babii)	罗马尼亚	684.1/98.1环
1996	1. **迪多纳(Roberto di Donna)**	**意大利**	**684.2环**
	2. 王义夫	中国	684.1环
	3. 基里亚科夫(Taniu Kiryakov)	保加利亚	683.8环
2000	1. **弗兰克·迪穆兰(Franck Dumoulin)**	**法国**	**688.9环**
	2. 王义夫	中国	686.9环
	3. 伊戈尔·巴辛斯基(Igor Basinsky)	白俄罗斯	682.7环
2004	1. **王义夫**	**中国**	**690.0环**
	2. 米哈伊尔·涅斯特鲁耶夫(Mikhail Nestruev)	俄罗斯	689.8环
	3. 弗拉基米尔·伊萨科夫(Vladimir Isakov)	俄罗斯	684.3环

自选手枪

1972	1. **斯卡纳凯(Ragnar Skanaker)**	**瑞典**	**567环**
	2. 尤加(Dan Iuga)	罗马尼亚	562环
	3. 多林格尔(Rudolf Dollinger)	奥地利	560环
1976	1. **波特克(Uwe Potteck)**	**民主德国**	**573环**
	2. 福尔马尔(Harald Vollmar)	民主德国	567环
	3. 多林格尔(Rudolf Dollinger)	奥地利	562环
1980	1. **梅连捷夫(Aleksandr Melentyev)**	**苏联**	**581环**
	2. 福尔马尔(Harald Vollmar)	民主德国	568环
	3. 迪亚科夫(Lyubcho Diakov)	保加利亚	565环
1984	1. **许海峰**	**中国**	**566环**
	2. 斯卡纳凯(Ragnar Skanaker)	瑞典	565环
	3. 王义夫	中国	564环
1988	1. **巴比(Sorin Babii)**	**罗马尼亚**	**660环**
	2. 斯卡纳凯(Ragnar Skanaker)	瑞典	657.93环
	3. 巴辛斯基(Igor Basinsky)	苏联	657.87环
1992	1. **卢卡契克(Konstantin Lukashik)**	**独联体**	**658环**
	2. 王义夫	中国	657.92环
	3. 斯卡纳凯(Ragnar Skanaker)	瑞典	657.91环
1996	1. **科科列夫(Boris Kokorev)**	**俄罗斯**	**666.4环**
	2. 巴辛斯基(Igor Basinsky)	白俄罗斯	662.0环
	3. 迪多纳(Roberto di Donna)	意大利	661.8环
2000	1. **塔纽·基里亚科夫(Tanyu Kiriakov)**	**保加利亚**	**666.0环**
	2. 伊戈尔·巴辛斯基(Igor Basinsky)	白俄罗斯	663.3环
	3. 马丁·滕克(Martin Tenk)	捷克共和国	662.5环
2004	1. **米哈伊尔·涅斯特鲁耶夫(Mikhail Nestruev)**	**俄罗斯**	**663.3环**
	2. 秦钟午(Jin Jong-oh)	韩国	661.5环
	3. 金正秀(Kim Jong-su)	朝鲜	657.7环

手枪速射

1972	1. **扎佩茨基(Jozef Zapedzki)**	**波兰**	**595环**
	2. 法尔塔(Ladislav Falta)	捷克斯洛伐克	594环
	3. 托尔申(Viktor Torshin)	苏联	593环
1976	1. **克拉尔(Norbert Klaar)**	**民主德国**	**597环**
	2. 维费尔(Jurgen Wiefel)	民主德国	596环
	3. 费拉里斯(Roberto Ferraris)	意大利	595环
1980	1. **伊翁(Corneliu Ion)**	**罗马尼亚**	**596/148/148环**
	2. 维费尔(Jurgen Wiefel)	民主德国	596/148/147环
	3. 佩特里奇(Gerhard Petritsch)	奥地利	596/146环
1984	1. **蒲池猛夫(Kamachi Takeo)**	**日本**	**595环**
	2. 伊翁(Corneliu Ion)	罗马尼亚	593环
	3. 别斯(Rauno Bies)	芬兰	591环
1988	1. **库兹明(Afanasijs Kuzmins)**	**苏联**	**698环**
	2. 舒曼(Ralf Schumann)	民主德国	696环
	3. 科瓦奇(Zoltan Kovacs)	匈牙利	693环
1992	1. **舒曼(Ralf Schumann)**	**德国**	**885环**
	2. 库兹明(Afanasijs Kuzmins)	拉脱维亚	882.97环
	3. 沃赫米亚宁(Vladimir Vokhmyanin)	独联体	882.96环
1996	1. **舒曼(Ralf Schumann)**	**德国**	**698.0环**
	2. 米列夫(Emil Milev)	保加利亚	692.1环
	3. 沃赫米亚宁(Vladimir Vokhmyanin)	哈萨克斯坦	691.5环
2000	1. **谢尔盖·阿里费伦科(Sergey Alifirenko)**	**俄罗斯**	**687.6环**
	2. 米切尔·安塞尔梅特(Michel Ansermet)	瑞士	686.1环
	3. 尤里安·莱齐亚(Iulian Raicea)	罗马尼亚	684.6环
2004	1. **拉尔夫·舒曼(Ralf Schumann)**	**德国**	**694.9环**
	2. 谢尔盖·波里亚科夫(Sergei Poliakov)	俄罗斯	692.7环
	3. 谢尔盖·阿里费伦科(Sergey Alifirenko)	俄罗斯	692.3环

移动靶

1972	1. **热列兹尼亚克(Lakov Zheleznyak)**	**苏联**	**569环**
	2. 贝林格罗特(Helmut Bellingrodt)	哥伦比亚	565环
	3. 基诺奇(John Kynoch)	英国	562环
1976	1. **加佐夫(Aleksandr Gazov)**	**苏联**	**579环**
	2. 克佳罗夫(Aleksandr Kedyarov)	苏联	576环
	3. 格雷什基耶维奇(Jerzy Greszkiewicz)	波兰	571环
1980	1. **索科洛夫(Igor Sokolov)**	**苏联**	**589环**
	2. 普费弗尔(Thomas Pfeffer)	民主德国	589环
	3. 加佐夫(Aleksandr Gazov)	苏联	587环
1984	1. **李玉伟**	**中国**	**587环**
	2. 贝林格罗特(Helmut Bellingrodt)	哥伦比亚	584环
	3. 黄世平	中国	581环
1988	1. **海耶斯塔德(Tor Heiestad)**	**挪威**	**689环**
	2. 黄世平	中国	687环
	3. 阿夫拉缅科(Gennadiy Avramenko)	苏联	686环
1992	1. **亚科西茨(Michael Jakosits)**	**德国**	**673环**
	2. 阿斯拉巴耶夫(Anatoliy Asrabayev)	独联体	672环
	3. 拉坎斯基(Lubos Racansky)	捷克斯洛伐克	670环
1996	1. **杨凌**	**中国**	**685.8环**
	2. 肖俊	中国	679.8环
	3. 雅努斯(Miroslav Janus)	捷克共和国	678.4环
2000	1. **杨凌**	**中国**	**681.1环**
	2. 奥列格·摩尔多万(Oleg Moldovan)	摩尔多瓦	681.0环
	3. 牛志远	中国	677.4环
2004	1. **曼弗雷德·库尔泽(Manfred Kurzer)**	**德国**	**682.4环**
	2. 亚历山大·布利诺夫(Alexander Blinov)	俄罗斯	678.0环
	3. 季米特里·莱金(Dimitri Lykin)	俄罗斯	677.1环

多向飞碟

1972	1. **斯卡尔佐内(Angelo Scalzone)**	**意大利**	**199靶**
	2. 卡雷加(Michel Carrega)	法国	198靶
	3. 巴萨尼(Silvano Basagni)	意大利	195靶
1976	1. **霍尔德曼(Donald Haldeman)**	**美国**	**190靶**
	2. 马克斯(Armando Marques)	葡萄牙	189靶
	3. 巴尔迪(Ubaldesco Baldi)	意大利	189靶
1980	1. **乔万内蒂(Luciano Giovannetti)**	**意大利**	**198靶**
	2. 亚姆布拉托夫(Rustam Yambulatov)	苏联	196/24/25靶
	3. 达姆(Jorg Damme)	民主德国	196/24/24靶
1984	1. **乔万内蒂(Luciano Giovannetti)**	**意大利**	**192/24靶**
	2. 博扎(Francisco Boza)	秘鲁	192/23靶
	3. 卡莱尔(Daniel Carlisle)	美国	192/22靶
1988	1. **莫纳科夫(Dmitriy Monakov)**	**苏联**	**222/8靶**
	2. 贝德纳日克(Miroslav Bednarik)	捷克斯洛伐克	222/7靶
	3. 佩特斯(Franz Peeters)	比利时	219/16靶
1992	1. **赫尔德利茨卡(Petr Hrdlicka)**	**捷克斯洛伐克**	**219/1靶**
	2. 渡边和三(Watanabe Kazumi)	日本	219/0靶
	3. 文图里尼(Marco Venturini)	意大利	218/23/9靶
1996	1. **戴蒙德(Michael Diamond)**	**澳大利亚**	**149/28靶**
	2. 拉卡托斯(Josh Lakatos)	美国	147/27靶
	3. 巴德(Lance Bade)	美国	147靶
2000	1. **迈克尔·戴蒙德(Michael Diamond)**	**澳大利亚**	**147靶**
	2. 伊安·皮尔(Ian Peel)	英国	142靶
	3. 乔瓦尼·佩列罗(Giovanni Pellielo)	意大利	140靶
2004	1. **阿列克谢·亚利波夫(Alexei Alipov)**	**俄罗斯**	**149靶**
	2. 乔瓦尼·佩列罗(Giovanni Pellielo)	意大利	146靶
	3. 亚当·维拉(Adam Vella)	澳大利亚	145靶

双向飞碟

1972	1. **维恩希尔(Konrad Wirnhier)**	**联邦德国**	**195靶**
	2. 彼得罗夫(Yevgeniy Petrov)	苏联	195靶
	3. 布赫海姆(Michael Buchheim)	民主德国	195靶
1976	1. **帕纳切克(Josef Panacek)**	**捷克斯洛伐克**	**198靶**
	2. 斯温克斯(Eric Swinkels)	荷兰	198靶
	3. 加夫利科夫斯基(Wieslaw Gawlikowski)	波兰	196靶
1980	1. **拉斯穆森(Hans Kjeld Rasmussen)**	**丹麦**	**196/25/25靶**
	2. 卡尔松(Lars-Goran Carlsson)	瑞典	196/25/24靶
	3. 卡斯特里略(Roberto Castrillo)	古巴	196/25/23靶
1984	1. **德赖克(Matt Dryke)**	**美国**	**198靶**
	2. 拉斯穆森(Ole Riber Rasmussen)	丹麦	196/25靶
	3. 罗西(Luca Scribani Rossi)	意大利	196/23靶
1988	1. **韦格纳(Axel Wegner)**	**民主德国**	**222靶**
	2. 德伊鲁阿里萨加(Alfonso de Iruarrizaga)	智利	221靶
	3. 瓜迪奥拉(Jorge Guardiola)	西班牙	220靶
1992	1. **张山**	**中国**	**223靶**
	2. 希哈·亚鲁尔(Juan Giha Yarur)	秘鲁	222/24/3靶
	3. 罗塞蒂(Bruno Rossetti)	意大利	222/24/2/10靶
1996	1. **法尔科(Ennio Falco)**	**意大利**	**149靶**
	2. 热普科夫斯基(Miroslaw Rzepkowski)	波兰	148靶
	3. 贝内利(Andrea Benelli)	意大利	147/6靶
2000	1. **米科拉·米尔切夫(Mykola Milchev)**	**乌克兰**	**150靶**
	2. 佩特·马莱克(Petr Malek)	捷克共和国	148靶
	3. 詹姆斯·格里夫斯(James Graves)	美国	147靶
2004	1. **安德列·贝内利(Andrea Benelli)**	**意大利**	**149/5靶**
	2. 马尔科·肯帕伊宁(Marko Kemppainen)	芬兰	149/4靶
	3. 胡安·米格尔·罗德里格斯(Juan Miguel Rodriguez)	古巴	147靶

双多向飞碟

1996	1. **马克(Russell Mark)**	**澳大利亚**	**189靶**
	2. 佩拉(Albano Pera)	意大利	183/7靶
	3. 张冰	中国	183/6靶
2000	1. **理查德·弗尔兹(Richard Faulds)**	**英国**	**187/3靶**
	2. 拉塞尔·马克(Russell Mark)	澳大利亚	187/2靶
	3. 费哈伊德·阿尔·迪哈尼(Fehaid Al Deehani)	科威特	186靶
2004	1. **艾哈迈德·阿尔马克图姆(Ahmed Almaktoum)**	**阿拉伯联合酋长国**	**189靶**
	2. 拉贾瓦丹·辛格·拉托尔(Rajyavardhan Singh Rathore)	印度	179靶
	3. 王正	中国	178靶

自选步枪3×40

1972	1. **威格尔(Lones Wigger)**	**美国**	**1155环**
	2. 梅利尼克(Boris Melnik)	苏联	1155环
	3. 帕普(Lajos Papp)	匈牙利	1149环

小口径步枪60发卧射

1972	1. **李浩准(Li Ho-Jun)**	**朝鲜**	**599环**

男子射击 SHOOTING
小口径步枪3×40
移动靶

男子射击 SHOOTING
移动靶
小口径步枪60发卧射

	2.	奥尔(Victor Auer)	美国	598环
	3.	罗塔鲁(Nicolae Rotaru)	罗马尼亚	598环
1976	1.	**斯米斯默克(Karlheinz Smieszek)**	**联邦德国**	**599环**
	2.	林德(Ulrich Lind)	联邦德国	597环
	3.	卢希科夫(Gennadiy Lushchikov)	苏联	595环
1980	1.	**瓦尔加(Karoly Varga)**	**匈牙利**	**599环**
	2.	海尔福特(Hellfried Heilfort)	民主德国	599环
	3.	扎皮亚诺夫(Petar Zaprianov)	保加利亚	598环
1984	1.	**埃策尔(Ed Etzel)**	**美国**	**599环**
	2.	比里(Michel Bury)	法国	596环
	3.	沙利文(Mike Sullivan)	美国	596环
1988	1.	**瓦尔加(Miroslav Varga)**	**捷克斯洛伐克**	**703.9环**
	2.	车荣哲(Cha Young-chul)	韩国	702.8环
	3.	扎洪伊(Attila Zahonyi)	匈牙利	701.9环
1992	1.	**李垠澈(Lee Eun-chul)**	**韩国**	**702.5环**
	2.	斯滕沃格(Harald Stenvaag)	挪威	701.4环
	3.	普莱蒂科西奇(Stevan Pletikosic)	南斯拉夫	701.1环
1996	1.	**克莱斯(Christian Klees)**	**德国**	**704.8环**
	2.	别利亚耶夫(Sergey Belyayev)	哈萨克斯坦	703.3环
	3.	贡奇(Jozef Gonci)	斯洛伐克	701.9环
2000	1.	**乔纳斯·埃德曼(Jonas Edman)**	**瑞典**	**701.3环**
	2.	托尔本·格里梅尔(Torben Grimmel)	丹麦	700.4环
	3.	谢尔盖·马尔蒂诺夫(Sergey Martynov)	白俄罗斯	700.3环
2004	1.	**马修·埃蒙斯(Matthew Emmons)**	**美国**	**703.3环**
	2.	克里斯蒂安·卢施(Christian Lusch)	德国	702.2环
	3.	谢尔盖·马尔蒂诺夫(Sergey Martynov)	白俄罗斯	701.6环

女子射击 (SHOOTING-women)

气步枪

1984	1.	**斯帕金(Pat Spurgin)**	**美国**	**393环**
	2.	古夫莱尔(Edith Gufler)	意大利	391环
	3.	吴小旋	中国	389环
1988	1.	**奇洛娃(Irina Shilova)**	**苏联**	**498.5环**
	2.	施佩贝尔(Sylvia Sperber)	联邦德国	497.5环
	3.	玛卢希娜(Anna Malukhina)	苏联	495.8环
1992	1.	**吕甲顺(Yeo Kab-soon)**	**韩国**	**498.2环**
	2.	莱切娃(Vessela Letcheva)	保加利亚	495.3环
	3.	宾德尔(Aranka Binder)	南斯拉夫	495.1环
1996	1.	**毛厄尔(Renata Mauer)**	**波兰**	**497.6环**
	2.	霍内贝尔(Petra Horneber)	德国	497.4环
	3.	伊沃塞夫(Aleksandra Ivosev)	南斯拉夫	497.2环
2000	1.	**南茜·约翰逊(Nancy Johnson)**	**美国**	**497.7环**
	2.	姜俏贤(Kang Cho-hyun)	韩国	497.5环
	3.	高静	中国	497.2环
2004	1.	**杜丽**	**中国**	**502.0环**
	2.	柳博芙·加尔金娜(Lioubov Galkina)	俄罗斯	501.5环
	3.	卡特琳娜·库尔科娃(Katerina Kurkova)	捷克共和国	501.1环

小口径步枪3×40

1984	1.	**吴小旋**	**中国**	**581环**
	2.	霍尔默(Ulrike Holmer)	联邦德国	578环
	3.	朱厄尔(Wanda Jewell)	美国	578环
1988	1.	**施佩贝尔(Sylvia Sperber)**	**联邦德国**	**685.6环**
	2.	莱切娃(Vessela Letcheva)	保加利亚	683.2环
	3.	切尔卡索娃(Valentina Cherkasova)	苏联	681.4环
1992	1.	**梅利(Launi Meili)**	**美国**	**684.3环**
	2.	马托娃(Nonka Matova)	保加利亚	682.7环
	3.	克夏兹基耶维兹(Malgorzata Ksiazkiewicz)	波兰	681.5环
1996	1.	**伊沃塞夫(Aleksandra Ivosev)**	**南斯拉夫**	**686.1环**
	2.	格拉西梅诺克(Irina Gerasimenok)	俄罗斯	680.1环
	3.	毛厄尔(Renata Mauer)	波兰	679.8环
2000	1.	**雷纳塔·莫尔-罗赞斯卡(Renata Mauer-Rozanska)**	**波兰**	**684.6环**
	2.	塔吉扬娜·戈尔多比娜(Tatiana Goldobina)	俄罗斯	680.9环
	3.	玛丽亚·菲克里斯托娃(Maria Feklistova)	俄罗斯	679.9环
2004	1.	**柳博芙·加尔金娜(Lioubov Galkina)**	**俄罗斯**	**688.4环**
	2.	瓦伦蒂娜·图里西尼(Valentina Turisini)	意大利	685.9环
	3.	王成意	中国	685.4环

气手枪

1988	1.	**塞卡里奇(Jasna Sekaric)**	**南斯拉夫**	**489.5环**
	2.	萨卢克瓦泽(Nino Salukvadze)	苏联	487.9环
	3.	多布兰切娃(Marina Dobrancheva)	苏联	485.2环
1992	1.	**洛格维年科(Marina Logvinenko (Dobrancheva))**	**独联体**	**486.4/99.4环**
	2.	塞卡里奇(Jasna Sekaric)	南斯拉夫	486.4/97.4环
	3.	格罗杰娃(Maria Grozdeva)	保加利亚	481.6环
1996	1.	**克洛奇内娃(Olga Klochneva)**	**俄罗斯**	**490.1环**
	2.	洛格维年科(Marina Logvinenko)	俄罗斯	488.5/10.1环
	3.	格罗兹捷娃(Maria Grozdeva)	保加利亚	488.5/9.9环
2000	1.	**陶璐娜**	**中国**	**488.2环**
	2.	亚斯娜·塞卡里奇(Jasna Sekaric)	南斯拉夫	486.5环
	3.	安妮玛丽·弗德尔(Annemarie Forder)	澳大利亚	484.0环
2004	1.	**奥莲娜·科斯泰维奇(Olena Kostevych)**	**乌克兰**	**483.3/10.2环**
	2.	亚斯娜·塞卡里奇(Jasna Sekaric)	塞尔维亚和黑山	483.3/9.4环
	3.	玛利亚·格罗兹捷娃(Maria Grozdeva)	保加利亚	482.3环

运动手枪

1984	1.	**托姆(Linda Thom)**	**加拿大**	**585环**
	2.	福克斯(Ruby Fox)	美国	585环
	3.	登奇(Patricia Dench)	澳大利亚	583环
1988	1.	**萨卢克瓦泽(Nino Salukvadze)**	**苏联**	**690环**
	2.	长谷川智子(Hasegawa Tomoko)	日本	686/99环
	3.	塞卡里奇(Jasna Sekaric)	南斯拉夫	686/95环
1992	1.	**洛格维年科(Marina Logvinenko (Dobrancheva))**	**独联体**	**684环**
	2.	李对红	中国	680环
	3.	蒙赫巴亚尔(Dorzhsuren Munkhbayar)	蒙古	679环
1996	1.	**李对红**	**中国**	**687.9环**
	2.	约戈娃(Diana Yorgova)	保加利亚	684.8环
	3.	洛格维年科(Marina Logvinenko)	俄罗斯	684.2环
2000	1.	**玛利亚·格罗兹捷娃(Maria Grozdeva)**	**保加利亚**	**690.3环**
	2.	陶璐娜	中国	689.8环
	3.	洛丽塔·叶夫格列夫斯卡娅(Lolita Yevglevskaya)	白俄罗斯	686.0环
2004	1.	**玛利亚·格罗兹捷娃(Maria Grozdeva)**	**保加利亚**	**688.2环**
	2.	伦卡·海科娃(Lenka Hykova)	捷克共和国	687.8环
	3.	伊拉达·阿舒莫娃(Irada Ashumova)	阿塞拜疆	687.3环

多向飞碟

2000	1.	**戴娜·古金涅维休特(Daina Gudzineviciute)**	**立陶宛**	**93靶**
	2.	德尔芬·拉西奈(Delphine Racinet)	法国	92靶
	3.	高娥	中国	90靶
2004	1.	**苏珊·巴罗格(Suzanne Balogh)**	**澳大利亚**	**88靶**
	2.	玛利亚·坎塔纳尔(Maria Quintanal)	西班牙	84靶
	3.	李保那(Lee Bo-na)	韩国	83靶

双向飞碟

2000	1.	**泽姆菲拉·梅夫塔赫特迪诺娃(Zemfira Meftakhetdinova)**	**阿塞拜疆**	**98靶**
	2.	斯维特兰娜·德米娜(Svetlana Demina)	俄罗斯	95靶
	3.	戴安娜·伊加里(Diana Igaly)	匈牙利	93靶
2004	1.	**戴安娜·伊加里(Diana Igaly)**	**匈牙利**	**97靶**
	2.	魏宁	中国	93/2靶
	3.	泽姆菲拉·梅夫塔赫特迪诺娃(Zemfira Meftakhetdinova)	阿塞拜疆	93/1靶

双多向飞碟

1996	1.	**罗德(Kim Rhode)**	**美国**	**141靶**
	2.	基尔迈尔(Susanne Kiermayer)	德国	139/2靶
	3.	赫德尔斯顿(Deserie Huddleston)	澳大利亚	139/1靶
2000	1.	**皮娅·汉森(Pia Hansen)**	**瑞典**	**148靶**
	2.	德博拉·杰利西奥(Deborah Gelisio)	意大利	144靶
	3.	金伯丽·罗德(Kimberly Rhode)	美国	139靶
2004	1.	**金伯丽·罗德(Kimberly Rhode)**	**美国**	**146靶**
	2.	李保那(Lee Bo-na)	韩国	145靶
	3.	高娥	中国	142靶

男子蹦床 (TRAMPOLINE-men)

2000	1.	**亚历山大·莫斯卡伦科(Alexander Moskalenko)**	**俄罗斯**	**41.70分**
	2.	吉·瓦莱斯(Ji Wallace)	澳大利亚	39.30分
	3.	马蒂厄·图尔吉昂(Mathieu Turgeon)	加拿大	39.10分
2004	1.	**尤里·尼基金(Yuri Nikitin)**	**乌克兰**	**41.50分**
	2.	亚历山大·莫斯卡伦科(Alexander Moskalenko)	俄罗斯	41.20分
	3.	亨里克·斯特里克(Henrik Stehlik)	德国	40.80分

女子蹦床 (TRAMPOLINE-women)

2000	1.	**伊琳娜·卡拉维耶娃(Irina Karavaeva)**	**俄罗斯**	**38.90分**
	2.	奥克萨娜·奇胡列娃(Oxana Tsyhuleva)	乌克兰	37.70分
2004	1.	**安娜·多戈纳泽(Anna Dogonadze)**	**德国**	**39.60分**
	2.	卡伦·科克本(Karen Cockburn)	加拿大	39.20分
	3.	黄珊汕	中国	39.00分

男子铁人三项 (TRIATHLON-men)

2000	1.	**西蒙·维特菲尔德(Simon Whitfield)**	**加拿大**	**1h47'45"02**
	2.	斯蒂凡·伍科维奇(Stephan Vuckovic)	德国	1h48'37"58
	3.	扬·莱胡拉(Jan Rehula)	捷克共和国	1h48'46"64
2004	1.	**哈米什·卡特(Hamish Carter)**	**新西兰**	**1h51'07"73**
	2.	贝文·多尔蒂(Bevan Doherty)	新西兰	1h51'15"60
	3.	斯文·里德勒(Sven Riederer)	瑞士	1h51'33"26

女子铁人三项 (TRIATHLON-women)

2000	1.	**布里吉特·麦克马宏(Brigitte McMahon)**	**瑞士**	**2h00'40"52**
	2.	米切莉·琼斯(Michellie Jones)	澳大利亚	2h00'42"55
	3.	玛加莉·梅斯莫(Magali Messmer)	瑞士	2h01'08"81
2004	1.	**凯特·艾伦(Kate Allen)**	**奥地利**	**2h00'40"52**
	2.	罗雷塔·哈洛普(Loretta Harrop)	澳大利亚	2h00'42"55
	3.	苏珊·威廉姆斯(Susan Williams)	美国	2h01'08"81

男子帆船 (SAILING-men)

混合"49人"型

2000	1.	**托马斯·约翰森(Thomas Johanson)-吉尔基·加尔维(Jyrki Jarvi)**	**芬兰**	55分
	2.	伊安·巴克(Ian Barker)-西蒙·希斯考克斯(Simon Hiscocks)	英国	60分
	3.	乔纳森·麦齐(Jonathan McKee)-查里·麦齐(Charlie McKee)	美国	64分
2004	1.	**伊克尔·马丁内斯(Iker Martinez)-沙维尔·费尔南德斯(Xavier Fernandez)**	**西班牙**	**67分**
	2.	罗迪翁·卢卡(Rodion Luka)-乔治·列昂丘克(George Leonchuk)	乌克兰	72分
	3.	克里斯·德拉佩尔(Chris Draper)-西蒙·希斯考克斯(Simon Hiscocks)	英国	77分

"470"型

1976	1.	**许布纳(Frank Hubner)-波德(Harro Bode)**	**联邦德国**	**42.4分**
	2.	戈罗斯泰吉(Antonio Gorostegui)-米列特(Pedro Millet)	西班牙	49.7分
	3.	布朗(Ian Brown)-拉夫(Ian Ruff)	澳大利亚	57.0分
1980	1.	**苏亚雷斯(Marcos Soares)-佩尼多(Eduardo Penido)**	**巴西**	**36.4分**
	2.	波洛夫斯基(Jorn Borowski)-斯文森(Egbert Swensson)	民主德国	38.7分
	3.	林德格伦(Jouko Lindgren)-塔尔伯格(Georg Tallberg)	芬兰	39.7分
1984	1.	**多雷斯特(Luis Doreste)-莫里纳(Roberto Molina)**	**西班牙**	**33.7分**
	2.	本杰明(Stephan Benjamin)-斯坦菲尔德(Christopher Steinfeld)	美国	43.0分
	3.	佩蓬奈(Thierry Peponnet)-皮洛(Luc Pillot)	法国	49.4分
1988	1.	**佩波内(Thierry Peponnet)-皮洛(Luc Pillot)**	**法国**	**34.7分**
	2.	托·托尼斯特(Tonu Toniste)-图·托尼斯特(Toomas Toniste)	苏联	46.0分
	3.	沙顿(John Shadden)-麦齐(Charlie McKee)	美国	51.0分
1992	1.	**卡拉法特(Jordi Calafat)-桑切斯(Francisco Sanchez)**	**西班牙**	**50.00分**
	2.	里瑟尔(Morgan Reeser)-布尔南(Kevin Burnham)	美国	66.70分
	3.	托·托尼斯特(Tonu Toniste)-图·托尼斯特(Toomas Toniste)	爱沙尼亚	68.70分
1996	1.	**布拉斯拉维茨(Yevgeniy Braslavets)-马特维延科(Igor Matviyenko)**	**乌克兰**	**40.00分**
	2.	梅里克斯(John Merricks)-沃尔克(Ian Walker)	英国	60.00分
	3.	罗查(Vitor Rocha)-巴雷托(Nuno Barreto)	葡萄牙	62.00分
2000	1.	**汤姆·金(Tom King)-马克·特恩布尔(Mark Turnbull)**	**澳大利亚**	**38分**
	2.	保罗·福斯特(Paul Foerster)-鲍勃·梅里克(Bob Merrick)	美国	42分
	3.	哈维尔·孔特(Javier Conte)-胡安·德拉弗恩特(Juan de la Fuente)	阿根廷	57分
2004	1.	**保罗·福斯特(Paul Foerster)-凯文·布尔纳姆(Kevin Burnham)**	**美国**	**71分**
	2.	乔·格兰菲尔德(Joe Glanfield)-尼克·罗杰斯(Nick Rogers)	英国	74分
	3.	关一人(Kazuto Seki)-车贤二郎(Kenjiro Todoroki)	日本	90分

"芬兰"型

1972	1.	**莫里(Serge Maury)**	**法国**	**58.0分**
	2.	哈齐帕夫利斯(Ilias Chatzipavlis)	希腊	71.0分
	3.	波塔波夫(Viktor Potapov)	苏联	74.7分
1976	1.	**舒曼(Jochen Schumann)**	**民主德国**	**35.4分**
	2.	巴拉绍夫(Andrey Balashov)	苏联	39.7分
	3.	伯特兰(John Bertrand)	澳大利亚	46.4分
1980	1.	**雷卡尔特(Esko Rechardt)**	**芬兰**	**36.7分**
	2.	迈尔霍费尔(Wolfgang Mayrhofer)	奥地利	46.7分
	3.	巴拉绍夫(Andrey Balashov)	苏联	47.4分
1984	1.	**库茨(Russell Coutts)**	**新西兰**	**34.7分**
	2.	伯特兰(John Bertrand)	美国	37.0分
	3.	尼尔森(Terry Neilson)	加拿大	37.7分
1988	1.	**多雷斯特(Jose Luis Doreste)**	**西班牙**	**38.1分**
	2.	霍姆伯格(Peter Holmberg)	美属维尔京群岛	40.4分
	3.	卡特勒(John Cutler)	新西兰	45.0分
1992	1.	**范德普罗格·加西亚(Jose Maria van der Ploeg Garcia)**	**西班牙**	**33.40分**
	2.	莱德贝特(Brian Ledbetter)	美国	54.70分
	3.	蒙克(Craig Monk)	新西兰	64.70分
1996	1.	**库什涅罗维奇(Mateusz Kusznierewicz)**	**波兰**	**32.00分**
	2.	戈德弗罗伊(Sebastien Godefriod)	比利时	45.00分
	3.	海内尔(Roy Heiner)	荷兰	50.00分
2000	1.	**伊安·佩尔西(Ian Percy)**	**英国**	**35分**
	2.	卢卡·德沃蒂(Luca Devoti)	意大利	46分
	3.	弗雷德里克·鲁夫(Fredrik Loof)	瑞典	47分
2004	1.	**本·安斯利(Ben Ainslie)**	**英国**	**38分**
	2.	拉菲尔·特鲁希略(Rafael Trujillo)	西班牙	51分
	3.	马丘斯·库兹涅雷维茨(Mateusz Kusznierewicz)	波兰	53分

混合"激光"型

1996	1.	**谢德特(Robert Scheidt)**	**巴西**	**26.00分**
	2.	安斯利(Ben Ainslie)	英国	37.00分
	3.	莫贝格(Peer Moberg)	挪威	46.00分
2000	1.	**本·安斯利(Ben Ainslie)**	**英国**	**42分**
	2.	罗伯特·谢德特(Robert Scheidt)	巴西	44分
	3.	迈克尔·布莱克本(Michael Blackburn)	澳大利亚	60分
2004	1.	**罗伯特·谢德特(Robert Scheidt)**	**巴西**	**55分**
	2.	安德列亚斯·格里策尔(Andreas Geritzer)	奥地利	68分
	3.	瓦西里·日博加尔(Vasilij Zbogar)	斯洛文尼亚	76分

"索林"型

1972	1.	**美国队**
	2.	瑞典队
	3.	加拿大队
1976	1.	**丹麦队**
	2.	美国队
	3.	民主德国队
1980	1.	**丹麦队**
	2.	苏联队
	3.	希腊队
1984	1.	**美国队**
	2.	巴西队
	3.	加拿大队
1988	1.	**民主德国队**
	2.	美国队
	3.	丹麦队
1992	1.	**丹麦队**
	2.	美国队
	3.	英国队
1996	1.	**德国队**
	2.	俄罗斯队
	3.	美国队
2000	1.	**丹麦队**
	2.	德国队

"星"型

1972	1.	**弗布斯(David Forbes)-安德森(John Anderson)**	**澳大利亚**	**28.1分**
	2.	佩特松(Pelle Pettersson)-维斯特达尔(Stellan Westerdahl)	瑞典	44.0分
	3.	库韦德(Wilhelm Kuhweide)-迈耶(Karsten Meyer)	联邦德国	44.4分
1980	1.	**曼金(Valentin Mankin)-穆吉森科(Aleksandrs Muzicenko)**	**苏联**	**24.7分**
	2.	劳达舍尔(Hubert Raudaschl)-费尔斯特(Karl Ferstl)	奥地利	31.7分

3. 戈尔拉(Giorgio Gorla)-佩拉博尼(Alfio Peraboni) 意大利 36.1分
1984 **1. 大布坎(William Buchan Sr)-埃里克森(Stephen Erickson) 美国 29.7分**
2. 格里斯(Joachim Griese)-马库尔(Michael Marcour) 联邦德国 41.4分
3. 戈尔拉(Giorgio Gorla)-佩拉博尼(Alfio Peraboni) 意大利 43.5分
1988 **1. 麦金泰尔(Michael McIntyre)-维尔(Bryn Vaile) 英国 45.7分**
2. 雷诺兹(Mark Reynolds)-海内尔(Hal Haenel) 美国 48.0分
3. 格雷尔(Torben Grael)-法尔卡昂(Nelson Falcao) 巴西 50.0分
1992 **1. 雷诺兹(Mark Reynolds)-海内尔(Hal Haenel) 美国 31.40分**
2. 戴维斯(Rod Davies)-考维(Donald Cowie) 新西兰 58.40分
3. 麦克唐纳(Ross MacDonald)-耶斯佩尔森(Eric Jespersen) 加拿大 62.70分
1996 **1. 费雷拉(Marcelo Ferreira)-格雷尔(Torben Grael) 巴西 25.00分**
2. 罗塞(Bobbie Lohse)-瓦伦(Hans Wallen) 瑞典 29.00分
3. 比舍尔(Colin Beashel)-吉尔斯(David Giles) 澳大利亚 32.00分
2000 **1. 马克·雷诺兹(Mark Reynolds)-马格努斯·里耶达尔(Magnus Liljedahl) 美国 34分**
2. 伊安·沃克(Ian Walker)-马克·考维尔(Mark Covell) 英国 35分
3. 托尔本·格莱尔(Torben Grael)-马塞洛·费雷拉(Marcelo Ferreira) 巴西 39分
2004 **1. 托尔本·格莱尔(Torben Grael)-马塞洛·费雷拉(Marcelo Ferreira) 巴西 42分**
2. 罗斯·麦克唐纳(Ross MacDonald)-麦克·乌尔夫斯(Mike Wolfs) 加拿大 51.2分
3. 帕斯卡尔·兰博(Pascal Rambeau)-沙维尔·罗阿尔(Xavier Rohart) 法国 54分

"龙卷风"型

1976 **1. 怀特(Reg White)-奥斯伯恩(John Osborn) 英国 18.0分**
2. 麦克弗尔(David McFaull)-罗斯维尔(Michael Rothwell) 美国 36.0分
3. 斯潘格勒(Jorg Spengler)-施马尔(Jorg Schmall) 联邦德国 37.7分
1980 **1. 维尔特(Alexandre Welter)-比约恩斯特罗姆(Lars Sigurd Bjorkstrom) 巴西 21.4分**
2. 杜(Peter Due)-克亚尔加德(Per Kjaergard) 丹麦 30.4分
3. 马尔斯特罗姆(Goran Marstrom)-拉格纳尔松(Jorgen Ragnarsson) 瑞典 33.7分
1984 **1. 塞勒斯(Rex Sellers)-蒂姆斯(Christopher Timms) 新西兰 14.7分**
2. 斯密斯(Randy Smyth)-格拉瑟尔(Jay Glaser) 美国 37.0分
3. 凯恩斯(Chris Cairns)-安德森(John Anderson) 澳大利亚 50.4分
1988 **1. 德罗夫(Jean-Yves Le Deroff)-埃纳尔(Nicolas Henard) 法国 16.0分**
2. 塞勒斯(Rex Sellers)-蒂姆斯(Christopher Timms) 新西兰 35.4分
3. 格雷尔(Lars Grael)-弗雷塔斯(Clinio Freitas) 巴西 40.1分
1992 **1. 罗代(Yves Loday)-埃纳尔(Nicolas Henard) 法国 40.40分**
2. 史密斯(Randy Smyth)-诺塔里(Keith Notary) 美国 42.00分
3. 布斯(Mitch Booth)-福布斯(John Forbes) 澳大利亚 44.40分
1996 **1. 巴列斯特(Jose Luis Ballester TULTESA)-莱昂·博伊西耶(Fernando Leon Boissier) 西班牙 30.00分**
2. 布斯(Mitch Booth)-兰登博格(Andrew Landenberger) 澳大利亚 42.00分
3. 格雷尔(Lars Grael)-佩里卡诺(Henrique "Kiko" Pellicano) 巴西 43.00分
2000 **1. 罗曼·哈加拉(Roman Hagara)-汉斯·彼得·斯坦纳切尔(Hans Peter Steinacher) 奥地利 16分**
2. 达伦·班多克(Darren Bundock)-约翰·福布斯(John Forbes) 澳大利亚 25分
3. 罗兰德·盖布勒(Roland Gaebler)-雷内·施瓦尔(Rene Schwall) 德国 38分
2004 **1. 罗曼·哈加拉(Roman Hagara)-汉斯·彼得·斯坦纳切尔(Hans Peter Steinacher) 奥地利 34分**
2. 约翰·拉维尔(John Lovell)-查里·奥格莱特里(Charlie Ogletree) 美国 45分
3. 圣地亚哥·兰格(Santiago Lange)-卡洛斯·埃斯皮诺拉(Carlos Espinola) 阿根廷 54分

帆板

1984 **1. 范登贝格(Stephan van den Berg) 荷兰 27.7分**
2. 斯蒂尔(Randall Scott Steele) 美国 46.0分
3. 肯德尔(Bruce Kendall) 新西兰 46.4分
1988 **1. 肯德尔(Bruce Kendall) 新西兰 35.4分**
2. 布尔斯马(Jan Boersma) 荷属安的列斯 42.7分
3. 格布哈特(Michael Gebhardt) 美国 48.0分
1992 **1. 达维德(Franck David) 法国 70.70分**
2. 格布哈特(Michael Gebhardt) 美国 71.10分
3. 克莱皮奇(Lars Kleppich) 澳大利亚 98.70分
1996 **1. 卡克拉马纳基斯(Nikolaos Kaklamanakis) 希腊 17.00分**
2. 埃斯皮诺拉(Carlos Espinola) 阿根廷 19.00分
3. 弗里德曼(Gal Fridman) 以色列 21.00分
2000 **1. 克里斯托弗·西贝尔(Christoph Sieber) 奥地利 38分**
2. 卡洛斯·埃斯皮诺拉(Carlos Espinola) 阿根廷 43分
3. 阿隆·麦金托什(Aaron McIntosh) 新西兰 48分
2004 **1. 加尔·弗里德曼(Gal Fridman) 以色列 42分**
2. 尼科拉奥斯·卡克拉马纳基斯(Nikolaos Kaklamanakis) 希腊 52分
3. 阿隆·麦金托什(Nick Dempsey) 英国 53分

"飞行荷兰人"型

1972 **1. 帕蒂森(Rodney Pattison)-戴维斯(Christopher Davies) 英国队 22.7分**
2. 伊·帕约(Yves Pajot)-马·帕约(Marc Pajot) 法国队 40.7分
3. 里伯尔(Ullrich Libor)-纽曼(Peter Naumann) 联邦德国 51.1分
1976 **1. 约·迪施(Jorg Diesch)-埃·迪施(Eckart Diesch) 联邦德国 34.7分**
2. 帕蒂森(Rodney Pattison)-休顿(Julian Brooke Houghton) 英国 51.7分
3. 康拉德(Reinaldo Conrad)-埃克尔(Peter Eicker) 巴西 52.1分
1980 **1. 阿瓦萨尔(Alejandro Abascal)-诺盖尔(Miguel Noguer) 西班牙 19.0分**
2. 戴·威尔金斯(David Wilkins)-詹·威尔金斯(James Wilkinson) 爱尔兰 30.0分
3. 萨·迪特尔(Szabolcs Detre)-索·迪特尔(Zsolt Detre) 匈牙利 45.7分
1984 **1. 麦齐(Jonathan McKee)-小布坎(William Buchan Jr.) 美国 19.7分**
2. 麦克劳林(Terry McLaughlin)-巴斯泰特(Evert Bastet) 加拿大 22.7分
3. 理查兹(Jonathan Richards)-阿兰姆(Peter Allam) 英国 48.7分
1988 **1. 默勒(Jorgen Bojsen Moller)-格隆博格(Christian Gronborg) 丹麦 31.4分**
2. 波伦(Ole Petter Pollen)-比约克鲁姆(Erik Bjorkum) 挪威 37.4分
3. 麦克劳林(Frank McLaughlin)-米伦(John Millen) 加拿大 48.4分
1992 **1. 多雷斯特(Luis Doreste)-曼里克(Domingo Manrique) 西班牙 29.70分**
2. 弗尔斯特(Paul Foerster)-布尔多(Stephen Bourdow) 美国 32.70分
3. 约·默勒(Jorgen Bojsen Moller)-扬·默勒(Jens Bojsen Moller) 丹麦 37.70分

"暴风雨"型

1972 **1. 曼金(Valentin Mankin)-吉尔吉拉(Vitaliy Dyrdyra) 苏联 28.1分**
2. 沃伦(Alan Warren)-亨特(David Hunt) 英国 34.4分
3. 弗斯特(Glen Foster)-迪恩(Peter Dean) 美国 47.7分
1976 **1. 阿尔布雷赫森(John Albrechtson)-汉松(Ingvar Hansson) 瑞典 14.0分**
2. 曼金(Valentin Mankin)-阿齐门科(Vladislav Akimenko) 苏联 30.4分
3. 康纳(Dennis Conner)-芬德利(Conn Findlay) 美国 32.7分

女子帆船 (SAILING-women)

"470"型

1988 **1. 乔利(Allison Jolly)-朱维尔(Lynne Jewell) 美国 26.7分**
2. 索德斯特罗姆(Marit Soderstrom)-本特松(Brigitta Bengtsson) 瑞典 40.0分
3. 莫斯卡连科(Larisa Moskalenko)-丘尼霍夫斯卡娅(Irina Chunikhovskaya) 苏联 45.4分
1992 **1. 萨贝尔(Theresa Zabell)-盖拉(Patricia Guerra) 西班牙队 36.70分**
2. 埃格诺特(Leslie Egnot)-谢勒(Jan Shearer) 新西兰队 36.70分
3. 伊斯勒(Jennifer "JJ" Isler)-希利(Pamela Healy) 美国队 40.70分
1996 **1. 萨贝尔(Theresa Zabell)-维亚-杜弗雷斯尼(Begona Via-Dufresne) 西班牙 25.00分**
2. 重由美子(Shige Yumiko)-木下百合江(Kinoshita Alicia) 日本 36.00分
3. 塔兰(Ruslana Taran)-帕霍尔奇克(Yelena Pakholchik) 乌克兰 38.00分
2000 **1. 珍妮·阿姆斯特朗(Jenny Armstrong)-贝林达·斯托厄尔(Belinda Stowell) 澳大利亚 33分**
2. 珍妮弗·JJ·伊斯勒(Jennifer "JJ" Isler)-萨拉·"皮斯"·格拉瑟(Sarah "Pease" Glaser) 美国 47分
3. 鲁斯兰娜·塔兰(Ruslana Taran)-奥莱娜·帕霍尔奇克(Olena Pakholchyk) 乌克兰 48分
2004 **1. 索菲娅·贝卡托鲁(Sofia Bekatorou)-埃米丽娅·苏尔法(Emilia Tsoulfa) 希腊 38分**
2. 桑德拉·阿松(Sandra Azon)-娜塔丽娅·维娅·杜弗雷斯妮(Natalia Via Dufresne) 西班牙 62分
3. 特雷丝·托格尔松(Therese Torgersson)-文德拉·萨克里松(Vendela Zachrisson) 瑞典 63分

"欧洲"型

1992 **1. 安德森(Linda Andersen) 挪威 48.70分**
2. 维亚-杜弗雷斯内·佩雷尼亚(Natalia Via-Dufresne Perena) 西班牙 57.40分
3. 特罗特曼(Julia Trotman) 美国 62.70分
1996 **1. 罗格(Kristine Roug) 丹麦 24.00分**
2. 马蒂赛(Margriet Matthijsee) 荷兰 30.00分
3. 贝克尔-戴(Courtney Becker-Dey) 美国 39.00分
2000 **1. 舍丽·罗伯特森(Shirley Robertson) 英国 37分**
2. 玛格丽特·马蒂瑟(Margriet Matthysse) 荷兰 39分
3. 塞雷娜·阿马托(Serena Amato) 阿根廷 51分
2004 **1. 西伦·松德比(Siren Sundby) 挪威 47分**
2. 伦卡·斯米多娃(Lenka Smidova) 捷克共和国 65分
3. 希内·利弗比约(Signe Livbjerg) 丹麦 74分

"英凌"型

2004 **1. 英国队 39分**
2. 乌克兰队 50分
3. 丹麦队 54分

帆板

1992 **1. 肯德尔(Barbara Kendall) 新西兰 47.80分**
2. 张小冬 中国 65.80分
3. 德夫莉斯(Dorien de Vries) 荷兰 68.70分
1996 **1. 李丽珊(Lee Lai-Shan) 香港 16.00分**
2. 肯德尔(Barbara Kendall) 新西兰 24.00分
3. 森西尼(Alessandra Sensini) 意大利 28.00分
2000 **1. 阿列桑德拉·森西妮(Alessandra Sensini) 意大利 15分**
2. 阿梅丽·卢克斯(Amelie Lux) 德国 15分
3. 芭芭拉·肯达尔(Barbara Kendall) 新西兰 19分
2004 **1. 弗斯汀·梅莱(Faustine Merret) 法国 32分**
2. 殷剑 中国 33分
3. 亚历山德拉·森西尼(Alessandra Sensini) 意大利 34分

男子排球 (VOLLEYBALL-men)

1972 **1. 日本队**
2. 民主德国队
3. 苏联队
1976 **1. 波兰队**
2. 苏联队
3. 古巴队
1980 **1. 苏联队**
2. 保加利亚队
3. 罗马尼亚队
1984 **1. 美国队**
2. 巴西队
3. 意大利队
1988 **1. 美国队**
2. 苏联队
3. 阿根廷队
1992 **1. 巴西队**
2. 荷兰队
3. 美国队
1996 **1. 荷兰队**
2. 意大利队
3. 南斯拉夫队
2000 **1. 南斯拉夫队**
2. 俄罗斯队
3. 意大利队
2004 **1. 巴西队**
2. 意大利队
3. 俄罗斯队

女子排球 (VOLLEYBALL-women)

1972 **1. 苏联队**
2. 日本队
3. 朝鲜队
1976 **1. 日本队**
2. 苏联队
3. 韩国队
1980 **1. 苏联队**
2. 民主德国队
3. 保加利亚队
1984 **1. 中国队**
2. 美国队
3. 日本队
1988 **1. 苏联队**
2. 秘鲁队
3. 中国队
1992 **1. 古巴队**
2. 独联体队
3. 美国队
1996 **1. 古巴队**
2. 中国队
3. 巴西队
2000 **1. 古巴队**
2. 俄罗斯队
3. 巴西队
2004 **1. 中国队**
2. 俄罗斯队
3. 古巴队

男子山地车越野赛 (MOUNTAIN BIKE-men)

1996 **1. 布伦琴斯(Bart Jan Brentjens) 荷兰 2h17'38**
2. 弗里施内什(Thomas Frischknecht) 瑞士 2h20'14
3. 马丁内斯(Miguel Martinez) 法国 2h20'36
2000 **1. 米格尔·马蒂内(Miguel Martinez) 法国 2h09'02**
2. 菲利普·梅尔海格(Filip Meirhaeghe) 比利时 2h10'05
3. 克里斯托弗·索瑟尔(Christoph Sauser) 瑞士 2h11'21
2004 **1. 茹里安·阿布萨隆(Julien Absalon) 法国 2h15'02**
2. 何塞·安东尼奥·埃尔米达(Jose Antonio Hermida) 西班牙 2h16'02
3. 巴特·布伦蒂安斯(Bart Brentjens) 荷兰 2h17'05

女子山地车越野赛 (MOUNTAIN BIKE-women)

1996 **1. 佩佐(Paolo Pezzo) 意大利 1h50'51**
2. 西多尔(Alison Syder) 加拿大 1h51'58
3. 德马泰(Susan DeMattei) 美国 1h52'36
2000 **1. 保罗·佩佐(Paolo Pezzo) 意大利 1h49'24**
2. 芭芭拉·布拉特(Barbara Blatter) 瑞士 1h49'51
3. 马格丽塔·弗拉纳(Margarita Fullana) 西班牙 1h49'57
2004 **1. 冈恩–丽塔·达勒(Gunn-Rita Dahle) 挪威 1h56'51**
2. 玛丽-海伦·普雷蒙(Marie-Helene Premont) 加拿大 1h57'50
3. 萨比内·斯皮茨(Sabine Spitz) 德国 1h59'21

男子水球 (WATER POLO-men)

1972 **1. 苏联队**
2. 匈牙利队
3. 美国队
1976 **1. 匈牙利队**
2. 意大利队
3. 荷兰队
1980 **1. 苏联队**
2. 南斯拉夫队
3. 匈牙利队
1984 **1. 南斯拉夫队**
2. 美国队
3. 联邦德国队
1988 **1. 南斯拉夫队**
2. 美国队
3. 苏联队
1992 **1. 意大利队**
2. 西班牙队
3. 独联体队
1996 **1. 西班牙队**
2. 克罗地亚队
3. 意大利队
2000 **1. 匈牙利队**
2. 俄罗斯队
3. 南斯拉夫队
2004 **1. 匈牙利队**
2. 塞尔维亚和黑山队
3. 俄罗斯队

女子水球 (WATER POLO-women)

2000 **1. 澳大利亚队**
2. 美国队
3. 俄罗斯队
2004 **1. 意大利队**
2. 希腊队
3. 美国队

图书在版编目（CIP）数据

从雅典到北京/（法）布罗等编著；《体坛周报》社译.—北京：人民体育出版社，2007
ISBN 978-7-5009-3330-4

Ⅰ. 从… Ⅱ.①布…②体… Ⅲ.奥运会—画册 Ⅳ. G811.21-64

中国版本图书馆CIP数据核字（2007）第188121号

洛桑奥林匹克博物馆

法国《队报》

中国奥委会新闻委员会

TITAN SPORTS

全体育杂志

French Edition 法文版

由吉拉尔·沙勒和雅克·埃诺（美术总监）以及皮埃尔-玛丽·德刚、劳尔·杜弗尔克、塞尔吉·拉盖在吉拉尔·埃内斯的指导下制作完成。内容来自《队报》及其前身《汽车》报的记者和摄影师的报道，以及合作方洛桑奥林匹克博物馆。图片：菲利普·勒芒、克里斯蒂安·奈斯里马纳。

Un ouvrage réalisé par Gérard Schaller et Jacques Hennaux(Direction artistique). Avec Pierre –Marie Descamps,Raoul Dufourcq et Serge Laget sous la direction de Gérard Ejnès. D'après les reportages des journalistes et des photographes de L'Auto et l'Equipe en collaboration avec le Musée Olympique Lausanne. Iconographie: Philippe Le Men et Christian Naitslimane

Chinese Edition 中文版

Publish 联合编纂
国际奥委会洛桑奥林匹克博物馆 Olympic Museum Lausanne
法国《队报》 L'Equipe
中国奥委会新闻委员会 Chinese Olympic Committee
体坛周报社 Titan Sports
全体育杂志社 All Sports

Publisher 出版人：瞿优远 Qu Youyuan
Chief Editor 总编辑：张路平 Zhang Luping
Executive Editor 执行主编：陈明 Chen Ming

Editorial Committee 编辑委员会
张海峰 温文 瞿优远 张敦南 颜强 Zhang Haifeng, Wen Wen, Qu Youyuan, Zhang Dunnan, Yan Qiang,
王成 张路平 陈明 朱春明 Wang Cheng, Zhang Luping, Chen Ming, Zhu Chunming

Editor 责任编辑：何阳 He Yang

Authors 翻译/撰稿
陈明 向波 李杉 徐小薇 唐杨科 朱丹 贺崇炜 蔡国庆 陆一杨 吴洋 杨晓莹 苗芳 刘晨 俞旭东 谷文豪 郑家欣 张桂琪 唐玥
Chen Ming, Xiang Bo, Li Bin, Xu Xiaowei, Tang Yangke, Zhu Dan, He Chongwei, Cai Guoqing, Lu Yiyang, Wu Yang, Yang Xiaoying, Miao Fang,Liu Chen, Yu Xudong, Gu Wenhao, Zheng Jiaxin, Zhang Guiqi, Tang Yue

Art Director 设计总监：陈淼 Chen Miao
Art Editor 美术编辑：周奇 张维 王海波 刘宏智 Zhou Qi, Zhang Wei, Wang Haibo, Liu Hongzhi
Photo Editor 图片编辑：韩冰 Han Bing

Photo 图片提供
AP、AFP、DPA、REUTERS、UPI、GETTYIMAGES、CFP、KEYSTONE、PRESSE SPORTS、POPPERFOTO、COLLECTION LE MEN、SPORTS ILLUSTRATED、BIBLIOTHEQUE NATIONALE、COLLECTION DE COURCEL、COLLECTION LIONEL LAGET、COLLECTION RAYMOND VANKER、MISSOURI HISTORICAL SOCCIETY、D.R、洛桑奥林匹克博物馆、新华社、中体在线

Printing Director 印务总监：罗华军 Luo Huajun
Art Product Manager 制作主管：胡石桥 Hu Shiqiao
Assistant Art Editor 制作：杨娜娜 Yang Nana
Image Color Regulator图片分色：仲维龙 肖曙光 Zhong Weilong Xiao Shuguang

Distribution Director发行总监：王丽莎 Wang Lisha
Distribution Manager 发行经理：黄林 Huang Lin
Tel发行电话：010-67196116

中文版参考并引用了新华社、中国体育报、体坛周报的相关内容。Some contents are cited from Xinhua News Agency、China Sports Daily and Titan Sports. Here we express our thanks.

*

人民体育出版社出版发行
利丰雅高印刷（深圳）有限公司印刷
新华书店经销

*

787×1092 1/8开本 99.5印张 600千字
2008年1月第1版 2008年1月第1次印刷
印数：1—15000册

*

ISBN 978-7-5009-3330-4
定价：288元（上下册）

社址：北京市崇文区体育馆路8号（天坛公园东门）
电话：010-67151482（发行部） 邮编：100061
（购买本社图书，如遇有缺损页可与发行部联系）